U0154531

增訂第2版

實用商法

洪瑞燦／著

LAW

五南圖書出版公司 印行

自序

　　筆者在臺灣大學國際企業學系教授「民法概要」與「商事法」多年，惟授課之初即深感一般法律教科書內容並不符合商管及會計科系學生所需。故在從事法律實務工作與教學之餘，先後完成「實用民法概要」及本書「實用商法」，以作爲商管及會計科系學生與一般社會人士自修考試之用。

　　按商事法有廣義與狹義之分。廣義之商事法，指以商業活動爲規範對象之一切法規，又稱爲實質意義之商事法；而狹義之商事法，僅指公司法、保險法、海商法及票據法而言，又稱爲形式意義之商事法。一般所稱之商事法，僅指狹義之商事法。然商業活動所牽涉之法律，遠非狹義之商事法所能涵蓋，且狹義之商事法是過去律師或司法官考試之科目，但實際從事商業活動時，證券交易法或其他商事法律之重要性，往往遠勝於公司法以外之其他狹義商事法。因此，本書是以實際經營或參與企業時，常見之商事法律爲內容，與傳統之商事法並不相同，故命名爲「實用商法」，以示區別。

　　本書從企業經營活動之角度切入，將法律與企業運作相結合。一開始選擇企業之組織，有「商業登記法」與「公司法」作爲依據；企業成長以後，如需要向外募集資金或公開交易股權，則必須辦理公開發行，因此時企業由私人變成公眾所有，其所受之規範較一般公司嚴格，故有「證券交易法」之適用。至於企業開展以後，會計制度必須健全完整，則應遵循「商業會計法」之規定處理會計事務。全書即以「商業登記法」、「公司法」、「證券交易法」及「商業會計法」四種法律爲主要內容，並述及其他相關之法令及主管機關重要函釋。

　　考量一般讀者或未實際接觸商業經營，或欠缺法律背景知識，故對媒體報導之財經新聞，往往無從了解其與法律之關聯，更遑論對相關爭執或觀點進行分析。因此，本書仍沿用前作「實用民法概要」體例，於本文外另設有「案例」、「新聞追蹤」及「你知道嗎」三種不同專欄，作爲法律理論與實務之連結；希望藉此使讀者能了解商業運作，並靈活運用法律作策略性思考。

　　最後，本書之完成，必須感謝五南出版社及劉靜芬、張婉婷兩位編輯與其他同仁提供專業出版服務；也感謝當年引薦並指導教學的林修葳老師及在課堂上勇於砥礪的同學。另好友羅炬強、戴銘洲、助理何宥蓁及內子吳憶茹等人，提供本書寫作意見、幫忙蒐集資料、製作圖表及校對，對本書之完成亦功不可沒，特此一併致謝。

洪瑞燦　謹識

2015年5月4日

本書凡例

　　本書所引用之普通法院判決或判例，除特別標明爲刑事者外，均指民事判決或判例。另書中所引用之法規簡稱及其全稱如下：

3劃	上市審查準則	臺灣證券交易所股份有限公司有價證券上市審查準則
	上市契約準則	臺灣證券交易所股份有限公司有價證券上市契約準則
4劃	公司	公司法
	公司登記	公司登記辦法
	公開說明書準則	公司募集發行有價證券公開說明書應行記載事項準則
	公開收購辦法	公開收購公開發行公司有價證券管理辦法
5劃	民	民法
	民訴	民事訴訟法
6劃	刑	刑法
	刑訴	刑事訴訟法
	合作社	合作社法
	企併	企業併購法
7劃	私募注意事項	公開發行公司辦理私募有價證券應注意事項
8劃	非訟	非訟事件法
	股務處理準則	公開發行股票公司股務處理準則
	委託書規則	公開發行公司出席股東會使用委託書規則
9劃	重大消息管理辦法	證券交易法第一百五十七條之一第五項及第六項重大消息範圍及其公開方式管理辦法

10劃	破產	破產法
11劃	商登	商業登記法
	商登辦法	商業登記申請辦法
	商會	商業會計法
	商準	商業會計處理準則
	終止上市處理程序	臺灣證券交易所股份有限公司上市公司申請有價證券終止上市處理程序
12劃	期交	期貨交易法
	買回股份辦法	上市上櫃公司買回本公司股份辦法
13劃	預審	公司名稱及業務預查審核準則
	募發準則	發行人募集與發行有價證券處理準則
	會計主管辦法	發行人證券商證券交易所會計主管資格條件及專業進修辦法
15劃	編製準則	證券發行人財務報告編製準則
16劃	獨立董事設置辦法	公開發行公司獨立董事設置及應遵循事項辦法
	融資融券辦法	證券商辦理有價證券買賣融資融券管理辦法
	融資融券標準	有價證券得為融資融券標準
17劃	營業稅	加值型及非加值型營業稅法
	營業細則	臺灣證券交易所股份有限公司營業細則
	薪資報酬委員會辦法	股票上市或於證券商營業處所買賣公司薪資報酬委員會設置及行使職權辦法
19劃	證交	證券交易法
	證交細則	證券交易法施行細則
	證券人員規則	證券商負責人與業務人員管理規則
	櫃買管理辦法	證券商營業處所買賣有價證券管理辦法

目錄 CONTENTS

第一編　商業登記法　　　　　　　　　　　　　　　　　　　　**1**

　第一章　商業概論　　　　　　　　　　　　　　　　　　　　　3

　第二章　商業登記　　　　　　　　　　　　　　　　　　　　　7

第二編　公司法　　　　　　　　　　　　　　　　　　　　　　**15**

　第一章　總則　　　　　　　　　　　　　　　　　　　　　　　17

　　第一節　公司之概念 …………………………………………… 17

　　第二節　公司之設立 …………………………………………… 21

　　第三節　公司之能力 …………………………………………… 24

　　第四節　公司之業務、名稱、住所及送達方式 ……………… 29

　　第五節　公司之負責人 ………………………………………… 34

　　第六節　公司之監督 …………………………………………… 42

　　第七節　公司之解散、併購及變更組織 ……………………… 47

　第二章　無限公司　　　　　　　　　　　　　　　　　　　　　53

　　第一節　設立 …………………………………………………… 53

　　第二節　公司之內部關係 ……………………………………… 55

　　第三節　公司之外部關係 ……………………………………… 60

　　第四節　股東地位之取得與喪失 ……………………………… 62

　　第五節　解散、合併及變更組織 ……………………………… 66

　　第六節　清算 …………………………………………………… 68

　第三章　有限公司　　　　　　　　　　　　　　　　　　　　　74

　　第一節　概說 …………………………………………………… 74

　　第二節　設立 …………………………………………………… 74

　　第三節　有限公司之內部關係 ··· 76
　　第四節　有限公司之外部關係 ··· 83
　　第五節　合併、解散、清算及變更組織 ······························· 85

第四章　兩合公司 87

第五章　股份有限公司總論 92
　　第一節　通說 ··· 92
　　第二節　設立 ··· 95
　　第三節　股份 ··· 106

第六章　股份有限公司之機關 126
　　第一節　概說 ··· 126
　　第二節　股東會 ··· 126
　　第三節　董事及董事會 ··· 151
　　第四節　監察人 ··· 182

第七章　股份有限公司之財務 189
　　第一節　會計 ··· 189
　　第二節　公司債 ··· 205
　　第三節　發行新股 ··· 215

第八章　股份有限公司之組織變更 225
　　第一節　變更章程與減資 ··· 225
　　第二節　公司重整 ··· 229
　　第三節　公司併購 ··· 252
　　第四節　解散及清算 ··· 263
　　第五節　閉鎖性股份有限公司 ··· 274

第九章　關係企業 281

第十章　外國公司 288

第十一章　公司之登記 292

第三編　證券交易法 **295**

第一章　緒論 297

第一節　立法目的、主管機關及名詞定義 297
第二節　公司治理 301
第三節　其他 310

第二章　公開發行公司之管理 312

第一節　召集股東會之特別規定 312
第二節　董事或監察人規範之加強 317
第三節　內部人之股權管理 320
第四節　財務及業務資訊之公開與管理 325
第五節　股票面額、庫藏股及公積之特別規定 330

第三章　有價證券之募集、發行與私募 334

第一節　證券市場與公開發行概說 334
第二節　有價證券之募集 335
第三節　有價證券之發行 343
第四節　有價證券之私募 346

第四章　有價證券之買賣 351

第一節　流通市場概說 351
第二節　上市 354
第三節　上櫃 362
第四節　外國公司上市櫃與登錄興櫃 365
第五節　公開收購 366

第五章　證券商 376

第一節　概說 376
第二節　證券商之設立及管理 377
第三節　證券商之業務 386
第四節　證券商同業公會 391

第六章　證券交易所 392

第一節　證券交易所概說 392
第二節　會員制證券交易所 395

第三節　公司制證券交易所 ……………………………… 400

第四節　證券安全網 ………………………………………… 404

第七章　法律責任　　　　　　　　　　　　　　　　　408

第一節　證交法上之法律責任 …………………………… 408

第二節　內線交易、短線交易與操縱市場 ……………… 417

第三節　證券詐欺、資訊不實與掏空資產 ……………… 438

第四編　商業會計法　　　　　　　　　　　　　　　453

第一章　總則　　　　　　　　　　　　　　　　　　455

第二章　會計處理程序　　　　　　　　　　　　　　464

第一節　會計憑證 …………………………………………… 464

第二節　會計帳簿 …………………………………………… 467

第三節　財務報表 …………………………………………… 470

第四節　會計事務處理程序 ……………………………… 476

第三章　認列與衡量　　　　　　　　　　　　　　　481

第四章　損益計算　　　　　　　　　　　　　　　　491

第五章　決算及審核　　　　　　　　　　　　　　　495

第六章　罰則　　　　　　　　　　　　　　　　　　499

主要參考書目　　　　　　　　　　　　　　　　　　503

第一編

商業登記法

本編目次

第一章　商業概論
第二章　商業登記

商業之經營，通常以公司或商號為主體。前者以公司法作為組織成立之依據，具有法人格；後者成立之依據為商業登記法，可以獨資或合夥，但並無法人格。雖然常見之商業主體為公司，但一般小商店或小事業，如以商號成立，手續較為簡便，以後之運作及結束時，所受之限制也較少，故就商業經營組織而言，商業登記法亦有其重要性。

　　又所謂商號，即指商業之名稱，其有廣狹二義。狹義之商號，僅指依商業登記法成立之獨資或合夥，又稱「行號」；廣義之商號，則指一切以營利為目的之商業組織，故不但狹義之商號及公司屬之，還包括以其他形式成立之工、商、農、林、漁、牧、礦冶等營利組織，通常稱為「公司行號」、「企業」或「事業」等。民法所稱之商號，係指廣義之商號；但本編所指之商號，則指狹義之商號，在商業登記法中，稱為「商業」。

　　另本編除商業登記之規定外，為使讀者對商業有所瞭解，特將商業組織及商業法律之性質，於商業登記之前先作介紹，故其亦具有本書緒論之性質。

第一章　商業概論

一、商業之意義

　　所謂商業，不同之法律有不同之規定。首先，依商業會計法第2條第1項規定：「本法所稱商業，指以營利爲目的之事業；其範圍依商業登記法、公司法及其他法律之規定。」可知商業係以營利爲目的之事業，如非以營利爲目的，則不能謂商業。其次，依商業登記法第3條規定：「本法所稱商業，指以營利爲目的，以獨資或合夥方式經營之事業。」及公司法第1條第1項規定：「本法所稱公司，謂以營利爲目的，依照本法組織、登記、成立之社團法人。」可知商業係指以營利爲目的之事業或組織，可分爲獨資或合夥之商號、具有法人格之公司及其他以營利爲目的所成立之組織。

你知道嗎？

什麼是社會企業？企業社會責任又是什麼意思？

　　商業雖須以營利爲目的，但不表示商業必須以營利爲唯一目的。近年來有所謂之「社會企業」（social enterprise）興起，其雖以公司或商號名義辦理登記，但並不以營利爲最終目的，而是爲了實踐經濟與社會價值，運用新的商業模式來推廣理念，或者以企業經營的模式，來推動社會公平與公益。所以社會企業所追求者，並非企業利潤之極大化，而是爲了解決社會問題，例如爲弱勢族群創造就業、採購弱勢族群所提供之商品或服務、提供具社會責任或促進環境保護之產品等。2006年的諾貝爾和平獎得主尤努斯（Muhammad Yunus），在孟加拉創立鄉村銀行（Grameen Bank），其目的並不是爲了賺錢，而是爲了消滅貧窮，所以運用特殊的微型貸款模式，幫助當地數以百萬計的窮人脫離貧困，就是最典型的社會企業。

　　至於企業社會責任則是根源於一個問題：企業經營者應該爲誰經營？是只爲股東的利益，還是兼爲員工、消費者或社會大眾利益而經營企業？企業經營者有沒有權力犧牲股東的利益，去照顧員工或社會大眾？對此，有兩派不同的見解。一派主張股東利益優先（shareholder primacy），認爲股東是企業的所有人，經營者是受僱於股東，自應向股東負責，在法律及倫理規範的基礎上，爲股東謀取最大利益；至於企業營運所產生之社會問題，只要企業守法，自然能保障員工、消費者及社會整體利益，即已盡企業之責任。另一派主張企業社會責任（corporate social responsibility或stakeholder theory），認爲企業不應只是爲了謀取股東最大利益而經營，經營者必須妥善照顧員

工、消費者、債權人及社會大眾的整體利益，這些人都是企業的利害關係人，縱然因照顧利害關係人而減損股東利益，經營者亦應為之。

兩派主張雖然差距甚大，但盡社會責任是否必然傷害股東利益？並非一定，因為從長遠來看，重視企業對員工、消費者、生意夥伴、環境及社區的責任，這樣企業才能永續經營、長期獲利，同時並達到社會整體利益的極大化。至於我國企業社會責任之履行，證交所及櫃買中心曾共同制定「上市上櫃公司企業社會責任實務守則」，其內容係「鼓勵」上市上櫃公司於從事企業經營之同時，積極實踐企業社會責任，本身並無強制性；另2018年8月1日公布之公司法增訂第1條第2項規定：「公司經營業務，應遵守法令及商業倫理規範，得採行增進公共利益之行為，以善盡其社會責任。」即導入公司應善盡其社會責任之理念，以配合國際潮流及趨勢。

二、商業組織

(一) 商業組織之類型

此處所謂之商業組織，定義較前述以營利為目的之事業廣，除商號或公司等營利事業[1]外，還包括社會上一切提供商品或服務等經濟活動之組織，例如社會上常見之合作社、附屬作業組織或有限合夥等，亦有說明介紹之必要：

1. 合作社

合作社具有法人格（合作社§2），依社員責任性質不同，可區分為「有限責任」、「保證責任」及「無限責任」三種（合作社§4）；其與商號或公司最大的不同點，在於其為互助組織，係以共同經營方法謀社員經濟之利益與生活之改善（合作社§1），故未對外營業時，即得免徵所得稅及營業稅，且每一社員皆有一表決權。合作社之業務種類有生產、運銷、供給、利用、勞動、消費、公用、運輸、信用及保險等（合作社§3），故大部分之經濟活動，均可由合作社提供。

2. 附屬作業組織

所謂附屬作業組織，指教育、文化、公益、慈善機關或團體為達成其創設目的而另設經營事業或營業行為之組織（所得稅法施行細則§5）；至於機關或團體，通常為財團法人或其他公益法人，故原則上不能從事營利行為，但為了達成法人之設立目的，可以用附屬作業組織之方式，從事營業行為；例如圓山大飯店即屬財團法人臺灣敦睦聯誼會所附屬之作業組織。附屬作業組織符合行政院規定之標準者，得免納所得稅（所得稅§4 I ⑬）。

---

[1] 所謂營利事業，依所得稅法第11條第2項規定，係指公營、私營或公私合營，以營利為目的，具備營業牌號或場所之獨資、合夥、公司及其他組織方式之工、商、農、林、漁、牧、礦冶等營利事業。

3. 有限合夥

　　有限合夥，指以營利為目的，且具有法人格之社團法人（有限合夥§4①），與民法或商業登記法所稱之「合夥」不同。合夥人依責任不同，可分為「普通合夥人」與「有限合夥人」，前者直接或間接負責有限合夥之實際經營業務，並對有限合夥之債務於有限合夥資產不足清償時，負連帶清償責任；後者依有限合夥契約，以出資額為限，對有限合夥負其責任。依有限合夥法規定，任何以營利為目的之事業，均可採有限合夥方式組織成立；但基於產業特性，一般認為以創投業或電影、舞臺劇等文創產業較為適宜，因其不是採永續經營模式，營運一段時間後就解散，故不適用現行商業組織型態。以電影產業為例，擁有創意之導演、編劇或製作人為「普通合夥人」，得以信用或勞務出資，承擔無限責任；提供資金之人為「有限合夥人」，承擔有限責任，若有損失，亦僅以出資額為限。

(二) 選擇商業組織之考量因素

1. 法律上之限制

　　某些行業，法律限制其經營組織之型態，例如銀行業，限制以股份有限公司之組織經營（銀行§52Ⅰ）；保險業，則限制以股份有限公司或合作社之組織經營（保險§136Ⅰ）。

2. 清償責任

　　商業，有其經營風險存在；而不同的商業組織，其所有人、合夥人或股東所承擔之責任並不相同，故選擇商業組織時，必須考量其風險承擔責任。例如有限公司、股份有限公司之股東或有限合夥之有限合夥人，係以其出資為限，負有限責任；而無限公司之股東、兩合公司之無限責任股東、一般合夥之合夥人或有限合夥之普通合夥人係負無限責任。

3. 稅捐上之考量

　　選擇商業組織時，除須考慮營利事業所得與個人綜合所得是合併或分離課稅外，亦須考慮不同之組織在稅法上有不同之規定，例如合作社與附屬作業組織在稅負上，即與營利事業不同。

4. 存續時間

　　具有法人格之商業組織，理論上可以永久存續，不受股東死亡或破產之影響；至於一般合夥，如合夥定有存續期間者，於所定期限屆滿時解散（民§692①），縱未定有存續期間，因人的生命有限，縱有新的合夥人加入（民§691Ⅰ），其責任主體亦已發生變動，而與原有之合夥不同。

5. 出資移轉之自由性

　　股份有限公司之有別於其他商業組織者，在於其全部資本細分為等比例之股份，不但可讓廣大投資人參與公司經營，基於股份轉讓自由原則（公司§163），也便利股東轉讓持股；相較於合夥股份轉讓所受之限制（民§683），股份有限公司之股東較容易收回出資。

6. 設立、營運及退出成本

公司因具有法人格，且有限公司或股份有限公司之股東又僅負有限責任，為防止交易相對人或其他利害關係人受害，故公司不但在設立（公司§7）及營運（公司§20、21、22）時須受主管機關之監督，於解散時，尚須進行清算程序及受法院之監督（民§42及公司§79至97、322至356），相較於獨資或合夥商號並無法人格，且出資人須負無限責任而無清算程序，其運作成本較高。

三、商事法律

商業活動所適用之法律，無論是公司法、保險法、海商法或票據法等傳統意義之商事法，或本書所選擇講述之商業登記法、公司法、證券交易法及商業會計法等法律，其制度或性質上，具有下列特性：

(一) 民商合一制度

民商合一制度，又稱民商統一制度。因民商法均為私法，且均在規範私人間之法律關係，故各國有關民商法之編纂體例，大致採「民商分立」或「民商合一」兩種不同之制度。採民商分立制度者，民商法各有總則編與各編之規定，一般人之間的民事行為適用民法規定，而商人間或一般人與商人間之商事行為則適用商法規定，形成民法與商法各自獨立之不同法律體系；至於採民商合一制度者，在立法體例上，只有民法而無商法，不分一般人或商人均適用同一規定。通說認為我國採民商合一制度，故民法債編已將經理人及代辦商、居間、行紀、倉庫、運送及承攬運送等商事行為規定納入「各種之債」中，另將公司、保險、海商及票據等重要商事規定，制定為單行法規，成為民法之特別法。

(二) 公法性

通說認為傳統意義之商事法雖然屬於私法，但為維護社會經濟秩序及保障交易安全，有關公司登記及各個商事單行法規中有關罰則之規定，屬於公權力之行使，國家與人民間有權力服從關係存在，故具有公法性質。因此，本書所選擇講述之公司法及證券交易法，雖然屬於私法但具有公法性；至於商業登記法及商業會計法，完全是在規範商業組織之行為，故屬於公法，可稱為「商事公法」，以有別於上述之「商事私法」。

(三) 技術性

與民、刑法偏重於人類倫理規範不同，商事法律是基於經濟之需要而產生，目的在促進商業事務之發展，故著重於實用；因此，條文本身即具有技術性，例如公司之成立、股東會召集程序與決議方法、董事與監察人之選任方式等，均具有強烈之技術性。

第二章　商業登記

一、商業登記之意義

　　所謂商業登記，指依商業登記法之規定，將應登記之事項，向主管機關所爲之登記（商登§1）。可分析如下：

(一) 應辦理商業登記之事業

　　商業登記法第4條規定：「商業除第五條規定外，非經商業所在地主管機關登記，不得成立。」即以營利爲目的，而以獨資或合夥方式經營之事業（商登§3），除非屬於攤販或家庭農、林、漁、牧業者或家庭手工業者[1]或民宿經營者或每月銷售額未達營業稅起徵點者[2]等小規模商業（商登§5），否則應經商業所在地主管機關登記，始得成立。

(二) 商業登記之主管機關

　　商業登記法第2條第1項規定：「本法所稱主管機關：在中央爲經濟部；在直轄市爲直轄市政府；在縣（市）爲縣（市）政府。」應須向商業所在地之主管機關登記，故通常登記機關爲直轄市政府或縣（市）政府；但直轄市政府、縣（市）政府，必要時得報經經濟部核定，將本法部分業務委任或委辦區、鄉（鎭、市、區）公所或委託直轄市、縣（市）之商業會辦理（商登§2Ⅱ）。

二、商業登記之種類

(一) 創設登記

1. 商業開業登記

　　商業登記法第9條第1項規定：「商業開業前，應將下列各款申請登記：一、名稱。二、組織。三、所營業務。四、資本額。五、所在地。六、負責人之姓名、住、居所、身分證明文件字號及出資額。七、合夥組織者，合夥人之姓名、住、居所、身分證明文件字號、出資額及合夥契約副本。八、其他經中央主管機關規定之事項。」開業登記事項及其他依商業登記法規定應登記事項，商業所在地主管機關得隨時派員抽查；商業負責人及其

---

[1]　依商業登記法第5條第2項之規定，此之家庭農、林、漁、牧業、手工業，以自任操作或雖僱用員工而仍以自己操作爲主者爲限。

[2]　有關小規模營業人營業稅之起徵點，依財政部95年12月22日臺財稅字第09504553860號函釋，因銷售貨物或勞務之區別，而有新臺幣八萬元或四萬元之不同起徵點。

從業人員，不得規避、妨礙或拒絕（商登§9Ⅱ）。

2. 商業分支機構登記

　　商業登記法第14條第1項規定：「商業之分支機構，其獨立設置帳簿者，應自設立之日起十五日內，將下列各款事項，向分支機構所在地之主管機關申請登記：一、分支機構名稱。二、分支機構所在地。三、分支機構經理人之姓名、住、居所、身分證明文件字號。四、其他經中央主管機關規定之事項。」按商業分支機構之會計及盈虧，係於營業年度終結後歸併總機構彙總計算，而平時使用會計帳簿者，自應辦分支機構登記；如其交易係逐筆轉報總機構列帳，不予劃分獨立設置主要帳冊者，自毋庸辦理分支機構登記。

　　分支機構終止營業時，應自事實發生之日起十五日內，向分支機構所在地之主管機關申請廢止登記（商登§14Ⅱ）。所在地主管機關核准或廢止分支機構登記後，應以副本抄送本商業所在地之直轄市政府或縣（市）政府（商登§14Ⅲ）。

(二)變更登記

1. 商業變更登記

　　商業登記法第15條第1項規定：「登記事項有變更時，除因繼承所致之變更登記應自繼承開始後六個月內為之外，應自事實發生之日起十五日內，申請為變更登記。」如已登記事項有變更而未為變更之登記者，不得以其事項對抗善意第三人（商登§20Ⅰ），例如負責人變更而未辦理變更登記，原有商業負責人以商業名義所為之法律行為，善意第三人仍得主張對商業發生效力。同條第2項規定：「商業之各類登記事項，其申請程序、應檢附之文件、資料及其他應遵行事項之辦法，由中央主管機關定之。」據此，經濟部訂定「商業登記申請辦法」，就商業登記之有關事項予以規範。

2. 商業遷移登記

　　商業登記法第16條規定：「商業遷移於原登記機關之管轄區域以外時，應向遷入區域之主管機關申請遷址之登記。」另依商業登記申請辦法第10條規定，辦理商業遷移登記時，應檢具申請書及負責人之身分證明文件，如屬於合夥組織者[3]，並應附具合夥人之身分證明文件及合夥契約書，向遷入地登記主管機關申請；商業辦理遷移登記時，其名稱如與遷入地已登記之商業相同時，應由遷入地主管機關通知改正後，再行辦理，以免違反商業在同一直轄市或縣（市），不得使用與已登記之商業相同名稱之規定（商登§28Ⅰ）。

3. 停業登記

　　停業，指商業暫停營業，依商業登記法第17條第1項規定：「商業暫停營業一個月以上者，應於停業前申請停業之登記，並於復業前申請復業之登記。但已依加值型及非加值型營業稅法規定申報者，不在此限。」惟停業期間，最長不得超過一年；但有正當理由，

---

[3]　有關申請書及合夥組織時應附具合夥人之身分證明文件、合夥契約書或同意書之規定，於各項登記均有適用，不再另行敘明。

經商業所在地主管機關核准者，不在此限（商登§17Ⅱ）。

4. 歇業登記

　　歇業，指商業終止營業，依商業登記法第18條規定：「商業終止營業時，應自事實發生之日起十五日內，申請歇業登記。」如獨資商業之負責人死亡，全體繼承人無意經營商業，經全體合法繼承人同意終止商業，全體合法繼承人可無須申請商業繼承登記，得逕依本條規定申請商業歇業登記[4]。

(三) 其他登記事項

1. 法定代理人允許經營商業之登記

　　按限制行為能力人為意思表示及受意思表示，應得法定代理人之允許（民§77本文）；但法定代理人如允許限制行為能力人獨立營業者，限制行為能力人，關於其營業，有行為能力（民§85Ⅰ）。惟是否允許，不能沒有依據，故商業登記法第11條第1項規定：「限制行為能力人，經法定代理人之允許，獨立營業或為合夥事業之合夥人者，申請登記時，應附送法定代理人之同意書。」如法定代理人發覺限制行為能力人有不勝任情形，撤銷其允許或加以限制者，應將其事由申請商業所在地主管機關登記（民§85Ⅱ、商登§11Ⅱ）。

2. 法定代理人代為經營商業之登記

　　商業登記法第12條規定：「法定代理人為無行為能力人或限制行為能力人經營已登記之商業者，則法定代理人為商業負責人，應於十五日內申請登記，登記時應加具法定代理人證明文件。」本條明定法定代理人代為經營商業時，為商業之負責人。

3. 經理人任免或調動之登記

　　商業登記法第13條規定：「經理人之任免或調動，應自事實發生之日起十五日內申請登記。」因經理人在執行職務範圍內，亦為商業負責人（商登§10Ⅱ），自有辦理登記之必要。

三、商業登記之程序與效力

(一) 申請

1. 申請人

　　商業登記法第8條規定：「商業登記之申請，由商業負責人向商業所在地之主管機關為之；其委託他人辦理者，應附具委託書。」所謂商業負責人，在獨資組織，為出資人或其法定代理人，在合夥組織者，為執行業務之合夥人；但經理人在執行職務範圍內，亦為商業負責人（商登§10）。

---

[4]　經濟部100年6月14日經商字第10002414990號函。

2. 申請前之業務許可

商業登記法第6條第1項規定：「商業業務，依法律或法規命令，須經各該目的事業主管機關許可者，於領得許可文件後，方得申請商業登記。」例如依當舖業法第4條之規定，經營當舖業應檢附申請書，向當地主管機關申請籌設；於籌設完成後向當地主管機關申請勘驗，經勘驗合格取得許可證後，應於六個月內辦妥商業登記或公司設立登記，故於未取得許可證前，不得申請當舖業務之商業開業登記。如業務之許可，經目的事業主管機關撤銷或廢止確定者，各該目的事業主管機關應通知商業所在地主管機關撤銷或廢止其商業登記或部分登記事項（商登§6II）。

(二) 審查

主管機關接獲申請書後，應審查其有無違反法令或不符商業登記申請辦法所定之程式，商業登記法第22條規定：「商業所在地主管機關對於商業登記之申請，認有違反法令或不合法定程式者，應自收文之日起五日內通知補正，其應行補正事項，應一次通知之。」又審查期間不應長久拖延，故商業所在地主管機關辦理商業登記案件之期間，自收件之日起至核准登記之日止，不得逾七日；但通知補正之期間，不計在內（商登§23）。

(三) 登記

1. 登記之事項

登記之事項包括前述之創設登記、變更登記與其他登記事項，由商業所在地之直轄市政府或縣（市）政府依法受理登記（商登§8）。

2. 登記內容之更正

商業登記法第24條規定：「商業登記後，申請人發現其登記事項有錯誤或遺漏時，得申請更正；必要時並應檢具證明文件。」惟得申請更正之登記事項，以文字錯誤或遺漏者為限；其涉及登記內容者，應申請變更登記（商登辦法§19）。

(四) 效力

1. 登記事項之公告與公開

商業登記法第19條第1項規定：「商業之下列登記事項，其所在地主管機關應公告於資訊網站，以供查閱：一、名稱。二、組織。三、所營業務。四、資本額。五、所在地。六、負責人之姓名及出資額。七、合夥組織者，其合夥人之姓名及出資額。八、分支機構之名稱、所在地及經理人之姓名。」故本項規定可便利商業本身或任何人上網查詢最新商業登記資料，以維護交易安全；惟公告與登記不符者，以登記為準（商登§19II）。

2. 登記對抗主義

商業登記法第20條第1項規定：「商業設立登記後，有應登記事項而未登記，或已登

記事項有變更而未爲變更之登記者，不得以其事項對抗善意第三人。」例如合夥人聲明退夥，只須具備民法第686條所規定之要件，即生退夥之效力；惟合夥如已辦理登記，則合夥人雖聲明退夥，仍須辦理變更登記，否則不得對抗善意第三人[5]，即退夥人對變更登記前合夥所負之債務，對善意第三人仍須負責。

另商業之分支機構依法有其應登記之事項（商登§14），如於分支機構所在地有應登記事項而未登記，或已登記事項有變更而未爲變更之登記者，有關不得以其事項對抗善意第三人之規定，僅就該分支機構適用之（商登§20Ⅱ）。

3. 登記事項證明書

商業登記法第25條規定：「商業負責人得請求商業所在地主管機關就已登記事項發給證明書。」又從前有所謂「營利事業統一發證」制度，依已刪除之商業登記法第21條第1項規定：「商業之登記，如依其他法律之規定，須辦理他種登記者，應實施統一發證；其辦法由行政院定之。」同條第2項規定：「登記證由中央主管機關規定格式，由各地方主管機關自行印製。」惟統一發證，係將事後經常性管理工作提前於核發登記證時由相關單位共同審核之制度，常因作業程序繁複，不但未能達到便民目的，反使商業登記制度事前徵信、事後追懲，以保護交易安全之目的無法達成，故現已廢止。

4. 查閱或抄錄登記事項

商業登記法第26條第1項規定：「商業負責人、合夥人或利害關係人，得敘明理由，向商業所在地主管機關申請查閱、抄錄或複製登記文件。」所謂利害關係人，指對商業或合夥人有債權、債務或其他法律關係之人（商登§26Ⅱ）。

四、商業之名稱

(一) 商業名稱之作用

商業名稱之作用，在於表彰其主體，於商業爲各項行爲時作爲辨識之用，以區別自己與其他商業之不同；並經由主管機關之登記，賦予其名稱使用權。

(二) 商業名稱之選擇

通常商業名稱包括特取部分與表示商業名稱之文字。前者例如負責人姓名或其他名稱；後者例如堂、記、行、號、社、店、館、舖、廠、坊、工作室或其他足以表示商業名稱之文字，並置於名稱之末[6]。依商業登記法第27條前段本文規定：「商業之名稱，得以其負責人姓名或其他名稱充之。」即有關商業名稱之選擇，原則上採自由主義，但受到下列限制：

---

[5] 　最高法院49年台上字第1840號判例。

[6] 　商業名稱及所營業務預查審核準則第9條。

1. 不得使用易於使人誤認為與政府機關或公益團體有關之名稱（商登§27前段但）。

2. 以合夥人之姓或姓名為商業名稱者，該合夥人退夥，如仍用其姓或姓名為商業名稱時，須得其同意（商登§27後段）。

3. 商業在同一直轄市或縣（市），不得使用與已登記之商業相同之名稱。但原已合法登記之商業，因行政區域調整，致與其他商業之名稱相同，或增設分支機構於他直轄市或縣（市），附記足以表示其為分支機構之明確字樣者，不在此限（商登§28Ⅰ）。

4. 商業之名稱，不得使用公司字樣（商登§28Ⅱ）。

(三) 商業名稱之登記

為避免商業與其他商業使用相同之名稱，並便利商業登記之申請，於申請商業登記前應先申請名稱預查核准，並保留一定期間，該商業名稱於保留期間內不得為其他商業使用，故商業登記法第28條第3項規定：「商業名稱及所營業務，於商業登記前，應先申請核准，並保留商業名稱於一定期間內，不得為其他商業使用；其申請程序、商業名稱與所營業務之記載方式、保留期間及其他應遵行事項之準則，由中央主管機關定之。」而依經濟部所訂定之商業名稱及所營業務預查審核準則第3條第1項之規定，其保留期間為二個月。

五、商業登記之撤銷或廢止與處罰

(一) 撤銷或廢止商業登記事項

商業有下列情事之一者，其所在地主管機關得依職權、檢察機關通知或利害關係人申請，撤銷或廢止其商業登記或部分登記事項[7]（商登§29Ⅰ）：

1. 登記事項有偽造、變造文書，經有罪判決確定。

2. 登記後滿六個月尚未開始營業，或開始營業後自行停止營業六個月以上。惟此期限，如有正當事由，得申請准予延展（商登§29Ⅱ）。

3. 遷離原址，逾六個月未申請變更登記，經商業所在地主管機關通知仍未辦理。

4. 登記後經有關機關調查，發現無營業跡象，並經房屋所有權人證明無租借房屋情事。

---

[7] 所在地主管機關依申請所為之登記屬於行政處分，而使違法行政處分失其效力者為撤銷，使合法行政處分失其效力者為廢止（行政程序法第117條、第118條、第122條、第123條及第125條等規定參照）；又所在地主管機關所為撤銷或廢止商業登記之行政行為，本身亦屬行政處分，受行政處分之相對人或利害關係人如有不服，得提起訴願、行政訴訟作為救濟（訴願法第18條、行政訴訟法第4條參照）。

5. 商業名稱經法院判決確定不得使用，商業於判決確定後六個月內尚未辦妥商業名稱變更登記，並經商業所在地主管機關令其限期辦理仍未辦妥。

(二) 勒令歇業之通知

商業之經營有違反法律或法規命令，受勒令歇業處分確定者，應由處分機關通知商業所在地主管機關，廢止其商業登記或部分登記事項（商登§7）。

(三) 違反商業登記規定之處罰

1. 申請登記事項虛偽之處罰

商業登記法第30條規定：「申請登記事項有虛偽情事者，其商業負責人處新臺幣六千元以上三萬元以下罰鍰。」所謂虛偽情事者，指依本法規定應登記之事項有虛偽情事而言；如「虛偽情事」屬於偽造或變造文書，應依同法第29條第1項第1款之規定，於經有罪裁判確定後，所在地主管機關得依職權、檢察機關通知或利害關係人申請，撤銷或廢止其登記。至於商業登記之營業項目與實際經營之營業項目不同，尚非屬登記事項有虛偽情事[8]。

2. 未經設立登記之處罰

商業除有商業登記法第5條所定之情形外，非經向所在地主管機關登記，不得成立（商登§4）。違反此一強行規定，未經設立登記而以商業名義經營業務或為其他法律行為者，商業所在地主管機關應命行為人限期辦妥登記；屆期未辦妥者，處新臺幣一萬元以上五萬元以下罰鍰，並得按次處罰（商登§31）。

3. 違反設立登記以外其他強制登記之處罰

除商業登記法第31條規定之設立登記外，其他有應登記事項而不登記者，其商業負責人處新臺幣二千元以上一萬元以下罰鍰（商登§32）。

4. 逾期登記之處罰

依商業登記法第12條至第15條之規定，有關法定代理人代為經營商業、經理人之任免或調動、分支機構之設立及已登記事項之變更等，除繼承之登記應自繼承開始後六個月內為之外，其餘均應自事實發生之日起十五日內申請登記，逾越期限者，其商業負責人處新臺幣一千元以上五千元以下罰鍰（商登§33）。

5. 妨礙抽查之處罰

商業登記事項，主管機關得隨時派員抽查（商登§9Ⅱ），且依商業登記法第34條規定：「商業負責人或其從業人員違反第九條第二項規定，規避、妨礙或拒絕商業所在地主管機關人員抽查者，其商業負責人處新臺幣六千元以上三萬元以下罰鍰。」惟本條雖以商業負責人為處罰對象，但妨礙抽查之行為人包括商業之從業人員在內。

8　經濟部100年11月28日經商字第10002158090號函。

新聞追蹤

經營網拍每月超過8萬元　須登記營業稅籍

財政部高雄國稅局指出，不管是透過網路賣場如露天或PChome、社群網站如Facebook、Line等經營網拍，若每月銷售貨物達8萬元或是銷售勞務達4萬元，只要單月超標就要向國稅局辦理稅籍登記。官員舉例，若賣家於2月透過Facebook社團經營網拍銷售衣服，2月、3月當月銷售額皆低於8萬元，此時可暫時免辦稅籍登記，但如果在4月當月銷售額達到8萬元時，應向國稅局辦理稅籍登記。

按網路交易與一般營利事業銷售貨物並無不同。但透過拍賣網站出售自己使用過後的二手商品，或買來尚未使用就透過拍賣網站出售，或他人贈送之物品，自己認為不實用而透過拍賣網站出售，並不屬於營業稅課稅之範圍，故無營業稅課徵問題；此外，如個人非經常性在網站上拍賣物品，其因買賣商品所取得之收入，即屬所得稅法所稱之一時貿易所得，應併入營利所得，申報繳納個人綜合所得稅。至於經常在網路上拍賣商品之個人，不可以只申報個人一時貿易所得，依規定必須先辦理營利事業登記，才可以進行買賣行為。另除非屬於小規模營業人或其他特殊行業（參統一發票使用辦法第4條規定），否則只要有營業之事實，均應使用統一發票；所謂小規模營業人，依財政部函釋，係指每月平均銷售額在新臺幣20萬元以下者。

又營業登記與商業登記不同，其屬於稅籍登記，依加值型及非加值型營業稅法第28條之規定，營業人須另向稅捐稽徵機關辦理營業登記。但依該法所授權訂定之稅籍登記規則第3條第2項規定：「公司、獨資、合夥及有限合夥組織之稅籍登記，由主管稽徵機關依據公司、商業或有限合夥登記主管機關提供登記基本資料辦理，並視為已依本法第二十八條規定申請辦理稅籍登記。」故已辦妥公司、有限合夥或商業登記者，毋庸另行申請營業登記，但依該規則第6條第2項之規定，稅捐稽徵機關得視需要向營業人要求提示文件正本。

2020-04-22／工商時報／記者林昱均「經營網拍每月超過8萬元　須登記營業稅籍」報導

第二編

公司法

本編目次

第一章　總則

第二章　無限公司

第三章　有限公司

第四章　兩合公司

第五章　股份有限公司總論

第六章　股份有限公司之機關

第七章　股份有限公司之財務

第八章　股份有限公司之組織變更

第九章　關係企業

第十章　外國公司

第十一章　公司之登記

公司是最重要的商業組織。甚至有學者認為公司制度不但是歷史上最偉大的商業創新，也是政治體制以外，影響個人生活最重要的體制；或者是除了家庭以外，人類社會中最重要的組織[1]，其重要性可見一斑。

公司（尤其是股份有限公司）之所以重要，在於其性質上具有自然人或其他商業組織所不及之優勢。首先，其被賦予法人地位，因此不受自然人生命之限制，得以永續經營；其次，透過股份方式，一方面可以讓資本快速集中，另一方面又可以便利投資者轉讓權益；最後，在有限責任的保障下，投資者不必擔心因投資而背負無限責任，使投資者與公司的關係單純化，降低參與風險，有利於事業的發展[2]。

公司法之內容，在規範「公司」之組織及其運作。因商事法律具有技術性，又重視實用，故有學者表示「證券交易法是什麼？簡單的說，就是股票市場的遊戲規則。」[3]據此，也可以定義公司法，就是「公司關係人參與公司組織、營運活動的遊戲規則。」本書內容即秉此意旨而書寫，希望讀者不但能瞭解公司之運作，也能實際運用於職場或商場。

另股份有限公司之數量雖遠少於有限公司，但因股份有限公司可以聚集多數人之資金，且可以適用於大規模企業，所以在各類型公司中最為重要；另相關特別法，例如企業併購法或證券交易法，均以股份有限公司為規範對象，故本書將其分為四章，並就相關特別法之規定作說明。

---

[1]　米可斯維特、伍爾得禮奇「公司的歷史」許士軍、湯明哲序文。

[2]　同前註。

[3]　賴英照「最新證券交易法解析」自序。

第一章　總則

　　公司雖有無限公司、有限公司、兩合公司及股份有限公司等四種不同之類型，但有關公司之概念、設立、能力、負責人、監督、解散、併購、變更組織與公司之業務、名稱、住所、送達方式等規定，為四種公司所共通，故於介紹各種不同公司前，對此有先瞭解之必要。

案 例

　　大學生甲，因表姊乙任職於A玩具公司，可以取得便宜貨源，故利用課餘時間在拍賣網站上銷售玩具，因物美價廉，回答問題詳盡，所以業績蒸蒸日上。因此，甲決定正式經營網路玩具銷售業務，但不知應如何辦理登記手續？又甲經常聽到商號、企業社或公司等商業組織之名稱，但不清楚彼此間有何差異？自己應該選擇何種商業組織從事交易？其名稱應如何選擇？又應如何辦理設立登記？

解 析

　　此案例置於本文前，主要目的在告知讀者此處章節之重點，故讀者可自行在書中查閱解答，本處僅簡單提供重要思考方向如下：
　　一、有幾種商業組織，其差異為何？
　　二、公司之意義及分類為何？
　　三、公司如何設立？
　　四、公司之名稱應如何選擇，法律有何特別規定？
　　五、公司如何辦理設立登記？

第一節　公司之概念

一、公司之意義

　　公司法第1條第1項規定：「本法所稱公司，謂以營利為目的，依照本法組織、登記、成立之社團法人。」此即公司之定義，可分析如下：

(一) 公司須以營利為目的

所謂營利，指公司因經營業務而獲取利益，並將獲取之利益分派於股東；至於「利益分派」，除盈餘之分派外，尚包括賸餘財產之分派。

(二) 公司須依公司法組織登記

公司法所稱之公司，指依公司法組織登記之公司，如依外國法組織登記，並非公司法所稱之公司；但本國公司有時並非全依公司法組織登記，而是依特別法成立，例如依「臺灣金融控股股份有限公司條例」或「國營港務股份有限公司設置條例」，所設立的臺灣金融控股股份有限公司或臺灣港務股份有限公司。因為上述條例屬於特別法，應優先於公司法而適用，特別法未規定者，才依公司法之規定進行組織登記。

(三) 公司須為社團法人

按法人可以分為以「人」為成立基礎之社團法人及以「財產」為成立基礎之財團法人二種，而公司即是最常見之社團法人。雖現行公司法已開放股東一人之公司（一人公司）設立（公司§98Ⅰ、128-1Ⅰ），但一人公司並未因此而喪失其社團性，因為單一股東日後仍有轉讓其出資或股份而產生複數股東之可能性，即具有潛在之社團性[4]。

二、公司之分類

(一) 法律上之分類

1. 無限公司、有限公司、兩合公司及股份有限公司

不同種類之公司，其股東責任不同；所謂股東責任，指股東對公司債務所負之清償責任。公司法依股東責任之不同，將公司分為四種（公司§2Ⅰ）；並規定公司名稱，應標明公司之種類（公司§2Ⅱ）。

    (1) 無限公司

        指二人以上股東所組織，對公司債務負連帶無限清償責任之公司；可知無限公司之股東，對公司債務係負直接、無限的清償責任。

    (2) 有限公司

        指一人以上股東所組織，就其出資額為限，對公司負其責任之公司；因僅以出資額為限，可知有限公司之股東對公司債務係負間接、有限的清償責任。

    (3) 兩合公司

        指一人以上無限責任股東，與一人以上有限責任股東所組織，其無限責任股東對

---

[4]   柯芳枝「公司法論（上）」第6頁。

公司債務負連帶無限清償責任；有限責任股東就其出資額為限，對公司負其責任之公司。可知所謂兩合，指無限責任股東與有限責任股東之結合，公司必須同時具備這兩種責任不同之股東。

(4) 股份有限公司

指二人以上股東或政府、法人股東一人所組織，全部資本分為股份；股東就其所認股份，對公司負其責任之公司。因股份有限公司之全部資本分為股份，故不同於有限公司之股東係以出資額為限，股份有限公司之股東係以所認股份為限，對公司債務係負間接、有限的清償責任。

2. 本公司與分公司

所謂本公司，指公司依法首先設立，以管轄全部組織之總機構，通常稱為總公司；至於分公司，則指受本公司管轄之分支機構[5]（公司§3Ⅱ）。分公司並無權利能力，但就其業務範圍內之事項涉訟時，訴訟實務上視其為「非法人團體」，有當事人能力[6]，但本公司之訴訟實施權並不因此而喪失。

3. 本國公司與外國公司

公司法第4條第1項規定：「本法所稱外國公司，謂以營利為目的，依照外國法律組織登記之公司。」故反面解釋，依中華民國法律組織登記者，即屬本國公司；至於公司股東或負責人之國籍、資金來源為何，均與公司之國籍無關。又現行公司法已廢除認許制度，故同條第2項規定：「外國公司，於法令限制內，與中華民國公司有同一之權利能力。」以排除民法總則施行法第18條第1項規定之適用，直接賦予外國公司權利能力。

4. 公開發行公司與非公開發行公司

公開發行公司，公司法經常稱為「公開發行股票之公司」，其僅限於股份有限公司（證交§4Ⅰ）；公司於公開發行後，除公司法外，尚須受證券交易法之規範。至於非公開發行公司，則只受公司法規範，惟公司法經常對公開發行公司與非公開發行公司作不同規定[7]。

---

[5] 並非受本公司管轄之分支機構即屬分公司，分支機構之會計及盈虧係於會計年度終結後歸併總機構彙算，並有主要帳簿之設置者，始為分公司；如其交易係逐筆轉報總機構列帳不予劃分獨立設置主要帳冊者，並非分公司，無須辦理分公司登記（經濟部94年10月18日經商字第09402156840號函參照）。

[6] 所謂當事人能力，指於民事訴訟中得為原告或被告之資格；原則上有權利能力者，有當事人能力。惟實務上為應實際需要及便利訴訟實行，除民事訴訟法第40條之規定外，亦承認分公司有當事人能力，最高法院40年台上字第39號判例：「分公司係由總公司分設之獨立機構，就其業務範圍內之事項涉訟時，有當事人能力。」可參；且此時應由其經理人依民法第555條之規定，代表分公司起訴或被訴。

[7] 例如僅公開發行公司得「公開募集公司債」及「重整」。另公司法對部分重要事項，規定須「經代表已發行股份總數三分之二以上股東出席，以出席股東表決權過半數同意」，此種決議稱為「特別決議」；惟公開發行公司股東人數眾多，達此定額不易，故規定公開發行股票之公司，出席股東之股份總數不足特別決議之定額者，「得以有代表已發行股份總數過半數股東之出席，出席股東表決權三分之二以上之同意行之」，此種決議稱為「便宜決議」或「公開發行公司便宜決議」。

(二) 學理上之分類

1. 人合公司、資合公司及中間公司

此係以公司之信用基礎為區別標準。人合公司信用基礎著重於股東個人，而非公司資產，其代表為無限公司，特徵為合夥性濃、股東地位移轉困難及企業所有與企業經營合一等；資合公司信用基礎著重於公司資產，而非股東個人，其代表為股份有限公司，特徵為法人性濃、股東地位移轉容易及企業所有與企業經營分離等[8]。至於中間公司，又稱「折衷公司」，係介於人合公司與資合公司之間，但兩合公司，偏重於無限責任股東個人之資力，故屬偏向人合公司之中間公司；而有限公司，因股東係負間接、有限的清償責任，故信用基礎偏重於公司資產，故屬偏向資合公司之中間公司[9]。

2. 一元公司及二元公司

此係以公司股東之責任為區別標準。公司股東負相同責任者，為一元公司，例如無限公司、有限公司及股份有限公司等；至於公司股東負不同責任者，為二元公司，例如兩合公司。

3. 公營公司與民營公司

此係以政府對公司之持股是否超過百分之五十為區別標準：超過者為公營公司，未超過者為民營公司。

你知道嗎？

什麼是官股公司或官股銀行？

依國營事業管理法第3條第1項規定：「本法所稱國營事業如下：一、政府獨資經營者。二、依事業組織特別法之規定，由政府與人民合資經營者。三、依公司法之規定，由政府與人民合資經營，政府資本超過百分之五十者。」另公營事業移轉民營條例第3條亦規定政府獨資或與人民合資經營，且政府（含公營事業及其轉投資事業）資本超過百分之五十者，為公營事業。可知只要政府（不分中央或地方）資本超過公司資本百分之五十者，即屬公營公司（公營事業）；至於不及百分之五十者，自屬民營公司。

惟新聞媒體常見所謂之官股公司或官股銀行，這是因政府資本雖不及百分之五十，但因民股持股分散，故仍由政府（官方）主導公司之營運，甚至重要之人事亦由政府派任或決定，故國營事業管理法第3條第3項規定：「政府資本未超過百分之五十，但由政府指派公股代表擔任董事長或總經理者，立法院得要求該公司董事長或

---

[8]　柯芳枝「公司法論（上）」第10頁。

[9]　王文宇「公司法」第86頁。

總經理至立法院報告股東大會通過之預算及營運狀況，並備詢。」可見其受政府影響之深。此種情形在原爲公營事業移轉爲民營者，最爲常見，例如中鋼、中華電信或華南、第一、彰化、兆豐等金融事業，故稱爲官股公司或官股銀行。又在政府財產管理上，政府持股稱爲「公股」，財政部國庫署即設有公股管理單位。

第二節　公司之設立

一、公司設立之程序及法律性質

公司既然爲社團法人，首先須訂立章程，作爲組織與活動之基本規則；其次，須確定公司之構成員即股東，並進而確定各股東之出資，以確定公司之資本額；然後，須設置機關，例如無限公司之執行業務股東、有限公司之董事或股份有限公司之董事會，作爲公司組織活動之基礎；最後，經主管機關登記，始能成立（公司§6）。

公司設立行爲，通說採共同行爲說，即二人以上，有設立公司之共同目的，其相同方向之意思表示合致之行爲。惟現行公司法開放股東一人組織之有限公司，或由政府或法人股東一人所組織之股份有限公司設立（公司§98Ⅰ、128-1Ⅰ），此時一人公司之設立行爲應屬單獨行爲[10]。

二、公司設立之立法主義

(一) 放任主義

指公司之設立全由當事人自由爲之，法律不加以干涉；我國對公司之設立，並無採放任主義者。

(二) 特許主義

指公司之設立須由元首命令或立法機關制定特別法律予以特許。例如臺灣金融控股或臺灣港務等股份有限公司，即由立法院制定屬特別法性質的設置條例而成立。

(三) 核准主義

又稱許可主義，指公司設立時，除須具備一般法定要件外，尚須主管機關核准，方能成立，而主管機關核准與否有裁量權[11]。

---

[10]　柯芳枝「公司法論（上）」第12頁。

[11]　通說及實務雖認爲金融控股公司之許可，屬於公司法第17條第1項之業務許可，而非採核准主義；

(四) 準則主義

指法律規定設立公司所需之要件，只要公司之設立符合法律所規定之要件者，即可向主管機關申請設立登記，主管機關不得以任何理由不准登記。我國對一般公司之設立，係採嚴格的準則主義，即法律嚴格規定公司之設立要件，並加重設立人之責任。

三、公司之設立登記

設立登記為公司設立程序之最後階段，依公司法第6條規定：「公司非在中央主管機關登記後，不得成立。」公司於登記完成後，始取得權利能力（法人格）。

(一) 登記機關

公司法第5條第1項規定：「本法所稱主管機關：在中央為經濟部；在直轄市為直轄市政府。」故登記機關本應為經濟部，但因中央主管機關得委任所屬機關、委託或委辦其他機關辦理本法所規定之事項（公司§5Ⅱ），因此，現行登記實務，實收資本額新臺幣五億元以上或位於金門、馬祖之公司或外國公司，由經濟部商業司辦理登記；直轄市轄區內實收資本額未達新臺幣五億元之公司登記業務，由經濟部委託直轄市政府辦理，至於臺灣省各縣市實收資本額未達新臺幣五億元之公司登記業務，則由經濟部中部辦公室辦理。另加工出口區或科學工業園區內之公司，則分別由經濟部加工出口區管理處或科學工業園區管理局辦理登記業務。

公司法第387條第1項規定：「申請本法各項登記之期限、應檢附之文件與書表及其他相關事項之辦法，由中央主管機關定之。」據此，經濟部制定「公司登記辦法」作為處理登記事項之依據。

(二) 資本額之查核

公司法第7條第1項規定：「公司申請設立登記之資本額，應經會計師查核簽證；公司應於申請設立登記時或設立登記後三十日內，檢送經會計師查核簽證之文件。」公司設立以後，如資本額有變動，亦應先經會計師查核簽證，始能申請變更登記（公司§7Ⅱ）。有關設立登記或變更登記時之資本額查核簽證辦法，由中央主管機關定之（公司§7Ⅲ）；因此，經濟部訂定「會計師查核簽證公司登記資本額辦法」作為依據。

但金融控股公司法第9條第1項規定：「主管機關為前條許可設立金融控股公司時，應審酌下列條件：一、財務業務之健全性及經營管理之能力。二、資本適足性。三、對金融市場競爭程度及增進公共利益之影響。」可知申請設立金融控股公司時，並非具備一定要件，主管機關即應予許可，且主管機關亦有凍結或開放金融控股公司之政策表示，故似乎是採核准主義。另有學者認為核准主義「即公司設立時，除須具備一般法規所定之條件外，並須主管機關（積極）核准，方可成立（如商業銀行、第一類電信、證券商之設立）。」則金融控股公司亦應屬核准主義；參劉連煜「現代公司法」第61頁。

(三) 設立登記之效力

　　公司於登記後取得權利能力，可使用公司名義經營業務或為法律行為（公司§19 I）。如為股份有限公司，得發行股票，股東所持有之股份得自由轉讓（公司§161、163）。

　　惟公司除設立登記為成立要件外，其餘登記屬對抗要件；故公司法第12條規定：「公司設立登記後，有應登記之事項而不登記，或已登記之事項有變更而不為變更之登記者，不得以其事項對抗第三人。」例如股份有限公司之新任董事長，自其當選就任後即生效力，並非經主管機關准予變更登記後，始生效力[12]；反之，雖已改選董事長，但未辦理變更登記，如原董事長代表公司與第三人為法律行為，公司不得以其業已卸任為由對抗第三人。又本條之第三人，並無善意、惡意之別，必須注意。

四、設立中公司

(一) 意義及性質

　　所謂設立中公司，指自訂立章程時起至設立登記完成前尚未取得法人格之公司。各種公司雖均有設立階段，但因股份有限公司之設立要件與程序較其他種類之公司複雜，且其除可由發起人全體認足公司之資本外，尚可對外公開募足（公司§131、132），因此，其設立時間費時較久，故設立中公司之概念，對股份有限公司而言，特具意義。

　　有關公司之實體，並非在設立完成時突然出現，而是漸漸生成發展，過程中會與外界發生各種法律關係，故通說承認其具有一定程度之法律上意義，即認設立中之公司與完成設立之公司本屬一體，猶如胎兒與自然人之關係，設立中公司之法律關係當然移轉歸屬於嗣後成立之公司，稱為「同一體說」。又自訂立章程時起承認設立中公司之法律地位，係因章程須經全體股東或發起人之同意後訂定，此時已具備相當於成立後公司之構成員及機關之全部或一部之故。

(二) 公司不能成立時之法律效果

1. 股份有限公司

　　公司法第150條規定：「公司不能成立時，發起人關於公司設立所為之行為，及設立所需之費用，均應負連帶責任，其因冒濫經裁減者亦同。」即由發起人對設立行為及費用負連帶責任；所謂冒濫經裁減者，指公司採募集設立時，股東以現金以外之財產抵繳股款，或應歸公司負擔之設立費用及發起人得受報酬，有冒濫經創立會裁減者（公司§145 I ④⑤、146 III）。

---

[12]　最高法院68年台上字第2337號判例。

2. 其他種類公司

公司法並無明文規定，通說認為應由各股東依合夥法律關係，負連帶清償責任[13]。

你知道嗎？

公司籌備處與設立中公司有何不同？

按設立中公司具有特定法律意義，指訂立章程時起至設立登記完成前尚未取得法人格之公司；至於公司籌備處，指籌設公司之發起人或股東所組成不具法人資格之合夥團體，並對外以「某某公司籌備處」名義進行公司設立行為。故使用公司籌備處之名稱，不限於公司章程訂立以後，只要開始有籌設行為即可；且「籌備處」不只在設立公司時使用，其他法人團體，甚至行政機關，亦常使用籌備處與成立後之組織作區別。另公司法第19條第1項規定：「未經設立登記，不得以公司名義經營業務或為其他法律行為。」目的在禁止未經公司法設立之公司，假借公司名義營業或為其他法律行為，以維護交易安全；惟如公司在設立階段，以籌備處名義為相關法律行為，例如承租公司成立以後所需之營業場所或收取股東所繳納之股款等，因有公司籌備處字樣以資區別，並不違反公司法第19條之規定。但仍不得以籌備處名義從事營業行為，例如在公司登記或營業登記前，以籌備處名義進行「試賣」，縱不違反公司法第19條之規定，仍將因未辦理營業登記而受處罰（營業稅§45）。

第三節　公司之能力

公司是法人，享有權利能力，惟其無自然人之形體，且其權利能力係由法律所賦予，亦受法律之限制，故其權利能力與自然人並不相同。此外，公司從事營利活動，必須有行為能力，且在營利活動中如侵害他人權利，是否可以構成侵權行為或犯罪行為，即公司有無侵權行為能力或犯罪能力？以上，為本節討論之重點。

案例

經過慎重考慮後，甲決定選擇組織單純，但責任有限之一人有限公司作為商業經營之主體，故以歷年積蓄五十萬元設立「B玩具有限公司」，並向主管機關申請設立獲准。由於公司剛成立，營業額有限，故不須太多資金，因此，甲想先將公司資金投入股市；另甲的同學乙前往某家公司應徵，經負責人告知，

---

[13] 王文宇「公司法論」第91頁及最高法院93年度台上字第2188號判決。

須有「店保」才能錄取，乙想公司比「店」大，聽起來也更氣派，所以找甲幫忙以「B玩具有限公司」名義作保；又甲為了促銷玩具，故想出買玩具送煙火的點子，但在運送過程中不幸發生爆炸，造成郵差受傷。

解　析

　　本案例亦置於本文前，主要目的在告知讀者本節之重點，亦請讀者自行於書中查閱解答，本案例思考方向如下：
　　一、公司的權利能力始於何時？又於何時終結？
　　二、公司的權利能力有何限制？
　　三、負責人的行為與公司的行為如何區別？
　　四、公司有無侵權行為能力或犯罪能力？

一、公司之權利能力

(一) 權利能力之始期與終期

　　公司之權利能力始於設立登記完成之時（公司§6），終於清算完結（公司§24、25）。

(二) 權利能力之限制

1. 轉投資之限制

　　(1) 限制之內容

　　　　所謂轉投資，指公司將資本投注於其他事業上，而成為其他事業股東之所有情形[14]。依公司法第13條第1項之規定，公司不得為他公司無限責任股東或合夥事業之合夥人[15]；這是因無限責任股東或合夥事業之合夥人，於公司或合夥之資產不足清償債務時，須負連帶無限清償責任（公司§60、114Ⅱ前段及民§681），責任甚重，為保護債權人及股東權益，故予以限制[16]。如為他公司有限責任股東時，僅「公開發行股票之公司」受限，其所有投資總額，除以投資為專業或公司章程另有規定或經代表已發行股份總數三分之二以上股東出席，以出席股東表決

---

[14]　王文宇「公司法論」第104頁。

[15]　惟依有限合夥法第8條規定，公司得為有限合夥之合夥人；但為普通合夥人時，須取得股東同意或股東會決議。

[16]　惟依經濟部102年2月4日經商字第10202402760號函釋，公司法第13條第1項規定公司不得為合夥事業之合夥人，包括民法第703條之隱名合夥人在內。

權過半數同意之股東會決議者外，不得超過本公司實收股本百分之四十（公司§13Ⅱ）；此之「投資總額」，係以實際支付之轉投資金額爲準，如分次投資者，應加總計算。又前述股東會特別決議，得以便宜決議代替（公司§13Ⅲ）；如出席股東股份總數及表決權數，公司章程有較高之規定者，從其規定（公司§13Ⅳ）。

有關不得超過本公司實收股本百分之四十之限制，如公司係因接受被投資公司以盈餘或公積增資配股所得之股份，不計入投資總額中計算（公司§13Ⅴ）；此係因被投資公司以盈餘或公積增資配股所得股份，爲無償取得，且非投資公司可以掌握，予以限制並不合理之故。

(2) 違反轉投資限制之效力

公司負責人違反轉投資之限制時，應賠償公司因此所受之損害（公司§13Ⅵ），但轉投資之行爲，並非一律無效。如爲他公司無限責任股東或合夥事業之合夥人，因屬違反禁止規定，無效（民§71）；如爲他公司有限責任股東時，行爲有效，只是公司負責人應負損害賠償責任，此係基於公司本來即得轉投資成爲其他公司之有限責任股東，僅投資總額受限制或須經一定程序始得爲之，故該規定非屬效力規定[17]。

2. 公司資金貸與他人之限制

(1) 限制之內容

限制公司資金貸與他人，目的在維持公司資本之充實，避免公司資金變相減少，以保障全體股東及債權人之權益；惟適度開放資金融通管道，可使企業資金取得更多元化，故公司法第15條第1項規定，公司之資金，除有下列情形外，不得貸與股東或任何他人：

A. 公司間或公司與行號間，只要有業務往來者，即可貸與資金，且無貸與金額之限制。

B. 如公司間或公司與行號間無業務往來，惟有短期融通資金之必要時，亦可貸與資金，但融資金額不得超過貸與企業淨值的百分之四十。所謂「短期」，指一年或一營業週期（以較長者爲準）之期間；而「淨值」，則指資產總額減去負債總額之餘額；至於百分之四十之計算應以融資金額累計計算之[18]。

由上述說明可知，公司資金貸與對象限於其他「公司」或「行號」，個人不包括在內；但員工向公司預支薪津，約定就僱用人薪津及獎金於存續期限內扣還，非屬一般貸款性質，不受公司資金貸與他人之限制[19]。

---

[17] 柯芳枝「公司法論（上）」第22頁。

[18] 經濟部91年1月7日經商字第09002270580號函。

[19] 此係考量公司與員工間之依存關係及社會通常觀念，認爲非屬一般貸款性質；惟預支予員工之薪資如超過一般薪資之合理範圍，或所預支之薪資無法由員工自由意志所支配，應屬一般貸款，仍受公

(2) 違反公司資金貸與他人限制之效力

通說認爲違反上述規定時，借貸無效，公司得隨時請求返還借款，且公司負責人違反時，應與借用人連帶負返還責任；如公司受有損害者，亦應由其負損害賠償責任（公司§15Ⅱ）。

3. 保證之限制

(1) 限制之內容

禁止公司爲保證，目的在避免公司負責人擅自使用公司名義爲他人作保，以維護公司財務之穩定。公司法第16條第1項規定：「公司除依其他法律或公司章程規定得爲保證者外，不得爲任何保證人。」可知公司原則上不得爲保證。例外所謂依其他法律，例如銀行法第3條第13款規定銀行經營之業務包括「辦理國內外保證業務」之情形[20]；至於公司章程規定得爲保證者，應於章程中明定「得對外保證」，但不得將「得對外保證」字句載明於所營事業中[21]，即一般公司不得將保證作爲公司之業務項目。又除上述兩種例外情形外，縱經全體股東同意，亦不得對外保證[22]。

又此之保證，除擔任民法上之保證人外，尚包括票據法上之保證人（票據§58Ⅰ），另公司提供財產爲他人設定擔保物權，就公司財務之影響而言，與爲他人保證人之情形無殊，仍應同受限制[23]。至於以公司名義背書票據，屬票據轉讓行爲（票據§30Ⅰ），背書人係依照票據文義負票據法規定之責任（票據§39準用29），與保證不同，不違反公司不得爲保證之規定[24]。

(2) 違反保證限制之效力

公司法第16條第2項規定：「公司負責人違反前項規定時，應自負保證責任，如公司受有損害時，亦應負賠償責任。」公司負責人如違反規定，以公司名義爲人保證，既不能認爲屬於公司之行爲，對於公司自不發生效力[25]；又除法律另有規定或公司章程規定得爲保證者外，縱經全體股東同意對外保證，對公司亦不發生效力，仍由公司負責人自負保證責任。

司資金貸與他人之限制（經濟部101年11月28日經商字第10102144470號函參照）。

[20] 至於證券交易法第36條之1及依該條授權訂定之「公開發行公司資金貸與及背書保證處理準則」，其立法目的，係對於公司爲重大財務業務行爲，應依主管機關所定規範踐行必要之作業程序及公開相關資訊，以保障投資人權益，尚非規範所有公開發行公司得基於該條法律及授權制定之「公開發行公司資金貸與及背書保證處理準則」從事保證業務，故非屬公司法第16條所稱得爲保證之「其他法律」（證期會93年4月28日台財證六字第0930114130號函參照）。

[21] 經濟部74年4月12日經商字第14156號函。

[22] 經濟部81年10月30日經商字第229491號函。

[23] 最高法院74年台上字第703號判例。但有學者認爲人保與物保不同，物保係負物的有限責任，對公司財務影響有限，應不受限制；參王泰銓（王志誠修訂）「公司法新論」第158頁。

[24] 最高法院92年台簡上字第24號判例。

[25] 司法院大法官會議釋字第59號解釋。

案例

　　A有限公司向甲借款新臺幣一千萬元，並簽發本票乙紙作為借款之擔保；惟甲為確保債權之清償，故要求B有限公司在本票背書，以擔保A有限公司借款之清償，因B有限公司章程對擔保借款並無任何規定，請問：(一)B公司之背書行為是否有效？(二)如果B公司是就本票之付款作保證（本票之保證人），情形有無不同？(三)又如果B公司提供其所有之不動產供銀行設定抵押權，其情形又有無不同？(四)又如果B公司全體股東同意以B公司名義對本票作保證或提供B公司所有之不動產供銀行設定抵押權，其情形又有無不同？

解 析

　　第一小題，依票據法第39條準用第29條之規定，背書人應依票據文義擔保票據之付款，此一規定在本票、支票亦有適用（票據§124、144），故背書人所承擔之法律責任，實與保證人無異；惟背書為單獨行為，與保證屬契約行為並不相同，且背書人係基於自己轉讓票據之目的而為背書，與保證係就他人之債務提供擔保，亦不相同，故本件背書行為並未違反公司法第16條第1項之規定，而為有效。又以保證而非轉讓票據之意思，於票據上簽名者，稱為隱存保證背書，最高法院92年台簡上字第24號判例認為「票據乃文義證券，不允許債務人以其他立證方法變更或補充其文義，故凡在票據背面或其黏單上簽名而形式上合於背書之規定者，即應負票據法上背書人之責任。縱令係屬隱存保證背書，且為執票人所明知，仍不能解免其背書人之責任。」故B公司仍應負背書人責任，特一併敘明。

　　第二小題，公司法第16條第1項所稱之「保證人」，並未區分係民法上之保證人或票據法上之保證人，故B公司之保證無效，應由B公司之負責人自負保證責任。至於第三小題之B公司，雖然是物上保證人，但通說認為仍受限制，故其提供所有之不動產供銀行設定抵押權之行為無效。第四小題之行為雖經B公司全體股東同意，但因公司為保證，除依其他法律規定外，必須公司章程明文規定始得為之，故仍為無效。

二、公司之行為能力

　　公司有行為能力，故得以自己之行為取得權利、負擔義務；但公司之行為由代表機關為之，代表機關在權限範圍內所為之行為，視為公司之行為。所謂公司之代表機關，在無限公司，為代表公司之股東（公司§56 I）；在有限公司，為董事或董事長（公司

§108Ⅰ）；在兩合公司，為執行業務之無限責任股東（公司§122反面解釋）；在股份有限公司，為董事長（公司§208Ⅲ）。代表機關係公司組織之一部分，其代表公司所為之行為，不論為法律行為、事實行為或侵權行為，均視為公司之行為；但法律對代表行為應如何行使並未規定，解釋上應類推適用關於代理之規定[26]。

三、公司之侵權行為能力

按公司有侵權行為能力，並無爭執，但其依據究竟是民法第184條抑或同法第28條，甚至是公司法第23條第2項，則有不同見解。惟民法第184條是侵權行為責任之基本規定，而依該條文義及立法說明，並未限於自然人始有適用；且公司之侵權行為責任，倘均須藉由其代表機關或受僱人之侵權行為，始得成立，將使被害人於請求賠償時，須特定、指明並證明該公司企業組織內部之加害人及其行為內容，並承擔特殊事故（如公害、職災、醫療事件等）無法確知加害人及其歸責事由之風險，於被害人之保護，殊屬不周，故最新實務見解認為公司亦適用民法第184條規定，負自己之侵權行為責任[27]。

四、公司之犯罪能力

公司無刑事責任能力，故除法律明文規定外，原則上無犯罪能力。例外特別刑法有規定法人之刑事責任者，例如證券交易法第179條規定：「法人及外國公司違反本法之規定者，除第一百七十七條之一及前條規定外，依本章各條之規定處罰其為行為之負責人。」此種情形，稱為「轉嫁責任」。另有所謂「兩罰責任」，例如公平交易法第37條第2項規定：「法人之代表人、代理人、受僱人或其他從業人員，因執行業務違反第二十四條規定者，除依前項規定處罰其行為人外，對該法人亦科處前項之罰金。」即自然人與法人（公司）同受處罰，但對法人僅科以罰金刑。

第四節　公司之業務、名稱、住所及送達方式

一、公司之業務

(一) 公司所營事業

公司法第18條第2項規定：「公司所營事業除許可業務應載明於章程外，其餘不受限

---

[26] 最高法院74年台上字第2014號判例。

[27] 最高法院108年度台上字第2035號判決。

制。」即除依法須經許可之業務，例如銀行業或保險業，應記載於章程外，其餘非許可業務，只要法令未禁止或限制，公司皆可經營[28]。

(二) 許可業務與非許可業務

許可業務，又稱特許業務或營業許可，依公司法第17條第1項規定：「公司業務，依法律或基於法律授權所定之命令，須經政府許可者，於領得許可文件後，方得申請公司登記。」可知所謂許可業務，指公司所營事業依法須經政府許可者。公司法第18條第3項規定：「公司所營事業應依中央主管機關所定營業項目代碼表登記。已設立登記之公司，其所營事業為文字敘述者，應於變更所營事業時，依代碼表規定辦理。」據此，經濟部編製有「公司行號及有限合夥營業項目代碼表」，其中許可業務部分，於代碼部分之最後一碼為「1」，代表必須先取得主管機關許可函，才能據以辦理公司登記。

許可業務依法律或基於法律授權所定之命令，須經政府許可者，前者例如銀行法第53條或保險法第137條之規定；後者例如報關業設置管理辦法，其係財政部基於關稅法第22條第3項規定之授權而訂定。又許可者，為公司之業務，而非公司設立須經政府核准，故與公司設立採準則主義並不牴觸[29]；且公司業務得於設立後，再為變更登記，故此之公司登記包括設立登記與變更登記。

(三) 許可業務之撤銷或廢止

公司法第17條第2項規定：「前項業務之許可，經目的事業主管機關撤銷或廢止確定者，應由各該目的事業主管機關，通知中央主管機關，撤銷或廢止其公司登記或部分登記事項。」因許可屬公司登記之前提要件，故許可遭目的事業主管機關撤銷或廢止後，公司登記即無所附麗，自應配合撤銷或廢止；惟一般公司之營業項目可不只一項，若其中一項遭撤銷或廢止，因公司尚可經營其他業務，故僅須撤銷或廢止許可業務部分之登記即可，而無須撤銷或廢止公司之設立登記。

二、公司之名稱

(一) 公司名稱之意義

公司之名稱相當於自然人之姓名，且其於市場上提供商品或服務時，亦可作為與其他公司之區別標誌，故具有一定之經濟利益。又公司名稱雖可自由選擇，但應標明公司之種類（公司§2Ⅱ）；若為外國公司之分公司，其名稱應譯成中文，除標明其種類外，並應

---

[28] 公司及商業之所營事業得加列「ZZ99999 除許可業務外，得經營法令非禁止或限制之業務」之概括代碼及業務，但不得僅載明該概括代碼及業務；參經濟部99年12月6日經商字第09902165270號函。

[29] 柯芳枝「公司法論（上）」第14頁。

標明其國籍（公司§370），例如「美商花旗銀行股份有限公司台北分公司」。

(二) 使用公司名稱之限制

公司法第18條第5項規定：「公司名稱及業務，於公司登記前應先申請核准，並保留一定期間；其審核準則，由中央主管機關定之。」故經濟部據此訂定「公司名稱及業務預查審核準則」作爲審核之依據，依該準則第3條第1項規定：「預查申請案經核准者，自核准之日起算，其保留期間爲六個月。但於期間屆滿前，得申請延展保留，期間爲一個月，且以一次爲限。」至於審核時，限制公司使用之名稱，其情形如下：

1. 不得使用與其他公司相同之名稱

按公司名稱之組成，包括「特取名稱」、「表明業務種類或可資區別之文字」與「公司種類」三個部分。公司法第18條第1項規定：「公司名稱，應使用我國文字，且不得與他公司或有限合夥名稱相同。二公司或公司與有限合夥名稱中標明不同業務種類或可資區別之文字者，視爲不相同。」此種排他性之效力，係於公司設立登記後發生，稱爲公司名稱專用權[30]。惟公司名稱是否相同，應先就其特取名稱觀察，特取名稱相同，其公司名稱即爲相同；但二公司名稱中標明不同業務種類或可資區別之文字者，則視爲不相同。例如「花旗」爲特取名稱，「銀行」或「保險」爲業務種類，故「花旗銀行」與「花旗保險」之公司名稱並不相同[31]。

你知道嗎？

公司名稱與商標有何不同？

按公司名稱與自然人之姓名相同，均屬區別人己之語言標誌，可以將人個別化，以確定其人之同一性；因此，公司名稱之法律意義及功能亦於識別企業之主體性，得以與其他企業主體區別。至於商標，指任何具有識別性之標識，得以文字、圖形、記號、顏色、立體形狀、動態、全像圖、聲音等，或其聯合式所組成，足以使商品或服務之相關消費者認識爲指示商品或服務來源，並得與他人之商品或服務相區別者（商標§18）。因此，公司名稱作爲區別人己之功能屬於普通使用，與商標之功能，作爲表彰商品或服務來源之積極使用，二者迥異。

又公司名稱於登記後，即取得專用權，其他公司名稱縱經主管機關審核完成登

---

[30] 依商業登記法第28條第1項本文規定：「商業在同一直轄市或縣（市），不得使用與已登記之商業相同之名稱。」可知商業在同一直轄市或縣（市）內，亦有名稱專用權，惟商業與公司不同，並無二者不得使用同一名稱之限制。

[31] 另公司名稱之使用，亦可能涉及公平交易法第20條、第21條及第24條之規定，其重點在於有無使相對人混淆之虞。

記，公司名稱專用權受侵害之公司，仍得依民法第19條規定，請求排除侵害。實務上即曾發生「東森不動產仲介經紀有限公司」與「東森建業不動產仲介經紀股份有限公司」名稱相似，先使用之前者訴請法院排除侵害，請求後者不得使用其公司名稱。因「東森」為特取名稱，而「建業」二字，法院認為屬當時公司名稱及業務預查審核準則第6條第3項第2款規定之「表明營業組織通用或事業性質之文字」，而非「可資區別之文字」，故判決後者不得使用其公司名稱（最高法院97年度台上字第30號判決參照），後者遂將公司名稱改為「東誠國際仲介經紀股份有限公司」。另於公司名稱中所標明之組織種類、地區名、新、好、老、大、小、真、正、原、純、真正、純正、正港、正統、堂、記、行、號或社之文字，亦不屬於可資區別之文字，例如「新洪記」、「老洪記」與「洪記」即屬相同。

但在商標部分，後者曾向經濟部智慧財產局以「東森房屋EASTERN REALTY及圖」申請註冊獲准，取得商標專用權；故前者又依民法第19條規定，訴請後者不得使用「東森房屋」作為商標之內容及招牌名稱或使用於廣告文宣上。但因公司名稱與商標之功能不同已如前述，且依商標法之規定，「有著名之法人、商號或其他團體之名稱，有致相關公眾混淆誤認之虞者。」始不得註冊為商標（商標§30 I ⑭），故法院認為公司名稱須達於著名程度，始有防止商標權意欲攀附不當竊用公司著名名聲而否准註冊之必要；苟公司名稱未達著名程度，法律即准許商標權註冊，二法益得以併存，難謂商標權有侵害公司名稱可言，而駁回前者之訴（最高法院101年度台上字第1868號判決參照）。

2. 不得使用妨害公共秩序或善良風俗之名稱

公司法第18條第4項規定：「公司不得使用易於使人誤認其與政府機關、公益團體有關或妨害公共秩序或善良風俗之名稱。」例如公司名稱有「國立」、「生命線」或「紅十字」等字樣。

(三) 侵害公司名稱之命令解散

公司名稱經法院判決確定不得再使用者，實務上曾發生部分公司未依判決主文主動辦理名稱之變更，造成他人權益受損之情形，故公司法第10條第3款規定，以六個月為期限，如逾期仍未辦理名稱變更登記，並經主管機關令其限期辦妥變更登記仍未完成者，主管機關得依職權或利害關係人之申請，命令解散之，俾藉此督促公司辦理名稱變更登記。

(四) 應清算或破產之公司名稱得為他人申請使用

按經解散、撤銷或廢止登記之公司，係屬不得再經營業務之公司，依法應行清算；

惟實務上，經解散、撤銷或廢止登記之公司，多數未進行清算，致公司之法人格無法因清算完結而消滅，且因法人格尚存，使其公司名稱仍受保護而不得爲他人申請使用。又公司經法院宣告破產後，如長期未獲法院裁定破產終結，致主管機關不開放其名稱供他人申請使用，亦不合理[32]。故公司法第26條之2規定：「經解散、撤銷或廢止登記之公司，自解散、撤銷或廢止登記之日起，逾十年未清算完結，或經宣告破產之公司，自破產登記之日起，逾十年未獲法院裁定破產終結者，其公司名稱得爲他人申請核准使用，不受第十八條第一項規定之限制。但有正當理由，於期限屆滿前六個月內，報中央主管機關核准者，仍受第十八條第一項規定之限制。」使他人得使用此類公司之名稱。

新聞追蹤

全聯開拔搶傳統市場　五年拚千家

挑戰全市場最便宜的全聯社，就連蓋企業總部的哲學，也一樣追求最便宜！5月中，全聯總公司從原本在台北市華山市場旁，老舊、狹窄又破碎的辦公室，搬到大直一棟樓高十七層、玻璃帷幕新大樓，坐在新辦公室內接受《商業周刊》專訪的全聯實業董事長宣布，目前有六百五十八家店的全聯，將在五年內，達到一千家，躋身零售業「千店俱樂部」！全聯去年營收達670億元，已是綜合零售業裡（不含百貨公司），僅次於統一超商的第二大零售通路。

按全聯福利中心，前身是以供銷軍公教福利品爲主的「中華民國消費合作社全國聯合社」（全聯社），也就是所謂的軍公教福利中心，其屬於具有法人格之「合作社」組織，以生活用品之銷售爲其業務。據新聞報導，林敏雄當初是在「三個超過200歲的主席」請託下，於1998年接手虧損累累的軍公教福利中心，改以公司型態的「全聯實業股份有限公司」經營，並在20幾年內，從最初的68家店快速擴展到2021年的1,000多家店。因全聯以「穩定物價、給大家最便宜的價格」爲經營目標，故在廣告、店面標示，甚至是發票上，都有使用「全聯福利中心」之文字，但這並非其公司名稱，申請也不會獲准登記。

按「福利中心」之文字，易於使人誤認爲與政府機關或公益團體有關，故依公司名稱及業務預查審核準則第9條第2項第1款之規定，不得使用；此外，管理處、服務中心、活動中心、農漁會、機構、聯社、福利社、合作社、研習會、產銷班、研究所、事務所、聯誼社、互助會、服務站、大學、文物館、社區、寺廟、基金會、協會、社團、

---

[32] 以往實務見解認爲「法人宣告破產後，其法人格即歸消滅」（最高法院62年2月20日第一次民事庭庭長會議決議）；但此項見解現已變更，故公司受破產宣告者，該公司法人格尚未消滅，得類推適用公司法第25條規定，認公司於依破產程序清理債務之必要範圍內，視爲存續。

財團法人等文字，亦不得使用。另外國或大陸公司，名稱常有「集團」字樣，但依同條項第3款規定，「關係企業、企業關係、關係、集團、聯盟、連鎖或其他表明企業結合之文字」亦不得使用。

2013-06-03／商業周刊第1332期／黃玉禎「全聯開拔搶傳統市場　五年拚千家」

三、公司之住所及送達方式

公司與自然人相同，必須有住所，以作為法律關係之中心地。公司法第3條第1項規定：「公司以其本公司所在地為住所。」故對公司之送達，自應向其本公司所在地為之。但公司常因歇業、私自遷址致處所不明或公司根本已不存在，此時主管機關依法應送達於公司之公文書無從送達者，得改向代表公司之負責人送達之；仍無從送達者，得以公告代之（公司§28-1Ⅱ）。另為因應電子科技之進步，明定主管機關依法應送達於公司之公文書，除維持現行書面送達之方式外，亦得以電子方式為之（公司§28-1Ⅰ）。

又公司決議合併、清算、變更組織或公開招募股份或受理股東提案等，均須以公告方式為之；此時公告應登載於新聞紙或新聞電子報，或中央主管機關建置或指定之網站，但公開發行股票之公司，證券主管機關另有規定者，不在此限（公司§28）。

第五節　公司之負責人

公司為法人，並無實體，故須設置各種公司機關，以決定或實行其意思；公司機關依其性質不同，可分為意思機關、執行機關、代表機關與監督機關。除意思機關外，其他機關稱為公司負責人，又有「當然負責人」與「職務負責人（職務範圍內之負責人）」之分。各種公司負責人中，以董事最為重要，但董事有不同之種類，又除經理人外，其餘公司負責人在其他各章節均另有說明，故本節特就董事之種類及經理人與公司之關係為完整之說明。

一、公司負責人概說

(一) 當然負責人

指公司法定必備之業務執行機關或代表機關，公司法第8條第1項規定：「本法所稱公司負責人：在無限公司、兩合公司為執行業務或代表公司之股東；在有限公司、股份有限公司為董事。」所謂執行業務，指處理公司所營事業之各種事務，屬於公司內部事項；至於代表，則指處理公司與第三人間之權利義務關係，屬於公司外部事項。因此，就同一

行為，對內而言可能是執行業務，對外而言則是代表公司，故擁有代表公司之權限者，常以具有業務執行權為前提，而業務執行者卻未必有代表之權；例如無限公司、兩合公司或有限公司有多數之執行業務股東或董事時，可以章程特定代表公司之股東或董事（公司§56Ⅰ、108Ⅰ、115），但股份有限公司僅有董事長有代表權（公司§208Ⅲ）。

(二) 職務負責人

指在執行職務範圍內，方為公司負責人，包括公司之經理人、清算人或臨時管理人，股份有限公司之發起人、監察人、檢查人、重整人或重整監督人（公司§8Ⅱ）。

(三) 董事之種類

所有公司負責人中，以董事最為重要，依其身分可區分為：

1. 自然人董事

自然人得擔任公司董事，但必須具有行為能力，如為股份有限公司，董事不以具有股東身分為必要（公司§192Ⅰ）。此種董事角色單純，責任也較清楚，多數外國立法例僅允許自然人擔任董事。

2. 政府或法人董事

政府或法人有權利能力[33]，故得為公司之股東，公司法第27條第1項規定：「政府或法人為股東時，得當選為董事或監察人。但須指定自然人代表行使職務。」可知股份有限公司之政府或法人董事必須具有股東身分，與自然人董事不同。惟政府或法人雖以股東身分當選為董事，但因其並無實體存在，故須指定自然人代表其行使董事職務；且因擔任董事者為政府或法人，故政府或法人在董事任期內，得隨時改派其他自然人行使職務（公司§27Ⅲ）。通說認為公司與董事之間具有委任關係，惟在政府或法人董事，委任關係僅存在於公司與政府或法人董事之間，至於被指派之自然人與公司之間，並無委任關係存在。

3. 政府或法人代表董事

又稱政府或法人代表人董事。公司法第27條第2項規定：「政府或法人為股東時，亦得由其代表人當選為董事或監察人。代表人有數人時，得分別當選，但不得同時當選或擔任董事及監察人。」依此規定產生之董事與前述政府或法人董事不同，代表人係以個人名義當選為董事[34]，故其除與當選為董事之公司間有委任關係外，與指派其為代表人之政府

---

[33] 國家或地方自治團體為公法人，有權利能力，得擁有財產，只是其財產由管理機關管理，故實務上是登記管理機關，例如「財政部」、「經濟部」或「交通部」為股東。

[34] 在登記實務上，係登記代表人為董事，並註記其「所代表法人」，例如「董事：○○○」、「所代表法人：○○股份有限公司」；至於法人董事，則直接登記該法人為董事，而受指定代表執行董事職務之自然人，則無須登記。又因公司法第27條第2項係規定「亦得由其代表人當選為董事或監察人」，可知第1項與第2項之運作不同，僅能擇一行使，即法人股東僅能選擇擔任法人董事或由其代表人當選為董事（經濟部87年9月29日商字第87223431號函參照）。

或法人間亦有委任關係存在，如二者有利益衝突時，應以何者為先，實有疑問？且公司法第27條第3項規定：「第一項及第二項之代表人，得依其職務關係，隨時改派補足原任期。」故不但政府或法人本身當選董事、監察人者，可以改派自然人行使職務，即代表人雖以個人名義當選為董事，仍得因其與政府或法人之職務關係，隨時改派，並無任期保障[35]，因此，其容易受政府或法人所左右，欲求其獨立行使職權顯有困難。又因政府或法人得指派多數代表人分別當選為董事，不但造成單一法人操縱公司之情形，也違反股東平等原則，故公司法第27條之規定，頗受學者非議，屢有刪除之建議。且董事無論是依公司法第27條第1項或第2項之規定產生，其改派均自政府或法人改派之意思表示到達公司時，即生效力[36]。

政府或法人雖得指定多數代表人分別當選董事或監察人，但因董事或監察人分別為公司之業務執行機關與監督機關，如其代表人同時擔任董事及監察人，明顯違反公司治理之精神，故公司法第27條第2項增訂但書規定，禁止同時當選或擔任董事及監察人；如政府或法人股東之代表人違反公司法第27條第2項但書之規定者，由政府或法人股東自行選擇其一方式處理，政府或法人股東選擇擔任董事或監察人後，其缺額由公司另行補選[37]。惟政府或法人股東一人所組織之股份有限公司，該公司之董事及監察人係由政府或法人股東指派（公司§128-1IV），與公司法第27條第2項規範之情形不同，故政府或法人之代表人仍得同時擔任一人公司之董事及監察人[38]。

4. 實質董事

因依公司法第8條第1項及第2項之規定，就公司負責人之認定係採形式主義，故只要名義上不擔任公司董事或經理人，縱使實際控制公司，也不會被認定為公司負責人，須對違法行為負責，為避免流弊，使其權責相符，保障公司及投資人權益，公司法引進實質董事之觀念，藉以提高控制股東在法律上應負之責任。公司法第8條第3項規定：「公司之非董事，而實質上執行董事業務或實質控制公司之人事、財務或業務經營而實質指揮董事執行業務者，與本法董事同負民事、刑事及行政罰之責任。但政府為發展經濟、促進社會安定或其他增進公共利益等情形，對政府指派之董事所為之指揮，不適用之。」實質上執行董事業務者，又稱為「事實上董事」，例如一般常見之總裁、會長或主席等職稱；至於實質控制公司之人事、財務或業務經營而實質指揮董事執行業務者，又稱為「影子董

---

[35] 與政府或法人本身當選董事、監察人不同，此時實已發生董事、監察人變更問題：參柯芳枝「公司法論（上）」第45頁。

[36] 經濟部82年3月12日經商字第205706號函。

[37] 經濟部101年11月5日經商字第10102146330號函。惟在2012年1月增訂公司法第27條第2項但書規定之前，證券交易法第26條之3第2項已經規定：「政府或法人為公開發行公司之股東時，除經主管機關核准者外，不得由其代表人同時當選或擔任公司之董事及監察人，不適用公司法第27條第2項規定。」據金管會解釋，違反時，係政府或法人所派代表人「當選監察人無效」，依據是類推適用同條第5項及第6項規定（參劉連煜「現代公司法」第123頁所引用金管會101年7月4日金管證發字第10100164441號函）；故因主管機關解釋不同，致使公開與非公開發行公司有不同結論。

[38] 經濟部101年7月6日經商字第10102089760號函。

事」，其雖未在公司擔任任何職務，但實質控制公司。

本項規定之目的在使實質董事負民事、刑事及行政罰之責任；但因事實上我國各級政府控制不少公營或民營公司，常因政策需要指揮所指派之董事配合，例如中油、台電兩家國營公司配合油電凍漲之情形，故例外規定有發展經濟、促進社會安定或其他增進公共利益等情形時，政府不適用實質董事須負責任之規定。

5. 獨立董事

除以上公司法所為之規定外，證券交易法第14條之2第1項規定：「已依本法發行股票之公司，得依章程規定設置獨立董事。但主管機關應視公司規模、股東結構、業務性質及其他必要情況，要求其設置獨立董事，人數不得少於二人，且不得少於董事席次五分之一。」可知獨立董事之規定限於公開發行公司，且是否設置依公司章程之規定，但主管機關（金融監督管理委員會）得視情形要求公司設置。又有所謂之「外部董事」，其定義並不明確，與獨立董事之概念亦非一致，通常指非公司之內部人（例如股東或經理人），而擔任公司之董事，與獨立董事係法律所明定，且依該條第2項規定須具備一定條件不同[39]。

6. 勞工董事

我國明文規定勞工董事者，僅限於國營事業，依國營事業管理法第35條第2項及第3項之規定，國營事業之董事或理事，其代表政府股份者，應至少有五分之一席次，由國營事業主管機關聘請工會推派之代表擔任；而由工會推派之代表，有不適任情形者，該國營事業工會得另行推派之。

7. 公益董事

又稱專家董事，依證券交易法第126條第2項前段及期貨交易法第36條前段之規定，公司制證券交易所之董事、監察人至少應有三分之一，由主管機關指派非股東之有關專家任之；而公司制期貨交易所之董事、監察人至少四分之一由非股東之相關專家擔任之，其中半數由主管機關指派，餘由董事會遴選，經主管機關核定後擔任之。

二、公司負責人之義務

(一) 忠實義務與注意義務

1. 忠實義務與注意義務之意義及賠償責任

公司法第23條第1項規定：「公司負責人應忠實執行業務並盡善良管理人之注意義務，如有違反致公司受有損害者，負損害賠償責任。」本項明確規定公司負責人對於公司應盡忠實義務與注意義務，公司負責人違反此義務致公司受有損害者，應負損害賠償責

---

[39] 依證券交易法第14條之2第4項第2款之規定，政府、法人或其代表人不得依公司法第27條規定當選為獨立董事，故獨立董事必須是自然人，在登記實務上，會註記其為「獨立董事」。

任：惟二者意義不同，特分述如下：

(1) 忠實義務

公司法第23條之忠實義務（duty of loyalty），通說認為係源於英美法之受託義務（fiduciary duty）下之忠實義務，其乃解決公司負責人與公司間所生之利益衝突所形成之法理；此義務要求公司負責人於利益衝突時，須以公司利益為重，並以此為行為準則，提供其最廉潔之商業判斷[40]。但忠實義務屬於概括性規定，其內涵及適用情形並不明確，勢必借重英美法之概念予以闡釋；另公司法有關表決權行使之迴避、競業禁止及自己代理與雙方代理之禁止等規定（公司§206Ⅳ準用178、209Ⅰ及223），則屬於公司負責人負忠實義務之具體規範。

(2) 善良管理人之注意義務

所謂善良管理人之注意，指依交易上一般觀念，認為有相當知識經驗及誠意之人應盡之注意。公司負責人與公司間之關係，屬於委任；雖依民法第535條之規定，受任人無償時，僅負與處理自己事務為同一之注意，但因公司負責人係經常性執行公司之業務，故公司法第23條第1項明定應盡善良管理人之注意義務，不因有償或無償而不同。

2. 歸入權之行使

因違反忠實義務與注意義務，必須公司受有損害始得請求賠償，故公司法第23條第3項規定：「公司負責人對於違反第一項之規定，為自己或他人為該行為時，股東會得以決議，將該行為之所得視為公司之所得。但自所得產生後逾一年者，不在此限。」其立法理由，在避免公司負責人動輒中飽私囊並逕為脫產，因此，仿效董事競業禁止有關歸入權行使之規定（公司§209Ⅴ），於公司負責人執行業務未盡忠實義務與注意義務而有「所得」時，股東會得以決議，將該行為之所得視為公司之所得，使公司負責人不得保有不法之利益。

(二) 連帶賠償責任

公司法第23條第2項規定：「公司負責人對於公司業務之執行，如有違反法令致他人受有損害時，對他人應與公司負連帶賠償之責。」按公司負責人執行公司業務，如有違反法令致他人受有損害時，即視為公司之侵權行為，公司應負侵權行為責任，但為防止公司負責人濫用其權限致侵害公司權益，且為使受害人多獲賠償之機會，故規定公司負責人應與公司負連帶賠償之責。又所謂執行業務，應採廣義解釋，凡是公司負責人處理與公司有關之事務均屬之[41]；股份有限公司解散後，董事以清算人之地位，執行清算之事務，亦應

---

[40] 王文宇「公司法論」第119頁。

[41] 最高法院102年度台上字第1060號判決。

認爲屬公司負責人執行公司業務[42]。至於行爲包括作爲與不作爲，則爲當然之理；但所侵害者，必須是「私權」，如侵害「公權」，例如逃漏稅款，則不得請求公司負責人與公司負連帶賠償之責[43]。

你知道嗎？

什麼是商業判斷原則？

所謂商業判斷原則（Business Judgment Rule），又稱經營判斷法則，屬於英美法之概念，指依一般商業上交易原則與慣例，判斷公司董事在執行職務時是否合於忠實義務與注意義務；此原則主要是作爲司法審查之標準，並作有利於公司董事之推定。因此，董事之商業判斷如係基於合理的根據，獨立且未受到其他考量因素影響，依其善意及誠信相信自己是爲公司之最佳利益爲判斷，法院不應提出不同的商業判斷決定，而課予董事負擔公司損害之賠償責任，即法院不得對商業判斷事項爲事後審查。此係基於商業決策常伴隨風險及不確定性，若爲事後嚴格審查，將造成寒蟬效應，反使董事行爲保守，對公司整體利益而言，反而有害；何況法官以旁觀者之角色，是否有能力評斷高度專業性之商業決策，亦非無疑。

因此，只要董事作判斷時與該商業事項本身無利害關係，且根據相當之資訊作判斷，並基於合理相信該判斷是爲公司之最佳利益，即不應課予其損害賠償責任。

三、經理人

(一) 經理人之意義與任免

1. 意義

所謂經理人，指受公司委任，依章程或契約規定，有爲公司管理事務及爲其簽名之權；因公司是否設置經理人，須依章程規定，且其功能在輔助法定業務執行機關，故屬於章定、任意、常設之業務輔助執行機關。

2. 任免及報酬

公司得依章程規定置經理人，其委任、解任及報酬，依下列規定定之；但公司章程有較高規定者，從其規定（公司§29Ⅰ）：

(1) 無限公司、兩合公司須有全體無限責任股東過半數同意。

---

[42]　最高法院65年台上字第3031號判例。

[43]　最高法院62年台上字第2號判例。

(2) 有限公司須有全體股東表決權過半數同意。

(3) 股份有限公司應由董事會以董事過半數之出席，及出席董事過半數同意之決議行之。

經理人之報酬應依前述規定之方式決定，但公司法第29條第2項規定：「公司有第一百五十六條之四之情形者，專案核定之主管機關應要求參與政府專案紓困方案之公司提具自救計畫，並得限制其發給經理人報酬或爲其他必要之處置或限制；其辦法，由中央主管機關定之。」以免造成公司營運不佳，其經理人卻仍得恣意索取高額報酬之不公平情形。

(二) 經理人之資格

1. 積極資格

公司法並無有關經理人積極資格之規定，故無論是本國人或外國人，是否爲公司之股東或董事，均可爲公司之經理人。

2. 消極資格

有下列情事之一者，不得充經理人，其已充任者，當然解任[44]（公司§30）：

(1) 曾犯組織犯罪防制條例規定之罪，經有罪判決確定，尚未執行、尚未執行完畢，或執行完畢、緩刑期滿或赦免後未逾五年。

(2) 曾犯詐欺、背信、侵占罪經宣告有期徒刑一年以上之刑確定，尚未執行、尚未執行完畢，或執行完畢、緩刑期滿或赦免後未逾二年。

(3) 曾犯貪污治罪條例之罪，經判決有罪確定，尚未執行、尚未執行完畢，或執行完畢、緩刑期滿或赦免後未逾二年。

(4) 受破產之宣告或經法院裁定開始清算程序，尚未復權。

(5) 使用票據經拒絕往來尚未期滿。

(6) 無行爲能力或限制行爲能力。

(7) 受輔助宣告尚未撤銷。

(三) 經理人之職權與義務

1. 經理人之職權

經理人之職權，除章程規定外，並得依契約之訂定；經理人在公司章程或契約規定授權範圍內，有爲公司管理事務及簽名之權（公司§31）。惟經理人之職權雖可以依章程或契約定之，但不得排除民法第554條第1項及第555條經理人固有職權規定之適用；因

---

[44] 本條消極資格之規定亦適用於股份有限公司之董事、監察人（公司§192Ⅴ、216），且因監察人之監察功能與經理人之執行職務相衝突，故監察人不得兼任經理人（公司§222）；又因係「當然解任」，故公司與經理人（董事、監察人）間之委任關係，不待當事人主張即當然解除，此時經理人所爲職務上之法律行爲，應依表見代理規定處理。

此，公司不得以其所加於經理人職權之限制，對抗善意第三人（公司§36）。

2. 經理人之義務

經理人於職務範圍內，亦為公司負責人，故應負忠實義務與善良管理人之注意義務（公司§23 I）；此外，民法第540條至第542條有關經理人基於委任關係而生之計算義務，經理人亦有之。另公司法對經理人應盡之義務，有下列特別規定：

(1) 不為競業之義務

公司法第32條規定：「經理人不得兼任其他營利事業之經理人，並不得自營或為他人經營同類之業務。但經依第二十九條第一項規定之方式同意者，不在此限。」蓋經理人參與公司業務，常知悉公司營業機密，無論是兼任其他營利事業之經理人，或自營或為他人經營同類之業務，容易有利益衝突，縱未故意洩漏機密以圖利他人或自己，亦違反忠實義務，故原則上禁止之，除非經公司以委任經理人之同一方式同意。

如經理人違反不為競業之義務，因公司法未規定其效果，故應適用民法第563條之規定，公司得請求經理人因其行為所得之利益，作為損害賠償；此項請求權，自公司知有違反行為時起，經過二個月或自行為時起，經過一年不行使而消滅。

(2) 遵守法令、章程及決議之義務

公司法第33條規定：「經理人不得變更董事或執行業務股東之決定，或股東會或董事會之決議，或逾越其規定之權限。」如經理人因違反本條或法令、章程之規定，致公司受損害時，對於公司負賠償之責（公司§34）。

你知道嗎？

「經理」一定是公司經理人嗎？

依經濟部所公布「公司登記辦法」第4條、第5條及其附表之規定，公司經理人之委任或解任，應於到職或離職後十五日內，向主管機關申請登記。惟經理人與公司間係屬委任關係，並不以登記為生效要件，有應登記事項而不登記者，亦僅不得以其事項對抗第三人，而非不生效力（公司法第12條參照）。因此，經理人之登記並非判斷公司經理人之唯一依據，何況實務上，很多公司根本未辦理經理人登記。

而實務上常見之爭執，即在員工與公司間，究竟是委任或僱傭關係？如果是委任關係，即屬於經理人而非一般勞工。其區別在於如果是委任關係，雙方可隨時終止，即經理人之工作權並未受到保障，公司可隨時終止與經理人間之契約關係；如果是僱傭關係，則屬於勞動關係，應適用勞動基準法之規定，而勞工之工作權受到法律之保護（勞基§11、12）。但員工與公司間究竟是委任或勞動關係，判斷並不容易，應視其是否基於人格上、經濟上及組織上從屬性而提供勞務等情形加以判斷，而非以員工

所任職稱、職位高低、職務內容、報酬多寡為區別之標準。凡在人格上、經濟上及組織上從屬於雇主，受雇主指示之拘束者，為勞動關係。反之，如受託處理一定之事務，得在委任人所授權限範圍內，自行裁量決定處理一定事務之方法，以完成委任之目的，則屬於委任關係。通常基於保護勞工之立場，一般就勞動關係之成立，均從寬認定，只要有部分從屬性，即認為勞動關係；因此，實務上常見職稱為經理之員工，於發生勞資糾紛時，法院認為其對公司具有從屬性，而判決公司不得任意終止僱傭關係或應給付資遣費、退休金。

另值得注意者，在於員工如係因職務升遷調動而成為經理人時，雖初與公司間為單純僱傭關係，惟其後升任職務屬經理人性質時，僱傭關係即變更為委任關係，而非自始至終為僱傭關係。

此外，經理人屬於證券交易法中所規範之內部人，相當重要，故該法對經理人有很多規定，因此，主管機關曾經函釋，有關證券交易法所規定之經理人，其範圍包括「(一)總經理及相當等級者；(二)副總經理及相當等級者；(三)協理及相當等級者；(四)財務部門主管；(五)會計部門主管；(六)其他有為公司管理事務及簽名權利之人。」亦值得參考（92年3月27日台財政三字第0920001301號函）。

第六節　公司之監督

一、公司監督概說

所謂公司監督，其範圍包括甚廣，指對公司之設立與業務之執行活動加以監視、督促、糾正及追究責任之一系列活動。基本上可分為「公權監督」、「自治監督」及「市場監督」三者。其中自治監督，係由公司股東或股份有限公司之監察人或檢查人進行，詳細情形於本編各種類公司相關章節時，再予以介紹；至於市場監督，主要係透過資本市場之力量，以股價導正公司之行為或變更其經營階層，並非法定之監督方式。因此，本節僅敘述公權監督，其又可分為行政監督與司法監督二者。

二、行政監督

(一) 監督機關

監督機關即主管機關，一般公司之監督機關在中央為經濟部，在直轄市為直轄市政府（公司§5 I）；如為公開發行公司，有關證券交易法所規定之事項，受金融監督管理委員會監督（證交§3）。另公司所營業務需經特許者，關於所營事業受目的事業主管機關

監督（公司§17），例如公開發行之航空公司，其監督機關分別為經濟部、金融監督管理委員會與交通部。

(二) 監督內容

1. 事前監督

指關於公司設立登記完成前之監督，除公司特許業務之許可及名稱之預查已如前述外（公司§17、18），因公司非在中央主管機關登記後，不得成立（公司§6），故未經設立登記，不得以公司名義經營業務或為其他法律行為（公司§19 I）；違反規定者，有刑事責任，行為人可處一年以下有期徒刑、拘役或科或併科新臺幣十五萬元以下罰金，並自負民事責任；行為人有二人以上者，連帶負民事責任，並由主管機關禁止其使用公司名稱（公司§19 II）。

2. 事後監督

指對於公司設立登記完成後所為之監督，其內容如下：

(1) 不實登記之撤銷與處罰

公司應收之股款，為公司責任之基礎，故公司法第9條第1項規定：「公司應收之股款，股東並未實際繳納，而以申請文件表明收足，或股東雖已繳納而於登記後將股款發還股東，或任由股東收回者，公司負責人各處五年以下有期徒刑、拘役或科或併科新臺幣五十萬元以上二百五十萬元以下罰金。」使公司負責人負刑事責任。同條第2項規定：「有前項情事時，公司負責人應與各該股東連帶賠償公司或第三人因此所受之損害。」此為公司負責人與股東之民事責任。同條第3項規定：「第一項經法院判決有罪確定後，由中央主管機關撤銷或廢止其登記。但判決確定前，已為補正者，不在此限。」但書規定之目的，在於公司已經開始經營，如驟以撤銷，對於社會、交易相對人及債權人之保障，恐有不利，因此，於判決確定前，給予公司補正資本之機會。

除股款繳納不實外，同條第4項規定：「公司之負責人、代理人、受僱人或其他從業人員以犯刑法偽造文書印文罪章之罪辦理設立或其他登記，經法院判決有罪確定後，由中央主管機關依職權或依利害關係人之申請撤銷或廢止其登記。」此之登記，不限於設立，設立後之其他登記事項不實，於刑事判決確定後，應由經濟部依職權或依利害關係人之申請撤銷或廢止其登記。

(2) 勒令歇業處分之通知

公司法第17條之1規定：「公司之經營有違反法令受勒令歇業處分確定者，應由處分機關通知中央主管機關，廢止其公司登記或部分登記事項。」按公司業務之經營，應遵守有關管理法令之規定，如有違反而受勒令歇業之處分確定者，為建立「公司登記」與「管理」間之勾稽，故課予處分機關通知義務。

(3) 檢查公司業務及財務情形

A. 年終帳表之查核

公司法第20條第1項規定：「公司每屆會計年度終了，應將營業報告書、財務報表及盈餘分派或虧損撥補之議案，提請股東同意或股東常會承認。」此項所規定之書表，主管機關得隨時派員查核或令其限期申報；其辦法，由中央主管機關定之（公司§20Ⅳ）。同條第2項規定：「公司資本額達一定數額以上或未達一定數額而達一定規模者，其財務報表，應先經會計師查核簽證；其一定數額、規模及簽證之規則，由中央主管機關定之。但公開發行股票之公司，證券主管機關另有規定者，不適用之。」依經濟部規定，實收資本額達新臺幣三千萬元以上之公司，或營業收入淨額達新臺幣一億元或參加勞工保險員工人數達一百人以上之公司，其財務報表，應先經會計師查核簽證後，再提請股東同意或股東常會承認[45]；又本項會計師之委任、解任及報酬，應準用經理人委任、解任及報酬之規定（公司§20Ⅲ）。如公司負責人違反本條第1項或第2項規定時，各處新臺幣一萬元以上五萬元以下罰鍰；規避、妨礙或拒絕查核或屆期不申報時，各處新臺幣二萬元以上十萬元以下罰鍰（公司§20Ⅴ）。

B. 平時業務之檢查

公司法第21條第1項規定：「主管機關得會同目的事業主管機關，隨時派員檢查公司業務及財務狀況，公司負責人不得妨礙、拒絕或規避。」如公司負責人妨礙、拒絕或規避檢查者，各處新臺幣二萬元以上十萬元以下罰鍰；如連續妨礙、拒絕或規避者，並按次連續各處新臺幣四萬元以上二十萬元以下罰鍰（公司§21Ⅱ）。又主管機關派員檢查時，得視需要選任會計師或律師或其他專業人員協助辦理（公司§21Ⅲ）；此係基於檢查公司業務及財務狀況時，常涉及會計或法律專業知識之故。

C. 帳表查核之方法

公司法第22條第1項規定：「主管機關查核第二十條所定各項書表，或依前條檢查公司業務及財務狀況時，得令公司提出證明文件、單據、表冊及有關資料，除法律另有規定外，應保守秘密，並於收受後十五日內，查閱發還。」公司負責人違反規定，拒絕提出各項書表時，各處新臺幣二萬元以上十萬元以下罰鍰；連續拒絕者，並按次連續各處新臺幣四萬元以上二十萬元以下罰鍰（公司§22Ⅱ）。

(4) 公司應定期申報負責人及主要股東資訊

為配合洗錢防制政策，協助建置完善洗錢防制體制，強化洗錢防制作為，增加公司之透明度，公司法第22條之1第1項規定：「公司應每年定期將董事、監察人、

---

45 經濟部107年11月8日經商字第10702425340號公告。

經理人及持有已發行股份總數或資本總額超過百分之十之股東之姓名或名稱、國籍、出生年月日或設立登記之年月日、身分證明文件號碼、持股數或出資額及其他中央主管機關指定之事項，以電子方式申報至中央主管機關建置或指定之資訊平臺；其有變動者，並應於變動後十五日內爲之。但符合一定條件之公司，不適用之。」公司所申報之資料，中央主管機關應定期查核（公司§22-1Ⅱ），以確保資料之正確性與及時性。同條第3項規定：「第一項資訊平臺之建置或指定、資料之申報期間、格式、經理人之範圍、一定條件公司之範圍、資料之蒐集、處理、利用及其費用、指定事項之內容，前項之查核程序、方式及其他應遵行事項之辦法，由中央主管機關會同法務部定之。」據此，經濟部指定台灣集中保管結算所建置及負責維護營運「公司負責人及主要股東資訊申報平臺」[46]，並制定公布「公司法第二十二條之一資料申報及管理辦法」作爲依據。

未依規定申報或申報之資料不實者，同條第4項規定：「未依第一項規定申報或申報之資料不實，經中央主管機關限期通知改正，屆期未改正者，處代表公司之董事新臺幣五萬元以上五十萬元以下罰鍰。經再限期通知改正仍未改正者，按次處新臺幣五十萬元以上五百萬元以下罰鍰，至改正爲止。其情節重大者，得廢止公司登記。」並應於資訊平臺依次註記裁處情形（公司§22-1Ⅴ），以利管理。

(5) 命令解散公司

公司有下列情事之一者，主管機關得依職權或利害關係人之申請，命令解散之（公司§10）：

A. 公司設立登記後六個月尙未開始營業；但已辦妥延展登記者，不在此限。所謂開始營業，指開始營利行爲而言；如僅有營業準備行爲，例如租賃公司營業場所或進行裝潢，不能謂爲開始營業。

B. 開始營業後自行停止營業六個月以上；但已辦妥停業登記者，不在此限。本款及前款規定之目的在防止虛設公司，故如已辦妥停業或延展登記，即不必命令解散；又申請停業或延展開業期間，每次最長不得超過一年[47]。

C. 公司名稱經法院判決確定不得使用，公司於判決確定後六個月內尙未辦妥名稱變更登記，並經主管機關令其限期辦理仍未辦妥。按公司名稱經法院判決不得使用之情形，除侵害其他公司之名稱專用權外，尙包括侵害他人著名商標之情形，例如著名商標「某某」，被使用爲公司名稱，經商標權人提起訴訟，法院判決「某某股份有限公司」不得使用「某某」爲其公司名稱。

D. 未於公司法第7條第1項所定期限內，檢送經會計師查核簽證之文件者；但於主管機關命令解散前已檢送者，不在此限。

---

[46] 經濟部107年8月31日經商字第10702420340號函。

[47] 公司登記辦法第3條第3項規定。

三、司法監督

(一) 概說

所謂司法監督，指法院所進行之監督。公司法規定應由法院進行之監督事項甚多，例如允許有限責任股東查帳（公司§118）、裁定股份價格（公司§187Ⅱ）、選任臨時管理人（公司§208-1）、選派檢查人（公司§245）、認可公司債債權人會議之決議（公司§264）、重整（公司§282）及清算（民§42）等，均於各相關章節再逐一說明，本處僅說明「裁定解散」之規定。

(二) 裁定解散

公司法第11條第1項規定：「公司之經營，有顯著困難或重大損害時，法院得據股東之聲請，於徵詢主管機關及目的事業中央主管機關意見，並通知公司提出答辯後，裁定解散。」此條規定不以公司之資產不足以抵償負債為要件，其係公司應否聲請破產或重整之問題。同條第2項規定：「前項聲請，在股份有限公司，應有繼續六個月以上持有已發行股份總數百分之十以上股份之股東提出之。」股東聲請法院裁定解散公司，應以書面向本公司所在地之法院聲請（非訟§171、172Ⅰ）；而法院為裁定前，應訊問利害關係人（非訟§172Ⅱ）。

新聞追蹤

搶SOGO經營權　遠東贏得關鍵一役

攸關太平洋崇光SOGO百貨經營權的太流增資案，三年前被經濟部依據臺灣高檢署之函文撤銷，將太流公司資本額回復為1,000萬元，遠東集團提起行政訴訟，最高行政法院2013年5月9日判決經濟部敗訴定讞，太流資本額仍為40.1億元，遠東集團對SOGO的經營權不受影響。

按太百公司原本為太設公司之從屬公司，惟2002年6月間太設集團爆發財務危機，為避免波及獲利甚豐之太百公司，太設公司將持有之太百股權出售予新設立之太平洋流通股份有限公司，在太百公司60億元資本中，太流公司持股78.6%，而太流公司1,000萬元股本中，太百公司持股40%，李恆隆持股60%，並由李恆隆擔任太流公司董事長。但太設公司董事長章民強主張，李恆隆持股為其所有，係信託在李恆隆名下，就此爭執，章民強除起訴請求返還信託之股份外，還聲請法院假處分，禁止李恆隆行使股東權。而在2002年9月21日，李恆隆以太流公司董事長身分主持股東臨時會及董事會，決議太流公司增資10億元，惟事先並未寄發召集通知及召集事由，會議也未實際召開。而現金增

資之認股權，李恆隆及太百公司皆放棄認購，由遠東集團旗下各公司全數認足，並向主管機關辦理變更登記，遠東集團遂取得太流公司及太百公司之控制權，嗣後並增資至40億1,000萬元。但2010年2月間，因2002年9月21日股東會涉及偽造文書，經檢察機關通知主管機關經濟部，撤銷當次及以後之各次變更登記，恢復李恆隆持股60%及董事長之登記。

　　而本件在遠東集團提出行政訴訟後，行政法院判決經濟部撤銷登記之處分違法，主要理由在於當時公司法第9條第4項僅規定「登記事項有偽造、變造文書」，故法院認為其範圍僅限於刑法第210條至第212條所規定之偽造及變造文書罪，而不包括刑法第213條至第215條之登載不實罪，前者是無製作權之人製作不實之文書，而後者，行為人是有製作權，只是內容不實。因涉案之郭姓副理係犯刑法第215條「業務上文書登載不實罪」，故行政法院認為其非當時公司法第9條第4項所規定之範圍。不過此一見解是否符合立法原意，不無疑問？因為從立法目的而言，該項規定在糾正不實之登記事項，以保障公司登記之公示性及正確性。而公司登記實務上，虛偽不實之登記事項，最常見者即公司負責人為維護其經營權，而虛構股東會或董事會之會議紀錄，因其有製作權，故僅構成業務登載不實罪，本件情形即屬之。故為杜爭議，2018年8月1日修正公布之該條第4項規定，將「偽造、變造文書」修正為「刑法偽造文書印文罪章之罪」，且明定犯罪行為主體，以資明確並利適用。

2013-05-10／經濟日報／記者蘇位榮「搶SOGO經營權　遠東贏得關鍵一役」報導

第七節　公司之解散、併購及變更組織

一、公司之解散

(一) 概說

　　自然人之權利能力終於死亡，而公司雖為營利社團法人，其權利能力（法人格）仍有消滅之可能，此種導致權利能力消滅之法律事實，稱為解散；惟法人與自然人不同，自然人有繼承制度，可以處理其未了結之權利義務關係，而法人必須透過清算程序才能處理其未了結之法律關係。依公司法第25條規定：「解散之公司，於清算範圍內，視為尚未解散。」所以解散僅是公司權利能力消滅之原因，公司之權利能力於清算終結時才消滅。

(二) 清算中公司

　　公司於清算範圍內，雖視為尚未解散，但依公司法第26條規定：「前條解散之公司

在清算時期中，得為了結現務及便利清算之目的，暫時經營業務。」因此，通說雖認為清算中公司與解散前公司係同一權利義務主體，只是其權利能力僅限於清算目的範圍內；惟既然屬於「同一體」，解散前公司原有之法律關係，不因公司解散而變更。

(三) 公司解散之事由

1. 任意解散

指公司基於自己之意思而解散，例如章程所訂之解散事由發生（公司§71Ⅰ①、113、115、315Ⅰ①）或經股東三分之二以上同意或股東會決議解散（公司§71Ⅰ③、315Ⅰ③）。

2. 法定解散

指公司基於法定原因而解散，例如因公司所營事業已成就或不能成就（公司§71Ⅰ②、315Ⅰ②）、股東不足法定最低人數（公司§71Ⅰ④、315Ⅰ④）、與他公司合併（公司§71Ⅰ⑤、315Ⅰ⑤）、分割（公司§315Ⅰ⑥）或破產（公司§71Ⅰ⑥、315Ⅰ⑦）等情形而解散。

3. 強制解散

指公司基於主管機關之解散命令（公司§10）或法院所為之解散裁定（公司§11）而解散，即之前所述公司監督之情形。另公司經中央主管機關撤銷或廢止其設立登記者（公司§9Ⅲ、Ⅳ、17Ⅱ、17-1），依公司法第26條之1規定：「公司經中央主管機關撤銷或廢止登記者，準用前三條之規定。」此係因撤銷或廢止登記與解散同屬公司法人格消滅之法定事由，與強制解散類似，亦有進行清算以了結其債權債務關係之必要，故準用清算之規定。

(四) 公司解散之效力

1. 應行清算

公司法第24條規定：「解散之公司除因合併、分割或破產而解散外，應行清算。」這是因合併、分割另有應承受權利義務關係之公司（公司§75、319），至於破產本身就是一種債務清理程序，除此之外，解散之公司均應進行清算程序，其內容規定於各種類公司相關章節中。

2. 由清算人代表公司

所謂清算人，指執行清算事務及代表清算中公司之法定必備機關。清算之目的，在於處分公司之財產及處理公司未了結之事務，故必須有清算人執行清算事務。至於清算人之產生，亦因公司種類不同，而作不同之規定（公司§79、113Ⅱ、127、322）。

3. 法院監督

公司解散後之清算監督，由法院任之（民§42Ⅰ）；例如無論何種公司，其清算人均應於就任後十五日內，將其姓名、住所或居所及就任日期，向法院聲報（公司§83、

113Ⅱ、115、334）。

4. 申請解散登記

依公司登記辦法第4條第1項規定，公司解散應於十五日內向主管機關申請登記；蓋解散之公司，在登記上須盡速進行，以防公司解散後卻久不辦理解散登記之弊。

(五) 公司解散之防止

所謂公司解散之防止，指公司有解散事由時，在特定情形下，允許公司或股東依聲請或同意之方式，防止公司解散；蓋公司之存廢，除影響股東權益外，債權人或員工亦受影響，故基於企業維持原則，應盡量避免公司解散，因此，公司法設有防止解散之規定。例如章程所訂之解散事由發生或公司所營事業已成就或不能成就時，得經股東同意變更章程，繼續經營[48]（公司§71Ⅱ、113Ⅱ、115、315Ⅱ前段）；或在股東人數不足法定最低人數而須解散時，亦得加入新股東，繼續經營（公司§71Ⅲ、115、126Ⅰ但、315Ⅱ後段）。

二、公司之併購

(一) 公司併購之概念

在競爭激烈的現代商業環境下，「併購」已成為企業成長常見的一種策略手段。惟併購時容易衍生各種法律糾紛，故先在此介紹各種併購方式之概念及其共通性之規定，使讀者研讀以後之章節時，得以瞭解糾紛發生之原因及公司關係人所採取行為之目的；至於詳細法律規定，除於各種公司介紹外，並於本編第八章第三節就併購之各種方式，結合企業併購法、證券交易法之規定作完整介紹。

(二) 公司併購之方式

併購，指公司之合併、收購及分割（企併§4②）；但通說認為「股份轉換」亦應包括在併購之方式中。

1. 合併

指依法律規定使參與合併之公司全部消滅，由新成立之公司概括承受消滅公司之全部權利義務；或參與合併之其中一公司存續，由存續公司概括承受消滅公司之全部權利義務，並以新設或存續公司之股份、或其他公司之股份、現金或其他財產作為對價之行為（企併§4③）。前者稱為「新設合併」，例如A、B二家公司合併時，二家公司之法人格

---

[48]　在公司所營事業已成就或不能成就時，有關公司解散之防免，股份有限公司並無類似規定，惟學者認為此為立法缺漏，股份有限公司仍可類推適用，得由股東會決議變更章程，繼續經營；參柯芳枝「公司法論（上）」第60頁。

均消滅，由新成立之C公司概括承受A、B二家公司之全部權利義務；後者稱爲「吸收合併」或「存續合併」，例如A、B二家公司合併時，僅A公司之法人格消滅，由存續之B公司概括承受A公司之全部權利義務。

2. 收購

指公司依法取得他公司之股份、營業或財產，並以股份、現金或其他財產作爲對價之行爲（企併§4④）。依取得之標的不同，可分爲「股權收購」與「資產收購」；股權收購爲最常見之併購型態，但除非經過合併程序，否則在法律上，收購與被收購之公司，仍屬二公司。

3. 分割

指公司依法將其得獨立營運之一部或全部之營業讓與既存或新設之他公司，而由既存公司或新設公司以股份、現金或其他財產支付予該公司或其股東作爲對價之行爲（企併§4⑥）。前者稱爲「既存分割」，又稱「吸收分割」或「合併分割」，例如A公司將其製造部門讓與既存之B公司；後者稱爲「新設分割」，例如A公司將其製造部門獨立出來，另行成立B公司。又讓與營業之公司稱爲被分割公司，發行新股予被分割公司者，稱爲「物的分割」或「母子型分割」，因爲此時被分割公司與新設公司間具有控制與從屬關係；至於發行新股予被分割公司股東者，稱爲「人的分割」或「兄弟型分割」，因爲此時股東同時對被分割公司與新設公司或既存公司持有股份。

4. 股份轉換

指公司讓與全部已發行股份予他公司，而由他公司以股份、現金或其他財產支付公司股東作爲對價之行爲（企併§4⑤）；股份轉換後，成爲他公司百分之百持股之子公司。此種情形最常見於金融控股公司之併購或新設，前者例如A銀行被已成立之B金控併購，A銀行經股東會決議後，其股東將其所持有之A銀行股份轉換爲B金控新發行之股份；後者例如A銀行經股東會決議後，其股東將其所持有之A銀行股份轉換爲新設之B金控股份。股份轉換與前述之股權收購不同，股份轉換之標的爲目標公司所有股東所持有之全部股份，具有強制性；而股權收購可爲全部或一部，不具強制性。

三、公司之變更組織

(一) 變更組織之意義

所謂公司之變更組織，指不影響公司法人格之存續，而將其組織型態變更成爲其他種類之公司，而變更前後之公司，其法人格保持同一性。因法人格同一，故公司變更其組織者，無須解散及進行清算程序。

(二) 變更組織之態樣

公司變更其組織，須法律有明文規定，依公司法之規定，其態樣如下：

1. 無限公司變更為兩合公司

無限公司得經全體股東之同意，以一部股東改為有限責任或另加入有限責任股東，變更其組織為兩合公司（公司§76Ⅰ）；或股東經變動而不足法定之最低人數「二人以上」時，得加入有限責任股東，變更其組織為兩合公司，繼續經營（公司§76Ⅱ）。

2. 無限公司變更為有限公司或股份有限公司

無限公司得經股東三分之二以上之同意變更章程，將其組織變更為有限公司或股份有限公司（公司§76-1Ⅰ）；因採多數決方式，為保障不同意股東之權益，不同意之股東得以書面向公司聲明退股（公司§76-1Ⅱ）。

3. 有限公司得變更為股份有限公司

有限公司得經股東表決權過半數之同意，變更其組織為股份有限公司（公司§106Ⅲ）；惟股東一人之股份有限公司，其股東限制為政府或法人，故有限公司變更為股份有限公司時，如為自然人股東，須有二人以上。又公司變更其組織者，以法律有明文規定者為限，而公司法並無股份有限公司得變更為有限公司之規定，自不許其變更。

4. 兩合公司變更為無限公司

兩合公司之有限責任股東全體退股時，無限責任股東在二人以上者，得以一致之同意變更其組織為無限公司（公司§126Ⅱ）；或無限責任股東與有限責任股東，得以全體之同意，將有限責任股東改為無限責任股東，變更其組織為無限公司（公司§126Ⅲ）。

5. 兩合公司變更為有限公司或股份有限公司

兩合公司得經股東三分之二以上之同意變更章程，將其組織變更為有限公司或股份有限公司（公司§126Ⅳ）；不同意之股東得以書面向公司聲明退股（公司§126Ⅴ）。

新聞追蹤

北富銀贏了！大台北銀行要改名

富邦銀行與台北銀行合併更名為「台北富邦銀行」後，台北市第一信用合作社改制為銀行後更名「大台北商業銀行」，台北富邦仍有部分業務使用「台北銀行」，認為會使消費者混淆提告；最高法院昨天判決「大台北商業銀行」敗訴，必須更改公司名稱。

本件大台北銀行並非侵害台北富邦銀行之名稱專用權，而係侵害其商標權。按台北富邦銀行之前身為「台北銀行」，與富邦銀行合併後由台北銀行為存續公司，並更名為「台北富邦銀行」，而在合併前已獲准註冊使用「台北銀行TAIPEI BANK」商標，且在合併後繼續使用，法院認為其屬眾所皆知之著名商標。而依現行商標法第70條第2款規

定：「明知爲他人著名之註冊商標，而以該著名商標中之文字作爲自己公司、商號、團體、網域或其他表彰營業主體之名稱，有致相關消費者混淆誤認之虞或減損該商標之識別性或信譽之虞者。」視爲侵害商標權，另商標法第69條第1項規定：「商標權人對於侵害其商標權者，得請求除去之：有侵害之虞者，得請求防止之。」因此，台北富邦銀行得依此規定，請求法院判決大台北銀行不得使用「大台北」作爲公司名稱，並應向經濟部商業司辦理公司名稱變更登記（最高法院102年度台上字第769號判決參照）。

又報導所稱之大台北銀行「改制」，係因其前身爲信用合作社改制爲商業銀行；惟前者爲合作社，後者爲股份有限公司，雖同爲社團法人，但其性質及組織所依據之法律完全不同，本無所謂改制之可能。惟爲健全基層金融機構之經營，信用合作社法第30條第1項規定：「信用合作社合於一定標準，經全體社員或社員代表四分之三以上出席，出席社員或社員代表三分之二以上決議變更爲股份有限公司組織之商業銀行者，應報經中央主管機關許可。」但此爲特例，一般合作社並無此種變更爲公司組織之規定，故前述「全聯福利中心」之情形，全聯公司係以營業讓與或資產收購方式接手「軍公教福利中心」之經營，與本件情形不同。因屬於改制，所以信用合作社法第34條規定：「信用合作社變更組織爲商業銀行時，其權利義務由變更組織後之商業銀行承受。」即其法人格仍屬同一。

2013-04-30／聯合報／記者蘇位榮、孫中英「北富銀贏了！大台北銀行要改名」報導

第二章　無限公司

實務上無限公司雖甚爲少見，但因無限公司之規定可準用於有限公司、兩合公司，甚至是股份有限公司，故本章除須瞭解無限公司之特性外，對其他種類公司可準用之共通規定，亦值得注意。

第一節　設立

一、無限公司之設立程序

公司爲社團法人，其設立依序須履行訂定章程、確定股東、確定股東之出資額、設置機關及申請設立登記五個階段。惟股東及其出資額爲無限公司章程之絕對必要記載事項，故章程訂立時，即已確定；至於公司之機關，因無限公司之股東原則上爲公司之業務執行機關及代表機關，另有訂定者，亦須規定於章程中。因此，無限公司之設立程序僅訂立章程與申請設立登記二者。

二、訂立章程

(一) 公司章程概說

訂立章程爲各種類公司成立所必須之要件，故對章程之意義、性質、效力與記載事項先說明如下：

1. 章程之意義

章程爲規定公司組織與活動之基本規則，其重要性，如同憲法與國家之關係。又章程具有形式與實質二種意義，前者指記載公司基本規則之書面；後者指規定公司組織與活動之基本規則本身而言[1]。

2. 章程之性質

章程爲公司基於法律規定所訂定之自治規範，故縱非公司原始股東而未參與訂定，其事後加入公司爲股東，仍應受章程之規範。

3. 章程之效力

章程之效力表現於對內及對外二個方面。對內可以拘束公司之機關與股東；對外因章程爲公司申請設立登記事項之一，故於登記後，就其規定之事項，可以對抗第三人（公司

---

[1]　柯芳枝「公司法論（上）」第73頁。

§12）。

4. 章程之記載事項

章程之記載事項，依其效力，可以分為下列三種：

(1) 絕對必要記載事項

指公司章程必須記載之事項，未記載或記載違法，不但章程無效，而且公司之設立亦因未具備要件而無效。

(2) 相對必要記載事項

指公司法各條所列舉之事項，例如前述公司得為保證或設置經理人之規定（公司§16 I、29 I）；其記載與否，由公司自行決定，但須記載於章程，始發生效力，不能以其他方式，例如全體股東同意或董事會、股東會決議代替。

(3) 任意記載事項

指公司法未規定之記載事項，記載後可以發生作為公司章程之效力。

(二) 無限公司章程之訂立

公司法第40條規定：「（第1項）無限公司之股東，應有二人以上，其中半數，應在國內有住所。（第2項）股東應以全體之同意，訂立章程，簽名或蓋章，置於本公司，並每人各執一份。」因此，無限公司章程之訂立應符合股東二人以上、全體同意及股東半數以上在國內有住所等三項要件。

(三) 無限公司章程之記載事項

依公司法第41條第1項之規定，無限公司之章程可以分為下列之絕對必要記載事項與相對必要記載事項[2]：

1. 絕對必要記載事項

(1) 公司名稱；必須標明「無限公司」之字樣，且不得違反公司法第18條第1項之規定。

(2) 所營事業；惟除許可業務應載明於章程外，其餘不受限制（公司§18 II）。

(3) 股東姓名、住所或居所。

(4) 資本總額及各股東出資額；且股東得以勞務或其他權利出資（公司§43本文）。

(5) 盈餘及虧損分派比例或標準；因無限公司之盈餘及虧損分派，得不按股東出資額多寡之比例，故如何分派，自應訂明於章程。

(6) 本公司所在地。

(7) 訂立章程之年、月、日。

---

[2] 另有關無限公司之經理人設置及職權、存續期限、退股事由、清算人之選任、賸餘財產分派之比例（公司§29 I、31、65 I 本文、66 I ①、79但、91）等，亦屬相對必要記載事項，惟分散於其他各條規定中。

2. 相對必要記載事項

(1) 各股東有以現金以外財產爲出資者，其種類、數量、價格或估價之標準。

(2) 設有分公司者，其所在地。

(3) 定有代表公司之股東者，其姓名；原則上無限公司之股東均得代表公司及執行業務（公司§45Ⅰ前段、56Ⅰ），如特定其中一人或數人代表公司或執行業務時，必須將其姓名記載於章程中。

(4) 定有執行業務之股東者，其姓名；代表公司之股東與執行業務之股東可以不同，故定有執行業務之股東者，應另行登記於章程中。

(5) 定有解散事由者，其事由。

(四) 章程之備置義務

代表公司之股東，不備置章程於本公司者，處新臺幣一萬元以上五萬元以下罰鍰；連續拒不備置者，並按次連續處新臺幣二萬元以上十萬元以下罰鍰（公司§41Ⅱ）。

三、申請設立登記

公司應於章程訂立後十五日內，向主管機關申請設立之登記；但經目的事業主管機關核准應於特定日期登記者，不在此限（公司登記§2①）。

第二節　公司之內部關係

一、概說

所謂內部關係，指公司與股東及股東相互間之關係。公司法第42條規定：「公司之內部關係，除法律有規定者外，得以章程定之。」其理由在於無限公司之股東對公司債務負連帶無限清償責任，已相當程度保護公司債權人之權益，且無限公司係以股東間之信賴關係爲基礎，故其內部關係不妨由股東自行訂定。

二、股東之出資

(一) 出資之意義

出資，指股東爲達公司營利之目的，對公司所爲之一定給付，依公司法第43條規定：「股東得以勞務或其他權利爲出資，並須依照第四十一條第一項第五款之規定辦理。」即除現金以外之財產外，股東亦得以勞務或其他權利出資，惟現金以外之出資，其

種類、數量、價格或估價之標準，須記載於章程上（公司§41 I ⑤）。

(二) 出資之種類

股東之出資，可依其給付標的物不同，分為財產出資與勞務出資，其情形如下：

1. 財產出資

股東之出資，通常為財產，如為金錢，稱為「金錢出資」或「現金出資」，此種出資方式最為常見；至於以金錢以外之財產為出資者，則稱為「現物出資」，可包括動產、不動產或債權、智慧財產權等其他權利[3]。如股東以債權抵作股本，而其債權到期不得受清償者，應由該股東補繳；公司因此受有損害時，並應負賠償之責（公司§44）。

2. 勞務出資

所謂勞務出資，指股東對公司服一定之勞務，作為其出資。勞務出資之種類並無限制，精神上或身體上之勞務、一般勞務工作或專業技術等，均屬之；亦不限於公司設立以後，公司籌設之時，為其盡力奔走者，亦屬之[4]。

(三) 出資義務之履行

出資為股東基於股東資格而負擔之義務，其履行即指現實為出資。如為金錢出資者，應將金錢現實給付於公司；如為現物出資者，應將財產權移轉於公司，例如不動產應登記、動產應交付等；至於勞務出資者，亦須使公司獲得其利益[5]。

三、業務之執行

(一) 業務執行機關

公司法第45條規定：「（第1項）各股東均有執行業務之權利，而負其義務。但章程中訂定由股東中之一人或數人執行業務者，從其訂定。（第2項）前項執行業務之股東須半數以上在國內有住所。」可知執行業務不但是無限公司股東之權利，亦屬義務，雖得以章程免除部分股東之義務，但不得全數免除，而委託股東以外之人執行業務。又公司法第51條規定：「公司章程訂明專由股東中之一人或數人執行業務時，該股東不得無故辭職，他股東亦不得無故使其退職。」所謂無故，指無正當理由，如有正當理由，自得辭職或使其退職[6]。

---

[3] 以財產出資時，又可分為移轉出資與用益出資；前者須將權利移轉於公司，例如物之所有權、地上權或債權、著作權、商標權或專利權之移轉等，後者僅使公司取得使用收益之權，例如使用收益動產、不動產或著作權、商標權或專利權等。

[4] 鄭玉波（劉連煜增訂）「公司法」第52頁。

[5] 同前註第53頁。

[6] 惟執行業務之股東已載明於章程上，而無限公司修改章程又應得全體股東之同意（公司§41 I ⑨、

(二) 業務執行方法

　　公司法第46條規定：「（第1項）股東之數人或全體執行業務時，關於業務之執行，取決於過半數之同意。（第2項）執行業務之股東，關於通常事務，各得單獨執行。但其餘執行業務之股東，有一人提出異議時，應即停止執行。」所謂通常事務，指一般日常例行之輕微事務，因對公司之營運或資產不致產生重大影響，故可由個別執行業務之股東單獨執行，但為避免公司權益受損，賦予其他執行業務之股東異議權，於有異議時，應即停止執行此類通常事務。至於非通常事務，例如借款或重要資產之讓與，對公司權益影響較大，應經執行業務股東過半數之同意；惟經理人之委任、解任及報酬，須有「全體無限責任股東」過半數同意，如公司章程有較高規定者，從其規定（公司§29Ⅰ①），則屬例外。

(三) 執行業務股東與公司之關係

1. 無償委任

　　執行業務之股東與公司間之關係，通說認為屬於委任，但依公司法第49條規定：「執行業務之股東，非有特約，不得向公司請求報酬。」即原則上屬於無償委任，惟其為公司負責人，自應負善良管理人之注意義務（公司§23Ⅰ）。

2. 執行業務股東之權利

　　公司法第50條第1項規定：「股東因執行業務所代墊之款項，得向公司請求償還，並支付墊款之利息；如係負擔債務，而其債務尚未到期者，得請求提供相當之擔保。」此為執行業務股東之費用償還請求權與負債擔保請求權。至於同條第2項規定：「股東因執行業務，受有損害，而自己無過失者，得向公司請求賠償。」則為執行業務股東之損害賠償請求權，但以自己無過失為限，始得請求。

3. 執行業務股東之義務

　　公司法第52條規定：「（第1項）股東執行業務，應依照法令、章程及股東之決定。（第2項）違反前項規定，致公司受有損害者，對於公司應負賠償之責。」此為執行業務股東執行業務時，所應遵守之義務，違反時應對公司負賠償責任。另同法第53條規定：「股東代收公司款項，不於相當期間照繳或挪用公司款項者，應加算利息，一併償還；如公司受有損害，並應賠償。」則為執行業務股東之代收款項返還義務。此外，執行業務股東尚有競業禁止之義務（詳後述）。

47），故如全體股東對其辭職或退職意見無法一致時，此時只能以退股或除名方式處理（詳後述）。

四、業務之監察

　　股份有限公司原則上須設監察人，作爲公司之業務監督機關（公司§129⑤），但無限公司則否，依公司法第48條規定：「不執行業務之股東，得隨時向執行業務之股東質詢公司營業情形，查閱財產文件、帳簿、表冊。」即不執行業務之股東有監察之權利，得「隨時」行使質詢權與查閱權，與公司法第20條第1項所規定之年終帳表查核不同；此係因無限公司股東負連帶無限清償責任，公司經營之良窳影響其權益甚鉅，故許其隨時瞭解公司之經營與財務狀況，如發現不當或違法，自得提出異議。

五、股東投資之限制

　　公司法第54條第1項規定：「股東非經其他股東全體之同意，不得爲他公司之無限責任股東，或合夥事業之合夥人。」此爲無限公司股東權利能力所受之特別限制，適用於全體股東。立法目的在於無限公司之股東已經對公司債務負連帶無限清償責任，如再爲他公司（無限公司或兩合公司）之無限責任股東或合夥事業之合夥人，將負雙重連帶無限清償責任，嚴重影響其他股東對其之信賴，故非經其他股東全體之同意，不得爲之。如股東違反此項限制，通說認爲行爲有效，公司亦無後述之歸入權，但公司得經其他股東全體之同意，將其除名（公司§67②）。

六、競業之禁止

　　競業禁止，指特定地位之人不得與其所服務之企業爲具有營業競爭之行爲；故就該特定地位之人而言，屬於一種不作爲義務。公司法第54條第2項規定：「執行業務之股東，不得爲自己或他人爲與公司同類營業之行爲。」即僅執行業務之股東，於執行業務之期間，始受此限制；又所謂「與公司同類營業」，除公司實際上所進行之事業外，尚包括公司業已著手準備或只是暫時停止之事業在內，至於公司未著手準備或已經完全廢止之事業，則不包括在內，蓋此時並無競爭之可言[7]。同條第3項規定：「執行業務之股東違反前項規定時，其他股東得以過半數之決議，將其爲自己或他人所爲行爲之所得，作爲公司之所得。但自所得產生後逾一年者，不在此限。」此爲公司之歸入權，又稱介入權，即其行爲仍爲有效，只是公司得請求將該行爲所得之經濟上利益歸屬於公司。

---

[7]　柯芳枝「公司法論（上）」第85頁。

七、盈餘及虧損之分派

　　公司爲營利法人，自得將其營利所得分派於股東；如有虧損，自亦應分派由股東分擔。有關盈餘及虧損分派之比例或標準，應依章程規定（公司§41Ⅰ⑥），但公司法第63條第1項規定：「公司非彌補虧損後，不得分派盈餘。」公司負責人違反此項規定時，各處一年以下有期徒刑、拘役或科或併科新臺幣六萬元以下罰金（公司§63Ⅱ）。

八、變更章程

　　公司法第47條規定：「公司變更章程，應得全體股東之同意。」此係基於無限公司爲具有高度人合性質之公司，且股東對公司債務負連帶無限清償責任，而章程之變更影響股東權益甚鉅，故作此規定，以保護個別股東之權益。

案 例

　　甲、乙、丙三人共同設立A建設無限公司，公司所登記之營業項目分別為「土木建築工程承包」與「建築之材料及機械買賣經銷業務」兩項，但實際上僅經營「土木建築工程承包」，章程並定甲為代表公司及執行業務之股東。如甲另行成立B獨資商號經營「建築之材料及機械買賣經銷業務」，乙則擔任經營「土木建築工程承包」業務之C有限公司之總經理，丙則另與丁成立D合夥經營「食品加工業」。請問甲、乙、丙三人有無違反股東投資之限制或競業禁止義務？

解 析

　　按執行業務之股東，其本身即負責公司業務之執行，故瞭解公司之營業狀況及相關商業機密，如許其經營與公司同類營業，將發生利害衝突，致損害A公司之利益，故有競業禁止義務；惟「建築之材料及機械買賣經銷業務」雖爲A公司所登記之營業項目，但A公司並未實際經營，故非屬同類營業，亦不生利害衝突，因此，非競業禁止之範圍。且甲係獨資經營，並非他公司之無限責任股東，或合夥事業之合夥人，故亦不違反股東投資之限制。至於乙，雖爲C公司經營同類營業，但因其未負責A公司業務之執行，故不虞利害衝突，因此，不受競業禁止之限制。

　　而股東投資之限制，係因無限公司之股東對公司債務負連帶無限清償責任，如果股東又爲他公司之無限責任股東，或合夥事業之合夥人，在他公司或合夥事業經營發生問題時，勢必影響該股東之償債能力，不但可能損及公司之信用，甚

至可能造成該股東之出資遭法院強制執行而退股（公司§66Ⅰ⑥），致影響公司之經營。故本件丙雖非經營同類業務，但未經甲、乙同意而爲其他合夥事業之合夥人，仍違反股東投資之限制，其合夥行爲雖然有效，但甲、乙得將其除名（公司§67②）。

第三節　公司之外部關係

一、概說

所謂外部關係，除指公司與第三人間之法律關係外，亦包括股東與第三人間之法律關係，這是因股東對公司債務負連帶無限清償責任之故。又因爲牽涉第三人，故爲保護交易安全，法律不得不加以規定，且具有強行性質，與內部關係由股東自行訂定不同。

二、代表公司之股東

(一) 代表機關

公司法第56條第1項規定：「公司得以章程特定代表公司之股東；其未經特定者，各股東均得代表公司。」可知在無限公司，原則上全體股東均有代表公司之權，除非章程特定由一股東或數股東代表公司。章程特定代表公司之股東時，代表公司之股東須半數以上在國內有住所（公司§56Ⅱ）。

(二) 代表權

1. 代表權之範圍及限制

公司法第57條規定：「代表公司之股東，關於公司營業上一切事務，有辦理之權。」即代表公司之股東，關於營業上一切事務，無論是法律行爲或事實行爲，在訴訟上或訴訟外，均有辦理之權。惟代表公司之股東有數人時，係採單獨代表或共同代表，法無明文規定，應先依章程之規定，章程未規定時，通說認爲依公司法第56條第1項後段意旨，係採單獨代表制。

因代表公司之股東對營業上之一切事務，本得單獨代表公司，故如公司限制其得代表之事務範圍或限定其須共同代表者，即屬對其代表權加以限制，此種限制雖非無效，但依公司法第58條規定：「公司對於股東代表權所加之限制，不得對抗善意第三人。」以保護交易安全。

2. 自己代表與雙方代表之禁止

公司法第59條規定：「代表公司之股東，如為自己或他人與公司為買賣、借貸或其他法律行為時，不得同時為公司之代表。但向公司清償債務時，不在此限。」按本條規定之立法目的與民法第106條相同，均在防止利害衝突，買賣或借貸僅為其例示，所有有利害衝突之法律行為均在禁止之列[8]。如有違反，實務見解認為係違反禁止規定而無效[9]。又因本條並無如民法第106條有「非經本人之許諾」之規定，故縱經全體股東事前授權，仍不得為之。

三、股東之責任

(一) 一般責任

公司法第60條規定：「公司資產不足清償債務時，由股東負連帶清償之責。」可知無限公司之股東雖負無限責任，但須公司資產不足清償債務時，始有清償之責任，故屬於一種補充責任。通說認為所謂「公司資產不足清償債務」，必須公司債權人依強制執行程序或破產程序，仍不能全部獲得清償時，股東始有清償責任。所謂「連帶」，係指股東相互之間有連帶責任，而非股東與公司之間有連帶責任；因此，清償公司債務之股東，得向其他股東請求償還「各自分擔」之部分（民§281 I），而各自分擔之比例即盈餘及虧損分派之比例（公司§41 I ⑥）。

(二) 特殊責任

1. 新加入股東之責任

加入公司為股東者，對於未加入前公司已發生之債務，亦應負責（公司§61）。

2. 表見股東之責任

非股東而有可以令人信其為股東之行為者，對於善意第三人，應負與股東同一之責任（公司§62）。

3. 退股或轉讓出資股東之責任

退股股東應向主管機關申請登記，對於登記前公司之債務，於登記後二年內，仍負連帶無限責任；至於股東非退股，而係轉讓其出資者，亦同（公司§70）。

---

[8]　惟禁止自己代表係為防範代表公司之股東為自己或他人之利益，致損害公司利益而設，故於純獲法律上利益情形，既不發生利害衝突，自無加以禁止必要，應就適用範圍作目的性限縮解釋，而無禁止自己代表之必要（法務部103年2月11日法律決字第10303501180號函）。

[9]　最高法院80年度台上字第180號判決。惟學說認為應類推適用無權代理之規定，但公司之承認，解釋上應經其他全體股東之同意，以符合無限公司為典型人合公司之特質；參柯芳枝「公司法論（上）」第91頁。

4. 變更組織後之股東責任

公司得經全體股東之同意，以一部股東改為有限責任變更其組織為兩合公司（公司§76Ⅰ），或經股東三分之二以上之同意變更章程，將其組織變更為有限公司或股份有限公司（公司§76-1Ⅰ）；此時改為有限責任之股東，對於變更組織前之公司債務，於公司變更登記後二年內，仍負連帶無限責任（公司§78）。

5. 解散後之股東責任

股東之連帶無限責任，自解散登記後滿五年而消滅（公司§96）。

四、資本之維持

按股份有限公司之資本，有所謂「資本確定」、「資本維持」及「資本不變」等三大原則（詳後述）。在無限公司，因股東對公司債務負連帶無限清償責任，故對此三大原則並無適用之必要，惟公司法為保護債權人，對於無限公司仍採資本維持原則，其內容如下：

(一) 盈餘分配之限制

公司法第63條第1項規定：「公司非彌補虧損後，不得分派盈餘。」此之所謂虧損，指產生盈餘前之年度有虧損，仍存於帳面上尚未彌補者；蓋此時分派盈餘等於減少公司資本，對於公司之債權人不利，故明文禁止。如公司負責人違反此項規定時，各處一年以下有期徒刑、拘役或科或併科新臺幣六萬元以下罰金（公司§63Ⅱ）；至於違法分派盈餘之行為則屬無效，通說認為公司之債權人得類推適用公司法第233條之規定，請求股東將盈餘退還公司，並得請求賠償因此所受之損害。

(二) 債務之抵銷

公司法第64條規定：「公司之債務人，不得以其債務與其對於股東之債權抵銷。」蓋公司與其股東各有獨立之人格，債務人自不得以對於他人之債權，向其債權人主張抵銷；且解釋上，不但公司債務人不得主張抵銷，公司或股東亦不得主張抵銷，否則公司之資本將因抵銷而減少，對於公司之債權人不利。

第四節　股東地位之取得與喪失

一、概說

除於公司設立階段出資而原始取得股東地位外，於公司設立後，亦得因「入股」而原

始取得股東地位。又股東因出資而取得股東地位，但在公司存續中，股東亦因「退股」或轉讓全部之出資，而喪失股東地位；惟前者屬絕對喪失，後者屬相對喪失，至於僅部分轉讓出資者，股東地位並未因此而喪失。

二、入股

　　所謂入股，指於公司成立後，出資加入公司，原始取得股東地位之行為。入股，應由入股人與公司訂立入股契約，因股東姓名、住所或居所及其出資額為章程必要記載事項（公司§41 I ③④），故此一契約之訂立，應得全體股東之同意，並向主管機關為變更之登記，始生效力。因此，通說認為入股契約係入股人與公司間，以發生股東關係為目的之團體法上之契約，並以變更章程為停止條件之契約。

　　入股人於入股後取得股東之地位，一方面享有股東權，一方面亦應盡股東之責任，且對於加入前公司已發生之債務，亦應負責（公司§61）。

三、退股

(一) 退股之意義

　　所謂退股，指公司存續中，基於特定股東之意思或因法定事由，致喪失其股東地位之行為。公司法設退股制度之理由，在於無限公司之股東對公司債務負無限清償責任，風險甚重，故許其退出公司，以解除自己所承受之風險；此外，將股東之死亡、破產、受監護或輔助宣告列為退股之原因，而非構成公司之解散事由，亦有助於公司企業之維持。

(二) 退股之原因

1. 聲明退股

　　公司法第65條第1項規定：「章程未定公司存續期限者，除關於退股另有訂定外，股東得於每會計年度終了退股。但應於六個月前，以書面向公司聲明。」可知聲明退股係基於股東之意思。無限公司之股東聲明退股，屬於有相對人之單獨行為，須具備章程未定公司存續期限、章程關於退股未另有訂定、會計年度終了之時及於六個月前以書面向公司聲明等四項要件。惟股東有非可歸責於自己之重大事由時，例如罹患重病或被徵集服兵役等情形，此時不問公司是否定有存續期限，均得隨時聲明退股（公司§65 II）。

2. 法定退股

　　此種情形，不問股東之意思為何，均構成退股之原因，其規定如下（公司§66 I）：

　　(1) 章程所定退股事由：例如規定股東不能執行業務或未具備一定之資格時，即應退

股之情形。

(2) 死亡。

(3) 破產。

(4) 受監護或輔助宣告。

(5) 除名。所謂除名，指有法定事由發生時，經其他全體股東之同意，剝奪特定股東之資格，使其喪失股東地位之行為，其事由及程序，依公司法第67條規定：「股東有左列各款情事之一者，得經其他股東全體之同意議決除名。但非通知後不得對抗該股東：一、應出之資本不能照繳或屢催不繳者。二、違反第五十四條第一項規定者。三、有不正當行為妨害公司之利益者。四、對於公司不盡重要之義務者。」惟公司股東僅有二人時，並無上述除名規定之適用，否則無異使股東一人得驅逐另一人，且將使股東僅餘一人，而構成公司解散事由（公司§21①、71 I④），自非所宜。

(6) 股東之出資，經法院強制執行者。按股東之出資具有財產價值，自得為強制執行之標的，以保護其債權人之權益；惟執行法院應於二個月前通知公司及其他股東，使公司及其他股東有所準備（公司§66 II）。

3. 視為退股

公司因章程所定解散事由發生，或公司因所營事業已成就或不能成就而應解散時，得經全體或一部股東之同意繼續經營，其不同意者視為退股（公司§71 I①②、71 II）。

(三) 退股之程序

因股東姓名、住所或居所及其出資額為章程必要記載事項（公司§41 I③④），故退股時應變更公司章程，且應向主管機關為變更之登記，否則不得以其事項對抗第三人（公司§12）。

(四) 退股之效果

1. 退股股東與公司間之關係

(1) 退股股東姓名之停用

公司名稱中列有股東之姓或姓名者，該股東退股時，得請求停止使用（公司§68）；目的在避免交易相對人誤會及發生表見股東之責任（公司§62）。

(2) 出資之結算

股東退股後，公司應將其出資退還，故應辦理結算。因公司財產隨營業狀況而發生變化，故公司法第69條第1項規定：「退股之股東與公司之結算，應以退股時公司財產之狀況為準。」即以退股時公司財產之狀況為結算之標準。同條第3項規定：「股東退股時，公司事務有未了結者，於了結後計算其損益，分派其盈虧。」此係因事務尚未了結，損益缺乏可供估算之標準，故須於了結後，始能計

算損益,分派盈虧。

結算後,退股股東之出資有淨值時,應退還其出資。惟退還之標的,依同條第2項規定:「退股股東之出資,不問其種類,均得以現金抵還。」蓋股東之出資已經以金錢估定其價值(公司§41Ⅰ⑤),退股時自得以現金抵還,股東不得請求返還原物或同種類之物[10]。至於結算後,退股股東之出資為負數時,不但不得請求公司返還其出資,尚須對公司補足其差額。

2. 退股股東與公司債權人間之關係

退股股東應向主管機關申請登記,對於登記前公司之債務,於登記後二年內,仍負連帶無限責任(公司§70Ⅰ);立法目的在保護公司債權人。

四、轉讓出資

所謂轉讓出資,指股東以法律行為轉讓其出資,使受讓人取得公司股東之地位。因無限公司股東間,係以信用為基礎而結合,且彼此間對公司債務負連帶無限清償責任,故公司法第55條規定:「股東非經其他股東全體之同意,不得以自己出資之全部或一部,轉讓於他人。」以確保全體股東間之信賴基礎,與股份有限公司有所謂股份自由轉讓原則不同(公司§163)。又此處所指之「他人」,因無類似民法第683條但書之規定,故通說認為包括原有之股東。至於未經其他股東同意即轉讓其出資者,通說認為其讓與契約並非無效,只是不得對抗公司、其他股東及公司債權人;惟此時受讓人既然無從取得股東權,自得依民法債務不履行之規定,向讓與人行使權利。

股東僅轉讓其一部出資者,僅出資額減少,其股東地位並不受影響。如轉讓其全部出資者,則喪失其股東地位;故轉讓全部出資之股東應向主管機關申請登記,對於登記前公司之債務,於登記後二年內,仍負連帶無限責任(公司§70Ⅱ)。至於受讓人,縱屬原有股東以外之人,對於加入前公司已發生之債務,仍應負責(公司§61);如為原有股東,則僅增加其出資額而已。

新聞追蹤

無限公司　曾獲績優表揚　積欠3億元　同昌傳財務危機

位於宜蘭縣的同昌建築無限公司傳出財務危機,積欠廠商票款3億元,廠商昨天登門討債,黃姓董事長無奈地說,承攬兩項公共工程卡住3億元資金,才陷入困境。同昌無限公司在民國56年成立,73年間由宜蘭黃姓營造商承接,經營近30年,承接過許多重

---

[10] 此係指移轉出資而言,如為用益出資,股東自得請求返還原物。

大公共工程。一般公司都是有限公司，無限公司因股東要對公司債務負連帶無限清償責任，最後一家家結束營業，同昌無限公司變成臺灣唯一的無限公司。

　　按無限公司在臺灣確實少見，但該公司並非唯一一家。據經濟部商業司網站顯示，2021年3月仍有無限公司9家，相較於有限公司544,591家、股份有限公司175,331家，確屬少數，但還高於兩合公司5家，不過與2015年3月尚有22家無限公司相較，確實大幅減少，理由應該是股東要對公司債務負連帶無限清償責任所致。

　　另無限公司因爲少見，故有些觀念容易與有限公司或股份有限公司混淆，例如無限公司並無董事或董事長，黃姓負責人應該是代表公司及執行業務之股東。又報導指出，黃姓負責人是在公司設立後才承接，則其應該是以「入股」或「受讓出資」之方式加入公司，惟前者屬於原始取得股東地位，後者則爲繼受取得；但無論如何，其對於加入前公司已發生之債務，均應負責（公司§61）。

2011-09-14／聯合報／記者羅建旺「無限公司　曾獲績優表揚　積欠3億元　同昌傳財務危機」報導

第五節　解散、合併及變更組織

一、無限公司之解散

　　有關公司解散之意義及其他共通性之效力，已經於本編第一章第七節敘述，此處則就無限公司解散之原因作說明。依公司法第71條第1項規定，公司有下列各款情事之一者解散：

(一) 章程所定解散事由

　　例如公司仰賴特定執行業務股東之經營能力，故章程規定該股東死亡或喪失行爲能力不能執行公司業務時，公司即須解散。但得經全體或一部股東之同意繼續經營，其不同意者視爲退股，此時並應變更公司章程（公司§71Ⅱ、Ⅳ）。

(二) 公司所營事業已成就或不能成就

　　例如公司以營造特定高速鐵路爲目的，則高速鐵路建造完成爲「事業已成就」，或公司以經營特定高速鐵路爲目的，則不能經營時爲「事業不能成就」，此二者均構成公司解散事由。但亦得經全體或一部股東之同意繼續經營，其不同意者視爲退股，此時亦應變更公司章程（公司§71Ⅱ、Ⅳ）。

(三) 股東三分之二以上之同意

公司既依股東之同意而設立，自亦得經股東之同意而解散；惟欲取得全體股東同意，現實上有其困難，故只要經股東三分之二以上之同意，即得解散。

(四) 股東經變動而不足本法所定之最低人數

此之變動，指退股或轉讓全部出資於原有股東之情形；因股東二人以上，為無限公司法定之最低人數，故變動後僅餘一人，即構成解散事由。但亦得加入新股東繼續經營，同時應變更公司章程（公司§71Ⅲ、Ⅳ）；如加入者為有限責任股東，則變更其組織為兩合公司（公司§76Ⅱ）。

(五) 與他公司合併

此之合併，指新設合併之全部參與公司，或吸收合併之消滅公司，其因合併而解散；惟因此而解散者，無須進行清算程序（公司§24）。

(六) 破產

指公司不能清償債務，經法院依破產法第57條之規定，宣告公司破產；因破產而解散者，亦無須進行清算程序（公司§24）。

(七) 解散之命令或裁判

指主管機關之解散命令或法院之解散裁定（公司§10、11），其均為公司之解散事由。

二、無限公司之合併

此處亦僅敘述無限公司之合併程序及合併效力如下：

(一) 合併之程序

1. 公司合併之決議

公司法第72條規定：「公司得以全體股東之同意，與他公司合併。」因合併關乎公司之存廢，在無限公司應得全體股東之同意。又合併對象之「他公司」，僅指無限公司，即無限公司只能與無限公司合併，不能與他種類之公司合併。

2. 表冊之編造

公司法第73條第1項規定：「公司決議合併時，應即編造資產負債表及財產目錄。」以釐清公司之財產狀況。

3. 通知及公告債權人

公司法第73條第2項規定：「公司爲合併之決議後，應即向各債權人分別通知及公告，並指定三十日以上期限，聲明債權人得於期限內提出異議。」此項規定之目的在保護公司債權人之利益；例如財務健全之A公司與財務不佳之B公司合併，即影響A公司債權人之利益。

公司違反通知及公告之義務，或對債權人之異議，不爲適當之處置者，依公司法第74條規定：「公司不爲前條之通知及公告，或對於在指定期限內提出異議之債權人不爲清償，或不提供相當擔保者，不得以其合併對抗債權人。」所謂不得以其合併對抗債權人，指債權人對原公司之資產得優先於他公司之債權人受償，不受合併之影響。

(二) 合併之效力

公司法第75條規定：「因合併而消滅之公司，其權利義務，應由合併後存續或另立之公司承受。」即在吸收合併時，由存續公司概括承受消滅公司之權利義務；在新設合併時，由新設立之公司概括承受所有參與合併公司之權利義務。

三、無限公司之變更組織

(一) 變更組織之程序

無限公司得變更其組織爲兩合公司（公司§76Ⅰ）或有限公司、股份有限公司（公司§76-1）；惟爲保護公司債權人，有關公司合併時之表冊編造、通知及公告債權人等規定，於無限公司變更組織時，準用之（公司§77準用73、74）。

(二) 變更組織之效果

無限公司無論是變更爲兩合公司或有限公司、股份有限公司，僅公司之組織及股東責任有所變更，變更前後之公司仍屬同一體，故變更後之公司對變更前之無限公司之所有權利義務均應概括承受（公司§77準用75）。至於變更爲有限責任之股東，其對於公司變更組織前所發生之債務，於公司變更登記後二年內，仍負連帶無限責任（公司§78）。

第六節　清算

一、概說

公司除因合併、分割或破產而解散者外，應行清算（公司§24）；因此，清算是公司解散後，結束公司現存法律關係所進行之必要程序。公司於解散後，由清算人代表公司

執行清算事務，並由法院進行監督，在清算完結前，公司法人格視為存續。

二、清算人

清算人於清算程序中，負責執行清算事務及代表公司，為清算中公司之法定必備機關。

(一) 清算人之產生

1. 法定清算人

所謂法定清算人，依公司法第79條本文規定：「公司之清算，以全體股東為清算人。」可知無限公司解散時，原則上全體股東均為清算人，縱章程定有代表公司或執行業務之股東者，亦同。另公司法第80條規定：「由股東全體清算時，股東中有死亡者，清算事務由其繼承人行之；繼承人有數人時，應由繼承人互推一人行之。」按遺產在分割前為全體繼承人公同共有，而公同共有之遺產，本得由繼承人中互推一人管理（民§1152），故公司法亦作此規定，以免因繼承人眾多，而延滯清算程序。

2. 章定清算人與選任清算人

公司法第79條但書規定：「但本法或章程另有規定或經股東決議，另選清算人者，不在此限。」因章程另有規定或經股東決議[11]，所另選之清算人，稱章定清算人或選任清算人。

3. 選派清算人

公司法第81條規定：「不能依第七十九條規定定其清算人時，法院得因利害關係人之聲請，選派清算人。」不能定清算人之情形，例如股東均死亡而無繼承人或章程是否另有規定有爭議等；是否不能定清算人，應由受理之法院依非訟事件法第32條規定，就個案具體情事，依職權調查事實及必要之證據後，裁定應否准許。

(二) 清算人之就任

清算人與公司間之關係，屬於委任（公司§97）；惟除法定清算人外，其餘由章程規定、股東決議或法院選派者，並無擔任清算人之義務，故須經其為就任之承諾，始與公司發生委任關係。

(三) 清算人之退任

清算人因下列事由而退任：

---

[11]　此之決議方法，法無明文規定，但公司法第82條但書規定：「但股東選任之清算人，亦得由股東過半數之同意，將其解任。」故通說認為股東選任清算人，亦應以股東過半數之同意行之。

1. 終止委任之事由發生

　　清算人與公司間之關係，既然屬於委任，則清算人自得隨時向公司辭職，以終止委任關係（民§549Ⅰ）；惟選派清算人之辭職，應向法院聲報[12]。另發生民法終止委任之法定事由，例如清算人死亡、破產或喪失行為能力等情形時，其委任關係亦消滅（民§550）。

2. 解任

　　公司法第82條規定：「法院因利害關係人之聲請，認為必要時，得將清算人解任。但股東選任之清算人，亦得由股東過半數之同意，將其解任。」可知有權解任清算人者，限於法院或股東。前者稱裁判解任，無論清算人係依何種方式產生，法院均得予以解任；後者稱決議解任，限於由股東選任之清算人，始得由股東將其解任。

(四) 清算人之聲報與公告

　　公司法第83條第1項規定：「清算人應於就任後十五日內，將其姓名、住所或居所及就任日期，向法院聲報。」其目的在使法院知悉，而得開始清算監督。同條第2項規定：「清算人之解任，應由股東於十五日內，向法院聲報。」此之解任，指決議解任，亦有使法院知悉之必要；另解釋上，如清算人係因解任以外之事由退任時，亦應向法院聲報。同條第3項規定：「清算人由法院選派時，應公告之；解任時亦同。」蓋法院無論係選派或解任清算人，均會對股東及公司債權人造成影響，故規定應予以公告，使利害關係人得以知悉。同條第4項規定：「違反第一項或第二項聲報期限之規定者，各處新臺幣三千元以上一萬五千元以下罰鍰。」但清算人或股東縱未為聲報，亦不影響清算人地位之取得及喪失。

三、清算人之職權與責任

(一) 清算人之職務

　　依公司法第84條第1項之規定，清算人之主要職務有了結現務、收取債權、清償債務、分派盈餘或虧損及分派賸餘財產等；另綜合其他規定，說明清算人之職務如下：

1. 檢查公司財產

　　清算人就任後，應即檢查公司財產情形，造具資產負債表及財產目錄，送交各股東查閱（公司§87Ⅰ）；對於清算人所為檢查有妨礙、拒絕或規避行為者，各處新臺幣二萬元以上十萬元以下罰鍰（公司§87Ⅱ）。

2. 了結現務

　　公司於解散時尚未了結之現務，清算人須於清算程序中予以了結（公司§84Ⅰ①），

---

[12]　柯芳枝「公司法論（上）」第114頁。

故清算人為了結現務及便利清算之目的，得暫時經營業務（公司§26）。

3. 收取債權

對於已屆清償期之公司債權，清算人應予以收取；至於未屆清償期之債權，除俟清償期屆至收取外，亦得將該債權予以變賣，收取其價金。

4. 清償債務

清算人為知悉公司負債之確實情形，應於就任後，以公告方法，催告債權人報明債權，對於明知之債權人，並應分別通知（公司§88）。清算人於所定之債權申報期間屆至後，即得清償已申報或已知之債權人；至於未申報且為清算人所不知之債權人，仍得就公司未分派之賸餘財產求償。如清算已完結，因股東之連帶無限責任，自解散登記後滿五年始消滅（公司§96）；故五年內，債權人仍得向股東求償。

5. 分派盈餘或虧損

清算人於收取債權、清償債務後，應計算盈虧，並依章程所定盈餘及虧損分派比例或標準（公司§41Ⅰ⑥），分派於各股東。

6. 分派賸餘財產

清算人於分派盈餘或虧損後，如有賸餘財產，其分派，除章程另有訂定外，依各股東分派盈餘或虧損後淨餘出資之比例定之（公司§91）。

另清算人非清償公司債務後，不得將公司財產分派於各股東；清算人違反前述規定，分派公司財產時，各處一年以下有期徒刑、拘役或科或併科新臺幣六萬元以下罰金（公司§90）。

7. 答覆股東有關清算情形之質詢

清算人遇有股東詢問時，應將清算情形隨時答覆（公司§87Ⅴ）；清算人違反前述規定者，各處新臺幣一萬元以上五萬元以下罰鍰（公司§87Ⅵ）。

8. 聲請法院宣告公司破產

公司財產不足清償其債務時，清算人應即聲請宣告破產；清算人移交其事務於破產管理人時，職務即為終了（公司§89Ⅰ、Ⅱ）。清算人違反前述規定，不即聲請宣告破產者，各處新臺幣二萬元以上十萬元以下罰鍰（公司§89Ⅲ）。

(二) 清算人之代表權與執行權

1. 代表權與執行權

公司法第85條第1項規定：「清算人有數人時，得推定一人或數人代表公司，如未推定時，各有對於第三人代表公司之權。關於清算事務之執行，取決於過半數之同意。」可知除非另行推定，否則各清算人均有代表公司之權；至於事務之執行則採多數決方式。如推定代表公司之清算人，應於就任後十五日內，將其姓名、住所或居所及就任日期，向法院聲報（公司§85Ⅱ準用83Ⅰ）。

2.代表權之限制

清算人執行清算職務時，雖有代表公司爲訴訟上或訴訟外一切行爲之權（公司§84Ⅱ本文），例如將公司財產變價處分，以清償公司債務及分派剩餘財產於股東；但將公司營業包括資產負債轉讓於他人時，應得全體股東之同意（公司§84Ⅱ但），此爲清算人代表權之法定限制，目的在保護全體股東之權益。

又對於清算人之代表權，雖得由選任機關加以限制，但對於清算人之代表權所加之限制，不得對抗善意第三人（公司§86），以維護交易安全。

(三) 清算人之責任

公司法第95條規定：「清算人應以善良管理人之注意處理職務，倘有怠忽而致公司發生損害時，應對公司負連帶賠償之責任；其有故意或重大過失時，並應對第三人負連帶賠償責任。」可知清算人無論是否受有報酬，均應盡善良管理人之注意義務。惟清算人在執行職務之範圍內，爲公司之負責人（公司§8Ⅱ），自應依公司法第23條第1項及第2項之規定盡忠實義務與注意義務，並負損害賠償責任。

四、清算完結

(一) 清算期間

公司法第87條第3項規定：「清算人應於六個月內完結清算；不能於六個月內完結清算時，清算人得申敘理由，向法院聲請展期。」清算之起算日，應以清算人就任之日爲準。故其爲法定清算人者，以公司解散之日爲就任之日；其爲章程規定、股東會選定或法院選派之清算人者，則以清算人實際就任之日爲清算起算日；清算人於清算中依法解任者，清算期間仍應自第一位清算人就任之日起算[13]。又六個月期限雖屆滿，如清算事務尚未執行完畢，則無論清算人曾否聲請法院展期，清算並非當然完結，須俟清算事務執行完畢，清算始爲完結。清算人不於前述規定期限內清算完結者，得各處新臺幣一萬元以上五萬元以下罰鍰[14]（公司§87Ⅳ）。

(二) 表冊承認

清算人應於清算完結後十五日內，造具結算表冊，送交各股東，請求其承認，如股東不於一個月內提出異議，即視爲承認；但清算人有不法行爲時，不在此限（公司§92）。

---

[13] 經濟部99年5月14日經商字第09902055300號。

[14] 此之裁罰機關，依民法第42條第1項規定：「法人之清算，屬於法院監督。法院得隨時爲監督上必要之檢查及處分。」可知法院不但爲法人清算之監督機關，且有處分之權限，而民法第43條亦有法院得處罰鍰之規定，故公司法第87條第4項及第93條之裁處罰鍰，應屬法院職權。

(三) 聲報法院

清算人應於清算完結，經送請股東承認後十五日內，向法院聲報；如清算人違反聲報期限之規定時，各處新臺幣三千元以上一萬五千元以下罰鍰（公司§93）。

(四) 文件保存

公司之帳簿、表冊及關於營業與清算事務之文件，應自清算完結向法院聲報之日起，保存十年，其保存人，以股東過半數之同意定之（公司§94）。

你知道嗎？

公司法人格在何時消滅？

經常發生公司已辦理清算完結手續，將表冊送經股東或股東會承認後，向法院聲報，並經法院准予備查，事後又遭稅捐單位催討欠稅，甚至禁止公司負責人（清算人）出境之情形。其實，法院通知准予備查之函文，並無實質上之確定力，是否發生清算完結效果，應視是否完成「合法清算」而定，而公司之法人格，應於合法清算終結時始行消滅。故實務上經常發生因公司尚有積欠稅款未予繳納，或公司尚有謄餘財產未分派，雖已聲報法院清算完結，並經法院備查，亦不生公司法人格消滅之效力。因此，公司如有欠稅，不得註銷；如有財產，債權人仍得主張其權利。至於公司財產不足清償欠稅或債務者，清算人應依法聲請破產（公司§89Ⅰ）。

第三章　有限公司

第一節　概說

　　有限公司是實務上最常見之公司種類，其不但得由股東一人設立，且股東僅負間接有限責任（公司§99Ⅰ），故最適宜中小企業使用；惟其不得公開招募股東，且股東地位移轉受有限制，又不得經營銀行、證券或保險等行業，故其成長潛力有限，但在具備一定規模後，可變更組織爲股份有限公司，使企業繼續成長。

　　有限公司雖然屬於偏向資合之中間公司，但相較於股份有限公司，其具有非公開性、設立手續簡便及資本確定等特性，且其變更章程、合併、解散及清算，係準用無限公司有關之規定（公司§113Ⅱ），均爲其異於股份有限公司之處。

第二節　設立

一、有限公司之設立程序

　　因有限公司具有閉鎖性，故其設立方式以發起設立爲限，不得採募集設立[1]；即公司資本總額，應由各股東全部繳足，不得分期繳款或向外招募（公司§100）。

二、訂立章程

(一) 章程之訂立

　　公司法第98條規定：「（第1項）有限公司由一人以上股東所組成。（第2項）股東應以全體之同意訂立章程，簽名或蓋章，置於本公司，每人各執一份。」因此，有限公司章程之訂立，僅須符合股東一人以上、全體同意並簽名蓋章二項要件。

(二) 章程之記載事項

1. 絕對必要記載事項

　　依公司法第101條第1項之規定，有限公司之章程絕對必要記載事項如下：

　　(1) 公司名稱。

---

[1]　有關募集設立，請參本編第五章第二節有關股份有限公司之設立程序。

(2) 所營事業。

(3) 股東姓名或名稱。

(4) 資本總額及各股東出資額。

(5) 盈餘及虧損分派比例或標準[2]。

(6) 本公司所在地。

(7) 董事人數。按公司應至少置董事一人執行業務並代表公司，最多置董事三人（公司§108 I 前段），因此，實際上設置幾名董事，須於章程上訂明。

(8) 訂立章程之年、月、日。

2. 相對必要記載事項

另依公司法之規定，有限公司有下列相對必要記載事項：

(1) 得特定董事一人為董事長，對外代表公司（公司§108 I 後段）。按董事長並非有限公司之法定必備機關，故僅在董事有數人時，「得」以章程特定一人為董事長，而非「應」設，故如僅有董事一人，即不得設董事長。

(2) 定有解散事由者，其事由（公司§101 I ⑧）。

(3) 得訂定股東按出資多寡比例分配表決權（公司§102 I 但）。按有限公司之人合性，主要表現在股東彼此間之關係或公司之內部關係上，故每一股東不問出資多寡，原則上均有一表決權；但例外亦得以章程訂定按出資多寡比例分配表決權，使之兼具資合性。

(4) 得訂定另提特別盈餘公積（公司§112 II）。

(5) 得訂定清算人之人選（公司§113 II 準用79但）。

(6) 經理人之設置及職權（公司§29 I、31）。

(三) 章程之備置義務

代表公司之董事不備置前述章程於本公司者，處新臺幣一萬元以上五萬元以下罰鍰；再次拒不備置者，並按次處新臺幣二萬元以上十萬元以下罰鍰（公司§101 II）。

---

[2] 惟有限公司股東係負間接有限責任，對公司債務並無責任，原不受虧損之分配；至於章程訂立盈餘分派之比例或標準，而不以股東出資額為準，應為相對必要記載事項而非絕對必要記載事項，因此，有學者認為此款規定不當，應予刪除。以上參柯芳枝「公司法論（下）」第364頁。

第三節　有限公司之內部關係

一、股東之出資

(一) 出資之履行

公司法第99條之1規定：「股東之出資除現金外，得以對公司所有之貨幣債權、公司事業所需之財產或技術抵充之。」惟基於有限公司之非公開性及資本確定等特性，公司法第100條規定：「公司資本總額，應由各股東全部繳足，不得分期繳款或向外招募。」又因有限公司對外之信用基礎為資本，故股東之出資以現金或現金以外之財產為限，不得以勞務出資，與無限公司不同。

(二) 出資之轉讓

1. 一般股東轉讓出資

公司法第111條第1項規定：「股東非得其他股東表決權過半數之同意，不得以其出資之全部或一部，轉讓於他人。」蓋有限公司亦重視股東彼此間之信任關係，而具有人合性質，故股東之出資轉讓受有限制；至於所謂「其他股東」，指擬轉讓出資者以外之其他股東。且此處所指之「他人」，包括原有之股東在內[3]。

2. 董事轉讓出資

公司法第111條第2項規定：「董事非得其他股東表決權三分之二以上之同意，不得以其出資之全部或一部，轉讓於他人。」蓋董事為有限公司之法定必備機關，地位甚為重要，故規定較高之比例同意，始得轉讓出資。

同條第3項規定：「前二項轉讓，不同意之股東有優先受讓權；如不承受，視為同意轉讓，並同意修改章程有關股東及其出資額事項。」可知股東或董事轉讓出資縱已得股東之同意，其轉讓對象仍受有限制，不同意之股東有優先受讓權；且基於股東姓名及出資額係公司章程之絕對必要記載事項，但修改章程須股東表決權三分之二以上之同意（公司§113Ⅰ），與一般股東轉讓出資之比例不同，為避免造成出資轉讓後，可能因少數股東反對致無法修改章程，故有規定「視為」同意轉讓及同意修改章程之必要。

3. 法院依強制執行程序轉讓股東出資

公司法第111條第4項規定：「法院依強制執行程序，將股東之出資轉讓於他人時，應通知公司及其他股東，於二十日內，依第一項或第二項之方式，指定受讓人；逾期未指定或指定之受讓人不依同一條件受讓時，視為同意轉讓，並同意修改章程有關股東及其出資額事項。」此項規定之目的，一方面在保障股東（含董事）之債權人權益，一方面尊重有

---

[3]　經濟部98年11月10日經商字第09800157590號函。

限公司閉鎖性之特質，故賦予其他股東有以多數決指定受讓人行使優先受讓權之權利；並擬制其發生轉讓及變更章程之效果，執行法院得直接通知主管機關辦理變更登記[4]。

惟如有限公司全體股東之出資，均經法院依強制執行程序轉讓於他人時，公司既已無「其他股東」之存在，即無本條項規定適用，而應視為公司已同意轉讓，並同意修改章程[5]。

(三) 股東拋棄出資

有限公司股東可否拋棄其出資，公司法並無明文規範，但仍可適用民法拋棄之法理，故出資之拋棄應由股東向公司為拋棄之意思表示。又股東如將其拋棄出資之意思表示送達公司之登記地址時，其拋棄出資之意思表示即已發生效力[6]。

(四) 股東名簿

公司法第103條第1項規定：「公司應在本公司備置股東名簿，記載下列事項：一、各股東出資額。二、各股東姓名或名稱、住所或居所。三、繳納股款之年、月、日。」代表公司之董事不備置前述股東名簿於本公司者，處新臺幣一萬元以上五萬元以下罰鍰；再次拒不備置者，並按次連續處新臺幣二萬元以上十萬元以下罰鍰（公司§103Ⅱ）。

案 例

甲、乙、丙、丁四人共同出資設立A有限公司，並推選甲為董事。請問：(一)丙可否將其出資轉讓丁或戊？(二)如丁因積欠己債務未清償，致遭己聲請法院強制執行丁對A有限公司之出資，如拍賣時，庚出價最高，是否由庚取得丁對A有限公司之出資？

解 析

第一小題，因公司法第111條第1項並無如同民法第683條有「但轉讓於他合夥人者，不在此限。」之規定，故丙無論是將出資轉讓於A有限公司原有股東或其他人，均須取得其他股東表決權過半數之同意，且不同意之股東有優先受讓權（公司§111Ⅲ）。

第二小題，庚雖然出價最高，但因其他股東得以表決權過半數之同意，指定

---

[4]　經濟部74年10月8日經商字第44210號函。

[5]　經濟部64年6月23日經商字第13933號函。

[6]　經濟部103年10月21日經商字第10302345190號函。

受讓人行使優先受讓權之權利（公司§111Ⅳ），故必須其他股東未於二十日內指定受讓人或指定之受讓人不依庚之出價受讓時，庚始確定取得丁對A有限公司之出資。

二、公司之機關

(一) 意思機關

有限公司並無股東會之組織，係以全體股東為公司之意思機關。故凡依公司法之規定，須經股東同意或決議之事項，無須以會議之方式為之，股東得以書面方式行使同意權或表決權，與股份有限公司須召開股東會進行表決不同。

1. 應經股東同意之事項

(1) 應經股東表決權二分之一以上同意之事項

例如會計師或經理人之委任、解任及報酬（公司§20Ⅲ、29Ⅰ②），或公司增資（公司§106Ⅰ），或公司減資、變更組織為股份有限公司（公司§106Ⅲ），或董事因違反競業禁止而行使歸入權（公司§108Ⅳ準用54Ⅲ），或承認會計表冊（公司§110Ⅰ）等。另因準用無限公司清算之規定（公司§113Ⅱ），故有關清算人之選任及解任，亦須經股東表決權二分之一以上同意（公司§79但、82但）。

(2) 應經股東表決權三分之二以上同意之事項

例如選任董事（公司§108Ⅰ）、同意董事競業許可（公司§108Ⅲ）、同意另提特別盈餘公積（公司§112Ⅱ）、變更章程、合併及解散（公司§113Ⅰ）等。另有限公司之變更章程、合併、解散及清算，係準用無限公司之規定（公司§113Ⅱ）；故除變更章程、合併及解散，其門檻應得股東表決權三分之二以上同意外，於清算時，將公司營業包括資產負債轉讓於他人時，應得全體股東之同意（公司§84Ⅱ）。

2. 股東表決權之計算

有限公司股東表決權之計算，亦具人合性。原則上每一股東不問出資多寡，均有一表決權；但得以章程訂定按出資多寡比例分配表決權（公司§102Ⅰ）。惟政府或法人為股東時，其代表人可不限於一人，但其表決權之行使，仍以其所持有之出資額綜合計算；故代表人有二人以上時，其代表人行使表決權應共同為之（公司§102Ⅱ準用181）。

(二) 業務執行機關

1. 董事之意義、人數、選任與退任

董事為有限公司法定、必備之業務執行機關，依公司法第108條第1項前段規定：

「公司應至少置董事一人執行業務並代表公司，最多置董事三人，應經股東表決權三分之二以上之同意，就有行為能力之股東中選任之。」[7]至於實際設置幾名董事，應依章程之規定（公司§101Ⅰ⑦）。

　　另公司法對有限公司之董事並無任期之規定，故除非以任意記載方式於章程中規定董事之任期，否則董事並無任期之限制。惟董事於有民法第550條所規定之死亡、破產或喪失行為能力等事由時，因與公司委任關係消滅而退任；另董事不得無故辭職，其他股東亦不得無故解任董事（公司§108Ⅳ準用51），故不適用民法第549條雙方得任意終止委任契約之規定。但有正當理由時，應如何解任？公司法並無明文之規定，解釋上應與選任採同一之方式為之，即經股東表決權三分之二以上之同意時，得解任之。

2. 董事之資格

　　因董事係就有行為能力之股東中選任之，故具備股東身分及有行為能力，為董事之積極資格。另具有公司法第30條所規定之情事之一者，不得充任董事（公司§108Ⅳ準用30），故屬於消極資格，已充任者，當然解任。

3. 董事與公司間之關係

　　通說認為有限公司董事與公司間屬於委任關係，故除公司法另有規定外，適用關於民法委任之規定。所謂公司法另有規定，主要指第108條第4項規定：「第三十條、第四十六條、第四十九條至第五十三條、第五十四條第三項、第五十七條至第五十九條、第二百零八條第三項、第二百零八條之一及第二百十一條第一項及第二項之規定，於董事準用之。」之情形，其中董事非有特約，不得向公司請求報酬（公司§108Ⅳ準用49），但無論有無報酬，董事均應盡善良管理人之注意義務及忠實義務（公司§23Ⅰ），與民法之規定不同，值得注意。

4. 董事之業務執行權

　　有限公司僅設董事一人時，即由該董事執行公司業務。惟有董事數人時，關於業務之執行，須取決於過半數之同意；至於通常事務，各董事得單獨執行，但其餘董事有一人提出異議時，應即停止執行（公司§108Ⅳ準用46）。另董事執行業務時，應依照法令、章程及股東之決定；如違反前述規定，致公司受有損害者，對於公司應負賠償之責（公司§108Ⅳ準用52）。

5. 董事之代理

　　公司法第108條第2項規定：「董事請假或因故不能行使職權時，指定股東一人代理之；未指定代理人者，由股東間互推一人代理之。」惟此一規定應僅適用於有限公司僅有董事一人之情形，或公司董事全部請假或不能行使職權時，始有適用[8]；如公司有數名董事，且未特定一人為董事長，因各董事均有業務執行權與代表公司之權限，並無由股東代

7　惟單一法人股東投資之有限公司，得類推適用公司法第128條之1規定，指派自然人擔任董事，不適用同法第108條第1項規定（經濟部105年4月25日經商字第10502411030號函參照）。

8　經濟部90年12月26日經商字第09002265060號函。

理之必要。至於公司設有董事長時，如董事長請假或因故不能行使職權時，應由董事長指定董事一人代理或由其餘董事互推一人代理（公司§108Ⅳ準用208Ⅲ）。

6. 臨時管理人

有限公司可能因董事死亡、辭職或經假處分不能行使職權，致公司業務有停頓之虞。依公司法第108條第4項準用第208條之1規定，董事不為或不能行使職權，致公司有受損害之虞時，法院因利害關係人或檢察官之聲請，得選任一人以上之臨時管理人，代行董事之職權，但不得為不利於公司之行為。前述臨時管理人，法院應囑託主管機關為之登記；臨時管理人解任時，法院應囑託主管機關註銷登記。

7. 董事之義務

董事除了有一般公司負責人應盡之注意義務、忠實義務及基於委任關係而生之義務外，尚有下列義務：

(1) 競業禁止義務

公司法第108條第3項規定：「董事為自己或他人為與公司同類業務之行為，應對全體股東說明其行為之重要內容，並經股東表決權三分之二以上之同意。」此即董事競業禁止義務之規定。如董事未經同意，即為競業行為，則有限公司得準用無限公司之規定，對董事行使歸入權（公司§108Ⅳ準用54Ⅲ）。

(2) 虧損報告與破產聲請之義務

有限公司虧損達資本總額二分之一時，董事應即召集股東報告；公司資產顯有不足抵償其所負債務時，董事應即聲請宣告破產（公司§108Ⅳ準用211Ⅰ及Ⅱ）。代表公司之董事，違反前述規定者，處新臺幣二萬元以上十萬元以下罰鍰（公司§108Ⅴ）。

(3) 其他

遵守法令、章程及股東決定之義務（公司§108Ⅳ準用52）；交還代收款項之義務（公司§108Ⅳ準用53）；會計上之義務（詳後述）等。

(三) 監督機關

有限公司並未設置監察人，故公司業務之監察，專屬於不執行業務之股東。公司法第109條第1項規定：「不執行業務之股東，均得行使監察權；其監察權之行使，準用第四十八條之規定。」即得「隨時」向執行業務之董事質詢公司營業情形，查閱財產文件、帳簿、表冊；另不執行業務之股東辦理前述事務時，得代表公司委託律師、會計師審核（公司§109Ⅱ）。同條第3項規定：「規避、妨礙或拒絕不執行業務股東行使監察權者，代表公司之董事各處新臺幣二萬元以上十萬元以下罰鍰。」即置有董事長者，處罰董事長；未置董事長者，處罰所有董事。

三、公司之會計

因有限公司之股東僅負間接有限責任，與股份有限公司之股東責任大致相同，故有關有限公司之會計，大多準用股份有限公司之規定。

(一) 會計表冊之編造

公司法第110條第1項規定：「每屆會計年度終了，董事應依第二百二十八條之規定，造具各項表冊，分送各股東，請其承認；其承認應經股東表決權過半數之同意。」即董事應造具營業報告書、財務報表及盈餘分派或虧損撥補之議案，並應依中央主管機關規定之規章編造。同條第2項規定：「前項表冊，至遲應於每會計年度終了後六個月內分送。分送後逾一個月未提出異議者，視為承認。」此與股份有限公司應經股東會決議承認不同。會計表冊經股東承認後，視為公司已解除董事之責任；但董事有不法行為者，不在此限（公司§110Ⅲ準用231）。

(二) 公積之提存

公司法第112條第1項規定：「公司於彌補虧損完納一切稅捐後，分派盈餘時，應先提出百分之十為法定盈餘公積。但法定盈餘公積已達資本總額時，不在此限。」公司負責人違反此項規定，不提法定盈餘公積時，各處新臺幣二萬元以上十萬元以下罰鍰（公司§112Ⅳ）。另除法定盈餘公積外，公司得以章程訂定，或經股東表決權三分之二以上之同意，另提特別盈餘公積（公司§112Ⅱ）。

公司法第112條第3項規定：「第二百三十九條、第二百四十一條第一項第二款及第三項之規定，於有限公司準用之。」即有限公司提列之法定盈餘公積及會計處理產生之資本公積，其處理或使用，應準用股份有限公司相關規定。即有限公司之法定盈餘公積及資本公積，除填補公司虧損外，不得使用之；有限公司非於盈餘公積填補資本虧損，仍有不足時，不得以資本公積補充之；有限公司無虧損者，得經股東表決權三分之二以上之同意，將法定盈餘公積及資本公積（受領贈與之所得）之全部或一部，按股東出資額之比例發給出資額或現金；以法定盈餘公積發給出資額或現金，以該項公積超過資本總額百分之二十五之部分為限。

(三) 盈餘之分派

1. 盈餘分派之條件

公司有盈餘時，須先彌補虧損及完納一切稅捐，並依規定提列法定盈餘公積後，始得分派盈餘（公司§110Ⅲ準用232Ⅰ）；至於公司無盈餘時，則不得分派（公司§110Ⅲ準用232Ⅱ）。另有限公司如經章程規定，其盈餘分派或虧損撥補亦得於每季或每半會計年度終了後為之（公司§110Ⅲ準用228-1Ⅰ）。

2.盈餘分派之比例

雖然依公司法第110條第3項準用第235條之規定，盈餘之分派，除章程另有規定外，以各股東出資額之比例為準；但因有限公司盈餘分派之比例係章程絕對必要記載事項（公司§101 I ⑤），故應適用章程之規定，而無準用股份有限公司規定之餘地。

3.違法分派之效果

公司負責人違反規定分派盈餘時，各處一年以下有期徒刑、拘役或科或併科新臺幣六萬元以下罰金，且公司之債權人除得請求股東退還外，並得請求公司負責人賠償因此所受之損害（公司§110Ⅲ準用232Ⅲ、233）。

(四)員工之分紅

因公司法第235條之1規定，於有限公司準用之（公司§110Ⅲ），因此，公營事業以外之有限公司應於章程訂明以當年度獲利狀況之定額或比率，分派員工酬勞，但公司尚有累積虧損時，應予彌補；至於公營事業，除經該公營事業之主管機關專案核定於章程訂明分派員工酬勞之定額或比率外，並不適用。又前述員工酬勞，應經過半數之董事同意，並通知股東[9]。另章程得訂明發給前述酬勞之對象，包括符合一定條件之控制或從屬公司員工。

(五)帳目之檢查

繼續六個月以上，持有公司資本總額百分之一以上出資額之股東，亦得檢附理由、事證及說明其必要性，聲請法院選派檢查人，於必要範圍內，檢查公司業務帳目、財產情形、特定事項、特定交易文件及紀錄（公司§110Ⅲ準用245 I）；此一規定，性質上亦屬不執行業務股東監察權之行使。

四、變更章程

(一)增資時之變更章程

公司法第106條第1項本文規定：「公司增資，應經股東表決權過半數之同意。」惟公司增資雖僅須股東表決權過半數之同意，但因有限公司之資本總額係章程之絕對必要記載事項，故為避免反對增資之股東以不同意變更章程之方式杯葛，同條第4項規定：「前三項不同意之股東，對章程修正部分，視為同意。」以資解決。

---

[9] 依公司法第235條之1第3項規定：「前二項員工酬勞以股票或現金為之，應由董事會以董事三分之二以上之出席及出席董事過半數同意之決議行之，並報告股東會。」惟有限公司並無股票，亦無董事會及股東會，且公司業務之執行係取決於過半數董事之同意（公司§108Ⅳ準用46），故該項之酬勞應僅限於現金，且經過半數之董事同意後，通知股東即可。

(二) 減資時之變更章程

有限公司減少資本須經股東表決權過半數之同意（公司§106Ⅲ），此時不同意之股東，對章程修正部分，亦視為同意[10]（公司§106Ⅳ）。另有限公司減少資本時，除應編造資產負債表及財產目錄外，應即向各債權人分別通知及公告，並指定三十日以上期限，聲明債權人得於期限內提出異議；如公司不為通知及公告，或對於在指定期限內提出異議之債權人不為清償，或不提供相當擔保者，不得以其減資對抗債權人（公司§107Ⅲ）。

(三) 新股東加入時之變更章程

股東雖同意增資，但並無按原出資數比例出資之義務，此時得經股東表決權過半數之同意，由新股東參加公司（公司§106Ⅰ但、Ⅱ），並變更公司章程（公司§106Ⅳ）。

第四節　有限公司之外部關係

一、公司之代表

有限公司之董事，原則上對外均有代表公司之權限。但董事有數人時，得以章程置董事長一人，對外代表公司；董事長應經董事過半數之同意互選之（公司§108Ⅰ後段）。此時僅董事長有對外代表公司之權限，故董事長可謂有限公司章定、任意之代表機關。

有代表公司權限之董事或董事長，關於公司營業上一切事務，有辦理之權；公司對於代表權所加之限制，不得對抗善意第三人（公司§108Ⅳ準用57、58）。此外，基於雙方代理與自己代理之禁止，有代表公司權限之人，如為自己或他人與公司為買賣、借貸或其他法律行為時，不得同時為公司之代表；但向公司清償債務時，不在此限（公司§108Ⅳ準用59）。此一規定，於一人有限公司亦適用之；惟此規定之目的在防止利害衝突，故如純獲法律上利益，應對其適用範圍作目的性限縮解釋，而無禁止之必要[11]，例如有代表公司權限之人將財產無償贈與公司之情形。又此時如有為法律行為之必要時，公司僅置董事一人者，由全體股東之同意另推選有行為能力之股東代表公司；董事二人以上，並特定其中一名董事為董事長者，由其餘之董事代表公司[12]，至於設置董事二人以上，而未特定

---

[10]　惟有限公司減資無如股份有限公司應依股東所持股份比例減少之規定（公司§168Ⅰ），為避免特定股東受不平等對待，倘依股東出資額比例減資時，經股東表決權過半數之同意即可；倘未依比例減資時，應限縮適用公司法第106條第3項規定，須經全體股東同意，方得為之（經濟部109年1月15日經商字第10800112450號函參照）。

[11]　經濟部109年2月20日經商字第10902404220號函。

[12]　經濟部91年6月18日經商字第09102113500號函。惟此時在一人有限公司並無其餘股東或董事存在，只能依公司法第108條第4項準用同法第208條之1第1項之規定，向法院聲請選任臨時管理人來代行董事職務，以解決此問題。

董事長者，因數名董事均有代表權，自得由其他董事代表公司。

二、股東之責任

公司法第99條第1項規定：「各股東對於公司之責任，除第二項規定外，以其出資額為限。」可知有限公司之股東，原則上對公司僅於出資範圍內，負繳足股款之責任，對公司債權人並無清償義務；惟同條第2項規定：「股東濫用公司之法人地位，致公司負擔特定債務且清償顯有困難，其情節重大而有必要者，該股東應負清償之責。」此項規定稱為「揭穿公司面紗原則」，其目的在防免股東利用公司之獨立人格及股東有限責任而規避其應負之責任。

案 例

甲為A有限公司之唯一董事，因A公司業務所需，甲擬以市價將自己所有之房屋，出租予A公司，應如何進行？如A為一人有限公司，其情形有無不同？

解 析

按所得稅法第14條第1項第5類第4款及其施行細則第16條第2項分別規定：「將財產借與他人使用，除經查明確係無償且非供營業或執行業務者使用外，應參照當地一般租金情況，計算租賃收入，繳納所得稅。」、「本法第十四條第一項第五類第四款所稱他人，指本人、配偶及直系親屬以外之個人或法人。」可知董事將自己房屋提供公司營業使用，縱為無償之使用借貸，仍須計算租賃收入，繳納所得稅，對董事而言，徒增稅捐負擔，並無利益。且因有償之租賃，受自己代理與雙方代理之限制（公司§108Ⅳ準用59），故必須由全體股東之同意另推選有行為能力之股東代表公司（經濟部91年6月18日經商字第09102113500號函參照）。

惟在股東一人之有限公司，此時並無其餘股東存在，則只能依公司法第108條第4項準用同法第208條之1第1項之規定，向法院聲請選任臨時管理人，由臨時管理人代表A有限公司。另在公證實務上，曾認為股東一人之有限公司，因全體股東即為該董事，既無損害其他股東權益之情形，應准許其自己代表（司法院第11期公證實務研究會研究專輯第26則參照）。

第五節　合併、解散、清算及變更組織

一、有限公司之合併、解散及清算

有限公司之合併、解散及清算，除合併、解散應經股東表決權三分之二以上之同意外，其餘均準用無限公司之規定（公司§113）。

二、有限公司之變更組織

公司得經股東表決權過半數之同意變更其組織為股份有限公司（公司§106Ⅲ）。公司為變更組織之決議後，應即向各債權人分別通知及公告；變更組織後之公司，應承擔變更組織前公司之債務（公司§107Ⅰ、Ⅱ）。

新聞追蹤

公司欠稅　清算人可以限制出境嗎？

南區國稅局近期接獲某公司股東甲君詢問，未擔任公司負責人，為何卻遭到限制出境？國稅局說明，由於該公司為有限公司，在經濟部廢止登記後必須清算，依據公司法規定，公司章程未明定、股東會也沒有選任清算人時，就是以全體股東為清算人。換句話說，公司清算人在執行職務範圍內，視同公司負責人，因此依據稅捐稽徵法規定，我國境內營利事業所欠繳稅款及已經確定罰鍰等，單計或合計在200萬元以上者，得限制其負責人出境。

按有限公司之股東原則上係負間接有限責任，故除出資以外，並無清償公司負債之義務（公司§99Ⅰ），縱然是屬於公法上之稅捐給付義務，亦然。又依稅捐稽徵法第24條第3項、第6項之規定，營利事業欠繳稅款及已確定之罰鍰超過一定數額者（個人為100萬元，營利事業為200萬元，於行政救濟程序中，則分別為150萬元及300萬元），財政部得限制其負責人出境，惟其期限不得逾五年；因有限公司之一般股東並非公司負責人，自不得對其為限制出境之處分。所以在一般情形，有限公司之一般股東並未因股東身分而承擔出資以外之責任，或受其他不利之限制；但在有限公司解散時，因有限公司之解散及清算程序係準用無限公司之規定（公司§113Ⅱ），而公司法第79條本文規定：「公司之清算，以全體股東為清算人。」故除非章程另有規定或經股東決議或法院另行選派（公司§79但、81），否則一般股東在公司清算時須擔任清算人，而成為公司負責人（公司§8Ⅱ）。此時公司如有欠稅，公司負責人雖無以自己個人財產繳納之義

務，財政部卻可對其為限制出境之不利處分，形同逼迫公司負責人以自己個人財產繳納稅捐，其規定是否妥當，有無限制人民遷徙自由，不無疑問；對此，司法院大法官會議釋字第345號解釋，認為其目的在確保稅收，為增進公共利益所必要，故與憲法尚無牴觸。

惟對欠稅公司之清算人一律為限制出境之處分，卻不考慮清算人產生方式不同，並不妥當；因此，財政部102年10月31日台財稅字第10204597880號函表示：「欠繳應納稅捐符合稅捐稽徵法第24條第3項應限制負責人出境之公司，於清算期間，法院依公司法第81條及第322條第2項規定，因利害關係人聲請選派之公司清算人，不予限制出境。但經法院選派公司清算前實質負責業務之人擔任清算人者，仍應限制出境。」即受法院選派擔任公司之清算人者，如非清算前實質負責公司業務之人，並不予限制出境；惟須注意者，清算人是在公司清算期間，方為公司負責人，故公司解散前之欠稅，如果已限制原負責人出境，並不會再限制清算人出境，但清算期間之欠稅符合規定之限制出境金額時，仍可限制清算人出境。

2019-02-28／經濟日報／記者翁至威「未清算公司欠稅　股東限制出境」報導

第四章　兩合公司

　　兩合公司在四種公司類型中，最爲少見，是由一人以上之無限責任股東與一人以上之有限責任股東所組織成立；惟其雖兼具人合性與資合性，但卻是以無限責任股東爲重心，有限責任股東僅是以資本加入公司，故除有限責任股東之部分外，其餘均與無限公司相同，準用無限公司之規定。

一、兩合公司之設立

(一) 發起設立

　　兩合公司之設立，至少須有無限責任股東與有限責任股東各一人之發起（公司§114 I）。

(二) 訂立章程

　　兩合公司應以全體股東之同意，訂立章程，簽名或蓋章，置於本公司，並每人各執一份（公司§115準用40 II）；至於此之全體股東，應包括無限責任股東與有限責任股東二者。

(三) 繳納出資

　　兩合公司之無限責任股東，因準用無限公司之規定，故得爲財產出資與勞務出資；至於有限責任股東，則不得以勞務爲出資（公司§117）。

二、兩合公司之內部關係

(一) 業務之執行

　　公司法第122條規定：「有限責任股東，不得執行公司業務及對外代表公司。」此規定係因有限責任股東對公司債務不負責任之故[1]。因此，兩合公司之業務，專由無限責任股東執行；至於執行業務之方法，則準用無限公司之規定（公司§115準用45、46）。

(二) 業務之監察

　　有限責任股東雖不得執行公司業務，但爲保護其權益，公司法第118條第1項規定：

---

[1] 柯芳枝「公司法論（下）」第395頁。

「有限責任股東,得於每會計年度終了時,查閱公司帳目、業務及財產情形;必要時,法院得因有限責任股東之聲請,許其隨時檢查公司帳目、業務及財產之情形。」另無限責任股東,如因章程定有執行業務之股東而無業務執行權時,亦有監察權,惟無業務執行權之無限責任股東得「隨時」向執行業務之股東質詢公司營業情形,查閱財產文件、帳簿、表冊(公司§115準用48),與有限責任股東原則上限於每會計年度終了時不同。

(三) 出資之轉讓

1. 無限責任股東

兩合公司之無限責任股東,其出資之轉讓,係準用無限公司之規定,即非經其他股東全體之同意,不得以自己出資之全部或一部,轉讓於他人(公司§115準用55);此時所謂「其他股東全體」,自應包括有限責任股東在內。如無限責任股東之出資,經法院強制執行者,應視為退股,執行法院應於二個月前通知公司及其他股東(公司§115準用66Ⅰ⑥、Ⅱ)。

2. 有限責任股東

公司法第119條第1項規定:「有限責任股東,非得無限責任股東過半數之同意,不得以其出資全部或一部,轉讓於他人。」但不同意之股東有優先受讓權;如不承受,視為同意轉讓,並同意修改章程有關股東及其出資額事項[2]。至於法院依強制執行程序,將股東之出資轉讓於他人時,應通知公司及其他全體股東,於二十日內,以無限責任股東過半數同意之方式,指定受讓人,逾期未指定或指定之受讓人不依同一條件受讓時,視為同意轉讓,並同意修改章程有關股東及其出資額事項(公司§119Ⅱ準用111Ⅳ)。

(四) 競業之禁止

1. 無限責任股東

兩合公司之無限責任股東,非經其他股東全體之同意,不得為他公司之無限責任股東,或合夥事業之合夥人(公司§115準用54Ⅰ)。執行業務之股東,不得為自己或他人為與公司同類營業之行為;執行業務之股東違反規定時,其他股東得以過半數之決議,將其為自己或他人所為行為之所得,作為公司之所得,但自所得產生後逾一年者,不在此限(公司§115準用54Ⅱ、Ⅲ)。

2. 有限責任股東

至於有限責任股東,得為自己或他人,為與本公司同類營業之行為;亦得為他公司之無限責任股東,或合夥事業之合夥人(公司§120)。

---

[2] 按修正前之公司法第111條第2項規定:「前項轉讓不同意之股東有優先受讓權;如不承受,視為同意轉讓,並同意修改章程有關股東及其出資額事項。」然2018年修正時該項文字修正後改列為第3項,惟公司法第119條第2項並未配合修正,但其真意應指不同意之股東有優先受讓權。

(五) 盈餘之分派

有關兩合公司盈餘之分派，公司法並無特別規定，自應準用無限公司之規定，即非彌補虧損後，不得分派盈餘；公司負責人違反時，有刑事責任（公司§115準用63）。至於盈餘及虧損分派比例或標準，應於章程中訂明（公司§115準用41 I⑥）。

(六) 章程之變更

有關兩合公司章程之變更，公司法亦無特別規定，仍應準用無限公司之規定，應得全體股東之同意（公司§115準用47）；惟此處之股東，應包括無限責任股東與有限責任股東二者。

三、兩合公司之外部關係

(一) 公司之代表

因有限責任股東不得對外代表公司（公司§122），可知兩合公司之對外代表權，專屬於無限責任股東；無限責任股東有數人時，除非章程有特定代表公司之無限責任股東，否則均得各自代表公司（公司§115準用56 I）。

(二) 股東之責任

兩合公司之無限責任股東，對公司債務負連帶無限清償責任；有限責任股東，以出資額為限，對於公司負其責任（公司§114 II）。惟有限責任股東，如有可以令人信其為無限責任股東之行為者，對於善意第三人，負無限責任股東之責任（公司§121）。

四、兩合公司之退股及除名

兩合公司之無限責任股東，其退股與除名均準用無限公司之規定（公司§115準用65至67）；至於有限責任股東，則分述如下：

(一) 退股

1. 自請退股

有限責任股東遇有非可歸責於自己之重大事由時，得經無限責任股東過半數之同意退股，或聲請法院准其退股（公司§124）。

2. 法定退股

所謂法定退股，指公司法第115條準用第66條第1項之六款退股事由，惟依公司法第123條規定：「（第1項）有限責任股東，不因受監護或輔助宣告而退股。（第2項）有限

責任股東死亡時，其出資歸其繼承人。」故此之法定退股，僅指章程所定退股事由發生、股東破產、股東被除名及股東之出資經法院強制執行等四種情形。

(二) 除名

除名，亦生退股之效果。有限責任股東有下列各款情事之一者，得經全體無限責任股東之同意，將其除名，但非通知該股東後，不得對抗之（公司§125）：
1. 不履行出資義務者。
2. 有不正當行為，妨害公司利益者。

五、兩合公司之合併、變更組織、解散與清算

(一) 兩合公司之合併

兩合公司之合併，公司法並無特別規定，故應準用無限公司合併之規定，即以全體股東之同意與他公司合併（公司§115準用72）；至於合併之程序及效果，亦均準用無限公司之規定（公司§115準用73至75）。

(二) 兩合公司之變更組織

1. 變更為無限公司

兩合公司之有限責任股東全體退股時，如無限責任股東在二人以上者，得以一致之同意變更其組織為無限公司；另無限責任股東與有限責任股東，亦得以全體之同意，變更其組織為無限公司（公司§126Ⅱ、Ⅲ）。

2. 變更為有限公司或股份有限公司

兩合公司得經股東三分之二以上之同意變更章程，將其組織變更為有限公司或股份有限公司；不同意之股東得以書面向公司聲明退股（公司§126Ⅳ、Ⅴ）。

(三) 兩合公司之解散

因兩合公司之內部必須同時存在無限責任股東與有限責任股東，故兩合公司因無限責任股東或有限責任股東全體之退股而解散；但其餘股東得以一致之同意，加入無限責任股東或有限責任股東，繼續經營（公司§126Ⅰ）。

(四) 兩合公司之清算

兩合公司之清算程序，雖準用無限公司之規定，惟清算則由全體無限責任股東任之；但無限責任股東得以過半數之同意另行選任清算人，其解任時亦同（公司§127）。

新聞追蹤

有限合夥法　催生更多聶隱娘

　　立法院2015年6月5日三讀通過《有限合夥法》，台灣商業組織型態與國際接軌，再新增一項。將來具有創意、技術的「金頭腦」，更容易找到「金主」合組有限合夥，減少資金困境，催生更多部能揚威國際影展的《聶隱娘》。《有限合夥法》立法說明指出，創投業、電影、舞台劇等文創產業，大多不是採永續經營模式，營運一段時間就解散，不適用現行組織型態。以拍電影為例，擁有「金頭腦」的導演、編劇或製作人為「普通合夥人」，承擔無限責任；提供資金的「金主」為「有限合夥人」，承擔有限責任，若有損失「不會賠到脫褲」。

　　按過去我國之商業組織型態，大致上可分為具有法人格之公司，以及不具有法人格之獨資與合夥之商業。在實務運作上，因合夥不具法人格，不僅對合夥事業經營造成困擾，亦間接降低合夥商業之競爭力。此外，一般合夥人對於事業須負連帶無限清償責任，未實際參與合夥事業之合夥人承受過大之經營風險，亦降低投資者選擇以合夥型態經營商業之誘因。雖然民法有所謂之「隱名合夥」，但實務上甚為少見，且因不以登記為必要，亦欠缺公示性，對有限責任股東或債權人之保障並不周延。故為提供單純投資者與積極經營者共同從事商業活動之新選擇，且因應投資者與經營者分別負擔不同責任，故創設具有法人人格之「有限合夥」商業組織型態，以促進產業發展，尤其對於私募股權基金或電影文創產業之發展最有幫助。不過截至2021年4月底，已完成設立登記之有限合夥僅85家，似乎不如預期。

　　又有限合夥法之內容與民法「隱名合夥」及公司法「兩合公司」有相似之處，亦有所差異。相似之處，在於其股東責任二元，同時存在「無限責任股東」與「有限責任股東」，且由無限責任股東負責企業之經營。至於與「隱名合夥」之區別，在於「有限合夥」具有法人格，對外為法律行為時，具有完全獨立之權利主體，且採登記準則主義，登記事項並應予以公開，具有公示性；與「兩合公司」之區別，在於「兩合公司」章程雖然得訂定解散事由，但原則上仍以永續經營為目的，而「有限合夥」則於登記時，即可載明「有限合夥之存續期間」。另公司亦得為有限合夥之合夥人，惟為無限責任合夥人時，應取得股東同意或股東會決議。

　　又在外國立法例，專業技術人員可以成立有限合夥，但現行有限合夥法仍限制「以營利為目的」，所以會計師、律師或建築師，無法成為有限合夥人；惟會計師依會計師法第24條之規定，得設立法人會計師事務所，且依同法第38條準用公司法第99條之規定，其對事務所之責任以出資額為限，即僅負有限責任。

2015-06-06 / 經濟日報 / 記者吳父鄉「有限合夥法　催生更多聶隱娘」報導

第五章　股份有限公司總論

第一節　通說

一、股份有限公司之意義

所謂股份有限公司，係指二人以上股東或政府、法人股東一人所組織，全部資本分為股份；股東就其所認股份，對公司負其責任之公司（公司§2 I ④）。因此，可分述其意義如下：

(一) 股份有限公司須由二人以上股東或政府、法人股東一人所組織

股份有限公司之股東，並無資格之限制，凡有權利能力者，無論是自然人或法人，自然人不問其有無行為能力，法人亦不問其為公法人或私法人，均得為公司之股東；惟公司法對股東最低人數及發起人之資格（詳後述）設有限制。原則上，股份有限公司須有二人以上之股東，但政府或法人為股東時，僅有該政府或法人一人即可。

(二) 股份有限公司之資本須分為股份

此為股份有限公司不同於其他類型公司之最大特徵。公司法第156條第1項規定：「股份有限公司之資本，應分為股份，擇一採行票面金額股或無票面金額股。」可知股份為資本之成分且為最小計算單位，但公司得選擇是否記載每股金額，例如每股新臺幣一元或十元，記載每股金額者，即為票面金額股，惟不允許有票面金額股與無票面金額股併存之情形。另就股份與公司間之關係而言，股份乃表彰股東對於公司之法律地位，即各股東得依其所持有之股份比例對於公司主張股東權；至於股份與股票之關係，在於股份得製作成股票形式，成為表彰股東權之有價證券。

惟須注意者，公司資本與公司財產係屬二個不同概念。公司財產乃現有財產價值之總額，會因估價標準不同及營業成績好壞，而發生變動；但公司資本則為確定不變之數額，非經法定程序不得變更。例如A股份有限公司設立時發行一百萬股，每股面額十元，則該公司資本總額為一千萬元，公司財產亦為一千萬元；惟營業一年後虧損三百萬元，公司財產僅餘七百萬元，但公司資本仍為一千萬元。

(三) 股份有限公司之股東就其所認股份對公司負其責任

此為股東有限責任原則。即股東對其所認股份，有繳納股款之義務（公司§139）；

公司法第154條第1項規定：「股東對於公司之責任，除第二項規定外，以繳清其股份之金額為限。」可知股東對公司之責任，原則上以繳清所認股份之金額為限，故股東不但對公司不負任何義務，且與公司債權人間亦不發生任何法律關係，債權人僅能就公司財產求償。惟因公司財產係股東出資之財產所組成，故可謂股東對公司之債務係負間接有限責任。

惟股東僅負間接有限責任，對公司債權人不利，故公司法第154條第2項規定：「股東濫用公司之法人地位，致公司負擔特定債務且清償顯有困難，其情節重大而有必要者，該股東應負清償之責。」即明文引入「揭穿公司面紗原則」[1]，使股東在特定情形下，須對公司債務負清償責任；至於法院適用揭穿公司面紗原則時，其審酌之因素，包括該公司之股東人數與股權集中程度、系爭債務是否源於該股東之詐欺行為、公司資本是否顯著不足承擔其所營事業可能發生之債務等情形。

二、股份有限公司之特色

(一) 股份轉讓自由

股份有限公司所以能聚集多數人之資金，在於其股份轉讓自由（公司§163），使股東在需要時，能隨時將股份轉讓，收回其投入之資本。因此，社會大眾才願意投資購買股份有限公司之股份，方能達到股份有限公司募集多數人資金之目的。

(二) 企業所有與企業經營分離

現代化的大型企業，普遍呈現企業所有與企業經營分離之現象，即公司資本雖為公司全體股東所有，但並非全體股東均得參與或有興趣參與經營公司。此種情形在股本較大、股權分散之公開發行公司更為明顯，此時公司係由少數大股東或專業經理人經營。

三、股份有限公司之原則

(一) 資本三原則

因股份有限公司之股東對公司債務並不負任何責任，公司之債權人僅能向公司求償，故為維護公司債權人之權益，必須使公司保有相當於公司資本之現實財產。因此，資本可謂對公司債權人最低限度之擔保額，而為衡量公司信用之標準。大陸法系國家之公司法並有所謂之資本三原則，惟其中之資本確定原則，在我國現行法制中，已為英美法系之

---

[1] 按揭穿公司面紗原則，係源於英美法系之判例法，其目的在防止股東濫用公司之法人地位而脫免責任，致使債權人求償無門。

授權資本制所取代。

1. 資本確定原則

所謂資本確定原則，指股份有限公司設立時，須於章程中確定資本總額，且應認足（發起設立）或募足（募集設立），以確保公司成立時即有穩定之財產基礎。惟因要求在公司設立時即認足或募足全數股份，並繳足股款，不但拖延公司設立之時程，且易生資金閒置之流弊，以後增資時須經股東會決議修改章程，亦曠日廢時，故有所謂之「授權資本制」之採用，即股份有限公司於設立時，只須於章程上載明股份總數，但無須認足或募足，得分次發行。因公司章程所定股份總數，得分次發行（公司§156Ⅳ前段），故通說認現行公司法係採授權資本制，因此，在章程所定之資本範圍內，不必修改章程，即可增資發行新股。

另在授權資本制下，公司資本可分為授權資本（又稱「法定資本」或「形式資本」）與實收資本（又稱「實收股本」）二種[2]。前者指章程所規定之資本總額，後者則為實際已發行之資本總額。

2. 資本維持原則

所謂資本維持原則，指公司存續時，至少須維持相當於資本之現實財產；其目的除了在保護公司債權人外，更有制止股東要求超額之盈餘分配，以確保企業健全發展之意旨[3]。公司法有關禁止股票折價發行、創立會之裁減權、禁止公司收回其股票及盈餘應先彌補虧損與提撥法定盈餘公積（公司§140Ⅰ、147、167、232Ⅰ）等，均為落實此項原則之具體規定。

3. 資本不變原則

所謂資本不變原則，指公司之資本總額經章程確定後，原則上應保持不變，如欲變動，須變更章程所定之股份總數（公司129③）；但在授權資本下，章程所定之股份總數可以分次發行，並非每次增資發行新股均須變更章程。

(二) 股東平等原則

所謂股東平等原則，指股東依其所持有之股份總數比例，對公司享受權利負擔義務之原則，又稱為股份平等原則。因企業所有與企業經營分離之故，致股份有限公司之股東通常未執行公司業務，故需借助股東平等原則保障其權利。有關股東平等原則，具體表現在股東之表決權、股利之分派、股東之優先認股權及賸餘財產之分派（公司§179、235、267Ⅲ、330）等規定。

---

[2]　登記實務上則稱為「資本總額」與「實收資本額」；如公司發行票面金額股，資本總額指股份總數乘以每股金額所得之數額。

[3]　王文宇「公司法論」第226頁。

第二節　設立

一、概說

　　股份有限公司之設立遠較其他種類之公司繁複，必須歷經訂立章程、確定股東及其出資、設立機關、申請設立登記等程序。其中訂立章程，係由發起人，而非全體股東訂立，且由於股份有限公司之股東人數較多，股份轉讓自由，故不能亦不宜在章程中確定股東及其出資，而須於章程以外，另以認股方式爲之，故發起人、章程及股份三者，於股份有限公司之設立最爲重要。

(一) 發起人

1. 意義

　　所謂發起人，指訂立章程，籌設公司之人；依公司法第129條序文之規定，凡於章程上簽名或蓋章之人，即爲發起人，惟是否僅採此形式認定方式，學說有不同意見，實務則認爲應依實質認定[4]。另採發起設立時，發起人須認足第一次發行之股份總數；採募集設立時，發起人所認股份，不得少於第一次發行股份四分之一（公司§133Ⅱ）。

2. 發起人之人數及資格

　　股份有限公司原則上應有二人以上爲發起人，但政府或法人股東一人所組織之股份有限公司，則不受限制（公司§128-1Ⅰ前段）；可知其與有限公司不同，自然人不得設立股東一人之股份有限公司。另自然人爲無行爲能力人、限制行爲能力人或受輔助宣告尚未撤銷之人時，不得爲發起人（公司§128Ⅱ）。

　　政府或法人雖均得爲發起人，但法人爲發起人者，以「公司或有限合夥」、「以其自行研發之專門技術或智慧財產權作價投資之法人」及「經目的事業主管機關認屬與其創設目的相關而予核准之法人」等三者爲限（公司§128Ⅲ）；其主要理由在於公司以外之法人亦有參與投資商業活動擔任發起人，以利技術移轉之需要。又國立大學雖未具法人資格，但具有政府機關之地位，可登記爲公司股東及擔任董事、監察人，故亦可以擔任公司發起人[5]。

---

[4]　最高法院93年度台上字第2188號判決。

[5]　經濟部105年4月19日經商字第10502408860號函。

新聞追蹤

工研院今年要催生十家公司

　　工研院董事長蔡清彥表示，工研院繼去年技轉及衍生達創紀錄的9家公司，吸引包括台肥、味全、漢磊等企業爭相投資入股後，他預告，今年將會新成立超過10家公司，其中包括由兩名工研院副所長級主管率隊，所成立的二家新創公司。蔡清彥表示，工研院自2011年鼓勵創新創業，三年來成果逐步展現，去（2013）年技轉及衍生公司達9家之多，已創下歷年新高紀錄，也讓三年來的總累計新創公司數達19家。

　　按公司係以營利為目的之私法人，除公司以外，大部分之私法人均屬具有公益性質之財團法人或社團法人，並以財團法人居多。惟公益性質之財團法人，與以營利為目的之公司組織，性質不同，故財團法人可否出資而成為公司股東，係由其目的事業主管機關視該投資行為是否為該財團法人達成公益目的所必要而定；而此所謂目的，係指終局之目的而言，如財團法人為營利行為，但仍將所得利用於公益事業，並未違反其捐助章程者，尚不失為公益法人，與其目的並無牴觸（法務部102年1月3日法律字第10103111050號函參照）。

　　至於財團法人得否發起設立以營利為目的之公司，則應依公司法第128條第3項第2款、第3款之規定作判斷：其主要理由在於法人亦有參與投資商業活動擔任發起人，以利技術移轉之需要，例如財團法人工業技術研究院，係以「配合國家加速發展工業技術」為設立目的，即得擔任發起人，並以其研發之專門技術或專利作價投資新設立之股份有限公司。另知名之圓山大飯店，屬於財團法人臺灣敦睦聯誼會所屬之作業組織，於2008年間曾有將圓山大飯店改制為公司之計畫，因該財團法人之設立係以「發展國際觀光事業，培育國際觀光人才，推展國民外交及促進中外社會之敦睦聯誼」為目的，故發起設立營業項目為「經營國際觀光旅館」之公司，應符合其創設目的，故只要經其目的事業主管機關交通部之核准，即得為發起人。

2014-02-17／經濟日報／記者李珣瑛「工研院今年要催生十家公司」報導

3. 發起人之法律地位

(1) 得享有特別利益

　　因發起人對公司之設立須承擔風險且責任重大，故公司法許其得依章程之規定，受特別利益（公司§130Ⅰ④）：此一發起人得受之特別利益一經記載於章程，發起人即得享有，縱嗣後發起人已非公司股東，仍可主張享受特別利益。惟發起人所得受之特別利益，股東會得修改或撤銷之：但不得侵及發起人既得之利益（公司§130Ⅱ），即其修改或撤銷不得溯及既往。

(2) 在設立中公司之地位及權限

因股份有限公司之設立較繁雜及費時，故設立中公司對股份有限公司而言，特具意義，而發起人即為設立中公司之事務執行機關及代表機關；凡法律上、經濟上屬於公司設立所必要之行為，例如籌備處之租賃、認股書及其他必要文件之備置等，均屬發起人權限範圍，但開業準備行為，例如購買原料、機械設備或雇用工人等，通說認為不屬發起人之權限，如發起人為開業準備行為時，應類推適用無權代理之規定[6]。

(3) 發起人合夥

所謂發起人合夥，指發起人為成立公司，於進行設立行為之前所訂立以設立公司為目的之契約；通說認為此種契約屬民法所規定之合夥，故其事務之執行，應依民法合夥之規定進行。且因係以設立公司為目的所成立之合夥，故於公司設立登記完成取得法人格後，即應解散，與設立中公司及完成設立之公司本屬一體不同。

4. 發起人之責任

(1) 對第三人之責任

因發起人在執行職務之範圍內，亦為公司之負責人（公司§8 II），故公司法第23條第2項所規定公司負責人業務上之侵權行為責任，於發起人亦有適用，發起人應與公司負連帶賠償之責。此外，公司法第155條第2項規定：「發起人對於公司在設立登記前所負債務，在登記後亦負連帶責任。」設立中公司對第三人所負之債務，例如租賃房屋作為公司籌備處之租金或募集股份所生之費用等，基於同一體說本應由嗣後成立之公司負責，此處規定發起人亦負連帶責任，立法目的在加強保護公司債權人。但開業準備行為不屬於公司成立後應負擔之債務，如公司未於事後追認，自應類推適用無權代理之規定，由發起人負損害賠償之責（民§110）。

(2) 對公司之責任

A. 充實資本之責任

公司法第148條規定：「未認足之第一次發行股份，及已認而未繳股款者，應由發起人連帶認繳；其已認而經撤回者亦同。」本條係規定發起人有連帶認繳股款之義務，目的在符合資本確定與資本維持原則；通說認為此一責任屬發起人之無過失連帶責任，縱經全體股東之同意亦不得免除[7]。

B. 損害賠償責任

公司法第155條第1項規定：「發起人對於公司設立事項，如有怠忽其任務致公

---

[6]　王文宇「公司法論」第208頁；但部分實務見解認為發起人之權限及於開業準備行為（最高法院72年度台上字第2127號判決參照）。

[7]　柯芳枝「公司法論（上）」第156頁。

司受損害時，應對公司負連帶賠償責任。」此項規定為過失責任[8]；公司法第149條規定：「因第一百四十七條及第一百四十八條情形，公司受有損害時，得向發起人請求賠償。」則為無過失責任，因此，在發起人所得受之報酬或特別利益及公司所負擔之設立費用有冒濫，或用以抵作股款之財產估價過高，或發起人未連帶認繳未認足之第一次發行股份或已認而未繳股款，致公司受有損害時，發起人即有損害賠償責任。

(3) 公司不能成立時之責任

公司法第150條規定：「公司不能成立時，發起人關於公司設立所為之行為，及設立所需之費用，均應負連帶責任，其因冒濫經裁減者亦同。」所謂公司不能成立，不限於創立會為不設立之決議（公司§151Ⅰ），縱因其他原因致不能完成設立登記者亦屬之，例如第一次發行之股份未認足或股款未繳足之情形。

(二) 章程

1. 絕對必要記載事項

依公司法第129條規定，發起人應以全體之同意訂立章程，載明下列各款事項，並簽名或蓋章：

(1) 公司名稱。
(2) 所營事業。
(3) 採行票面金額股者，股份總數及每股金額；採行無票面金額股者，股份總數。
(4) 本公司所在地。
(5) 董事及監察人之人數及任期。
(6) 訂立章程之年、月、日。

此外，依公司法第235條之1第1項本文及第2項之規定，除公營事業以外，公司應於章程訂明以當年度獲利狀況之定額或比率，分派員工酬勞，亦屬章程絕對必要記載事項。

2. 相對必要記載事項

依公司法第130條第1項之規定，下列各款事項，非經載明於章程者，不生效力：

(1) 分公司之設立。
(2) 解散之事由。
(3) 特別股之種類及其權利義務。
(4) 發起人所得受之特別利益及受益者之姓名。

前述各款事由應須載明於章程始生效力，故屬相對必要記載事項；此外，公司法另有眾多相對必要記載事項之規定散見於各處，例如經理人之設置及職權、董事之代理出席、副董事長或常務董事之設置、建業股息之分派、特別盈餘公積之提存、清算人之產生

---

[8] 同前註；惟發起人在執行職務之範圍內，亦為公司之負責人（公司§8Ⅱ），故本條項之規定，已為公司法第23條第1項所涵蓋，因此學者建議應予刪除。

及賸餘財產之分派方式（公司§29Ⅰ、31、205Ⅰ但、208ⅠⅡ、234、237Ⅱ、322Ⅰ但、330）等。

(三) 股份

發起人除須訂立章程外，尚須認足股份。於授權資本制下，股份有限公司之股份總數雖得分次發行，但第一次發行之股份應由發起人認足或向外募足（公司§131Ⅰ、132Ⅰ）；因此，股份有限公司之設立程序可區分爲發起設立與募集設立二種。

新聞追蹤

公司法修正三讀　只要1元可開公司

爲了鼓勵民眾創業，立法院三讀通過修正公司法，取消公司設立最低資本額限制，未來資本額即使只有1元，也可以申請開設公司。根據現行公司法規定，公司在設立登記時，必須符合最低資本額的要求才可設立，並授權經濟部訂定最低資本額。經濟部在去年曾將資本額減半，其中股份有限公司設立最低資本額爲新臺幣50萬元、有限公司爲25萬元。

按修正前之公司法第100條第2項及第156條第3項，原本對有限公司及股份有限公司有最低資本總額之限制，並授權主管機關以命令定之。但因經常發生資力薄弱的民眾想設立公司時，爲符合最低資本額之限制，遂先借錢存到銀行，等完成設立登記後再將錢領出歸還，甚至有業者以此牟利，徒增民眾困擾，且無法達規範效果。故爲改善經商環境，節省企業開辦成本，而修法取消上述二種公司最低資本額之限制；至於其餘二種公司，因爲由無限責任股東對公司債務負連帶無限清償責任，本即無此一限制。且修法理由並認爲資本僅爲一計算上不變之數額，與公司之現實財產並無必然等同之關係；同時資本額爲公示資訊，交易相對人可透過經濟部商業司之網站得知該項資訊，作爲交易時之判斷；再者，公司申請設立登記時，其資本額仍應先經會計師查核簽證，如資本額不敷設立成本，造成資產不足抵償負債時，董事會應即聲請宣告破產，主管機關依本法第388條規定將不予登記。因此，資本額如足敷公司設立時之開辦成本即准予設立，有助於公司迅速成立，亦無閒置資金之弊，該數額宜由個別公司因應其開辦成本而自行決定，不宜由主管機關統一訂定最低資本額。

惟公司申請設立時，最低資本額仍應足敷設立費用，而依公司登記規費收費準則第3條規定，公司登記規費至少須新臺幣1,000元，故實務上不可能發生1元即可申請設立公司之情形。另目的事業主管機關仍得依法就特定事業訂定最低資本額，例如證券主管機關依證券交易法第44條第4項授權所訂定之「證券商設置標準」，其第3條即規定證券

商之最低實收資本額，分別爲承銷商及自營商新臺幣4億元，經紀商新臺幣2億元。

2009-04-14／聯合晚報／記者蔡佩芳「公司法修正三讀　只要1元可開公司」報導

二、發起設立

所謂發起設立，指公司設立時第一次所發行之股份全部由發起人認足，而不對外招募；因其無須經過繁瑣之認股程序，設立較爲簡單，故又稱爲單純設立或同時設立。其設立程序如下：

(一) 認足股份

於發起設立，發起人除訂立章程外，尚須認足第一次應發行之股份；至於認股之方式，法無明文規定，惟爲期公司設立行爲之確實及設立基礎之穩固，通說認爲應以書面爲之。另發起人之認股行爲屬於公司設立行爲之一部，故應屬共同行爲，但發起人爲政府或法人，且僅有一人時，則屬單獨行爲。

(二) 繳足股款

發起人認足第一次應發行之股份時，應即按股繳足股款；有關股款之繳納，通常以現金爲之，即所謂之「現金出資」，且須一次繳足，不得分次繳納。另發起人之出資，除現金外，亦得以公司事業所需之財產、技術抵充之（公司§131Ⅲ），即所謂之「現物出資」。如涉及以土地抵繳者，公司應先踐行土地所有權移轉登記程序，始得申請公司登記；至於其他以財產抵繳股款者，如股票、機器設備等，亦應提示相關之財產移轉或交付之證明文件，始得申請公司登記[9]。因此時公司尚未成立，故應以發起人公推之代表人名義申請登記，於取得法人資格後，再聲請更名登記[10]。

(三) 選任董事及監察人

發起人於繳足股款以後，應即選任董事及監察人；其選任方法，係準用公司法第198條規定以累積投票制爲之（公司§131Ⅱ）。

(四) 董事長申請設立登記

因股份有限公司之代表人爲董事長，而設立登記應由代表公司之負責人申請，故發起人選任董事後，應即由董事依公司法第208條第1項之規定互選一人爲董事長，如公司設有常務董事，則依同條第2項之規定選任常務董事，再由常務董事互選一人爲董事長。

---

[9]　經濟部94年6月7日經商字第09402410621號函。

[10]　土地登記規則第104條及第150條規定參照。

你知道嗎？

鐵道旁的管溝使用權也可以用來出資

按以財產之所有權作為出資之標的，無論是動產、不動產或股票，並無疑慮；至於財產之使用權得否作為出資之標的，經濟部102年8月16日經商字第10202096260號函雖曾表示「另『提供一定期間之土地使用權』並非『財產』，與公司法第131條第3項『第一項股款得以公司事業所需之財產抵繳之。』之規定未符」，但實務上曾發生以所謂之管溝使用權作為出資之標的者。

2000年固網開放時，由力霸集團王家所主導之東森寬頻（現為亞太電信）於取得營業許可後，曾大舉向外募資，當時實收資本額高達656.8億元，居全國第六大民營公司。但在2007年力霸案爆發時，其實際淨值已經腰斬，除資金遭力霸集團掏空外，還有高達33.48億元的無形資產減損。其起因於另一大股東臺灣鐵路管理局當初係以鐵路沿線之「管溝使用權」作價80億元出資，但因會計師須依無形資產未來可以產生多少現金，推斷其價值，因此建議「管溝使用權」的無形資產須扣掉33.48億元。可見現金以外之財產（不限於無形資產）出資時，其鑑價相當重要，否則即會發生灌水虛增股本之情形，對債權人及其他股東而言，相當不利。

惟在發起設立時，「現物出資」只要全體發起人同意抵充，於公司設立後，則只要經董事會普通決議通過，法律並不強制財產須經專業機構鑑價，雖然會計師查核簽證公司登記資本額辦法第7條第2項第3款規定「技術作價及其他財產抵繳股款者：除僑外投資公司外，會計師應取得有關機關團體或專家之鑑定價格意見書，並評估是否採用」及公司法第274條規定現物出資時，「董事會應送請監察人查核加具意見，報請主管機關核定之」，惟其是否能防止弊端，不無疑問，且後者亦僅能適用於公司成立後增資發行新股之時。且如核定之抵充數額遠超過該財產之實際價格時，應否由公司負責人負賠償責任或責令出資股東補足差額或裁減核發之股數？現行法並無規定（公司法第147條所規定之創立會裁減權，僅適用於募集設立及公司設立前）。

通說認為除非公司負責人違反忠實義務或注意義務，例如與出資股東共謀或利益互通，或無判斷財產價值之專業知識，卻不委託專家鑑定而自行鑑價等情形，否則並無賠償責任，且其對現物出資之評價，應受商業判斷原則之保護，不能以事後之明，去論斷其非；至於出資股東除非有誤導或詐騙行為，否則亦不負補足差額之義務。惟本書以為，有關出資股東之責任，因公司所需之財產，如非作價入股公司，即需公司以現金購置，故現物出資係以財產作為對價，換取公司股份，與民法第398條所規定之互易並無區別，故仍有不完全給付或瑕疵擔保責任之適用；但基於資本確定原則，公司除非經法定程序不得減資，亦不得任意註銷個別股東所持有之股份，故僅能藉由損

害賠償之履行，補足其差額，以維持公司資本，而不能主張裁減核發之股數。

三、募集設立

募集設立，又稱募股設立，指發起人未認足公司第一次發行之股份，而對外招募；因其設立程序較為複雜，故亦稱為複雜設立或漸次設立。

(一) 發起人認股

採募集設立時，發起人雖無須認足公司第一次發行之股份，惟每一發起人至少應認一股成為公司股東，且全部發起人所認股份，不得少於第一次發行股份四分之一（公司§133Ⅱ）。

(二) 發起人募股

發起人不認足第一次發行之股份時，應募足之；又招募股份時，除發行普通股外，亦得依公司法第157條之規定發行特別股（公司§132）。有關募股之程序如下：

1. 訂立招股章程

發起人公開招募股份時，應先訂立招股章程，載明下列各款事項（公司§137）：

(1) 公司法第129條及第130條所列各款事項。

(2) 各發起人所認之股數。

(3) 股票超過票面金額發行者，其金額。

(4) 招募股份總數募足之期限，及逾期未募足時，得由認股人撤回所認股份之聲明。

(5) 發行特別股者，其總額及公司法第157條第1項各款之規定。

2. 申請證券管理機關審核

(1) 申請審核之事項

依公司法第133條第1項之規定，發起人公開招募股份時，應先具備下列事項，申請證券管理機關審核：

A. 營業計畫書。

B. 發起人姓名、經歷、認股數目及出資種類。

C. 招股章程。

D. 代收股款之銀行或郵局名稱及地址。

E. 有承銷或代銷機構者，其名稱及約定事項。

F. 證券管理機關規定之其他事項。

(2) 證券管理機關之審核

依公司法第135條第1項之規定，申請公開招募股份有下列情形之一者，證券管理

機關得不予核准或撤銷核准：

A. 申請事項有違反法令或虛偽者。

B. 申請事項有變更，經限期補正而未補正者。發起人有本款情事時，並得由證券管理機關各處新臺幣二萬元以上十萬元以下罰鍰（公司§135Ⅱ）。

證券管理機關發現有前述情事時，得不予核准，如係核准後始發現者，得撤銷核准。撤銷核准時，未招募者，停止招募；已招募者，應募人得依股份原發行金額，加算法定利息，請求返還（公司§136）。

3. 公告招募

發起人應於證券管理機關通知到達之日起三十日內，將公司法第133條第1項規定之事項，加記核准文號及年、月、日公告招募之，但其中第5款之約定事項，得免予公告（公司§133Ⅲ）。

4. 發起人應備認股書

招募股份時，發起人應備認股書載明公司法第133條第1項各款事項，並加記證券管理機關核准文號及年、月、日，供認股人認股之用（公司§138Ⅰ）。發起人違反前述規定，不備認股書者，由證券管理機關各處新臺幣一萬元以上五萬元以下罰鍰（公司§138Ⅲ）。

(三) 認股人認股

認股人認股時，應填寫所認股數、金額及其住所或居所，簽名或蓋章。如以超過票面金額發行股票者，認股人應於認股書註明認繳之金額（公司§138Ⅱ）；認股後，認股人有照所填認股書繳納股款之義務（公司§139）。至於認股人之認股行為，通說採契約說，即認股人與設立中公司之代表機關，訂立以加入設立中公司為目的之契約。

(四) 發起人催繳股款

第一次發行股份總數募足時，發起人應即向各認股人催繳股款，以超過票面金額發行股票時，其溢額應與股款同時繳納（公司§141）。認股人延欠應繳之股款時，發起人應定一個月以上之期限催告該認股人照繳，並聲明逾期不繳失其權利；發起人已為催告，而認股人不照繳者，即失其權利，所認股份應另行募集，且如有損害，仍得向認股人請求賠償（公司§142）。第一次發行股份募足後，逾三個月而股款尚未繳足者，認股人得撤回其所認之股份（公司§152）。

(五) 發起人召開創立會

1. 創立會之意義

所謂創立會，指公司採募集設立時，由發起人召集認股人所組成之設立中公司之意思決定機關，其性質類似公司成立後之股東會，故創立會之召集程序及決議與董事及監察

人之選任，均準用相關股東會之規定（公司§144Ⅰ）；發起人違反時，亦有處罰之規定（公司§144Ⅱ）。

2. 創立會之召開

認股人繳足股款後，發起人應於二個月內召開創立會，否則認股人亦得撤回其所認之股份（公司§152）。

3. 創立會之權限

(1) 聽取發起人有關設立事項之報告

依公司法第145條第1項之規定，發起人應就下列各款事項報告於創立會：

A. 公司章程。

B. 股東名簿。

C. 已發行之股份總數。

D. 以現金以外之財產、技術抵繳股款者，其姓名及其財產、技術之種類、數量、價格或估價之標準及公司核給之股數。

E. 應歸公司負擔之設立費用，及發起人得受報酬。

F. 發行特別股者，其股份總數。

G. 董事、監察人名單，並註明其住所或居所、國民身分證統一編號或其他經政府核發之身分證明文件字號。

由前述內容可知，召開創立會之目的在使認股人瞭解公司設立之情形，故發起人對於報告有虛偽情事時，各科新臺幣六萬元以下罰金（公司§145Ⅱ）。

(2) 選任董事、監察人及調查設立經過

公司法第146條第1項規定：「創立會應選任董事、監察人。董事、監察人經選任後，應即就前條所列事項，為確實之調查並向創立會報告。」惟董事、監察人如由發起人當選，且與自身有利害關係者，前述之調查，創立會得另選檢查人為之（公司§146Ⅱ），以期調查內容確實及公正。因調查之主要目的，在於查明現物出資之估價有無冒濫及公司核給之股數是否相當，以及應歸公司負擔之設立費用或發起人得受之報酬，有無冒濫或虛偽等情事，故無論是董事、監察人或檢查人之調查，如有冒濫或虛偽者，均得由創立會裁減之（公司§146Ⅲ），此觀公司法第147條規定：「發起人所得受之報酬或特別利益及公司所負擔之設立費用有冒濫者，創立會均得裁減之，用以抵作股款之財產，如估價過高者，創立會得減少其所給股數或責令補足。」甚明。至於發起人如有妨礙調查之行為或董事、監察人、檢查人報告有虛偽者，各科新臺幣六萬元以下罰金（公司§146Ⅳ）。

董事、監察人或檢查人之調查報告，如無法於創立會開會期間提出，經董事、監察人或檢查人之請求延期提出時，創立會得以決議在五日內延期或續行集會（公司146Ⅴ準用182）。

(3) 修改章程或爲公司不設立之決議

　　公司法第151條第1項規定：「創立會得修改章程或爲公司不設立之決議。」按創立會如認爲由發起人所訂立之章程有不妥時，自得以決議修改之；如聽取董事、監察人或檢查人之報告，及斟酌當時之社會經濟狀況，認爲公司以不設立爲適當時，亦得決議不設立。至於其決議方式，自應準用股東會修改公司章程及解散公司之規定（公司§151Ⅱ準用277ⅡⅢⅣ、316）。

4. 創立會召開之效果

　　公司法第153條規定：「創立會結束後，認股人不得將股份撤回。」蓋此時創立會既已結束，又未爲公司不設立之決議，如許認股人撤回其所認之股份，不但因須返還股款致違反資本維持原則，亦不利公司之成立，故不許認股人撤回其認股。

你知道嗎？

實務上有採募集設立之公司嗎？

　　1991年時，政府曾同時開放15家商業銀行設立，而依商業銀行設立標準第3條第1項規定：「銀行發起人應於發起時按銀行實收資本額認足發行股份總額百分之八十，其餘股份應公開招募。招募後未認足股份及已認而未繳股款者，應由發起人於本法第二十五條第二項規定範圍內連帶認繳，其已認而經撤回者亦同。」即規定新成立之商業銀行應採募集設立，且明定應公開招募股份之比例，另工業銀行設立及管理辦法第18條第1項亦有類似之規定，不過公開招募股份之比例爲百分之十；其理由在於避免股權過度集中，並使社會大眾得以參與金融事業，健全銀行經營等。

　　惟除此以外，實務上鮮有公司採募集設立者。蓋採募集設立時，發起人須向不特定之人公開招募股份，故其屬於公開發行股票之行爲，依法必須符合證券交易法及其子法「發行人募集與發行有價證券處理準則」之規定，所以其設立程序遠較發起設立繁複，且耗時較久，所受之限制亦較嚴格，故絕大多數之公司均採發起設立。之前提到的固網公司，當時政府開放3家公司設立，亦曾引來全民瘋固網之風潮，除東森寬頻外，臺灣固網募到922億元，新世紀資通募到475億元，惟3家公司之資本額雖然高，且股東人數眾多，但仍採發起設立，而非募集設立。

第三節　股份

一、股份之意義

在股份有限公司中，股份為最重要之觀念。惟所謂股份，通說認為在法律上具有二種意義，即資本之成分與股東權二者。

(一) 資本之成分

股份有限公司之資本，應分為股份（公司§156 I 前段），故股份為公司資本之成分且為最小計算單位，因此，每一股份具有不可分性；但「一」股份可以為數人所共有，只是共有人應推定一人行使股東之權利，且所有共有人對於公司負連帶繳納股款之義務（公司§160）。

(二) 股東權

所謂股東權，指股東基於其地位與公司間之所有法律關係而言，故股東權既非純粹之財產權，亦非純粹之人格權，而屬於一種特殊之權利[11]。依不同之區別標準，股東之權利可區分為下列三種：

1. 自益權與共益權

依股東行使權利之目的作為區別標準，股東權可分為自益權與共益權。前者指股東行使之目的係專為自己之利益，例如股息紅利分派請求權（公司§235）、賸餘財產分配請求權（公司§330）、股份收買請求權（公司§186）、請求股票過戶權利（公司§165）、新股認購權（公司§267 III）等；至於後者，指股東非僅為自己之利益，同時兼為公司之利益，特別指涉及參與公司經營管理為目的之利益，例如表決權（公司§179）、請求召集股東會及自行召集權（公司§173、173-1）、股東會提案權及董監候選人提名權（公司§172-1 I 、192-1 III）等。

2. 單獨股東權與少數股東權

依股東行使權利之方法作為區別標準，股東權可分為單獨股東權與少數股東權。前者指每一股東單獨可行使之權利，與股份持有之多寡無關，例如訴請法院撤銷股東會決議之權利（公司§189）或董事會違法行為制止請求權（公司§194）等；至於後者，指股東持有之股份須達公司已發行股份總數之一定比例（百分之一、三或十），始得行使之權利，如單一股東持有股份總數未達規定比例時，得集合數股東之股份合併計算後，共同行使之，例如持有已發行股份總數百分之一以上股份之股東，始得向公司提出股東常會議案（公司§172-1 I 本文），或繼續一年以上，持有已發行股份總數百分之三以上股份之股

---

[11]　鄭玉波（劉連煜增訂）「公司法」第102頁。

東，始得以書面記明提議事項及理由，請求董事會召集股東臨時會（公司§173Ⅰ）。另自益權均屬單獨股東權；但共益權中，有屬於單獨股東權者，例如表決權或訴請法院撤銷股東會決議之權利等；有屬於少數股東權者，例如請求召集股東會及自行召集權或股東會提案權及董監候選人提名權等。

3. 固有權與非固有權

依股東之權利能否予以剝奪作為區別標準，股東權可分為固有權與非固有權。前者指不得以章程或股東會決議予以剝奪之權利，其目的在界定股東會多數決之限制，以保護股東應有之權利；至於得予以剝奪者，謂之非固有權。通說認為何種權利為固有權，應依股份有限公司之本質及法律規定，個別決定[12]；通常共益權為固有權，自益權為非固有權，但股份收買請求權或新股認購權等，亦不得以公司章程剝奪或限制之，則亦為固有權。

二、股東之出資

股東出資之目的在取得股份，故出資與股份之間，具有對價關係。公司法第156條第5項規定：「股東之出資，除現金外，得以對公司所有之貨幣債權、公司事業所需之財產或技術抵充之；其抵充之數額需經董事會決議。」另公司法131條第3項及第272條分別規定：「發起人之出資，除現金外，得以公司事業所需之財產、技術抵充之。」、「公司公開發行新股時，應以現金為股款。但由原有股東認購或由特定人協議認購，而不公開發行者，得以公司事業所需之財產為出資。」因此，可分析股東之出資方式如下：

(一) 現金出資

出資，以「現金」為原則，無論公司設立時或設立後，發起人、認股人或一般股東，均得以現金出資。

(二) 以公司事業所需之財產出資

相對於前述之現金出資，此種出資方式又稱為「現物出資」，例如以機器設備、土地或廠房等動產或不動產抵繳股款。現物出資適用於發起人認股或增資發行新股時，由原有股東認購或由特定人協議認購，而不公開發行之情形（公司§131Ⅲ、272）。增資發行新股時，雖不公開發行，但董事會仍應依公司法第273條第1項之規定，備置認股書；如以現金以外之財產抵繳股款者，並於認股書加載其姓名或名稱及其財產之種類、數量、價格或估價之標準及公司核給之股數（公司§274Ⅰ）。且財產出資實行後，董事會應送請監察人查核加具意見，報請主管機關核定之（公司§274Ⅱ）。另依公司法第156條之3規定，公司設立後得發行新股作為受讓他公司股份之對價，稱為「股份交換」；可知他公司

---

[12]　柯芳枝「公司法論（上）」第160頁。

股份若屬於公司所需之財產,亦可作爲出資之標的。

(三) 其他

除現金或公司事業所需之財產外,亦得以對公司所有之貨幣債權或公司所需之技術作爲出資標的(公司§156V),即所謂之「以債作股」或「技術出資」(又稱「技術作價」)。允許債權人以對公司所有之貨幣債權出資,可改善公司之財務狀況,降低負債比例;而以技術出資,可增強企業之競爭力,有利於公司未來之發展。至於其適用,雖因公司法第156條第5項條文規定爲「股東之出資」及「需經董事會決議」,致有學者認爲僅適用於公司設立以後增資發行新股之情形[13],但實務見解認爲本條項亦適用於公司設立之時。

惟何謂技術、何種技術可以用以抵充股款?法無明文規定;其與公司法第128條第3項所規定之專門技術或智慧財產權關係爲何?亦不明確。通說認爲技術是指具體化之智慧財產權而言,包括專利權、商標權、著作權、營業秘密、電腦軟體、積體電路布局等,其中專利權、商標權、著作權及積體電路布局等智慧財產,可經由各該權利之保護法律予以權利化,故其權利客體、範圍及法律關係能具體確定,並有會計上之入帳基礎,較易評定其經濟價值;換言之,得於會計上認列爲無形資產之標的者,即得作爲技術出資之基礎[14]。

你知道嗎?

「技術股」與「勞務股」有何區別?

所謂「技術股」,指股東以技術作價出資,所換取之公司股份;相對於「勞務股」,即指股東以個人勞務作價出資而言。在無限公司及兩合公司之無限責任股東,公司法第43條明文規定其得以「勞務」出資;至於有限公司,依公司法第99條之1規定,除現金外,得以對公司所有之貨幣債權、公司事業所需之財產或技術抵充之,故不得以勞務出資。而股份有限公司爲典型之資合公司,其信用基礎在於資本,故亦不許以勞務出資(閉鎖性股份有限公司除外,請參公司法第356條之3第2項規定)。

惟常見擁有專門技術者,例如有特殊技藝或管理長才之人,希望提供勞務作價換

---

[13] 柯芳枝「公司法論(上)」第139頁。

[14] 施建州「由真實出資原則看技術出資於公司法上之定位」(萬國法律第135期第32頁)。雖有學者認爲應擴張「技術」之定義,使其他非屬會計認列之標的,亦可加入公司成爲公司資本(謝易宏「企業與金融法制的昨是今非」第130頁);惟本書以爲,技術固然不以法定之智慧財產權爲限,但必須屬於會計上可以認列之無形資產,否則會計師如何依公司法第7條之規定,查核簽證公司申請設立、變更登記之資本額,公司又如何依公司法第20條之規定,製作相關之會計帳表。

取公司之股份，因其並非技術出資，而係以提供「將來具有技術性之勞務」出資，故應爲公司法所不許。經濟部89年9月14日經商字第89216734號函對於技術作價入股，即曾表示「如持有特殊技術之人提供其技術上之勞務爲出資者，或者公司自行研發之技術充作員工之出資者，自非所允。」故實務上發生技術未實施完畢前，技術團隊或員工提前離職，之前以公司所需之技術抵充之股份是否可減資註銷之問題？係將「勞務」誤會爲「技術」所致，得出資之「技術」，不應該因技術團隊或員工離職而受影響。至於不得將公司自行研發之技術充作員工之出資，在於該技術應屬公司之資產，縱由該員工進行研發，亦不屬該員工所有。

　　惟對擁有專門技術之員工，公司亦得給予相當股份作爲激勵；例如公司得買回庫藏股供員工認購，或與員工簽訂認股權契約，或以員工紅利方式發放新股，或辦理現金增資時提撥一定比例由員工認購，或發給員工限制權利之新股（公司§167-1Ⅱ、167-2Ⅰ、235-1Ⅲ、267Ⅰ及Ⅸ）等方式，惟其係基於員工之身分而取得，雖然員工對公司有提供勞務，但與勞務作價出資不同。另員工因各種不同方式所取得之股份，其所受之限制不同，例如員工認股權契約得規定員工須服務滿一定之期限，始得行使認股權，即可避免因員工離職致給予之股份無法發生效益之情形發生。

三、股份之分類

(一) 公司法上之分類

1. 普通股與特別股

　　公司法將股份分爲普通股與特別股，而特別股之種類由章程定之（公司§156Ⅲ），故是否發行特別股應依章程之規定，且得依章程之規定發行不同種類之特別股，實務上以甲種、乙種或丙種等字樣作爲區別。

　　(1) 普通股

　　　　所謂普通股，指公司通常所發行，無特別權利義務之股份；凡未在章程中明定爲特別股，且載明其種類及權利義務之股份，均屬普通股。普通股之股東權一律平等，均享有盈餘分派及行使表決權等權利。

　　(2) 特別股

　　　　A. 意義

　　　　　所謂特別股，係相較於普通股處於優先或劣後地位之股份。公司法第157條第1項規定：「公司發行特別股時，應就下列各款於章程中定之：一、特別股分派股息及紅利之順序、定額或定率。二、特別股分派公司賸餘財產之順序、定額或定率。三、特別股之股東行使表決權之順序、限制或無表決權。四、複數表

決權特別股或對於特定事項具否決權特別股。五、特別股股東被選舉為董事、監察人之禁止或限制，或當選一定名額董事之權利。六、特別股轉換成普通股之轉換股數、方法或轉換公式。七、特別股轉讓之限制。八、特別股權利、義務之其他事項。」本項第5款允許公司以章程規定，禁止或限制特別股股東被選舉為董事或監察人，且其亦得於章程規定，保障特別股股東當選一定名額之董事[15]；但基於監察人為公司之監督機關，為落實監察權之行使及公司治理之需求，該款並未允許公司以章程保障特別股股東當選一定名額之監察人。第8款之其他事項，指與特別股之權利、義務有關，應於章程規定之事項，例如特別股之收回或附認股權等事項。

又為避免具複數表決權特別股股東掌控董事及監察人席次，有違公司治理之精神，同條第2項規定：「前項第四款複數表決權特別股股東，於監察人選舉，與普通股股東之表決權同。」即回復為一股一權。

因公開發行公司之股東眾多，為保障所有股東權益，並避免濫用特別股衍生萬年董事或監察人之情形，導致不良之公司治理及代理問題，同條第3項規定：「下列特別股，於公開發行股票之公司，不適用之：一、第一項第四款、第五款及第七款之特別股。二、得轉換成複數普通股之特別股。」其中特別股轉讓之限制，因公開發行公司通常為上市、上櫃或興櫃公司，轉讓係透過集中市場、店頭市場交易，實務執行上有其困難，故不予適用；其他則是有違股份平等原則或有礙公司治理，故於公開發行公司不適用之。

B. 發行

依公司法第130條第1項第3款之規定，公司欲發行特別股者，應將特別股之種類及其權利義務記載於章程。至於發行時期，特別股得於公司設立時或設立後增資發行新股時發行；且設立時不分發起設立或募集設立，增資發行新股時不分公開發行或非公開發行，均得發行特別股。

C. 收回

特別股得為償還股，即公司發行之特別股，得收回之；但不得損害特別股股東按照章程應有之權利（公司§158），故公司將來得收回特別股之意旨及方式，應記載於章程（公司§157Ⅰ⑧）。

D. 保護

特別股得享有優先於普通股之權利，此種權利自應受到保護。公司法第159條第1項規定：「公司已發行特別股者，其章程之變更如有損害特別股股東之權利時，除應有代表已發行股份總數三分之二以上股東出席之股東會，以出席股

---

[15] 惟因條文規定「特別股股東當選一定名額董事」，即指當選之董事須具此等特別股股東資格；且政府或法人為特別股股東時，亦得依該項規定當選為董事，但其所指定代表行使職務之自然人，不必具備特別股股東身分（經濟部108年6月14日經商字第10800045890號函參照）。

東表決權過半數之決議爲之外，並應經特別股股東會之決議。」此種三分之二以上股東出席所爲之決議，稱爲「特別決議」。惟公開發行公司股東人數較多，三分之二以上股東出席較爲不易，故同條第2項規定：「公開發行股票之公司，出席股東之股份總數不足前項定額者，得以有代表已發行股份總數過半數股東之出席，出席股東表決權三分之二以上之同意行之，並應經特別股股東會之決議。」作爲代替，稱爲公開發行公司之「便宜決議」。又前述出席股東股份總數及表決權數，章程有較高之規定者，自應從其規定（公司§159Ⅲ）；至於特別股股東會之召集或表決程序，應準用關於股東會之規定（公司§159Ⅳ）。另解釋上，特別股股東會議亦應以特別決議爲之[16]，且此時縱章程規定特別股股東無表決權，對此種決議亦有表決權。

另企業併購法第18條第5項規定：「公司已發行特別股者，就公司合併事項，除本法規定無須經股東會決議或公司章程明定無須經特別股股東會決議者外，應另經該公司特別股股東會決議行之。有關特別股股東會之決議，準用前四項之規定。」目的在避免因公司合併致影響特別股股東之權利，故規定公司合併事項應經特別股股東會決議行之。

2. 票面金額股與無票面金額股

(1) 票面金額股與無票面金額股之區別

按股份以是否記載一定金額爲區別標準，可分爲「票面金額股」與「無票面金額股」。公司採票面金額股者，章程應記載股份總數及每股金額；採行無票面金額股者，章程僅記載股份總數（公司§129Ⅰ③）。

公司法第156條第2項規定：「公司採行票面金額股者，每股金額應歸一律；採行無票面金額股者，其所得之股款應全數撥充資本。」按無論是票面金額股或無票面金額股，每一股僅顯示其對公司資本之一定比例，故採行票面金額股者，其每股金額自應相同；至於採行無票面金額股者，因無票面金額，故無溢價或折價發行之問題，因此，其所得之股款應全數撥充資本。

(2) 票面金額股與無票面金額股之轉換

公司法第156條之1第1項、第6項分別規定：「公司得經有代表已發行股份總數三分之二以上股東出席之股東會，以出席股東表決權過半數之同意，將已發行之票面金額股全數轉換爲無票面金額股；其於轉換前依第二百四十一條第一項第一款提列之資本公積，應全數轉爲資本。」、「公司採行無票面金額股者，不得轉換爲票面金額股。」可知公司所發行之票面金額股可轉換爲無票面金額股，但無票面金額股不得轉換爲票面金額股。又提列之資本公積如屬超過票面金額發行股票所得之溢價，在票面金額股全數轉換爲無票面金額股時，自應將其全數轉爲資

---

[16]　王文宇「公司法論」第252頁。

本。另出席股東股份總數及表決權數，章程有較高之規定者，自應從其規定（公司§156-1 II）。

公司如印製股票，則在公司將票面金額股全數轉換為無票面金額股時，已印製之票面金額股股票上之每股金額，自轉換之基準日起，視為無記載（公司§156-1 III）；且此時公司應通知各股東於轉換基準日起六個月內換取股票（公司§156-1 IV）。

又鑑於公開發行公司涉及眾多投資人權益，仍以繼續維持現行票面金額股制度為宜，故同條第5項規定：「前四項規定，於公開發行股票之公司，不適用之。」至於非公開發行公司未來如申請辦理公開發行或申請上市、上櫃時，其原為票面金額股者，於公開發行後，即不得轉換，以免造成投資人交易習慣及資訊之混淆；如原為無票面金額股者，未來申請公開發行或其後申請上市、上櫃時，仍應繼續維持無票面金額股，不得轉換為票面金額股[17]。

(二) 學理上之分類

1. 優先股、普通股、劣後股與混合股

此係以股東權中之盈餘分派請求權及賸餘財產分派請求權之優劣作為區別標準。即以普通股為標準，盈餘分派請求權或賸餘財產分派請求權優先者，稱為優先股；劣後於普通股者，稱為劣後股；如一部優先、一部劣後者，稱為混合股。又優先股中，因公司必須有盈餘，始能分配於股東（公司§232 II），故特別股如採定額或定率方式分派盈餘，例如每年每股分派股息一元或依每股面額百分之十分派股息，如公司無盈餘或盈餘不足分派時，依得否就以後年度之盈餘予以分派補足，可分為累積的與非累積的優先股；另優先股優先分派盈餘後，依得否再參與普通股一同分派其盈餘，可分為參加的與非參加的優先股。

2. 複數表決權股與無表決權股

此係以股東權中之表決權數之多寡、有無作為區別標準。普通股一股有一個表決權（公司§179 I），而一股有數個表決權者，稱為複數表決權股（公司§157 I④），而股份無表決權者，稱為無表決權股（公司§157 I③）。

3. 償還股與非償還股

此係以股份得否由公司收回作為區別標準。普通股原則上為非償還股（公司§167 I），故除法律有特別規定外，公司不得將股份收回、收買或收為質物；至於特別股得依章程之規定為償還股，由公司收回（公司§158）。

4. 轉換股與非轉換股

此係以股份得否轉換為同一公司所發行之其他種類股份作為區別標準。依公司法第

---

[17] 經濟部110年4月9日經商字第11000028930號函。

157條第1項第6款及同條第3項第2款之規定，非公開發行公司之特別股不但可轉換爲普通股，甚至可轉換爲複數普通股。

新聞追蹤

中華電　將發行「黃金股」

中華電信董事會昨天通過，將增資發行特別股2股，由交通部依面額10元認購，也就是所謂「黃金股」。這意味，交通部在未來三年將可隨時啓動黃金股機制，持續掌控中華電信的重大決策。

所謂「黃金股」，指持有此種股份之股東，對特定的重大事項，例如公司倂購或重大財產讓與等，擁有否決權。基於股東平等原則，過去通說認爲我國公司法禁止發行複數表決權股與黃金股，但因107年8月1日修正通過之公司法第157條第1項第4款規定：「複數表決權特別股或對於特定事項具否決權特別股。」可知現行公司法已開放公司發行複數表決權股與黃金股；惟對於特定事項具否決權之特別股股東，於行使否決權時，應以股東會所得決議之事項爲限，依法屬於董事會決議之事項，例如經理人之委任、解任及報酬（公司§29Ⅰ③），則不得行使否決權。又特別股股東對於「董事選舉之結果」，亦不得行使否決權，以維持公司之正常運作（經濟部108年1月4日經商字第10702430970號函參照）。

另具有公共或特殊性質之公營事業，在移轉民營時，爲使事業穩健經營，保障消費者權益及國家安全，可發行特別股予政府，並授權於一定期間內就該事業之特定決議具有否決權或限制權，故當時之電信法第12條第8項及第9項分別規定：「中華電信股份有限公司移轉民營時，其事業主管機關得令事業發行特別股，由事業主管機關依面額認購之，於三年內行使第九項所列之權利，並爲當然董、監事。」、「中華電信股份有限公司爲下列行爲，應先經該特別股股東之同意：一、變更公司名稱。二、變更所營事業。三、讓與全部或主要部分之營業或財產。」同條第10項並明文規定違反者無效，此即中華電信發行所謂黃金股之法律依據，但當時其他公司仍受限不得發行此類特別股。

2009-03-29／聯合報／記者韓青秀「中華電　將發行『黃金股』」報導

四、股票

(一) 股票之意義

所謂股票，指顯示股份並表彰股東權之有價證券；按股份有限公司之資本應分爲股份（公司§156Ⅰ），而發行股票，可使股東權證券化，以便利股東轉讓股東權。因股東權

之發生並非基於股票之發行，股票係在股東權發生後始發生（公司§161Ⅰ本文），故股票屬於不完全有價證券、證權證券[18]。

(二) 股票之應記載事項

公司法第162條第1項規定：「發行股票之公司印製股票者，股票應編號，載明下列事項，由代表公司之董事簽名或蓋章，並經依法得擔任股票發行簽證人之銀行簽證後發行之：一、公司名稱。二、設立登記或發行新股變更登記之年、月、日。三、採行票面金額股者，股份總數及每股金額；採行無票面金額股者，股份總數。四、本次發行股數。五、發起人股票應標明發起人股票之字樣。六、特別股票應標明其特別種類之字樣。七、股票發行之年、月、日。」此為股票之法定記載事項，故股票屬要式證券。另股票須經簽證，有關股票之簽證規則，由中央主管機關定之；但公開發行股票之公司，證券主管機關另有規定者，不適用之[19]（公司§162Ⅲ）。

(三) 股票之記名

按股票以是否記載股東姓名為區別標準，可分為記名股票與無記名股票；前者股票上記載股東姓名，後者則否。現行公司法不允許發行無記名股票，故股票應記載股東之姓名，其為同一人所有者，應記載同一姓名；股票為政府或法人所有者，應記載政府或法人之名稱，不得另立戶名或僅載代表人姓名（公司§162Ⅱ）。

(四) 股票之發行

1. 意義
所謂發行，指製作並交付股票，或以帳簿劃撥方式交付股票之行為（證交§8Ⅰ）。

2. 發行時期
公司法第161條第1項規定：「公司非經設立登記或發行新股變更登記後，不得發行股票。但公開發行股票之公司，證券管理機關另有規定者，不在此限。」即限制公司應於股東權發生後，始得發行股票；至於但書規定之立法理由，在使公開發行公司發行可轉換公司債時，得於可轉換公司債之持有人要求轉換成股票時，可逕行交付股票，事後再以補辦變更登記之方式辦理。違反前述規定發行股票者，其股票無效；但持有人得向發行股票人請求損害賠償（公司§161Ⅱ）。

公司應於設立登記或發行新股變更登記後三個月內發行股票（公司§161-1Ⅰ），但公開發行公司則縮短為三十日（證交§34Ⅰ）。

---

[18] 按權利之發生、移轉或行使，須全部依證券為之者，為完全有價證券；僅一部須依證券為之者，為不完全有價證券；權利因證券之作成而發生者，為設權證券；證明已發生之權利之證券，為證權證券。另公司為社團法人，股票可表彰股東對公司之法律地位，故股票亦具有團體證券之性質。

[19] 據此，經濟部訂定「股份有限公司發行股票簽證規則」，而金融監督管理委員會則依據證券交易法第35條之授權，另行訂定「公開發行公司發行股票及公司債券簽證規則」。

3. 強制發行

公司法第161條之1第1項規定：「公開發行股票之公司，應於設立登記或發行新股變更登記後三個月內發行股票。」即僅公開發行公司有強制發行股票之規定；至於非公開發行公司是否發行股票，則由公司自行決定。公開發行公司負責人違反前述規定，不發行股票者，除由證券主管機關令其限期發行外，各處新臺幣二十四萬元以上二百四十萬元以下罰鍰；屆期仍未發行者，得繼續令其限期發行，並按次處罰至發行股票為止（公司§161-1Ⅱ）。

4. 發行方法

(1) 實體發行

所謂實體發行，指公司依公司法第162條第1項之規定，印製股票並將其交付股東之行為。

(2) 無實體發行

因有價證券無實體化可有效降低實體有價證券遺失、被竊及被偽造、變造等風險，因此，公司法第161條之2第1項規定：「發行股票之公司，其發行之股份得免印製股票。」此即所謂「無實體發行」，惟公司應洽證券集中保管事業機構登錄其發行之股份，並依該機構之規定辦理（公司§161-2Ⅱ）。

5. 股票之公開發行

所謂公開發行，具有二層意義[20]。其一指行為而言，即公司以公開方式發行股份或公司債，例如證券交易法第7條、第8條規定對非特定人公開招募有價證券，於募集後製作並交付有價證券之行為；另一意義則指公司取得公開發行公司之資格或狀態而言，例如證券交易法第42條第1項規定，公司對於未依該法發行之股票，擬在證券交易所上市或於證券商營業處所買賣者，應先向主管機關申請補辦該法規定之有關發行審核程序，公司取得公開發行資格後，須定期公告財務報告（證交§36Ⅰ）。

依公司法第156條之2第1項規定：「公司得依董事會之決議，向證券主管機關申請辦理公開發行程序；申請停止公開發行者，應有代表已發行股份總數三分之二以上股東出席之股東會，以出席股東表決權過半數之同意行之。」按公司股票是否公開發行，屬企業自治事項，故經董事會普通決議通過即可；但停止公開發行，對投資人權益影響甚鉅，故明定須經股東會特別決議。惟出席股東之股份總數不足前述定額者，得以有代表已發行股份總數過半數股東之出席，出席股東表決權三分之二以上之同意行之（公司§156-2Ⅱ）；如公司章程對股東股份總數及表決權數有較高之規定者，自應從其規定（公司§156-2Ⅲ）。另公開發行股票之公司已解散、他遷不明或因不可歸責於公司之事由，致無法履行證券交易法規定有關公開發行股票公司之義務時，證券主管機關得停止其公開發行（公司§156-2Ⅳ）。又公營事業之申請辦理公開發行及停止公開發行，應先經該公營事業之

---

[20]　王文宇「公司法論」第87頁。

主管機關專案核定（公司§156-2V）。

(五) 股票喪失之救濟

股票因遺失、被盜或滅失等情形而喪失時，應如何救濟，公司法並無明文規定；惟股票亦為有價證券，自應比照票據遺失之救濟方式處理，其程序如下：

1. 掛失

所謂掛失，指股票喪失時，喪失股票之人將喪失事由通知發行股票之公司；股票如何掛失，係屬公司內部事務處理問題，原則上可由公司自行決定[21]。通常須先向警察機關報案，取得報案證明書後，再向發行公司之股務單位或其股務代理機構辦理掛失。

2. 公示催告

因股票係屬有價證券，故喪失股票之人得依民事訴訟法第556條之規定向法院聲請宣告證券無效之公示催告。公示催告，應記載持有證券人應於期間內申報權利及提出證券，並曉示如不申報及提出者，即宣告證券無效（民訴§560）。

3. 除權判決

公示催告後，如無人申報權利，聲請人得於申報權利期間屆滿後三個月內，聲請為除權判決，由法院宣告股票無效（民訴§545 I、564 I）；有除權判決後，聲請人對於公司即得主張股票上之權利（民訴§565 I），並請求公司補發股票。

新聞追蹤

股票彈性面額　2014年上路

證交所表示，為鼓勵國內新創事業的發展，推動採用「彈性面額股票制度」2014年將上路。金管會已於2013年12月23日公告修正「公開發行股票公司股務處理準則」第14條，將原「股票每股金額均為新臺幣十元」之規定，修正為「公司發行之股份，每股金額應歸一律」。未來國內公司發行股票之金額將不限於新臺幣10元，也就是說股票面額不再全部是10元，可以是5元、1元、20元或其他面額，公司可依照自己的需求自行決定股票發行面額。

按股票以是否記載一定金額為區別標準，可分為「票面金額股」與「無票面金額股」。前者指該股票除記載股數外，尚記載每股金額；後者指該股票僅記載其表彰之股份數，票面上並無記載金額，故其僅顯示對公司資本之一定比例而已，又稱為比例股票。過去我國公司法係實施票面金額制度，且於上述股務處理準則修正前，公開發行公司股票之面額均統一為新臺幣10元，即採固定面額股票制度。惟依過去公司法第140條

---

[21]　經濟部56年5月15日經商字第12297號函。

本文規定：「股票之發行價格，不得低於票面金額。」將導致股票市價低於面額時，公司無法透過市場發行新股以籌募資金，故2001年11月修法時增訂「但公開發行股票之公司，證券管理機關另有規定者，不在此限。」之規定，使其得以折價（低於票面金額）發行股票之方式籌資。

因公司可以溢價（高於票面金額）或折價發行股票，故票面金額通常不能代表股票之價值，更與其價格無絕對之關係；但產業界，尤其是創投業者，多數認爲固定面額制度對新創公司進行募資及準備公開發行會造成不利影響，例如在技術出資時，依財政部之函釋，公司之股東以技術等無形資產作價抵充出資股款者，該無形資產所抵充出資股款之金額超過其取得成本部分，係屬財產交易所得，應由該股東依所得稅法規定申報課徵所得稅，未能提出成本、費用之證明文件者，該技術之成本及必要費用，得按作價抵充出資股款之30%計算（財政部92年10月1日台財稅字第0920455312號函及94年10月6日台財稅字第09404571980號函參照）；可知稅制對以技術出資之創業者不利。且面額固定，高股價公司不能將其股票分拆，致影響其流通性，均爲固定面額股票制度之缺點。

而在外國立法例上，「票面金額股」已經逐漸被「低票面金額股」或「無票面金額股」所取代。以美國爲例，幾乎所有州之公司法均允許公司發行票面金額股或無票面金額股，但多數公司仍發行低票面金額之股票；例如知名之Google面額爲0.001美金，蘋果爲0.00001美金，至於臉書則僅爲0.000006美金，可知其面額僅具象徵性之意義，與股票之發行價格或市場價格無關。而我國除金管會修正股務處理準則，改採股票彈性面額制度外，經濟部107年2月1日經商字第10702402640號函亦表示「公司法第156條第1項僅規定股份有限公司之資本，應分爲股份，每股金額應歸一律，並未禁止元以下之金額爲單位。」故股份有限公司不但可採無票面金額股，亦可採低票面金額股。

2014-01-02／經濟日報／記者王淑以「股票彈性面額　今年上路」報導

五、股份之轉讓

(一) 股份轉讓之意義

所謂股份之轉讓，指股東將表彰股東權之股份以法律行爲移轉於受讓人，使受讓人因取得股東權而成爲公司股東之行爲。

(二) 股份轉讓自由原則及其例外

因股份有限公司並無退股制度，故股份之轉讓爲股東收回投資之主要方式[22]；因此，

---

[22]　此外，股東尚得因減資、行使股份收買請求權或公司解散分派賸餘財產等情形，而收回投資。

公司法第163條本文規定：「公司股份之轉讓，除本法另有規定外，不得以章程禁止或限制之。」此即股份轉讓自由原則，如有限制或禁止者，因違反法律規定而無效（民§71），以保障股東得收回其投資。惟公司法有例外規定時，即得依法律規定限制股份之自由轉讓，例如公司股份非於公司設立登記後，不得轉讓（公司§163但）；蓋此時公司是否成立並不確定，為防止投機及維護交易安全，故禁止其股份轉讓。違反者，其轉讓無效（民§71）。此外，公開發行公司之董事、監察人於任期中轉讓股份受有限制（公司§197Ⅰ），或公司施行員工庫藏股或員工行使新股認購權所承購之股份，其轉讓亦受有限制（公司§167-3、267Ⅵ），則另於董事、監察人之解任或員工庫藏股或增資發行新股時再作說明。

(三) 股份轉讓之方式

1. 公司未發行股票者

公司如未發行股票，其股份之轉讓只要符合一般法律行為之成立要件即生效力[23]；一般實務上，通常由讓與人與受讓人簽訂股份轉讓同意書或股份買賣契約書，再會同向公司辦理過戶登記。惟股份之轉讓，在雙方合意時，即生移轉之效力，未過戶者，僅不得以其轉讓對抗公司而已（公司§165Ⅰ）。

2. 公司已發行股票者

(1) 實體發行

公司法第164條規定：「股票由股票持有人以背書轉讓之，並應將受讓人之姓名或名稱記載於股票。」即實體發行之股票係以背書及交付為轉讓方式。所謂股票持有人，不限於發行時記載於股票上之名義人，尚包括因背書而取得股票之人[24]；又此之背書，指記名背書，即讓與人除須簽名於股票背面外，尚須記載受讓人之姓名或名稱。

(2) 無實體發行

公司未印製股票，而經由證券集中保管事業機構登錄之股份，其轉讓及設質，應向公司辦理或以帳簿劃撥方式為之，不適用公司法第164條及民法第908條有關股票背書轉讓或質權背書之規定（公司§161-2Ⅲ）；但已發行之實體股票未繳回公司時，該實體股票仍為有效之有價證券，具有流通性，其轉讓及設質仍回歸實體股票之方式辦理（公司§161-2Ⅳ）。

---

[23] 最高法院96年度台上字第183號判決。

[24] 最高法院60年台上字第817號判例。

案例

　　甲將所有之A股份有限公司股票背書轉讓於乙，惟乙向A公司辦理股東名簿變更登記（過戶）時，遭A公司以甲未協同辦理為由拒絕。請問：(一)A公司拒絕有無理由？乙得否訴請甲協同其向A公司辦理股東名簿變更登記？(二)如A為公開發行公司，其情形有無不同？

解析

　　依公司法第164條之規定，股票由股票持有人以記名背書方式轉讓後，即生股權移轉之效力；至於公司法第165條第1項所謂「不得以其轉讓對抗公司」，係指未過戶前不得向公司主張因背書受讓而享受開會及分派利益而言，並不包括股票持有人請求更換股東名義之權利，此觀同條第2項之規定自明（最高法院60年台上字第817號判例參照）。因此，本件乙得單獨向A公司申請過戶，A公司拒絕並無理由，甲亦無協同辦理之義務。惟A公司拒絕時，乙得對A公司提起給付之訴，請求法院判決A公司變更股東名簿之記載[25]。

　　但在公開發行公司，因金管會基於證券交易法第22條之1第2項規定之授權，訂定「公開發行股票公司股務處理準則」，其第23條規定：「股東因私人間直接讓受實體股票自行辦理過戶者，依下列規定辦理：一、讓受雙方填具過戶申請書及於股票背面簽名或蓋章。二、檢附證券交易稅完稅證明。」則此時甲除交付及在股票上背書之義務外，尚負有協同乙辦理過戶（填具過戶申請書及繳納證券交易稅），使其取得對公司行使股東權利之義務。

六、禁止公司取得自己股份

(一) 概說

　　禁止公司取得自己股份，又稱「股份回籠禁止原則」，依公司法第167條第1項本文規定：「公司除依第一百五十八條、第一百六十七條之一、第一百八十六條、第二百三十五條之一及第三百十七條規定外，不得自將股份收回、收買或收為質物。」蓋公司如以財產為對價取得自己之股份，形同股東出資之返還，將威脅公司資本之充實，違反資本維持原則，故原則上禁止公司取得或收質自己之股份。

---

[25] 如判決確定後，A公司仍拒絕辦理變更股東姓名時，為保障受讓股票人之利益，應認給付判決之執行名義為意思表示請求權，依強制執行法第130條之規定，為執行名義之判決，係命債務人為一定之意思表示而不表示者，視為自判決確定時已為其意思表示（司法院第三期司法業務研究會結論參照），即在判決確定時發生股東名簿變更之效力。

此外，爲避免控制公司利用其從屬公司，將控制公司股份收買或收爲質物，公司法第167條第3項規定：「被持有已發行有表決權之股份總數或資本總額超過半數之從屬公司，不得將控制公司之股份收買或收爲質物。」且爲求周延，同條第4項規定：「前項控制公司及其從屬公司直接或間接持有他公司已發行有表決權之股份總數或資本總額合計超過半數者，他公司亦不得將控制公司及其從屬公司之股份收買或收爲質物。」即控制公司及其從屬公司再轉投資之其他公司（再從屬公司），同受限制。

(二) 適法取得之例外情形

1. 特別股之收回

公司法第158條規定：「公司發行之特別股，得收回之。但不得損害特別股股東按照章程應有之權利。」此係基於特別股爲股東平等原則之例外，故許公司得依章程之規定，予以收回（公司§157 I ⑧）。

2. 抵償結欠公司之債務

公司法第167條第1項但書規定：「但於股東清算或受破產之宣告時，得按市價收回其股份，抵償其於清算或破產宣告前結欠公司之債務。」此時形同公司對該股東之債權有別除權，使公司得不依清算程序或破產程序行使其債權，而得以市價收回其股份，以抵償其結欠公司之債務，即在股份市價之範圍內，使公司之債權優先獲得清償。

3. 施行員工庫藏股

公司法第167條之1第1項規定：「公司除法律另有規定者外，得經董事會以董事三分之二以上之出席及出席董事過半數同意之決議，於不超過該公司已發行股份總數百分之五之範圍內，收買其股份；收買股份之總金額，不得逾保留盈餘加已實現之資本公積之金額。」據此，公司得以未分配之累積盈餘及已實現之資本公積收買一定比例之股份爲庫藏股。惟依同條第2項規定：「前項公司收買之股份，應於三年內轉讓於員工，屆期未轉讓者，視爲公司未發行股份，並爲變更登記。」即庫藏股僅得轉讓員工或註銷。另因收買至轉讓員工之期間內，股份屬於公司所有，爲避免公司經營階層利用庫藏股達其控制公司之目的，故同條第3項規定：「公司依第一項規定收買之股份，不得享有股東權利。」即庫藏股無股東表決權或股利分派請求權等。

另同條第4項規定：「章程得訂明第二項轉讓之對象包括符合一定條件之控制或從屬公司員工。」目的在便利企業留才，並賦予企業運用員工獎酬制度之彈性。

4. 股東行使股份收買請求權

股東於公司營業政策有重大變更或與他公司合併或公司分割時，少數股東有股份收買請求權（公司§186、316-2 II、317 I），此時自應許公司收買自己之股份，以資配合。

5. 其他

公司因受贈與、遺贈或因股東拋棄其股份，而無償取得自己之股份，及公司因減資而取得自己之股份，必須予以銷除，均因不至違反資本維持原則，而屬適法取得之例外情形。

(三) 公司取得自己股份之效力

1. 違法取得

公司違法取得自己之股份，其行為係屬違反法律規定而無效（民§71）；且依公司法第167條第5項規定：「公司負責人違反前四項規定，將股份收回、收買或收為質物，或抬高價格抵償債務或抑低價格出售時，應負賠償責任。」將使公司負責人負賠償責任。

2. 適法取得

公司適法取得自己之股份，如未予以銷除或轉讓，股份並非當然消滅，而係繼續存在；惟公司屬社團法人，如認為其成為自己之股東並同時成為自己之構成員，在理論上實難以自圓其說。因此，通說採「休止說」，認為公司所持有自己之股份，其股東權雖屬存續，卻處於休止或停止之狀態，即股東權之行使受到限制，但當公司將自己股份轉讓於第三人時，其所受之限制，即告解除。

又公司法第167條第2項規定：「公司依前項但書、第一百八十六條規定，收回或收買之股份，應於六個月內，按市價將其出售，屆期未經出售者，視為公司未發行股份，並為變更登記。」及第167條之1第2項規定：「前項公司收買之股份，應於三年內轉讓於員工，屆期未轉讓者，視為公司未發行股份，並為變更登記。」因視為公司未發行之股份，故公司應為減資登記，以銷除其收買而屆期未轉讓之股份。蓋公司取得自己之股份，係屬暫時、異常之現象，雖依法得例外取得，亦不應許此一狀態永久存續，故限時命其轉讓，否則即應銷除。

新聞追蹤

特別股訴訟二審敗訴　高鐵最快4月破產

高鐵特別股訴訟案，股東欣陸國際公司、中華開發工業銀行日前訴請高鐵贖回部分特別股，一審勝訴後，兩公司在二審追加請求高鐵贖回全部特別股，臺灣高等法院昨天判准，高鐵需給付兩股東共十一億零七百廿八萬元，仍可上訴。指標性高鐵特別股訴訟案共四件，除了昨天二審判決的兩件，板信商銀和聯電分別請求高鐵給付特別股股款一千萬元、三百萬元案，一審均勝訴，目前兩案均上訴高院審理中。

按臺灣高鐵公司當時資本額約為1,050億元，在高速鐵路興建期間為籌措資金，曾發行甲種、乙種及丙一種至丙九種等可轉換特別股約500多億元，平均股息約為5%，扣除已轉換為普通股100多億元外，當時仍有400億元特別股流通在外，積欠的特別股股息約100億元，不少股東向臺灣高鐵要求支付特別股股息和贖回特別股不成後，向法院起訴。

而臺灣高鐵公司所發行之不同形式特別股，其區別依當時該公司章程第7條之1及第

7條之2規定，主要在發行價格、約定股息及發行期間不同，其餘有關特別股之權利義務規定均屬相同，故均屬於「可累積」、「可償還」、「非參加」、「有優先分派賸餘財產」、「無表決權」、「有優先認股權」及「可轉換」的特別股。

本件之糾紛即在於特別股股東可否請求公司收回特別股及給付股款。按公司成立以後，股東認股屬於一種契約行為，故相關章程與特別股發行及轉換辦法之規定均屬契約內容之一部分，雙方均受拘束；因此，臺灣高鐵有依公司章程所訂「於到期日將依發行價格一次全部收回」特別股之義務，至於公司財務上能否負擔、財源為何？則與義務之履行無關。且此為公司法第158條所許，自不違反「股份回籠禁止原則」。

又本件解決之道，除臺灣高鐵以現金收回特別股外，因其屬可轉換特別股，特別股股東亦可將其持股轉換為普通股，2009年時，中鋼公司即曾把其持有之臺灣高鐵特別股轉換為普通股；不過，因當時臺灣高鐵財務狀況不佳、前景堪慮，故特別股股東將其持股轉換為普通股之意願不大。另除破產或政府接管外，因臺灣高鐵為公開發行之股份有限公司，亦可適用公司重整之規定（請詳本編第八章第二節之說明），變更公司債權人及包括特別股在內之股東權利，重整期間，臺灣高鐵仍可繼續營運，對公共運輸並無影響。

2015-03-04／經濟日報／記者林志函「特別股訴訟二審敗訴　高鐵最快4月破產」報導

七、股份銷除

(一) 股份銷除之意義

所謂股份銷除，指公司依法使已發行之股份所表彰之股東權絕對消滅，並使股票失其效力之情形。

(二) 股份銷除之種類

1. 強制銷除與任意銷除

此係以公司銷除股份是否違反股東之意思作為區別標準。前者指銷除特定股份時，不經股東之同意，且公司已發行股票時，無需取得被銷除之股票，例如公司減資時之銷除股份；後者指銷除特定股份時，須經股東之同意，且公司已發行股票時，需取得被銷除之股票，例如公司收買自己股份之銷除。

2. 有償銷除與無償銷除

此係以公司銷除股份是否支付對價作為區別標準。惟是否支付對價，與強制銷除或任意銷除無關，強制銷除或任意銷除均得為有償或無償，前者例如減資時退還股款或彌補虧損之情形；後者例如股東行使股份收買請求權或將股份無償贈與公司之情形。

(三) 股份銷除之方式及要件

公司法第168條第1項規定：「公司非依股東會決議減少資本，不得銷除其股份；減少資本，應依股東所持股份比例減少之。但本法或其他法律另有規定者，不在此限。」可知減資銷除股份時，原則上須依股東會之決議[26]及依股東所持有之股份比例減少，不得由公司或股東選擇減少特定來源之股份[27]，與有限公司之規定並不相同。例外於公司法第167條第1項但書及第186條規定收回或收買之股份，逾六個月未將其出售，視爲公司未發行股份所爲之減資等；其他法律另有規定之減資，例如證券交易法第28條之2第4項規定所爲之減資等[28]。

公司法第168條第2項規定：「公司減少資本，得以現金以外財產退還股款；其退還之財產及抵充之數額，應經股東會決議，並經該收受財產股東之同意。」因股東得以現金以外之財產出資（公司§131Ⅲ、272），且爲使公司靈活運用資本，以因應企業經營之實際需求，故明定公司減資退還股款時，得以現金以外財產爲之：惟爲保障股東權益，並落實公司治理，退還之財產及抵充之數額，應經股東會決議，並經該收受財產股東之同意。另爲確保退還財產估價之合理，同條第3項規定：「前項財產之價值及抵充之數額，董事會應於股東會前，送交會計師查核簽證。」以免董事會虛增或虛減公司財產之價值，並使股東明瞭其實際價值，以茲作爲判斷依據。如公司負責人違反前述三項規定時，各處新臺幣二萬元以上十萬元以下罰鍰（公司§168Ⅳ）。

八、股東名簿

(一) 股東名簿之意義

所謂股東名簿，指以股東爲中心，記載有關股東及股份事宜之名冊；董事會有將股東名簿備置於本公司或股務代理機構之義務（公司§210Ⅰ），違反者，處新臺幣一萬元以上五萬元以下罰鍰，但公開發行股票之公司，由證券主管機關處代表公司之董事新臺幣二十四萬元以上二百四十萬元以下罰鍰（公司§210Ⅳ）。前述情形，主管機關或證券主管機關並應令其限期改正；屆期未改正者，繼續令其限期改正，並按次處罰至改正爲止（公司§210Ⅴ）。

(二) 股東名簿之記載事項

公司法第169條第1項規定：「股東名簿應編號記載下列事項：一、各股東之姓名或

---

[26] 此之決議，如僅涉及實收資本之減少，而不涉及公司章程所載股份總數之變動時，僅經股東會普通決議即可：經濟部98年4月21日經商字第09802047330號函及最高法院102年度台上字第808號判決。

[27] 經濟部93年2月10日經商字第09302018470號函。

[28] 經濟部107年1月8日經商字第10702000390號函。

名稱、住所或居所。二、各股東之股數；發行股票者，其股票號數。三、發給股票之年、月、日。四、發行特別股者，並應註明特別種類字樣。」另鑑於大型公司股權分散，股東人數及事務皆迅速增加，人工操作往往不足適應，勢必採用電腦作業或機器處理，此時前述記載事項之資料得以附表補充之（公司§169Ⅱ）。

(三) 股東名簿之效力

公司法第165條第1項規定：「股份之轉讓，非將受讓人之姓名或名稱及住所或居所，記載於公司股東名簿，不得以其轉讓對抗公司。」按將受讓人之姓名或名稱及住所或居所，記載於公司股東名簿者，稱為「過戶」；所謂不得以其轉讓對抗公司，指未過戶前，不得向公司主張因背書受讓而享受開會及分派股息或紅利等權利而言，但並不包括股票持有人請求為股東名簿記載變更之權利。

(四) 停止過戶期間

過戶之手續，原則上可以隨時請求，但公司法第165條第2項規定：「前項股東名簿記載之變更，於股東常會開會前三十日內，股東臨時會開會前十五日內，或公司決定分派股息及紅利或其他利益之基準日前五日內，不得為之。」即在一定期間內，停止辦理過戶，以確定行使表決權或盈餘分配請求權等股東權利之股東，稱為「停止過戶期間」或「過戶閉鎖期間」；此一期間係屬強制規定，故公司不得於章程中就該等期間予以延長或縮短[29]。

另公開發行公司之股東人數較多，公司停止過戶期間不宜過短，故同條第3項規定：「公開發行股票之公司辦理第一項股東名簿記載之變更，於股東常會開會前六十日內，股東臨時會開會前三十日內，不得為之。」又本條係規定幾日「內」，故應自開會日或基準日起算（公司§165Ⅳ），例如公開發行公司於5月31日召集股東臨時會，則自5月2日起停止辦理過戶。

你知道嗎？

什麼是「股務代理」？

所謂股務，依金管會所訂定之「公開發行股票公司股務處理準則」（簡稱「股務處理準則」）第2條規定：「本準則所稱股務，包含下列各項事務：一、辦理股東之開戶、股東基本資料變更等事務。二、辦理股票之過戶、質權設定、質權解除、掛失、掛失撤銷等之異動登記，以及股票之合併與分割作業。三、辦理召開股東會之事項。

---

[29]　經濟部95年6月2日經商字第09502078440號函。

四、辦理現金股利與股票股利之發放事務。五、辦理現金增資股票之事務。六、處理有關股票委外印製事項。七、處理股東查詢或政府機關規定之相關股務事項。八、其他經金融監督管理委員會（以下簡稱本會）核准之股務事項。」故股務代理，即指代辦上述股務之機構。因股東開戶或基本資料變更與召開股東會等事項，可能關係公司經營權之變動；至於股票之過戶，則關係股東權之取得。因此，股務事務對公司經營階層，也就是所謂之「公司派」而言，甚為重要，若非自行辦理，也必須委託信任之股務代辦機構處理；而依股務處理準則第3條第1項之規定，股務代辦機構以綜合證券商及依法得受託辦理股務業務之銀行及信託業為限。

又公司爆發經營權爭奪戰時，經常在開股東會前將股務收回自辦，致引發董監改選糾紛；因此，金管會在2013年4月11日增訂處理準則第3條之2、第3條之3及第3條之4等規定，主要內容：(一)公司將股務收回自辦者，應經股東會決議通過，並向集保公司申請核准；(二)更換代辦股務機構者，應經董事會決議通過，與新代辦股務機構簽訂契約後向集保公司申報備查；(三)公司自辦股務者，繼續一年以上，持有已發行股份總數百分之三以上股份之股東或財團法人證券投資人及期貨交易人保護中心，對公司辦理股東會事務有損害股東權益之虞時，得於停止過戶期間開始日十日前，向集保公司申請由代辦股務機構辦理當次股東會事務。以上規定之目的，均在防止公司辦理召開股東會相關作業有不公正之行為。

惟股務處理準則僅適用於公開發行公司，非公開發行公司並不適用，此時通常由公司自行辦理，且主要事務在處理股東之「過戶」，即將股東之姓名或名稱、住所或居所及其持有之股數，記載於公司股東名簿上。

第六章　股份有限公司之機關

第一節　概說

　　公司爲營利社團法人，本身無法自行活動，故各種公司均須設置機關以爲活動之基礎；惟股份有限公司異於其他種類之公司者，在於其可以聚集多數股東及多數資本形成大規模經營之公司。然股份有限公司之股東雖衆，但並非每一股東均有意願經營公司，且亦不宜使每一股東均參與公司經營；因此，股份有限公司基於分權之概念，設置股東會、董事會及董事（包括董事長、副董事長、常務董事）、監察人、檢查人、臨時管理人與經理人等不同機關。其中股東會爲意思機關；董事會及董事、臨時管理人與經理人爲業務執行機關；監察人與檢查人爲監督機關。如依設置依據爲區分，股東會、董事會及董事（包括董事長）與監察人爲法定必備之機關，副董事長、常務董事與經理人爲章定任意機關，至於檢查人與臨時管理人則爲法定任意機關。

第二節　股東會

一、股東會之意義

　　股東會係由全體股東所組成之會議體機關，依股東之多數決，在公司內部形成決定公司意思之法定必備最高意思機關[1]。所謂全體股東，包括普通股股東及特別股股東；特別股股東如無表決權，仍可參加股東會，只是不能參與表決，故對無表決權之股東，仍須爲股東會召集之通知及公告。至於會議體機關，係指股東會欲行使職權，須召集由全體股東所組成之會議作成決議，不得以個別同意之方式進行。又股東會屬意思機關，故其決議只是在公司內部決定公司意思，至於決議之執行，須由公司之業務執行機關或代表機關爲之。

---

[1]　因股東會是由股東二人以上決定公司意思之機關，政府或法人股東一人所組織之股份有限公司，只有股東一人，自無成立股東會之可能，故爲法定必備機關之例外；至於其股東會之職權係由董事會行使，不適用公司法有關股東會之規定（公司§128-1 I）。

二、股東會之種類

(一) 股東常會與股東臨時會

此係依股東會召集時期不同所爲之分類；前者每年至少召集一次，後者於必要時召集之（公司§170Ⅰ）。有關股東常會之召集次數及時期，得以章程定之，但每年至少召集一次，且除非有正當事由經報請主管機關核准者外，應於每會計年度終了後六個月內召開（公司§170Ⅱ）；如代表公司之董事違反前述召開期限之規定者，處新臺幣一萬元以上五萬元以下罰鍰（公司§170Ⅲ）。

(二) 股東會與特別股股東會

此係依其構成員不同所爲之分類；前者包括普通股股東及特別股股東，後者僅由特別股股東所組成，於章程之變更有損害特別股股東之權利時，召集之（公司§159Ⅰ）。

三、股東會之召集

(一) 召集權人

股東不能自行集會，必須有召集權人之召集；所謂召集，指股東會之召開與集會。下列之人有股東會之召集權：

1. 董事會

公司法第171條規定：「股東會除本法另有規定外，由董事會召集之。」此之股東會，不分股東常會或股東臨時會，原則上均由董事會召集；至於董事長，則非股東會之召集權人，但公司董事會決議後，由董事長代表公司通知召集股東會，並無不可[2]。

2. 少數股東

少數股東得召集股東會之情形，限於下列二者：

(1) 請求召集股東臨時會

公司法第173條第1項規定：「繼續一年以上，持有已發行股份總數百分之三以上股份之股東，得以書面記明提議事項及理由，請求董事會召集股東臨時會。」此爲少數股東之請求召集權[3]，惟董事會係會議體機關，故解釋上請求應向董事會主席之董事長提出[4]；至於提議事項及理由，例如改選董監事或修正章程等[5]。同條

---

[2] 最高法院79年台上字第1302號判例。

[3] 關於公司法第173條及第173條之1規定之股東會召集權，無表決權之股東仍得行使（經濟部107年11月26日經商字第10702062910號函參照）。

[4] 柯芳枝「公司法論（上）」第213頁。

[5] 因提議事項甚爲重要，如董事會雖同意爲召集之通知，但未將少數股東所提議事項列入股東會討論

第2項規定：「前項請求提出後十五日內，董事會不為召集之通知時，股東得報經主管機關許可，自行召集。」少數股東報請主管機關許可時，應提出持有股份證件、書面通知董事會之證件與召集事項及理由等文件，並對於董事會不為召集之通知，負舉證責任；至於主管機關是否許可，基於少數股東請求召集股東臨時會，本質上為股東權之共益權，其行使之目的，並非專為股東個人，而在防止公司不當經營之救濟，故有學者認為主管機關實質審查時，得以「維護公司治理之必要」作為標準[6]。另董事會不為召集股東會之情形，除自始即不為召集外，其雖為召集，但所定股東會開會日期故意拖延時，亦包括在內[7]。

無論股東臨時會係董事會應少數股東要求而召集或少數股東自行召集，於股東臨時會時，為調查公司業務及財產狀況，得選任檢查人（公司§173Ⅲ）。

(2) 董事會不為召集或不能召集股東會

公司法第173條第4項規定：「董事因股份轉讓或其他理由，致董事會不為召集或不能召集股東會時，得由持有已發行股份總數百分之三以上股份之股東，報經主管機關許可，自行召集。」所謂不為召集，指依法董事會有召集股東會之義務而不為召集，例如公司法第201條規定之情形；至於不能召集，例如董事辭職、死亡或因股份轉讓超過選任時之二分之一而當然解任（公司§197Ⅰ），或因法院假處分裁定不得執行董事職務（民訴§538）等情形，致董事會不能依公司法第171條之規定召集股東會。又所謂「其他理由」，須與「董事因股份轉讓」情形相當之事由，始得適用。此時得由持有已發行股份總數百分之三以上股份之股東，報經主管機關許可後，自行召集，無須先請求董事會召集；又此時所召集者，不限於股東臨時會，亦包括股東常會，且少數股東並無股份持有期間之限制。

3. 持有過半數股份之股東

公司法第173條之1第1項規定：「繼續三個月以上持有已發行股份總數過半數股份之股東，得自行召集股東臨時會。」因此時持有過半數股份之股東對公司之經營及股東會已有關鍵性之影響，且其持股又達一定期間，故賦予其有自行召集股東臨時會之權利；又與上述少數股東召集權不同，無須先請求董事會召集或經主管機關許可。同條第2項並明定股東持股期間及持股數之計算，以第165條第2項或第3項停止股票過戶時之持股為準。

時，少數股東得依同條第2項之規定，報經主管機關許可，自行召集（經濟部101年6月20日經商字第10102072700號函參照）；至於少數股東報請主管機關許可召集股東會時，因提議事項及理由為應備之要件，故其召集事由所記載之決議事項應以許可召集之提議事項為限，對於許可召集之提議事項以外之事項為決議者，為無效之決議（經濟部98年8月4日經商字第09802420550號函參照），縱以臨時動議方式提出，仍屬有瑕疵，得依公司法第189條之規定撤銷（臺灣高等法院高雄分院97年度上字第152號判決參照）。

6　劉連煜「現代公司法」第321頁。

7　經濟部82年12月10日商字第230086號函。

4. 監察人

監察人召集股東會之情形，有下列二者：

(1) 必要時召集

公司法第220條規定：「監察人除董事會不為召集或不能召集股東會外，得為公司利益，於必要時，召集股東會。」即監察人與前述少數股東相同，於董事會不為召集或不能召集股東會時，得召集股東會；至於所謂「為公司利益，於必要時」，因立法理由係為積極發揮監察人功能，故由監察人自行認定於「為公司利益，而有必要」時，即得召集之。惟監察人非為公司利益或無必要濫權召集董事會者，公司自得依公司法第23條之規定，向其求償。

(2) 受法院之命召集

依公司法第245條第1項、第2項之規定，少數股東得聲請法院選派檢查人，而法院對於檢查人之報告認為有必要時，得命監察人召集股東會；故此時監察人有召集股東會之義務，否則法院得依同條第3項之規定，處其新臺幣二萬元以上十萬元以下罰鍰。

5. 重整人

重整人於法院重整完成之裁定確定後，應召集重整後之股東會選任董事、監察人（公司§310Ⅰ）。

6. 清算人

清算人於一定情形下，亦得召集股東會，例如清算人於就任後所造具之財務報表及財產目錄，應提請股東會承認；另清算完結時，清算人亦應造具清算期內之收支表、損益表、連同各項簿冊，提請股東會承認；又清算人欲將公司營業包括資產負債轉讓於他人時，應得股東之同意等情形（公司§326Ⅰ、331Ⅰ、334準用84Ⅱ）。

(二)召集程序

1. 通知及公告股東開會

公司法第172條第1項、第2項及第3項分別規定：「股東常會之召集，應於二十日前通知各股東。」、「股東臨時會之召集，應於十日前通知各股東。」、「公開發行股票之公司股東常會之召集，應於三十日前通知各股東；股東臨時會之召集，應於十五日前通知各股東。」可知公司法分別就股東常會與股東臨時會、公開發行公司與非公開發行公司，規定不同通知或公告期限。又此之通知，通說採「發信主義」，故公司於上述期間前寄發股東會開會通知即可；且因公司法對於如何計算期間之方法並未特別規定，故應適用民法第120條第2項始日不算入之規定，自通知之翌日起算至開會前一日，算足公司法所定期間，例如非公開發行公司預定6月22日召開股東常會，則至遲應在6月1日對記名股東寄發股東會開會通知。代表公司之董事，違反上述通知期限之規定者，處新臺幣一萬元以上五萬元以下罰鍰；但公開發行股票之公司，由證券主管機關處代表公司之董事新臺幣二十四

萬元以上二百四十萬元以下罰鍰（公司§172Ⅵ）。

惟公司法第182條規定：「股東會決議在五日內延期或續行集會，不適用第一百七十二條之規定。」所謂延期集會，指股東會開會以後，尚未進入議程，股東會即決議延期改日開會之情形；至於續行集會，則指股東會開會以後，已經進入議程，但因故不能對全部議案作成決議，而經股東會決議改日繼續開會之情形。此時延期或續行集會既經股東會決議，應為出席股東所知悉，故無須另為召集及通知。

2. 召集事由之記載

為保障股東權益，並引起股東之重視，公司法第172條第4項規定：「通知應載明召集事由；其通知經相對人同意者，得以電子方式為之。」又召集事由如屬重大事項，為使股東事先知悉，得以出席股東會，同條第5項規定：「選任或解任董事、監察人、變更章程、減資、申請停止公開發行、董事競業許可、盈餘轉增資、公積轉增資、公司解散、合併、分割或第一百八十五條第一項各款之事項，應在召集事由中列舉並說明其主要內容，不得以臨時動議提出；其主要內容得置於證券主管機關或公司指定之網站，並應將其網址載明於通知。」所謂說明其主要內容，例如變更章程，係指不得僅在召集事由記載「變更章程」或「修正章程」等文字，而應說明章程變更或修正之處（第幾條及其內容），例如由票面金額股轉換為無票面金額股等[8]。至於列舉以外之事項，自得以臨時動議方式提出。

(三) 召集處所

所謂召集處所，指股東會開會之地點；公司法對召集處所並無規定，如章程有規定時，應從其規定，如章程無規定時，實務上係由召集權人選擇適當地點召開股東會。因股東會為公司最高決策機關，自應使全體股東均有參與審議之機會，如所選地點不適宜者，似應構成撤銷股東會決議之事由[9]。

(四) 股東會議事手冊之編製及公告

公司法第177條之3規定：「（第1項）公開發行股票之公司召開股東會，應編製股東會議事手冊，並應於股東會開會前，將議事手冊及其他會議相關資料公告。（第2項）前項公告之時間、方式、議事手冊應記載之主要事項及其他應遵行事項之辦法，由證券管理機關定之。」本條規定之目的，在使公開發行公司之股東瞭解股東會議事程序及內容，金管會並依第2項之授權，訂定「公開發行公司股東會議事手冊應行記載及遵行事項辦法」作為依據。

---

[8]　經濟部108年1月22日經商字第10802400570號函。

[9]　經濟部79年6月21日經商字第206652號函；但實際案例中，法院將審酌是否有「使股東難於或無法出席之情事」，否則其召集程序亦不違法（最高法院101年度台上字第466號判決參照）。

(五) 股東之提案權

1. 概説

公司法第172條之1第1項規定：「持有已發行股份總數百分之一以上股份之股東，得向公司提出股東常會議案。但以一項為限，提案超過一項者，均不列入議案。」由條文內容可知，董事會召開股東常會時，始有此項權利，如非董事會召集之股東常會，並不適用股東提案權[10]。按在現行公司法架構下，公司之經營權及決策權多賦予董事會，且公司法第202條已明文規定，公司業務之執行，除本法或章程規定應由股東會決議者外，均應由董事會決議行之；如股東無提案權，則許多不得以臨時動議提出之議案（公司§172 V），除非由董事會於召集事由中列入，否則股東難有置喙之餘地，為使股東得積極參與公司之經營，故賦予股東提案權，但股東於股東會臨時動議提案之原有權利，並未因此而喪失。惟為避免提案過於浮濫，故本項但書明定股東所提議案，以一項為限；且解釋上，同一股東持有之股數不可以重複運用參與多項提案。

2. 公告受理股東提案

公司法第172條之1第2項規定：「公司應於股東常會召開前之停止股票過戶日前，公告受理股東之提案、書面或電子受理方式、受理處所及受理期間；其受理期間不得少於十日。」此之受理期間，採到達主義，故股東之提案應於公司公告受理期間內送達公司公告之受理處所[11]。至於公司未依法公告受理提案、受理處所及受理期間者，並不影響股東提案權之行使，股東仍得於公司寄發股東會開會通知前向公司提出議案[12]。

3. 股東提案之限制

(1) 提案股東資格之限制

提案之股東，須持有已發行股份總數百分之一以上股份，惟股東提案權屬於少數股東權，故「百分之一以上股份」不限於一人所持有，多數股東合併持有而共同行使此項提案權，亦無不可；又股東提案權為股東之固有權，故持有無表決權之特別股股東亦得為之[13]。

(2) 提案之字數限制及提案人之說明義務

公司法第172條之1第3項規定：「股東所提議案以三百字為限；提案股東應親自或委託他人出席股東常會，並參與該項議案討論。」所稱三百字，包括理由及標點符號。另為使股東對其提案有充分說明之機會，故明定提案股東應親自或委託他人出席股東會，並參與該項議案討論。

---

[10] 經濟部94年12月2日經商字第09402187390號函。

[11] 經濟部95年4月7日經商字第09502043500號函。

[12] 經濟部100年5月9日經商字第10000570530號函。

[13] 經濟部97年5月9日經商字第09702410410號函。

4. 董事會之審查

公司法第172條之1第4項、第6項規定：「除有下列情事之一者外，股東所提議案，董事會應列為議案：一、該議案非股東會所得決議。二、提案股東於公司依第一百六十五條第二項或第三項停止股票過戶時，持股未達百分之一。三、該議案於公告受理期間外提出。四、該議案超過三百字或有第一項但書提案超過一項之情事。」、「公司應於股東會召集通知日前，將處理結果通知提案股東，並將合於本條規定之議案列於開會通知。對於未列入議案之股東提案，董事會應於股東會說明未列入之理由。」可知股東提案之審查權專屬於董事會，且除符合前述之情事者外[14]，其餘合於規定之議案，董事會均應列於股東會議程。

5. 公司負責人違反規定之處罰

公司負責人違反公司法第172條之1第2項、第4項或第6項規定者，各處新臺幣一萬元以上五萬元以下罰鍰；但公開發行股票之公司，由證券主管機關各處公司負責人新臺幣二十四萬元以上二百四十萬元以下罰鍰（公司§172-1Ⅶ）。

案 例

A股份有限公司兩派董事因併購B公司反目，故在當年度股東常會開會前，與贊成派關係密切之五名股東，向董事會提案解任屬於反對派之三席董事及二席監察人。A股份有限公司在當年5月11日召開臨時董事會，會中通過將解任案列入6月25日之股東會議程中。請問：(一)股東有無提案解任董事、監察人之權限？(二)董事會可否自行提出解任案，將其列入股東會之召集事由？(三)被提案解任之董事、監察人，何時解任？(四)股東提案經董事會審查後，業已通知股東，原提案股東得否撤回？

解 析

首先，依公司法第199條及第227條之規定，董事、監察人得由股東會以特別決議之方式，隨時解任；但因解任董事、監察人須在召集事由中列舉，不得以臨時動議提出（公司§172Ⅴ），故解任案欲作為決議事項，必須由召集權人列為召集事由，並通知股東，始得作為股東會之決議事項。而股東提案解任董事、監察人，依公司法第172條之1立法理由所示，即在賦予股東提出此種不得以臨時動議提出之議案；至於董事會因有股東會之召集權，自得自行決定將董事、監察人解任案列為股東會之決議事項。因此，本件第一小題、第二小題之答案均為肯

---

[14] 惟依同條第5項規定：「第一項股東提案係為敦促公司增進公共利益或善盡社會責任之建議，董事會仍得列入議案。」立法目的在使公司善盡其社會責任。

定，股東及董事會均得提案解任董事、監察人。但由股東提案者，必須持股百分之一以上股東（可以多名股東持股合併計算）及經董事會審查，始可列入股東會之召集事由中，案例中所稱之5月11日臨時董事會，即在審查股東解任董事、監察人之提案。至於由董事會提出解任案時，因董事會為會議體組織，自應經董事會決議通過。

其次，解任董事、監察人，於經股東會特別決議後，即時生效；雖然董事、監察人姓名屬於公司登記事項，應申請主管機關辦理變更登記，但變更登記僅屬對抗要件，而非生效要件（公司§12），故未辦理登記僅不得對抗第三人，在解任案通過時，被解任之董事、監察人，即時喪失董事、監察人之身分。

至於提案已通知股東後，原提案股東得否撤回，法無明文規定。應先視公司所訂定之議事規則有無規定；如無規定，得參照內政部所發布之會議規範第43條規定，在未經股東會主席宣付討論前，得由提案人撤回之。

四、股東會之開會

(一) 議事規則

公司法第182條之1第2項前段規定：「公司應訂定議事規則。」惟對於議事規則之內容並無任何規範，亦未授權主管機關制定[15]，且公司未訂定時亦無任何不利後果，故學者質疑其未能達立法者所預期之效果[16]。

(二) 股東會之主席

公司法第182條之1第1項規定：「股東會由董事會召集者，其主席依第二百零八條第三項規定辦理；由董事會以外之其他召集權人召集者，主席由該召集權人擔任之，召集權人有二人以上時，應互推一人擔任之。」可知股東會由董事會召集時，主席為董事長或其代理人；非董事會召集時，由其他召集權人或其互推之人擔任主席。

(三) 股東會之出席

1. 親自出席

股東以親自出席股東會為原則，惟股份為數人共有者，其共有人應推定一人出席（公司§160 I）。至於政府或法人為股東時，應由其代表人代表出席，且其人數可不限

---

[15] 臺灣證券交易所股份有限公司與財團法人中華民國證券櫃檯買賣中心聯合訂定「『○○股份有限公司股東會議事規則』參考範例」，供上市、上櫃公司參考使用；另內政部所發布之會議規範，亦得作為股東會議事規則之補充。

[16] 王文宇「公司法論」第289頁。

於一人[17]。

2. 代理出席

公司法第177條第1項規定：「股東得於每次股東會，出具委託書，載明授權範圍，委託代理人，出席股東會。但公開發行股票之公司，證券主管機關另有規定者，從其規定。」委託書可由公司印發或股東自行書寫，但公開發行公司以公司印發者為限[18]。又一股東以出具一委託書，並以委託一人為限，且應於股東會開會五日前送達公司，委託書有重複時，以最先送達者為準；但聲明撤銷前委託者，不在此限（公司§177Ⅲ）。另除信託事業或經證券主管機關核准之股務代理機構外，一人同時受二人以上股東委託時，其代理之表決權不得超過已發行股份總數表決權之百分之三，超過時其超過之表決權，不予計算（公司§177Ⅱ）；但計算出席股份總數時，仍應將該超過部分計入[19]。

委託書送達公司後，股東欲親自出席股東會或欲以書面或電子方式行使表決權者，應於股東會開會二日前，以書面向公司為撤銷委託之通知；逾期撤銷者，以委託代理人出席行使之表決權為準（公司§177Ⅳ），以避免股務作業之不便與爭議。例如6月22日召開股東會，至遲應在6月19日以書面向公司撤銷委託。

3. 以視訊會議或其他方式開會

按現今科技發達，以視訊會議開會，亦可達到相互討論之會議效果，與親自出席無異，故公司法第172條之2第1項規定：「公司章程得訂明股東會開會時，以視訊會議或其他經中央主管機關公告之方式為之。」同條第2項並規定股東會開會時，如以視訊會議為之，其股東以視訊參與會議者，視為親自出席。另公開發行公司股東人數眾多，且視訊會議尚有股東身分認證、視訊斷訊之處理、同步計票技術之可行性等相關疑慮，執行面尚有困難，故排除公開發行公司適用（公司§172-2Ⅲ）。

(四) 主席違反議事規則宣布散會時之救濟

過去實務常見股東會主席違反公司所定之議事規則任意宣布散會，再擇期開會之情形，不但耗費諸多社會成本，亦影響國內經濟秩序，故現行公司法第182條之1第2項後段規定：「股東會開會時，主席違反議事規則，宣布散會者，得以出席股東表決權過半數之同意推選一人擔任主席，繼續開會。」以避免股東權益受損及引發已完成之決議是否有效之爭議。

---

[17] 惟依經濟部104年3月10日經商字第10402404570號函釋，為預防法人股東濫用權利，造成股東會場失序情事，公司如於議事規則規定法人股東指派代表人之人數，以當次股東會擬選董事及監察人之人數為上限，於法尚屬可行。

[18] 公開發行公司出席股東會使用委託書規則第2條第2項規定：惟少數股東或持有過半數股份之股東如依公司法規定取得股東臨時會召集權者，即屬該次股東臨時會之召集權人，原則上得辦理股東會召集之相關事項，自得印發委託書及收受委託書（經濟部109年1月30日經商字第10800112160號函參照）。

[19] 經濟部101年6月28日經商字第10102276300號函。

五、股東會之權限

(一) 聽取報告之權限

股東會開會時，應由召集權人就召集事由為報告，通常由主席為之。此外，公司經營發生重大事項時，董事會有向股東會報告之義務，例如公司虧損達實收資本額二分之一、或將應分派股息及紅利之全部或一部以發行新股之方式為之、或募集公司債（公司§211Ⅰ、240V、246Ⅰ）等情形。

(二) 會計表冊之查核權

因董事會有編造會計表冊，並於股東常會開會三十日前交監察人查核之義務（公司§228Ⅰ），故公司法第184條第1項規定：「股東會得查核董事會造具之表冊、監察人之報告，並決議盈餘分派或虧損撥補。」為執行此項查核權，股東會得選任檢查人；且對於股東會或檢查人之查核有妨礙、拒絕或規避之行為者，各處新臺幣二萬元以上十萬元以下罰鍰（§184Ⅱ、Ⅲ）。

(三) 決議權

公司法第202條規定：「公司業務之執行，除本法或章程規定應由股東會決議之事項外，均應由董事會決議行之。」因此，除公司法列舉之股東會法定決議事項外，章程亦得規定不違反強行法、公序良俗或股份有限公司本質之股東會決議事項[20]。又此條規定之目的，旨在劃分股東會及董事會職權，不使二者權責混淆，並充分賦予董事執行業務之權，故專屬董事會職權者，例如委任、解任經理人（公司§29Ⅰ③），股東會之決議對此不具拘束力；但公司法或章程規定股東會決議之事項，董事會應依決議執行之（公司§193Ⅰ），亦不得由董事會決議變更。

六、股東之表決權

(一) 表決權之意義

所謂表決權，指股東對於股東會之決議事項為可決與否之意思表示，並藉以形成公司意思之權利。在股份有限公司企業所有與企業經營分離之設計下，股東對於公司業務並無執行權，惟有透過表決權之行使，方能選任公司經營者及決定公司基本事項，故表決權之行使係股東得以支配或控制公司之方法。

---

[20]　劉連煜「現代公司法」第335頁。

(二)表決權之行使

1. 表決權平等原則

公司法第179條第1項規定：「公司各股東，除本法另有規定外，每股有一表決權。」即除公司法另有規定外，例如無表決權特別股或複數表決權特別股（公司§157 I ③④），否則各股東均依其所持有之股份數享有與其股份數同額之表決權，此不但屬表決權平等原則，亦為股東平等原則之具體實現；蓋股東不但應依出資比例享受利益，對公司之支配力亦應依其出資比例作決定[21]。

2. 無表決權之股份

又除特別股外，依公司法第179條第2項規定：「有下列情形之一者，其股份無表決權：一、公司依法持有自己之股份。二、被持有已發行有表決權之股份總數或資本總額超過半數之從屬公司，所持有控制公司之股份。三、控制公司及其從屬公司直接或間接持有他公司已發行有表決權之股份總數或資本總額合計超過半數之他公司，所持有控制公司及其從屬公司之股份。」按公司適法取得自己之股份，其股東權處於休止狀態，自無表決權；至於限制從屬公司或控制公司及其從屬公司再轉投資之其他公司（再從屬公司），所持有控制公司或控制公司及其從屬公司之股份無表決權，目的在防止公司利用建立從屬公司之控股結構以持有公司自己之股份而生流弊。蓋從屬公司就其對控制公司之持股，在控制公司之股東會中行使表決權時，實際上與控制公司本身就自己之股份行使表決權無異，此與公司治理之原則有所違背；而再從屬公司持有控制公司及其從屬公司之股份，亦有此情形，故均無表決權[22]。

3. 表決權行使之限制

股東有下列情形之一者，其表決權之行使受限制：

(1) 股東有自身利害關係

公司法第178條規定：「股東對於會議之事項，有自身利害關係致有害於公司利益之虞時，不得加入表決，並不得代理他股東行使其表決權。」所謂有自身利害關係，通說認為指「該股東因該事項之決議特別取得權利或負擔義務，又或喪失權利或新負義務」；至於所謂致有害於公司利益之虞，應包括所有可能對公司利益造成損害之情形[23]。例如公司向其股東購買不動產，即屬有利害關係，該股

---

[21] 柯芳枝「公司法論（上）」第225頁。

[22] 按公司法於2001年11月修正時，增訂第167條第3項、第4項規定，禁止從屬公司與再從屬公司將控制公司及其從屬公司之股份收買或收為質物，惟基於法律不溯及既往原則及避免影響層面太大，對於修法前既已存在者，並未強制其賣出，且亦有可能適法取得或在成為控制公司之從屬公司以前，已經持有控制公司之股份，故仍有規定其無表決權之必要。又控制與從屬公司，依公司法第369條之3規定，可分為因出資關係形成之控制從屬公司與實質控制從屬公司二種類型，但公司法第167條第3項、第4項及第179條第2項第2款、第3款規範對象，僅限於因出資關係形成之控制從屬公司（最高法院100年度台上字第1178號判決參照）。

[23] 經濟部91年12月16日經商字第09102287950號函。

東不得行使或代理其他股東行使其表決權。又股東如委託他人出席股東會代理行使表決權時，其受託人亦受此限制，否則股東將可利用委託代理制度規避法律之限制，殊非立法之本意。股東違反此條限制，於股東會參加表決時，決議並非無效，而係其他股東得自決議之日起三十日內，訴請法院撤銷其決議（公司§189）。

(2) 相互投資公司

公司法第369條之10第1項規定：「相互投資公司知有相互投資之事實者，其得行使之表決權，不得超過被投資公司已發行有表決權股份總數或資本總額之三分之一。但以盈餘或公積增資配股所得之股份，仍得行使表決權。」立法理由在避免相互投資公司可能發生之弊端及相互投資現象之擴大，故對其表決權行使之「數量」作限制。

(3) 董事及監察人設定質權超過持股二分之一

公司法第197條之1第2項規定：「公開發行股票之公司董事以股份設定質權超過選任當時所持有之公司股份數額二分之一時，其超過之股份不得行使表決權，不算入已出席股東之表決權數。」立法目的在杜絕企業主炒作股票之動機與歪風，及防止董監事信用過度膨脹、避免多重授信等；但以公開發行公司之董事及監察人（公司§227）為限，且僅超過之股份不得行使表決權，故亦屬表決權行使「數量」上之限制。所謂「超過之股份不得行使表決權，不算入已出席股東之表決權數」，係指董事設質股份數大於選任當時所持有之公司股份數額二分之一時，其超過部分不算入已出席股東之表決權數，惟仍算入已發行股份總數中，計算是否符合法定門檻[24]。至於計算董事股份設質數時，係以股東會最後過戶日股東名簿記載之設質數為準[25]。

(4) 保險業資金

所謂保險業資金，包括業主權益及各種準備金（保險§146II）。惟為避免保險業者以保險業資金介入公司經營權，保險業資金雖得購買經依法核准公開發行之公司股票（保險§146-1I③），但除保險法第146條之1第3項第1款規定不得「以保險業或其代表人擔任被投資公司董事、監察人」外，同條項第2款並規定不得「行使對被投資公司董事、監察人選舉之表決權」，故保險業者以保險業資金購買之公開發行公司股票，不得於董事、監察人選舉時行使表決權。

4. 表決權拘束契約與表決權信託契約

為使非公開發行公司之股東，得以協議或信託之方式，匯聚具有相同理念之少數股

---

[24] 例如公司已發行股份總數10,000股，股東會時出席股數有6,000股（含因設質而不得行使表決權2,000股）已符合開會法定門檻，但計算是否表決通過時，以4,000股（扣除不得行使表決權之2,000股）之過半通過。

[25] 經濟部100年12月29日經商字第10052403510號函。

東，以共同行使表決權方式，達到所需要之表決權數，公司法第175條之1第1項規定：「股東得以書面契約約定共同行使股東表決權之方式，亦得成立股東表決權信託，由受託人依書面信託契約之約定行使其股東表決權。」同條第2項並規定股東非將前項書面信託契約、股東姓名或名稱、事務所、住所或居所與移轉股東表決權信託之股份總數、種類及數量於股東常會開會三十日前，或股東臨時會開會十五日前送交公司辦理登記，不得以其成立股東表決權信託對抗公司。另因公開發行公司股東會之委託書禁止價購（委託書規則§11 I①），為避免股東透過協議或信託方式私下有償轉讓表決權，且考量股務作業亦有執行面之疑義，故表決權拘束契約與表決權信託契約於公開發行公司，不適用之（公司§175-1 III）。

案例

因A股份有限公司於市場上收購B股份有限公司股份，致影響B股份有限公司經營階層之控制權，為謀反制，B股份有限公司遂與C、D股份有限公司協議合併，以稀釋A股份有限公司持股之比例。合併契約經各公司之股東會以特別決議通過，並定當年2月27日為合併基準日，並預定當年5月2日召開合併後股東會，改選董、監事。但B股份有限公司於當年2月27日，突然片面宣布終止與C股份有限公司之合併契約，理由是C股份有限公司大股東倒戈，將於當年5月2日股東會時支持A股份有限公司，甚至已將其名下股份私下轉讓A股份有限公司。請問：(一)B股份有限公司經營階層為防止經營權旁落，得否與C股份有限公司大股東訂立契約，約定C股份有限公司大股東應在股東會中支持B股份有限公司經營團隊所推派之董、監事人選？(二)合併契約在何時成立生效？(三)在合併基準日前得否改變或終止合併之進行？(四)如果合併可以變更，其程序應如何進行？

解析

首先，所謂「表決權拘束契約」，係指股東與他股東約定，於股東會時，就自己持有股份之表決權，為一定方式之行使所締結之契約而言。其是否適法，有肯定與否定二說，過去實務一向採否定見解（最高法院96年度台上字第134號判決參照），但現行公司法第175條之1已明定非公開發行公司之股東得以書面訂立表決權拘束契約與表決權信託契約。另企業併購法第10條第1項規定：「公司進行併購時，股東得以書面契約約定其共同行使股東表決權之方式及相關事宜。」同條第2項並規定公司進行併購時，股東得成立股東表決權信託。因此，無論B股份有限公司與C股份有限公司是否屬於公開發行公司，因是在公司進行併購時，B股份有限公司股東與C股份有限公司股東訂立契約，約定後者在股東會中

支持B股份有限公司經營團隊所推派之董、監事人選，應屬適法。

　　其次，合併契約，雖在各公司股東會決議通過時成立，但合併基準日應屬法律行為之始期（民§102 I），故合併契約應在合併基準日屆至時始生效力。而2月27日當日開始時，合併之效力已經發生，無從再為變更或終止；至於在合併基準日前得否改變或終止合併之進行，因法律行為尚未發生效力，如各參與合併公司之股東會，均依特別決議變更合併契約之內容或終止合併，似無不可。

(三) 股份數及表決權數之計算

　　因公司已發行之股份可能依法無表決權，或股東受限制不得行使表決權，致在股東會決議時，影響已發行股份總數或已出席股東表決權數之計算，故公司法第180條規定：「（第1項）股東會之決議，對無表決權股東之股份數，不算入已發行股份之總數。（第2項）股東會之決議，對依第一百七十八條規定不得行使表決權之股份數，不算入已出席股東之表決權數。」因此，無表決權之特別股或依公司法第179條第2項規定之無表決權股份，不算入公司「已發行股份總數」；例如公司實際已發行之股份總數為100萬股，但其中20萬股為無表決權之特別股，10萬股為庫藏股（公司§167-1 III），故只要有代表70萬股過半數之股東出席，即得進行普通決議（公司§174）。至於表決權行使受限制之股份，雖算入公司已發行之股份總數，但在計算是否「出席股東表決權」過半數同意時，必須扣除；例如前例，扣除無表決權之股份後，70萬股中有60萬股出席，但出席股東中，持股10萬股之股東因有自身利害關係不得行使表決權，故只要有代表50萬股過半數之股東同意，議案即通過。

(四) 以書面或電子方式行使表決權

1. 概說

　　股東除親自出席或出具委託書委託代理人出席股東會行使表決權外，亦得以書面或電子方式行使表決權。公司法第177條之1第1項規定：「公司召開股東會時，採行書面或電子方式行使表決權者，其行使方法應載明於股東會召集通知。但公開發行股票之公司，符合證券主管機關依公司規模、股東人數與結構及其他必要情況所定之條件者，應將電子方式列為表決權行使方式之一。」立法目的在鼓勵股東參與股東會之決議。按公司召開股東會時，是否採行書面或電子方式行使其表決權，本應由公司自由選擇，但因甚少公司採用，且上市、上櫃公司之年度股東會日期，又有過度集中現象，致股東無法一一出席股東會行使其表決權，影響股東權益甚鉅；故為落實電子投票制度，鼓勵股東參與公司經營及強化股東權益之保護，但書明定證券主管機關應視公司規模、股東人數與結構及其他必要

情況，命公司將電子方式列爲表決權行使管道之一[26]，公司違反本項但書規定者，股東得訴請法院撤銷其決議。

2. 效力

按股東出席股東會之方式，有親自出席及委託出席兩種，以書面或電子方式行使表決權之股東，視爲親自出席股東會；但因股東並未當場參與股東會，對臨時動議或原議案之修正無法表示意見，故視爲棄權（公司§177-1 Ⅱ）。

3. 表決權意思表示之送達

公司法第177條之2第1項規定：「股東以書面或電子方式行使表決權者，其意思表示應於股東會開會二日前送達公司，意思表示有重複時，以最先送達者爲準。但聲明撤銷前意思表示者，不在此限。」本項規定股東行使表決權之意思表示送達公司之期限及意思表示有重複時之解決方法。

4. 以書面或電子方式行使表決權後，欲親自出席股東會之程序

公司法第177條之2第2項規定：「股東以書面或電子方式行使表決權後，欲親自出席股東會者，應於股東會開會二日前，以與行使表決權相同之方式撤銷前項行使表決權之意思表示；逾期撤銷者，以書面或電子方式行使之表決權爲準。」本項規定股東撤銷已行使表決權之意思表示之期限，並明定逾期撤銷之效力，以避免股務作業之不便與爭議。

5. 同時委託代理人出席股東會之效果

公司法第177條之2第3項規定：「股東以書面或電子方式行使表決權，並以委託書委託代理人出席股東會者，以委託代理人出席行使之表決權爲準。」此項規定係鑑於股東已委託代理人出席，且亦可能涉及委託書徵求人徵得股數之計算，故以委託代理人出席行使之表決權爲準，以免爭議。

(五) 政府或法人為股東之表決權

公司法第181條第1項、第2項分別規定：「政府或法人爲股東時，其代表人不限於一人。但其表決權之行使，仍以其所持有之股份綜合計算。」、「前項之代表人有二人以上時，其代表人行使表決權應共同爲之。」按政府或法人之代表人有二人以上時，如不限制其應共同行使股東權，實務上易滋紛擾，尤其各代表人所代表行使股權之計算，極爲繁瑣，故規定行使表決權應共同爲之，以免歧異。至於所謂綜合計算，例如法人指派數名代表人時，雖分別列明各代表人代表之股數，但不能作爲股東名簿記載之依據，且各代表人之表決權以及代表人當選董監事應申報之股份等，仍應依該法人所持有之股份綜合計算。

又不但政府或法人之數代表人其表決權應共同行使，同一股東亦應爲同一意見之表示，不得部分投票贊成，而部分投票否決；惟實務上，股東可能係爲他人持有股份，如

---

[26] 依金管會106年1月18日金管證交字第1060000381號令，自107年1月1日起，上市（櫃）公司召開股東會時，應將電子方式列爲表決權行使管道之一；另股東會電子投票平台已由臺灣集中保管結算所股份有限公司建制完成，稱爲「股東e票通」。

「他人」為多數且意見不一致時，其表決權即難以行使。故為使保管機構、信託機構、存託機構或綜合帳戶等專戶之表決權行使，得依其實質投資人之個別指示，分別為贊成或反對之意思表示，公司法第181條第3項規定：「公開發行公司之股東係為他人持有股份時，股東得主張分別行使表決權。」此種情形，稱為「分割投票制度」，除限制必須公開發行公司始得採用外，同條第4項規定：「前項分別行使表決權之資格條件、適用範圍、行使方式、作業程序及其他應遵行事項之辦法，由證券主管機關定之。」而根據金管會所公布之公開發行公司股東分別行使表決權作業及遵行事項辦法第3條之規定，得主張分別行使表決權之股東，僅限於合法投資國內證券之各類基金、國外金融機構或海外存託憑證之存託機構等。

七、股東會之決議

(一) 概說

　　按股份有限公司通常股東人數眾多，故其決議均採多數決，而不必全體一致同意；惟因決議事項之輕重程度不同，故公司法對股東會之出席股東人數與表決權數設有不同比例之決議方法。又過去實務見解認為，無論公司法是否有規定股東會或董事會之決議得以章程另訂較高出席及同意門檻，均得以章程提高決議門檻[27]；惟因公司法僅於特定條文中規定股東會或董事會決議之出席及同意門檻「章程有較高之規定者，從其規定」（例如公司法第13條第4項、第29條第1項、第185條第3項、第277條第4項等），且為保障交易安全，尚難期待新加入股東或債權人均已查閱公司章程，而知悉章程已有異於公司法明定之出席及同意門檻，及為避免干擾企業正常運作造成僵局，故最新實務見解認為，應僅於公司法有明定章程得規定較高之規定時，始得以章程提高決議門檻[28]。

(二) 決議之方法

1. 普通決議與假決議

　　公司法第174條規定：「股東會之決議，除本法另有規定外，應有代表已發行股份總數過半數股東之出席，以出席股東表決權過半數之同意行之。」此種決議稱為普通決議；至於所謂「除本法另有規定外」，指依公司法規定，應以特別決議通過之事項，否則均屬普通決議之範疇。又此處出席股東之定額，係以股份數為據，而非以股東人數為準，故如一股東持有已發行股份總數過半數，其一人出席股東會所作成之決議，應屬有效。

　　公司法第175條規定：「（第1項）出席股東不足前條定額，而有代表已發行股份總數三分之一以上股東出席時，得以出席股東表決權過半數之同意，為假決議，並將假決

---

[27]　經濟部100年2月23日經商字第10002403260號函。

[28]　經濟部108年5月8日經商字第10802410490號函。

議通知各股東，於一個月內再行召集股東會。（第2項）前項股東會，對於假決議，如仍有已發行股份總數三分之一以上股東出席，並經出席股東表決權過半數之同意，視同前條之決議。」此之假決議，係臨時之權宜措施，只能適用於普通決議事項因出席股東未達已發行股份總數過半數定額之情形；至於特別決議事項或選舉董事、監察人（公司§198Ⅰ），因公司法另有規定，故不適用，此由條文係規定「出席股東不足前條定額」可知。又假決議後，於一個月內再行召集第二次股東會時，其性質上係延續第一次股東會，故僅得就假決議再為表決，不得修改假決議之內容而為決議；至於第一次股東會股東原所為之委託行為，除委託書載明委託行使範圍不及於假決議後再行召開之股東會外，於第二次股東會仍有其效力[29]。另所謂「於一個月內再行召集股東會」，係指於一個月內寄發召集股東會之通知而言[30]。

2. 特別決議與便宜決議

所謂特別決議，指對於重要事項，公司法特別規定「應有代表已發行股份總數三分之二以上股東之出席，以出席股東表決權過半數之同意行之」，例如解任董事之決議（公司§199Ⅱ）；惟公開發行公司股東人數眾多，三分之二以上股東之出席並不容易[31]，故公司法於特別決議時，對公開發行公司均另為規定，例如解任董事時，「公開發行股票之公司，出席股東之股份總數不足前項定額者，得以有代表已發行股份總數過半數股東之出席，出席股東表決權三分之二以上之同意行之」（公司§199Ⅲ），此種決議稱為「便宜決議」或「公開發行公司便宜決議」[32]。

3. 累積投票制

所謂累積投票制，指對董事、監察人選舉議案之特別表決方法。公司法第198條第1項規定：「股東會選任董事時，每一股份有與應選出董事人數相同之選舉權，得集中選舉一人，或分配選舉數人，由所得選票代表選舉權較多者，當選為董事。」而監察人選任亦準用此一規定（公司§227）。因「選舉權」得集中選舉一人或分配選舉數人，故可使少數派股東所推舉之人有當選董事或監察人之機會（董事、監察人應分開選舉）；例如A公司有九席董事，則每一股份有九個董事選舉權，如持股百分之十一之股東將其選舉權集中選舉一人，即可確保當選一席董事。至於選任董事、監察人之決議，公司法雖未對出席股東之「定額」有所規定；但通說認為仍應有代表已發行股份總數過半數之股東出席，始得選任，僅其選任非以出席股東表決權過半數之同意行之，而係採累積投票制。又其屬於公

---

[29] 經濟部99年1月12日經商字第09902400130號函。

[30] 經濟部94年8月17日經商字第09402120100號函。

[31] 按特別決議中，所謂已發行股份總數「三分之二」以上股東出席之計算，係包含本數三分之二在內，與普通決議「過半數」股東之出席或表決權數「過半數」之同意，並不包含本數二分之一不同。

[32] 惟因僅須「代表已發行股份總數過半數股東之出席」，故只要有過半數股份同意，縱其他反對股東杯葛不出席股東會，亦得以便宜決議通過議案；反之，如反對股東出席股東會，因已達特別決議之出席定額，此時僅需過半數之同意即得通過議案。因此，對控制公開發行公司過半數股份之股東而言，採用普通決議或特別決議，並無區別。

司法第174條所謂之「本法另有規定」，故亦不適用假決議之規定。

又選任董事或監察人雖亦為表決權之行使，惟依公司法第198條第2項規定：「第一百七十八條之規定，對於前項選舉權，不適用之。」即股東縱為董事或監察人之候選人，亦得參與表決或代理其他股東行使其表決權。

你知道嗎？

反面表決與鼓掌通過合法嗎？

按公司法對於股東會之表決方式並未加以限制，故公司原則上可以自行訂定議事規則。惟所謂反面表決，係指股東會進行表決時，不正面統計贊成議案之股東表決權數，而僅統計反對股東之表決權數，於經主席徵詢其餘股東無異議時即視為通過之表決方式。因反面表決有將未表示意見之股東視為同意之效果，與公司法第174條係規定出席股東表決權「過半數之同意」明顯有衝突，故最高法院92年度台上字第595號判決即曾質疑其有規避法律規定門檻之嫌，顯見其並不適法。

至於以鼓掌方式通過議案者，有學者認為根本無從瞭解贊成與反對之表決權股份數，有違股東會多數決之設計精神；但實務見解不一。於選任董監事時，因必須採用累積投票制，而以鼓掌方式通過選任董監事議案者，根本無從計算各候選人所獲得之投票數各為多少，不但與公司法第198條第1項規定之意旨有違，且因無所得選票代表權最多之董事，而無從依公司法第203條第1項規定產生該屆第一次董事會之召集董事，故最高法院91年度台上字第2496號判決認為此時選任董監事議案之決議方法違反法令，而得撤銷（公司§189）。但對於一般議案，則似乎認為並不違法，此觀最高法院85年度台上字第2945號判決表示「上訴人於股東常會雖就系爭議案提出異議並要求以票決方式為之，然此票決方式僅係上訴人一人之提議，並非出席股東多數同意之方式，被上訴人公司非必須採納此項提議。本件被上訴人公司股東常會開會時，上訴人就系爭議案提出異議，主席即予說明並徵詢在場股東無異議後，以多數鼓掌視為通過之表決方式作成決議之過程，除第一審法院於84年8月18日審理時，當庭播放系爭議案開會之錄音帶核對無訛外，並經證人即擔任司儀之周○○到庭證述在卷。依上開說明，其決議方式於法尚無不合。」可知。惟「鼓掌通過」根本無法反映股東所代表之股數，且容易造成主席把持議案之不良後果，故應認為決議方法違反法令為宜。

又反面表決與鼓掌通過固然有瑕疵，但如可以證明同意股東或主席所代表之表決權數已超過法定門檻（二分之一或三分之二），此時亦不宜一概而論，似乎可以參酌公司法第189條之1規定：「法院對於前條撤銷決議之訴，認為其違反之事實非屬重大且於決議無影響者，得駁回其請求。」認為其並不違法或不撤銷其決議。

(三) 公司營業政策與重大財產變更之行為

1. 意義

　　所謂公司營業政策與重大財產變更之行為，指公司法第185條第1項各款所規定之決議事項，因其關係重大，甚至動搖公司之基礎，故對其程序有特別規定之必要。

2. 種類

　　(1) 締結、變更或終止關於出租全部營業，委託經營或與他人經常共同經營之契約

　　　所謂出租全部營業，指公司將全部營業（包括營業用財產）出租他人，由承租人以自己之名義及計算經營，公司僅收取租金而言。至於委託經營，係指公司將全部營業委託他人經營，公司與受託人之間成立委任關係，而受託人係以委託公司之名義，並為其計算而經營，故營業上之損益歸委託公司。又所謂共同經營，指數公司間所為損益全部共同之契約，參與公司均須服從統一之指揮，並求經濟之一體化[33]。因公司締結、變更或終止上述合約，不但對公司營業有重大影響，且亦影響股東之投資，故有送交股東會為特別決議之必要。

　　(2) 讓與全部或主要部分之營業或財產

　　　所謂讓與主要部分之營業或財產，通說認為係指該部分營業或財產之轉讓，足以影響公司所營事業不能成就者而言[34]。

　　(3) 受讓他人全部營業或財產，對公司營運有重大影響

　　　本款除須受讓他人「全部」營業或財產外，且受讓後必須對公司營運有重大影響，否則並無送交股東會為特別決議之必要。

3. 應履行之程序

　　公司法第185條第4項規定：「第一項之議案，應由有三分之二以上董事出席之董事會，以出席董事過半數之決議提出之。」因其關係重大，故須經董事會特別決議，始能向股東會提出議案。最後經股東會特別決議或公開發行公司便宜決議（公司§185 I、II），始得實行。且出席股東股份總數及表決權數，章程有較高之規定者，從其規定（公司§185 III）。

4. 反對股東之保護

　　(1) 概說

　　　公司法第186條規定：「股東於股東會為前條決議前，已以書面通知公司反對該項行為之意思表示，並於股東會已為反對者，得請求公司以當時公平價格，收買其所有之股份。但股東會為前條第一項第二款之決議，同時決議解散時，不在此限。」按反對之股東如不欲留在公司，可以依股份讓與之方式脫離公司；但股東

---

[33]　柯芳枝「公司法論（上）」第240頁。

[34]　最高法院100年度台上字第717號判決。但有學者認為其過於嚴苛，致本款規定幾無適用之可能，故認為應採質與量分析的認定基準，不單以交易財產之價值作判斷，應兼顧「質」方面之影響，亦即讓與後是否會導致公司營業無法繼續或令營業大幅萎縮（劉連煜「現代公司法」第370頁）。

會爲公司營業政策與重大財產變更之決議時，往往已經引起股價大幅波動，故爲保護反對股東之權益，公司法第186條賦予股東得請求公司以當時公平價格，收買其所有股份之權利，稱爲「股份收買請求權」。通說認爲股份收買請求權性質上屬於形成權，一經股東行使，無須公司承諾，股東與公司間即成立股份買賣契約；但股份之移轉，於公司支付價款時始生效力，故支付價款前，股東仍享有股東權。

(2) 行使股份收買請求權之要件

反對股東欲行使此一權利，必須符合公司法第186條所定「股東於股東會爲前條決議前，已以書面通知公司反對該項行爲之意思表示」及「並於股東會已爲反對」二項要件。至於但書規定，係因公司既已決議解散，自應依清算程序進行，如容許部分股東行使股份收買請求權，形同對該部分股東先行返還出資，違反清算人非清償公司債務後，不得將公司財產分派於各股東之規定（公司§334準用90Ⅰ）。

(3) 行使股份收買請求權之時期及方式

公司法第187條第1項規定：「前條之請求，應自第一百八十五條決議日起二十日內，提出記載股份種類及數額之書面爲之。」所謂股份種類，指普通股或特別股。至於得提出請求之股東，須爲決議時及請求收買時均持有股份之股東名簿上之股東；請求收買之股份，原則上須爲決議時至請求收買時繼續持有之股份，但得提出請求之股東，其受讓之股份，其前手已經履踐行使股份收買請求權之要件，對受讓之股份亦得行使股份收買請求權[35]。

(4) 價格之決定

股東應先與公司協議價格，協議不成始得聲請法院裁定價格。如股東與公司間協議決定股份價格者，公司應自決議日起九十日內支付價款，自決議日起六十日內未達協議者，股東應於此期間經過後三十日（即第六十一日至第九十日）內，聲請法院爲價格之裁定（公司§187Ⅱ）。公司對法院裁定之價格，應自決議日起九十日之期間屆滿日起支付法定利息；且股份價款之支付，應與股票之交付同時爲之，股份之移轉於價款支付時生效（公司§187Ⅲ）。

法院決定「當時公平價格」時，應訊問公司負責人及爲聲請之股東；必要時，得選任檢查人就公司財務實況，命爲鑑定（非訟§182Ⅰ）。且股份如爲上櫃或上市股票，法院得斟酌聲請時當地證券交易實際成交價格核定之（非訟§182Ⅱ）。

(5) 股份收買請求權之失效

股份收買請求權於公司取銷公司法第185條第1項所列之行爲時，失其效力（公司§188Ⅰ）。如股東未於決議日起二十日內爲股份收買之請求，或自決議日起六十日內未與公司達成協議，而未於此期間經過後三十日內，聲請法院爲價格之裁定者，股份收買請求權亦失其效力（公司§188Ⅱ）。

---

[35]　柯芳枝「公司法論（上）」第244頁。

5.違反之效果

如董事長未經股東會特別決議，而代表公司爲公司法第185條第1項各款之行爲時，其效力如何，公司法並無明文規定，惟應可類推適用關於無權代理之規定；故董事長代表公司所爲上開行爲，非經公司股東會之特別決議，對於公司不生效力，但得因事後承認（股東會以特別決議事後追認），而溯及於行爲時發生效力[36]。

案例

以經營主機板自有品牌業務爲主之A股份有限公司，因經營階層掏空公司，致股價直線下跌，下市時股價僅剩0.65元，且公司實收資本雖有84億元，但每股淨值僅剩0.11元。後來A公司董事會決議召開股東臨時會，召集事由爲：(1)擬變更公司名稱；(2)修訂公司章程部分條文；(3)擬處分公司重大資產；(4)解除公司部分董事競業禁止之限制。其中處分公司重大資產部分，據該公司所發布之新聞資料顯示，係擬將公司品牌事業部門以切割方式，投入另一上市B股份有限公司旗下；其交易方式爲B公司以3.5億元的現金與價值2億元的股票作爲對價，取得A公司主機板品牌（商標權）與相關業務。股東會召開時，由於財團法人投資人保護中心對於處分資產一案提出異議，最後通過之處分重大資產案，同時加註包括主機板業務、相關專利權、員工及生產設備等不在處分之列的但書，即處分標的僅剩主機板品牌而已。請問：(一)題目所示四項決議案，有幾項依法應在召集事由中列舉，不得以臨時動議提出？又四項決議案應以普通決議或特別決議爲之？(二)就A公司而言，原定之處分案，是否屬於公司法第185條第1項第2款所規定之「讓與全部或主要部分之營業或財產」？如果是，現在僅處分品牌，是否仍屬之？(三)就B公司而言，原定之處分案，是否適用公司法第185條第1項第3款之規定？現在交易標的僅剩品牌，有無不同？

解析

首先，公司名稱爲章程絕對必要記載事項（公司§129①），故變更公司名稱即應變更公司章程；而變更公司章程、董事競業許可及公司法第185條第1項各款事項應在召集事由中列舉，不得以臨時動議提出（公司§172Ⅴ）。故四項決議案均應在召集事由中列舉，且均應以特別決議爲之（公司§185Ⅰ、209Ⅱ及

---

[36] 最高法院98年度台上字第1981號判決。惟除效力未定之見解外，亦有採無效或相對無效之見解者。本書認爲絕對無效說較符合立法之原意，但對交易安全之保護不足，且未必對公司股東最爲有利；至於相對無效說，因相對人通常不知交易財產之性質，亦無查明之義務，如不能對抗善意相對人，本條規定將形同具文；因此，本書認爲應類推適用無權代理，且於符合法定要件下亦可適用表見代理之規定，較能兼顧交易安全及保護公司股東，故採效力未定說。

277II）。

　　其次，何謂公司「主要部分之營業或財產」，本書認為應就「質」與「量」作分析，前者指公司主要營業之性質，將因轉讓而變更；後者指轉讓之營業或財產，占公司營業額或資產淨值之一定比例。而由題目內容可知，A公司是以經營主機板自有品牌業務為主，而原定之交易案是處分公司整個品牌事業部門，故處分後其原有之營業項目勢必不能繼續，因此，答案應該是肯定的。至於變更後雖僅處分品牌，但A公司縱然可以繼續經營主機板業務，也已非原本之品牌經營，其「質」明顯發生變化，故仍屬之。

　　又B公司並非受讓A公司全部營業或財產，故無論變更前後，均無須召集股東會為特別決議。

(四) 股東會決議之記錄

1. 議事錄之製作及分發

　　公司法第183條第1項規定：「股東會之議決事項，應作成議事錄，由主席簽名或蓋章，並於會後二十日內，將議事錄分發各股東。」惟為因應電子科技之進步，節省公司通知事務之成本，議事錄之製作及分發，得以電子方式為之（公司§183II）；又因公開發行公司股東人數眾多，為簡化分發議事錄之程序、節省分發作業成本及響應環保無紙化政策，公開發行股票公司分發議事錄予股東時，亦得以公告方式為之[37]（公司§183III）。

2. 議事錄之內容及其相關文件之保存

　　有關議事錄之內容，應記載會議之年、月、日、場所、主席姓名、決議方法、議事經過之要領及其結果，在公司存續期間，應永久保存（公司§183IV）；另主管機關認為，議事錄為便於日後查參及使用，自應以中文為限，並應經發言股東之確認[38]。至於出席股東之簽名簿及代理出席之委託書，其保存期限至少為一年；但經股東依公司法第189條提起訴訟者，應保存至訴訟終結為止（公司§183V）。

3. 違反之處罰

　　代表公司之董事，違反前述有關議事錄之製作及分發或議事錄之內容及其相關文件之保存規定者，處新臺幣一萬元以上五萬元以下罰鍰（公司§183VI）。

---

[37]　依金管會100年7月7日金管證交字第1000031773號函釋，公告應向金管會指定之資訊申報網站（公開資訊觀測站）進行傳輸，並於完成傳輸後，視為已依規定完成公告。

[38]　經濟部103年4月2日經商字第10302021200號函。

八、股東會決議之瑕疵及救濟

(一) 概說

　　自然人之意思表示會有瑕疵，公司之意思表示亦然。惟公司係由股東會之決議形成公司之意思表示，故其瑕疵有存在於決議之成立過程者，亦有存在於決議之內容者，因此，公司法將其區分為程序違法與內容違法，而異其法律效果及救濟程序；又判斷股東會決議有無瑕疵，自以股東會及其決議現實存在為前提，如股東會或其決議現實上並不存在，自無討論其是否無效或得撤銷之必要。因此，股東會決議之瑕疵，可區分為不成立、無效與得撤銷三者。

(二) 決議不成立

　　所謂決議不成立，指自決議之成立過程觀察，顯然違反法令，在法律上不能認為有股東會召開或有決議成立之情形而言；例如未召開股東會，卻虛構開會及決議紀錄，或不足法定最低出席數所作成之決議[39]，或無召集權人召集股東會所為之決議[40]等。因必須先有符合成立要件之股東會決議存在，始有探究股東會決議是否有無效或得撤銷事由之必要，故學說及實務均承認股東會決議不成立為股東會決議瑕疵之獨立類型；雖然公司法僅就決議之無效及撤銷有所規定，惟當事人如就股東會決議是否成立有爭執時，得以決議不成立為理由，提起確認股東會決議不成立之訴[41]。

(三) 決議得撤銷

1. 得撤銷之原因

　　按決議成立過程中所發生之瑕疵，屬程序瑕疵，其瑕疵較為輕微，且常因時間之經過而判斷困難，故不直接規定決議為當然無效，須待有撤銷權之人提起撤銷訴訟，方使決議歸於無效。公司法第189條規定：「股東會之召集程序或其決議方法，違反法令或章程時，股東得自決議之日起三十日內，訴請法院撤銷其決議。」可知決議撤銷之原因有下列二者：

---

[39] 不足法定最低出席數所作成之決議，有不成立與得撤銷二說。通說認為法律規定股東會決議必須有一定數額以上股份之股東出席時，此一定數額以上股份之股東出席，即為該法律行為成立之要件，如不足一定數額以上股份之股東出席，除非能視為假決議，否則該法律行為自屬不成立，尚非單純之決議方法違法問題（最高法院65年度台上字第1374號及69年度台上字第1415號判決參照）；論理，以不成立說較為可採，否則僅極少部分股份出席所作成之決議，因未被撤銷或因股東不知決議存在而未聲請撤銷，卻因除斥期間經過而確定有效，並不恰當，但部分實務見解仍採得撤銷說，例如最高法院91年度台上字第2183號判決。

[40] 非召集權人所召集之股東會，學者通說認為其係欠缺股東會決議之成立要件，故屬決議不成立；但部分學說或實務見解有認為屬當然無效者，例如最高法院70年度台上字第2235號判決。

[41] 最高法院92年度台上字第1174號判決。

(1) 召集程序違反法令或章程

所謂召集程序違反法令，其情形相當多元，例如股東會召集通知或公告未遵守法定期間；或對一部分股東漏未為召集之通知；或董事長未經董事會決議召集股東會而為召集；或基於無效董事會決議所召集之股東會[42]；或公司法第172條第5項規定不得以臨時動議提出之事項，未記載於召集事由；或未依公司法第177條之1第1項但書規定採用電子方式行使表決權；或監察人於無召集股東會之必要時召集股東會[43]等均屬之。另章程對召集程序有特別規定者，違反時，其決議亦屬得撤銷，例如章程規定較長之通知或公告期間。

(2) 決議方法違反法令或章程

至於決議方法違反法令，例如計入依法不得計入或應予扣除之表決權數；或有利害關係之股東參與或代理其他股東行使表決權；或由無法定資格者擔任主席，並經其主持進行之股東會決議[44]等情形。另章程對決議方法有特別規定者，違反時，其決議亦屬得撤銷，例如章程規定較高之出席數或表決權數。

2. 決議撤銷之時期及方法

自決議之日起三十日內，股東得起訴請求法院撤銷股東會決議。此種訴訟在使已經發生效力之股東會決議，因法院判決而視為自始無效（民§114Ⅰ），故屬於形成訴訟[45]。

3. 撤銷權人

撤銷訴訟之原告為股東，其除於起訴時須具有股東身分外，原則上於決議時，亦須具有股東身分[46]；至於被告，則為公司[47]，而非違反法令或章程之行為人。撤銷權人除在決議及起訴時皆須具股東身分外，如出席股東會，須當場表示異議（民§56Ⅰ但），始能取得撤銷訴權[48]。

4. 法院之駁回裁量權

公司法第189條之1規定：「法院對於前條撤銷決議之訴，認為其違反之事實非屬重大且於決議無影響者，得駁回其請求。」本條規定之目的，在賦予法院受理撤銷決議之訴時，如發現股東會召集程序或決議方法確有違反法令或章程之事實，但非屬重大且於決議

---

[42] 此種情形，學說上有不成立、得撤銷與有效三說，多數學者及實務採得撤銷說，例如最高法院96年度台上字第2833號判決。

[43] 最高法院86年台上字第1579號判例。

[44] 最高法院97年度台上字第2686號判決。

[45] 所謂形成訴訟，指基於私法上之形成權，請求法院以判決宣告法律關係發生、變更或消滅之訴。

[46] 但股東於股東會決議時，雖尚未具有股東資格，然若其前手即出讓股份之股東，於股東會決議時，具有股東資格，且已依民法第56條規定取得撤銷訴權時，其訴權不因股份之轉讓而消滅，即由繼受人即起訴時之股東行使撤銷訴權（最高法院73年台上字第595號判例參照）。

[47] 最高法院68年台上字第603號判例。

[48] 最高法院73年台上字第595號判例；惟其目的在避免股東任意翻覆，致影響公司之安定，如不知股東會決議有違反法令或章程之情事而予以容許，或無法當場表示異議者，自仍應許其於法定期間內提起撤銷股東會決議之訴（最高法院89年度台上字第3604號及93年度台上字第423號判決參照）。

無影響者，得駁回其請求，以兼顧大多數股東之權益。

5. 決議撤銷之效力

按股東會決議事項經法院判決撤銷者，自判決確定時起，溯及於決議時無效；但決議事項如果已經登記者，依公司法第190條規定：「決議事項已爲登記者，經法院爲撤銷決議之判決確定後，主管機關經法院之通知或利害關係人之申請時，應撤銷其登記。」目的在使登記事項喪失對抗效力（公司§12）。

(四) 決議無效

公司法第191條規定：「股東會決議之內容，違反法令或章程者無效。」例如股東會爲違反股東平等原則、股東有限責任原則或股份轉讓自由原則之決議，或爲侵害股東固有權、違反公序良俗或強行規定之決議等[49]；如股東會以決議將其法定職權委託其他機關行使或其決議侵奪其他機關法定職權者，亦屬無效[50]。因無效之法律行爲，係當然、自始、確定無效，故無須法院之判決，即當然不生法律上之效力，但對是否無效有爭執時，自得提起確認訴訟（民訴§247），以資解決。

案 例

A股份有限公司召開股東會改選董監事時，因爆發經營權爭奪戰，故公司派爲阻止B股份有限公司派人進駐董事會，而事先在股東會召集通知上載明：「修訂本公司章程案」，但並未在開會通知及議事手冊上揭露變更章程之內容，另在開會過程中由股東以提案方式將有關董監事之選舉由原累積投票制改爲「全額連記法」，並自當次開始適用，致全部董監席次由公司派取得，排除持股百分之四十四之B公司。請問：(一)公司法規定之董監事選舉方式爲何？可否採用全額連記法？(二)只在股東會開會通知上載明「修訂本公司章程案」，但並未載明擬修訂章程條文及內容，是否符合公司法第172條第5項之規定？(三)公司修改章程，在股東會決議通過後，登記前，是否有效？(四)如果股東會決議有瑕疵，何人得以何種方式提出救濟？

解 析

首先，2001年11月修法時，基於董監事之選任方式，係屬公司內部自治事宜，故修正公司法第198條第1項之規定，增列「除公司章程另有規定外」之內

---

[49] 柯芳枝「公司法論（上）」第254頁。

[50] 最高法院98年度台上字第935號判決。

容，使公司於章程另有規定時，得以累積投票制以外之方式選任董事。例如題目所示之「全額連記法」，其每一股份有與董事人數相同之選舉權數，但只能分散投給各候選人一個選舉權數，不能集中投給一人，因此，持股過半數之股東可以獲取全部之董事席次。惟自2007年起，有多家公司經營階層於選任董監事之當次股東會，臨時利用修改公司章程之方式，將公司選任董監事之選舉方法，變更為全額連記法，致少數股東無法依其持股比例支持人選進入董事會，而引起輿論譁然，認為將使公司失去制衡力量變成一言堂，故於2011年12月又修法刪除，恢復僅限以累積投票制選任董監事之方式，故現行法制除閉鎖型股份有限公司外（公司§356-3Ⅶ），不許以全額連記法選任董監事。

其次，公司法第172條第5項原本並無「說明其主要內容」之規定，致實務見解認為，所謂召集事由，係指其案由、主旨之意，即只須列舉「改選董事、監察人」、「變更章程」或「公司解散、合併或分割」之事項，不必詳列提案之具體內容（最高法院98年度台上字第923號判決參照）；但此與立法原意在使股東得事先知悉該項議案，以便事前準備之目的不符，因此，2018年8月修法時增訂「並說明其主要內容」。所謂說明其主要內容，例如變更章程，不得僅在召集事由中記載「變更章程」或「修正章程」等文字，而應說明章程變更或修正之處，例如由票面金額股轉換為無票面金額股等。

另公司章程雖為依法應登記及公開之事項（公司§393Ⅱ⑩），惟登記係對抗要件，而非生效要件（公司§12），故公司章程一經修正即生效力。因此，於當次股東會修改董事選任辦法，並於當次股東會適用，程序上雖不恰當，但並不違法。

又如認召集事由未載明變更章程之內容違法，因其係屬召集程序違法，故股東得於決議之日起三十日內，向法院請求撤銷該股東會決議。

第三節　董事及董事會

一、概說

董事係董事會之構成員，而董事會則為公司法定、必備、常設之業務執行機關（公司§202）；惟因董事會係集體執行業務，且由董事長對外代表公司（公司§208Ⅲ），故個別董事無法代表公司，此與民法第27條第2項規定個別董事原則上均得代表法人不同。

二、董事

(一) 董事之人數

公司法第192條第1項規定：「公司董事會，設置董事不得少於三人，由股東會就有行為能力之人選任之。」可知一般股份有限公司至少需設董事三人[51]，至於實際人數則由公司視其業務需要設置，公司法不設上限，但必須記載於章程上（公司§129⑤）。

(二) 董事之資格

1. 積極資格

現行公司法並無股份有限公司董事須具有股東身分之規定[52]，但通說認為未具有股東身分者，以自然人為限；至於政府或法人，因公司法第27條係規定「政府或法人為股東時」，故須具股東資格始得被選任或指派代表人被選任為董事（或監察人）。同法第192條第4項規定：「民法第十五條之二及第八十五條之規定，對於第一項行為能力，不適用之。」故輔助人允許受輔助宣告人獨立營業或法定代理人允許限制行為能力人獨立營業者，受輔助宣告人或限制行為能力人雖然關於其營業有行為能力，仍不得擔任董事。

2. 消極資格

公司法第192條第6項規定：「第三十條之規定，對董事準用之。」即有關經理人消極資格之規定，於董事準用之；故董事有公司法第30條規定情形之一者，即當然解任。又董事長須兼具董事身分，如董事有公司法第30條各款情形而當然解任時，其董事長身分已無所附麗，即董事長因喪失董事身分而出缺。

此外，監察人不得兼任公司董事（公司§222）；蓋監察人職司公司業務執行之監督與會計之審核（公司§218、219），自不宜兼任屬於業務執行機關之董事，如先任監察人，再當選董事，其當選應不生效力[53]。另公開發行公司除經主管機關核准者外，董事間應有超過半數之席次，不得具有配偶或二親等以內之親屬關係，不符規定時，所得選票代表選舉權較低者，其當選失其效力（證交§26-3Ⅲ、Ⅴ①）。

---

[51] 惟依公司法第192條第2項：「公司得依章程規定不設董事會，置董事一人或二人。置董事一人者，以其為董事長，董事會之職權並由該董事行使，不適用本法有關董事會之規定；置董事二人者，準用本法有關董事會之規定。」另公司法第128條之1第2項就股東一人之股份有限公司亦有類似規定，故此時董事會並非法定必備機關；又章程訂定置董事一人或二人者，因分別適用不同規定，是以於章程中應註明為「設董事一人」或「設董事二人」，以確立公司應適用之公司法規定（經濟部108年1月10日經商字第10802400490號函參照）。

[52] 惟公司法第192條第3項規定：「公開發行股票之公司依第一項選任之董事，其全體董事合計持股比例，證券主管機關另有規定者，從其規定。」立法理由係為配合證券交易法第26條對董監持股須達一定成數之規定，但與第1項不要求董事具備股東身分矛盾，故學者多主張應予以廢除；參王文宇「公司法論」第314頁。

[53] 至於同時當選董事及監察人者，依據經濟部101年11月5日經商字第10102146330號函之意旨，應由當選人自行選擇其一。

(三) 董事之任期

公司法第195條第1項規定：「董事任期不得逾三年。但得連選連任。」此項係強制規定，故章程僅能規定最長三年之董事任期（公司§129⑤）；且因得連選連任，故有使股東會得定期行使信任投票之意旨。至於任期之起算，公司首屆董事應自公司成立時起算，蓋公司係設立後始取得法人格（公司§6）；而成立後改選之董事，因與公司屬委任關係（公司§192Ⅴ），故董事當選後如不即為拒絕之通知者，自當選時起算，但股東會另有決議任期起算日或自上屆董事任期屆滿時起算者，不在此限。

同條第2項規定：「董事任期屆滿而不及改選時，延長其執行職務至改選董事就任時為止。但主管機關得依職權限期令公司改選；屆期仍不改選者，自限期屆滿時，當然解任。」所謂不及改選，依主管機關解釋，係以董事任期屆滿，公司是否選出新任董事為斷，至於原因為何，尚非所問[54]；實務上經常發生公司因經營權之爭，致董事遲遲未為改選而延長其執行職務之情形，故為保障股東之權益，促進公司業務正常經營，賦予主管機關得通知其限期改選之職權，如屆期未改選則當然解任。

新聞追蹤

經部限期　泰谷辦董監改選

LED大廠泰谷光電爆發經營權之爭，因泰谷未將董監事改選列入6月28日股東會議程，引發股東億光電子不滿。經濟部商業司副司長李鎂昨天表示，月底前，將要求泰谷回覆「召開臨時股東會」的問題，再裁決是否召開臨時會。億光日前去函經濟部，以股東身分，要求允許召開臨時股東會以改選董監事。李鎂強調，根據公司法第195條規定，董事任期屆滿卻不改選時，商業司有權要求公司限期改選，否則限期屆滿就自動解任。依過去經驗，所謂「限期」大約是3、4個月。

按該屆泰谷董監事任期原應於2011年6月18日屆滿，惟當時億光已經持股超過半數，如遵期改選，億光將正式入主泰谷；如未改選，泰谷董事仍得繼續執行職務（公司§195Ⅱ）。且董監改選議案不得以臨時動議提出（公司§172Ⅴ），因此，泰谷董事會召集股東常會時，故意不列入董監改選議案，以確保不喪失經營權，並準備以「時間換取空間」，在主管機關限期改選前，以發行海外可轉換公司債（ECB）方式，稀釋億光持股比例。故億光以持股百分之三之少數股東身分，向經濟部申請自行召集股東臨時會改選董監事（公司§173Ⅳ）。

後來泰谷董事會雖定同年9月16日召集股東臨時會改選董監事，但因其明顯故意拖

---

[54]　經濟部94年12月8日經商字第09402188600號函。

延，依經濟部82年12月10日商字第230086號函釋，董事會不為召集股東會之情形，除自始即不為召集外，其雖為召集，但所定股東會開會日期故意拖延之情形，亦應包括在內。故經濟部同意億光召集股東臨時會。而億光取得召集權後，即於同年7月29日召開股東臨時會改選董監事，並取得過半數之董事席次。又少數股東召集股東會時，必須知悉股東及其持有之股數，依經濟部98年10月27日經商字第09802148630號函釋，取得股東臨時會召集權之股東，為辦理股東會召集相關事宜，可依公司法第210條第1項及第2項之規定檢具利害關係證明文件，指定範圍，向公司或股務代理機構請求查閱或抄錄股東名簿。此一函釋，使億光得以排除以少數股東身分召集股東會之障礙，否則少數股東不能請求查閱或抄錄股東名簿，根本無從合法召集股東會。且股票如果已經集中保管，依經濟部102年1月7日經商字第10102446370號函釋，少數股東或監察人召集股東會時，得直接向集保公司請求提供證券所有人名冊，惟因應個人資料保護法之施行，集保公司應將證券所有人名冊提供予其等所委任之股務代理機構，以保障投資人權益。

2011-05-20／聯合報／記者朱婉寧、詹惠珠「經部限期　泰谷辦董監改選」報導

(四) 董事之選任

1. 選任機關及選任方式

公司設立時，第一屆董事由發起人或創立會選任（公司§131Ⅰ、146Ⅰ），以後各屆董事由股東會選任；但政府或法人股東一人所組織之股份有限公司，其董事、監察人，由政府或法人股東指派（公司§128-1Ⅳ）。而無論是第一屆或以後各屆董事之選任，均採累積投票制，且無表決權行使迴避之適用（公司§198）。

2. 董事候選人提名制度

(1) 概說

公司法第192條之1第1項規定：「公司董事選舉，採候選人提名制度者，應載明於章程，股東應就董事候選人名單中選任之。但公開發行股票之公司，符合證券主管機關依公司規模、股東人數與結構及其他必要情況所定之條件者，應於章程載明採董事候選人提名制度。」此一規定稱為董事候選人提名制度（亦適用於監察人選任）；但書規定理由在於上市、上櫃等公開發行公司，其股東人數眾多，為健全公司發展及保障股東權益，推動公司治理，宜建立董事候選人提名制度，並載明於章程，俾供股東就董事候選人名單進行選任[55]；依金管會命令，自2021年1

---

[55] 未採用候選人提名制度者，股東得選任所有有行為能力之自然人或具股東資格之政府、法人為董事。實務運作上，股東於股東會到場進行投票時，現任經營者會提供其推薦之董監事候選人參考名單，該參考名單僅供股東參考之用，對股東並無拘束力；雖然股東亦得自行填載其所欲選任之人，但如非大股東或無事先安排，非現任經營者所推薦之人幾乎無當選之可能，故選舉結果往往有利於

月1日起，上市（櫃）公司董事及監察人選舉應採候選人提名制度[56]。

(2) 公告及受理提名

公司受理董事候選人之提名需有一定之作業程序及時間，並應踐行事前公告程序，故同條第2項規定：「公司應於股東會召開前之停止股票過戶日前，公告受理董事候選人提名之期間、董事應選名額、其受理處所及其他必要事項，受理期間不得少於十日。」所謂「其他必要事項」，其內容應具體、明確並以正面表列方式為之[57]。至於公告及受理之人，則為股東會召集權人，例如董事會、少數股東或監察人。

(3) 提名股東之資格與被提名人之人數、姓名、學歷及經歷

為防止提名過於浮濫，且考量董事選任須有一定持股數之支持始得當選，同條第3項規定：「持有已發行股份總數百分之一以上股份之股東，得以書面向公司提出董事候選人名單，提名人數不得超過董事應選名額；董事會提名董事候選人之人數，亦同。」可知「董事會」與「少數股東」均有提名權；惟少數股東持股須達百分之一以上，但得多名股東合併計算，且無表決權之股份數亦有提名權[58]。至於提名人數，則不得超過董事應選名額；但如股東不足額提名，為符合章程規定，董事會仍應提名至足額[59]。同條第4項規定：「前項提名股東應敘明被提名人姓名、學歷及經歷。」即提名人僅須「敘明」提名人姓名、學歷及經歷，而無須檢附被提名人之相關證明文件，亦無須提出被提名人願任董事之承諾書。

(4) 董事候選人名單

同條第5項規定：「董事會或其他召集權人召集股東會者，除有下列情事之一者外，應將其列入董事候選人名單：一、提名股東於公告受理期間外提出。二、提名股東於公司依第一百六十五條第二項或第三項停止股票過戶時，持股未達百分之一。三、提名人數超過董事應選名額。四、提名股東未敘明被提名人姓名、學歷及經歷。」即除有本項所列四款情形外，董事會或其他召集權人均應將被提名人列入董事候選人名單，而不得對被提名人之資格進行實質審查[60]。

(5) 候選人名單之公告及通知

為強化董事提名審查作業資訊之透明度，同條第6項規定：「公司應於股東常會開

公司現任經營者。

[56] 金管會108年4月25日金管證交字第1080311451號令。

[57] 經濟部104年3月10日經商字第10402404650號函。

[58] 經濟部95年2月8日經商字第09502402920號函。

[59] 經濟部109年6月8日經商字第10900046230號函。

[60] 惟召集股東會之主體為董事會時，針對提名股東提出之董事候選人名單，應召開董事會就有無第192條之1第5項第1款至第4款之情事為形式審查，並以決議方式為之（經濟部109年4月23日經商字第10900027060號函參照）。

會二十五日前或股東臨時會開會十五日前，將董事候選人名單及其學歷、經歷公告。但公開發行股票之公司應於股東常會開會四十日前或股東臨時會開會二十五日前為之。」公告者為董事會或其他召集權人，但應以公司名義為之。

(6) 違反之處罰

同條第7項規定，公司負責人或其他召集權人違反第192條之1第2項、第5項或第6項規定者，各處新臺幣一萬元以上五萬元以下罰鍰；但公開發行股票之公司，由證券主管機關各處公司負責人或其他召集權人新臺幣二十四萬元以上二百四十萬元以下罰鍰。

3. 當選失其效力

公司法第197條第3項規定：「公開發行股票之公司董事當選後，於就任前轉讓超過選任當時所持有之公司股份數額二分之一時，或於股東會召開前之停止股票過戶期間內，轉讓持股超過二分之一時，其當選失其效力。」按依同條第1項之規定，公開發行公司之董事，於任期中轉讓持股超過選任當時股份總數二分之一，係當然解任；惟董事於任期屆滿前提前改選，則於選任後、就任前轉讓持股，或於股東會召開前之停止過戶期間轉讓持股（此時轉讓之持股仍有表決權），不能不加以規範，以免形成法律漏洞。

4. 選任之瑕疵

所謂選任之瑕疵，指董事之選任因選任決議或委任契約之瑕疵而導致選任無效。前者例如公司法第189條或第191條所規定之決議得撤銷或決議無效之情形，後者例如未與當選人成立委任契約之情形。選任董事之決議經撤銷或自始無效者，應另行召集股東會改選。又選任董事自始無效者，被選任人雖自始非公司董事，但為保護交易安全，通說認為可類推適用表見代理之規定，使其對公司發生效力；至於選任董事之決議經撤銷者，因撤銷決議判決確定前，並非無效，故不受影響。又無論是無效或撤銷，被選任人與公司間，應依民法無因管理之原則處理[61]。

5. 董事缺額之補選

公司法第201條規定：「董事缺額達三分之一時，董事會應於三十日內召開股東臨時會補選之。但公開發行股票之公司，董事會應於六十日內召開股東臨時會補選之。」按董事有缺額時，是否補選及於股東常會或股東臨時會中補選，係由董事會決定；且計算董事會開會之法定門檻時，係以依法選任並實際在任而能應召出席者為準[62]，缺額並不計算在內，故董事僅剩二人以上時（二人以上方達會議之基本形式要件），仍可召開股東會[63]。惟如任董事會長期缺額達三分之一以上，亦明顯不當，故強制董事缺額達三分之一時，董事會必須召集股東臨時會補選。又補選之董事，係補足原董事之任期，即其任期與缺額董事之任期相同。

---

[61] 柯芳枝「公司法論（下）」第14頁。

[62] 經濟部61年7月22日經商字第20114號函。

[63] 經濟部93年12月2日經商字第09302202470號函。

新聞追蹤

中石化紛爭不斷　主管機關在哪裡？

2012年5月15日，中石化發布重大訊息，公告由公司董事會推舉的陳瑞隆、朱雲鵬成為獨董候選人，力麗集團提名的馬嘉應、呂東英，以及法人董事秦輝公司提名的沈中華均未成為候選人，這三人之所以落榜，公司在重大訊息宣稱是因為「應備文件不齊全而未通過形式審查」。這種以「文件不齊」為由，硬是退掉市場派推舉的獨董候選人舉動，也是台灣資本市場的頭一遭！因為股東會改選完成後，中石化董事會將有九席董事，其中含兩席獨立董事。這次引爆公司治理危機的關鍵，就是這兩席獨董！中石化董事會在送件的五位獨董人選中，只通過公司自己推舉的兩位，其他三位均未通過，等於已經取得二比零領先，未來在剩下七席的改選時，只要拿下三席，就取得過半席次，也拿下經營權。

按公開發行公司設置獨立董事者，依公開發行公司獨立董事設置及應遵循事項辦法第5條第1項之規定，應採候選人提名制度，而原本公司法第192條之1第4項規定提名股東應「檢附」被提名人姓名、學歷、經歷、當選後願任董事之承諾書、無第30條規定情事之聲明書及其他相關證明文件辦理，同條第5項並賦予董事會或其他召集權人，對被提名人予以審查之權利。而本件中石化公司於2012年4月26日依當時公司法規定公告受理股東提名獨立董事候選人及提名股東應檢附之文件，受理期間自5月4日起至5月14日止；但該公司卻於5月13日晚上9點40分另行補充公告其他應備文件。其中除了學、經歷證明及持股證明等基本文件外，還須提供最近一個月內之警察刑事紀錄證明、最近一個月內之個人信用報告、2010及2011年度個人所得資料等。

因公司法第192條之1第2項明文規定「受理期間不得少於十日」，其目的在使提名人及被提名人有充分之準備時間；而上述補充公告之其他應備文件甚難在一天內備齊，但該公司卻未延長受理期間或補正期間，顯見公司派是以審查為由，故意剔除其他股東所推薦之獨立董事人選。且董事會或其他召集權人依法僅能進行「形式審查」，此觀當時公司法第192條之1第4項僅規定被提名人提出「無第三十條規定情事之聲明書」即可，可以證明；但中石化董事會所要求之證明文件，明顯是進行實質審查所需，故其要求亦不合理。

因此，金管會以101年5月22日金管證發字第10100239081號函予以糾正，並要求中石化就獨立董事候選人提名及審查程序予以適法處理，包括給予提名人合理期間補正資料，並依補正資料審查獨立董事候選人資格後，若有增列其他候選人之情形，應再行公告獨立董事候選人名單。另力麗集團亦向臺北地方法院聲請假處分，經法院以101年度全字第1157號裁定，命中石化於力麗提供擔保後，即不得以文件未備齊為由，剔除其所

提名之獨立董事人選。故後來中石化仍將市場派所提名的獨立董事候選人列入名單中；惟中石化董事會如果堅持不列入應屬合格之獨立董事候選人，其行爲可構成召集程序違反法令或章程之事由，股東得對選任董事之決議，提起撤銷訴訟（公司§189）。

此外，其他公司董事會亦有利用原本公司法第192條之1第5項所賦予之審查規定，任意將市場派股東所提名之董事人選排除於候選人名單以外之情形，故2018年8月1日修正公司法第192條之1第4項將「檢附」改爲「敘明」，並刪除第5項董事會審查之規定。

又股東會當日，中石化公司臨時宣布由新任之法人代表董事代理擔任股東會主席，並將議程的第八案「改選董事及監察人」改爲第一案。惟據媒體報導，當時仍有不少股東尚未完成報到手續而未能出席行使表決權，致公司派拿下八席董事及一席監察人，市場派力麗則只取得一席董事。因力麗指控公司派「保全人員阻擋股東報到」，如果屬實，此種行爲除涉及刑法妨害自由等罪外，因妨礙股東行使表決權，亦可構成決議方法違反法令或章程之事由，而得撤銷。

另中石化公司在股東會召開前，將股務收回自辦，致引發股務處理不公之爭議，因類似情形甚多，故金管會增訂公開發行股票公司股務處理準則第3條之2、第3條之3及第3條之4等規定，對公開發行公司自辦股務或更換代辦股務機構予以嚴格之限制。

2012-05-24／今周刊／王耀武「中石化紛爭不斷　主管機關在哪裡？」

(五) 董事之解任

1. 當然解任

公司法第197條第1項規定：「董事經選任後，應向主管機關申報，其選任當時所持有之公司股份數額；公開發行股票之公司董事在任期中轉讓超過選任當時所持有之公司股份數額二分之一時，其董事當然解任。」本項立法意旨，在防止股東以多數股份爭取董事職位後，即將股份大量轉讓而仍保有其董事席位，或防止董事因知悉公司財產狀況欠佳而將持有股份拋售。又本項解任規定僅適用於公開發行公司之董事[64]，但獨立董事並不適用（證交§14-2 IV）。

所謂「選任當時所持有之公司股份數額」之認定，係指停止過戶時股東名簿所記載之股份數額；又所謂「轉讓」，僅須股份所有權發生移轉即足，有償或無償、是否辦理過戶登記，均不生影響。至於「二分之一」之計算，係採餘額認定，而非僅單純計算股份之轉讓，故須綜合考量董事在任期中之轉讓與取得股份之行爲，而依其轉讓後「實際」所餘之

---

[64] 依經濟部82年2月16日商字第001346號函釋，本項規定不但政府或法人董事適用，政府或法人股東依公司法第27條第2項指派代表人當選董事或監察人者，如政府或法人股東轉讓股份超過法定數額時，其指派之代表人董事或監察人亦應當然解任。

股份數額，認定是否超過選任當時所持有股份之二分之一[65]。

2. 決議解任

公司法第199條第1項規定：「董事得由股東會之決議，隨時解任；如於任期中無正當理由將其解任時，董事得向公司請求賠償因此所受之損害。」按董事與公司間屬於委任關係，故董事得隨時向公司辭職（民§549Ⅰ），以終止委任關係[66]。反之，公司亦得以股東會決議，隨時解任董事；此之決議，依同條第2項至第4項之規定，應採特別決議或公開發行公司便宜決議，章程亦可規定較高之出席股東股份總數及表決權數。又無正當理由決議解任董事時，公司須負損害賠償責任。所謂正當理由，宜以董事是否違反其與公司之委任關係上之義務及是否顯有不適任之情事而定[67]；至於損害，只能請求金錢賠償，而不能請求回復原狀，其範圍則為「如未遭解任原可獲得之報酬」[68]。

又股東會決議解任董事時，被解任者有無公司法第178條規定之適用，即得否參與表決？學說見解不一。肯定說認為公司法第199條並無如第198條第2項有排除適用之明文，故被解任之董事應屬有自身利害關係，既不得加入表決，亦不得代理其他股東行使其表決權[69]；否定說則認為，若採肯定說須迴避之見解，將導致董事持股越多，對自己董事職位之防衛能力相對降低之不合理現象，且公司法第178條除「有自身利害關係」外，尚有「致有害於公司利益之虞」之要件，解任董事雖屬有自身利害關係，但並非屬有害於公司利益之虞之情形[70]。依「明示其一，排除其他」之法諺，就現行法之解釋，應採肯定說；惟相較於公司法第198條第2項之規定，第199條未排除適用，並不合理，應修法增訂排除適用之明文，否則將導致人頭股東或人頭董事盛行之不良後果[71]。

3. 提前解任

公司法第199條之1第1項規定：「股東會於董事任期未屆滿前，改選全體董事者，如未決議董事於任期屆滿始為解任，視為提前解任。」因提前改選全體董事與解任全體董事

---

[65] 王文宇「公司法論」第320頁。但公司依法辦理減資，董事於減資後轉讓其持有股份，判斷是否應當然解任時，應以是否超過減資後所持有之股份數額之二分之一為準（經濟部96年2月2日經商字第09602007620號函參照）。

[66] 依經濟部95年1月25日經商字第09502001800號函釋，董事辭職之意思表示到達公司時即發生辭職之效力，至於其意思表示是否已達相對人了解之狀況，係屬事實認定問題，如有爭議，可循司法途逕解決。另有學者認為，無論是董事之辭呈或股東會之決議，依公司法第223條之規定，應由監察人代表公司，代為或代受終止委任之意思表示；參廖大穎「公司法原論」第247頁。

[67] 劉連煜「現代公司法」第414頁。

[68] 最高法院84年度台上字第2644號判決。

[69] 柯芳枝「公司法論（下）」第18頁。

[70] 劉連煜「現代公司法」第414頁。

[71] 至於主管機關對股東會解任董監事表決時，具有董監事身分之股東應否迴避一節，認為「認定上，應有具體、直接利害關係致有害於公司利益之虞，始構成本條之規定。因涉及具體個案事實之認定，倘有爭議，允屬司法機關認事用法範疇。」並非一概認為所有解任決議，具有董監事身分之股東不能加入表決（經濟部99年10月22日經商字第09902145220號函參照）。

不同，故無須採用特別決議方式，只須有代表已發行股份總數過半數股東之出席即可（公司§199-1Ⅱ）。

4. 裁判解任

公司法第200條規定：「董事執行業務，有重大損害公司之行為或違反法令或章程之重大事項，股東會未為決議將其解任時，得由持有已發行股份總數百分之三以上股份之股東，於股東會後三十日內，訴請法院裁判之。」按董事有重大損害公司之行為或違反法令或章程之重大事項時，本應由股東會決議解任，但因董事通常由公司大股東出任，決議解任並不容易，故設本條規定，以保護公司及一般股東之利益。解任董事之訴，須由持有已發行股份總數百分之三以上股份之股東提起，故屬於少數股東權；且起訴之前提要件為解任董事之議案曾提出於股東會，而股東會未為解任之決議[72]。

5. 其他

因董事與公司間屬於委任關係，故董事亦因法定委任關係消滅之事由發生而解任，例如董事死亡、破產或喪失行為能力等（民§550）。另董事有公司法第30條規定情形之一者（失格解任）或因主管機關命其改選期限屆滿而未改選者（公司§195Ⅱ），均當然解任，則已於董事之消極資格及董事之任期中說明，不再贅述。

三、董事與公司間之法律關係

(一) 委任關係

公司法第192條第5項規定：「公司與董事間之關係，除本法另有規定外，依民法關於委任之規定。」按股份有限公司與董事間之關係，屬特殊委任契約，其締結係以股東會決議為基礎，而以處理公司之團體法上之事務為標的；故除董事之選任與解任外，就其報酬、競業禁止與公司間之交易等，公司法亦另設規定，而不適用民法有關委任之規定。

又政府或法人擔任董事時，委任關係僅存在於政府或法人與公司間，被指派代表行使職務之自然人與公司間，並無委任關係存在；至於政府或法人之代表人擔任董事者，因代表人係以個人名義當選為董事，故其除與公司間有委任關係外，與指派其為代表人之政府或法人間亦有委任關係存在。

(二) 董事之報酬

所謂報酬，指董事為公司服務所應得之酬金。公司法第196條第1項規定：「董事之

---

[72] 另依證券投資人及期貨交易人保護法第10條之1第1項第2款規定，保護機構發現上市或上櫃公司之董事或監察人執行業務，有重大損害公司之行為或違反法令或章程之重大事項，訴請法院裁判解任公司之董事或監察人，不受公司法第200條及第227條準用第200條之限制，且解任事由不以起訴時任期內發生者為限。故保護機構得不受持股百分之三之限制，亦不受解任董事之議案曾提出於股東會之限制。

報酬，未經章程訂明者，應由股東會議定，不得事後追認。」本條立法目的在避免董事利用其經營者之地位與權利，恣意索取高額報酬，故董事之報酬未經章程訂明者，應由股東會議定之；如章程訂定董事之報酬由董事會或董事長決定，並不適法。惟股東會就全體董事之報酬決定最高額後，將各個董事分配之報酬額委由董事會決定，並經公司股東會事後追認者，自非法所不許[73]；即其報酬可因對公司之貢獻程度不同而有所差異。如公司參與政府專案核定之紓困方案時，其經理人之報酬應由主管機關訂立法定上限之相關辦法，於董事亦有適用（公司§196Ⅱ）。

又無論是政府或法人股東本身當選爲董事而指派自然人代表行使職務，或其代表人當選爲董事（公司§27Ⅰ、Ⅱ），因代表人與政府或法人間亦屬委任關係，而受任人處理委任事務所收取之金錢、物品及孳息，應交付於委任人（民§541Ⅰ），故公司支付董事之報酬，應歸政府或法人股東所有。至於代表人之報酬，自應依其與政府或法人股東間之委任關係而定。

你知道嗎？

董監事「報酬」、「酬勞」與「車馬費」有何不同？

依經濟部94年12月26日經商字第09402199670號函釋，所謂「董監事報酬」，指董事、監察人爲公司服務所應得之酬金，性質上爲董監事爲公司處理委任事務之對價，屬於經常性之給付，無論公司是否有盈餘均應給付；至於「董監事酬勞」，則屬於盈餘分派之範疇。因公司盈餘之分派，分爲股息及紅利，實務上紅利又分爲股東紅利、員工紅利及董監事酬勞，故董監事酬勞屬於公司依章程規定或股東會決議，就紅利另行分派於董監事之特別酬勞。可知「報酬」與「酬勞」，係屬二事，二者雖均由章程規定或股東會決議定之，但「報酬」就算沒有明定，董監事亦有報酬請求權，而「酬勞」則無。

另有所謂之「車馬費」，係指董監事前往公司或爲公司與他人洽商業務所應支領之交通費用，屬於處理事務實際所支出之費用，與上述「報酬」或「酬勞」不同；後二者在法人董事或法人代表人董事時，係由法人取得，但「車馬費」則由代表人取得（經濟部63年8月5日經商字第20211號函參照）。惟究竟是「車馬費」抑或「報酬」，不應拘泥於其所用之文字，如係董事每月因服務其職務所得之經常性給付，即屬「報酬」而非「車馬費」，例如明定董監事每月支給車馬費10萬元之情形（最高法院93年度台上字第532號判決參照）。

---

[73] 最高法院93年度台上字第1224號判決。

(三) 董事之義務

董事基於民法委任關係，對公司有計算義務（民§541、542），另基於公司負責人之身分，對公司負有忠實義務與善良管理人注意義務（公司§8 I、23 I）。此外，公司法亦規定董事負有下列義務：

1. 競業禁止之義務

(1) 競業禁止之意義及內容

因董事得參與董事會，並與其餘董事共同決定公司業務之執行（公司§202），為免董事利用其所知悉之公司業務機密，為自己或他人謀利，致損害公司利益，公司法第209條第1項規定：「董事為自己或他人為屬於公司營業範圍內之行為，應對股東會說明其行為之重要內容並取得其許可。」所謂「公司營業範圍內之行為」，指其所為之行為屬於章程所載之公司所營事業中為公司實際上進行之事業，並包括公司業已著手準備或只是暫時停止之事業在內[74]。惟公司尚未著手準備或已完全廢止之事業，縱記載於章程，亦應排除，因此時無競業之可言；另完全不具備營利性之行為，亦不在禁止之列，例如汽車公司董事為家人購買他公司所生產汽車之行為[75]。至於何謂「行為之重要內容」，指其應提供股東會為許可決議所必要之判斷資料；如董事未對股東會為充分之說明，或為虛偽之說明而取得許可，因本項規定係屬強制規定，故其取得之許可，應歸無效[76]。董事應於「事前」就具體事項「個別」取得許可，不得「事後」或「概括」取得許可。

(2) 許可之決議

依同條第2項至第4項之規定，股東會之同意應採特別決議或公開發行公司便宜決議，章程亦可規定較高之出席股東股份總數及表決權數；此時與公司為競業之董事，屬有自身利害關係，故有利害迴避之適用（公司§178）。

(3) 違反之效果

董事違反競業禁止之行為雖然有效，但同條第5項規定：「董事違反第一項之規定，為自己或他人為該行為時，股東會得以決議，將該行為之所得視為公司之所得。但自所得產生後逾一年者，不在此限。」此即所謂歸入權（又稱「介入權」）之行使。因決議方法未設特別規定，故經普通決議即可；所謂「將該行為之所得視為公司之所得」，指董事因此負有義務將其所得之利益移轉於公司，

---

[74] 經濟部95年10月12日經商字第09500626690號函。

[75] 柯芳枝「公司法論（下）」第30頁。另依經濟部101年10月11日經商字第10102435880號函釋，認為董事兼任經營同類業務之他公司董事或經理人，而該二公司為百分之百母子關係時，不構成公司法第32條、第209條之競業行為，蓋二公司雖各具獨立法人格，但在經濟意義上實為一體，二者間並無利益衝突之故。

[76] 劉連煜「現代公司法」第449頁及臺灣臺北地方法院96年度訴字第4616號、第4947號判決參照。

非謂因歸入權之行使而使該所得自動移轉於公司[77]。因股東會決議後，違反競業禁止之董事即負有此項義務，故通說認爲其屬於形成權，「一年」爲除斥期間[78]。又因股東會爲意思決定機關而非代表機關，故須由監察人代表公司（公司§223），將公司行使歸入權之意思對爲競業之董事表示之[79]。

2. 申報持有股份之義務

董事經選任後，應向主管機關申報其選任當時所持有之公司股份數額；任期中股份有增減時，應向主管機關申報並公告之（公司§197 I 前段、Ⅱ）。

3. 申報股份設定及解除質權之義務

董事之股份設定或解除質權者，應即通知公司，公司應於質權設定或解除後十五日內，將其質權變動情形，向主管機關申報並公告之；但公開發行股票之公司，證券管理機關另有規定者，不在此限（公司§197-1 I）。

4. 向監察人報告之義務

董事發現公司有受重大損害之虞時，應立即向監察人報告（公司§218-1）。

(四) 董事之責任及追究

1. 董事之責任

董事爲公司之負責人，故公司法第23條第1項、第2項所規定公司負責人對「公司」與「他人」之損害賠償責任，董事亦有適用。此外，公司法第193條對董事之責任亦有特別規定，特分述如下：

(1) 依照董事會決議執行之情形

按公司業務之執行，原則上由董事會以決議行之（公司§202）；且公司法第193條第1項規定：「董事會執行業務，應依照法令章程及股東會之決議。」惟董事會以決議形成業務執行之意思以後，業務之具體執行係由董事長、副董事長、常務董事或其他依法令章程之規定或董事會指定之董事擔任[80]。如具體執行業務之董事係依照董事會之決議執行，而董事會之決議違反法令章程或股東會之決議時，依同條第2項規定：「董事會之決議，違反前項規定，致公司受損害時，參與決議之董事，對於公司負賠償之責；但經表示異議之董事，有紀錄或書面聲明可證者，免其責任。」即除具體執行業務之董事外，參與決議之董事除非能證明其已

---

[77] 王文宇「公司法論」第327頁。

[78] 另民法第563條第1項規定：「經理人或代辦商，有違反前條規定之行爲時，其商號得請求因其行爲所得之利益，作爲損害賠償。」其內容與公司法第209條第5項規定不同，故前者多數民法學者採請求權說。

[79] 柯芳枝「公司法論（下）」第32頁。

[80] 有學者認爲此等董事可稱爲「執行董事」；參柯芳枝「公司法論（下）」第33頁。

表示異議，否則應對公司之損害負賠償責任[81]。

(2) 未依照董事會決議執行之情形

如董事會之決議未違反法令章程或股東會之決議，但具體執行業務之董事未依照董事會決議執行致生損害於公司時，該董事應依公司法第23條第1項之規定，對公司負損害賠償責任。

(3) 就董事會未爲決議之事項而執行之情形

公司日常業務繁多，不可能事事皆經董事會決議，但執行之董事必須盡忠實義務與注意義務，否則應負損害賠償責任（公司§23 I）。

(4) 其他

此外，公司法明定甚多公司負責人應負責之情形，亦適用於董事，例如本編第一章總則所述之資本不實、違法轉投資、違法貸放公司資金或違法保證（公司§9 II、13 VI、15 II、16 II）等情形；另其他關於違反禁止股份回籠、主管機關撤銷公司債發行之核准、違法變更公司債之用途或逾期未完成發行新股之程序等情形時，董事亦應負損害賠償責任（公司§167 V、251 II、259、276 II）。

2. 董事責任之追究

(1) 基於股東會決議

公司欲對董事提起訴訟時，原則上須先經股東會決議[82]。公司法第212條規定：「股東會決議對於董事提起訴訟時，公司應自決議之日起三十日內提起之。」可知股東會得以決議之方式，決定對董事提起訴訟；且此之訴訟不限於追究董事之責任，解釋上包括所有對董事有請求權之情形[83]。又此之決議，並無特別規定，故以普通決議即可，但被訴之董事有表決權迴避之適用（公司§174、178）。

因股份有限公司之董事，係以合議方式決定公司業務之執行，如董事與公司間之訴訟，仍由董事長或其他董事代表公司（公司§208 III），無論是起訴或應訴，難免有徇私之弊，故公司法第213條規定：「公司與董事間訴訟，除法律另有規定外，由監察人代表公司，股東會亦得另選代表公司爲訴訟之人。」所謂另有規定，例如公司法第214條或證券交易法第14條之4第4項所規定之情形。另監察人依公司法第221條規定，固得單獨行使監察權，惟行使監察權與對外代表公司係屬二事，尚不得以監察人得單獨行使監察權，而謂董事與公司訴訟時，得任選一監察人爲公司之法定代理人進行訴訟[84]；即應由全體監察人代表公司。

---

[81] 因條文並無「連帶」之明文，依民法第272條第2項之規定，董事間自不負連帶責任；惟多數學者認爲宜明定爲連帶責任，始能保障公司股東及債權人。

[82] 最高法院69年度台上字第1995號判決及經濟部94年6月29日經商字第09402089460號函。

[83] 最高法院98年度台抗字第844號裁定。

[84] 最高法院99年度台抗字第142號裁定。

(2) 基於少數股東之請求

公司法第214條第1項規定：「繼續六個月以上，持有已發行股份總數百分之一以上之股東，得以書面請求監察人為公司對董事提起訴訟。」立法目的係藉由少數股東發動訴訟，以免公司因遭大股東把持，而怠於追訴或難以追訴。所稱書面，係記載起訴對象及起訴理由，以供監察人斟酌是否起訴之用，如監察人不為起訴，少數股東得提起後述之代表訴訟。又監察人除經股東會決議或少數股東請求外，無權決定是否對董事提起訴訟；如監察人行使監察權，認董事有違法失職之情形，僅得依公司法第220條規定召集股東會，由股東會決議是否對董事提起訴訟[85]。

(3) 少數股東之代表訴訟

公司法第214條第2項規定：「監察人自有前項之請求日起，三十日內不提起訴訟時，前項之股東，得為公司提起訴訟；股東提起訴訟時，法院因被告之申請，得命起訴之股東，提供相當之擔保；如因敗訴，致公司受有損害，起訴之股東，對於公司負賠償之責。」此種訴訟通常稱為「代表訴訟」，但其係公司怠於向董事追究責任時，賦予少數股東得為公司起訴之權利，故亦稱為「代位訴訟」。條文規定法院得命起訴之股東，提供相當之擔保，或規定敗訴致公司受有損害時，負賠償責任，目的均在防止股東濫訴。且依公司法第215條第1項規定：「提起前條第二項訴訟所依據之事實，顯屬虛構，經終局判決確定時，提起此項訴訟之股東，對於被訴之董事，因此訴訟所受之損害，負賠償責任。」亦同樣在防止股東濫訴。

惟為降低少數股東提起訴訟之障礙，亦明定股東提起訴訟，其裁判費超過新臺幣六十萬元部分暫免徵收，且法院得依聲請為原告選任律師為訴訟代理人（公司§214Ⅲ、Ⅳ）。另少數股東提起代表訴訟所依據之事實，顯屬實在，經終局判決確定時，被訴之董事，對於起訴之股東，因此訴訟所受之損害，負賠償責任（公司§215Ⅱ）。

3. 董事責任保險

為降低並分散董事因錯誤或疏失行為而造成公司及股東重大損害之風險，公司法第193條之1第1項規定：「公司得於董事任期內就其執行業務範圍依法應負之賠償責任投保責任保險。」公司為董事投保責任保險或續保後，應將其責任保險之投保金額、承保範圍及保險費率等重要內容，提最近一次董事會報告（公司§193-1Ⅱ）。

---

[85] 最高法院69年度台上字第1995號判決。

(五) 董事與公司間為法律行為之規範

1. 概說

公司法第223條規定：「董事為自己或他人與公司為買賣、借貸或其他法律行為時，由監察人為公司之代表。」本條立法目的亦在避免利害衝突，以免董事間因情誼等關係而影響其正確判斷，致生損害於公司；故買賣、借貸屬例示性規定，解釋上包括一切可能損害公司利益之法律行為。又本條為民法第106條之特別規定，故此之「董事」，包括所有董事，而不限於有代表權之董事長或其他董事（公司§208Ⅲ）。

2. 監察人代表公司

所謂「由監察人為公司之代表」，究竟是指監察人對外單純代表公司，抑或包括內部法律行為之決定？不無疑問。通說認為內部決議仍由董事會為之而僅外部交易由監察人代表，無從達本條避免利害衝突之立法目的，故認為由監察人為代表時，無須經董事會之決議核准[86]。至於公司之監察人有數人時，應由全體監察人共同代表公司與董事為法律行為[87]。

3. 未由監察人代表公司之效力

因本條規定旨在保護公司之利益，禁止雙方代表，非為維護公益而設，並非強行規定；故董事與公司為法律行為而未由監察人代表公司時，可以類推適用無權代理之規定，並非當然無效，而係效力未定[88]。倘公司事前許諾或事後承認（民§106、170Ⅰ），對公司亦生效力，惟此時之許諾或承認，應由監察人為之。

案例

A股份有限公司經營主機板業務，甲為A公司董事，惟甲未經A公司股東會許可，事後又擔任經營同類業務之B股份有限公司董事三年。請問：(一)如未經A公司股東會決議，A公司可否向甲主張其在B公司之全部所得為A公司所有？(二)如A公司股東會已經決議，將甲在B公司之全部所得視為A公司之所得，但甲並未主動履行，A公司可否對甲起訴？(三)如A公司股東會決議對甲起訴，應由何人代表A公司？(四)如A公司股東會雖然決議將甲在B公司之所得視為A公司之所得，但並未決議對甲起訴，A公司之少數股東可否請求應代表公司之人對甲起訴或自行代表公司起訴？(五)如甲擔任A公司董事亦未經B公司股東會許可，B公司股東會可否決議將甲在A公司之所得視為B公司之所得？

---

[86] 最高法院100年度第3次民事庭會議決議。

[87] 最高法院100年度台上字第1026號判決。但部分學說及主管機關認為監察人各得單獨行使監察權為公司法第221條所明定；董事為自己與公司為買賣時，由監察人一人為公司之代表即可，無須由數監察人共同代表公司（經濟部101年9月3日經商字第10102112620號函參照）。

[88] 最高法院74年台上字第2014號判例。

解　析

首先，有關競業禁止歸入權之行使，依法屬於股東會之權限，且通說認為屬於形成權；故在A公司股東會未依公司法第209條第5項規定為決議之前，甲並無義務將違反競業禁止之所得移轉於A公司，A公司亦無此項權利。

其次，公司欲對董事提起訴訟時，原則上須先經股東會決議（公司§212）；故甲雖因A公司股東會決議行使歸入權而負有移轉競業所得之義務，但未經股東會決議前，A公司原則上不得對甲起訴。

另A公司股東會決議對甲起訴時，除非股東會另選代表公司為訴訟之人，否則應由監察人代表公司（公司§213）。

此外，除經股東會決議外，繼續六個月以上，持有已發行股份總數百分之一以上之股東，亦得以書面請求監察人為公司對董事提起訴訟；如監察人自請求日起三十日內不提起訴訟時，請求之股東亦得為公司提起訴訟（公司§214Ⅰ、Ⅱ）。惟股東會未決議行使歸入權時，競業所得之利益並未移轉，故少數股東並不得請求監察人或自行代表公司起訴主張，此與公司法第214條規定之情形並不相同；因在大股東可操控股東會之情形下，股東會欲決議行使歸入權實屬困難，故多數學者主張應仿效證券交易法第157條短線交易歸入權之規定，使違反競業禁止之董事當然負有移轉所得之義務，不待股東會決議行使歸入權後方始存在。

又對B公司而言，甲亦違反競業禁止義務，故B公司股東會亦得決議對甲行使歸入權。惟須注意者，甲雖同時擔任A、B公司董事三年，但因歸入權之除斥期間為一年，且除斥期間經過後，權利當然消滅，故甲超過一年之所得，不會因A、B公司行使歸入權而受影響。

四、董事會

(一) 董事會之權限

公司法第202條規定：「公司業務之執行，除本法或章程規定應由股東會決議之事項外，均應由董事會決議行之。」本條立法意旨在明確劃分股東會與董事會之職權，並概括賦予董事會業務執行之權。即除公司法或章程明文規定屬於股東會決議之事項，例如公司法第185條第1項各款所規定之情形，否則其餘事項均應由董事會決議行之[89]；至於公司法第193條第1項規定董事會執行業務應依照「股東會之決議」，係指依公司法或章程之規

---

[89] 但有學者認為公司法對權限分配並非採「非屬董事會即屬股東會」之二分方法，有些權限係二者共享，缺一不可；例如公司法第185條第1項雖規定重大交易應經股東會特別決議行之，但第5項規定此等「議案」應經董事會特別決議提出，即董事會如不提出議案，股東會不能片面同意行之，故屬股東會與董事會「共享權限」（王文宇「公司法論」第276頁參照）。

定，應由股東會決議之事項所爲之決議。如股東會對於非屬其職權之事項而爲決議，董事會仍得自行爲業務執行之決定，並無遵守股東會決議之必要[90]。

公司法除於第202條概括規定董事會之業務執行決定權外，另有諸多列舉權限，例如經理人之任免及報酬、召集股東會、公司債之募集、新股之發行、公司重整之聲請及決議進行簡易合併（公司§29 I ③、171、246、266 II、282 II、316-2 I）等。

(二) 董事會之義務

1. 召集股東會之義務

召集股東會除係董事會之權限外，亦屬董事會之義務，此觀公司法第170條第2項、第3項分別規定：「前項股東常會應於每會計年度終了後六個月內召開。但有正當事由經報請主管機關核准者，不在此限。」、「代表公司之董事違反前項召開期限之規定者，處新臺幣一萬元以上五萬元以下罰鍰。」可知。

2. 章程、簿冊備置義務與利害關係人之查閱權

公司法第210條第1項、第2項分別規定：「除證券主管機關另有規定外，董事會應將章程及歷屆股東會議事錄、財務報表備置於本公司，並將股東名簿及公司債存根簿備置於本公司或股務代理機構。」、「前項章程及簿冊，股東及公司之債權人得檢具利害關係證明文件，指定範圍，隨時請求查閱、抄錄或複製；其備置於股務代理機構者，公司應令股務代理機構提供。」所謂利害關係，必須是法律上之利害關係，例如債權債務關係。另個別董事爲執行業務上需要，得依其權責查閱、抄錄公司法第210條第1項所規定之章程、簿冊，毋庸經董事會決議[91]；至於監察人，基於監察權之行使，自得要求公司或股務代理機構提供簿冊文件（公司§218 I）。

另代表公司之董事，不備置章程、簿冊者，或無正當理由而拒絕查閱、抄錄、複製或未令股務代理機構提供者，處新臺幣一萬元以上五萬元以下罰鍰；但公開發行股票之公司，由證券主管機關處代表公司之董事新臺幣二十四萬元以上二百四十萬元以下罰鍰（公司§210 III、IV）。且主管機關或證券主管機關並應令其限期改正；屆期未改正者，繼續令其限期改正，並按次處罰至改正爲止（公司§210 V）。

3. 提供股東名簿之義務

因實務上常發生公司經營權之爭時，監察人、少數股東或持有過半數股份之股東，雖得依法召集股東會，卻因代表公司之董事或股務代理機構拒絕提供股東名簿而無法召開股東會，故增訂公司法第210條之1第1項規定：「董事會或其他召集權人召集股東會者，

---

[90] 王泰銓（王志誠修訂）「公司法新論」第512頁。惟決議事項既非公司法或章程明文規定應由股東會決議之事項，亦與公司業務之執行無關，得否由股東會決議，不無疑問？實務見解有認爲董事會決議之範圍僅限於業務之執行，涉及股東權益之事項，非可由董事會決議行之（最高法院96年度台上字第2000號判決參照）。

[91] 經濟部108年1月29日經商字第10800002120號函。

得請求公司或股務代理機構提供股東名簿。」如代表公司之董事拒絕提供股東名簿者，處新臺幣一萬元以上五萬元以下罰鍰；但公開發行股票之公司，由證券主管機關處代表公司之董事新臺幣二十四萬元以上二百四十萬元以下罰鍰（公司§210-1Ⅱ）。如股務代理機構拒絕提供股東名簿者，由證券主管機關處新臺幣二十四萬元以上二百四十萬元以下罰鍰（公司§210-1Ⅲ）。且無論是代表公司之董事或股務代理機構拒絕提供股東名簿，主管機關或證券主管機關並應令其限期改正；屆期未改正者，繼續令其限期改正，並按次處罰至改正為止（公司§210-1Ⅳ）。

4. 向股東會報告之義務

公司法第211條第1項規定：「公司虧損達實收資本額二分之一時，董事會應於最近一次股東會報告。」此處所稱之「虧損」，指完成決算程序經股東會承認後之累積虧損，與公司年度進行中所發生之本期淨損之合計[92]。代表公司之董事，違反向股東會報告之義務者，處新臺幣二萬元以上十萬元以下罰鍰（公司§211Ⅲ）。此外，董事會對於募集公司債之原因及有關事項，或公開發行公司之董事會經章程授權，以發行新股之方式分派股息及紅利，或以公積撥充資本，亦應報告股東會（公司§246Ⅰ、240Ⅴ、241Ⅱ）。

5. 聲請宣告公司破產之義務

公司法第211條第2項規定：「公司資產顯有不足抵償其所負債務時，除得依第二百八十二條辦理者外，董事會應即聲請宣告破產。」本項規定之目的在避免公司債務繼續擴大，致損害公眾或債權人利益，故除得依公司法第282條規定向法院聲請重整者外，應即聲請公司破產。所謂「公司資產」，指其淨變現價值而言，亦即公司於合理期間內從容處分其資產所可得之淨變現價值，與依「繼續經營」慣例之公司帳載資產價值有別[93]。代表公司之董事，違反聲請宣告公司破產之義務者，處新臺幣二萬元以上十萬元以下罰鍰（公司§211Ⅲ）。此外，董事會為意思決定機關，並非代表機關，故所謂「董事會應即聲請宣告破產」，係指董事長應即召開董事會為聲請宣告公司破產之決議，然後由代表公司之董事（董事長）根據決議向法院聲請宣告破產[94]。又公司資產顯有不足抵償債務時，董事會未為聲請宣告破產之決議或代表公司之董事不向法院聲請宣告，致公司之債權人受有損害時，雖然公司法並無規定，仍應適用民法第35條第2項之規定，有過失之董事，應負賠償責任，其有二人以上時，應連帶負責[95]。

6. 其他

此外，董事會有會計上之義務，例如編造、備置或請求股東會承認會計表冊（公司

---

[92] 經濟部91年12月11日經商字第09102280620號函。

[93] 經濟部93年1月7日經商字第09202269060號。

[94] 柯芳枝「公司法論（下）」第54頁。

[95] 惟所謂「損害」，係指如法人之董事有向法院聲請破產，則債權人可得全部或部分之清償，因怠於聲請，致全未受償或較少受償而言；如公司宣告破產與否，對債權人之債權不能受償之結果，仍屬相同，則未聲請法院宣告破產，並不增加債權人之損失，此時董事並不負賠償責任（臺灣高等法院92年度重上字第551號判決參照）。

§228、229、230）等。另公司解散時，除破產外，董事會應即將解散之要旨，通知各股東（公司§316Ⅳ）。

案 例

　　設A股份有限公司本年度股東大會在下月召開。股東甲、乙、丙、丁四人分別持有A公司不到百分之一股份，但四人合計又持有超過百分之一股份。戊則持有A公司百分之一無表決權股份。今甲、乙、丙、丁四人共同以書面向A公司股東常會提案，提案內容為：「本公司在本年股東常會結束後二個月內，應召開股東臨時會改選全部董事、監察人」；戊則提案：「本公司每年應捐款慈善活動最少新臺幣二千萬元，以善盡公司社會責任」。問A公司董事會得否將前述二提案，不列入股東常會議案內？其理由為何？

解 析

　　按公司法第172條之1第4項第1款規定：「除有下列情事之一者外，股東所提議案，董事會應列為議案：一、該議案非股東會所得決議。」故A公司董事會得否將提案不列入股東常會議案內，除議案係於公告受理期間外提出者外，應視提案股東是否持股達百分之一及議案是否股東會所得決議而定。

　　首先，股東提案權為少數股東權及固有權，故持股得數名股東合併計算，且持有無表決權之特別股股東亦得為之；因此，本件甲、乙、丙、丁四人與戊均符合提案資格。

　　其次，議案是否股東會所得決議？牽涉股東會與董事會之權限劃分。依公司法第202條規定：「公司業務之執行，除本法或章程規定應由股東會決議之事項外，均應由董事會決議行之。」即除公司法或章程明文規定屬於股東會決議之事項，否則均屬董事會決議事項。而改選董監事雖為股東會所得決議之事項（公司§199-1），但召開股東臨時會則否。因此，甲、乙、丙、丁四人如提案改選全部董監事，即屬合法提案，董事會應將提案列入股東常會議案內；但因提案內容係「股東常會結束後二個月內，應召開股東臨時會」，其非股東會所得決議，如A公司董事會不將提案列入股東常會議案內，並不違法。至於是否進行慈善捐款以善盡社會責任，應屬董事會職權，非股東會所得決議之事項；因此，A公司董事會亦得不將該提案列入股東常會議案內。不過變更章程為股東會職權（公司§277Ⅰ），故戊如提案修改章程，明定公司應提撥固定金額或比率之慈善捐款，則屬合法提案。

(三) 董事會會議

按董事會爲會議體之機關，故其權限行使應以會議形式爲之；即經由全體董事於會議中交換意見及討論，以決議方式形成公司業務執行之決定。以下依次說明其召集、開會與決議等程序。

1. 董事會之召集

(1) 召集權人

因董事會爲會議體之機關，故其意思決定必須經召集權人召集會議始足以作成，依公司法第203條之1第1項規定：「董事會由董事長召集之。」可知董事會原則上由董事長召集；惟董事長如因故不召開董事會，將影響公司正常經營，故同條第2項規定：「過半數之董事得以書面記明提議事項及理由，請求董事長召集董事會。」倘請求提出後十五日內，董事長不爲召開時，過半數之董事得自行召集（公司§203-1Ⅲ）；此時可比照公司法第182條之1規定由過半董事互推產生主席，不適用公司法第208條第3項規定[96]。

但每屆之第一次董事會，因原董事長已經退任，而新任董事長尚未選出，故公司法第203條第1項規定：「每屆第一次董事會，由所得選票代表選舉權最多之董事於改選後十五日內召開之。但董事係於上屆董事任滿前改選，並決議自任期屆滿時解任者，應於上屆董事任滿後十五日內召開之。」即由當屆所得選票代表選舉權最多之董事於改選後十五日內召開之；然依但書規定，董事長或副董事長、常務董事將無法於任期屆滿前改選，爲避免影響公司運作，同條第2項規定：「董事係於上屆董事任期屆滿前改選，並經決議自任期屆滿時解任者，其董事長、副董事長、常務董事之改選得於任期屆滿前爲之，不受前項之限制。」使新、舊任可以順利交接，銜接視事。

又選舉常務董事或董事長，必須經董事會特別決議（公司§208Ⅰ、Ⅱ），如第一次董事會之召集因出席董事人數不足而不能依法選舉常務董事或董事長時，原召集人之任務仍未終了，故同條第3項規定：「第一次董事會之召開，出席之董事未達選舉常務董事或董事長之最低出席人數時，原召集人應於十五日內繼續召開，並得適用第二百零六條之決議方法選舉之。」即由所得選票代表選舉權最多之董事繼續召開，並適用普通決議[97]。

另所得選票代表選舉權最多之董事不願或因故不能召集時，爲使董事會得以召集，同條第4項規定：「得選票代表選舉權最多之董事，未在第一項或前項期限內

---

[96]　經濟部108年1月19日經商字第10802400580號函。

[97]　惟此一規定僅限於每屆「第一次董事會之召集」，如該屆第一次董事會已經召集，並選任董事長，縱事後董事長因故辭職或死亡，此時召集董事會出席董事未達選舉董事長最低出席人數，尚不得依公司法第203條第4項之規定，適用同法第206條以普通決議選出董事長（經濟部103年11月18日經商字第10302136340號函參照）。

召開董事會時，得由過半數當選之董事，自行召集之。」以爲補救。

(2) 召集程序

公司法第204條第1項規定：「董事會之召集，應於三日前通知各董事及監察人。但章程有較高之規定者，從其規定。」此「三日」爲最低基準，不得於章程另定低於三日之規定；如公司認爲三日不夠充裕，得於章程延長之。又所謂「三日前」，應適用民法第120條第2項始日不算入之規定，故應自通知之翌日起算至開會前一日止。同條第2項規定：「公開發行股票之公司董事會之召集，其通知各董事及監察人之期間，由證券主管機關定之，不適用前項規定。」而金管會所定之通知期間則爲「七日」[98]。同條第3項規定：「有緊急情事時，董事會之召集，得隨時爲之。」所謂「緊急情事」，指事出突然，又急待董事會商決之事項。另爲因應電子科技之進步，同條第4項規定：「前三項召集之通知，經相對人同意者，得以電子方式爲之。」如章程內已訂定董事會召集通知得以電子方式爲之者，可認定董事已默示同意，於發送召集通知時，毋庸另行取得其同意[99]。同條第5項規定：「董事會之召集，應載明事由。」因召集通知須載明事由，故原則上應以書面爲之。

案例

　　A公司章程未規定設置常務董事，現因本屆董事任期屆滿，故召開股東會選舉下屆董事。請問：(一)如原任董事長甲所得選票代表選舉權雖然最多，但支持其繼續擔任董事長之董事少於三分之一，甲故意拖延不召集該屆第一次董事會時，應如何解決？(二)如甲所得選票代表選舉權雖然不是最多，但支持其繼續擔任董事長之董事剛好多於三分之一，如甲及其支持者未出席該屆第一次董事會時，應如何解決？(三)如甲所得選票代表選舉權最多，且支持其繼續擔任董事長之董事雖然少於二分之一，但多於三分之一，如甲不召集該屆第一次董事會，其支持者亦不出席其他董事依法召集之該屆第一次董事會時，應如何解決？

解析

　　按每屆第一次董事會之主要任務在選舉新任常務董事或董事長（經濟部105年9月19日經商字第10502428560號函參照），且應在改選後十五日內召開（公司§203 I 本文）；惟實務上經常發生因經營權爭奪糾紛，致召集權人不召集董事會或少數董事杯葛不出席董事會之情形。在本案例，因每屆第一次董事會係由

---

[98] 公開發行公司董事會議事辦法第3條第2項規定。

[99] 經濟部101年7月23日經商字第10102093130號函。

所得選票代表選舉權最多之董事召集，故甲有第一次董事會之召集權；現甲遲延未於十五日內召開董事會，A公司過半數當選之董事得自行召集董事會（公司§203Ⅳ），選舉新任董事長。

因常務董事或董事長改選必須經董事會特別決議（公司§208Ⅰ、Ⅱ），如A公司該屆第一次董事會之召集因出席董事人數不足而不能依法選舉常務董事或董事長時，原召集人得依公司法第203條第3項之規定，於十五日內繼續召集，並適用普通決議。

又此處之「原召集人」包括所得選票代表選舉權最多之董事及過半數當選之董事。故過半數當選之董事應於十五日期限經過後，先依公司法第203條第4項之規定自行召集董事會，如甲及其支持者未出席，再依公司法第203條第3項之規定，於十五日內繼續召集，並適用普通決議。

2. 董事會之開會

董事會開會時，以董事長為主席（公司§208Ⅲ）；至於其他董事應親自或委託其他董事代理出席，故公司法第205條第1項規定：「董事會開會時，董事應親自出席。但公司章程訂定得由其他董事代理者，不在此限。」即以親自出席為原則，於章程有訂定時，始得委託其他董事代理出席[100]，但仍不得委託其他非董事之人代理出席。另鑑於電傳科技發達，以視訊會議方式從事會談，亦可達到相互討論之會議效果，與親自出席無異，故同條第2項規定：「董事會開會時，如以視訊會議為之，其董事以視訊參與會議者，視為親自出席。」同條第3項規定：「董事委託其他董事代理出席董事會時，應於每次出具委託書，並列舉召集事由之授權範圍。」目的在限制董事為概括之委任，以杜絕少數董事操縱董事會之弊，故董事委託其他董事出席董事會時，課其「每次」出具委託書，並於該委託書列舉「召集事由之授權範圍」之義務，違反此項規定而為委任者，不生委託出席之效力[101]。同條第4項規定：「前項代理人，以受一人之委託為限。」亦在防杜董事會由少數董事把持；因此，董事會如僅由董事一人親自出席，即使有其他董事委託其代理出席，因實質上無從進行討論，未具會議之基本形式要件，係屬無效[102]。

又為容許多元方式召開董事會，同條第5項規定：「公司章程得訂明經全體董事同意，董事就當次董事會議案以書面方式行使其表決權，而不實際集會。」以利公司運作之彈性及企業經營之自主。同條第6項規定：「前項情形，視為已召開董事會；以書面方式

---

[100] 如章程未訂有董事出席董事會之代理者，則董事委託其他董事代理出席董事會對公司不生效力。又法人董事與法人代表人董事不同，代表人無法出席董事會時，可自行委託其他董事代理出席，但法人董事已經指派自然人代表行使職務者，如自然人因故無法出席董事會時，應由法人委託其他董事代理出席，而非由自然人委託其他董事代理出席。

[101] 最高法院70年台上字第3410號判例。

[102] 經濟部93年5月7日經商字第09302073130號函。

行使表決權之董事，視爲親自出席董事會。」即以明確其法律效果。惟公開發行公司業務較爲繁忙，董事會應實際召開及董事應出席討論相關案由，故同條第6項規定：「前二項規定，於公開發行股票之公司，不適用之。」

3. 董事會之決議

(1) 決議之方法

董事會之決議方法與股東會相同，亦有普通決議與特別決議之分；惟董事會表決時，每一董事僅有一表決權，與股東會每一股份有一表決權不同。公司法第206條第1項規定：「董事會之決議，除本法另有規定外，應有過半數董事之出席，出席董事過半數之同意行之。」此種決議方法即爲普通決議，而「本法另有規定」者，即爲特別決議，應有董事三分之二以上之出席及出席董事過半數同意之決議行之，例如公司法第185條第4項之規定。又「三分之二以上」董事之計算，係包含本數三分之二在內，與「過半數」董事之出席，並不包含半數之本數在內，尚有不同。又計算董事會開會之法定門檻時，係以依法選任並實際在任而能應召出席者爲準，故董事如依法解任或辭任而發生缺額等情形時，缺額應自董事名額總數中予以扣除[103]。

同條第2項、第4項規定：「董事對於會議之事項，有自身利害關係時，應於當次董事會說明其自身利害關係之重要內容。」、「第一百七十八條、第一百八十條第二項之規定，於第一項之決議準用之。」可知董事不但有利害迴避之適用，且有說明其自身利害關係重要內容之義務；有自身利害關係董事違反說明義務或參與表決者，董事會決議因程序瑕疵或決議方法違法而無效。對於應利害迴避之董事，因不得加入表決，故該董事不算入已出席之董事人數；例如甲公司有十二席董事，七席董事出席董事會，此時計算法定開會門檻七席時，包括應迴避及毋庸迴避之董事，如其中三席對某議案應利害迴避，則董事會對某議案之決議，至少應有三席之同意，始謂過半數之同意[104]。又法人股東之代表人當選爲董事，如法人股東對於會議之事項，有自身利害關係時，該法人代表董事亦應利害迴避[105]。

另與董事具有一定關係之人，對於會議事項有自身利害關係時，應視爲董事亦有利害關係，故同條第3項規定：「董事之配偶、二親等內血親，或與董事具有控制從屬關係之公司，就前項會議之事項有利害關係者，視爲董事就該事項有自身利害關係。」

---

[103] 經濟部61年7月22日經商字第20114號函。另法人股東依公司法第27第2項規定，由其代表人當選爲董事，該代表人如辭任，在法人股東尚未依同條第3項改派其他代表人時，於計算董事會開會之法定門檻時，以實際在任者爲準，故該席董事亦應予以扣除（經濟部98年5月21日經商字第09802065860號函參照）。

[104] 又依經濟部99年4月26日經商字第09902408450號函釋，如董事出席已符合法定開會門檻，縱因利害迴避，致僅餘一人可就決議事項進行表決且其同意決議事項，仍符合決議門檻。

[105] 經濟部91年12月16日經商字第09102287950號函。

(2) 決議之瑕疵

董事會之召集程序或其決議方法違反法令或章程時，公司法並未設特別規定，亦無準用第189條之明文，故無論是召集程序、決議方法或決議內容違反法令或章程，通說認為均屬無效，任何人於任何時候均得主張其為無效[106]。

你知道嗎？

董事中途離席，是否會影響董事會出席數之計算？

實務上經常發生董事於簽到後因故離開，或因拒絕參與某項議案之表決而抗議離席，此時董事離席是否會影響董事會出席數之計算？即有爭議。

多數說認為出席董事會之董事如已超過半數即得進行表決，不因表決時有董事離席而受影響；至其表決是否通過仍應視是否已超過出席董事之半數，而非以超過在場董事之半數為斷（柯芳枝「公司法論（下）」第73頁及所引用之最高法院77年度台上字第400號判決參照）。但亦有部分學者及實務見解認為出席董事人數要件，應就該議案表決時之實際在場董事人數認定，因為公司法有關董事會決議成立要件之規定，其規範對象為董事會之「議案」，而非該次董事會本身，故就各議案決議時，仍應以實際在場董事人數作為出席董事人數之計算，不得將離席董事記入已出席人數（王文宇「公司法論」第344頁及臺灣高等法院暨所屬法院99年法律座談會民事類提案第12號參照）。

有關董事中途離席，係屬開會後缺額問題，如公司章程或董事會議事規則並無規定，依內政部所發布之會議規範第7條規定：「會議進行中，經主席或出席人提出數額問題時，主席應立即按鈴，或以其他方法，催促暫時離席之人，回至議席，並清點在場人數，如不足額，主席應宣布散會或改開談話會，但無人提出數額問題時，會議仍照常進行。在談話會中，如已足開會額數時，應繼續進行會議。」及公開發行公司董事會議事辦法第13條第3項規定：「董事會議事進行中，若在席董事未達出席董事過半數者，經在席董事提議，主席應宣布暫停開會，並準用前條第一項規定。」可知如無人提出數額問題，則依上開會議規範意旨，其出席人數之計算，不因表決時有董事離席而受影響，自仍應以出席簽到簿所列者為準。惟須注意者，表決是否通過仍應視是否已超過出席董事之半數為斷；例如公司有董事七席，董事會有四名董事出席時，即達普通決議之出席人數，可以開會，如中途有一名董事離席，因決議需出席董事過半數同意，此時在場三名董事均須同意，議案始能通過。

---

[106] 臺灣高等法院91年度重上字第138號判決。

4. 董事會之議事錄

董事會之議事，應作成議事錄，並準用公司法第183條規定有關股東會議事錄之相關規定（公司§207）。

(四) 董事會違法行為之制止

1. 由股東制止

公司法第194條規定：「董事會決議，為違反法令或章程之行為時，繼續一年以上持有股份之股東，得請求董事會停止其行為。」所謂違反法令或章程之行為，不僅指違反明文禁止之規定，例如公司法第15條資金貸與之規定，亦包括違反忠實義務與善良管理人注意義務之情形（公司§23 I）。至於此一股東得行使之權利，稱為「制止請求權」或「停止請求權」，性質上屬於單獨股東權，僅限制股東須持股一年以上，且亦屬於共益權，立法目的在強化股東權利，使其得對董事會之違法行為，予以制止，藉以防範董事會濫用權限。惟在董事會已為決議而尚未交由董事執行者，請求之對象應為董事會，即請求董事會停止該決議之執行；反之，已交由董事執行者，應請求該董事停止執行，但決議已執行完畢者，則非本條救濟之範疇[107]。又董事長或董事為董事會之成員，如董事長或董事恣意侵害公司及股東之利益而為違法行為，此時不應拘泥須為董事會之違法行為，始有上開規定之適用[108]。

2. 由監察人制止

公司法第218條之2第2項規定：「董事會或董事執行業務有違反法令、章程或股東會決議之行為者，監察人應即通知董事會或董事停止其行為。」因同條第1項規定監察人得列席董事會，故監察人往往能較早發現董事會之違法行為，故亦賦予其制止請求權，以加強其職責而減輕公司之損失。

3. 行使之方法

股東與監察人之制止請求權並無先後順序之區別，與公司法第214條所規定之代表訴訟應先請監察人為之不同。惟股東或監察人行使制止請求權，不必以訴訟方法為之，亦得於訴訟外，對於欲為違法行為之董事會或董事請求停止其行為[109]。

---

[107] 王文宇「公司法論」第345頁。

[108] 最高法院80年度台上字第1127號判決。

[109] 如董事會或董事不理會請求而繼續其行為時，股東或監察人得以訴訟請求法院以判決制止之，此為消極不作為之給付訴訟，並得先聲請定暫時狀態之假處分制止該行為（民訴§538）；惟訴訟時以股東或監察人為原告固無疑問，但應以公司或行為之董事為被告，學者見解不一，多數說認為應以公司為被告。

五、董事長

(一) 董事長之意義

股份有限公司業務之執行雖由董事會決定，但董事會為會議體機關，性質上不適於擔當具體之業務執行及代表公司之職務，故設董事長，作為公司法定、必備、常設之業務執行與代表機關。董事長係由董事或常務董事互選一人擔任（公司§208Ⅰ、Ⅱ），故董事長自應具備董事或常務董事資格；又自然人董事或法人代表董事均為自然人，擔任董事長固無疑問，但法人董事得否擔任董事長，公司法並無明文規定，多數學說雖然認為宜限於自然人，惟實務上常見一「公司」擔任另一「公司」董事長之情形，主管機關亦認為法人可當選公司董事，並進而當選公司董事長[110]，惟此時應由法人股東指定自然人代表其行使董事及董事長職務。至於董事長之任期，亦無明文，解釋上應適用公司法第195條之規定，不得超過三年，但得延長任期至董事改選就任時止。

至於副董事長之設置，必須章程有規定，且其功能係在董事長請假或因故不能行使職權時代理之（公司§208Ⅰ、Ⅲ），故屬於章定、任意、常設之輔助董事長之業務執行機關。有關副董事長之選任方式與董事長同，惟其並無獨立之權限，僅係董事長之職務代理人而已。

(二) 董事長之任免

董事長之選任，依董事會是否設有常務董事而異。公司法第208條第1項規定：「董事會未設常務董事者，應由三分之二以上董事之出席，及出席董事過半數之同意，互選一人為董事長，並得依章程規定，以同一方式互選一人為副董事長。」即董事會未設常務董事者，由董事會以特別決議互選一人為董事長。同條第2項規定：「董事會設有常務董事者，其常務董事依前項選舉方式互選之，名額至少三人，最多不得超過董事人數三分之一。董事長或副董事長由常務董事依前項選舉方式互選之。」此時先由董事會以特別決議互選常務董事，再由常務董事互選一人為董事長。

至於董事長之解任，公司法並無規定，如章程亦無規定，解釋上自應由原選任之董事會或常務董事會以特別決議為之[111]；另董事長須具備董事身分，故董事長因有公司法第30條各款情形，或股東會依公司法第199條第1項決議解任其董事職務，或法人代表董事因法人依公司法第27條第3項規定改派代表人，而當然去職。

---

[110] 經濟部98年10月14日經商字第09800669390號函。

[111] 經濟部94年8月2日經商字第09402105990號函。

新聞追蹤

接替歐晉德　范志強將接高鐵董座

　　臺灣高鐵前董事長歐晉德請辭，航發會董事會昨晚通過，由臺灣期貨交易所董事長范志強出線，取代歐晉德在臺灣高鐵法人董事代表的職務。范志強也可望在周四高鐵董事會中，被選為新任高鐵董座。歐晉德原是航發會在高鐵公司的法人董事代表，上周歐請辭法人代表職務，連帶喪失董事長資格。交通部規劃由范志強接替歐的董事長職位，昨董事會全數通過改派范的人事案。

　　按本件歐晉德係以財團法人中華航空事業發展基金會之代表人身分，依公司法第27條第2項規定當選為臺灣高速鐵路股份有限公司董事，故其屬於法人代表（人）董事，並進而擔任該公司董事長及執行長職務。而依公司法第27條第3項規定：「第一項及第二項之代表人，得依其職務關係，隨時改派補足原任期。」可知歐晉德雖以自然人身分當選為董事，但其所代表之法人即航發會得隨時改派他人接任原董事任期，故歐晉德在臺灣高鐵之董事席次不但無任期保障，亦無從辭任，其所請辭者係航發會之「法人代表」身分，與航發會由代表人當選為董事之「席次」無關。

　　又法人雖得改派代表人擔任董事，但不能改派董事長。按董事長必須具有董事身分，故法人代表喪失代表人資格時，其董事長職務亦隨同消滅，且依經濟部79年10月17日經商字第218571號函釋，縱原法人代表人為董事長，改派之代表人尚非當然繼任董事長職務；故在歐晉德請辭法人代表時，臺灣高鐵之董事長缺位，應另行改選。而董事長應由董事會依公司法第208條第1項或第2項規定選任，故航發會如欲推派范志強接替歐晉德的董事長職位，應先改派其為法人代表董事，再召開董事會，由董事會以特別決議選任，而非直接改派；如臺灣高鐵設有常務董事，則應先由董事會以特別決議選任范志強為常務董事，再由常務董事會以特別決議選任其為董事長。

　　至於歐晉德所兼任之執行長，性質上屬於經理人，與公司之間屬於另一委任關係，亦不以具有董事身分為必要。故歐晉德請辭法人代表並不影響其執行長職務，惟其如一併請辭，依公司法第29條第1項第3款之規定，應由臺灣高鐵董事會以普通決議另行委任他人擔任。

　　惟法人可依公司法第27條第1項規定當選為公司董事，並進而擔任公司董事長。因此，本件航發會如係以法人身分當選為董事，並進而擔任董事長，則歐晉德請辭並不影響航發會擔任臺灣高鐵董事長職務，航發會可隨時指派自然人代表其行使董事及董事長職務，而無須改選。故常見有經營權爭奪之公司，為避免因改派法人代表致影響董事長職務，而直接以法人擔任公司董事長。

2014-03-11／聯合報／記者蘇瑋璇「接替歐晉德　范志強將接高鐵董座」報導

(三) 董事長之權限

公司法第208條第3項前段規定：「董事長對內為股東會、董事會及常務董事會主席，對外代表公司。」可知董事長之權限，可分對內、對外二個方面。

1. 對內有業務執行權

因董事長對內為股東會、董事會及常務董事會主席，並有董事會及常務董事會之召集權（公司§203Ⅰ、208Ⅳ）；且董事會並非經常開會，於董事會休會時，係由常務董事依法令、章程、股東會決議及董事會決議，以集會方式經常執行董事會職權（公司§208Ⅳ）。故公司設有常務董事時，董事長亦為常務董事之一，且為常務董事會之主席，可參與公司業務之執行；如公司未設有常務董事，則於董事會休會時，當係由董事長依法令、章程、股東會決議及董事會決議經常執行董事會職權[112]。因此，董事長在公司內部有業務執行權。

2. 對外有代表公司之權

董事長除對外代表公司外，同條第5項規定：「第五十七條及第五十八條對於代表公司之董事準用之。」所謂代表公司之董事，除董事長外，包括同條第3項後段所規定之董事長職務代理人，而準用之結果，董事長或其職務代理人關於公司營業上一切事務，有辦理之權，且公司對其代表權所加之限制，不得對抗善意第三人。

(四) 董事長職位之代理

因董事長具有上述權限，故對公司而言，十分重要，如其請假或因故不能行使職權時，自應有人代理。公司法第208條第3項後段規定：「董事長請假或因故不能行使職權時，由副董事長代理之；無副董事長或副董事長亦請假或因故不能行使職權時，由董事長指定常務董事一人代理之；其未設常務董事者，指定董事一人代理之；董事長未指定代理人者，由常務董事或董事互推一人代理之。」可知董事長之職務代理人，原則上為副董事長；無副董事長時，由董事長指定常務董事或董事一人代理；董事長未指定時，由常務董事或董事互推一人代理。又所謂因故不能行使職權，指董事長因案被押、逃亡或涉訟兩造公司之董事長同屬一人等「一時」不能行使職權之情形，不包括董事長解任、辭職或死亡，此時應依同條第1項、第2項之規定補選董事長，未補選前，通說認為得類推適用同條第3項後段規定，由副董事長代行董事長職務，無副董事長者，由常務董事或董事互推一人暫時執行董事長職務（非代理人），以利改選董事長會議之召開及公司業務之執行[113]。

---

[112] 柯芳枝「公司法論（下）」第78頁。

[113] 經濟部103年11月18日經商字第10302136340號函。

六、常務董事與常務董事會

(一) 常務董事

因董事會爲會議體之機關，且非頻繁開會，故爲使股份有限公司在董事會休會時有一機關可以執行業務，乃有常務董事之設，又因常務董事之設置須依章程之規定，故常務董事爲公司之章定、任意、常設之業務執行機關。常務董事名額至少三人，最多不得超過董事人數三分之一，由董事會以特別決議方式互選之（公司§208 II）；又其任期與解任方式，法無明文規定，解釋上任期與董事相同，至於解任方式應與選任方式相同。

(二) 常務董事會

常務董事會係由常務董事所組成，屬於股份有限公司之章定、任意、常設之集體業務執行機關。按公司法第208條第4項規定：「常務董事於董事會休會時，依法令、章程、股東會決議及董事會決議，以集會方式經常執行董事會職權，由董事長隨時召集，以半數以上常務董事之出席，及出席過半數之決議行之。」因係以「集會」方式經常執行董事會職權，可知常務董事雖有業務執行權，但必須召集常務董事會，始能執行公司業務，不能單獨行使職權。又常務董事會所行使者，係董事會之職權，故在董事會休會期間，其地位與董事會相當；至於其職權之來源，通說認爲係基於法律規定，而非董事會之授權。故對章程、法令未規定或股東會、董事會未決議之事項，常務董事會基於與董事會相當之地位，仍得行使董事會職權[114]；但公司法明定專屬「董事會」決議之事項者，不論係普通決議（例如第171條召集股東會之決議）或特別決議（例如第266條發行新股之決議），均不得由常務董事會決議[115]。另常務董事可否代理出席？並無規定，惟因常務董事會係於董事會休會時，以集會方式經常執行董事會職權，故如公司章程訂定董事得由其他董事代理出席董事會者，亦得比照辦理[116]。

七、臨時管理人

按公司因董事死亡、辭職或當然解任，致董事會無法召開行使職權；或董事全體或大部分均遭法院假處分不能行使職權，甚或未遭假處分執行之其餘董事消極地不行使職權，將致公司業務停頓，影響股東權益及經濟秩序，故公司法第208條之1第1項規定：「董事會不爲或不能行使職權，致公司有受損害之虞時，法院因利害關係人或檢察官之聲請，得選任一人以上之臨時管理人，代行董事長及董事會之職權。但不得爲不利於公司之行

---

[114] 經濟部77年2月12日經商字第04379號函。

[115] 經濟部86年12月26日經商字第86224536號函。

[116] 經濟部87年3月21日經商字第87205438號函。

爲。」以維持公司運作。因臨時管理人係代行「董事長及董事會」職權，故此時臨時管理人爲公司之代表機關及業務執行機關，且在執行職務範圍內，亦爲公司負責人（公司§8Ⅱ）。

因臨時管理人係由法院選任，故選任或解任時，均應由法院囑託主管機關爲之登記或註銷登記（公司§208-1Ⅱ、Ⅲ），以便利第三人或利害關係人查閱。

新聞追蹤

太流選任臨時管理人　高院裁定沒必要

太平洋百貨控股公司太流公司的臨時管理人之爭，臺灣高等法院裁定，太流沒有選任臨時管理人必要，前審法院選任的臨時管理人簡敏秋、王弓、邱正雄、吳清友與陳志雄均解任。遠百昨天發布新聞稿表示，這項裁定依法不得抗告，全案定讞。太流公司目前既已無臨時管理人存在，應回歸公司治理常軌，繼續正常運作。

本件係因檢察機關通知經濟部撤銷太流公司增資及以後之各次變更登記（相關經過請參本編第一章第六節有關「搶SOGO經營權　遠東贏得關鍵一役」之說明）。恢復原有之登記以後，因太流公司董事任期已經屆滿，故主管機關依公司法第195條第2項之規定，命其於在2011年10月1日前改選，惟因當時太流公司所登記之實收資本額僅1,000萬元，而李恆隆60%持股被假處分禁止行使股東權，至於太百公司對太流公司之40%持股，依公司法第179條第2項第2款規定無表決權，致無法召開股東會改選董事，所以在主管機關之登記資料中，太流公司在2011年10月1日以後並無任何董事存在。因此，李恆隆以太流公司無董事會行使職權，致公司有受損害之虞爲由，聲請法院選任臨時管理人；而臺北地方法院則基於上述理由，於2012年2月13日裁定選任陳榮傳等三人爲太流公司之臨時管理人。案經遠東集團提出抗告，臺北地方法院合議庭於2012年5月11日改選任簡敏秋等五人爲太流公司之臨時管理人，但仍維持選任臨時管理人之裁定。雙方不服，均提出再抗告。

最後在2012年12月28日，臺灣高等法院以「公司增資之新股認受行爲，於認股人完成認股行爲，即取得公司股東之資格，得享受股東之權利，不以經增資登記爲生效要件。而公司法第189條規定，股東會之召集程序或其決議方法，違反法令或章程時，股東得自決議之日起三十日內，訴請法院撤銷其決議，該除斥期間經過時，撤銷訴權即告消滅。股份有限公司之新任董事長，自其就任後即生效力，並非經主管機關准予變更登記後，始生效力。」爲由，認爲遠東集團2011年8月1日以40億1,000萬元爲實收資本總額計算表決權數之股東會，已經選任徐旭東、遠百亞太開發股份有限公司及遠百新世紀開發股份有限公司等三人爲太流公司新任董事，並於同日推選徐旭東爲董事長；而李恆

隆雖曾於2011年8月31日訴請法院撤銷該次股東會決議，但旋於2011年12月16日撤回起訴，故太流公司股東之撤銷訴權已因除斥期間屆滿而消滅，股東已不能依公司法第189條規定提起撤銷股東會決議之訴，則該股東會決議自屬有效，所以新任董事長徐旭東自其就任後即生效力，得代表太流公司，無須經主管機關准予變更登記後，始生效力，縱未為變更登記，亦不影響其董事職權之行使。因此，太流公司董事會並無不能或不執行之情形，而無依公司法第208條之1第1項規定選任臨時管理人之必要，而廢棄選任臨時管理人之裁定，且因不得再抗告而確定。

2013-01-04／聯合報／記者劉峻谷、羅介好「太流選臨管人　高院裁定沒必要」報導

第四節　監察人

一、監察人之意義

　　監察人係股份有限公司法定、必備[117]、常設之監督機構。按股份有限公司業務之監督，在企業自治之原則下，理應由股東會為之，屬於「自治監督」之一環；惟股份有限公司股東人數眾多，且非經常開會，無法即時監督董事會執行業務，故由股東會另行選任監察人，就公司之業務及財務狀況隨時加以監督，以補股東會監督之不足。

二、監察人之人數、資格、任期、選任及解任

　　有關監察人之人數，依公司法第216條第1項、第2項規定：「公司監察人，由股東會選任之，監察人中至少須有一人在國內有住所。」「公開發行股票之公司依前項選任之監察人須有二人以上，其全體監察人合計持股比例，證券主管機關另有規定者，從其規定。」可知公開發行公司最少須設監察人二人，非公開發行公司可以僅設一人，惟實際人數應依章程之規定（公司§129⑤），但監察人中至少須有一人在國內有住所。至於其資格、任期、選任與解任之規定（公司§216Ⅳ、217及227準用197、199、199-1、200），及公開發行公司亦可依章程規定適用候選人提名制度（公司§216-1），均與董事相同，故不再贅述，請參酌前述有關董事之規定。惟監察人「全體」均解任時，董事會應於三十日內召開股東臨時會選任之，公開發行股票之公司，董事會應於六十日內召開股東臨時會

---

[117] 惟依公司法第128條之1第3項規定：「第一項公司，得依章程規定不置監察人；未置監察人者，不適用本法有關監察人之規定。」可知股東一人之股份有限公司得依章程規定不置監察人；另證券交易法第14條之4第1項本文及第3項規定：「已依本法發行股票之公司，應擇一設置審計委員會或監察人。」、「公司設置審計委員會者，本法、公司法及其他法律對於監察人之規定，於審計委員會準用之。」即公開發行公司得設置審計委員會取代監察人，此二種情形，監察人並非公司法定、必備之監察機關。

選任之（公司§217-1）；此與董事缺額達「三分之一」時，即須補選之規定不同（公司§201）。

三、監察人與公司間之關係

(一) 委任關係

公司法第216條第3項規定：「公司與監察人間之關係，從民法關於委任之規定。」但公司法有特別規定時，自應從公司法之規定；例如監察人之報酬係準用董事之規定（公司§227準用196）或監察人各得單獨行使監察權（公司§221）等。惟監察人並無競業禁止義務，與董事之規定不同（公司§209），且依公司法第222條之規定，監察人不得兼任公司董事、經理人或其他職員。

(二) 監察人之義務

監察人基於民法委任關係，對公司有計算義務（民§541、542）。此外，監察人在執行職務範圍內，亦為公司之負責人，故對公司負有忠實義務與善良管理人注意義務（公司§8Ⅱ、23Ⅰ）；另董事申報持有股份或申報股份設定與解除質權之義務，監察人亦準用之（公司§227準用197Ⅰ前段、Ⅱ及197-1Ⅰ）。

(三) 監察人之責任

1. 對公司之責任

公司法第224條規定：「監察人執行職務違反法令、章程或怠忽職務，致公司受有損害者，對公司負賠償責任。」此外，監察人對公司或第三人負損害賠償責任，而董事亦負其責任時，該監察人及董事為連帶債務人（公司§226）。

有關監察人責任之追究，依公司法第225條第1項規定：「股東會決議，對於監察人提起訴訟時，公司應自決議之日起三十日內提起之。」又此時應以公司董事長為代表人提起訴訟，惟依同條第2項規定：「前項起訴之代表，股東會得於董事外另行選任。」即股東會得另行選任適當之人選。另繼續六個月以上，持有已發行股份總數百分之一以上之股東亦得為公司對監察人提起代表訴訟，並適用有關訴訟損害賠償之規定（公司§227準用214、215）；惟此時少數股東請求之對象應為「董事會」[118]，董事會未於受少數股東書面請求三十日內提起訴訟時，少數股東始取得提起代表訴訟之權限。

2. 對第三人之責任

因監察人在執行職務範圍內，亦為公司之負責人，故其對於公司業務之執行，如有違反法令致他人受有損害時，對他人應與公司負連帶賠償之責（公司§8Ⅱ、23Ⅱ）。

---

[118] 王文宇「公司法論」第360頁。

四、監察人之權限

(一) 監察權之行使

1. 概括規定

公司法第218條第1項規定：「監察人應監督公司業務之執行，並得隨時調查公司業務及財務狀況，查核、抄錄或複製簿冊文件，並得請求董事會或經理人提出報告。」此為有關監察人監察權之概括規定。因調查公司業務及財務狀況，或查核簿冊文件，須具備專業能力，故同條第2項規定：「監察人辦理前項事務，得代表公司委託律師、會計師審核之。」且因律師、會計師係由監察人代表公司委託，所需費用自應由公司負擔。又同條第3項規定：「違反第一項規定，規避、妨礙或拒絕監察人檢查行為者，代表公司之董事處新臺幣二萬元以上十萬元以下罰鍰。但公開發行股票之公司，由證券主管機關處代表公司之董事新臺幣二十四萬元以上二百四十萬元以下罰鍰。」且主管機關或證券主管機關並應令其限期改正；屆期未改正者，繼續令其限期改正，並按次處罰至改正為止（公司§218IV），目的在確保監察人可以順利行使監察權。

2. 列舉規定

(1) 查核公司會計表冊

監察人除得調查公司業務及財務狀況外，依公司法第219條第1項規定：「監察人對於董事會編造提出股東會之各種表冊，應予查核，並報告意見於股東會。」此亦為監察人之主要權限。所謂各種表冊，指董事會於每一會計年度終了時所編造之營業報告書、財務報表、盈餘分派或虧損撥補之議案等表冊（公司§228 I）；監察人所為之報告，應以書面為之（公司§229）。同條第2項規定：「監察人辦理前項事務，得委託會計師審核之。」此一委任，亦應視為公司所委任，故委任關係直接存在於公司與會計師間，無須得董事會之同意，且會計師之報酬應由公司給付。同條第3項規定：「監察人違反第一項規定而為虛偽之報告者，各科新臺幣六萬元以下罰金。」目的在確保監察人報告之正確性。

(2) 其他列舉規定

此外，監察人有調查公司之設立經過、聽取董事報告其發現公司有受重大損害之虞之情形、列席董事會陳述意見、通知董事會或董事停止其違法行為、查核現物出資、審查清算人就任時所造具之財務報表及財產目錄、審查清算人於清算完結時所造具之會計表冊（公司§146 I、218-1、218-2、274 II、326 I、331 I）等權限。

(二) 公司之代表權

監察人除得代表公司與董事訴訟或為法律行為（公司§213、223）外，亦得代表公司委託律師或會計師（公司§218 II、219 II），因監察人有代表權，故委任關係存在於

公司與律師或會計師之間，且無須得董事會之同意。

(三) 股東會之召集權

監察人於必要時，得爲公司利益，主動召集股東會（公司§220）；於受法院命令時，亦有被動召集股東會之義務（公司§245Ⅱ）。

新聞追蹤

拿不到黑松股東名冊　張道榕要求嚴懲統一證

黑松監察人張道榕再出招，今（30）日登報再度砲轟統一證不提供股東名冊給監察人，希望統一證能依法行事。張道榕公開籲請金管會及經濟部，就統一證券悍然違法及公然挑戰主管機關公權力的行爲，立即予以最嚴厲的裁罰。對於張道榕質疑，黑松強調自始至終都願意讓監察人查閱股東名冊，但基於個人資料保護法，監察人必須簽署保密協定，但張道榕拒絕，雙方認知有差距，未能達成共識。

本件監察人請求提供股東名簿，據報載，係因黑松公司將召集股東會改選董監事，故其目的是爲了徵求委託書以確保其董事或監察人席次，因此，本件與公司經營權之爭奪有關。依當時公司法第218條第1項之規定，「查核簿冊文件」亦爲監察人之權限；而所謂「簿冊」，包括歷屆股東會議事錄、資產負債表、股東名簿及公司債存根簿等（經濟部81年12月8日經商字第232851號函參照）。故本件無論監察人請求提供股東名簿之目的爲何，均得請求黑松公司之股務代理機構提供股東名簿，且提供方式除影印外，亦得以光碟或儲存媒體方式爲之；如公司或股務代理機構拒絕提供股東名簿，自屬同條第3項所規定之規避、妨礙或拒絕監察人檢查，主管機關得予以罰鍰。惟因「查核簿冊文件」是否包括抄錄或複製屢有爭議，故2018年修法時，明定監察人得「查核、抄錄或複製簿冊文件」。

至於黑松公司表示監察人應於指定之時間查核，且基於個人資料保護法之規定，必須簽保密協定，同時不可將股東名冊名簿帶走等主張，則與法不合。首先，公司法第218條第1項已經明文規定監察人得「隨時」查核，顯見並無時間或次數之限制；其次，監察人進行業務檢查，係爲健全公司之經營，屬於公司內部之權利制衡機制，且既稱「查核」，自無不許攜出之理，故主管機關事後曾函釋「得將股東名簿自保管處所攜出」（經濟部102年7月22日經商字第10200624630號函參照），何況本件監察人只請求影印而已。另就個人資料之利用而言，個人資料保護法性質上屬於普通法，如個人資料係其他法律明定應公開或提供者，性質上爲個人資料保護法之特別規定，應優先適用；故本件應適用公司法第218條第1項之規定，許監察人抄錄或複製，而不違反個人資料保

護法之規定（公司法第210條第1項、第2項規定之情形亦屬之），此亦有經濟部103年3月28日經商字第10300542570號函釋可稽。

五、檢查人

(一) 檢查人之意義

檢查人係股份有限公司法定、任意、臨時之監督機關。按公司雖設有監察人，但因監察人與董事同時選任，且監察人亦列席董事會（公司§218-2 I），恐因日常相處，致礙於情面，甚至二者狼狽為奸，故公司法為避免監察人未盡監督之責，於特定情形下，設置與董事、監察人無關之檢查人進行調查，以補監察人監督之不足[119]。檢查人於執行職務之範圍內亦為公司之負責人，故負有忠實義務及善良管理人之注意義務，並負損害賠償責任及連帶責任（公司§8 II、23 I II）。

(二) 檢查人之人數及資格

有關檢查人之人數，公司法並無規定，故由選任機關依其職務之繁簡而定；至於檢查人之資格，除公司重整裁定前或特別清算時，應選任對公司業務具有專門學識、經營經驗而非利害關係人者外（公司§285 I、352 II），其餘並無特別規定，惟多數學者均認為宜由具有專門學識而無利害關係之人擔任。

(三) 選任之機關及其權限

1. 創立會

按公司採募集設立者，發起人應於認股人繳足股款後二個月內召開創立會選任董事、監察人；董事、監察人經選任後，應即就公司法第145條第1項各款所列事項，為確實之調查並向創立會報告（公司§143、146 I）。如董事、監察人由發起人當選，且與自身有利害關係者，前述調查，創立會得另選檢查人為之（公司§146 II）。

2. 股東會

股東會為查核董事會造具之表冊、監察人之報告時，得選任檢查人（公司§184 II）。另少數股東得請求董事會召集股東臨時會，或報經主管機關許可，自行召集；於股東臨時

---

[119] 惟檢查人之權限多以調查公司之會計是否正確及發起人、董事或清算人等執行職務是否適法為限，而不及於公司業務執行是否適當（重整裁定前之檢查人除外；公司§285 I③），且檢查人之權限僅限於調查事實之真相及報告予選任機關，本身並無糾正之權利，故學說稱檢查人之權限為監督權，與監察人之監察權有所區別；以上參柯芳枝「公司法論（下）」第105頁。

會時，為調查公司業務及財產狀況，得選任檢查人（公司§173Ⅲ）。又清算完結時，清算人應於十五日內，造具清算期內收支表、損益表、連同各項簿冊，送經監察人審查，並提請股東會承認；此時股東會亦得另選檢查人，檢查前述簿冊是否確當（公司§331Ⅰ、Ⅱ）。

3. 法院

法院依繼續六個月以上，持有已發行股份總數百分之一以上股東之聲請，可選派檢查人，檢查公司業務帳目及財產情形（公司§245Ⅰ）。另依公司法第285條第1項規定，法院受理重整之聲請時，除徵詢各主管機關具體意見外，並得選任對公司業務具有專門學識、經營經驗而非利害關係人者為檢查人，就該項各款所列事項為調查，並報告法院。又於特別清算程序，依公司財產之狀況有必要時，法院得據聲請，或依職權命令檢查公司之業務及財產，此時亦得準用公司法第285條之規定選任檢查人，調查公司之業務及財務等狀況（公司§352）。

(四) 選任之方式

檢查人由創立會或股東會選任者，因公司法並無特別規定，自應適用普通決議（公司§174）；至於由法院選任者，應依非訟事件法之規定處理，並依該法第171條之規定，由本公司所在地之法院管轄。

你知道嗎？

監察人與獨立董事、審計委員會有何不同？

按現行公司法規定，股份有限公司應設董事會及監察人。惟2006年1月增訂證券交易法第14條之2至第14條之5等規定，使公開發行公司可以設置獨立董事，並得由全體獨立董事組成審計委員會取代監察人，此時，監察人並非公司法定、必備之監察機關。因此，依我國現行公司法制，在非公開發行公司，係採董事會與監察人並立之雙軌制；至於公開發行公司，則可選擇採用雙軌制或不設監察人之單軌制。前者，又依是否設置獨立董事，可區分為董事會全部由一般董事所組成或部分董事為獨立董事二種類型；後者，則董事會至少有三名獨立董事，並由全體獨立董事組成審計委員會取代監察人。

又依證券交易法第14條之2第1項但書及第14條之4第1項但書等規定，證券主管機關可以強制部分公司設置獨立董事，甚至以審計委員會替代監察人。據此，金管會於107年12月19日發布金管證發字第10703452331號函令，規定「已依本法發行股票之金融控股公司、銀行、票券金融公司、保險公司、證券投資信託事業、綜合證券商、上

市（櫃）期貨商及實收資本額達新臺幣二十億元以上非屬金融業之上市（櫃）公司，應設置審計委員會替代監察人；實收資本額未滿新臺幣二十億元非屬金融業之上市（櫃）公司，應自中華民國109年1月1日起設置審計委員會替代監察人。但前開金融業如為金融控股公司持有發行全部股份者，得擇一設審計委員會或監察人。」可知除非是金融控股公司百分之百持股之子公司，否則公開發行公司均應設置獨立董事，並以審計委員會取代監察人，即採單軌制。

有關公開發行公司設置獨立董事及審計委員會之目的，依立法理由，係為健全公司治理，提升董事會運作效能，並落實監督等。惟學者對此有不同意見，並質疑單軌制是否優於雙軌制？獨立董事及審計委員會是否比監察人更能發揮功能？按現行制度下，監察人無法發揮功能之主要理由，在於監察人與董事係分別選舉，大股東選任自己人為董事後，同樣股權可以再支持他人擔任監察人，故監察人必須仰賴大股東之支持才能當選。而選任獨立董事必須採董事候選人提名制度，且獨立董事持有公司之股份又受有限制（證交§14-2Ⅱ），因此，獨立董事依附大股東之程度將比監察人更高（賴英照「最新證券交易法解析」第202頁參照）。故亦有學者主張董事、監察人應併同選舉，即舊公司法第198條第2項、第3項規定：「股東會選任董事，同時選任監察人者，應與選任監察人合併舉行；每一股份有與應選出董事及監察人人數相同之選舉權，得集中選舉一人，或分配選舉數人，由所得選票代表選舉權較多者，分別當選為董事或監察人。」、「依前項規定同時當選為董事與監察人之股東，應自行決定充任董事或監察人，其缺額由原選次多數之被選人遞充。」此種制度下選任之監察人通常會有較高獨立性，惟1983年修法時遭刪除，對此學者頗多批評（劉連煜「現代公司法」第522頁）。因此，在現行選舉制度下，獨立董事能否真正具有獨立性，實有疑問，惟獨立董事必須具備專業資格（證交§14-2Ⅱ），則是其不同於一般董事或監察人之處。

第七章　股份有限公司之財務

第一節　會計

一、概說

　　所謂會計，指對經濟資料的辨認、衡量與溝通之過程，以協助資訊使用者作審慎的判斷與決策[1]。按公司是以營利為目的之社團法人，故其組織之目的在經營一定之事業，並將其所得之盈餘分派於股東；而在股份有限公司，一般股東並不參與公司之經營，且在股東有限責任原則下，公司財產為債權人之唯一擔保，故為保護一般股東與債權人之利益，必須使公司會計真實及明確，並能供利害關係人分析及比較，以瞭解公司經營績效與財務狀況。因此，公司法特於股份有限公司中設「會計」一節，對會計表冊之編造、公積之使用、盈餘分派、彌補虧損及員工分紅（本書將相關措施合併為「員工獎勵制度」一併作說明）等制度予以規定；至於公司法未規定者，應適用商業會計法及一般公認會計原則。

二、會計表冊

(一) 會計表冊之種類

　　公司法第228條第1項規定：「每會計年度終了，董事會應編造左列表冊，於股東常會開會三十日前交監察人查核：一、營業報告書。二、財務報表。三、盈餘分派或虧損撥補之議案。」可知會計表冊指營業報告書、財務報表及盈餘分派或虧損撥補之議案三者。營業報告書之內容，包括經營方針、實施概況、營業計畫實施成果、營業收支預算執行情形、獲利能力分析、研究發展狀況等（商會§66Ⅱ）；而財務報表，則包括資產負債表、綜合損益表、現金流量表及權益變動表（商會§28Ⅰ）；至於所謂盈餘分派或虧損撥補之議案，指公司有盈餘時，應如何將盈餘分派於股東之議案，例如每股股息或紅利若干、發放現金或股票等，或公司有虧損時，應如何彌補之議案，例如以公積彌補或減資彌補等。

(二) 會計表冊之編造

　　會計表冊之編造人為董事會，其編造之方法應依中央主管機關規定之規章辦理（公司

1　林修葳、杜榮瑞、薛富井、蔡彥卿「會計學」第12頁。

§228Ⅱ）；並應於股東常會開會三十日前交監察人查核，監察人並得請求董事會提前交付查核（公司§228Ⅲ）。此係董事會與監察人間內部權責分工之規定，惟三十日期間之規定，目的在賦予監察人相當之時間以利完成查核工作，如董事會未遵守此一期間將有關會計表冊交給監察人查核者，僅生監察人得否異議或拒絕查核之問題而已，尚與股東會日後對於會計表冊所為決議之效力無涉[2]，即其並非公司法第189條所規定之召集程序瑕疵。

(三) 會計表冊之查核、備置與查閱

對董事會所提出之會計表冊，監察人應依公司法第219條之規定進行查核，並應提出報告書，且依公司法第229條規定：「董事會所造具之各項表冊與監察人之報告書，應於股東常會開會十日前，備置於本公司，股東得隨時查閱，並得偕同其所委託之律師或會計師查閱。」目的在使股東於股東常會為會計表冊之承認決議時有判斷基礎；惟董事會所造具之各項表冊未遵限備置於本公司，致無法供股東於股東常會開會十日前查閱者，雖違背公司法第229條之規定，但仍不影響股東會決議之效力[3]。又本條之律師或會計師係股東個人所委託，與監察人委託之情形不同（公司§218Ⅱ、219Ⅱ），故費用應由股東個人負擔。

(四) 會計表冊之承認與分發

公司法第230條第1項規定：「董事會應將其所造具之各項表冊，提出於股東常會請求承認，經股東常會承認後，董事會應將財務報表及盈餘分派或虧損撥補之決議，分發各股東。」如會計年度終了後所召開之股東常會，未承認董事會所造具之各項表冊，董事會自應再行召集股東常會承認之[4]；又會計表冊經股東會承認後，董事會有將財務報表及盈餘分派或虧損撥補之決議分發股東之義務，如代表公司之董事違反規定不為分發者，可處新臺幣一萬元以上五萬元以下罰鍰（公司§230Ⅳ）。同條第2項規定：「前項財務報表及盈餘分派或虧損撥補決議之分發，公開發行股票之公司，得以公告方式為之。」公告方式應向金管會指定之資訊公告申報網站（公開資訊觀測站）進行傳輸，於完成傳輸後，即視為已依規定完成公告[5]。此外，因公司之財務及業務狀況對債權人有重大影響，故同條第3項規定：「第一項表冊及決議，公司債權人得要求給予、抄錄或複製。」以保障債權人有得知公司營運狀況之機會。

---

[2]　經濟部101年2月13日經商字第10102004270號函。

[3]　經濟部80年5月9日經台商（五）發字第210957號函。

[4]　經濟部93年1月9日經商字第09302002300號函。

[5]　金管會100年7月7日金管證交字第1000031773號函。

(五) 會計表冊承認之效力

公司法第231條規定：「各項表冊經股東會決議承認後，視爲公司已解除董事及監察人之責任。但董事或監察人有不法行爲者，不在此限。」股東會於決議承認前，得查核董事會所造具之各項會計表冊及監察人之報告書，並得選任檢查人查核（公司§184Ⅰ、Ⅱ）。因「視爲」公司已解除董事及監察人之責任，故責任解除爲會計表冊承認決議之附隨法定效果，無須另爲決議而當然發生解除責任之效力；至於責任解除之範圍，應限於向股東常會提出之會計表冊所揭露之事項，或自表冊所知悉之事項所得追究之董事或監察人責任。有關董事及監察人責任之解除，係因董事負擔較重之責任，故基於法律政策之考量，對於與不法行爲無關而發生與否不確定之一般責任，特令其迅速消滅，以鼓勵董事勇於任事；而董事責任既經解除，監督其執行業務之監察人之監督責任，亦應一併解除，方屬公平[6]。惟董事或監察人如有不法行爲，例如營私舞弊或僞造單據文件時，不因承認決議存在而解除其責任，仍須就其不法行爲對公司負責。

三、公積

(一) 公積之意義

所謂公積，指公司之純財產超過實收資本額，而積存於公司之金額。惟「公積」與「資本」同屬計算上之數額，並非具體財產；故所謂「積存」，並非公司現實保留特定財產，只是在公司資產負債表之「權益」要素中記載一定之金額，而從公司純財產中予以扣除，使公司得以保留相當於該數額之金額，可不作爲盈餘分派於股東。至於公積制度之目的，在於股份有限公司僅以公司財產作爲信用基礎，故藉公積之提列充實公司之財產，從而增強其信用，以保護債權人及交易安全。

(二) 公積之分類

1. 法定公積與任意公積

本分類是依公積之積存是否基於法律強制規定作爲區別標準。法定公積是基於法律強制規定而積存，例如法定盈餘公積或資本公積；至於任意公積，是基於章程訂定或股東會決議而積存，例如特別盈餘公積。

2. 盈餘公積與資本公積

本分類是依公積之資金來源作爲區別標準。盈餘公積是由保留盈餘所積存之公積，其係公司營業結果所產生之權益，又可分爲法定盈餘公積與特別盈餘公積[7]；至於資本公

6　柯芳枝「公司法論（下）」第116頁。

7　依商業會計處理準則第29條第1項第1款及第2款之規定，前者指依公司法或其他相關法律規定，自盈餘中指撥之公積；後者指依法令或盈餘分派之議案，自盈餘中指撥之公積，以限制股息及紅利之

積，依商業會計處理準則第28條第1項之規定，指公司因股本交易（而非「營業活動」）所產生之權益，包括超過票面金額發行股票所得之溢價、受領贈與之所得及其他項目等，法律強制其應積存，不得任意分配，故性質上屬於法定公積。

(三) 公積之提列

1. 法定盈餘公積之提列

公司法第237條第1項規定：「公司於完納一切稅捐後，分派盈餘時，應先提出百分之十為法定盈餘公積。但法定盈餘公積，已達實收資本額時，不在此限。」另依公司法第232條第1項規定：「公司非彌補虧損及依本法規定提出法定盈餘公積後，不得分派股息及紅利。」可知提列「百分之十」法定盈餘公積，應以完納稅捐及彌補虧損後之餘額為準[8]。又法定盈餘公積之提列，如已達實收資本額時，對公司債權人之保護已屬足夠，故但書規定無須再為提列。如公司負責人違反規定不提法定盈餘公積時，各處新臺幣二萬元以上十萬元以下罰鍰（公司§237Ⅲ）。

2. 特別盈餘公積之提列

公司法第237條第2項規定：「除前項法定盈餘公積外，公司得以章程訂定或股東會議決，另提特別盈餘公積。」即其提列之時間，應在公司提出法定盈餘公積後為之；至於提列之數額，應依章程規定或股東會決議而定。

3. 資本公積之提列

有關資本公積之提列，應依商業會計法及相關法令之規定，並按其性質分別列示（商準§28Ⅱ）。

(四) 公積之用途

1. 法定盈餘公積及資本公積之用途

公司法第239條第1項規定：「法定盈餘公積及資本公積，除填補公司虧損外，不得使用之。但第二百四十一條規定之情形，或法律另有規定者，不在此限。」可知法定盈餘公積及資本公積之使用有下列二種情形：

(1) 填補虧損

填補虧損，又稱彌補虧損。所謂虧損，指公司在同一會計年度所發生之全部收益，減除同期之全部成本、費用及損失，再減除營利事業所得稅後之差額為負數，即為該期稅後純損，又稱本期淨損（商準§39）；如累積多期虧損未經彌

分派者。

[8] 為因應國內會計準則變革，公司依公司法第237條規定提列法定盈餘公積時，以「本期稅後淨利」為提列基礎者，自公司辦理108年度財務報表之盈餘分配起，應以「本期稅後淨利加計本期稅後淨利以外項目計入當年度未分配盈餘之數額」作為法定盈餘公積之提列基礎（經濟部109年1月9日經商字第10802432410號函參照）。

補，稱爲累積虧損或待彌補虧損（商準§29Ⅰ③），公司法所稱「虧損」撥補、彌補「虧損」或填補「虧損」者，係指累積虧損而言[9]。又所謂彌補虧損，屬計算上之觀念，係減少資產負債表「權益」要素中之法定盈餘公積或資本公積之數額，同時減去累積虧損之相同數額。另依公司法第239條第2項規定：「公司非於盈餘公積填補資本虧損，仍有不足時，不得以資本公積補充之。」可知彌補虧損應先以盈餘公積爲之，仍有不足時，始得使用資本公積；又盈餘公積除法定者外，尚有特別盈餘公積，可否以特別盈餘公積彌補虧損應視提列時所指定之用途而定。

(2) 按股東原有股份之比例發給新股或現金

公司法第241條第1項規定：「公司無虧損者，得依前條第一項至第三項所定股東會決議之方法，將法定盈餘公積及下列資本公積之全部或一部，按股東原有股份之比例發給新股或現金：一、超過票面金額發行股票所得之溢額。二、受領贈與之所得。」及同條第3項規定：「以法定盈餘公積發給新股或現金者，以該項公積超過實收資本額百分之二十五之部分爲限。」可知得用於發給股東新股或現金之法定盈餘公積，限於超過實收資本額百分之二十五之部分，至於資本公積，則限於超過票面金額發行股票所得之溢額及受領贈與之所得；立法理由在於公司應隨時保留法定盈餘公積達實收資本額之百分之二十五，及可分派之資本公積以已實現者爲限。又其前提要件，限於公司無虧損及經股東會特別決議或公開發行公司便宜決議，且出席股東股份總數及表決權數，章程有較高規定者，從其規定；其理由在於公司有虧損時，應先彌補虧損，及以公積發行新股於股東時，係以公積充股款，等同強制股東認股，故應愼重爲之。另同條第2項規定：「前條第四項、第五項規定，於前項準用之。」則爲發行新股之生效及授權董事會辦理之規定，於以法定盈餘公積及資本公積發給股東新股或現金時亦適用（請詳後述分派盈餘之說明）。

2. 特別盈餘公積之用途

公司提列特別盈餘公積時，通常會指定其用途，例如爲了平衡股利，避免公司因盈虧起伏不定，致影響每年之盈餘分派；或爲改良或擴充生產設備；或爲償還公司債或特別股等。惟公司亦可不指定用途而提列，此時用於彌補虧損或分派盈餘，均無不可。

---

[9] 經濟部77年7月22日經商字第21356號及92年7月15日經商字第09202144820號函。

新聞追蹤

台積電條款發威　現金股利猛加碼

　　不讓股利縮水，上市櫃公司拿出資本公積等加發現金股利，甚至超過每股盈餘（EPS）水準。據統計，今年已有中華電等逾十家上市櫃公司「加碼」現金股利，維持高水準的殖利率吸引投資人。根據公開資訊觀測站，目前已公告去年度股利、以資本公積加發現金股利的公司，包括中華電信、鈊象、晶華、尚凡資訊、橘子、精誠資訊、統一超、全國電、誠品生活等，統一超、誠品、晶華等，現金股利更創歷史新高。

　　按公司法第241條於2012年1月4日修正前，有關法定盈餘公積及資本公積之用途，僅得發給股東新股，而不得發給現金；且限制以法定盈餘公積發給新股（當時稱為「撥充資本」）者，以該項公積已達實收資本額百分之五十，並以撥充其半數為限。惟自2008年下半年起，因受到金融海嘯衝擊，台積電擔憂次年無法同以往發放現金股利，恐影響公司股價表現，因此向政府建議放寬資本公積與法定盈餘公積之用途。對此，經濟部與台積電、金管會一同籌組專案小組，會商後取得共識，決定修改公司法，使超過實收資本額百分之二十五之法定盈餘公積及資本公積可以發放現金於股東，故修正後之公司法第241條被稱為「台積電條款」。

　　惟台積電在金融海嘯後獲利快速恢復，這幾年都沒有引用該條款發放現金，反而是中華電信、晶華酒店、台灣大等公司均以資本公積發放現金；尤其是目前帳上有近2,000億元資本公積的中華電信，不但在修法後年年發放現金，甚至在修法前，即連續數年透過資本公積撥充資本、再減資之方式，退還股東現金。可見原來條文限制不能發放現金並無實益，公司仍可透過減資方式規避，予以放寬可以讓公司彈性運用，有助於吸引投資。

　　又上市櫃公司「加碼」發放現金於股東，係因2015年起，「兩稅合一」提供股東之扣抵率將從100%扣抵降至50%，因形同加稅，故公司盡量將可分派於股東之公積予以發放。另以法定盈餘公積及資本公積發放之新股或現金，性質上非屬股息或紅利，與盈餘分派不同，故僅能發放於股東，員工不能依公司法第235條之1規定請求分派。

2014-03-31 / 聯合報 / 記者林上祚「台積電條款發威　現金股利猛加碼」報導

四、分派盈餘

(一) 概說

　　公司為營利法人，故公司將營利所得分派於股東，可謂公司本質上之要求。雖然公司亦可於解散時，將賸餘財產一次性分派於股東，但公司通常未定存續期間，且正常情形下

亦不會考慮解散公司，故須每年定期結算損益，將盈餘分派於股東。又盈餘分派可分為股息及紅利，二者又合稱「股利」。所謂股息，指定額或定率所分配之盈餘，股息之定額或定率應於章程中訂定，例如以章程訂定特別股之股息；至於紅利，則係股息以外，所分派之盈餘，紅利又可分為股東紅利、員工紅利與董監事酬勞三者[10]。

(二) 盈餘分派之時期

按每會計年度終了後，董事會應編造盈餘分派或虧損撥補之議案，並於股東常會開會三十日前交監察人查核，再提出於股東常會請求承認（公司§228 I ③、230 I）；其本意僅准予就上年度盈餘為一次分派，但增訂之公司法第228條之1第1項規定：「公司章程得訂明盈餘分派或虧損撥補於每季或每半會計年度終了後為之。」目的在強化股東投資效益，使公司治理更具彈性，惟應於章程中訂明。同條第2項規定：「公司前三季或前半會計年度盈餘分派或虧損撥補之議案，應連同營業報告書及財務報表交監察人查核後，提董事會決議之。」因本項已明定提董事會決議，自不適用股東會相關規定，例如公司法第184條、第230條、第240條等。公司於每季或每半會計年度分派盈餘時，應先預估並保留應納稅捐、依法彌補虧損及提列法定盈餘公積。但法定盈餘公積，已達實收資本額時，不在此限（公司§228-1 Ⅲ）。

同條第4項規定：「公司依第二項規定分派盈餘而以發行新股方式為之時，應依第二百四十條規定辦理；發放現金者，應經董事會決議。」如以發行新股方式為之時，因涉及股權變動而影響股東權益，故該議案除應提董事會決議外，並應經股東會特別決議或公開發行公司便宜決議；至於發放現金者，僅須經董事會決議即可。又公開發行公司於每季或每半會計年度分派盈餘或撥補虧損時，應依經會計師查核或核閱之財務報表為之（公司§228-1 Ⅴ）。

(三) 盈餘分派之要件

1. 公司須有盈餘

公司法第232條第2項規定：「公司無盈餘時，不得分派股息及紅利。」反面解釋即公司必須有盈餘時，始得為盈餘分派；以免公司無盈餘時，卻將公司財產以股利之方式分派於股東，不但違反資本維持原則，亦損害公司債權人之權益。而盈餘分派，係以期末盈餘作為分派基礎；至於期末盈餘之數字來源，一般係由期初保留盈餘，加計保留盈餘調整數及本期稅後淨利等計算之[11]。

---

[10]　按股東紅利與員工紅利，依公司法第240條第1項及第235條之1第3項之規定，得發給新股，但董監事酬勞並不適用，故不得以發行新股方式為之（經濟部91年4月2日經商字第09102060640號函參照）。

[11]　經濟部103年2月11日經商字第10302008980號函。

2. 建業股息之分派

　　按部分事業之經營，不但資本密集，且必須有較長之準備時間，例如交通、鋼鐵或能源事業等，如未有盈餘即不能分派股息，將降低大眾對其投資意願，反而不利對國計民生有重大影響之事業發展；惟基於資本維持原則，建設股息之發放，並非所有公司皆得任意為之，必須符合法定要件。公司法第234條第1項規定：「公司依其業務之性質，自設立登記後，如需二年以上之準備，始能開始營業者，經主管機關之許可，得依章程之規定，於開始營業前分派股息。」此種股息稱為「建業股息」，性質上屬於預付股息，為前述盈餘分派要件之例外。同條第2項規定：「前項分派股息之金額，應以預付股息列入資產負債表之股東權益項下，公司開始營業後，每屆分派股息及紅利超過實收資本額百分之六時，應以其超過之金額扣抵沖銷之。」按預付股息屬股東權益之減項，此處特明文規定其會計處理方式，強制公司開始營業後有盈餘時，應將可分派盈餘超過實收資本額百分之六部分扣抵沖銷預付股息，即限制股息及紅利之最高分派比率。

新聞追蹤

特別股股息爭訟　高鐵再勝

　　高鐵公司與持有特別股的法人股東凱基證券、大陸工程及台新銀行之間，關於特別股股息及利息爭訟，臺灣高等法院三個不同的合議庭昨（20）日都認定，依公司法規定，公司營運後無盈餘，不得分派股息及利息，因此一致判決，凱基證等三公司的上訴均駁回。高鐵在民國92年1月辦理私募發行「甲種記名式可轉換特別股」後，陸續支付股東股息直到96年1月4日就不再付息，凱基證券、大陸工程及台新銀等三法人股東分別提起訴訟，請求法院判決高鐵依約給付股息及利息，但遭士林地院全部判敗後，向高等法院提起上訴。

　　按臺灣高鐵公司在高速鐵路興建期間為籌措資金，曾發行多種載明股息之特別股。因該公司業務之性質，符合公司法第234條第1項規定「自設立登記後，如需二年以上之準備，始能開始營業」之要件，故曾取得經濟部許可，得於開始營業前分派股息，且其公司章程第36條第3項亦規定「本公司經主管機關許可，於開始營業前分派特別股股息」，因此，該公司得對特別股股東發給「建業股息」。惟此種股息限於「開始營業前」分派，而臺灣高鐵公司已經自2007年1月5日起開始營運及提供載客服務，故自當日起即不得再適用公司法第234條第1項規定例外發給特別股股息；以後如某一年度無盈餘或盈餘不足分派特別股股息時，依該公司章程之規定，應累積於以後有盈餘之年度優先補足。因此，本件臺灣高鐵公司因公司開始營業後無盈餘，致未分派特別股股息，符合公司法第232條第2項之規定。

　　惟臺灣高鐵公司於私募「丙（九）種特別股」時，曾具體向應募人陳明所指之「開始營業日」為「苗栗、彰化、雲林等高鐵各車站工程竣工完成前」，並經目的事業主管機關交通部認定在案；而經濟部亦表明公司法第234條「開始營業日」應以目的事業主管機關認定為準。故就該種特別股，實務上曾有判決基於解釋意思表示，應探求當事人之真意，及行使權利，履行義務，應依誠信原則等理由（民§98、148），認為應以「完成苗栗、彰化、雲林等所有車站全面營業」作為公司法第234條「開始營業日」之時點，而認為臺灣高鐵公司應依章程規定給付該種特別股股息（最高法院100年度台上字第665號判決參照）。又股息雖適用五年短期消滅時效（民§126），但消滅時效應自請求權可行使時起算（民§128）；現臺灣高鐵公司因無盈餘致依法不能分派特別股股息，並非特別股股東不行使股息分派請求權，自無消滅時效起算與否之問題。

2015-01-21 / 工商時報 / 記者張國仁「特別股股息爭訟　高鐵再勝」報導

(四) 盈餘分派之標準

　　公司法第235條規定：「股息及紅利之分派，除本法另有規定外，以各股東持有股份之比例為準。」其目的在維持股東平等原則；公司法另有規定之情形，例如特別股分派股息及紅利之順序、定額或定率（公司§157 I ①），得與普通股不同。

(五) 盈餘分派之方法

1. 現金股利

　　因以現金分派盈餘，股東始能現實地享受其利益，故發放現金為盈餘分派之原則，其僅須經股東會普通決議即可（公司§184 I）。惟為配合公開發行公司實際需要，公司法第240條第5項規定：「公開發行股票之公司，得以章程授權董事會以三分之二以上董事之出席，及出席董事過半數之決議，將應分派股息及紅利之全部或一部，以發放現金之方式為之，並報告股東會。」此時董事會已因章程之規定取得現金股息及紅利分派之專屬權，股東會僅得依公司法第240條第1項之規定為股票股息及紅利分派之決議[12]；且董事會事後於股東會報告時，無須再經股東會決議同意。

2. 股票股利

　　股票股利，又稱「盈餘轉增資」或「盈餘轉作資本」，屬於一種特殊的發行新股。公司法第240條第1項規定：「公司得由有代表已發行股份總數三分之二以上股東出席之股東會，以出席股東表決權過半數之決議，將應分派股息及紅利之全部或一部，以發行新股

12　經濟部108年3月12日經商字第10800540160號函。

方式爲之：不滿一股之金額，以現金分派之。」即以發行新股方式分派股息或紅利時[13]，須經股東會特別決議或公開發行公司便宜決議，且出席股東股份總數及表決權數，章程有較高規定者，從其規定（公司§240Ⅱ、Ⅲ）；其理由在於股票股利係現金分派盈餘之例外，屬強制股東認股，影響股東權益甚鉅，故應慎重決定[14]。

又同條第4項規定：「依本條發行新股，除公開發行股票之公司，應依證券主管機關之規定辦理者外，於決議之股東會終結時，即生效力，董事會應即分別通知各股東，或記載於股東名簿之質權人。」即除公開發行公司應依證券交易法第22條第1項、第2項之規定，向金管會申報生效後，始得發行新股外，非公開發行公司，則於股東會終結時發生效力[15]，董事會負有通知股東或質權人之義務。

(六) 違法分派之效果

依公司法第233條之規定，公司違反第232條規定分派股息及紅利時，公司之債權人，得請求退還，並得請求賠償因此所受之損害。又公司負責人違反公司法第232條第1項或第2項規定分派股息及紅利時，各處一年以下有期徒刑、拘役或科或併科新臺幣六萬元以下罰金（公司§232Ⅲ）。

五、彌補虧損

(一) 概說

公司有累積虧損，除以未分配盈餘、法定盈餘公積或資本公積彌補外，股份有限公司尚得以減資方式彌補。又以資本彌補虧損，亦屬計算上之觀念，係以減少資產負債表之「權益」要素中之資本數額，同時減去累積虧損之相同數額，故屬於形式上減資，與退還股東現金或其他財產之實質上減資（公司§168Ⅱ）不同。

(二) 彌補虧損之時間

1. 期終彌補虧損

每一會計年度終了後，董事會編造會計表冊而公司有累積虧損時，應作成虧損撥補之議案，除送交監察人查核外，並應提出於股東常會請求承認（公司§184Ⅰ、228Ⅰ

---

[13] 無論是股息或紅利，均得以股票股利爲之；又無論是普通股或特別股，所發放之股票，均限於普通股（經濟部98年2月16日經商字第09802016570號函參照）。

[14] 柯芳枝「公司法論（下）」第128頁。

[15] 惟依經濟部97年5月26日經商字第09702056520號函釋，公司盈餘分派議案（包括現金股利及股票股利）經股東常會決議後，如尚未完成分派，則可於該股東常會召開當年度營業終結前召開股東臨時會，變更該股東常會之盈餘分派決議；但該盈餘分派案如業已分派完成，則不發生再召開股東臨時會變更股東常會盈餘分派決議之情事。

③）；經股東常會承認後，即依議案所擬辦法彌補虧損。

2. 期中彌補虧損

　　公司法第168條之1第1項規定：「公司為彌補虧損，於會計年度終了前，有減少資本及增加資本之必要者，董事會應將財務報表及虧損撥補之議案，於股東會開會三十日前交監察人查核後，提請股東會決議。」立法理由係基於股份有限公司為改善財務結構，以減資彌補虧損時，可同時引進新資金，並得就當年度期中虧損彌補之，以利企業運作。同條第2項規定：「第二百二十九條至第二百三十一條之規定，於依前項規定提請股東臨時會決議時，準用之。」即明定提請股東會決議者，包括股東臨時會；至於董事會應造具表冊之規範事項則準用同法第229條至第231條有關股東常會之規定。

　　另公司章程亦得訂明虧損撥補於每季或每半會計年度終了後為之，其規定與前述盈餘分派相同（公司§228-1Ⅰ），不另贅述。

你知道嗎？

如何決定股利發放之日期與除息、除權交易

　　公司發放現金或股票股利時，在實務上有四個重要日期，即股東會決議日、停止過戶日、股利基準日與股利發放日。所謂股東會決議日，指股東會通過盈餘分派議案之日，此時應一併決定股利基準日或授權董事會決定；而股利基準日，係指到該日為止，登載於公司股東名簿之股東及其持有之股數，為股利分配之基準，實務上又稱為「除權（息）基準日」；至於停止過戶日，係為便利公司整理股東名簿及辦理過戶作業，故依公司法第165條第2項後段規定，限制在股利基準日前五日內，不得辦理股票之過戶，此段期間稱為停止過戶期間，停止過戶日即此段期間之首日；而股利發放日，則為公司實際發放股利於股東之日。又如為上市或上櫃公司股票，因在集中交易市場或店頭市場買賣，又有最後交易日、除權（息）交易日及最後過戶日等三個日期。所謂最後交易日，指欲參與公司股利分派，於市場上買進該公司股票之最後日期；至於除權（息）交易日，則為最後交易日之次一個營業日，當日應為除息或除權交易；而最後過戶日，則為最後交易日後第二個營業日，當日為股票及價款之交割日，在最後交易日買進之股票在當日取得及辦理過戶。

　　例如甲公司於6月6日召集股東常會，當日決議每一普通股分派現金股利2元及股票股利2.5元，並決定7月8日為股利基準日；則自7月8日往前起算五日至7月4日為停止過戶期間，7月4日即為停止過戶日，而7月3日為最後過戶日，7月2日為除權（息）交易日，7月1日為最後交易日。

　　又所謂除息，係指上市、上櫃公司分派現金股利於股東時，股價會將配給股東的

股息價格扣掉，例如公司分派現金股利2元，如最後交易日之收盤價爲100元，則次一個營業日之開盤價應爲98元（除息參考價＝除息前一天收盤價－配息金額）；至於除權，就是公司分派股票股利於股東時，股價會將配發的股票股利價值扣掉，例如公司分派股票股利2.5元，以每股面額10元計算，即分派25%之股票股利，如最後交易日之收盤價爲100元，則次一個營業日之開盤價應爲80元（除權參考價＝除權前一天收盤價÷【1＋配股率】）。如同一天除權及除息，則次一個營業日之開盤價應爲78.4元（除權、除息參考價＝【除權除息前一日收盤價－現金股利】÷【1＋〔股票股利÷10〕】）。

六、員工獎勵制度

(一) 概說

公司法於「會計」一節中，不但強制規定公司章程應訂定員工分派紅利之定額或比率，且分派員工之紅利得以股票或現金爲之（公司§235-1Ⅲ），以股票爲之時，即所謂之「員工分紅入股」；惟以公司股份獎勵員工者，除員工分紅入股外，尚包括員工庫藏股、員工認股選擇權、員工新股認購權及限制員工權利新股（公司§167-1Ⅱ、167-2Ⅰ、267Ⅰ及Ⅸ）等，爲完整說明公司法有關獎勵員工之制度，本書在此一併作介紹。

(二) 員工分紅

1. 員工之意義

所謂員工，指非基於股東地位爲公司服務者，包括一般僱傭關係之員工及經理人；至於基於股東地位而爲公司服務者，例如董事、監察人，並非員工，無員工分紅或員工優先認股權之適用（公司§235-1、267Ⅰ）。惟董事或董事長可兼任經理人，如公司章程有關盈餘分派之規定列有董事酬勞者，兼任經理人之董事或董事長可各受董事酬勞及員工紅利之分派，並享有員工優先認股權[16]。

2. 員工分紅制度

公司法第235條之1第1項、第2項分別規定：「公司應於章程訂明以當年度獲利狀況之定額或比率，分派員工酬勞。但公司尚有累積虧損時，應予彌補。」、「公營事業除經該公營事業之主管機關專案核定於章程訂明分派員工酬勞之定額或比率外，不適用前項之規定。」此即員工分紅制度之依據[17]，目的在保障員工福利，緩和勞資對立；但公營事業

---

[16] 經濟部110年1月18日經商字第10900116680號函。

[17] 按有關員工分紅制度原本規定於公司法第235條第2項至第4項及第240條第4項，但2015年5月1日立法院修正公司法時，將上述規定予以刪除，另外增訂公司法第235條之1作爲有關員工分紅之依據，惟增訂條文雖稱爲「員工酬勞」，但其仍屬公司盈餘分配之範疇，故本書仍稱爲員工紅利。

因設立或具有特殊目的，或對於員工另有其他獎勵辦法，其性質與一般民營公司不同，故應經該公營事業之主管機關專案核定，始得於章程訂明以當年度獲利狀況之定額或比率，分派員工酬勞。又因係以當年度獲利狀況依章程所訂定額或比率計算，並於每會計年度終了時發放，故與公司法第228條之1規定不同，不得每季或每半會計年度發放[18]。

又條文僅規定章程應「訂明」以當年度獲利狀況之定額或比率，分派員工酬勞，並未明文規定分派之比例或上下限之範圍，故公司應斟酌其營運狀況及產業特性後決定[19]。

3. 員工分紅入股

公司法第235條之1第3項規定：「前二項員工酬勞以股票或現金爲之，應由董事會以董事三分之二以上之出席及出席董事過半數同意之決議行之，並報告股東會。」此即員工分紅入股之依據，目的在使員工成爲公司股東後，可增加對公司之向心力，提升工作績效，對公司之發展有助益。至於其程序，應經董事會特別決議，並報告股東會。又員工酬勞以股票爲之時，可包括新股與已發行股份，故同條第4項規定：「公司經前項董事會決議以股票之方式發給員工酬勞者，得同次決議以發行新股或收買自己之股份爲之。」毋庸召開二次董事會。

另同條第5項規定：「章程得訂明依第一項至第三項發給股票或現金之對象包括符合一定條件之控制或從屬公司員工。」此係基於大型集團企業對集團內各該公司員工所採取之內部規範與獎勵，多一視同仁，故擴及控制或從屬公司員工，提供企業更大彈性，使「章程訂明」之控制或從屬公司員工，亦得享有股票或現金分派之員工酬勞[20]。

(三) 員工庫藏股

1. 依據

公司法第167條之1第1項、第2項分別規定：「公司除法律另有規定者外，得經董事會以董事三分之二以上之出席及出席董事過半數同意之決議，於不超過該公司已發行股份總數百分之五之範圍內，收買其股份；收買股份之總金額，不得逾保留盈餘加已實現之資本公積之金額。」、「前項公司收買之股份，應於三年內轉讓於員工，屆期未轉讓者，視爲公司未發行股份，並爲變更登記。」公司據此取得之股份稱爲「庫藏股」，僅得轉讓員

---

[18] 經濟部108年1月22日經商字第10802400630號函。

[19] 有關當年度獲利狀況，應以經會計師查核過金額作爲計算依據，而非會計師簽證之稅後淨利財務報表爲準（經濟部105年1月4日經商字第10402436390號函參照）。又所謂定額，係指固定數額（一定數額），區間或上下限之訂定方式，均與定額不符；至於定率，選擇以固定數（例如：2%）、一定區間（例如：2%至10%）或下限（例如：2%以上、不低於2%）三種方式之一，均屬可行（經濟部104年6月11日經商字第10402413890號函參照）。另員工酬勞分派比率，選擇以一定區間或下限之方式記載於公司章程者，當年度員工酬勞分派比率之決定，應由董事會以董事三分之二以上之出席及出席董事過半數同意之決議行之（經濟部104年10月15日經商字第10402427800號函參照）。

[20] 公司法有關員工獎酬相關條文（公司§167-1、167-2、235-1、267）所稱「一定條件之控制或從屬公司」，包括國內外控制或從屬公司，認定上，則依公司法第369條之2、第369條之3、第369條之9第2項、第369條之11之標準爲之（經濟部107年11月30日經商字第10702427750號函參照）。

工或註銷。立法目的亦在獎勵員工,並留任優秀人才,使其經由取得股份,對公司產生向心力,故公司法對其轉讓價格並無限制之規定,由公司自行決定[21],得以較優惠之價格轉讓於員工。又同條第4項規定:「章程得訂明第二項轉讓之對象包括符合一定條件之控制或從屬公司員工。」立法理由與前述員工分紅入股相同,使控制或從屬公司員工亦得以優惠價格受讓庫藏股。

2. 限制

公司法第167條之3規定:「公司依第一百六十七條之一或其他法律規定收買自己之股份轉讓於員工者,得限制員工在一定期間內不得轉讓。但其期間最長不得超過二年。」蓋企業為獎勵員工而施行員工庫藏股,無非希望員工長期持有並繼續留在公司服務,如員工取得股份後立即轉讓,將喪失用以激勵並留住員工之原意,故明定公司得限制員工在一定期間內不得轉讓,並規定其期限最長不得超過二年。又所謂其他法律規定,指證券交易法第28條之2第1項第1款之規定,其亦為員工庫藏股之規定,惟其僅適用於公開發行公司。

(四) 員工認股選擇權

所謂員工認股選擇權,指公司與員工約定,員工於服務滿一定期間後,得依約定價格,向公司買入約定數量之公司股份,而公司有依約定條件核給股份之義務,而公司核給股份之來源,除發行新股外,亦得以前述庫藏股核給;因是否認購公司股份,員工有選擇權,故稱為「員工認股選擇權」。依公司法第167條之2第1項規定:「公司除法律或章程另有規定者外,得經董事會以董事三分之二以上之出席及出席董事過半數同意之決議,與員工簽訂認股權契約,約定於一定期間內,員工得依約定價格認購特定數量之公司股份,訂約後由公司發給員工認股權憑證。」可知員工取得認股選擇權,係基於「認股權契約」,其簽訂必須經由董事會特別決議;至於「員工認股權憑證」,並非有價證券,係作為公司給予員工認股權之憑證。

同條第2項規定:「員工取得認股權憑證,不得轉讓。但因繼承者,不在此限。」因員工認購股份之價格已經事先約定,但員工須服務滿一定期間後始得行使認購權,故必須認購時之股份市價高於約定價格,員工方有利可圖,因此,員工認股選擇權具有獎勵未來之效果,自不許員工任意轉讓。又此處之員工,依同條第3項規定:「章程得訂明第一項員工認股權憑證發給對象包括符合一定條件之控制或從屬公司員工。」其理由與員工分紅入股或員工受讓庫藏股相同。

(五) 員工之新股認購權

員工之新股認購權,又稱「員工優先認股權」或「員工新股承購權」,指公司發行新股時,應保留一定比例之股份由公司員工優先承購。公司法第267條第1項、第2項分別

---

[21]　經濟部91年1月8日經商字第09002285260號函。

規定：「公司發行新股時，除經目的事業中央主管機關專案核定者外，應保留發行新股總數百分之十至十五之股份由公司員工承購。」、「公營事業經該公營事業之主管機關專案核定者，得保留發行新股由員工承購；其保留股份，不得超過發行新股總數百分之十。」按公司無論採公開或不公開發行新股，員工對前述法定比例之新股均享有優先認購權，其目的亦在使員工成為公司股東，以融合勞資為一體，增加員工之向心力；故依同條第4項之反面解釋，此一員工新股認購權不得轉讓，且依同條第6項規定：「公司對員工依第一項、第二項承購之股份，得限制在一定期間內不得轉讓。但其期間最長不得超過二年。」以避免員工認購股份後隨即轉讓，致喪失立法原意。另章程得訂明依第1項規定承購股份之員工，包括符合一定條件之控制或從屬公司員工（公司§267Ⅶ）。又員工之新股認購權屬強制規定，公司負責人違反第1項規定者，各處新臺幣二萬元以上十萬元以下罰鍰（公司§267ⅩⅢ）；員工並得依公司法第23條第2項之規定，請求公司及負責人負連帶損害賠償責任。

惟此一員工新股認購權僅限於通常發行新股時，始得享有，故同條第5項規定：「第一項、第二項所定保留員工承購股份之規定，於以公積抵充，核發新股予原有股東者，不適用之。」蓋此種新股係基於原有股東之資格而取得，與通常發行新股不同；同理，對因合併他公司、分割、公司重整或依公司法第167條之2、第235條之1、第262條、第268條之1第1項而增發新股者，亦不適用之（公司§267Ⅷ）。

(六) 限制員工權利新股

為使公司獎勵員工之制度與國際接軌，並協助企業延攬人才，公司法第267條第9項規定：「公司發行限制員工權利新股者，不適用第一項至第六項之規定，應有代表已發行股份總數三分之二以上股東出席之股東會，以出席股東表決權過半數之同意行之。」即引進國外實施已久之「限制員工權利新股」（又稱「員工限制型股票」）制度；另鑑於公司所發行限制員工權利新股，係為激勵員工績效達成之特殊性，故明定排除同條第1項至第6項所定員工認購權相關規定之適用。按所謂限制員工權利新股，指公司發給員工之新股附有服務條件或績效條件等既得條件，於既得條件達成前，其股份權利受有限制；既得條件可以是服務期間、績效或考績等。另章程亦得訂明發行限制員工權利新股之對象，包括符合一定條件之控制或從屬公司員工（公司§267ⅩⅠ）。

又考量公開發行公司召開股東會時，股東出席率較難達到已發行股份總數三分之二，為避免因此無法作成決議，故同條第10項規定：「公開發行股票之公司出席股東之股份總數不足前項定額者，得以有代表已發行股份總數過半數股東之出席，出席股東表決權三分之二以上之同意行之。」另同條第12項規定：「公開發行股票之公司依前三項規定發行新股者，其發行數量、發行價格、發行條件及其他應遵行事項，由證券主管機關定之。」而金管會據此授權，增訂發行人募集與發行有價證券處理準則第60條之1及以後各條之規定，並將其第四章章名改為「發行員工認股權憑證與限制員工權利新股」[22]。

---

[22] 依準則第60條之1及以後各條之規定，限制員工權利新股可以無償給予或折價發行，於員工未達成

案 例

　　A公司為上市公司，其發給員工分紅配股之股票時，要求員工簽下同意書，除同意分次領回股票外，且員工若在任滿前無故離職，或有違反勞動基準法、工作規則或僱用契約致遭解雇時，必須無條件放棄未領取之股票，並以離職時之市價折算現金作為懲罰性之違約金。請問：(一)公司以股票分派員工紅利時，可否限制其轉讓時間？(二)如公司要求員工將分紅配股之股票交公司保管，於保管期限屆滿前，員工可否要求返還？(三)公司可否與員工約定，以分紅股票於員工離職時之市價作為提前離職之懲罰性違約金之金額？

解 析

　　有關限制股份轉讓之問題，因股份以自由轉讓為原則（公司§163），故除非法律另有限制，例如公司法第267條第6項對員工行使認購權所取得之股份，明定公司可以限制其在一定期間內不得轉讓；或限制員工權利新股，於既得條件達成前，其股份權利受有限制，甚至未達成既得條件時，可收回股份（募發準則§60-1Ⅰ、Ⅱ），故得限制其轉讓外，否則公司之限制應屬無效。至於員工認股選擇權，因員工須經一段時間始得認股，自無認股後再限制其轉讓之理由。

　　另將股票交公司保管者，屬民法之寄託行為，而民法第597條規定：「寄託物返還之期限，雖經約定，寄託人仍得隨時請求返還。」故保管之約定縱然有效，員工仍得隨時請求返還股票。但如係限制員工權利新股，公司可於發行辦法中訂定獲配之股票應於一定期限內由公司保管或交付信託；此時員工有將獲配之股票交公司保管或交付信託之義務，且於保管期限屆滿前，員工不得請求返還。

　　又懲罰性違約金之約定，實務上鑑於僱用人與受僱人之立足點不平等，經常認為其有顯失公平之情形，故依民法第247條之1規定，應屬無效，或違反民法第148條第2項之誠信原則而無效（最高法院96年度台上字第165號判決參照）。但在限制員工權利新股，因服務期間、績效或考績等本可作為既得條件，故員工未達成時，公司收回股票自屬適法。

既得條件時，公司得依發行辦法之約定收回或收買，故相較於其他員工獎勵方式，限制員工權利新股可達到激勵優秀員工長期服務公司之意願；惟其僅限於公開發行公司始得適用，如為非公開發行公司發行限制員工權利新股，仍受公司法第140條第1項、第167條第1項等規定限制，故其發行價格不得低於票面金額，更不得為0元，且公司亦不得將限制員工權利新股收回（經濟部108年10月1日經商字第10802421980號函參照）。至於無票面金額股雖其股票之發行價格不受限制（公司法第140條第2項參照），惟為確保公司資本之充實，無票面金額股份之發行價格，亦不得為0元，是以，員工之認購價格應與股份之發行價格相同（經濟部109年4月8日經商字第10902014360號函參照）。

第二節　公司債

一、公司債之意義

所謂公司債，指股份有限公司為籌集長期資金，將所需之資金總額分割為多數細小單位金額，以發行公司債券之方式，集團的、大量的負擔債務[23]。按公司因擴展業務或其他原因需取得長期且大量之資金時，除可透過金融中介機構取得資金外，亦可透過發行新股或公司債方式籌集長期資金，後者因直接向資金提供者取得資金，故稱為直接金融，而前者則稱為間接金融。相較於發行新股，公司債之發行程序較為簡便；利息又可以作為費用減除，具有節稅效益；且可以避免股權遭到稀釋，影響股東權益。因此，公司債之發行，有與發行新股不同之經濟作用存在。

二、公司債之種類

(一) 有擔保公司債與無擔保公司債

依公司債之發行是否設定擔保物權作為區別標準，公司債可分為有擔保公司債與無擔保公司債。前者通常以公司或第三人所提供之財產設定抵押權或質權等擔保物權[24]；後者則否。因有擔保公司債有擔保物權作為償還本息之擔保，可強化公司之債信，不但使公司易於募集資金，且相較於無擔保公司債，公司法對其發行總額及禁止發行之限制，亦較為寬鬆（公司§247Ⅱ、249）。

(二) 記名公司債與無記名公司債

依公司債券上是否記載公司債債權人之姓名或名稱作為區別標準，公司債可分為記名公司債與無記名公司債。記名公司債與無記名公司債之移轉方法及出席公司債債權人會議之方式不同（公司§260、263Ⅲ）；且公司債券為無記名式者，債權人亦得隨時請求改為記名式[25]（公司§261）。

---

[23] 至於公司債契約之法律性質，學說至為分歧；通說認為屬於類似有償消費借貸之諾成契約，與一般消費借貸屬於要物、非要式契約，且借用人須以種類、品質、數量相同之物返還，及消費借貸之債權雖可轉讓，但不具有流通性等，仍有所不同。

[24] 有擔保公司債之擔保，並不包括保證人之擔保（公司§248Ⅰ⑯）；惟依證券交易法第29條規定：「公司債之發行如由金融機構擔任保證人者，得視為有擔保之發行。」即此種特殊之保證公司債可不受公司法第247條第2項及第249條之限制。

[25] 至於公司債券為記名式者，債權人可否請求改為無記名式？法無明文規定，惟通說採肯定說。

(三) 其他

公司債除可依前述擔保之有無或記名與否作區別外，股份有限公司亦可發行下列具有特殊性質之公司債[26]：

1. 轉換公司債

又稱「可轉換公司債」，指公司債債權人享有依轉換辦法將公司債轉換為發行公司股份之權利（公司§248 I ⑱）。公司法第262條第1項規定：「公司債約定得轉換股份者，公司有依其轉換辦法核給股份之義務。但公司債債權人有選擇權。」即公司債債權人得視公司經營狀況與股份之市場交易價格高低，決定是否將公司債轉換為公司股份之權利；此種轉換之權利，性質上屬於形成權，故一經債權人行使，公司即有核給股份之義務，而債權人則喪失債權人身分成為公司股東。轉換公司債因將來有轉換為股份之可能性，故具有潛在股份性；惟轉換前，仍屬債券性質，故從屬公司對控制公司所發行之轉換公司債仍可收買或收為質物，但不得進行轉換，否則即違反公司法第167條第3項之規定[27]。

2. 附認股權公司債

指公司債債權人享有依認購辦法認購發行公司股份之權利（公司§248 I ⑲）。公司法第262條第2項規定：「公司債附認股權者，公司有依其認購辦法核給股份之義務。但認股權憑證持有人有選擇權。」可知其與轉換公司債相同，同具有潛在股份性；惟附認股權公司債係「公司債券」附有「認股權」，而二者可以分離[28]。故公司債債權人行使認股權時，如以現金繳納股款[29]，公司債本身仍然存續，與轉換公司債係直接以公司債作為對價，轉換後公司債不復存在不同。

3. 次順位公司債

指於其他先順位債權人獲得清償後，始得受清償之公司債。公司法第246條之1規定：「公司於發行公司債時，得約定其受償順序次於公司其他債權。」立法目的在使公司之籌資管道更多樣化。就發行工具之本質而言，次順位公司債之債權人，其債權為介於發行股票與公司債間之一種新興籌資工具；其基本法律性質仍為次順位公司債債權人與公司間之消費借貸法律關係，但因其受償次序劣後於其他公司債權人，又接近股份之特性[30]。

---

[26] 依募發準則第三章之規定，公司債可分為普通公司債、轉換公司債及附認股權公司債三種；公司債如無轉換股份或認購股份權利者，即稱為普通公司債。

[27] 經濟部91年4月16日經商字第09102071760號函。

[28] 惟募發準則第38條規定：「上市、上櫃公司及興櫃股票公司得發行公司債券與認股權分離之附認股權公司債；未上市或未在證券商營業處所買賣之公司不得發行公司債券與認股權分離之附認股權公司債。」值得注意。

[29] 依募發準則第41條第1項第11款之規定，股款繳納方式，以現金或公司債抵繳擇一為之。

[30] 劉連煜「現代公司法」第561頁。

你知道嗎？

交換公司債與轉換公司債有何異同？

　　所謂交換公司債（exchangeable bond），又稱「可交換公司債」，指公司債債權人享有將公司債轉換為發行公司以外公司股份之權利。此種公司債與轉換公司債（convertible bond）相同者，在於公司債債權人享有將公司債轉換為股份之權利；相異者，在於前者係將公司債轉換為公司債發行公司以外之公司股份，而後者則將公司債轉換為公司債發行公司之股份。有關交換公司債，公司法或證券交易法並無明文規定，但依證券交易法第22條第4項授權制定之「發行人募集與發行有價證券處理準則」（簡稱「募發準則」），其第26條第1項規定：「公開發行公司得發行以其持有期限二年以上之其他上市或依櫃買中心審查準則第三條規定在證券商營業處所買賣之公司股票為償還標的之交換公司債。」例如兆豐金控為處分其所持有之臺灣企銀股票，即以臺灣企銀股票為標的，發行交換公司債，該債券之持有人即得請求兆豐金控交付臺灣企銀股票，以代替公司債債務之償還。

　　又公司債債權人是否將公司債轉換為股份或認股權憑證持有人（包括附認股權公司債、員工認股權憑證、附認股權特別股等）是否行使認股權，均享有「選擇權」。此一選擇權，有學者認為屬於民法債權人有選擇權之選擇之債（民§208）；亦有認為屬於「選擇權契約」（option contracts）之一種，而不同於民法之選擇之債。就轉換或認股之性質而言，應屬選擇權契約而非選擇之債。蓋所謂選擇之債，係於數宗給付中選定其一為給付標的，故只有一個債之關係，且選擇之效力，溯及於債之發生時成為單純之債（民§212）；但選擇權契約係使一特定要約持續發生效力之契約，即一方有權利於一定期間內，在符合約定條件之前提下，向他方購買或出售某一財產權（此一買賣契約稱為「標的契約」），故其並非以一定給付為選擇權契約之契約標的，而是以「標的契約之要約」作為標的，因此，只有一方負有接受他方承諾之義務，他方則有選擇締結標的契約與否之權利（王文宇「公司法論」第406頁參照）。

　　此外，交換公司債與轉換公司債係在一定期間內，依約定之「轉換價格」將公司債轉換為股份，故轉換價格甚為重要：以前述兆豐金控所發行之交換公司債為例，其發行時之轉換價格為13元（轉換價格可因標的公司股票除權而調整），以一張可交換公司債面額100,000元計，可轉換臺灣企銀股票7,692.3股，但臺灣企銀股價如未超過13元，公司債債權人將不會行使轉換之權利。

三、公司債發行總額之限制與發行之禁止

(一) 公司債發行總額之限制

按股份有限公司係以其全部財產作爲債權人之總擔保，股東原則上僅負有限責任（公司§154 I）；故爲避免公司濫行舉債，致影響債權人權益，就公司債總額不得不加以適當之限制。公司法第247條規定：「（第1項）公開發行股票公司之公司債總額，不得逾公司現有全部資產減去全部負債後之餘額。（第2項）無擔保公司債之總額，不得逾前項餘額二分之一。」可知本條僅以公開發行公司爲適用對象；所謂公司現有全部資產減去全部負債後之餘額，應以最近期之財務報表爲計算依據[31]。且無擔保公司債之風險高於有擔保公司債，對其數額更應加以限制，故不得逾前述餘額二分之一[32]。

(二) 公司債發行之禁止

1. 不得發行無擔保公司債

公司法第249條規定：「公司有下列情形之一者，不得發行無擔保公司債：一、對於前已發行之公司債或其他債務，曾有違約或遲延支付本息之事實已了結，自了結之日起三年內。二、最近三年或開業不及三年之開業年度課稅後之平均淨利，未達原定發行之公司債，應負擔年息總額之百分之一百五十。」除明定自違約或遲延支付本息之事實了結之日起三年內，不得發行無擔保公司債外，因屬無擔保公司債，如公司營利能力不佳，將來難免有遲付本息之虞，故依負擔年息總額是否達稅後淨利之百分之一百五十予以限制。又所謂「應負擔年息總額」，除應計算當次發行公司債之部分外，並應將其餘已發行且流通在外之公司債併同計算在內，且計算總額時應以實質利率爲計算依據[33]。

2. 不得發行公司債

公司法第250條規定：「公司有左列情形之一者，不得發行公司債：一、對於前已發行之公司債或其他債務有違約或遲延支付本息之事實，尚在繼續中者。二、最近三年或開業不及三年之開業年度課稅後之平均淨利，未達原定發行之公司債應負擔年息總額之百分之一百者。但經銀行保證發行之公司債不受限制。」前者，公司債信業已喪失；後者，公司營利能力至爲薄弱，故均不許其發行公司債。惟後者情形，其債務既經銀行保證，債權人之權益不虞受損，自無限制之必要，故爲除外規定。

---

[31] 經濟部97年2月18日經商字第09702013860號函。

[32] 惟證券交易法第28條之4及第43條之6第3項對公司債發行總額另有規定，應優先適用。

[33] 經濟部87年1月6日商字第86228553號函。

四、公司債之募集與私募

(一)募集與私募之意義

依公司法第246條第1項及第248條第2項之規定，公司債之發行，有「募集」與「私募」二種方式。惟何謂「募集」？何謂「私募」？公司法並無規定，參照證券交易法第7條之規定，所謂募集，指公司對非特定人公開招募公司債之行為，故以公開發行公司為限，又稱為「公募」；至於私募，則指對特定人招募公司債之行為，發行公司不以公開發行公司為限，與證交法第43條之6第1項所規定之公開發行公司對具備一定條件之人「私募」有價證券不同。

(二)公司債之發行

1. 募集

(1) 經董事會之特別決議

公司法第246條第1項規定：「公司經董事會決議後，得募集公司債。但須將募集公司債之原因及有關事項報告股東會。」因募集公司債之目的在籌措營運資金，屬業務執行範圍，故為董事會專屬權限，但應向股東會報告；至於董事會之決議方式，應由三分之二以上董事之出席，及出席董事過半數之同意行之（公司§246Ⅱ）。

(2) 締結信託契約

公司法為保護公司債債權人，特採外國立法例，設公司債債權人之「受託人」制度；受託人並以金融或信託事業為限，由公司於申請發行時約定之，並負擔其報酬（公司§248Ⅵ）。通說認為公司與受託人間之約定，屬於一種利他性之信託契約；即在信託關係中，以公司債發行公司為委託人，以特定金融或信託事業為受託人，而以公司債債權人為受益人。

(3) 向證券管理機關申報生效

公司募集公司債，應先依公司法第248條第1項之規定，載明該項所列之21款事項，依證券交易法第22條第1項之規定向證券主管機關申報生效後[34]，始得為之。如公司就公司法第248條第1項各款事項有變更時，應即向證券主管機關申請更正；公司負責人不為申請更正時，由證券主管機關各處新臺幣一萬元以上五萬元以下罰鍰（公司§248Ⅳ）。

---

[34] 按證券交易法第22條第1項原採申請核准與申報生效並行制度，惟證券交易法於2006年1月修正時，由立法委員主導改為申報生效制，但公司法並未配合修改，故公司法後續條文所稱之申請核准，均指申報生效而言，撤銷核准，則指撤銷或廢止申報生效。至於申報生效之期間，依募發準則第21條第2項本文之規定，原則上自金管會及該會指定之機構收到發行公司債申報書即日起屆滿三個營業日生效。

(4) 公司債應募書之備置與公告

公司法第252條第1項規定：「公司發行公司債之申請經核准後，董事會應於核准通知到達之日起三十日內，備就公司債應募書，附載第二百四十八條第一項各款事項，加記核准之證券管理機關與年、月、日、文號，並同時將其公告，開始募集。但第二百四十八條第一項第十一款之財務報表，第十二款及第十四款之約定事項，第十五款及第十六款之證明文件，第二十款之議事錄等事項，得免予公告。」如代表公司之董事，違反上述規定，不備應募書者，由證券管理機關處新臺幣一萬元以上五萬元以下罰鍰（公司§252Ⅲ）。又超過前述三十日期限未開始募集而仍須募集者，應重行申請（公司§252Ⅱ）。

(5) 公司債之募集、應募與催繳債款

公司備置應募書及為公告後，即可開始募集公司債。而應募人應在應募書上填寫所認金額及其住所或居所，簽名或蓋章，並照所填應募書負繳款之義務；但應募人以現金當場購買無記名公司債券者，免填應募書（公司§253）。公司債經應募人認定後，董事會應向未交款之各應募人請求繳足其所認金額（公司§254）。

(6) 公司債之發行

A. 實體公司債券之製作與發行

公司債之債券應編號載明發行之年、月、日及公司法第248條第1項第1款至第4款、第18款及第19款之事項，有擔保、轉換或可認購股份者，載明擔保、轉換或可認購字樣，由代表公司之董事簽名或蓋章，並經依法得擔任債券發行簽證人之銀行簽證後發行之（公司§257Ⅰ）。有擔保之公司債除前述應記載事項外，應於公司債正面列示保證人名稱，並由其簽名或蓋章（公司§257Ⅱ）。

B. 無實體公司債之登錄與發行

公司法第257條之2第1項規定：「公司發行之公司債，得免印製債票，並應洽證券集中保管事業機構登錄及依該機構之規定辦理。」因此時已無實體債券，持有人辦理公司債轉讓或設質，無法再以背書、交付之方式為之，故同條第2項規定：「經證券集中保管事業機構登錄之公司債，其轉讓及設質應向公司辦理或以帳簿劃撥方式為之，不適用第二百六十條及民法第九百零八條之規定。」惟此項情形，於公司已印製之債券未繳回者，不適用之（公司§257-2Ⅲ）。

(7) 公司債存根簿之記載

公司法第258條第1項規定：「公司債存根簿，應將所有債券依次編號，並載明左列事項：一、公司債債權人之姓名或名稱及住所或居所。二、第二百四十八條第一項第二款至第四款之事項，第十二款受託人之名稱，第十五款、第十六款之發行擔保及保證、第十八款之轉換及第十九款之可認購事項。三、公司債發行之年、月、日。四、各債券持有人取得債券之年、月、日。」如為無記名債券，應

以載明無記名字樣，替代前述公司債債權人之姓名或名稱及住所或居所之記載（公司§258Ⅱ）。

(8) 撤銷或廢止申報生效

公司法第251條第1項及第2項規定：「公司發行公司債經核准後，如發現其申請事項，有違反法令或虛偽情形時，證券管理機關得撤銷核准。」、「爲前項撤銷核准時，未發行者，停止募集；已發行者，即時清償。其因此所發生之損害，公司負責人對公司及應募人負連帶賠償責任。」因證券交易法第22條第1項對有價證券之募集已採申報生效制，故此之撤銷核准，係指撤銷或廢止申報生效而言。又申報事項有違反法令或虛偽情形時，由證券管理機關處新臺幣二萬元以上十萬元以下罰鍰（公司§251Ⅲ）。

2. 私募

(1) 依據及適用主體

公司法第248條第2項及第3項規定：「普通公司債、轉換公司債或附認股權公司債之私募不受第二百四十九條第二款及第二百五十條第二款之限制，並於發行後十五日內檢附發行相關資料，向證券主管機關報備；私募之發行公司不以上市、上櫃、公開發行股票之公司爲限。」、「前項私募人數不得超過三十五人。但金融機構應募者，不在此限。」即私募公司債之公司不以公開發行公司爲限，使公司資金募集之管道更加多元化。惟公司債之私募制度於公司法及證券交易法均有規定，且二者之內容及程序有所差異；故公開發行公司私募公司債應優先適用證券交易法之規定，至於公司法私募公司債之規定則僅適用於非公開發行公司。又公司法未對私募設特別規定時，應適用募集之規定，例如應募書之備置、公司債存根簿等規定，於私募時自應適用。

(2) 私募之決定機關

因私募轉換公司債或附認股權公司債時，可能涉及股權變動而影響股東權益，故公司法第248條之1規定：「公司依前條第二項私募轉換公司債或附認股權公司債時，應經第二百四十六條董事會之決議，並經股東會決議。但公開發行股票之公司，證券主管機關另有規定者，從其規定。」至於私募普通公司債，因不涉及股權變動，故僅需董事會特別決議即可（公司§246Ⅱ），無須經股東會決議。

(3) 私募之對象及其人數之限制

私募之對象應爲少數特定人，且除金融機構應募者外，不得超過三十五人（公司§248Ⅲ）；雖公司法並未如證券交易法第43條之6第2項對應募人之資格加以規定，但所謂金融機構，通說認爲可參考該條項第1款之規定，包括銀行業、票券業、信託業、保險業、證券業等。

(4) 私募公司債不受營利條件之限制

因公司法第248條第2項明文規定公司債之私募不受第249條第2款及第250條第2款

之限制，故私募公司債之發行公司，無須具備營利能力。

(5) 私募公司債採事後報備制

又公司法第248條第2項亦明文規定於發行後十五日內[35]，再檢附發行相關資料向證券主管機關報備，目的在簡化程序，以達其迅速籌資之功能。

(6) 公司債之私募可不設受託人

依公司法第248條第1項第12款之規定，募集公司債應載明公司債債權人之受託人名稱及其約定事項，向證券主管機關辦理；但公司債之私募不在此限，故公司債之私募可不設受託人。

五、公司債款變更用途之處罰

公司募集公司債款後，未經申請核准變更，而用於規定事項以外者，處公司負責人一年以下有期徒刑、拘役或科或併科新臺幣六萬元以下罰金，如公司因此受有損害時，對於公司並負賠償責任（公司§259）。

六、公司債之轉讓

(一) 記名公司債之轉讓

公司法第260條規定：「記名式之公司債券，得由持有人以背書轉讓之。但非將受讓人之姓名或名稱，記載於債券，並將受讓人之姓名或名稱及住所或居所記載於公司債存根簿，不得以其轉讓對抗公司。」即一般記名公司債，背書交付即生轉讓之效力；至於公司債存根簿之記載，僅為對抗要件。但無實體公司債（公司§257-2），其轉讓係以帳簿劃撥方式為之，自不適用本條有關背書之規定。

(二) 無記名公司債之轉讓

有關無記名公司債之轉讓方式，公司法並無規定，則交付即生轉讓及對抗公司之效力。

---

[35] 所謂「發行後」十五日內，其用語籠統，並不明確，故多數學者認為可參考證券交易法第43條之6第5項之規定，將其解釋為「價款繳納完成日」後十五日內。

七、公司債債權人之保護

(一) 概說

因公司債通常具有多數債權人存在，故保護公司債債權人之方法，除強化物上擔保制度及限制公司債發行人之資格與發行總額外，亦承認公司債債權人團體，使公司債債權人可藉團體之力量，與公司立於對等之地位，以監督發行公司切實履行債務，並以公司債債權人之受託人爲公司債債權人團體之執行機關。

(二) 公司債債權人會議

1. 意義

所謂公司債債權人會議，係由同次公司債債權人所組成，可就有關同次公司債債權人之共同利害事項爲決議，而其決議對同次公司債債權人均能發生效力之法定、臨時合議團體。

2. 公司債債權人會議之召集及開會

(1) 召集

公司法第263條第1項規定：「發行公司債之公司，公司債債權人之受託人，或有同次公司債總數百分之五以上之公司債債權人，得爲公司債債權人之共同利害關係事項，召集同次公司債債權人會議。」可知公司債債權人會議之召集權人有發行公司、公司債債權人之受託人及同次公司債總數百分之五以上之公司債債權人等三者。至於公司債債權人會議之召集程序爲何，公司法並無規定，解釋上應類推適用有關公開發行公司股東臨時會召集程序之規定，即應於十五日前通知同次各公司債債權人，對於持有無記名公司債券者，應於三十日前公告之，通知及公告應載明召集事由[36]。

(2) 開會

公司債債權人會議應以何人爲主席，公司法亦無規定，解釋上亦應類推適用股東會之規定，即會議由發行公司召集者，應以該公司之董事長爲主席；如由受託人召集，則以受託人爲主席；如由公司債債權人召集，則由公司債債權人中互推一人爲主席[37]。至於出席之人，則爲同次公司債債權人；但無記名公司債債權人，須於開會五日前，將其債券交存公司，始得出席（公司§263Ⅲ）。

3. 公司債債權人會議之決議、認可及執行

公司法第263條第2項規定：「前項會議之決議，應有代表公司債債權總額四分之三

---

[36] 經濟部93年8月27日經商字第09302137800號函；然非公開發行公司發行公司債時，自應適用非公開發行公司股東臨時會召集程序之規定。

[37] 經濟部94年2月15日經商字第09402403110號函。

以上債權人之出席，以出席債權人表決權三分之二以上之同意行之，並按每一公司債券最低票面金額有一表決權。」可知其出席與表決比例與股東會不同，有較高之出席權數與同意權數，稱爲「絕對多數決」。至於其決議事項，凡有關公司債債權人之共同利害關係事項，例如公司債本利之緩期清償或分期清償，甚至是減額清償或以債作股等，均得爲之。

　　公司債債權人會議爲決議後，依公司法第264條規定：「前條債權人會議之決議，應製成議事錄，由主席簽名，經申報公司所在地之法院認可並公告後，對全體公司債債權人發生效力，由公司債債權人之受託人執行之。但債權人會議另有指定者，從其指定。」本條係公司債債權人會議決議生效之程序規定。至於決議須經法院認可之理由，在於其可對全體公司債債權人發生效力，即其可拘束少數不同意之公司債債權人，爲防止多數公司債債權人濫用多數決，爲不公平之決議，故賦予法院認可之權限，以資保護。又法院認可之標準，依公司法第265條規定：「公司債債權人會議之決議，有左列情事之一者，法院不予認可：一、召集公司債債權人會議之手續或其決議方法，違反法令或應募書之記載者。二、決議不依正當方法達成者。三、決議顯失公正者。四、決議違反債權人一般利益者。」有此四款情形之一者，法院即不予以認可。

　　公司債債權人會議之決議經法院認可後，應予以公告，始生效力；如須執行者，例如對公司提起訴訟或進行非訟程序時，並由公司債債權人之受託人或另行指定之人執行。

(三) 公司債債權人之受託人

1. 受託人之意義

　　所謂受託人，指受公司債發行公司委託，由公司於申請發行時約定之，並負擔其報酬之金融或信託事業（公司§248Ⅵ）。

2. 受託人之權限

(1) 查核及監督發行公司履行公司債發行事項

　　公司法第255條第2項規定：「前項受託人，爲應募人之利益，有查核及監督公司履行公司債發行事項之權。」此爲受託人最主要之權限，爲便利其行使，董事會在催繳債款前，應將全體記名債券應募人之姓名、住所或居所暨其所認金額，及已發行之無記名債券張數、號碼暨金額，開列清冊，連同公司法第248條第1項各款所定之文件，送交公司債債權人之受託人（公司§255Ⅰ）。

(2) 取得及實行擔保物權與保管擔保品

　　公司法第256條規定：「（第1項）公司爲發行公司債所設定之抵押權或質權，得由受託人爲債權人取得，並得於公司債發行前先行設定。（第2項）受託人對於前項之抵押權或質權或其擔保品，應負責實行或保管之。」因擔保物權於公司債發行前即得先行設定，可知擔保物權人爲受託人而非公司債債權人，蓋當時並無公司債債權人之存在；惟受託人係爲公司債債權人而取得擔保物權，其實際受益人仍爲公司債債權人。

(3) 召集公司債債權人會議及執行其決議

受託人有召集公司債債權人會議之權限（公司§263 I）；且會議未另行選任執行決議之人時，由受託人執行決議（公司§264）。

第三節 發行新股

一、發行新股之意義

所謂發行新股，係因在授權資本制下，公司章程所載之股份總數得分次發行，故於公司成立以後，得分次發行章程所載股份總數尚未發行之部分，因此，公司法第266條第1項規定：「公司依第一百五十六條第四項分次發行新股，依本節之規定。」如公司欲發行新股之股數加計已發行股份數，逾章程所定股份總數時，公司可逕行變更章程將章程所定股份總數提高，無須將已規定之股份總數全數發行後，始得變更章程提高章程所定股份總數。

二、發行新股之種類

(一) 增資發行新股與非增資發行新股

此係以公司發行新股是否增加公司章程所載之股份總數作爲區別標準；因此，所謂「資」，指章程所載之股份總數而言，即授權資本而非實收資本。前者係因公司章程所載之股份總數已經全數發行完畢或預計將發行完畢，故須先經股東會特別決議修改公司章程所載股份總數[38]（公司§277），始得經董事會特別決議發行新股（公司§266 II）；後者仍在公司章程所載股份總數之範圍內，經董事會特別決議即得發行新股（公司§266 II），故又稱爲「分次發行新股」。

(二) 通常發行新股與特殊發行新股

1. 概説

此係以公司發行新股是否以籌措資金爲目的作爲區別標準。以籌措資金爲目的者，稱爲通常發行新股，一般所謂發行新股即指此一情形，其依據爲公司法第266條至第

---

[38] 即公司法第268條第5項規定：「公司發行新股之股數、認股權憑證或附認股權特別股可認購股份數額加計已發行股份總數、已發行轉換公司債可轉換股份總數、已發行附認股權公司債可認購股份總數、已發行附認股權特別股可認購股份總數及已發行認股權憑證可認購股份總數，如超過公司章程所定股份總數時，應先完成變更章程增加資本額後，始得爲之。」其立法意旨，在使公司得於授權資本範圍內可視資本市場市況，彈性選擇辦理現金增資發行新股或發行轉換公司債、附認股權公司債、認股權憑證及附認股權特別股等，以掌握時效，並利於企業經營。

276條之規定，因通常以現金出資，又稱爲「現金增資」；惟除現金外，股東亦得以對公司之貨幣債權、公司事業所需之財產或技術抵充（公司§156Ⅴ），故通常發行新股對公司之資產必有所增加。至於特殊發行新股，並不以籌措資金爲目的，而係另有其他作用，例如股份交換（公司§156-3）、參與政府專案核定紓困方案之公司發行新股於政府（公司§156-4）、員工行使認股選擇權（公司§167-2）、因分派盈餘而發行新股（公司§240Ⅰ）、員工分紅入股（公司§235-1Ⅲ）、以公積撥充資本而發給新股（公司§241Ⅰ）、因公司債轉換或行使認股權而發行新股（公司§262）、因合併或分割或重整而發行新股（公司§267Ⅷ）、公開發行公司發行限制員工權利新股（公司§267Ⅸ）、因認股權憑證或附認股權特別股行使認股權而發行新股（公司§268-1Ⅰ）、因減資而換發新股（公司§279Ⅰ）等，因其通常係爲履行契約所負義務而對特定人發行新股，且取得新股之人並不一定繳納股款，故特殊發行新股對公司之資產未必有所增加，且無員工或股東新股認購權之適用。

2. 特殊發行新股

前述特殊發行新股之情形，除部分已經在相關章節中作說明者外，其餘敘述如下：

(1) 股份交換

公司法第156條之3規定：「公司設立後得發行新股作爲受讓他公司股份之對價，需經董事會三分之二以上董事出席，以出席董事過半數決議行之，不受第二百六十七條第一項至第三項之限制。」所謂「他公司股份」，包括他公司已發行股份、他公司新發行股份及他公司持有之長期投資三種；其中「他公司已發行股份」，究爲他公司本身持有或其股東持有，尚非所問[39]，即股份交換可直接與他公司交換，亦可間接與他公司之股東交換，使他公司之股東成爲本公司之股東。股份交換，可使兩公司間建立策略聯盟或其他類似之關係；且因爲受讓公司發行新股時，將造成原股東股權稀釋、股東權益減少之情形，故需經董事會特別決議，以保障原股東之權益[40]。

(2) 參與政府專案核定紓困方案之公司發行新股於政府

公司法第156條之4第1項規定：「公司設立後，爲改善財務結構或回復正常營運，而參與政府專案核定之紓困方案時，得發行新股轉讓於政府，作爲接受政府財務上協助之對價；其發行程序不受本法有關發行新股規定之限制，其相關辦法由中央主管機關定之。」此一規定係因2008年金融海嘯影響全球經濟，政府爲挽救企

---

[39] 經濟部94年3月23日經商字第09402405770號函。

[40] 股份交換與企業併購法第4條第5款所規定之「股份轉換」並不相同，不包括受讓他公司已發行股份達百分之百之情形（經濟部107年12月19日經商字第10702426510號函參照），故性質上僅屬「部分股權交換」。惟公司所發行之新股股數是否受一定比例之限制，公司法並無規定（經濟部94年2月3日經商字第09402014500號函參照），因此，如發行之新股占發行後已發行股份半數以上，將使發行公司之控制權發生移轉，或在敵意併購時成爲目標公司經營階層之防禦手段，但公司法未予以限制，且僅經董事會特別決議，並不合理。

業而推出各項紓困方案，故參考當時美國七千億美金紓困方案之監管理念，於公司參與政府專案核定之紓困方案時，允許政府得受讓參與紓困公司所發行之新股股權，以使全國納稅人在日後可分享企業紓困成功後之獲利；並配合增訂同條第2項及第29條第2項、第196條第2項等規定，命公司應提出自救計畫，並限制其經理人、董事之報酬。

(3) 認股權憑證與附認股權特別股

公司法第268條之1第1項規定：「公司發行認股權憑證或附認股權特別股者，有依其認股辦法核給股份之義務，不受第二百六十九條及第二百七十條規定之限制。但認股權憑證持有人有選擇權。」所謂認股權憑證，指表彰得依認股辦法，認購發行公司所發行股份權利之有價證券；認股權憑證與「員工認股權憑證（員工認股選擇權）」係由公司發給員工，或證券市場常見之「認購（售）權憑證」，係由公司以外之第三人（例如證券商）所發行，均不相同。至於所謂附認股權特別股，則指該特別股附有認股權，特別股股東具有依認股辦法認購發行特別股公司股份之權利。立法目的在配合公司法第268條第1項第7款規定：「發行認股權憑證或附認股權特別股者，其可認購股份數額及其認股辦法。」而得以附認股權方式發行新股。

因依認股權認股辦法發行新股，並非屬現金發行新股，自不受公司法第269條、第270條之限制；惟第268條之1第2項規定：「第二百六十六條第二項、第二百七十一條第一項、第二項、第二百七十二條及第二百七十三條第二項、第三項之規定，於公司發行認股權憑證時，準用之。」即其他相關發行新股之決議方式或限制，仍應準用。

(三) 公開發行新股與不公開發行新股

1. 概説

此係以公司發行新股是否公開向非特定之公眾募集作為區別標準。前者指公司發行新股時，除由原有股東及員工優先認購外，其未認足之部分公開向非特定之公眾募集；後者除由原有股東及員工優先認購外，其未認足之部分則洽由特定人協議認購。二者區別之實益，在於發行程序及所受之限制不同；前者因涉及非特定之公眾，故非經證券主管機關核准（申報生效），不得發行（公司§268 I），並受公司法第269條及第270條規定之限制，而後者則否。

2. 公開發行新股之限制

(1) 不得發行具有優先權利之特別股

公司法第269條規定：「公司有左列情形之一者，不得公開發行具有優先權利之特別股：一、最近三年或開業不及三年之開業年度課稅後之平均淨利，不足支付已發行及擬發行之特別股股息者。二、對於已發行之特別股約定股息，未能按期支

付者。」所謂具有優先權利之特別股，指關於盈餘分派等事項，具有優先於普通股之特別股而言；蓋公司營利能力欠佳，甚至債信已經出現問題，自無許其再公開發行此種具有優先權利之特別股之理，以免公眾因優先權利之吸引而應募，致受損害。但如無公司法第270條規定之情形，仍可公開發行普通股或不具優先權利之特別股（例如劣後股）。

(2) 不得公開發行新股

公司法第270條規定：「公司有左列情形之一者，不得公開發行新股：一、最近連續二年有虧損者。但依其事業性質，須有較長準備期間或具有健全之營業計畫，確能改善營利能力者，不在此限。二、資產不足抵償債務者。」此時公司之營利能力已經至為薄弱，甚至已經資不抵債，依法應重整或宣告破產（公司§211Ⅱ），自不許其公開發行新股向公眾募集資金；但如公司發行之新股，為原有股東、員工全部認足或由特定人協議認購而不公開發行，則無本條之適用[41]。

你知道嗎？

「不公開發行」與「私募」有何不同？

依據公司法之規定，公司債之發行，有「募集」與「私募」二種方式（公司§246Ⅰ、248Ⅱ），通說認為其意義與證券交易法第7條規定：「（第1項）本法所稱募集，謂發起人於公司成立前或發行公司於發行前，對非特定人公開招募有價證券之行為。（第2項）本法所稱私募，謂已依本法發行股票之公司依第四十三條之六第一項及第二項規定，對特定人招募有價證券之行為。」之意義相當（但依證券交易法所為之私募，其特定人有資格之限制，而公司法則無）。

至於發行新股時，亦有「公開發行」與「不公開發行」之區別（公司§268Ⅰ）：前者指公開發行公司依證券交易法之規定，對非特定人公開招募股份之行為，其意義亦與「募集」相當，惟「不公開發行」則與「私募」不同。按二者雖同樣向特定人招募股份，但因發行新股時，員工與原有股東有優先認購權（公司§267Ⅰ、Ⅱ、Ⅲ），且公司法對發行新股並無「私募」之規定，故僅公開發行公司得依證券交易法第43條之6第1項規定進行私募。而該項規定已經明文排除公司法第267條第1項至第3項規定之適用，且限制應募人須為金融機構、符合主管機關所定條件之人、發行公司或其關係企業之董事、監察人及經理人；因此，一般員工或股東，於公司私募新發行股份時，並無認購之權利，此與「不公開發行」時，員工與原有股東有優先認購權不同。又公開發行公司發行新股時，如未進行私募，又受法令限制不得公開發行，例如有公司法

---

[41]　經濟部87年12月11日商字第87229444號函。

第270條所規定之情形時，仍得不公開發行新股，由員工、原有股東與特定人認購（經濟部87年12月11日商字第87229444號函參照）。

三、新股認購權

(一) 意義

所謂新股認購權，指公司通常發行新股時，能優先於他人而認購新股之權利，故又稱「優先認股權」。新股認購權可分為員工之新股認購權與原有股東之新股認購權二種，前者已經於本章第一節之員工獎勵制度中作說明，此處僅說明原有股東之新股認購權。

(二) 原有股東之新股認購權

公司法第267條第3項規定：「公司發行新股時，除依前二項保留者外，應公告及通知原有股東，按照原有股份比例儘先分認，並聲明逾期不認購者，喪失其權利；原有股東持有股份按比例不足分認一新股者，得合併共同認購或歸併一人認購；原有股東未認購者，得公開發行或洽由特定人認購。」即公司發行新股時，除依法應保留一定比例之股份由公司員工優先承購者外，原有股東對其餘部分有優先認購之權利[42]；立法目的在防止原有股東對公司所持有之股權比例，因發行新股而被稀釋。此一新股認購權屬股東依法享有之權利，不得以公司章程或股東會決議剝奪[43]，故屬於固有權。

(三) 股東新股認購權之轉讓

公司法第267條第4項規定：「前三項新股認購權利，除保留由員工承購者外，得與原有股份分離而獨立轉讓。」按股東享有之新股認購權可分為抽象的新股認購權與具體的新股認購權二種。前者係基於股東資格享有之固有權，為股東權內容之一部分，故不得與股份分離而單獨讓與或為其他處分；至於後者，係公司每次決定發行新股時，股東對保留由員工優先承購者以外之部分，有直接請求按照原有股份比例儘先分認之權利，屬於一種具體之獨立權利[44]。故此之新股認購權，指具體的新股認購權而言，且僅限於原有股東之新股認購權，始得與原有股份分離而獨立轉讓。

---

[42] 惟依證券交易法第28條之1第1項、第2項之規定，證券主管機關於公開發行公司現金發行新股時，得規定其提撥發行新股總額之一定比率，以時價向外公開發行，不受公司法第267條第3項關於原股東儘先分認規定之限制。

[43] 惟依證券交易法第43條之6第1項之規定，股東會決議進行私募時，亦不受公司法第267條第1項至第3項之限制，即此時員工或原有股東並無新股認購權。

[44] 柯芳枝「公司法論（下）」第190頁。

四、新股之發行價格

公司法第156條第4項規定：「公司章程所定股份總數，得分次發行；同次發行之股份，其發行條件相同者，價格應歸一律。但公開發行股票之公司，其股票發行價格之決定方法，得由證券主管機關另定之。」同次發行之股份，其發行條件相同者，價格理應相同；但為便利新承銷制度之推動（如詢價圈購、競價拍賣）及因應未來實務需要，故授權證券主管機關得就公開發行公司之股票發行價格之決定方法，另為規定。

五、發行新股之程序

(一) 應經董事會特別決議

公司法第266條第2項規定：「公司發行新股時，應由董事會以董事三分之二以上之出席，及出席董事過半數同意之決議行之。」發行新股為董事會專屬之決議事項，無論公開發行或不公開發行，均須董事會特別決議行之；縱增資發行新股或發行限制員工權利新股，雖業經股東會特別決議，仍須經董事會特別決議通過有關發行新股之相關事宜，例如發行股數、發行價格或增資基準日等，使董事會能視公司實際需要及金融市場狀況進行籌資。

(二) 董事會應備置認股書

公司法第273條第1項規定：「公司公開發行新股時，董事會應備置認股書，載明下列事項，由認股人填寫所認股數、種類、金額及其住所或居所，簽名或蓋章：一、第一百二十九條及第一百三十條第一項之事項。二、原定股份總數，或增加資本後股份總數中已發行之數額及其金額。三、第二百六十八條第一項第三款至第十一款之事項。四、股款繳納日期。」又由原有股東認購或由特定人協議認購，而不公開發行者，亦應備置認股書（公司§274 I）；即無論公開發行或不公開發行，董事會均應備置認股書，供認股人審酌其載明之內容及填寫認股[45]。

(三) 董事會應對原有股東為附失權預告之認股通知及公告

新股認購權係原有股東之權利而非義務，故是否行使應尊重股東之選擇，不得強制；惟為使公司早日知悉股東是否行使新股認購權，故規定公司應公告及通知原有股東按照原有股份比例儘先分認，並聲明逾期不認購者，喪失其權利（公司§267 III前段）；且發行新股為董事會專屬之權限，故通知及公告自應由董事會為之（後述洽由特定人協議認

---

[45] 員工認購新股時，應否以認股書為之，公司法並無明文規定，但學者認為為求員工認股之明確，似仍應以認股書認股為宜；且後述之通知及公告程序，公司法應明文規定亦可對員工為之，使員工認股之股數早日確定（柯芳枝「公司法論（下）」第191頁參照）。

購與催繳股款亦同）。又公告及通知，性質上屬附失權預告之新股認股催告，屆期股東未行使其具體之新股認購權，即當然喪失此一權利[46]，此時未認購之股份即得公開發行或洽由特定人認購。

(四) 原有股東及員工認股

原有股東收受認股通知後，有於所定期間內，按照其原有股份比例分認新股之權利；且行使認股權時應填寫所認股數、種類、金額及其住所或居所，簽名或蓋章（公司§273 I 序文、公司§274 I 前段）。又公開發行新股時，應以現金爲股款；但由原有股東認購或由特定人協議認購，而不公開發行者，得以公司事業所需之財產爲出資[47]（公司§272）。故股東如以現金以外之財產抵繳股款者，應於認股書加載其姓名或名稱及其財產之種類、數量、價格或估價之標準及公司核給之股數（公司§274 I 後段）；且於財產出資實行後，由董事會送請監察人查核加具意見，並報請主管機關核定之（公司§274 II）。至於員工認股之方式，自應與股東相同。

(五) 原有股東及員工以外之第三人認股

如原有股東及員工未認足所發行之全部新股時，須由員工及原有股東以外之第三人認購；而依第三人係特定之第三人或不特定之公眾，可分爲不公開發行與公開發行，二者程序不同，特分述如下：

1. 不公開發行

未認足之股份，不公開發行者，應洽由特定人協議認購（由員工及原有股東認足全部新股者，亦屬不公開發行）；特定人並無身分、人數之限制，自然人或法人均可。所以洽由特定人認購，目的在避免公開發行新股之繁瑣程序，使發行新股得以迅速完成，故其發行條件，應由董事會與特定人協議。至於特定人以公司事業所需之財產爲出資者（公司§272但），其認股方式，與股東以公司事業所需之財產爲出資者相同（公司§274）。

---

[46] 有關認股期限之訂定，應由公司自行決定。又公司公告及通知原有股東之「認股期限」與原有股東認股後之「股款繳納期限」及其「股款催告期限」，本屬不同程序；但實務運作上，常將「認股期限」及「股款繳納期限」併同辦理，使原股東係以繳納股款作爲同意認股，亦即須於「認股期限」（與股款繳納期限爲同一期限）內繳納股款，未繳納者則爲未認股，喪失認購權。因此，經濟部曾針對上揭將「認股期限」及「股款繳納期限」併同辦理之情形，函釋「倘公司將認股書及繳款通知書併同辦理，並載明逾期不認購者喪失其權利，雖非公司法所禁止。惟參照公司法第141條及142條之意旨，公司所訂之『繳款期限』自應在一個月以上。」（經濟部103年5月21日經商字第10300580150號函參照）。雖然公司發行新股所訂期限如有違反上開函釋是否有效，屬司法機關認事用法範疇，但如果過短，致妨礙原有股東行使認股權，並不妥適。

[47] 此時公司法第272條雖未規定，但由原有股東或特定人認購而不公開發行時，亦得以技術抵繳股款（經濟部110年3月11日經商字第11002406410號函參照）。

2. 公開發行

(1) 向證券管理機關申報生效

公司發行新股，除由原有股東及員工全部認足或由特定人協議認購而不公開發行者外，應先依公司法第268條第1項之規定，載明該項所列之11款事項，向證券主管機關申報生效後[48]，始得公開發行[49]。公司就前述各款事項有變更時，應即向證券主管機關申請更正；公司負責人不為申請更正者，由證券主管機關各處新臺幣一萬元以上五萬元以下罰鍰（公司§268Ⅱ）。

(2) 公告及發行

公司應將公司法第273條第1項各款事項，於向證券主管機關申報生效後三十日公告並「發行」之；但營業報告、財產目錄、議事錄、承銷或代銷機構約定事項，得免予公告（公司§273Ⅱ）。此處所稱之「發行」，指完成認股手續，而非發行股票之意[50]；如公司超過前述三十日期限未公告並發行，而仍須公開發行時，應重行向證券主管機關申報生效（公司§273Ⅲ）。

(3) 認股人認股

認股人認股時，應填寫所認股數、種類、金額及其住所或居所，簽名或蓋章（公司§273Ⅰ序文）。

(六) 董事會催繳股款

認股人（包括員工、原有股東與特定人）應於認股書所載股款繳納日期繳納股款，以超過票面金額發行股票時，其溢額應與股款同時繳納（公司§273Ⅰ④、266Ⅲ準用141）。認股人延欠應繳之股款時，董事會應定一個月以上之期限催告該認股人照繳，並聲明逾期不繳失其權利[51]；董事會已為前述之催告，認股人不照繳者，即失其權利，所認股份另行募集；且如有損害，仍得向認股人請求賠償（公司§266Ⅲ準用142）。

---

[48] 申報生效之期間，依發行人募集與發行有價證券處理準則第13條第2項本文之規定，原則上自金管會及該會指定之機構收到發行新股申報書即日起屆滿十二個營業日生效。

[49] 另公司法第271條第1項及第2項規定：「公司公開發行新股經核准後，如發現其申請事項，有違反法令或虛偽情形時，證券管理機關得撤銷其核准。」、「為前項撤銷核准時：未發行者，停止發行；已發行者，股份持有人，得於撤銷時起，向公司依股票原定發行金額加算法定利息，請求返還；因此所發生之損害，並得請求賠償。」因證券交易法第22條第1項對有價證券之募集已採申報生效制，故此之撤銷核准，係指撤銷或廢止申報生效而言。又申報事項有違反法令或虛偽情形時，由證券管理機關處新臺幣二萬元以上十萬元以下罰鍰（公司§271Ⅲ）。

[50] 柯芳枝「公司法論（下）」第201頁。

[51] 惟證券交易法第33條第3項規定：「已依本法發行有價證券之公司發行新股時，如依公司法第273條公告之股款繳納期限在一個月以上者，認股人逾期不繳納股款，即喪失其權利，不適用公司法第266條第3項準用同法第142條之規定。」即此時董事會並無催繳股款之必要，認股人逾期不繳納股款時，即已喪失其權利。

(七) 認股人撤回認股

公司法第276條第1項規定：「發行新股超過股款繳納期限，而仍有未經認購或已認購而撤回或未繳股款者，其已認購而繳款之股東，得定一個月以上之期限，催告公司使認購足額並繳足股款；逾期不能完成時，得撤回認股，由公司返回其股款，並加給法定利息。」按發行新股而使認股人與公司發生股東關係之效力，應於認股人繳足股款時發生；故此時認股人已成為公司股東，本不得再撤回認股，惟公司法為保護認股人權利，而特設此一例外規定。且有行為之董事，對於因上述情事所致公司之損害，應負連帶賠償責任（公司§276Ⅱ）。

(八) 申請增資登記

公司應於增資發行新股結束後十五日內，向主管機關申請變更登記（公司登記§4Ⅰ）。

案 例

A股份有限公司辦理現金增資，於當年10月22日以限時專送方式寄出股東認股繳款書，繳款期間為同年10月23日至30日。而當年11月4日該公司於公開資訊觀測站為現金增資發行普通股催繳公告，主要內容為「本公司現金增資發行普通股案，認股繳款期限業已於10月30日截止，惟有部分股東尚未繳納現金增資股款，特此催告。」、「茲依公司法第266條第3項準用同法第142條之規定辦理，自11月6日至12月7日止為股款催繳期間，尚未繳款之股東，請於上述期間內，持原繳款書至第一銀行全省各地分行辦理繳款事宜，逾期未繳款者即喪失認購新股之權利。」而據媒體報導，共有720位股東在催繳期間繳款，但該公司事後卻以「原有股東如未遵期行使新股認購權者，其新股認購權已喪失，即非『認股人』，本無繳納股款之義務，故非屬『認購人』之原有股東，並非本公司11月4日公告之催繳對象。」並主張該公司公告之催繳對象為曾去電或去函該公司之股東，而將部分於催繳期間繳款之股東所認新股轉洽特定人認購。請問：(一)該公司股東逾期未於股款繳納期限內繳納股款者，是否已經喪失新股認購權？(二)該公司股東如已喪失新股認購權，但仍於股款催繳期間內繳款，有無取得所認購新股之權利？

解 析

按公司法第267條第3項規定，公司發行新股時，除保留員工承購部分外，應公告及通知原有股東，按照原股份比例儘先認購，但同時規定公司公告及通知原

有股東時，須聲明逾期不認購者喪失其權利，此乃附失權預告之新股認購催告，屆期股東未行使其具體的新股認購權，即當然喪失此一權利，其未認購之新股即得由公司公開發行或洽特定人認購。實務上亦認為股東未於期限內繳納股款或表示認股意願業已喪失其新股認購權利，而公司公告催繳股款之對象為已經認股之認股人，不包括未認股之原有股東等（臺灣高等法院100年度金上字第42號判決參照）。

　　惟股東縱然未於繳款期間內繳納股款或表示認股意願致喪失新股認購權，但其於催繳期間繳款，是否未與公司成立認股契約，不無疑問？因為未認購之新股可由公司洽特定人認購，即公司與特定人間可另行成立認股契約，而此一特定人並未排除喪失新股認購權之原有股東；故該公司11月4日之公告可視為要約，相對人為「尚未繳款之股東」，而其持原繳款書繳款可以視為意思實現，認股契約成立（民§161Ⅰ）。雖然該公司表示催繳公告是針對有來電或來函表示保留認股權益者，及依公司法第266條第3項準用同法第142條之規定，催繳對象僅限於「認股人」；但認股為要式行為，必須由認股人於認股書上填寫所認股數、種類、金額及其住所或居所，簽名或蓋章（公司§273Ⅰ、274Ⅰ），故僅去電或去函該公司，並未完成認股（實務上認股繳款書已經載明認股書必要記載事項，故繳款即完成認股），況該公司之公告亦僅表明「部分股東尚未繳納現金增資股款」而無其他保留，可見根本無所謂之已經認股，但尚未繳款之股東存在，其對象應為全部尚未繳款之股東。

第八章　股份有限公司之組織變更

第一節　變更章程與減資

一、變更章程之意義

　　所謂變更章程，指對公司之章程加以修改；章程雖為公司組織與活動之基本規則，不宜輕言修改，然因情勢變遷，自有調整章程之內容以資適應之必要。至於變更章程之範圍，法令並無限制，無論係絕對必要記載事項、相對必要記載事項或任意記載事項，均得變更，惟其內容不得違反強行規定與善良風俗。且縱將章程所載公司名稱、所營事業及本公司所在地均予以變更，在法律上仍然為同一公司，不因其外觀不同，而有所區別。

二、變更章程之程序

(一) 經股東會特別決議

　　公司法第277條第1項、第2項分別規定：「公司非經股東會決議，不得變更章程。」、「前項股東會之決議，應有代表已發行股份總數三分之二以上之股東出席，以出席股東表決權過半數之同意行之。」可知變更章程係股東會專屬之決議事項[1]，且變更章程對公司影響甚大，故應以特別決議為之；但公開發行公司，得以便宜決議代替（公司§277Ⅲ）。又出席股東股份總數及表決權數，公司章程有較高之規定者，從其規定（公司§277Ⅳ）。

(二) 辦理變更登記

　　因章程為股份有限公司申請設立登記事項之一，因此，變更章程時，應於變更後十五日內，向主管機關申請為變更之登記（公司登記§4Ⅰ）。惟未為變更之登記者，雖不得以其事項對抗第三人（公司§12）；但章程變更，如未違反法令，於股東會決議時即生效力，登記僅為對抗要件，而非生效要件。

---

[1]　惟於公司重整時，得經重整人聲請法院，由法院裁定予以變更章程（公司§309①）。

三、增資之變更章程

(一) 意義及理由

此處所稱之「增資」，指增加公司之授權資本。按股份總數及票面金額股之每股金額為股份有限公司章程之絕對必要記載事項（公司§129③），故二者有一增加，即屬增加公司之資本，須變更章程；至於在公司章程所載股份總數之範圍內發行新股，雖然已發行股份總數增加，只是增加實收資本，自無須變更公司章程。

(二) 增加資本之方法

通常增加資本之方法為增加股份總數，但在票面金額股，股份總數與每股金額之乘積即為公司之資本，故增加資本之方法，除增加章程所載股份總數外，亦可增加股份金額[2]，或二者同時增加。

(三) 增加資本之要件

依公司法第268條第5項之規定，公司發行新股時，本次發行之股數加上「已發行股份總數」加上「保留供認股權證可認購股份數」加上「保留公司債可轉換股份數」大於「公司章程所定資本總額」時，應先完成變更章程增加資本總額後，始得發行新股[3]。

四、減資與變更章程之減資

(一) 意義及理由

所謂變更章程之減資，指修改公司章程，減少其記載之資本總額而言，即減少公司之授權資本；蓋基於資本不變原則，公司不得任意變動其資本，如須減少，須踐行變更章程之減資程序。惟在授權資本額度內，減少公司實收資本，並不涉及公司章程所載股份總數或每股金額，自無須變更章程，僅經股東會決議即可（公司§168Ⅰ本文前段）；因實務上甚少公司修改章程減少資本總額，故通常所稱之「減資」，僅指公司減少實收資本而言。

---

[2]　惟增加股東持有股份之股份金額，將造成股東須增繳股款，以股東有限責任原則觀之，須經全體股東同意，實行上有其困難，故實務上甚少採行；參王文宇「公司法論」第456頁。

[3]　所謂「保留供認股權證可認購股份數」、「保留公司債可轉換股份數」係指「已發行尚未認購轉換之可認購股份數或可轉換股份數」而言（經濟部101年8月9日經商字第10102099960號函參照）。

(二) 減資之原因

1. 實質上之減資

　　如公司因經濟情勢變遷或營運策略改變，致持有過剩之資金時，可將多餘之資金發還於股東；此時公司財產因減資而減少，故稱為實質上之減資。又公司為實質減資時，所退還股東之股款，以現金為原則；如以現金以外之財產為之時，其退還之財產及抵充之數額，應經股東會決議，並經該收受財產股東之同意（公司§168Ⅱ）。又為確保退還財產估價之合理，該財產之價值及抵充之數額，董事會應於股東會前送交會計師查核簽證（公司§168Ⅲ）。

2. 形式上之減資

　　所謂形式上之減資，又稱計算上之減資，即於公司有累積虧損時，以減資方式彌補虧損；此時公司雖減少資本（通常為「普通股股本」），但並不返還現實財產予股東，而係同額減少累積虧損，即以會計項目調整之方式，求得資本總額與公司現實財產之平衡[4]。

(三) 減資之方法

　　公司法第168條第1項及第280條分別規定：「公司非依股東會決議減少資本，不得銷除其股份；減少資本，應依股東所持股份比例減少之。但本法或其他法律另有規定者，不在此限。」、「因減少資本而合併股份時，其不適於合併之股份之處理，準用前條第二項之規定。」可知減資得以「銷除股份」與「合併股份」二種方式為之[5]。前者，公司以銷除已發行股份之方式減資[6]，被銷除股份所表彰之股東權消滅，如發行股票者亦失其效力；後者，公司以合併已發行股份之方式減資。惟無論採銷除或合併方式，減少資本，應依股東所持股份比例減少之；例如每十股銷除三股或二股併成一股。至於公司法第168條第1項但書之規定，係因除依該項本文規定所進行之減資外，公司亦可因其他情形減少公司實收資本，例如公司法第167條第2項、第167條之1第2項，或證券交易法第28條之2第4項所規定「視為公司未發行股份」之情形，其屬法定減資之事由，故但書予以排除。

---

[4]　會計分錄上借記「普通股股本」、貸記「累積虧損」；如以現金退還股東股款之實質減資，則借記「普通股股本」、貸記「現金」。

[5]　惟解釋上，減少股份金額亦屬可行，但減少後之每股金額仍應歸一律；參柯芳枝「公司法論（下）」第211頁。

[6]　公司採用銷除股份之方式減資時，依是否違反股東意願可區分為「強制銷除」與「任意銷除」；後者通常是以買賣或贈與等方式由公司取得自己之股份後，再予以銷除，與前者係經股東會決議，可強制所有股東銷除不同。此外，公司得以銷除股份是否支付對價而區分為「有償銷除」與「無償銷除」，即實質上之減資與形式上之減資之別。

(四) 減資之程序

1. 經股東會決議

　　按在授權資本制下，減資並非均須修改章程，如無修改章程之必要，則公司未經股東會決議即逕行減少實收資本，影響股東、債權人及第三人之權益甚鉅；故公司法第168條第1項本文明定公司非依股東會決議減少資本，不得銷除其股份。又此之股東會決議，公司法並無特別規定，故僅經股東會普通決議即可[7]。

2. 減少資本應依股東所持股份比例減少

　　減少資本，應依股東所持股份比例減少之（公司§168 I 本文後段）；目的在劃一資本減少方法及維持股東平等原則。通說認為此一規定對股份合併亦有適用；故無論是強制銷除或股份合併，均應依股東所持股份比例為之。

3. 履踐保護公司債權人之程序

　　公司減資，無論係實質上之減資或形式上之減資，對債權人均屬不利。前者，減少公司現實財產；後者，亦減少應保留於公司之財產額。因此，公司法第281條規定：「第七十三條及第七十四條之規定，於減少資本準用之。」即公司決議減資時，應即編造資產負債表及財產目錄。公司為減資之決議後，應即向各債權人分別通知及公告，並指定三十日以上期限，聲明債權人得於期限內提出異議。如公司不為通知及公告，或對於在指定期限內提出異議之債權人不為清償，或不提供相當擔保者，不得以其減資對抗債權人。

4. 減資之實行

　　減資，如係實質上之減資，自應退還股東股款；至於形式上之減資，則無此必要。又無論何種形式之減資，如公司已發行股票，應進行換發股票程序；依公司法第279條第1項規定：「因減少資本換發新股票時，公司應於減資登記後，定六個月以上之期限，通知各股東換取，並聲明逾期不換取者，喪失其股東之權利。」如股東於前述期限內不換取者，即喪失其股東之權利，公司得將其股份拍賣，以賣得之金額，給付該股東（公司§279 II）。至於公司負責人違反前述通知期限之規定時，各處新臺幣三千元以上一萬五千元以下罰鍰（公司§279 III）。

5. 申請減資登記

　　公司應於減少資本結束後十五日內，向主管機關申請變更登記（公司登記§4 I）。

---

[7]　最高法院102年度台上字第808號判決。

新聞追蹤

南科通過史上最大減資案

　　上市DRAM大廠南科（2408）今天召開股東會，會中順利通過減資九成案，此為臺股史上最大金額減資案，預計減資規模達2,156.49億元。該公司將在股東會後送件申請減資，預計減資基準日為6月27日，9月9日重新掛牌交易。據瞭解，該公司截至去年底累計虧損達2,330.81億餘元，減資2,156.49億元、幅度90%後，股本將降到239.61億元，累計虧損降至174億元，目標今年內弭平累虧。

　　按上市、上櫃公司辦理減資，可以分為庫藏股減資、減資彌補虧損與現金減資等三種情形。其中庫藏股減資，通常係為維護公司信用及股東權益所必要，而買回本身所發行之股份，並辦理銷除（證交§28-2Ⅰ③），惟其屬於特殊情形之法定減資，故無須經股東會決議（公司§168Ⅰ但），且因其無須換發股票，故不必停止掛牌交易，與後述二種情形不同。至於減資彌補虧損，係因公司經營不善，累積巨額虧損，為了讓實收資本與財產總額一致，故辦理減資以彌補虧損，報導中之減資，即屬於此種情形；此外，因公司原則上不得折價發行新股（公司§140），故公司亦得先行減資提升每股淨值後，再增資募集資金。又所謂現金減資，係因公司調整營運或投資策略，致帳上閒置資金過多，故辦理減資，依持股比例返還股東現金；其情形與現金增資（通常發行新股）剛好相反，但現金增資時，可以溢價發行，而現金減資時，係依股票面額發還現金，例如每股面額10元，發還3元即減資30%。

　　過去公司通常是因為虧損，所以辦理減資；但近來國內上市、上櫃公司掀起現金減資風潮，蓋因現金減資，不但有助於提升每股淨值，且因發行股數減少，還能提升每股盈餘（EPS），進而提升股價，所以很多公司樂於辦理現金減資。

　　又無論是減資彌補虧損或現金減資，均影響股東權益甚鉅，故公司法第172條第5項規定將減資列為召集事由中之列舉事項，並應說明其主要內容，不得以臨時動議提出（公司§172Ⅴ），以維護股東權益。

2014-06-06／聯合晚報／記者徐睦鈞「南科通過史上最大減資案」報導

第二節　公司重整

一、重整之意義

　　公司重整，指公開發行公司，因財務困難，致暫停營業或有停業之虞，但預料仍有重建更生之可能者，在法院監督下，調整公司債權人、股東及其他利害關係人之利益，使

公司得以維持與更生之制度；所謂「財務困難」、「暫停營業」或「有停業之虞」等情形，只須公司流動資金之欠缺已達極致，對於清償期已屆至之債務不能支付，致已暫時停止營業，或者繼續支付已到期之公司債務，有甚難維持事業之虞而言，至於公司有無資本淨值，則非所問[8]。又因公司重整之目的，在確保債權人及投資大眾之利益，與維護社會經濟秩序；故公司是否「有重建更生之可能」，應依公司業務及財務狀況判斷，須其在重整後能達到收支平衡，且具有盈餘可資為攤還債務者，始得謂其有經營之價值，而許其重整[9]。

二、重整之聲請

(一) 公司重整之聲請權人

1. 公司

公司有無重整之必要，公司本身知之最詳，故公司本身自得為重整之聲請權人（公司§282 I 序文）；惟公司重整影響債權人、股東或其他利害關係人之權益甚鉅，故應經董事會特別決議行之（公司§282 II）。

2. 股東

股東亦得聲請公司重整，惟為防止濫用，故須繼續六個月以上持有已發行股份總數百分之十以上股份之股東始得為之（公司§282 I ①）；因此，其屬少數股東權，自得數名股東合併計算其持有股數。

3. 債權人

債權人亦得聲請公司重整，惟同樣為防止濫用，其債權額須相當於公司已發行股份總數金額百分之十以上（公司§282 I ②）；與股東聲請相同，亦得數名債權人合併計算，但其債權種類或有無擔保，則無限制。

4. 工會

此之工會[10]，包括企業工會或會員受僱於公司人數，逾其所僱用勞工人數二分之一之產業工會，或會員受僱於公司之人數，逾其所僱用具同類職業技能勞工人數二分之一之職業工會（公司§282 III）。

5. 受僱員工

公司員工亦得聲請公司重整，但須由公司三分之二以上之受僱員工聲請，且以聲請時

---

[8]　最高法院56年度台抗字第320號裁定。

[9]　最高法院92年度台抗字第283號裁定。

[10]　工會法第6條第1項規定：「工會組織類型如下，但教師僅得組織及加入第二款及第三款之工會：一、企業工會：結合同一廠場、同一事業單位、依公司法所定具有控制與從屬關係之企業，或依金融控股公司法所定金融控股公司與子公司內之勞工，所組織之工會。二、產業工會：結合相關產業內之勞工，所組織之工會。三、職業工會：結合相關職業技能之勞工，所組織之工會。」

公司勞工保險投保名冊人數爲準（公司§282IV）。

(二) 聲請重整之程序

依公司法第283條第1項之規定，公司重整之聲請，應由聲請人以書狀連同副本五份，載明下列事項，向法院爲之：

1. 聲請人之姓名及住所或居所；聲請人爲法人、其他團體或機關者，其名稱及公務所、事務所或營業所。
2. 有法定代理人、代理人者，其姓名、住所或居所，及法定代理人與聲請人之關係。
3. 公司名稱、所在地、事務所或營業所及代表公司之負責人姓名、住所或居所。
4. 聲請之原因及事實。
5. 公司所營事業及業務狀況。
6. 公司最近一年度依公司法第228條規定所編造之表冊；聲請日期已逾年度開始六個月者，應另送上半年之資產負債表。
7. 對於公司重整之具體意見。

上述第5款至第7款之事項，因內容較爲繁複，得以附件補充之（公司§283II）。又公司本身聲請重整時，因其對公司之營運狀況知之甚詳，故應提出重整之具體方案；至於股東、債權人、工會或受僱員工爲聲請時，應檢同釋明其具有聲請公司重整資格之文件，但對上述第5款及第6款之事項，得免予記載（公司§283III）。

(三) 重整聲請形式要件之審駁

法院受理公司重整時，應先審查是否符合形式要件，依公司法第283條之1規定，有下列情形之一者，法院應裁定駁回：

1. 聲請程序不合者；但可以補正者，應限期命其補正，例如股東或債權人爲聲請時，漏未檢同釋明其具有聲請公司重整資格之文件。
2. 公司未依本法公開發行股票或公司債者；即公司根本不符聲請重整之資格。
3. 公司經宣告破產已確定者；按宣告破產確定之公司，應依破產程序處理公司財產及債務，已無繼續營業之可能，自不許其另行聲請公司重整。
4. 公司依破產法所爲之和解決議已確定者；和解決議既已確定，自應依和解決議之內容處理債務，不宜另外進行重整程序。
5. 公司已解散者；此時公司亦無繼續營業之可能，應依清算程序處理公司財產及債務。
6. 公司被勒令停業限期清理者；本款係配合銀行法第62條之7第3項規定：「銀行清理期間，其重整、破產、和解、強制執行等程序當然停止。」而增訂。

(四) 重整裁定前之調查

　　法院為形式要件審查後，如無公司法第283條之1所規定之情事，即應進行實體審查，審查公司是否確實有重整之原因及重建更生之可能，其程序如下：

1. 徵詢主管機關意見

　　公司法第284條第1項規定：「法院對於重整之聲請，除依前條之規定裁定駁回者外，應即將聲請書狀副本，檢送主管機關、目的事業中央主管機關、中央金融主管機關及證券管理機關，並徵詢其關於應否重整之具體意見。」因上揭機關基於主管、監督之地位，對於公司之業務較為熟識，由其提供意見，足供法院對重整聲請為准駁裁定之重要參考；其中「中央金融主管機關」，可由其彙整債權銀行對公司重整之具體意見。同條第2項規定：「法院對於重整之聲請，並得徵詢本公司所在地之稅捐稽徵機關及其他有關機關、團體之意見。」蓋公司繳納稅捐之情形，有助於瞭解其營運情形，可為法院裁定准駁重整之重要參考因素。同條第3項規定：「前二項被徵詢意見之機關，應於三十日內提出意見。」係為避免法院所徵詢之機關，提出意見時間過長，致妨害重整時效。

2. 通知被聲請之公司

　　公司法第284條第4項規定：「聲請人為股東或債權人時，法院應檢同聲請書狀副本，通知該公司。」蓋聲請人為股東或債權人時，被聲請之公司未必知情，故由法院通知被聲請之公司，使其得對重整聲請提供具體意見[11]。

3. 選任檢察人

(1) 檢察人之資格及人數

因法院裁定准駁重整時，檢查人之調查報告，至關重要，且檢查人對公司各種事項應詳加調查並提出具體建議，故法院除徵詢主管機關意見外，並得就對公司業務具有專門學識、經營經驗而非利害關係人者，選任為檢查人（公司§285 I 序文）；可見檢查人須具備一定資格，且與公司無利害關係，惟條文係規定法院「得」選任而非「應」選任檢查人，故法院未選任檢查人，亦不違法。又檢查人之資格，須為對公司業務具有專門學識、經營經驗之人，故實務及多數學說見解認為僅限於「自然人」方足當之；至於檢查人之人數，法無明文規定，則由法院依事務之繁簡而定。

(2) 檢查人之職務

依公司法第285條第1項之規定，檢查人應就下列事項於選任後三十日內調查完畢，並報告法院：

A. 公司業務、財務狀況及資產估價。

B. 依公司業務、財務、資產及生產設備之分析，是否尚有重建更生之可能。

---

[11] 公司法第282條修正增列工會或受僱員工亦得為聲請人時，同法第284條第2項並未配合修正，但解釋上工會或受僱員工聲請時，法院亦應通知被聲請之公司。

C. 公司以往業務經營之得失及公司負責人執行業務有無怠忽或不當情形。

D. 聲請書狀所記載事項有無虛偽不實情形。

E. 聲請人為公司者，其所提重整方案之可行性。

F. 其他有關重整之方案。

又檢查人執行職務時，對於公司業務或財務有關之一切簿冊、文件及財產，得加以檢查；公司之董事、監察人、經理人或其他職員，對於檢查人關於業務或財務之詢問，有答覆之義務（公司§285Ⅱ）。如前述之人拒絕檢查，或對前述詢問無正當理由不為答覆，或為虛偽陳述者，處新臺幣二萬元以上十萬元以下罰鍰（公司§285Ⅲ）。

(3) 檢查人之責任及報酬

檢查人於執行職務之範圍內亦為公司之負責人（公司§8Ⅱ）。因此，檢查人應以善良管理人之注意，執行其職務，其報酬由法院依其職務之繁簡定之；檢查人執行職務違反法令，致公司受有損害時，對於公司應負賠償責任；檢查人對於職務上之行為，有虛偽陳述時，處一年以下有期徒刑、拘役或科或併科新臺幣六萬元以下罰金（公司§313）。

(五) 重整裁定前之保全處分

1. 保全處分之必要性

保全處分，又稱緊急處分。蓋公司重整之目的在使有經營價值之公司重建更生，故法院若准許公司重整，勢必藉由重整程序重新調整公司與債權人、股東之權利義務關係（公司§311Ⅰ①、②）；且公司負責人如就公司經營不善有過失責任者，亦須負損害賠償責任。故於重整聲請後，法院為准駁重整裁定前，利害關係人將為自身利益，爭取保全自身權利，致為不利公司重整之行為；例如債權人行使債權，致公司現實財產減少，或股東轉讓股份，使公司股價下跌，或公司負責人隱匿證據、移轉財產，以避免負損害賠償責任等。因此，法院於裁定准駁重整前，須先為各種保全處分，以確保重整程序可以順利進行，並維持公司財產價值。

2. 保全處分之內容

依公司法第287條第1項之規定，法院為公司重整之裁定前，得因公司或利害關係人之聲請或依職權，以裁定為下列各款處分：

(1) 公司財產之保全處分：例如禁止公司財產為處分或設定負擔之行為，以避免公司財產減少或減損其價值。

(2) 公司業務之限制：公司財務困難，通常係其所經營之業務發生問題，故限制公司不得經營部分業務，以免損害繼續擴大。

(3) 公司履行債務及對公司行使債權之限制：如許公司履行債務或債權人對公司行使債權，將導致少數債權人之債權先行獲得清償，對全體債權人不利，故予以限

制。

(4) 公司破產、和解或強制執行等程序之停止；按破產宣告之裁定或和解決議如經確定，將造成未來無從進行重整程序，至於強制執行程序之進行，亦足以影響公司之財產狀況，故對未確定之公司破產、和解或未終結之強制執行等程序應命停止。

(5) 公司記名式股票轉讓之禁止；除避免股價低落有礙重整外，亦防止不知情之社會大眾購入而受損失。

(6) 公司負責人，對於公司損害賠償責任之查定及其財產之保全處分；指調查公司財務困難是否因公司負責人之違法或不當行為所致，如果認為負責人須負賠償責任時，則對其名下財產為假扣押或假處分等保全處分，以防止其脫產逃避責任。

3. 保全處分之期限

公司法第287條第2項規定：「前項處分，除法院准予重整外，其期間不得超過九十日；必要時，法院得由公司或利害關係人之聲請或依職權以裁定延長之；其延長期間不得超過九十日。」立法目的係為維護利害關係人之權益，避免企業利用處分期間從事不當行為，對處分期間之延長，除須經法院裁定外，亦限制其延長期限。同條第3項規定：「前項期間屆滿前，重整之聲請駁回確定者，第一項之裁定失其效力。」亦為避免公司利用重整作為延期償付債務之手段，故法院駁回重整之裁定確定時，各種保全處分，即失其效力。

4. 保全處分之通知

公司法第287條第4項規定：「法院為第一項之裁定時，應將裁定通知證券管理機關及相關之目的事業中央主管機關。」目的在使證券管理機關及目的事業中央主管機關立即獲悉法院所為之處分情形，可以停止該公司股票交易及為各種處理，以保障投資大眾及交易安全。

(六) 命公司負責人造報名冊

法院於裁定重整前，得命公司負責人，於七日內就公司債權人及股東，依其權利之性質，分別造報名冊，並註明住所或居所及債權或股份總金額（公司§286）。

案例

東隆五金，為一具有全球品牌及各項專利之知名製鎖公司，卻因爆發大股東鉅額掏空而下市。由於東隆五金本業上仍有經營價值，故在爆發財務危機後，仍獲銀行團支持繼續營運，並向法院聲請重整及請求重整裁定前之保全處分。法院依檢查人之報告，並參考主管機關之意見後，裁定准予重整，並依法選任重整監督人及重整人，由其進行受理申報重整債權、召開關係人會議及提出重整計畫等

重整事務。法院裁定認可重整計畫後，重整人依計畫開始進行減資及改善財務結構等工作，並於計畫所定期限內完成，因此，法院為重整完成之裁定，並召集重整後之股東會選任董事、監察人。請問：(一)何謂重整？何人於何種情形下，可向法院申請重整？(二)何謂重整裁定前之保全處分？其目的為何？(三)法院為重整裁定前，應進行之程序為何？(四)法院准許重整後，應採行之措施為何？(五)何謂重整監督人、重整人及關係人會議？(六)何謂重整債權？與重整債務有何區別？(七)何謂重整計畫？其成立應經何種程序？其內容及效力為何？(八)公司重整完成之效力為何？

解析

　　東隆五金係近年來少數幾個公司重整成功之案例，故置於此處，使讀者對重整制度有所瞭解，至於實例各項問題即本節之重點，讀者可自行查閱解答。

　　按企業因財務困難致無力償還負債時，有二種不同之處理方式：一為清算型的企業破產程序，即將企業資產全部處分清償債務後，終結企業之營運；二為再建型的企業整理程序，即透過債務整理之方式恢復企業之生機，使企業生命可以延續。我國公司法於公布施行之初，並無公司重整之規定，當公司不能清償債務或債務超過資產時，僅能依破產法所規定之和解或破產程序處理，故於1966年公司法修正時，於股份有限公司中增訂「公司重整」一節，建立我國公司重整制度。惟適用重整制度之公司，不僅限於股份有限公司，並以「公開發行股票或公司債之公司」為限；蓋此種公司之股東、債權人與員工眾多，一旦經營不善，對社會影響層面較大，故有藉重整制度挽救公司之必要。

　　又法院於受理重整聲請後，得以保全處分限制債權人行使權利（公司§287Ⅰ③），故實務上常見公司假借重整之名義，變相拖延清償債務，甚至作為與公司債權人談判之籌碼；而債權人則認為公司蓄意規避清償債務，而以向法院聲請公司破產作為抵制。因此，近年來屢有專家學者倡議廢除重整制度；惟重整制度具有維護社會安定與企業穩定發展之功能，故實不宜輕言廢止，應適時修正，妥善調整債務人公司與債權人、股東、員工及其他利害關係人之權利義務關係，以達企業維持與更生之目的。

三、公司重整之裁定

(一) 法院為准駁重整裁定之依據及期限

　　公司法第285條之1第1項規定：「法院依檢查人之報告，並參考目的事業中央主管機

關、證券管理機關、中央金融主管機關及其他有關機關、團體之意見，應於收受重整聲請後一百二十日內，爲准許或駁回重整之裁定，並通知各有關機關。」因檢查人之報告對於法院准駁重整，具有重大影響，故法院應依檢查人之報告，並參考主管機關或其他有關機關、團體之意見，爲准許或駁回重整之裁定；又公司重整係緊急事件，爲爭取時效，故明定其期限。同條第2項規定：「前項一百二十日之期間，法院得以裁定延長之，每次延長不得超過三十日。但以二次爲限。」即法院爲准駁重整裁定之期限，合計不得超過一百八十日[12]，適與保全處分之期限配合。

(二) 法院應駁回重整聲請之裁定

公司法第285條之1第3項規定：「有左列情形之一者，法院應裁定駁回重整之聲請：一、聲請書狀所記載事項有虛偽不實者。二、依公司業務及財務狀況無重建更生之可能者。」且法院裁定駁回，係因公司狀況無重建更生之可能，其合於破產規定者，法院得依職權宣告破產，以節省程序（公司§285-1 IV）。又對於駁回聲請之裁定，聲請人得爲抗告（非訟§41 II）。

(三) 法院爲准許重整之裁定與應採取之措施

1. 法院爲准許重整之裁定

法院依檢查人之報告，並斟酌其所徵詢意見之機關、團體之意見，認爲重整聲請並無公司法第285條之1第3項所規定之情形時，應於該條第1項及第2項所規定之期限內，爲准許或駁回重整之裁定，並通知各有關機關；然因裁定而權利受侵害者，得爲抗告（非訟§41 I）。

2. 法院爲重整裁定後應採取之措施

(1) 選任重整監督人及決定必要事項

依公司法第289條第1項之規定，法院爲重整裁定時，應選任重整監督人，並決定下列事項：

A. 債權及股東權之申報期日及場所，其期間應在裁定之日起十日以上，三十日以下。

B. 所申報之債權及股東權之審查期日及場所，其期間應在前款申報期間屆滿後十日以內。

C. 第一次關係人會議期日及場所，其期日應在第一款申報期間屆滿後三十日以內。

---

[12] 因公司重整係緊急事件，故多數學說主張其應屬強行規定，倘法院逾期未爲准駁重整之裁定者，視爲駁回重整（王文宇「公司法論」第471頁參照）；但實務上認爲公司法第285條之1第1項、第2項之規定僅屬訓示規定，法院若因調查而逾上開期限，尚非不得爲重整准駁之裁定，亦不當然生須爲准予重整或視爲駁回重整裁定之效果（臺灣高等法院101年度非抗字第70號裁定參照）。

上述重整監督人，應受法院監督，並得由法院隨時改選（公司§289Ⅱ）；重整監督人有數人時，關於重整事務之監督執行，以其過半數之同意行之（公司§289Ⅲ）。

(2) 選任重整人

法院應就債權人、股東、董事、目的事業中央主管機關或證券管理機關推薦之專家中，選派重整人執行重整事務（公司§290Ⅰ）。

(3) 公告並送達重整裁定

依公司法第291條第1項之規定，法院為重整裁定後，應即公告下列事項：

A. 重整裁定之主文及其年、月、日。

B. 重整監督人、重整人之姓名或名稱、住址或處所。

C. 公司法第289條第1項所定期間、期日及場所。

D. 公司債權人怠於申報權利時，其法律效果。

法院對於重整監督人、重整人、公司、已知之公司債權人及股東，仍應將前述裁定及所列各事項，以書面送達之（公司§291Ⅱ）；所謂已知之公司債權人及股東，自以法院命公司負責人所造報之名冊（公司§286）或其他存在於法院卷宗資料可得知悉之公司債權人及股東為準。

(4) 公司帳簿之載明

法院於重整裁定送達公司時，應派書記官於公司帳簿，記明截止意旨，簽名或蓋章，並作成節略，載明帳簿狀況（公司§291Ⅲ）；所謂記明截止意旨，指應表明重整裁定係於何時送達及截至何處為重整前之帳目，以劃分重整前後之情形，並防止公司造假。

(5) 重整裁定之登記及公告

公司法第292條規定：「法院為重整裁定後，應檢同裁定書，通知主管機關，為重整開始之登記，並由公司將裁定書影本黏貼於該公司所在地公告處。」所謂重整開始之登記，指主管機關將公司重整之狀況及重整監督人、重整人之姓名或名稱、住址或處所登載於公司登記簿上，供利害關係人查閱或抄錄。

(四) 重整裁定之效力

1. 公司業務經營及財產管理處分權之移轉

公司法第293條第1項規定：「重整裁定送達公司後，公司業務之經營及財產之管理處分權移屬於重整人，由重整監督人監督交接，並聲報法院，公司股東會、董事及監察人之職權，應予停止。」即此時由重整人執行公司業務及代表公司。交接時，公司董事及經理人，應將有關公司業務及財務之一切帳冊、文件與公司之一切財產，移交重整人（公司§293Ⅱ）；且公司之董事、監察人、經理人或其他職員，對於重整監督人或重整人所為關於業務或財務狀況之詢問，有答覆之義務（公司§293Ⅲ）。如公司之董事、監察人、

經理人或其他職員，有下列行為之一者，各處一年以下有期徒刑、拘役或科或併科新臺幣六萬元以下罰金（公司§293Ⅳ）：

(1) 拒絕移交。

(2) 隱匿或毀損有關公司業務或財務狀況之帳冊文件。

(3) 隱匿或毀棄公司財產或為其他不利於債權人之處分。

(4) 無故對重整監督人或重整人所為關於業務或財務狀況之詢問不為答覆。

(5) 捏造債務或承認不真實之債務。

2. 公司股東會、董事及監察人之職權停止

重整裁定送達公司後，公司業務經營及財產管理處分權既然移屬於重整人，董事之職權自應予以停止，從而董事會之職權亦無從行使；另重整期間，公司之最高意思機關為股東與債權人所組成之關係人會議，故股東會之職權亦應予以停止；又重整期間，係由重整監督人監督重整人執行職務，故監察人之職權亦應予以停止。

3. 各項程序之停止

公司法第294條規定：「裁定重整後，公司之破產、和解、強制執行及因財產關係所生之訴訟等程序，當然停止。」因裁定重整後，對公司之債權應依重整程序行使權利，上述程序自應停止，以免與重整程序產生矛盾。

4. 保全處分繼續發生效力

公司法第295條規定：「法院依第二百八十七條第一項第一、第二、第五及第六各款所為之處分，不因裁定重整失其效力，其未為各該款處分者，於裁定重整後，仍得依利害關係人或重整監督人之聲請，或依職權裁定之。」按裁定重整前之保全處分，於裁定重整後，自應延續其效力，不因裁定重整失其效力，甚至裁定前未為之保全處分，法院亦得依聲請或職權裁定之；至於依公司法第287條第1項第3款及第4款所為之保全處分未為規定，係因公司法第296條及第294條已經另為規範。

5. 債權、股東權行使之限制

對公司之債權，在重整裁定前成立者，為重整債權，非依重整程序，不得行使權利（公司§296Ⅰ）；至於股東之權利，依股東名簿之記載（公司§297Ⅲ），但受重整程序之限制，例如公司無資本淨值時，股東於關係人會議不得行使表決權（公司§302Ⅱ）。

四、重整債權、重整債務與股東權

(一) 重整債權

1. 重整債權之意義

公司法第296條第1項規定：「對公司之債權，在重整裁定前成立者，為重整債權；

其依法享有優先受償權者，為優先重整債權；其有抵押權、質權或留置權為擔保者，為有擔保重整債權；無此項擔保者，為無擔保重整債權；各該債權，非依重整程序，均不得行使權利。」可知所謂重整債權，指在重整裁定前成立，非依重整程序不得行使權利之債權[13]；惟依公司法第297條第1項之規定，重整債權人應向重整監督人申報，始得依重整程序受清償。因此，實質上雖為重整債權，但如未向重整監督人申報，仍不得依重整程序受清償；故將前者稱為「實質意義之重整債權」，後者稱為「形式意義之重整債權」。

2. 重整債權之種類

以重整債權是否具有優先權或擔保物權作為區別標準，重整債權可分為優先重整債權、有擔保重整債權及無擔保重整債權。所謂優先權，指依法律之特別規定，享有優先受清償之權利，例如海商法第24條所規定之海事優先權，其受清償之順序即在船舶抵押權之前；按債權受清償時，本應依有優先權之債權、有擔保物權之債權與普通債權之順序清償，但依公司法第296條第2項規定：「破產法破產債權節之規定，於前項債權準用之。但其中有關別除權及優先權之規定，不在此限。」所謂別除權，指依破產法第108條之規定，對於債務人之財產有質權、抵押權或留置權等擔保物權者，得不依破產程序而行使其權利；惟在重整程序中排除別除權及優先權之規定，即有擔保物權或優先權者，仍須依重整程序行使其權利，理由在避免其個別行使權利致公司解體，而無法達公司重建更生之目的。

3. 重整債權之範圍

因破產法有關破產債權節之規定，除前述別除權及優先權之規定外，於重整債權準用之（公司§296 II），故重整債權之範圍可參照破產法之規定，茲分述如下：

(1) 附期限之債權

指債權在重整裁定前已經成立，但履行期尚未屆至之債權；附期限之重整債權未到期者，於重整裁定時，視為已到期（破產§100），使其可以參與重整程序而受清償。但為免債權人不當得利，重整裁定後始到期之債權無利息者，其債權額應扣除自重整裁定時起至到期時止之法定利息（破產§101）；至於債權有利息者，因重整裁定後之利息為除斥債權，不得為重整債權而受清償（破產§103①），故無此問題。

(2) 附條件之債權

指債權在重整裁定前已經成立，但條件尚未成就之債權；附條件之債權，得以其全額為重整債權（破產§102）。惟此種債權並不確定，故如為附解除條件之債權，解釋上應類推適用破產法第140條之規定，其債權受分配時，應提供相當之擔保，無擔保者，應提存其分配額；至於附停止條件之債權，則類推適用破產法第

---

[13] 又因重整係以預防債權人個別的強制執行或一般的強制執行（宣告破產）致公司解體為目的，且重整債權人在關係人會議中之表決權係以其債權之金額比例定之，故多數學說認為重整債權以得以強制執行之債權及財產上之請求權為限（柯芳枝「公司法論（下）」第233頁及第234頁參照）。

141條之規定，於條件未成就前，將其得受清償之金額提存之。

(3) 將來求償權

指債權尚未在重整裁定前發生，但仍得在重整程序中行使之權利。因準用破產法第104條之規定，如數人就同一給付各負全部履行之責任者，其全體或其中數人受重整裁定時，債權人得就其債權之總額，對各重整公司行使其權利。又因準用破產法第105條之規定，如數人就同一給付各負全部履行責任者，其中一人或數人受重整裁定時，其他共同債務人，得以將來求償權之總額為重整債權而行使其權利；但債權人已以其債權總額為重整債權行使權利者，不在此限。以上規定之目的，係在保障共同債務人，避免因其他債務人業已重整而無法對其求償。

(4) 重整後之票據資金請求權

指匯票發票人或背書人受重整裁定，而付款人或預備付款人不知其事實仍為承兌或付款者，其因此所生之債權，得為重整債權而行使其權利；又前述規定，於支票及其他以給付金錢或其他物件為標的之有價證券準用之（破產§107）。以上規定之目的，係在維護票據之流通性，故債權雖尚未在重整裁定前發生，但仍得在重整程序中行使其權利。

(5) 除斥債權

下列各款債權，不得為重整債權（破產§103），故稱為除斥債權：

A. 重整裁定後之利息。

B. 參加重整程序所支出之費用。

C. 因重整裁定後之不履行所生之損害賠償及違約金。

D. 罰金、罰鍰及追徵金。

(6) 取回權

取回權可分為一般取回權與出賣人之取回權，均得不依重整程序行使其權利。前者，指重整公司持有不屬於該公司之財產，其權利人得不依重整程序取回其財產（破產§110）；後者，指出賣人已將買賣標的物發送，買受人尚未收到，亦未付清全價，而受重整裁定者，出賣人得解除契約，並取回其標的物，但重整人得清償全價而請求標的物之交付（破產§111）。

依公司法第296條第3項規定：「取回權、解除權或抵銷權之行使，應向重整人為之。」蓋此時公司財產之管理處分權移屬於重整人（公司§293Ⅰ）；惟重整人處理他人行使取回權、解除權或抵銷權事件時，應得重整監督人之事前許可（公司§290Ⅵ⑦）。

(7) 抵銷權

指重整債權人於法院為重整裁定時，對公司負有債務者，無論給付種類是否相同，均得不依重整程序而為抵銷；如重整債權人之債權為附期限或附解除條件者，亦得為抵銷（破產§113）。惟重整債權人，在重整裁定後，對於重整公司負

債務者；或重整公司之債務人，在重整裁定後，對於重整公司取得債權或取得他人之重整債權者，均不得為抵銷；又重整公司之債務人，已知其停止支付或聲請重整後而取得債權者，亦不得為抵銷，但其取得係基於法定原因或基於其知悉以前所生之原因者，不在此限（破產§114）。

4. 重整債權之申報與補報

法院為重整裁定時，應決定債權之申報期間及場所，並公告之（公司§289 I ①、291 I ③）；依公司法第297條第1項規定：「重整債權人，應提出足資證明其權利存在之文件，向重整監督人申報，經申報者，其時效中斷；未經申報者，不得依重整程序受清償。」如重整債權人未依公告之期間及場所申報債權者，不但不得依重整程序受清償，且將來公司重整完成後，其請求權亦消滅（公司§311 I ①）。

重整債權人因不可歸責於自己之事由，致未依限申報者，得於事由終止後十五日內補報之；但重整計畫業經關係人會議可決時，不得補報（公司§297 II）。惟債權人單純不知情，並非不可歸責於自己之事由[14]。

5. 重整債權之審查

向重整監督人申報之債權可否在重整程序中行使權利及其屬於何種債權，或其債權額之評估是否適當，應經審查，其程序如下：

(1) 重整監督人之初步審查

重整監督人，於權利申報期間屆滿後，應依其初步審查之結果，分別製作優先重整債權人、有擔保重整債權人、無擔保重整債權人及股東清冊，載明權利之性質、金額及表決權數額，於公司法第289條第1項第2款所規定之審查期日之三日前，聲報法院及備置於適當處所，並公告其開始備置日期及處所，以供重整債權人、股東及其他利害關係人查閱（公司§298 I）。

(2) 法院之審查

法院應於重整裁定時所決定之審查期日及場所審查重整債權（公司§289 I ②）。公司法第299條第1項規定：「法院審查重整債權及股東權之期日，重整監督人、重整人及公司負責人，應到場備詢，重整債權人、股東及其他利害關係人，得到場陳述意見。」按法院審查重整債權時，僅得就重整監督人初步審查之結果，再進行形式上之審查，以確定其分類及應否列入是否正確，就債權存在與否，除因有人異議得依法裁定外（公司§299 II），不得依職權審究取捨；因此，重整債權人、股東及其他利害關係人均得在法院審查時到場陳述意見，使其能及時提出異議，保障自身權益。

6. 重整債權之異議與確定

公司法第299條第2項規定：「有異議之債權或股東權，由法院裁定之。」惟此裁定

---

[14] 臺灣高等法院91年度抗字第3861號裁定。

並無確定私權之效力,故同條第3項規定:「就債權或股東權有實體上之爭執者,應由爭執之利害關係人,於前項裁定送達後二十日內提起確認之訴,並應向法院為起訴之證明;經起訴後在判決確定前,仍依前項裁定之內容及數額行使其權利。但依重整計劃受清償時,應予提存。」即實體上之爭執,例如某項債權是否存在或有無虛增債權額之情形,應由法院依民事訴訟程序確認。同條第4項規定:「重整債權或股東權,在法院宣告審查終結前,未經異議者,視為確定;對公司及全體股東、債權人有確定判決同一之效力。」即未經異議之重整債權或股東權,對於公司、股東或債權人有確定其債權或股東權之效力,不得再任意爭執主張其不存在。

案 例

　　法院於重整裁定前,以裁定禁止公司履行債務及債權人對公司行使債權。請問:(一)此時公司債權人可否對公司提起訴訟?(二)公司債權人如已取得確定判決,可否對公司財產聲請強制執行?(三)如公司債權人正在對公司財產聲請強制執行,可否繼續執行?(四)如公司承租他人所有不動產,於租期屆至後,公司可否將不動產返還出租人?(五)如公司之債權人亦對公司負有債務,債權人可否主張抵銷?

解 析

　　首先,法院就公司履行債務及對公司行使債權為保全處分,係在維持公司現狀,解釋上應認為僅係限制公司為現實給付;而民事訴訟之目的僅在確定私權,並非實現私權,已經起訴之案件,應得繼續進行訴訟,未起訴之案件,仍得起訴(民事法律問題研究彙編第3輯第252頁參照)。惟須注意者,裁定重整後,因財產關係所生之訴訟程序係當然停止(公司§294),債權人僅能依重整程序行使權利(公司§296 I)。

　　其次,債權人對公司財產聲請強制執行屬行使債權之行為,故縱取得確定判決,因受保全處分之限制而不得聲請。至於已經在進行之強制執行程序,須視法院有無依公司法第287條第1項第4款之規定,以裁定停止強制執行程序而定;如法院僅依同條項第3款之規定,限制公司履行債務及對公司行使債權,而未裁定停止強制執行程序,強制執行程序並不當然停止。但裁定重整後,強制執行程序係當然停止(公司§294)。

　　又返還租賃物雖亦為債務之履行,惟其屬取回權之範圍,依公司法第296條第2項準用破產法第110條之規定,於重整裁定後尚得行使其取回權,則在裁定公司重整准否前,縱有禁止債權行使之保全處分,依舉重明輕之法理,亦不能限制

債權人行使取回權。

　　末按抵銷權行使後，相互間債之關係，溯及最初得為抵銷時，按照抵銷數額而消滅（民§335Ⅰ後段）；因此，抵銷權之行使，實使債權人得不依重整程序行使其權利（破產§113）。惟基於與前述取回權相同之理由，此時仍應許債權人行使抵銷權。

(二) 重整債務

1. 重整債務之意義

　　所謂重整債務，又稱「共益債權」，指公司在重整程序中所發生，而其債權人依法得不依重整程序優先於一切重整債權而受清償之債務而言；蓋如不賦予此類債務之債權人有優先受償之權，則在重整程序中將無人願意與重整公司交易或提供資金，重整程序將無從進行之故。

2. 重整債務之範圍

　　依公司法第312條第1項之規定，重整債務包括「維持公司業務繼續營運所發生之債務」與「進行重整程序所發生之費用」。

3. 重整債務之優先受償

　　重整債務，優先於重整債權而為清償（公司§312Ⅰ序文）；且此一優先受償權之效力，不因裁定終止重整而受影響（公司§312Ⅱ）。所謂優先受償，指重整債務之債權人得隨時請求清償，不受重整計畫之拘束，甚至在重整計畫中，就重整債務之清償，應予確保，不得予以減免或變更。

(三) 股東權

　　公司重整時，股東之權利，依股東名簿之記載（公司§296Ⅲ）；故與重整債權人不同，無須向重整監督人申報，惟對重整監督人所製作之股東名冊有異議者，仍得於法院審查時到場陳述意見（公司§299Ⅰ）。

五、公司重整時之機關

(一) 概說

　　重整程序之參與者，主要有法院、重整人、重整監督人與關係人會議四者；惟法院係外部監督者，故僅重整人、重整監督人與關係人會議分別代替董事、監察人與股東會，成為公司重整時之業務執行及代表機關、監察機關與最高意思機關。

(二) 重整人

1. 重整人之意義、資格及任免

　　所謂重整人，係於重整程序中，執行公司業務、代表公司，並負責擬定及執行重整計畫之法定必備機關。公司法第290條第1項規定：「公司重整人由法院就債權人、股東、董事、目的事業中央主管機關或證券管理機關推薦之專家中選派之。」因重整人執行重整事務，關係公司重整之成敗，影響股東及債權人之權益甚鉅，故法院選派重整人時，應依非訟事件法第185條第1項準用同法第172條第2項規定，於選派前訊問利害關係人，並於裁定中詳敘其理由。又公司重整人涉及股東、債權人、公司原本經營者三方面之權益，故除須具備債權人、股東、董事或專家之積極資格外，亦當有操守原則之適用，故公司法第30條有關經理人消極資格之規定亦準用於重整人（公司§290Ⅱ）。另重整人之人數，由法院依重整事務之繁簡定之；如重整人有數人時，關於重整事務之執行，以其過半數之同意行之（公司§290Ⅳ）。

　　重整人雖由法院選派，但依公司法第290條第3項規定：「關係人會議，依第三百零二條分組行使表決權之結果，有二組以上主張另行選定重整人時，得提出候選人名單，聲請法院選派之。」即賦予關係人會議得提出候選人名單，聲請法院另行選派重整人，以解除原重整人職務之權限。又依同條第5項規定：「重整人執行職務應受重整監督人之監督，其有違法或不當情事者，重整監督人得聲請法院解除其職務，另行選派之。」即賦予重整監督人監督及發現重整人有違法或不當情事時，有聲請法院另行選派重整人之權限。

2. 重整人之職務、責任及報酬

　　重整人雖為重整時之業務執行及代表機關，地位與重整前之董事類似，但其執行職務除應受重整監督人之監督外，依公司法第290條第6項規定：「重整人為下列行為時，應於事前徵得重整監督人之許可：一、營業行為以外之公司財產之處分。二、公司業務或經營方法之變更。三、借款。四、重要或長期性契約之訂立或解除，其範圍由重整監督人定之。五、訴訟或仲裁之進行。六、公司權利之拋棄或讓與。七、他人行使取回權、解除權或抵銷權事件之處理。八、公司重要人事之任免。九、其他經法院限制之行為。」即重要行為應經重整監督人事前許可，可見其職權不如董事[15]；如未經許可，雖無明文規定其效力，但通說認為應類推適用公司法對代表公司之董事代表權所加之限制，不得對抗善意第三人（公司§208Ⅴ），而非絕對無效。

　　重整人於執行職務之範圍內亦為公司之負責人（公司§8Ⅱ），其責任及報酬與前述檢查人相同（公司§313），不另敘明。

---

[15]　有關重整人之職務，除執行公司業務及重整事務外，尚包括於法院審查重整債權及股東權之期日到場備詢、列席關係人會議備詢、擬訂重整計畫、聲請法院裁定認可及執行重整計畫、聲請法院以裁定命關係人會議重行審查重整計畫、聲請法院就有礙重整計畫施行之事項以裁定另作適當之處理、完成重整工作及召集重整後之股東會、會同董監事向主管機關申請登記或變更登記（公司§293Ⅰ、299Ⅰ、300Ⅳ、303Ⅰ、305Ⅰ、306Ⅲ、309、310）等。

(三) 重整監督人

1. 重整監督人之意義、資格及任免

　　所謂重整監督人，係由法院就對公司業務，具有專門學識及經營經驗者或金融機構中選任（公司§289 I 序文），於重整程序中，負責監督重整人執行公司業務，並主持關係人會議之法定必備機關。重整監督人，應受法院監督，並得由法院隨時改選（公司§289 II）；重整監督人有數人時，關於重整事務之監督執行，以其過半數之同意行之（公司§289 III）。

2. 重整監督人之職務、責任及報酬

　　重整監督人之職權，遠較監察人廣泛[16]；按其理由，實源於公司業務之經營，事涉專業，如由法院擔任公司重整之監督工作，恐難勝任，故另設重整監督人，代替法院監督重整程序，並作為利害關係人、重整人與法院間橋樑，使重整程序得以順利進行。

　　因重整監督人於執行職務之範圍內亦為公司之負責人（公司§8 II），故其責任及報酬亦與前述檢查人、重整人相同（公司§313），亦不另敘明。

(四) 關係人會議

1. 關係人會議之意義及任務

　　所謂關係人會議，係由重整債權人與股東所組成，為重整程序中，審議及表決重整計畫之公司法定必備最高意思機關；按公司重整涉及債權人及股東權益之調整，故設立關係人會議，賦予其出席會議及表決重整計畫之權利，使其可以透過多數決之方式參與重整。而依公司法第301條之規定，關係人會議之任務如下：

　　(1) 聽取關於公司業務與財務狀況之報告及對於公司重整之意見。

　　(2) 審議及表決重整計畫。

　　(3) 決議其他有關重整之事項。

2. 關係人會議之召集

　　法院為重整裁定時，應同時決定第一次關係人會議期日及場所（公司§289 I ③）；至於第一次以後之關係人會議，則由重整監督人召集（公司§300 II）。又由重整監督人召集會議時，應於五日前訂明會議事由，以通知及公告為之；一次集會未能結束，經重整監督人當場宣告連續或展期舉行者，得免為通知及公告（公司§300 III）。

---

[16] 有關重整監督人之職務，除前述監督重整人及對其為重要行為為事先許可、監督公司業務經營及財產管理處分權移交外，尚包括聲請法院為必要之保全處分、受理重整債權與無記名股東權之申報、製作關係人名冊聲報法院、於法院審查重整債權及股東權之期日到場備詢、擔任關係人會議主席及召集除第一次以外之關係人會議、於重整計畫未得關係人會議可決時向法院報告、聲請法院以裁定命關係人會議重行審查重整計畫（公司§290 V VI、293 I、295、297、298 I、299 I、300 II、306 I III）等。

3. 關係人會議之開會

關係人會議，由重整監督人擔任主席（公司§300Ⅱ）；另公司法第300條第1項規定：「重整債權人及股東，爲公司重整之關係人，出席關係人會議，因故不能出席時，得委託他人代理出席。」又同條第4項規定：「關係人會議開會時，重整人及公司負責人應列席備詢。」如公司負責人無正當理由對前述詢問不爲答覆或爲虛偽之答覆者，各處一年以下有期徒刑、拘役或科或併科新臺幣六萬元以下罰金（公司§300Ⅴ）。

4. 關係人會議之決議方式及表決權

公司法第302條第1項規定：「關係人會議，應分別按第二百九十八條第一項規定之權利人，分組行使其表決權，其決議以經各組表決權總額二分之一以上之同意行之。」即關係人會議可分爲優先重整債權人組、有擔保重整債權人組、無擔保重整債權人組與股東組等；理由在於關係人之間利害關係不一致，故規定各組應分別行使其表決權，且須經各組表決權總額二分之一以上之同意，以兼顧各組關係人之權益。又重整債權人之表決權，以其債權之金額比例定之；股東表決權，依公司章程之規定（公司§298Ⅱ）。

六、重整計畫

(一) 概說

按公司之重整，事關重大，且內容繁複，故必須有一定之計畫，始能依序進行。因此，公司法第303條第1項規定：「重整人應擬訂重整計劃，連同公司業務及財務報表，提請第一次關係人會議審查。」如重整人經依公司法第290條之規定另選者，重整計畫，應由新任重整人於一個月內提出之（公司§303Ⅱ）。

(二) 重整計畫之內容

重整計畫之內容如何，應由重整人依公司實際情況擬訂，但依公司法第304條第1項之規定，公司重整如有下列事項，應訂明於重整計畫：

1. 全部或一部重整債權人或股東權利之變更[17]。
2. 全部或一部營業之變更。
3. 財產之處分。
4. 債務清償方法及其資金來源。
5. 公司資產之估價標準及方法。
6. 章程之變更。
7. 員工之調整或裁減。

---

[17] 所謂重整債權或股東權利之變更，例如債權爲一部之免除或全部之延期、股東依持股比例減資以彌補虧損等。

8. 新股或公司債之發行。

9. 其他必要事項。

(三) 重整計畫之審查、可決與認可

1. 重整計畫之審查

重整計畫擬訂後，應連同公司業務及財務報表，提請第一次關係人會議審查（公司§303 I）；關係人會議審查時，並得請求重整人就重整計畫之內容及其執行可行性作說明（公司§300IV）。

2. 重整計畫之可決

因關係人會議係分組行使其表決權，故重整計畫之可決應經各組表決權總額二分之一以上之同意；且公司無資本淨值時，股東組不得行使表決權（公司§302）。

3. 重整計畫之認可

公司法第305條第1項規定：「重整計畫經關係人會議可決者，重整人應聲請法院裁定認可後執行之，並報主管機關備查。」可知重整計畫雖經關係人會議可決，仍須法院認可始生效力；立法目的在防範關係人會議濫用多數決，俾重整計畫能符合公正原則以維護公司債權人及股東之權益。又法院處理時，應徵詢主管機關、目的事業中央主管機關及證券管理機關之意見（公司§307 I），方爲裁定。同條第2項規定：「前項法院認可之重整計畫，對於公司及關係人均有拘束力，其所載之給付義務，適於爲強制執行之標的者，並得逕予強制執行。」可知經法院認可之重整計畫具有拘束力與執行力。惟重整計畫經法院爲不認可裁定確定者，解釋上，法院應即爲重整終止之裁定[18]。

(四) 重整計畫未獲關係人會議可決時之救濟

1. 再予審查

再予審查，又稱「再行審查」。公司法第306條第1項規定：「重整計畫未得關係人會議有表決權各組之可決時，重整監督人應即報告法院，法院得依公正合理之原則，指示變更方針，命關係人會議在一個月內再予審查。」重整計畫經關係人會議再予審查可決者，仍應由重整人聲請法院裁定認可後執行。

2. 法院修正重整計畫後，直接裁定認可

公司法第306條第2項規定：「前項重整計畫，經指示變更再予審查，仍未獲關係人會議可決時，應裁定終止重整。但公司確有重整之價值者，法院就其不同意之組，得以下列方法之一，修正重整計畫裁定認可之：一、有擔保重整債權人之擔保財產，隨同債權移轉於重整後之公司，其權利仍存續不變。二、有擔保重整債權人，對於擔保之財產；無擔保重整債權人，對於可充清償其債權之財產；股東對於可充分派之贍餘財產；均得分別依

---

[18] 柯芳枝「公司法論（下）」第263頁。

公正交易價額，各按應得之份，處分清償或分派承受或提存之。三、其他有利於公司業務維持及債權人權利保障之公正合理方法。」按關係人會議之各組關係人利害不同，為避免因部分組別不同意，致有重整價值之公司不能重建更生，故賦予法院修正重整計畫後，直接裁定認可之權。

法院命關係人會議再予審查或修正重整計畫後，直接裁定認可時，仍應徵詢主管機關、目的事業中央主管機關及證券管理機關之意見（公司§307Ⅰ）。

(五) 重整計畫之執行

1. 執行期限

重整計畫經法院裁定認可後，由重整人依計畫執行。惟重整計畫應有一定之執行期限，以免重整人藉故拖延，致影響債權人及股東權益，依公司法第304條第2項規定：「前項重整計畫之執行，除債務清償期限外，自法院裁定認可確定之日起算不得超過一年；其有正當理由，不能於一年內完成時，得經重整監督人許可，聲請法院裁定延展期限；期限屆滿仍未完成者，法院得依職權或依關係人之聲請裁定終止重整。」按重整計畫之執行，程序上繁簡不一，若未能於一年內完成而有正當理由者，自宜許其延展；惟延展後，屆期仍未完成者，如公司已無重建更生之可能，法院自得依職權或聲請裁定終止重整。

2. 重整中之變通處理

公司重整中，下列公司法之規定，如與事實確有扞格時，經重整人聲請法院，得裁定另作適當之處理（公司§309）：

(1) 第277條變更章程之規定。

(2) 第279條及第281條減資之通知公告期間及限制之規定。

(3) 第268條至第270條及第276條發行新股之規定。

(4) 第248條至第250條，發行公司債之規定。

(5) 第128條、第133條、第148條至第150條及第155條設立公司之規定。

(6) 第272條出資種類之規定。

按公司重整時，雖有重整人、重整監督人與關係人會議分別負責公司事務之執行、監督與重整計畫之可決，但難免有疏漏或受法律限制之情形產生，故為解決此事實上之問題，本條明定重整人可聲請法院另作適當之處理。例如公司法第304條第1項第6款規定重整計畫可以擬訂章程變更案，並交由關係人會議可決，但公司法第277條明文規定變更章程應經股東會特別決議，如公司因無資本淨值致股東組無法行使表決權時（公司§302Ⅱ），即產生變更章程是否合法之疑問；或重整計畫已經關係人會議可決，但又有變更章程之必要。因此，本條明定法院得以裁定免經股東會決議或直接修改章程內容，使重整程序可以順利進行。

(六) 重整計畫之重行審查

公司法第306條第3項規定：「前條第一項或前項重整計畫，因情事變遷或有正當理由致不能或無須執行時，法院得因重整監督人、重整人或關係人之聲請，以裁定命關係人會議重行審查，其顯無重整之可能或必要者，得裁定終止重整。」所謂因情事變遷或有正當理由致不能或無須執行，例如以發行新股爲償債方法，但無人認股，或公司經營環境發生變化，財務困難之問題已經解決等情形。重行審查時，其審查與可決之程序，與原來之重整計畫相同；重行審查可決之重整計畫，仍應聲請法院裁定認可（公司§306Ⅳ）。法院命重行審查時，亦應徵詢主管機關、目的事業中央主管機關及證券管理機關之意見（公司§307Ⅰ）。

七、重整之終止

(一) 重整終止之原因

1. 重整計畫未獲法院認可

重整計畫聲請法院認可時，法院可以認可，亦得不予認可；法院不予認可時，則重整工作無從進行，重整程序應歸終止。

2. 再予審查之重整計畫未獲關係人會議可決

重整計畫，經法院指示變更再予審查，仍未獲關係人會議可決，而公司又非確有重整之價值時，法院應裁定終止重整（公司§306Ⅱ本文）。

3. 重整計畫不能或無須執行

重整計畫，因情事變遷或有正當理由致不能或無須執行時，除法院命關係人會議重行審查外，其顯無重整之可能或必要者，法院依公司法第307條第1項之規定，徵詢有關機關意見後，得裁定終止重整（公司§306Ⅲ）。

4. 關係人會議逾越可決重整計畫之時限

公司法第306條第5項規定：「關係人會議，未能於重整裁定送達公司後一年內可決重整計畫者，法院得依聲請或依職權裁定終止重整；其經法院依第三項裁定命重行審查，而未能於裁定送達後一年內可決重整計畫者，亦同。」立法目的在促使關係人早日作出具體可行的重整計畫，避免公司重整狀態久懸不決，法律關係長久處於不確定狀態，損害當事人的權益。

(二) 重整終止之通知及得依職權宣告公司破產

公司法第307條第2項規定：「法院爲終止重整之裁定，應檢同裁定書通知主管機關；裁定確定時，主管機關應即爲終止重整之登記；其合於破產規定者，法院得依職權宣告其破產。」惟公司雖經裁定終止重整，但並非當然進入破產程序，蓋破產之原因爲債務

人不能清償債務（破產§1），與公司開始重整之原因並不相同，故僅合於破產規定者，法院始得依職權宣告其破產。

(三) 重整終止之效力

法院裁定終止重整，除依職權宣告公司破產者，依破產法之規定外，有下列效力（公司§308）：

1. 依公司法第287條、第294條、第295條或第296條所爲之處分或所生之效力，均失效力；即法院所爲之保全處分失其效力，因裁定重整所停止之程序繼續進行或受限制非依重整程序不得行使之債權，解除其限制。
2. 因怠於申報權利，而不能行使權利者，恢復其權利；例如未申報之債權恢復其權利。
3. 因裁定重整而停止之股東會、董事及監察人之職權，應即恢復。

八、重整之完成

(一) 重整工作之完成

公司法第310條第1項規定：「公司重整人，應於重整計畫所定期限內完成重整工作；重整完成時，應聲請法院爲重整完成之裁定，並於裁定確定後，召集重整後之股東會選任董事、監察人。」按重整程序於法院爲重整完成之裁定確定後，即告結束，此時公司應恢復常態，故應召集股東會選任董事、監察人。又董事、監察人於就任後，應會同重整人向主管機關申請登記或變更登記（公司§310Ⅱ）。

(二) 重整完成之效力

公司重整完成後，有下列效力（公司§311Ⅰ）：

1. 已申報之債權未受清償部分，除依重整計畫處理，移轉重整後之公司承受者外，其請求權消滅；未申報之債權亦同。
2. 股東股權經重整而變更或減除之部分，其權利消滅。
3. 重整裁定前，公司之破產、和解、強制執行及因財產關係所生之訴訟等程序，即行失其效力。

公司法第311條第2項規定：「公司債權人對公司債務之保證人及其他共同債務人之權利，不因公司重整而受影響。」立法目的在使重整計畫於重整會議中易獲可決。故重整債權人於關係人會議表決時，對於重整計畫之延期清償方案予以同意，保證人不得主張不負保證責任（民§755）；或重整公司爲連帶債務人，而重整計畫免除重整公司一部分債務時，其他連帶債務人亦不得主張就重整公司應分擔之部分免其責任（民§277Ⅰ）。

新聞追蹤

營建業「張大膽」　兩狠招保住遠航

遠航賺錢了，6月1日在松山機場旁的遠航總公司，遠航總經理張綱維第一次在這裡接受專訪，親自宣布了這個好消息；接著，遠航重整人也將向法院提出重整完成的聲請，結束遠航三年的重整，正式邁向新生。今年下半年，遠航還將引進新飛機開拓新航線，營收逐步挑戰昔日高峰，短短四年，遠航從瀕臨倒閉邊緣到重新飛上藍天，成爲東隆五金之後，臺灣重整成功的新個案。

遠航雖然於2015年底重整完成，成爲少數幾個重整成功之案例，但2019年底又再次爆發掏空案而停飛。新聞報導所述者，爲前經營階層掏空案，在2008年4月30日經臺北地方法院裁定准許重整；但法院一開始選任之重整人在新聞報導時已經有所變動，當時之重整人爲富理門管理顧問股份有限公司、張綱維與樺壹租賃股份有限公司等三人。因張綱維同時又是樺壹租賃股份有限公司之董事長，故張綱維對遠航重整事務之執行，顯然具有決定權（公司§290Ⅳ），但須受重整監督人之監督及重要行爲應經重整監督人之事前許可（公司§290Ⅴ、Ⅵ）。

標題中所稱的「兩狠招」，係指重整計畫中有關股東及債權人利益之調整，於報導中被形容爲「一場慘烈的大減資、減債」。按遠航在重整前之實收資本總額超過60億元，但在重整計畫中，直接減資到只剩100萬元，減資比例高達6000分之5999，原有遠航股東所持有之股份幾乎全部化爲烏有；不過因遠航負債超過120億元，故股東因公司無資本淨值，在關係人會議中並無表決權（公司§302Ⅱ）。又減資之目的，除在形式上彌補虧損外，重要的是藉此引進新的資金，否則在公司淨值極低，甚至爲負數之情形下，公司根本無法發行新股募集資金；而遠航在減資後，即順利以私募方式募集營運資金，實收資本總額也恢復到將近30億元。

而減債部分，則依據優先重整債權、有擔保重整債權及無擔保重整債權之區別，而爲不同比例之清償。其中優先重整債權係百分之百的清償；至於有擔保重整債權，在擔保物價值範圍內係足額清償，債權超過擔保物價值之部分，則視爲無擔保重整債權；而無擔保重整債權之清償比率僅3%，也就是說，無擔保借錢給遠航100萬元，只能拿回3萬元。此外，遠航之前曾透過旅行社大量出售機票，這些機票也屬於債權，則另行以所謂之「購票優惠方案」辦理，於新購買四張遠航機票時，得以一張舊有機票購票時之價格抵扣新購機票之價款，變成了被迫消費的兩難局面。另報導指出，張綱維在重整計畫尚未過關前就投入資金，這屬於借貸，因在重整裁定後發生，故爲重整債務，可優先於

重整債權受清償（公司§312Ⅰ②），並不受重整計畫之影響。

2012-06-18／商業周刊第1282期／記者呂國禎「營建業『張大膽』　兩狼招保住遠航」報導

第三節　公司併購

一、概說

　　公司併購，又稱企業併購，屬於一種公司組織調整模式，包括合併、收購及分割（企併§4②）。在競爭激烈的現代商業環境下，「併購」已成為企業成長常見的一種策略手段；惟過去公司法對企業併購之相關規範不足，且分散於各處，故實際運作上有困難；因此另行制定「企業併購法」（簡稱「企併法」），作為我國企業併購之基礎法制，並以「為利企業以併購進行組織調整，發揮企業經營效率」為其立法目的（企併§1）。而企併法第2條第1項規定：「公司之併購，依本法之規定；本法未規定者，依公司法、證券交易法、公平交易法、勞動基準法、外國人投資條例及其他法律之規定。」可知在法律體系上，企業併購法除了是公司法之特別法外，也是相關法規之特別法；惟依該條第2項之規定，金融機構之併購，依金融機構合併法及金融控股公司法之規定，該二法未規定者，始依企併法之規定。又企併法所稱之「公司」併購，僅限於股份有限公司（企併§4①），故於本節與公司法之規定一併作介紹，並補充證券交易法、金融控股公司法等相關規定。

二、合併

(一) 合併之意義

　　指依法律規定使參與合併之公司全部消滅，由新成立之公司概括承受消滅公司之全部權利義務；或參與合併之其中一公司存續，由存續公司概括承受消滅公司之全部權利義務，並以存續或新設公司之股份、或其他公司之股份、現金或其他財產作為對價之行為（企併§4③）。由新成立之公司概括承受消滅公司之全部權利義務者，稱為「新設合併」，例如A、B二家公司合併時，二家公司之法人格均消滅，由新成立之C公司概括承受A、B二家公司之全部權利義務；由參與合併之其中一公司存續並概括承受消滅公司之全部權利義務者，稱為「吸收合併」或「存續合併」，例如A、B二家公司合併時，僅B公司之法人格消滅，由存續之A公司概括承受B公司之全部權利義務。

　　惟合併後，無論係存續或新設公司，依公司法第316條之1第1項規定：「股份有限公

司相互間合併，或股份有限公司與有限公司合併者，其存續或新設公司以股份有限公司爲限。」企併法第20條亦有相同之規定，立法理由在加強公司大衆化，財務之健全化。

(二)合併之程序

1.董事會作成合併契約

所謂合併契約，指參與合併之公司對合併有關事項所進行之約定。合併契約應由董事會作成，並提出於股東會（公司§317 I 前段）；惟實際上董事會作成合併契約之前，必須由參與合併之公司推派代表先行協商內容作成草案，再提報董事會討論[19]。至於決議方式，法無明文規定，自應適用普通決議（公司§206 I），惟多數學者認爲合併契約事關重要，宜修法以特別決議爲之。又合併契約，應以書面爲之，並記載下列事項（公司§317-1 I）：

(1) 合併之公司名稱，合併後存續公司之名稱或新設公司之名稱。

(2) 存續公司或新設公司因合併發行股份之總數、種類及數量。

(3) 存續公司或新設公司因合併對於消滅公司股東配發新股之總數、種類及數量與配發之方法及其他有關事項。

(4) 對於合併後消滅之公司，其股東配發之股份不滿一股應支付現金者，其有關規定。

(5) 存續公司之章程需變更者或新設公司依公司法第129條應訂立之章程。

2.股東會爲合併承認之決議

董事會決議作成合併契約後，應召集股東會爲合併承認之決議；且合併事項應在召集事由中列舉，不得以臨時動議提出（公司§172 V）。又前述合併契約書，應於發送合併承認決議股東會之召集通知時，一併發送於股東（公司§317-1 II）。股東會承認合併，須以特別決議爲之（公司§316 I）；如爲公開發行公司，得以便宜決議代替（公司§316 II）；又無論是否爲公開發行公司，如出席股東股份總數及表決權數，公司章程有較高之規定者，從其規定（公司§316 III）。

又依企併法第18條第6項規定：「公司持有其他參加合併公司之股份，或該公司或其指派代表人當選爲其他參加合併公司之董事者，就其他參與合併公司之合併事項爲決議時，得行使表決權。」立法理由係鑑於合併通常係爲提升公司經營體質，強化公司競爭力，故不致發生有害於公司利益之情形，且公司持有其他參與合併公司之一定數量以上股份，以利通過該參與合併公司之決議，亦爲國內外合併收購實務上常見之做法（即先購後併）；因此，明定就其他參與合併公司之合併事項爲決議時，無論係股東會承認合併或前

---

[19] 現行企併法第6條第1項規定：「公開發行股票之公司於召開董事會決議併購事項前，應設置特別委員會，就本次併購計畫與交易之公平性、合理性進行審議，並將審議結果提報董事會及股東會。但本法規定無須召開股東會決議併購事項者，得不提報股東會。」同條第2項並規定公司依證券交易法設有審計委員會者，由審計委員會行之；立法理由均在使股東於進行併購決議時，能獲得充足之資訊。

述董事會通過合併契約，均不適用公司法第178條及第206條第4項準用公司法第178條之規定，使其得行使表決權，而無須迴避。

3. 反對股東行使股份收買請求權

為保護反對公司合併之股東，特賦予反對股東請求公司按當時公平價格，收買其持有股份之權利，稱為股份收買請求權。反對股東行使股份收買請求權之要件有二：其一為股東須在集會前或集會中，以書面表示異議，或以口頭表示異議經記錄者；其二為反對股東須放棄表決權之行使[20]（公司§317 I 後段）。

至於反對股東行使股份收買請求權之期限、方式、價格決定及股份收買請求權之失效，除準用公司法第187條、第188條之規定外（公司§317 III），另應依企併法第12條第3項規定，將股票交存於公司委任之辦理股務業務之機構[21]。

4. 編造資產負債表及財產目錄

公司決議合併時，應即編造資產負債表及財產目錄（公司§319準用73 I）。

5. 踐行保護公司債權人之程序

公司為合併之決議後，應即向各債權人分別通知及公告，並指定三十日以上期限，聲明債權人得於期限內提出異議（公司§319準用73 II）。公司不為前述之通知及公告，或對於在指定期限內提出異議之債權人不為清償，或不提供相當擔保者，不得以其合併對抗債權人（公司§319準用74）。

6. 召集股東會或創立會並修改章程或訂立章程

公司合併後，存續公司之董事會，或新設公司之發起人，於完成催告債權人程序後，其因合併而有股份合併者，應於股份合併生效後；其不適於合併者，應於該股份為處分後，分別踐行下列程序（公司§318 I）：

(1) 存續公司，應即召集合併後之股東會，為合併事項之報告，其有變更章程必要者，並為變更章程。

(2) 新設公司，應即召開發起人會議，訂立章程。

惟無論修改章程或訂立章程，均不得違反合併契約之規定（公司§318 II）。

20　此與公司法第186條規定股東須於股東會已為反對者，始得行使股份收買請求權不同，顯見立法政策是鼓勵公司進行併購，值得注意。

21　又企併法第12條第5項、第6項規定：「股東與公司間就收買價格達成協議者，公司應自股東會決議日起九十日內支付價款。未達成協議者，公司應自決議日起九十日內，依其所認為之公平價格支付價款予未達成協議之股東；公司未支付者，視為同意股東依第二項請求收買之價格。」、「股東與公司間就收買價格自股東會決議日起六十日內未達成協議者，公司應於此期間經過後三十日內，以全體未達成協議之股東為相對人，聲請法院為價格之裁定。未達成協議之股東未列為相對人者，視為公司同意該股東第二項請求收買價格。公司撤回聲請，或受駁回之裁定，亦同。但經相對人陳述意見或裁定送達相對人後，公司為聲請之撤回者，應得相對人之同意。」即課以公司先行支付價款予股東及聲請法院為價格裁定之義務；立法理由在減省異議股東行使收買請求權之程序及成本、俾以改善現行股份收買請求權行使過程冗長、股東交易成本過高及法院裁定價格歧異等缺失，因企併法為公司法之特別法，上開規定自應優先適用。

7. 合併之登記

公司合併時，應於實行後十五日內辦理登記（公司登記§4Ⅰ）。包括存續之公司應為合併存續之登記；消滅之公司應為合併解散之登記；另立之公司應為合併新設之登記。

(三) 合併之效力

公司合併，參與公司必有一個或一個以上之法人格歸於消滅；惟因合併而消滅之公司，其權利義務，應由合併後存續或另立之公司承受（公司§319準用75），故合併不必進行清算程序（公司§24）。

(四) 特殊合併

所謂特殊合併，指其程序有異於前述合併（又稱「通常合併」）程序而言；惟法律如無特別規定，特殊合併仍應適用通常合併程序之規定，故此處僅說明其異於通常合併之情形。

1. 簡易合併

(1) 意義

所謂簡易合併，指控制公司吸收合併其持有百分之九十以上已發行股份之從屬公司時，控制公司及從屬公司得不召開股東會而言。公司法第316條之2第1項規定：「控制公司持有從屬公司百分之九十以上已發行股份者，得經控制公司及從屬公司之董事會以董事三分之二以上出席，及出席董事過半數之決議，與其從屬公司合併。其合併之決議，不適用第三百十六條第一項至第三項有關股東會決議之規定。」立法理由係基於控制公司合併其持有絕大多數股份之從屬公司時，對公司股東權益影響較小，為便利企業經營策略之運用，控制公司及從屬公司得不召開股東會，以節省勞費。惟控制公司因合併而修正其公司章程者，仍應依公司法第277條規定辦理（公司§316-2Ⅵ）；例如公司因合併而有增加授權資本之必要時，仍應召集股東會決議修改章程所載股份總數。

(2) 從屬公司反對股東之股份收買請求權

惟為保障從屬公司之少數股東之權益，同條第2項、第3項分別規定：「從屬公司董事會為前項決議後，應即通知其股東，並指定三十日以上期限，聲明其股東得於期限內提出書面異議，請求從屬公司按當時公平價格，收買其持有之股份。」、「從屬公司股東與從屬公司間依前項規定協議決定股份價格者，公司應自董事會決議日起九十日內支付價款；其自董事會決議日起六十日內未達協議者，股東應於此期間經過後三十日內，聲請法院為價格之裁定。」應受通知之從屬公司股東，係指控制公司以外之其他股東而言，至於控制公司既係簡易合併之他方當事人，自無受通知之必要，且依同條第5項規定：「第三百十七條有關收買異議股東所持股份之規定，於控制公司不適用之。」即僅從屬公司之反對股東得

行使股份收買請求權。同條第4項規定：「第二項從屬公司股東收買股份之請求，於公司取銷合併之決議時，失其效力。股東於第二項及第三項規定期間內不為請求或聲請時，亦同。」蓋此時異議對象已不存在或股東因遲誤期間而生失權效果，故反對股東之股份收買請求權自應失其效力。

2. 非對稱合併

　　所謂非對稱合併，指吸收合併時，存續公司規模遠大於消滅公司之情形。企併法第18條第7項規定：「存續公司為合併發行之新股，未超過存續公司已發行有表決權股份總數之百分之二十，且交付消滅公司股東之現金或財產價值總額未超過存續公司淨值之百分之二者，得作成合併契約，經存續公司董事會以三分之二以上董事出席及出席董事過半數之決議行之。但與存續公司合併後消滅之公司，其資產有不足抵償負債之虞或存續公司有變更章程之必要者，仍應適用第一項至第四項有關股東會決議之規定。」蓋此時對於存續公司股東權益影響甚小，故無經存續公司股東會決議之必要，但消滅公司仍須召開股東會及反對股東有股份收買請求權；惟為保護存續公司股東之權益，故但書規定若被合併後消滅之公司，其資產有不足抵償債務之虞者，或存續公司有變更章程之必要者，仍應經存續公司股東會決議行之。

你知道嗎？

什麼是「三角合併」與「現金逐出合併」？

　　所謂「三角合併」，指母公司以併購為目的設立子公司，再由子公司與目標公司合併，但由母公司發行新股或提供現金或其他財產予目標公司之原股東，作為合併對價。有關三角合併，現行法並無明文規定，但企併法第4條第3款已經有以「其他公司之股份」作為對價之規定，另企併法第8條第1項第1款亦有「母公司為子公司與他公司之合併而發行新股」之文字，顯見現行法制承認三角合併之型態。又三角合併通常由母公司發行新股予目標公司之原股東，即目標公司為消滅公司，但如由目標公司發行新股予母公司，即子公司為消滅公司，亦無不可，此時稱為「逆三角合併」或「反三角合併」，而將前者稱為「正三角合併」。實務上採取三角合併之主要目的有二，其一為風險隔離，因子公司與目標公司合併後，法律上仍屬獨立公司，如目標公司有高額隱藏負債時，母公司最多僅損失其所付出之合併對價，而不致概括承受目標公司所有負債：例如2014年7月31日高雄發生氣爆慘案，被指為元凶的石化管線，原屬福聚公司所有，但福聚公司已於2006年與李長榮化工合併，並以李長榮化工為存續公司，故李長榮化工須以公司全部財產承擔損害賠償責任，反之，如當時維持福聚公司之獨立法人地位，李長榮化工身為股東，僅以出資額為限，負有限責任。其二則因母公司非

合併參與公司，故母公司無須召集股東會承認合併，可藉此迴避母公司之股東行使表決權及異議股東行使股份收買請求權。

　　至於「現金逐出合併」，指存續或新設公司以現金作為合併對價，並利用股份多數決的強制性做法，使少數股東喪失其於合併後存續或新設公司之股東地位；因企併法第4條第3款明文規定合併可以用存續或新設或其他公司之股份、現金、其他財產作為對價，故持有多數股權之控制股東，可以藉此驅逐少數股東，取得公司之全部股份。此時，對少數股東而言，僅有股份收買請求權可以保護其權益，避免控制股東以過低之價格作為合併對價，致損害少數股東之權益。

三、收購

(一) 收購之意義

　　指公司依企併法、公司法、證券交易法、金融機構合併法或金融控股公司法規定取得他公司之股份、營業或財產，並以股份、現金或其他財產作為對價之行為（企併§44）；此之「公司」，指收購公司；「他公司」，指被收購公司（目標公司）。收購之標的，可為股份、營業或財產，收購之對價，可為股份、現金或其他財產，因此，可知收購之型態相當多元，惟本書僅就「股份收購」、「營業讓與」及「特殊營業讓與」三者作說明。

(二) 股份收購

　　實務上常見發動併購之公司，先行購買目標公司之股份，待達到相當之成數後，再以合併程序將目標公司併入收購公司，即所謂之「先購後併」。因此，股份之收購，往往是合併之先聲；而股份收購，除一般買賣外，尚有下列二種特殊方式：

1. 公開收購

　　所謂公開收購，指不經由有價證券集中交易市場或證券商營業處所，對非特定人為公開收購公開發行公司有價證券之行為（證交§43-1 II）。依證券交易法第43條之1第3項及公開收購辦法第11條第1項之規定，任何人單獨或與他人共同預定於五十日內取得公開發行公司已發行股份總額百分之二十以上股份者，除符合一定條件者外，應公開向不特定人收購；立法目的在確保全體股東均有公平出售股票之權利，並能分享公司控制權轉讓之溢價利益[22]。

---

[22]　所謂控制權溢價，係指一種價值比較的現象，即握有控制性持股之大股東，其持股之每股價值，實際上會超出一般股東持股之每股價值；參王文宇「公司法論」第554頁。

2. 股份轉換

所謂股份轉換，指公司讓與全部已發行股份予他公司，而由他公司以股份、現金或其他財產支付公司股東作為對價之行為（企併§4⑤）；此之「公司」，指目標公司；「他公司」，指併購公司。股份轉換後，目標公司成為併購公司百分之百持股之子公司。此種情形最常見於金融控股公司之併購或新設，前者例如B銀行被已成立之A金控併購，B銀行經股東會決議後，其股東將其所持有之B銀行股份轉換為A金控新發行之股份；後者例如A銀行經股東會決議後，其股東將其所持有之A銀行股份轉換為新設之B金控股份。股份轉換與一般之股份收購不同，股份轉換之標的為目標公司所有股東所持有之全部股份，具有強制性；而股份收購可為全部或一部，不具強制性。另其與公司法第156條之3所規定之「股份交換」也不同，股份交換之標的為目標公司設立後所發行之新股或部分股東所持有之股份，並非所有股東所持有之股份。

(三) 營業讓與

所謂營業讓與，除公司法第185條第1項第2款或第3款之規定外，依企併法第27條第1項規定：「公司經股東會代表已發行股份總數三分之二以上股東之出席，以出席股東表決權過半數之同意，概括承受或概括讓與，或依公司法第一百八十五條第一項第二款或第三款讓與或受讓營業或財產者，其債權讓與之通知，得以公告方式代之，承擔債務時，免經債權人之承認，不適用民法第二百九十七條及第三百零一條規定。」可知營業讓與包括「概括承受」、「概括讓與」、「讓與全部或主要部分之營業或財產」及「受讓他人全部營業或財產，對公司營運有重大影響者」等四種情形。所謂概括承受，指就他人之財產或營業，概括承受其資產及負債（民§305Ⅰ前段）；至於概括讓與，則指將自己之財產或營業，概括讓與他人。因收購時，不免有債權讓與或債務承擔之情形發生，為鼓勵企業進行併購，故本項作不同於民法之規定。

(四) 特殊營業讓與

所謂特殊營業讓與，指金融機構經其股東會決議，讓與全部營業及主要資產負債予他公司，以所讓與之資產淨值為對價，作為承購他公司發行新股所需股款，並於取得發行新股時轉換為金融控股公司，同時他公司轉換為其子公司之行為（金控§24Ⅱ）；按金融控股公司之成立，除可依前述股份轉換之方式（金控§26Ⅱ）外，尚得以營業讓與之方式為之，因僅適用於金融控股公司，故稱為特殊營業讓與。實務上金融控股公司多採股份轉讓方式成立，但仍有部分金融控股公司採營業讓與方式設立，例如富邦金融控股公司原為富邦產物保險公司，該公司將全部產物保險業務及主要資產負債讓與新設之產物保險公司後，再更名轉換為金融控股公司。

新聞追蹤

台新銀併入彰銀建議案　財部悍拒

　　台新金控為彰銀併購案槓上公股，昨（20）日在財政部反對下仍召開董事會通過建議彰銀與台新銀合併案；財政部昨晚罕見地發表強烈聲明反擊，「一旦同意此合併案將違背大眾利益，不必研究」，斷然拒絕台新金這項建議案。台新金多年前曾試圖強推與彰銀合併案，一度引爆公、民股大戰，在國民黨重返執政後，雙方維持五年的公、民共治和諧關係，因台新金董事會昨天通過建議案，再度破裂。在公股反對下，彰銀與台新銀合併案難度很高，財政部長張盛和說，「金融機構非合意併購是很難成的」。

　　一般金融控股公司對外併購時，如果旗下已經有同類型的子公司，通常採二階段方式整併。例如富邦金控併購台北銀行時，因為旗下已經有持股100%的銀行子公司富邦銀行，就先由富邦金控與台北銀行進行股份轉換，使台北銀行成為富邦金控持股100%的子公司；再將台北銀行與富邦銀行合併。而本件台新金控與財政部分別為彰化銀行的第一大與第二大股東，其中台新金控持股22.5%，並未完全掌控彰化銀行，所以台新金控一直想進行整併，但因為涉及二次金改弊案，故遭財政部及其他民股之反對。不過台新金控強行推動合併案與財政部激烈反應，亦有法律因素在內。

　　按當時之企併法第18條第5項規定：「公司持有其他參加合併公司之股份，或該公司或其指派代表人當選為其他參加合併公司之董事者，就其他參與合併公司之合併事項為決議時，得行使表決權。」（現行條文為第6項）但當時之規定僅適用於合併，並不適用於股份轉換：惟股份轉換牽涉兩公司之換股比例，實有利害關係，故仍有表決權迴避之適用（公司§178、206Ⅱ）。因此，台新金控如果採取股份轉換方式，受限於表決權迴避之規定，在財政部及其他民股反對下，甚難通過決議；反之，如果採取合併方式，其本身持有之股份與指派之法人代表董事得參與表決，合併議案通過之機會大增。且台新銀行為台新金控持股100%的子公司，其實收資本額約500億元，而彰化銀行實收資本額約770億元，故合併後，縱以彰化銀行為存續公司，因台新金控之持股比率大增，亦可加強其對彰化銀行之控制。

　　不過收購、分割與合併同為併購手段，但前二者發動併購之公司卻不能對目標公司行使表決權，顯然妨礙合併以外其他併購方式之進行。因此，現行企併法第29條第7項已經增訂股份轉換時，準用同法第18條第6項之規定，使其得行使表決權，以利公司進行併購。

2013-02-21／經濟日報／記者陳怡慈、邱金蘭「台新銀併入彰銀建議案　財部悍拒」報導

四、分割

(一) 分割之意義

指公司依本法或其他法律規定將其得獨立營運之一部或全部之營業讓與既存或新設之他公司，而由既存公司或新設公司以股份、現金或其他財產支付予該公司或其股東作為對價之行為（企併§4⑥）；所謂「獨立營運」，係指「經濟上成為一整體之獨立營運部門之營業」，而不問其於分割前是否有對外營業行為[23]。將營業讓與既存之他公司者，稱為「既存分割」，又稱「吸收分割」或「合併分割」，例如A公司將其製造部門讓與既存之B公司；將營業讓與新設之他公司者，稱為「新設分割」，例如A公司將其製造部門獨立出來，另行成立B公司。又讓與營業之公司稱為被分割公司，如發行新股予被分割公司者，稱為「物的分割」或「母子分割」、「垂直分割」，因為此時被分割公司與既存或新設公司間，具有投資或控制與從屬關係；至於發行新股予被分割公司之股東者，稱為「人的分割」或「兄弟分割」、「水平分割」，因為此時被分割公司之股東同時對被分割公司與既存公司或新設公司持有股份。

因分割乃公司將其一部或全部營業部門之財產（包括資產及負債）讓與既存或新設之他公司，如被分割公司或其股東取得既存或新設公司所發行新股，即屬於一種「現物出資」；並由既存或新設公司概括承受該營業部門之資產及負債。

(二) 分割之程序

1. 董事會作成分割計畫

分割計畫應由董事會作成，並提出於股東會（公司§317 I 前段）；因除被分割公司單獨為新設分割外，於既存分割或二家以上公司共同為公司分割時，均會有參與分割之其他公司存在，此時分割計畫應由參與分割之各公司協議作成，性質上已屬契約。又分割計畫應以書面為之，並記載下列事項（公司§317-2 I）：

(1) 承受營業之既存公司章程需變更事項或新設公司章程。
(2) 被分割公司讓與既存公司或新設公司之營業價值、資產、負債、換股比例及計算依據。
(3) 承受營業之既存公司發行新股或新設公司發行股份之總數、種類及數量。
(4) 被分割公司或其股東所取得股份之總數、種類及數量。
(5) 對被分割公司或其股東配發之股份不滿一股應支付現金者，其有關規定。
(6) 既存公司或新設公司承受被分割公司權利義務及其相關事項。
(7) 被分割公司之資本減少時，其資本減少有關事項。
(8) 被分割公司之股份銷除所需辦理事項。

---

[23] 經濟部92年1月22日經商字第09202012500號函。

(9) 與他公司共同爲公司分割者，分割決議應記載其共同爲公司分割有關事項。

2. 股東會爲分割承認之決議

董事會作成分割計畫後，應召集股東會爲分割承認之決議；且分割事項應在召集事由中列舉，不得以臨時動議提出（公司§172Ⅴ）。又前述分割計畫書，應於發送分割承認決議股東會之召集通知時，一併發送於股東（公司§317-2Ⅱ）。至於股東會承認分割之決議方式，亦採特別決議（公司§316Ⅰ），而公開發行公司得以便宜決議代替（公司§316Ⅱ），如公司章程對出席股東股份總數及表決權數有較高之規定者，從其規定（公司§316Ⅲ）。

3. 被分割公司股東會選任新設公司之董事及監察人

於新設分割時，依公司法第317條第2項規定：「他公司爲新設公司者，被分割公司之股東會視爲他公司之發起人會議，得同時選舉新設公司之董事及監察人。」即認其性質上屬「發起設立」，惟爲避免新設公司須履踐通常發起設立之程序，故規定被分割公司之股東會得同時選舉新設公司之董事及監察人。

4. 其他

有關公司分割時，反對股東之股份收買請求權（公司§317Ⅰ後段、Ⅲ）及編造資產負債表及財產目錄（公司§319準用73Ⅰ）、踐行保護公司債權人之程序（公司§319準用73Ⅱ、74）、申請分割之登記（公司登記§4Ⅰ）等，均與公司合併之規定相同，不另敘明。

(三) 分割之效力

1. 被分割公司可能解散

被分割公司如因分割而須解散者（公司§315Ⅰ⑥），稱爲消滅分割；反之，不因分割而解散者，稱爲存續分割。採消滅分割者，被分割公司法人格因解散而消滅，惟其權利義務由既存或新設之他公司概括承受（公司§319準用75），故無清算之必要（公司§24）。

2. 章程變更或新設公司成立

採既存分割時，因既存公司承受被分割公司之營業，故其章程可能變更；至於採新設分割者，則有新設公司之成立。

3. 債務清償責任

公司法第319條之1規定：「分割後受讓營業之既存公司或新設公司，應就分割前公司所負債務於其受讓營業之出資範圍負連帶清償責任。但債權人之連帶清償責任請求權，自分割基準日起二年內不行使而消滅。」本條明定分割後受讓營業之既存公司或新設公司，就分割前公司所負債務，僅於其受讓營業之出資範圍負連帶清償責任，以免過度擴大受讓營業之既存公司或新設公司之債務責任；且爲免請求權長期不行使，造成公司經營不安定，故規定債權人之連帶清償責任請求權，自分割基準日起二年內不行使而消滅。

新聞追蹤

華碩、和碩分割減資　過關

　　華碩昨天召開股東臨時會，歷時六小時才通過與和碩品牌、代工分家，並減資85%等議案，預計5月18日停止交易。華碩表示，6月1日為華碩、和碩分割基準日，屆時每一張華碩股票將轉換為減資後新華碩約150股、和碩約403.7274股。華碩去年12月11日宣布將進行減資分割時，引起市場震撼，小股東群起反對，外資更放話要在股東會翻盤。華碩一面力求溝通，一面提前舉行股東會，並廣發紀念品以徵求委託書，昨天股東會出席率達77.83%，提出異議者僅萬分之八。

　　在企業併購中，為了完成組織調整，公司可能必須進行數個併購行為，例如先股份轉換再合併，或先公開收購再進行簡易合併或現金逐出合併，或先進行分割再將新設或既存公司與他公司合併等。而本件華碩分割案之所以受矚目，在於其進行了兩次分割，始完成品牌與代工分家之目的。按華碩早在2008年1月就以「母子分割」方式，將代工業務部門分割出去，成立和碩聯合科技股份有限公司，惟因華碩仍繼續持有和碩100%之股份，並不能消除代工客戶之疑慮，而市場傳言將和碩股份釋股予其他代工業者，內部又有反對意見；因此，才決定再次進行分割，先將華碩對和碩之全部持股分割予既存之和碩投資（亦為華碩100%持股之子公司），再將和碩投資與和碩合併，並以和碩為存續公司；而和碩投資發行新股作為對價，其中25%新股由華碩取得，而其餘75%新股則由華碩全體股東依持股比例取得。

　　因分割計畫相當複雜，25%新股由華碩取得，像是「母子分割」，而75%新股由華碩全體股東取得，則像是「兄弟分割」；且因為分割之對價由股東取得，形同退還財產於股東，故華碩必須減資（減少實收資本）以為對應。但由於減資高達85%，且市場上對兄弟分割並不熟悉，認為是被迫持有和碩股份，故計畫公布時，小股東與外資才會群起反對。經華碩極力溝通，並向證交所爭取讓分割後之華碩與和碩兩家公司同日上市後，才打消市場疑慮，但仍有部分小股東提出異議，如異議者於股東會放棄行使表決權，自可依公司法第317第1項後段及第3項之規定，行使股份收買請求權。

　　又分割標的應為「得獨立營運之一部或全部之營業」，持有他公司之股份是否屬之，不無疑問？惟分割具有現物出資之性質，且華碩係以包括和碩股份在內的929億元長期投資部位作為分割標的，而非單純以和碩股份作為分割標的，故應無不可。另作為分割對價之新股，可否部分予公司，部分予股東，法無明文規定；因公司法第317條之2第1項第4款僅規定分割計畫應記載「被分割公司或其股東所取得股份之總數、種類及數量」，為讓公司有更靈活的組織調整方式，分割計畫經股東會決議承認，即屬可行。至於華碩繼續持有25%之和碩股權，據公司解釋，係考慮股東對減資幅度之接受度、和碩

客戶之接受度、維持華碩適當的股本及沖減保留盈餘對股東稅負影響等因素。

2010-02-10／聯合報／記者鄒秀明「華碩、和碩分割減資　過關」報導

第四節　解散及清算

一、解散

有關各種公司解散之共同規定，已於本編第一章總則部分中作過說明，故此處僅就股份有限公司之特別規定作說明。

(一) 解散之事由

依公司法第315條第1項之規定，股份有限公司有下列情事之一者，應予解散：

1. 章程所定解散事由；惟股東會亦得變更章程後，繼續經營（公司§315Ⅱ）。
2. 公司所營事業已成就或不能成就。
3. 股東會為解散之決議。
4. 有記名股票之股東不滿二人；惟亦得增加有記名股東繼續經營（公司§315Ⅱ）。但政府或法人股東一人者，不在此限。
5. 與他公司合併；惟存續合併時，存續公司無須解散。
6. 分割；惟如非消滅合併，被分割公司無須解散。
7. 破產。
8. 解散之命令或裁判。

(二) 解散之通知及公告

公司法第316條第4項規定：「公司解散時，除破產外，董事會應即將解散之要旨，通知各股東。」使股東知悉公司業已解散之事實。

二、清算

(一) 概說

所謂清算，指了結解散公司之一切法律關係，並分配其財產之程序。任何種類之公司解散後，除因合併、分割或破產而解散者外，均應進行清算（公司§24）；惟股份有限公司之股東眾多，且多數未參與公司經營，更因股東僅負有限責任，致公司財產成為公司債務之唯一擔保，因此，公司法對股份有限公司有關清算之規定，遠較其他種類公司嚴

格，以保護公司債權人及股東權益[24]。

按股份有限公司之清算，可分為普通清算與特別清算兩種。前者，指股份有限公司解散後，通常所進行之清算程序；至於其他種類公司解散後所進行之清算，亦屬普通清算，此由公司法第334條規定股份有限公司之清算準用無限公司之規定可知[25]。後者，係因清算之實行發生顯著障礙或公司負債超過資產有不實之嫌疑時，經法院命令始進行之清算程序。

(二) 普通清算

1. 清算人之產生與解任

所謂清算人，指清算中公司執行清算事務及代表公司之法定必備機關。公司法第322條規定：「（第1項）公司之清算，以董事為清算人。但本法或章程另有規定或股東會另選清算人時，不在此限。（第2項）不能依前項之規定定清算人時，法院得因利害關係人之聲請，選派清算人。」可知原則上係以全體董事為清算人，稱為「法定清算人」；如章程另有規定或股東會另行選任，稱為「章定清算人」或「選任清算人」；如不能依上述方法定清算人時，由法院因利害關係人之聲請所選派之清算人，稱為「選派清算人」。至於清算人之解任，依公司法第323條規定：「（第1項）清算人除由法院選派者外，得由股東會決議解任。（第2項）法院因監察人或繼續一年以上持有已發行股份總數百分之三以上股份股東之聲請，得將清算人解任。」有關法院解任清算人之規定，不但適用於選派清算人，於法定清算人、章定清算人或選任清算人，亦有適用；且對於選派清算人，法院亦得依職權解任。

另清算人就任及解任之聲報與公告，係準用公司法第83條之規定（公司§334）。故清算人應於就任後十五日內，將其姓名、住所或居所及就任日期，向法院聲報；如清算人由法院選派時，應公告之，解任時亦同。

2. 清算人之地位及其與公司間之關係

因清算人係取代董事之地位，執行清算事務，故公司法第324條規定：「清算人於執行清算事務之範圍內，除本節有規定外，其權利義務與董事同。」因此，其與公司間屬於有償委任關係，其報酬，非由法院選派者，由股東會議決定；其由法院選派者，由法院決定（公司§325 I）。且清算費用及清算人之報酬，由公司現存財產中儘先給付（公司§325 II）。

3. 清算人之職務

有關清算人之職務，除依公司法第334條準用第84條第1項之規定，有了結現務、收

---

[24] 潘秀菊「公司法」第315頁。

[25] 王文宇「公司法論」第518頁。又準用無限公司之部分，均不在此詳述，請參考第二章第六節有關無限公司清算之說明。

取債權及清償債務、分派賸餘財產等內容外[26]，股份有限公司另有下列特別規定：

(1) 檢查公司財產及其處置

公司法第326條第1項規定：「清算人就任後，應即檢查公司財產情形，造具財務報表及財產目錄，送經監察人審查，提請股東會承認後，並即報法院。」前述表冊送交監察人審查，應於股東會集會十日前為之（公司§326Ⅱ）。對於清算人之檢查有妨礙、拒絕或規避之行為者，各處新臺幣二萬元以上十萬元以下罰鍰（公司§326Ⅲ）。

(2) 催告及通知債權人申報債權

公司法第327條規定：「清算人於就任後，應即以三次以上之公告，催告債權人於三個月內申報其債權，並應聲明逾期不申報者，不列入清算之內。但為清算人所明知者，不在此限。其債權人為清算人所明知者，並應分別通知之。」清算人不得於前述申報債權期限內，對債權人為清償；但對於有擔保之債權，經法院許可者，不在此限（公司§328Ⅰ）。又清算人雖不得於申報債權期限內對債權人為清償，但公司對未為清償之債權，仍應負遲延給付之損害賠償責任（公司§328Ⅱ）；因此，公司之資產顯足抵償其負債者，對於足致前述損害賠償責任之債權，得經法院許可後先行清償（公司§328Ⅲ）。

(3) 清償債務

除前述經法院許可先行清償之債務外，清算人應於申報債權期限屆滿後，對於已申報及其所明知之債權人為清償。未申報及非清算人所明知，致不列入清算之債權人，就公司未分派之賸餘財產，仍有清償請求權；但賸餘財產已依公司法第330條分派，且其中全部或一部已經領取者，不在此限（公司§329）。

(4) 分配賸餘財產

清算人於清償債務後，就賸餘之財產應按各股東股份比例分派；但公司發行特別股，而章程中另有訂定者，從其訂定（公司§330）。另清算人非清償公司債務後，不得將公司財產分派於各股東；清算人違反前述規定，分派公司財產時，各處一年以下有期徒刑、拘役或科或併科新臺幣六萬元以下罰金（公司§334準用90）。

4. 清算人之權限、代表權及其限制

有關清算人之權限、代表權及其限制，係準用公司法第84條第2項、第85條及第86條等規定（公司§334）。因此，清算人執行清算職務時，雖有代表公司為訴訟上或訴訟外一切行為之權，但將公司營業包括資產負債轉讓於他人時，應經股東會依公司法第185條

---

[26] 至於分派盈餘或虧損則不再準用之列。蓋股份有限公司之股東係負間接有限責任，如公司財產不足清償債務時，清算人應即聲請宣告公司破產（公司§89Ⅰ），不生分派虧損之問題；如公司財產清償債務後仍有餘額，則屬賸餘財產分派，亦不生分派盈餘之問題。

所規定之決議方法之同意[27]。又清算人有數人時,得推定一人或數人代表公司,如未推定時,各清算人均有對於第三人代表公司之權;至於清算事務之執行,則取決於過半數之同意。另推定代表公司之清算人時,應向法院聲報。再者,對於清算人之代表權,雖得由選任機關加以限制,但對於清算人之代表權所加之限制,不得對抗善意第三人,以維護交易安全。

5. 清算期間

清算人應於六個月內完結清算;不能於六個月內完結清算時,清算人得申敘理由,向法院聲請展期(公司§334準用87Ⅲ)。如清算人不於前述規定期限內清算完結者,得各處新臺幣一萬元以上五萬元以下罰鍰(公司§334準用87Ⅳ)。至於六個月期間之起算日,因公司解散之後即進入清算程序,故公司解散之日即為清算開始之日。

6. 聲請宣告公司破產

依公司法第334條準用第89條之規定,公司財產不足清償其債務時,清算人應即聲請宣告破產;清算人移交其事務於破產管理人時,職務即為終了。清算人違反前述規定,不即聲請宣告破產者,各處新臺幣二萬元以上十萬元以下罰鍰。

7. 清算完結

公司法第331條第1項規定:「清算完結時,清算人應於十五日內,造具清算期內收支表、損益表、連同各項簿冊,送經監察人審查,並提請股東會承認。」此時股東會得另選檢查人,檢查前述簿冊是否確當(公司§331Ⅱ)。簿冊經股東會承認後,視為公司已解除清算人之責任;但清算人有不法行為者,不在此限(公司§331Ⅲ)。前述清算期內之收支表及損益表,應於股東會承認後十五日內,向法院聲報(公司§331Ⅳ);清算人違反聲報期限之規定時,各處新臺幣一萬元以上五萬元以下罰鍰(公司§331Ⅴ)。對於股東會另選之檢查人所為之檢查有妨礙、拒絕或規避行為者,各處新臺幣二萬元以上十萬元以下罰鍰(公司§331Ⅵ)。

清算完結時,公司之法人格即告消滅;惟所謂清算完結,是指清算事務實際終結,與是否踐行公司法第331條第4項所定之「法院聲報」程序無關,該等聲報程序僅有「備案」之效力,是否發生清算完結效果,仍應視是否完成「合法清算」而定[28]。因此,清算人就清算程序中應為之清算事務,實質辦理完竣,始謂「清算完結」。

8. 簿冊及文件之保存

公司法第332條規定:「公司應自清算完結聲報法院之日起,將各項簿冊及文件,保存十年。其保存人,由清算人及其利害關係人聲請法院指定之。」所謂「簿冊及文件」,指歷屆股東會議事錄、資產負債表、損益表、股東名簿、公司債存根簿、會計帳簿及關於

---

[27] 依經濟部67年12月4日商字第38909號函釋,公司法第84條第2項末句「應得全體股東之同意」之規定,係對無限公司而言;至股份有限公司之清算人,將公司營業包括資產負債轉讓於他人時,此一全體股東同意之規定,顯與股份有限公司之性質未合,自不宜準用之。

[28] 最高法院89年度台抗字第388號裁定。

營業與清算事務之文件[29]。

9. 重行分配賸餘財產

　　公司法第333條規定：「清算完結後，如有可以分派之財產，法院因利害關係人之聲請，得選派清算人重行分派。」所謂如有可以分派之財產，例如清算完結後始發現之財產或收回之債權等；此時因未列入清算而未獲清償之公司債權人，仍可就此等財產求償。

案例

　　A股份有限公司為非公開發行公司，有董事甲、乙、丙三人，且甲為董事長，現因A公司經營不善長年虧損，故甲準備解散公司。如A公司章程對公司解散或其他相關事務無特別規定，請問：(一)A公司解散應如何進行？(二)解散後，甲是否為清算人，是否由其代表A公司？(三)可否經清算人全體同意，將A公司營業包括資產負債轉讓他人？(四)清算人未清償A公司之債務，即直接依股東持股比例分派賸餘財產，債權人可否請求清算人負連帶賠償之責？(五)同前，但所積欠者為稅款？

解析

　　首先，因A公司章程對公司解散並無特別規定，故應由董事會召集股東會，以特別決議解散公司（公司§315Ⅰ③、316Ⅰ），且解散議案應在召集事由中列舉，不得以臨時動議提出（公司§172Ⅴ）。

　　其次，公司解散，原則上以董事為清算人（公司§322Ⅰ本文），故甲、乙、丙三人均為法定清算人；惟甲雖原為A公司董事長，但在清算中，如清算人未推定一人或數人代表公司，甲、乙、丙均有對於第三人代表公司之權（公司§334準用85Ⅰ前段）。

　　又將公司營業包括資產負債轉讓他人，應經股東會依公司法第185條所規定之決議方法之同意（經濟部67年12月4日商字第38909號函參照）；故縱得清算人全體同意，而未經股東會特別決議，仍不生效力。

　　至於第四小題，公司法第23條第2項規定：「公司負責人對於公司業務之執行，如有違反法令致他人受有損害時，對他人應與公司負連帶賠償之責。」因執行清算事務，亦屬公司業務之執行（最高法院65年台上字第3031號判例參照）；而清算人非清償公司債務後，不得將公司財產分派於各股東（公司§334準用90Ⅰ），且清算人亦為公司之負責人（公司§8Ⅱ）。因此，債權人可依公司法

---

[29]　經濟部90年9月19日經商字第09002189350號函。

第23條第2項之規定，請求清算人甲、乙、丙與公司負連帶賠償之責。

末按公司法第23條第2項規定，通說認為所侵害者必須是「私權」，如侵害「公權」，例如逃漏稅款，則不得請求公司負責人與公司負連帶賠償之責（最高法院62年台上字第2號判例參照）。

(三) 特別清算

1. 特別清算之意義

所謂特別清算，指普通清算之實行發生顯著障礙，或公司負債超過資產有不實之嫌疑時，依法院命令所進行之一種特殊清算程序（公司§335 I）。此種清算程序須在普通清算開始後，因上述事由致變更普通清算為特別清算；如普通清算尚未開始，逕為特別清算，則為法所不許。

特別清算雖與普通清算不同，但公司法第356條規定：「特別清算事項，本目未規定者，準用普通清算之規定。」蓋其仍屬清算之一種，無特別規定時，自應同於普通清算。

2. 特別清算之開始

(1) 特別清算開始之原因

A. 普通清算之實行發生顯著障礙

例如公司債權人眾多、財產關係複雜或帳簿紛亂等，如進行普通清算程序有顯著困難或勢必耗費時日；而進行特別清算，可以利用債權人會議之召集對公司債務為集團之處理（公司§341），清算事務較容易進行。

B. 公司負債超過資產有不實之嫌疑

按負債超過資產，本為破產之原因，但因其超過有不實之嫌疑，例如公司負債有虛報或公司資產帳上價值較市價為低等情形；此時清算人不宜貿然聲請破產，但如仍依普通清算程序進行，對債權人又欠缺保障，故可改採特別清算程序，由法院為較嚴格之監督。

(2) 特別清算程序之開始

A. 法院依債權人、清算人或股東之聲請而開始

普通清算之實行發生顯著障礙時，債權人、清算人或股東均得向法院聲請，由法院以命令開始特別清算；但公司負債超過資產有不實之嫌疑，僅清算人有權聲請，蓋清算人執行清算事務，於檢查公司財產或收取債權清償債務之際，始能發現有不實之嫌疑。

B. 法院依職權而開始

無論普通清算之實行發生顯著障礙或公司負債超過資產有不實之嫌疑，法院均得不經聲請，逕依職權命令公司開始特別清算；蓋普通清算係由法院監督，法院可獲悉清算中公司之財產狀況（公司§326 I），如發覺公司有開始特別

清算之原因，自應賦予其命令公司開始特別清算之權限，而不待利害關係人聲請。

(3) 特別清算程序開始之效果

公司法第335條第2項規定：「第二百九十四條關於破產、和解及強制執行程序當然停止之規定，於特別清算準用之。」按特別清算程序之開始，通常因普通清算程序發生顯著之障礙所致，此時常有強制執行或破產等程序存在，爲使特別清算程序得順利進行，故準用公司法第294條之規定，使各種程序當然停止。

3. 特別清算程序開始前之保全處分

公司法第336條規定：「法院依前條聲請人之聲請，或依職權於命令開始特別清算前，得提前爲第三百三十九條之處分。」即法院認爲有必要時，得爲公司財產之保全處分、記名式股份轉讓之禁止或爲行使損害賠償請求權，對於發起人、董事、監察人、經理人或清算人之財產爲保全處分（公司§339）。

4. 特別清算之機關

(1) 清算人

A. 清算人之產生

特別清算之清算人，又稱「特別清算人」，原則上仍由普通清算之清算人繼續爲之。但有重要事由時，例如清算人有徇私舞弊或偏袒不公等情形，法院得解任清算人；又無論清算人當初係如何產生，清算人缺額或有增加人數之必要時，由法院選派之（公司§337）。

B. 清算人之職務

因特別清算亦準用普通清算之規定，故清算人仍應執行普通清算時清算人之職務；此外，清算人在特別清算程序中尙有聲請法院於命令開始特別清算前，爲保全處分（公司§336）；遵照法院命令，爲清算事務及財產狀況之報告（公司§338）；召集債權人會議（公司§341Ⅰ）；造具公司業務及財產狀況之調查書、資產負債表及財產目錄，提交債權人會議，並就清算實行之方針與預定事項，陳述其意見（公司§344）；於徵詢監理人之意見後，對於債權人會議提出協定之建議（公司§347）；認爲作成協定有必要時，得請求有優先受償權或別除權之債權人參加協定（公司§349）；依公司財產之狀況認爲有必要時，得聲請法院檢查公司之業務及財產（公司§352Ⅰ）等職務。

C. 清算人之權限

在特別清算中，清算人之權限，原則上與普通清算之清算人相同（公司§356）；即原則上有代表公司爲訴訟上或訴訟外一切行爲之權，惟公司法第346條第1項規定：「清算人爲左列各款行爲之一者，應得監理人之同意，不同意時，應召集債權人會議決議之。但其標的在資產總值千分之一以下者，不在此限：一、公司財產之處分。二、借款。三、訴之提起。四、成立和解或仲裁

契約。五、權利之拋棄。」立法理由在於上述行為可能加重公司負擔或減少其資力，故原則上應經監理人同意，但標的在公司資產總值千分之一以下者，即無此顧慮，而不在此限。又應由債權人會議決議之事項，如迫不及待時，清算人經法院之許可，得為前述各款所列之行為（公司§346Ⅱ）。清算人違反前述規定，未經監理人同意、債權人會議決議或法院許可時，應與公司對於善意第三人連帶負其責任（公司§346Ⅲ）；即其行為原則上雖不生效力，但為維護交易安全，公司不得對善意第三人主張無效，而應與清算人連帶負其責任。又公司法第84條第2項但書之規定，於特別清算不適用之（公司§346Ⅳ）；即於特別清算，清算人將公司營業包括資產負債轉讓於他人時，無須得全體股東之同意，但仍須經監理人同意、債權人會議決議或法院許可。

(2) 債權人會議

特別清算之特點，在於債權人之參與，故有債權人會議之設，其情形如下：

A. 債權人會議之召集

公司法第341條第1項、第2項及第3項分別規定：「清算人於清算中，認有必要時，得召集債權人會議。」、「占有公司明知之債權總額百分之十以上之債權人，得以書面載明事由，請求清算人召集債權人會議。」、「第一百七十三條第二項於前項準用之。」可知債權人會議之召集權人有二，分別為清算人及債權人。但債權人除須占有公司明知之債權總額百分之十以上外，尚須先請求清算人召集債權人會議，請求提出後十五日內，清算人不為召集之通知時，債權人始得報經主管機關許可，自行召集。又前述債權總額，不列入有優先受償權或別除權之債權（公司§341Ⅳ）。

至於債權人會議之召集程序係準用股東臨時會之規定，議事錄係準用股東會議事錄之規定，債權人之表決權係準用重整債權之規定，決議方法應準用破產債權人會議，即應有出席債權人過半數，而其所代表之債權額超過總債權額之半數者之同意（公司§343），在此均不另敘明。

B. 債權人會議之出席

債權人會議之召集人，對有優先受償權或別除權之債權人，得通知其列席債權人會議徵詢意見，但無表決權（公司§342）；至於其他普通債權人，均為債權人會議之成員，得出席並行使表決權。

C. 債權人會議之權限

債權人會議得聽取有優先權或別除權之債權人之意見（公司§342）；查閱清算人所造具公司業務及財產狀況之調查書、資產負債表及財產目錄，並聽取清算人就清算實行之方針與預定事項（公司§344）；監理人之選任與解任（公司§345Ⅰ）；清算人所為特定行為之決議（公司§346）；協定之可決（公司§350Ⅰ）；協定條件之變更（公司§351）等權限。

D. 債權人會議之決議

債權人之表決權以其債權之金額比例定之（公司§343準用298Ⅱ）。而債權人會議之決議方法，原則上應有出席債權人過半數，而其所代表之債權額超過總債權額之半數者之同意（公司§343準用破產§123）；但協定之可決，應有得行使表決權之債權人過半數之出席，及得行使表決權之債權總額四分之三以上之同意行之（公司§350Ⅰ）。又債權人會議之決議，依上述決議方法成立後，原則上即發生效力；但監理人之任免及協定之可決，因屬重大事項，須經法院認可始生效力（公司§345Ⅱ、350Ⅱ）。

(3) 監理人

所謂監理人，係特別清算程序中，由債權人會議選任，代表債權人團體監督清算人執行清算事務之法定、任意機關。公司法第345條第1項規定：「債權人會議，得經決議選任監理人，並得隨時解任之。」可知是否選任，由債權人會議自行決定，故為任意機關；至於選任時，其人數、資格或報酬，由債權人會議酌情定之，但須得法院之認可。

有關監理人之權限，除就清算人為特定行為予以同意外（公司§346Ⅰ），可對清算人所提出之協定予以建議（公司§347），並可聲請法院檢查公司之業務及財產（公司§352Ⅰ）。

(4) 檢查人

A. 檢查人之意義及選派

所謂檢查人，係特別清算程序中，由法院選派檢查公司之業務及財產之法定、任意、臨時機關。公司法第352條第1項規定：「依公司財產之狀況有必要時，法院得據清算人或監理人，或繼續六個月以上持有已發行股份總數百分之三以上之股東，或曾為特別清算聲請之債權人，或占有公司明知之債權總額百分之十以上債權人之聲請，或依職權命令檢查公司之業務及財產。」可知檢查人係法院於認為有必要時所選任，故為任意、臨時機關，並準用重整程序檢查人之規定（公司§352Ⅱ）。

B. 檢查人之報告

公司法第353條規定：「檢查人應將左列檢查結果之事項，報告於法院：一、發起人、董事、監察人、經理人或清算人依第三十四條、第一百四十八條、第一百五十五條、第一百九十三條及第二百二十四條應負責任與否之事實。二、有無為公司財產保全處分之必要。三、為行使公司之損害賠償請求權，對於發起人、董事、監察人、經理人或清算人之財產，有無為保全處分之必要。」因檢查人於執行職務之範圍內，亦為公司之負責人，故對公司負忠實義務及善良管理人注意義務，如有違反致公司受有損害者，負損害賠償責任（公司§8Ⅱ、23Ⅰ）。

5. 法院之特別監督

相較於普通清算，在特別清算時，法院對清算事務予以特別監督，其內容包括特別清算開始前之保全處分（公司§336）；清算人之解任及增補選（公司§337）；得隨時命令清算人，為清算事務及財產狀況之報告，並得為其他清算監督上必要之調查（公司§338）；為監督上必要所為之保全處分（公司§339）；命令檢查公司之業務及財產（公司§352）等。又法院據檢查人之報告，認為必要時，得為下列之處分（公司§354）：

(1) 公司財產之保全處分。

(2) 記名式股份轉讓之禁止。

(3) 發起人、董事、監察人、經理人或清算人責任解除之禁止。

(4) 發起人、董事、監察人、經理人或清算人責任解除之撤銷；但於特別清算開始起一年前已為解除，而非出於不法之目的者，不在此限。

(5) 基於發起人、董事、監察人、經理人或清算人責任所生之損害賠償請求權之查定。

(6) 因前款之損害賠償請求權，對於發起人、董事、監察人、經理人或清算人之財產為保全處分。

6. 債務之清償

公司法第340條規定：「公司對於其債務之清償，應依其債權額比例為之。但依法得行使優先受償權或別除權之債權，不在此限。」即在特別清算中，除依後述「協定」所為之債務清償外，清算人仍應依債權之比例清償；但依法得行使優先受償權或別除權之債權，因不受特別清算程序之拘束，則不在此限。

7. 特別清算中之協定

(1) 協定之意義

所謂協定，指特別清算程序中，公司與其債權人團體間，為完成清算，就債務處理之方法所成立之和解契約[30]。

(2) 協定之提出及其內容

公司法第347條規定：「清算人得徵詢監理人之意見，對於債權人會議提出協定之建議。」協定之內容應由清算人徵詢監理人之意見後酌情擬定，惟協定之條件，在各債權人間應屬平等；但依法得行使優先受償權或別除權之債權，不在此限（公司§348）。又清算人認為作成協定有必要時，亦得請求有優先受償權或別除權之債權人參加（公司§349），如其自願讓步，自得列入協定條件中。

(3) 協定之可決及認可

協定之可決，應有得行使表決權之債權人過半數之出席，及得行使表決權之債權

---

[30] 鄭玉波（劉連煜增訂）「公司法」第218頁。

總額四分之三以上之同意行之（公司§350Ⅰ）。協定經債權人會議可決後，應得法院之認可，始生效力（公司§350Ⅱ）。

(4) 協定之效力

協定經法院認可後，對於構成債權人會議之全體債權人，均有效力（公司§350Ⅲ準用破產§136）；即無論其有無參加、贊成與否，均受協定之拘束。

(5) 協定之變更

協定在實行上遇有必要時，得變更其條件，其變更準用前述協定之提出、內容、可決、認可及其效力等規定（公司§351準用347至350）。

8. 特別清算之終結

協定生效後，清算人依協定之條件或變更後之條件實行完畢後，特別清算程序即告終結。又依公司法第355條規定：「法院於命令特別清算開始後，而協定不可能時，應依職權依破產法為破產之宣告，協定實行上不可能時亦同。」此時特別清算程序亦因轉為破產程序而告終結。

你知道嗎？

「特別清算」與「公司重整」或「破產」有何區別？

按「特別清算」與「公司重整」同為公司法所規定，適用於股份有限公司發生財務困難時，於法院監督下，所進行之特殊債務清理程序；惟二者適用之資格與目的並不相同。前者適用於所有的股份有限公司；而後者必須是公開發行公司始能進行。且特別清算須公司已經解散，但普通清算之實行發生顯著障礙或公司負債超過資產有不實之嫌疑，故特別清算之目的在處理公司解散時尚未了結之事務，使公司法人格消滅；至於公司重整之目的，在使公司重建更生並繼續經營，因此，公司法人格不會因重整而消滅，重整前後之法人格亦屬同一。

次按「破產」屬於一種特殊的清算程序，於債務人不能清償債務時由法院宣告之，目的亦在使債權人公平受清償。惟破產程序適用之對象並無限制，法人或自然人均可宣告破產；但法人破產者，其法人格於破產程序終結後消滅。至於自然人之權利能力並不受影響，但破產人之公私權利，於未依破產法第150條之規定復權前受有限制，例如不得擔任公司經理人或董事、監察人（公司§304、192Ⅵ、216Ⅳ），亦不得擔任公職候選人（選罷§266）。相較於特別清算程序，破產程序較嚴格及複雜，故經常耗費時日及金錢，因此，特別清算係作為普通清算與破產之中間制度，其程序不如破產嚴格，仍留有關係人自治之餘地，以應實際需要。但協定不可能或實行上不可能時，法院仍須依職權為破產之宣告（公司§355）。

又特別清算、公司重整或破產，各有所謂之協定、重整計畫或調協（破產§129以下），惟其性質相似，均係以協議之方法完成特別清算、公司重整或破產等程序；至於內容通常是債權人爲相當之讓步，經債權人會議可決而成立，並經法院認可後對全體債權人發生效力。

第五節　閉鎖性股份有限公司

一、閉鎖性公司之定義及公示

(一) 定義

因外國立法例有關「閉鎖性股份有限公司」（Close Corporation；簡稱「閉鎖性公司」）之認定標準，通常以股東人數爲標準，且閉鎖性公司之最大特點在股份之轉讓受到限制，故公司法第356條之1第1項規定：「閉鎖性股份有限公司，指股東人數不超過五十人，並於章程定有股份轉讓限制之非公開發行股票公司。」按一般股份有限公司（簡稱「一般公司」），並無股東人數上限之規定（公司§2 I ④），但在閉鎖性公司則作不同於一般公司之規定；又閉鎖性公司有股東人數上限，且章程定有股份轉讓限制，自不得爲公開發行公司。

另考量未來社會經濟情況變遷及商業實際需要，有調整第1項所定股東人數之必要時，如需修法，恐緩不濟急，故於同條第2項規定：「前項股東人數，中央主管機關得視社會經濟情況及實際需要增加之；其計算方式及認定範圍，由中央主管機關定之。」以應實際需要。

(二) 公示

因閉鎖性公司之公司治理較爲寬鬆，企業自治之空間較大，爲利一般民衆辨別，公司法第356條之2規定：「公司應於章程載明閉鎖性之屬性，並由中央主管機關公開於其資訊網站。」使任何人均得於主管機關之資訊網站中，查閱得知其閉鎖性之屬性，以達公示效果，並保障交易安全。

二、閉鎖性公司之設立

(一) 採發起設立

公司法第356條之3第1項規定：「發起人得以全體之同意，設立閉鎖性股份有限公司，並應全數認足第一次應發行之股份。」因設立公司必須以發起人全體之同意訂立章

程（公司§129序文），故設立閉鎖性公司，應經發起人全體同意；又一般公司之設立，可採「發起設立」或「募集設立」二種方式，但閉鎖性公司因發起人必須全數認足第一次應發行之股份，故僅能採發起設立，因此，同條第6項並明文排除適用募集設立之相關規定。

(二) 發起人得以勞務出資

公司法第356條之3第2項規定：「發起人之出資除現金外，得以公司事業所需之財產、技術或勞務抵充之。但以勞務抵充之股數，不得超過公司發行股份總數之一定比例。」可知閉鎖性公司發起人之出資包括現金及公司事業所需之財產、技術或勞務，此與一般公司發起人不得以勞務出資不同。因股份有限公司為典型之資合公司，得以勞務出資是否妥當，不無疑問，故限制其不得超過公司發行股份總數之一定比例；同條第3項並就此「一定比例」，授權中央主管機關定之[31]。

因以技術或勞務出資者，其得抵充之金額與公司核給之股數涉及其他股東之權益及交易安全，故同條第4項規定：「以技術或勞務出資者，應經全體股東同意，並於章程載明其種類、抵充之金額及公司核給之股數；主管機關應依該章程所載明之事項辦理登記，並公開於中央主管機關之資訊網站。」即以全體股東同意、章程記載及公開於資訊網站等方式，保障股東權益及交易安全；又所謂「全體股東」包含增（出）資前之現有股東及該次增（出）資股東[32]。

(三) 發起人或股東會選任董事及監察人之方式

按現行公司法選任董事及監察人之方式，係強制採用累積投票制（公司§198 I），惟公司法第356條之3第5項、第7項分別規定：「發起人選任董事及監察人之方式，除章程另有規定者外，準用第一百九十八條規定。」、「股東會選任董事及監察人之方式，除章程另有規定者外，依第一百九十八條規定。」因此，閉鎖性公司如章程另有規定者，可於發起人或股東會選任董事及監察人時，不採用累積投票制。

三、閉鎖性公司發行或轉讓股份之特殊規定

(一) 得透過群眾募資平臺募資

公司法第356條之4第1項規定：「公司不得公開發行或募集有價證券。但經由證券主

---

[31] 依經濟部108年6月4日經商字第10802409490號函釋，此之「一定比例」，於實收資本額未達新臺幣三千萬元部分，指勞務抵充出資之股數不得超過公司發行該部分股份總數二分之一；於實收資本額新臺幣三千萬元以上部分，指勞務抵充出資之股數不得超過公司發行該部分股份總數四分之一。

[32] 經濟部105年5月30日經商一字第10502415080號函。

管機關許可之證券商經營股權群眾募資平臺募資者，不在此限。」按基於閉鎖性公司之屬性，其本不得向外公開發行或募集有價證券，惟但書予以除外規定，即其得透過群眾募資平臺募資[33]。

(二) 章程應規定股份轉讓之限制

公司法第356條之5第1項規定：「公司股份轉讓之限制，應於章程載明。」因閉鎖性公司之最大特點在於其股份之轉讓受到限制，是以，股份轉讓之限制應適用於全體股東，並不區分普通股或特別股，且均應於章程中約定，倘閉鎖性股份有限公司章程載明部分股東股份轉讓不受限制或僅部分股東受有限制者，自違背前揭規定意旨；但法條所言股份轉讓之限制，並未規定何種型態之限制，故於股份轉讓限制適用於全體股東之前提下，針對不同股東而定有不同之轉讓限制，尚無不可[34]。至於股份轉讓之限制方式，由公司以章程自行訂定，例如限制受讓人之資格，或股東轉讓股份時，應得其他股東事前同意，或其他股東有優先受讓權等。

如閉鎖性公司之股份轉讓受有限制，而股份受讓人卻無適當管道知悉該項限制，對受讓人保障明顯不足，故同條第2項規定：「前項股份轉讓之限制，公司印製股票者，應於股票以明顯文字註記；不發行股票者，讓與人應於交付受讓人之相關書面文件中載明。」同條第3項並明定受讓人得請求公司給予章程影本，以為保障。

(三) 得發行選舉監察人時可享有複數表決權之特別股

依公司法第356條之7第1項規定，閉鎖性公司發行特別股時，應就下列各款於章程中定之：

1. 特別股分派股息及紅利之順序、定額或定率。
2. 特別股分派公司賸餘財產之順序、定額或定率。
3. 特別股之股東行使表決權之順序、限制、無表決權、複數表決權或對於特定事項之否決權。
4. 特別股股東被選舉為董事、監察人之禁止或限制，或當選一定名額之權利。
5. 特別股轉換成普通股之轉換股數、方法或轉換公式。
6. 特別股轉讓之限制。
7. 特別股權利、義務之其他事項。

上述規定與公司法第157條第1項之規定相似，但依同條第2項規定：「第一百五十七

---

[33] 所謂「群眾募資平臺」，指證券商利用網際網路設立網站，為公司辦理股權募資，使投資人得以透過該網站認購公司股票；現財團法人中華民國證券櫃檯買賣中心已獲金管會許可，訂立「證券商經營股權性質群眾募資管理辦法」作為依據；惟依同條第2項規定，辦理群眾募資者，仍受公司法第356條之1股東人數及公司章程所定股份轉讓方式之限制，故其是否有實益，不無疑問。

[34] 經濟部商業司107年5月29日經商一字第10702023420號函。

條第二項規定，於前項第三款複數表決權特別股股東不適用之。」即閉鎖性公司具複數表決權特別股之股東，於選舉監察人時，仍享有複數表決權，與一般公司不同。

四、股東會開會及行使表決權之特殊規定

(一) 放寬股東會開會之方式

公司法第356條之8第1項規定：「公司章程得訂明股東會開會時，以視訊會議或其他經中央主管機關公告之方式爲之。」同條第2項並規定股東會開會時，如以視訊會議爲之，其股東以視訊參與會議者，視爲親自出席。

(二) 放寬股東會可不實際集會

按股東會係由全體股東所組成之會議體機關，故應實際集會，不得以股東書面同意之方式取代；然爲便利閉鎖性公司召開股東會之彈性，公司法第356條之8第3項規定：「公司章程得訂明經全體股東同意，股東就當次股東會議案以書面方式行使其表決權，而不實際集會。」按現行公司法雖許公司召開股東會時，股東得以書面或電子方式行使其表決權（公司§177-1 I），但股東會仍需實際集會，只是股東得選擇以書面或電子方式行使其表決權。惟爲增加閉鎖性公司召開股東會之彈性，如公司章程訂明經「全體」股東同意，股東就當次股東會議案以書面方式行使其表決權者，可不實際集會。同條第4項並明定此種情形視爲已召開股東會；以書面方式行使表決權之股東，則視爲親自出席股東會。

(三) 股東得訂立表決權拘束契約及表決權信託契約

公司法第356條之9第1項規定：「股東得以書面契約約定共同行使股東表決權之方式，亦得成立股東表決權信託，由受託人依書面信託契約之約定行使其股東表決權。」過去實務上一向認爲表決權拘束契約無效[35]，但爲使閉鎖性公司之股東得以協議或信託之方式，匯聚具有相同理念之少數股東，以共同行使表決權方式達到所需要之表決權數，鞏固經營團隊在公司之主導權，故在公司法第175條之1增訂前，即明文規定閉鎖性公司股東得以「書面」方式訂立此種契約；同條第2項並明定表決權信託契約之受託人，除章程另有規定者外，以股東爲限。

又同條第3項規定：「股東非將第一項書面信託契約、股東姓名或名稱、事務所、住所或居所與移轉股東表決權信託之股份總數、種類及數量於股東常會開會三十日前，或股東臨時會開會十五日前送交公司辦理登記，不得以其成立股東表決權信託對抗公司。」按股東成立表決權信託契約後，股東名簿上之股東應變更爲受託人（原股東爲委託人），故爲便利股務作業之處理，參酌公司法第165條規定，明定辦理變更登記之期限。

---

[35] 最高法院96年度台上字第134號判決。

五、放寬閉鎖性公司財務方面之限制

(一) 放寬私募公司債之限制

1. 私募普通公司債之程序

公司法第356條之11第1項規定：「公司私募普通公司債，應由董事會以董事三分之二以上之出席，及出席董事過半數同意之決議行之。」按現行非公開發行之一般公司仍得私募普通公司債（公司§248Ⅱ），但經董事會決議後，須將募集公司債之原因及有關事項報告股東會（公司§246Ⅰ）；惟本項明定閉鎖性公司私募普通公司債須經董事會特別決議，但無須報告股東會。

2. 得私募轉換公司債或附認股權公司債

公司法第356條之11第2項規定：「公司私募轉換公司債或附認股權公司債，應經前項董事會之決議，並經股東會決議。但章程規定無須經股東會決議者，從其規定。」因此，本項規定不但使閉鎖性公司可私募轉換公司債或附認股權公司債，並且在章程有特別規定時，可不經股東會決議，與一般公司不同（公司§248-1）。

又轉換公司債或附認股權公司債具有潛在股份性，公司債債權人行使轉換權或認購權後，將成為公司股東，故為維持閉鎖性公司之特性，同條第3項規定：「公司債債權人行使轉換權或認購權後，仍受第三百五十六條之一之股東人數及公司章程所定股份轉讓之限制。」惟為維持股東人數上限，勢必限制公司債債權人轉讓公司債，或限制其行使轉換權或認購權，是否可行，亦不無疑問。

3. 排除相關條文之適用

按公開發行公司私募公司債時，應依證券交易法有關私募之規定辦理（證交§43-6至43-8），至於非公開發行之一般公司私募公司債時，應依公司法有關私募之規定辦理（公司§248Ⅱ、Ⅲ），惟公司法有關私募之規定僅排除第249條第2款及第250條第2款之限制，其餘仍須適用「募集」之規定，故同條第4項將多數公司債「募集」之規定排除，以免閉鎖性公司私募公司債時，窒礙難行。

(二) 放寬發行新股之限制

1. 章程得就新股發行程序另為規定

公司法第356條之12第1項規定：「公司發行新股，除章程另有規定者外，應由董事會以董事三分之二以上之出席，及出席董事過半數同意之決議行之。」因公司法第266條第2項已經明文規定公司發行新股應經董事會特別決議，故本項重點在「除章程另有規定者外」，即閉鎖性公司之章程得就新股發行程序另為規定。

2. 放寬新股認購人之出資方式

公司法第356條之12第2項規定：「新股認購人之出資方式，除準用第三百五十六條之三第二項至第四項規定外，並得以對公司所有之貨幣債權抵充之。」即新股認購人之出

資除現金外，亦得以公司事業所需之財產、技術或勞務抵充之；至於以勞務出資之比例，及非以現金出資者，所需之程序及公示方法，亦均準用發起人出資之規定，故新股認購人以勞務出資，亦同受不得超過公司發行股份總數之「一定比例」之限制[36]。又發起人設立公司時，自無所謂對公司所有之貨幣債權可言，故另為規定，使對公司所有之貨幣債權亦得抵充。

3. 排除股東及員工之優先認股權

公司法第356條之12第3項規定：「第一項新股之發行，不適用第二百六十七條規定。」按公司法第267條係有關股東及員工之優先認股權之規定，本項明文予以排除，使閉鎖性公司在股權安排上更具彈性；然排除後，除章程另有規定外，自應由董事會以特別決議決定新股認購人。

六、閉鎖性公司與一般公司之變更

(一) 閉鎖性公司變更為一般公司

按閉鎖性公司可能因公司規模或股東人數之擴張，而有變更之需求，故公司法第356條之13第1項規定：「公司得經有代表已發行股份總數三分之二以上股東出席之股東會，以出席股東表決權過半數之同意，變更為非閉鎖性股份有限公司。」以應實際需要。同條第2項規定：「前項出席股東股份總數及表決權數，章程有較高之規定者，從其規定。」此項規定係基於尊重公司自治，故賦予公司章程得對變更之決議，訂定較高之標準，但仍不得較法定標準為低。

如公司不符合閉鎖性公司之要件時，即應變更為一般公司，故同條第3項規定：「公司不符合第三百五十六條之一規定時，應變更為非閉鎖性股份有限公司，並辦理變更登記。」惟此時依同條第1項之規定，仍須經股東會特別決議，故同條第4項規定：「公司未依前項規定辦理變更登記者，主管機關得依第三百八十七條第五項規定責令限期改正並按次處罰；其情節重大者，主管機關得依職權命令解散之。」以強制閉鎖性公司進行轉換，甚至解散之。

(二) 一般公司變更為閉鎖性公司

為使一般公司有變更為閉鎖性公司之機會，公司法第356條之14第1項規定：「非公開發行股票之股份有限公司得經全體股東同意，變更為閉鎖性股份有限公司。」因閉鎖性公司有股東人數及股份轉讓限制，對股東權利限制較多，故明定須經全體股東同意。且為保障債權人權益，一般公司變更為閉鎖性公司時，應即向各債權人分別通知及公告（公司§356-14 II）。

---

[36]　經濟部109年4月9日經商字第10902014350號函。

　　另依公司法第106條第3項之規定，有限公司得經全體股東同意變更其組織爲股份有限公司，此之「股份有限公司」包括一般公司與閉鎖性公司，即有限公司得直接變更爲閉鎖性股份有限公司。

新聞追蹤

大立光家族股權集中閉鎖

　　大立光林氏家族創辦人林耀英、董事長林恩舟及其配偶高芳眞、執行長林恩平昨（24）日申報轉讓持股至新成立閉鎖型控股公司石安股份有限公司，四人合計轉讓1萬236張持股，幾乎將手中持股全數轉讓，占大立光總發行股數約7.63%，以昨天大立光收盤價4,240元估計，市值達434億元。這是大立光林氏家族在去年9月大動作轉讓持股至旗下控股公司—茂鈺紀念股份有限公司後，再一次申報轉讓持股。市場解讀，林氏家族兩度轉讓持股至閉鎖型控股公司，有助鞏固公司股權與傳承。

　　按閉鎖性公司於2015年7月1日施行，當時立法原意，是爲了提供企業較大的自治空間、多元的籌資工具及其彈性的股權安排，以便吸引更多創業者成立公司；但因閉鎖性公司可以限制股東轉讓股份，故能有效避免股權外流，反而成爲上市櫃的家族企業用來穩固經營權、解決日後股權分散及避免家族成員內鬥之有效工具。

　　以大立光爲例，原本林氏家族成員各自持有公司股份，但成立控股之閉鎖性公司以後，家族成員就將持股以現物出資方式移轉至閉鎖性公司名下（公司§272、356-3Ⅱ），且家族成員原本是自然人董事，也在董事改選時成爲閉鎖性公司之法人代表人董事，並在五席一般董事中占有三席。而透過這一連串的股權及董事席次安排，不但將股權集中於閉鎖性公司，也讓閉鎖性公司可以控制法人代表人之董事人選（公司§27Ⅲ），所以林氏家族不但在目前可以穩固企業經營權，也不虞未來家族成員因爲意見不合，就利用本身持股引進外人爭奪大立光經營權。

　　至於閉鎖性公司之控制權，可以運用複數表決權特別股（公司§157Ⅰ④、356-7Ⅰ③），讓屬意的企業接班人享有較高的表決權數，進而控制閉鎖性公司，但其他家族成員之持股數量可以相同，享受同等的盈餘分配權利。

2019-09-25／經濟日報／記者劉芳妙「大立光家族股權集中閉鎖」報導

第九章　關係企業

一、概說

所謂關係企業，亦稱集團企業，指企業間存有控制與從屬或相互投資等特定關係而言[1]。按我國公司法原本以單一企業為規範對象，對關係企業之運作並無規定；惟在自由經濟體制下，企業蓬勃發展，出現為數不少之集團性企業，而企業彼此間之經營模式與決策標準深具關聯之特性，明顯形成一個有組織性的企業集團[2]。但因公司制度中，公司與股東皆為獨立法人，且原則上股東僅負有限責任，故控制公司如使從屬公司為不合營業常規之經營，將損及從屬公司其他股東及債權人之利益。因此，為維護大眾交易之安全、保障從屬公司少數股東及其債權人之權益、促進關係企業之健全營運、達成商業現代化之目標，實有立法規範之必要；而「關係企業」一詞，已為我國企業界及社會大眾所習用，且又可表達企業間存有特定關係，故以之為新增訂之「第六章之一」的章名。

二、關係企業之定義及其範圍

公司法第369條之1規定：「本法所稱關係企業，指獨立存在而相互間具有下列關係之企業：一、有控制與從屬關係之公司。二、相互投資之公司。」所謂獨立存在，指法律上之人格獨立存在而言；蓋公司間雖具有特定關係，但仍各有其法人格，故縱為控制與從屬公司，在法律上仍然各自獨立存在。至於關係企業之範圍，依其特定關係，可分為下列二種情形：

(一) 有控制與從屬關係之公司

1. 形式上之控制與從屬關係

公司法第369條之2第1項規定：「公司持有他公司有表決權之股份或出資額，超過他公司已發行有表決權之股份總數或資本總額半數者為控制公司，該他公司為從屬公司。」即以形式上之有表決權股份總數或出資額作為認定標準，因係以投資額作為認定標準，故又稱為「資本參與型」之控制與從屬關係。另依公司法第369條之11規定：「計算本章公司所持有他公司之股份或出資額，應連同左列各款之股份或出資額一併計入：一、公司之從屬公司所持有他公司之股份或出資額。二、第三人為該公司而持有之股份或出資額。

---

[1]　企業原應包括獨資、合夥及公司在內，但此處之企業僅指公司而言；且公司法將「關係企業」獨立列為一章，故無限公司、有限公司、兩合公司及股份有限公司均得適用關係企業章之規定。又公司欲透過轉投資而形成關係企業時，其投資額仍受公司法第13條規定之限制。

[2]　廖大穎「公司法原論」第10頁。

三、第三人爲該公司之從屬公司而持有之股份或出資額。」立法理由在防止公司以迂迴間接之方法規避關係企業之規範，故規定應連同從屬公司或第三人所持有他公司股份或出資額綜合計算[3]。

2. 實質上之控制與從屬關係

　　縱無前述形式上之控制與從屬關係，依公司法第369條之2第2項規定：「除前項外，公司直接或間接控制他公司之人事、財務或業務經營者亦爲控制公司，該他公司爲從屬公司。」即以實質上直接或間接控制他公司之人事任免權或支配其財務或業務經營之控制關係作爲認定標準，故又稱爲「實質控制型」之控制與從屬關係。

3. 推定之控制與從屬關係

　　因實質上之控制與從屬關係認定不易，故公司法第369條之3規定：「有左列情形之一者，推定爲有控制與從屬關係：一、公司與他公司之執行業務股東或董事有半數以上相同者。二、公司與他公司之已發行有表決權之股份總數或資本總額有半數以上爲相同之股東持有或出資者。」立法理由係認爲一公司與他公司之執行業務股東或董事有半數以上相同者，或一公司與他公司之已發行有表決權之股份總數或資本總額有半數以上爲相同之股東持有或出資者，容易產生控制與從屬關係，爲求周延，故推定爲有控制與從屬關係。所謂執行業務股東或董事「有半數以上相同者」，應以較高席次之半數爲計算基準，如董事係以法人代表身分當選者，所謂「相同董事」，係以代表人之個人身分爲認定標準；至於「有半數以上爲相同之股東持有或出資者」，亦以較高股份總數或資本總額之半數爲計算標準[4]。

(二) 相互投資之公司

　　因公司間相互投資，常有虛增資本及董監事長久把持職位之弊端，故其表決權應受一定之限制（公司§369-10Ⅰ），因此，爲界定相互投資公司應予規範之範圍，公司法第369條之9第1項規定：「公司與他公司相互投資各達對方有表決權之股份總數或資本總額三分之一以上者，爲相互投資公司。」使達此要件之相互投資公司受本章之規範。

　　同條第2項規定：「相互投資公司各持有對方已發行有表決權之股份總數或資本總額超過半數者，或互可直接或間接控制對方之人事、財務或業務經營者，互爲控制公司與從屬公司。」因此時並非單方之控制與從屬關係，故明定彼此可互爲控制公司與從屬公司[5]，均受本章有關控制與從屬公司之規範。

---

[3]　至於所謂第三人「爲」該公司或該公司之從屬公司而持有，公司法並無明文之定義，應依具體個案事實認定：例如經濟部97年4月2日經商字第09702029950號函釋，認爲公司持有他公司全部股權，如將其中過半數股權信託管理，仍具有公司法規定之控制與從屬關係，即認信託關係亦屬「爲」他人持有之情形。

[4]　經濟部88年9月8日經商字第88219627號函。

[5]　雖然依公司法第167條第3項及第4項之規定，禁止從屬公司持有控制公司之股份，但修法前已形成

你知道嗎？

「從屬公司」與「子公司」有何不同？

按公司法雖然將有控制與從屬關係之公司稱為「控制公司與從屬公司」，但一般用語則較常使用「母公司與子公司」，二者涵義並無太大區別；但在企業併購法及金融控股公司法，則另有定義。依企業併購法第4條第7款之規定，直接或間接持有他公司已發行有表決權之股份總數或資本總額超過半數之公司，為母公司，被持有者，為子公司；可知其係以形式上之表決權股份總數或出資額作為認定標準，與公司法第369條之2第1項規定相符，但不包括同條第2項實質上之控制與從屬關係，故其範圍較小。

至於金融控股公司法所規定之子公司，依該法第4條第1項第4款前三目之規定，指金融控股公司有控制性持股之銀行、保險或證券子公司；至於所謂控制性持股，依同條項第1款之規定，指持有一銀行、保險公司或證券商已發行有表決權股份總數或資本總額超過25%，或直接、間接選任或指派一銀行、保險公司或證券商過半數之董事，可知其認定標準與公司法之規定有所不同。

又無論是從屬公司或子公司，均指上下隸屬之控制關係，但實務上常見具有特定關係之公司，彼此之間為平行關係；例如台塑集團最重要的公司為台塑、南亞、台化及台塑石化，4家公司除台塑王家及其私人投資公司或財團法人持股外，亦彼此互相持股，再各自或聯合成立轉投資公司，形成一個龐大的企業集團，但4家主力公司間，並未構成公司法所規定之控制與從屬或相互投資關係，而整個企業集團，係以所謂之「總管理處」對集團內之公司進行實質之控制。對此情形，公司法於2001年11月修正時，原擬增訂第369條之13，對多數公司為統一管理或協調各公司之經營，設有總管理處或類似之專責機構者，該總管理處或專責機構之人員因執行職務對他人所生責任，各公司應負連帶責任，惟草案並未獲立法院審議通過。因此，現行法對此種平行關係間之公司並無規範。

三、控制公司及其負責人與他從屬公司之責任

公司法關係企業章之立法目的，不在於限制公司之轉投資行為，而在於預防及懲罰公司透過轉投資為不法行為，故本章特別規定控制公司及其負責人與他從屬公司之責任如下：

之相互投資公司或因受贈與而持有控制公司之股份並不受影響，故本項前段規定之情形仍有存在之可能。

(一) 從屬公司對控制公司之損害賠償請求權

公司法第369條之4第1項規定：「控制公司直接或間接使從屬公司為不合營業常規或其他不利益之經營，而未於會計年度終了時為適當補償，致從屬公司受有損害者，應負賠償責任。」可知行使此項請求權，必須符合下列三項要件：1.使從屬公司為不合營業常規或其他不利益之經營；2.未於會計年度終了時為適當補償；3.致從屬公司受有損害。惟何謂不合營業常規或其他不利益之經營，判斷並不容易，一般認為所謂「不合營業常規」，指依一般商業交易慣例，交易條件顯不相當之情形。又控制公司縱使直接或間接使從屬公司為不合營業常規或其他不利益之經營，如於會計年度終了前已為補償，則不生損害問題；反之，如未補償，則從屬公司為直接被害人，對控制公司有損害賠償請求權，因此，其顯然非以控制公司侵害從屬公司之權利為要件，僅為適當補償即可免責，不同於侵權行為之加害人應對受害人負擔完全之賠償責任[6]。

(二) 從屬公司對控制公司負責人之損害賠償請求權

公司法第369條之4第2項規定：「控制公司負責人使從屬公司為前項之經營者，應與控制公司就前項損害負連帶賠償責任。」此項規定之目的在加重控制公司負責人之責任，以保護從屬公司；但控制公司負責人與控制公司負連帶賠償責任，仍必須符合下列三項要件：1.必須控制公司已符合前述三項要件；2.行為人須具有控制公司負責人之職務；3.須有使從屬公司為不合營業常規或其他不利益經營之行為。

(三) 從屬公司對他從屬公司之損害賠償請求權

公司法第369條之5規定：「控制公司使從屬公司為前條第一項之經營，致他從屬公司受有利益，受有利益之該他從屬公司於其所受利益限度內，就控制公司依前條規定應負之賠償，負連帶責任。」立法理由在於控制公司使從屬公司為不合營業常規或其他不利益之經營，致他從屬公司受有利益者，除課控制公司賠償責任外，為避免控制公司本身無資產可供清償而使受損害之從屬公司之股東及債權人無法受償，故規定受有利益之該他從屬公司應就控制公司所應負之賠償，負連帶責任；惟為顧及受有利益之從屬公司股東及債權人之利益，該從屬公司賠償範圍僅限於所受利益。

(四) 從屬公司之債權人或少數股東之代位權

公司法第369條之4第3項規定：「控制公司未為第一項之賠償，從屬公司之債權人或繼續一年以上持有從屬公司已發行有表決權股份總數或資本總額百分之一以上之股東，得以自己名義行使前二項從屬公司之權利，請求對從屬公司為給付。」因從屬公司既然受控制公司控制，實難期待從屬公司請求控制公司賠償，故規定從屬公司之債權人及少數股東

---

[6]　臺灣高等法院100年度重上字第518號判決。

均得以自己之名義代位請求控制公司及其負責人賠償[7]，惟其賠償所得歸屬於從屬公司。同條第4項規定：「前項權利之行使，不因從屬公司就該請求賠償權利所爲之和解或拋棄而受影響。」即明定縱使從屬公司就第1項之請求權達成和解或拋棄時，上述股東或債權人之權利亦不受影響，以保障從屬公司股東或債權人之權利。

(五) 從屬公司損害賠償請求權之消滅時效

　　爲避免控制公司及其負責人暨受有利益之他從屬公司之責任久懸未決，公司法第369條之6規定：「前二條所規定之損害賠償請求權，自請求權人知控制公司有賠償責任及知有賠償義務人時起，二年間不行使而消滅。自控制公司賠償責任發生時起，逾五年者亦同。」即明定採短期消滅時效。

四、控制公司對從屬公司債權行使之限制

(一) 抵銷權行使之限制

　　公司法第369條之7第1項規定：「控制公司直接或間接使從屬公司爲不合營業常規或其他不利益之經營者，如控制公司對從屬公司有債權，在控制公司對從屬公司應負擔之損害賠償限度內，不得主張抵銷。」立法理由係爲恐控制公司運用其控制力製造債權主張抵銷，使從屬公司對控制公司之損害賠償請求落空，故明文禁止控制公司主張抵銷。

(二) 債權居次原則

　　公司法第369條之7第2項規定：「前項債權無論有無別除權或優先權，於從屬公司依破產法之規定爲破產或和解，或依本法之規定爲重整或特別清算時，應次於從屬公司之其他債權受清償。」因從屬公司之財產爲全體債權人之總擔保，爲避免控制公司利用其債權參與從屬公司破產財團之分配或於設立從屬公司時濫用股東有限責任之原則，儘量壓低從屬公司資本，增加負債而規避責任，損及其他債權人之利益，故公司法增訂關係企業章時，特參考美國判例法上之「深石原則」[8]，明定控制公司之債權無論有無別除權或優先權，均應次於從屬公司之其他債權受清償。

---

[7]　至於債權人或少數股東得否代位行使公司法第369條之5對他從屬公司之損害賠償請求權，法無規定；但學者認爲爲貫徹立法旨趣，宜採肯定說，或至少可以類推適用（劉連煜「現代公司法」第622頁參照）。

[8]　深石原則中之控制公司爲案件之被告，深石公司爲其從屬公司，法院認爲深石公司在成立之初，即資本不足，且其業務經營完全受被告公司所控制，經營方法主要爲被告公司之利益，因此判決被告公司對深石公司之債權應次於深石公司之其他債權受清償。

五、投資狀況之公開化

(一) 轉投資之通知義務

公司法第369條之8第1項規定：「公司持有他公司有表決權之股份或出資額，超過該他公司已發行有表決權之股份總數或資本總額三分之一者，應於事實發生之日起一個月內以書面通知該他公司。」以「三分之一」作為公司負通知義務之標準者，在於此時雖尚未構成公司法第369條之2第1項之控制與從屬公司，但對他公司已有潛在之控制力量，故課以該公司通知義務。

同條第2項規定：「公司為前項通知後，有左列變動之一者，應於事實發生之日起五日內以書面再為通知：一、有表決權之股份或出資額低於他公司已發行有表決權之股份總數或資本總額三分之一時。二、有表決權之股份或出資額超過他公司已發行有表決權之股份總數或資本總額二分之一時。三、前款之有表決權之股份或出資額再低於他公司已發行有表決權之股份總數或資本總額二分之一時。」蓋低於三分之一時，已不受本章之規範；如超過二分之一時，公司間為有控制與從屬之關係；如超過二分之一後再低於二分之一時，其間之控制與從屬之關係不復存在。因此，如有上述變動情形之一，影響頗大，應有再為通知之必要。

(二) 被投資公司之公告義務

公司法第369條之8第3項規定：「受通知之公司，應於收到前二項通知五日內公告之，公告中應載明通知公司名稱及其持有股份或出資額之額度。」惟受通知之公司於為確認該通知公司符合公司法第369條之8第1項、第2項規定要件之目的範圍內，可要求通知公司提出股票或先依相關規定辦理股東名簿變更登記，再行受理其通知[9]。

(三) 違反通知或公告義務之處罰

公司負責人違反前述通知或公告之規定者，各處新臺幣六千元以上三萬元以下罰鍰；主管機關並應責令限期辦理，期滿仍未辦理者，得責令限期辦理，並按次連續各處新臺幣九千元以上六萬元以下罰鍰至辦理為止（公司§369-8Ⅳ）。

六、關係企業間行使表決權之限制

有關從屬公司所持有控制公司之股份無表決權（公司§179Ⅱ②、③），已於股東會詳述；至於相互投資公司間行使表決權所受之限制，依公司法第369條之10第1項規定：「相互投資公司知有相互投資之事實者，其得行使之表決權，不得超過被投資公司已發行

9　經濟部87年2月2日商字第87200740號函。

有表決權股份總數或資本總額之三分之一。但以盈餘或公積增資配股所得之股份，仍得行使表決權。」因公司以盈餘或公積轉爲資本所得之股份，並非股東所能決定，故此項限制不適用於從盈餘或公積轉爲新增資本而獲得之新增股份[10]，以免矯枉過正妨礙公司正常營運。

同條第2項規定：「公司依第三百六十九條之八規定通知他公司後，於未獲他公司相同之通知，亦未知有相互投資之事實者，其股權之行使不受前項限制。」否則公司行使表決權後，始接獲他公司通知或才知有相互投資之事實時，此時已行使之表決權效力將受影響，徒增困擾，故不宜限制其表決權之行使。

七、關係企業之資訊揭露制度

公司法第369條之12規定：「（第1項）從屬公司爲公開發行股票之公司者，應於每會計年度終了，造具其與控制公司間之關係報告書，載明相互間之法律行爲、資金往來及損益情形。（第2項）控制公司爲公開發行股票之公司者，應於每會計年度終了，編製關係企業合併營業報告書及合併財務報表。（第3項）前二項書表之編製準則，由證券主管理機關定之。」按關係報告書及合併財務報表之編製，目的在於明瞭控制公司與從屬公司間之法律行爲及其他關係，以確定控制公司對從屬公司之責任，否則公司法第369條之4所規定控制公司對從屬公司之責任，一般債權人或少數股東實無從得知。惟依上述條文解釋，負編製義務者，僅限於控制公司與從屬公司爲公開發行股票公司者，始有其適用；其雖有降低企業成本之考量，但已減損原先所欲達成之目的。

---

[10] 此時得行使之表決權數之計算有二說，以A、B二公司之已發行有表決權股份總數各爲1,200股，A、B公司互相持有對方有表決權股各480股，嗣後A公司盈餘轉增資120股，故配發B公司48股爲例。第一說認爲A公司盈餘轉增資後有表決權股份總數爲1,320股，三分之一爲440股，加計盈餘轉增資配發48股，B公司得行使之表決權數爲488股。第二說則認爲A公司盈餘轉增資前，B公司得行使之表決權數爲400股，故盈餘轉增資後，原有股份得行使之表決權數仍爲400股，加計盈餘轉增資配發48股，B公司得行使之表決權數爲448股。本書認爲以第二說較爲可採，否則將因被投資公司盈餘或公積轉增資，致增加投資公司得行使之表決權數，顯然不符本條限制之目的。

第十章　外國公司

一、外國公司之意義

　　所謂外國公司，指以營利為目的，依照外國法律組織登記之公司（公司§4 I）。因公司法要求本國公司須以營利為目的（公司§1 I），故要求外國公司亦須以營利為目的，因此，外國立法例上有非以營利為目的之公司者，並非公司法所稱之外國公司，不得在我國辦理分公司登記及經營業務（公司§371 I）；至於外國公司是否須為社團法人，因公司法第4條並未依第1條之體例規定須為社團法人，故只要依其本國法組織登記成立之公司，即可承認為外國公司，不以具有社團法人資格為必要[1]。又外國公司因無意在中華民國境內設立分公司營業，未經申請分公司登記而派其代表人在中華民國境內設置辦事處者，應申請主管機關登記（公司§386 I）。

二、外國公司之名稱

　　公司法第370條規定：「外國公司在中華民國境內設立分公司者，其名稱，應譯成中文，並標明其種類及國籍。」例如美商花旗銀行股份有限公司台北分公司。又外國公司名稱之使用，除應譯成中文外，亦受公司法第18條規定之限制（公司§377 I）；且本國公司名稱應標明其種類（公司§2 II），故外國公司亦應標明其種類，惟外國公司之種類應依其本國法之規定，不必與我國公司法所規定之種類相符。

三、外國公司之分公司登記

(一) 非經辦理分公司登記不得經營業務

　　公司法第371條第1項規定：「外國公司非經辦理分公司登記，不得以外國公司名義在中華民國境內經營業務。」違反者，行為人處一年以下有期徒刑、拘役或科或併科新臺幣十五萬元以下罰金，並自負民事責任；行為人有二人以上者，連帶負民事責任，並由主管機關禁止其使用外國公司名稱（公司§371 II）。

(二) 外國公司不予分公司登記之事由

　　外國公司有下列情事之一者，不予分公司登記（公司§373）：

---

[1]　柯芳枝「公司法論（下）」第416頁。

1. 其目的或業務，違反中華民國法律、公共秩序或善良風俗。

2. 申請登記事項或文件，有虛偽情事。

(三) 廢止登記

1. 無意繼續營業之廢止登記

公司法第378條規定：「外國公司在中華民國境內設立分公司後，無意在中華民國境內繼續營業者，應向主管機關申請廢止分公司登記。但不得免除廢止登記以前所負之責任或債務。」分公司登記廢止後，即不得在我國境內繼續營業。

2. 主管機關之廢止登記

公司法第379條第1項規定：「有下列情事之一者，主管機關得依職權或利害關係人之申請，廢止外國公司在中華民國境內之分公司登記：一、外國公司已解散。二、外國公司已受破產之宣告。三、外國公司在中華民國境內之分公司，有第十條各款情事之一。」又廢止外國分公司之登記時，並不得影響債權人之權利及外國公司之義務（公司§379Ⅱ）。

(四) 不實登記之撤銷或廢止

外國公司之分公司之負責人、代理人、受僱人或其他從業人員以犯刑法偽造文書印文罪章之罪辦理設立或其他登記，經法院判決有罪確定後，由中央主管機關依職權或依利害關係人之申請撤銷或廢止其登記（公司§372Ⅴ）。

四、外國公司之營業資金與負責人

(一) 專撥營業資金及指定負責人

公司法第372條第1項規定：「外國公司在中華民國境內設立分公司者，應專撥其營業所用之資金，並指定代表為在中華民國境內之負責人。」可知外國公司在我國境內之負責人，係其指定之「代表」，如外國公司所設立之分公司亦設有經理人時，則分公司經理人在執行職務範圍內，亦為公司負責人（公司§8Ⅱ）。

(二) 返還營業資金之處罰

公司法第372條第2項規定：「外國公司在中華民國境內之負責人於登記後，將前項資金發還外國公司，或任由外國公司收回者，處五年以下有期徒刑、拘役或科或併科新臺幣五十萬元以上二百五十萬元以下罰金。」有前述情事時，外國公司在中華民國境內之負責人應與該外國公司連帶賠償第三人因此所受之損害（公司§372Ⅲ）；且負責人經法院判決有罪確定後，由中央主管機關撤銷或廢止外國公司之分公司登記，但判決確定前，已

為補正者,不在此限(公司§372Ⅳ)。

五、外國公司之監督

(一) 章程與無限責任股東名簿之備置

公司法第374條第1項規定:「外國公司在中華民國境內設立分公司者,應將章程備置於其分公司,如有無限責任股東者,並備置其名冊。」外國公司在中華民國境內之負責人違反上述規定者,處新臺幣一萬元以上五萬元以下罰鍰;再次拒不備置者,並按次處新臺幣二萬元以上十萬元以下罰鍰(公司§374Ⅱ)。

(二) 總則規定之準用及違法之行政罰鍰

公司法第377條第1項規定:「第七條、第十二條、第十三條第一項、第十五條至第十八條、第二十條第一項至第四項、第二十一條第一項及第三項、第二十二條第一項、第二十三條至第二十六條之二,於外國公司在中華民國境內設立之分公司準用之。」即外國公司在我國境內設立分公司者,其在我國境內營業所用資金,亦須經會計師查核簽證;且外國公司之分公司既辦理登記,有關登記之效力,自應與本國公司相同;至於轉投資之限制,只限制不得為他公司無限責任股東或合夥事業合夥人;另有關公司資金貸款之限制、為保證人之限制及特許業務之許可與廢止登記、公司名稱之使用、年終查核與平時業務之檢查、帳表查核之方法、負責人違反義務之損害賠償責任等,亦準用公司法總則之規定;又外國公司在我國境內設立分公司者,其因解散或被撤銷、廢止登記時,亦應進行清算,且在清算時期中,亦有暫時經營業務之可能,且對於超過法定年限未完結清算或終結破產之公司,其名稱得為他人申請核准使用,亦有準用公司法總則規定之必要。

基於處罰明確性原則,法制體例上,罰責規定不宜以「準用」之立法方式為之,故外國公司在中華民國境內之負責人違反第1項規定時,同條第2項至第4項明文規定應處以新臺幣一萬元以上五萬元以下至四萬元以上二十萬元以下不等之罰鍰。

六、外國公司清算之特別規定

(一) 清算未了之債務仍由外國公司清償

外國公司在中華民國境內設立之所有分公司,均經撤銷或廢止登記者,應就其在中華民國境內營業所生之債權債務清算了結,未了之債務,仍由該外國公司清償之(公司§380Ⅰ)。

(二) 清算人之產生及其清算程序

公司法第380條第2項規定：「前項清算，除外國公司另有指定清算人者外，以外國公司在中華民國境內之負責人或分公司經理人爲清算人，並依外國公司性質，準用本法有關各種公司之清算程序。」因係依外國公司之性質，準用公司法有關各種公司之清算程序；故外國公司之法定清算人，因辭職或其他事故不能擔任清算人時，自得準用公司法第81條、第113條、第115條或第322條第2項等規定，由利害關係人聲請法院選派清算人，進行清算程序，以應事實需要。

(三) 清算中財產之處分

外國公司在中華民國境內之財產，在清算時期中，不得移出中華民國國境，除清算人爲執行清算外，並不得處分（公司§381）。

(四) 違背清算規定之責任

外國公司在中華民國境內之負責人、分公司經理人或指定清算人，違反前述清算之規定時，對於外國公司在中華民國境內營業，或分公司所生之債務，應與該外國公司負連帶責任（公司§382）。

七、外國公司之代表人辦事處

(一) 外國公司代表人辦事處之登記

外國公司如無意在我國境內設立分公司營業，只派其代表人在我國境內爲業務上之法律行爲時，不宜放任不管，故公司法第386條第1項規定：「外國公司因無意在中華民國境內設立分公司營業，未經申請分公司登記而派其代表人在中華民國境內設置辦事處者，應申請主管機關登記。」即外國公司雖無意在中華民國境內設立分公司營業，而欲設置辦事處者，仍應申請主管機關登記。

(二) 廢止登記

1. 無意繼續設置之廢止登記

外國公司設置辦事處後，無意繼續設置者，應向主管機關申請廢止登記（公司§386 II）。

2. 主管機關之廢止登記

辦事處代表人缺位或辦事處他遷不明時，主管機關得依職權限期令外國公司指派或辦理所在地變更；屆期仍不指派或辦理變更者，主管機關得廢止其辦事處之登記（公司§386 III）。

第十一章　公司之登記

一、公司登記之申請

(一) 申請辦法及代理人

公司法第387條第1項規定：「申請本法各項登記之期限、應檢附之文件與書表及其他相關事項之辦法，由中央主管機關定之。」因此，經濟部據此授權發布「公司登記辦法」及各類公司與外國公司登記應附送書表一覽表，作為公司申請登記之依據。另登記之申請，得以電子方式為之；其實施辦法，亦由經濟部定之（公司§387Ⅱ）。又申請公司，得委任代理人，但代理人以會計師、律師為限（公司§387Ⅲ）。

(二) 逾期申請登記之處罰

代表公司之負責人或外國公司在中華民國境內之負責人申請登記，違反公司登記辦法規定之申請期限者，處新臺幣一萬元以上五萬元以下罰鍰（公司§387Ⅳ）。

代表公司之負責人或外國公司在中華民國境內之負責人不依公司登記辦法規定之申請期限辦理登記者，除由主管機關令其限期改正外，處新臺幣一萬元以上五萬元以下罰鍰；屆期未改正者，繼續令其限期改正，並按次處新臺幣二萬元以上十萬元以下罰鍰，至改正為止（公司§387Ⅴ）。

(三) 登記申請之改正

公司法第388條規定：「主管機關對於各項登記之申請，認為有違反本法或不合法定程式者，應令其改正，非俟改正合法後，不予登記。」惟主管機關對於登記之申請，僅須就公司所提出之申請書件審核，倘符合公司法之規定，即應准予登記，故係採形式審查；至於其真實性如何，應屬司法機關認事用法之範疇[1]。

(四) 登記事項之更正

公司法第391條規定：「申請人於登記後，確知其登記事項有錯誤或遺漏時，得申請更正。」惟所謂登記事項有錯誤或遺漏，係指登記機關所為之登記，就申請人所申請登記之事項，有錯誤或遺漏而言；至於申請人自己漏未登記之事項，自不得援引上述規定，於登記後申請更正[2]。

---

[1]　經濟部96年1月4日經商字第09502185840號函。
[2]　最高行政法院59年判字第276號判例。

(五) 證明書之核發

公司法第392條規定：「各項登記事項，主管機關得核給證明書。」按公司法2001年11月修正時，已廢止「公司執照」制度，惟公司得依本條規定，請求主管機關核給證明書。

(六) 外文名稱之登記

為因應國際化需求，公司法第392條之1第1項規定：「公司得向主管機關申請公司外文名稱登記，主管機關應依公司章程記載之外文名稱登記之。」如公司章程所定公司外文名稱係為中英文併用者，公司亦得以章程所定中英文併列之外文名稱辦理公司外文名稱登記[3]。

公司外文名稱登記後，有下列情事之一者，主管機關得依申請令其限期辦理變更登記；屆期未辦妥變更登記者，撤銷或廢止該公司外文名稱登記（公司§392-1Ⅱ）：

1. 公司外文名稱與依貿易法令登記在先或預查核准在先之他出進口廠商外文名稱相同。該出進口廠商經註銷、撤銷或廢止出進口廠商登記未滿二年者，亦同。
2. 公司外文名稱經法院判決確定不得使用。
3. 公司外文名稱與政府機關、公益團體之外文名稱相同。

二、登記文件或登記事項之公開

(一) 登記文件之查閱、抄錄或複製

公司法第393條第1項規定：「各項登記文件，公司負責人或利害關係人，得聲敘理由請求查閱、抄錄或複製。但主管機關認為必要時，得拒絕或限制其範圍。」按公司登記文件，因涉及公司內部業務秘密，不宜公示化，故僅限於公司負責人或利害關係人得請求查閱、抄錄或複製，並授權主管機關於必要時，得拒絕或限制其範圍。

(二) 登記事項之公開

公司法第393條第2項規定：「下列事項，主管機關應予公開，任何人得向主管機關申請查閱、抄錄或複製：一、公司名稱；章程訂有外文名稱者，該名稱。二、所營事業。三、公司所在地；設有分公司者，其所在地。四、執行業務或代表公司之股東。五、董事、監察人姓名及持股。六、經理人姓名。七、資本總額或實收資本額。八、有無複數表決權特別股、對於特定事項具否決權特別股。九、有無第一百五十七條第一項第五款、第三百五十六條之七第一項第四款之特別股。十、公司章程。」立法理由係為配合公司登記

---

[3]　經濟部107年8月31日經商字第10702420340號函。

事項之公示化，明定主管機關應予公開公司登記事項，且為便利民眾查詢，讓任何人均得申請查閱、抄錄或複製；且依同條第3項之規定，前述第1款至第9款事項，任何人得至主管機關之資訊網站查閱；第10款事項，經公司同意者，亦同。

三、公司登記之廢止

公司法第397條第1項規定：「公司之解散，不向主管機關申請解散登記者，主管機關得依職權或據利害關係人申請，廢止其登記。」按解散之公司，在登記上須盡速辦理，以便管理，故除利害關係人之申請外，亦授權主管機關得依職權廢止其登記，以防公司解散後久不辦理解散登記，而形成懸案。同條第2項規定：「主管機關對於前項之廢止，除命令解散或裁定解散外，應定三十日之期間，催告公司負責人聲明異議；逾期不為聲明或聲明理由不充分者，即廢止其登記。」目的在使公司負責人有聲明異議之機會。

四、登記之規費

基於使用者付費原則，公司法第438條規定：「依本法受理公司名稱及所營事業預查、登記、查閱、抄錄、複製及各種證明書等之各項申請，應收取費用；其費用之項目、費額及其他事項之準則，由中央主管機關定之。」經濟部已據此授權，發布「公司登記規費收費準則」作為依據。

第二編

證券交易法

本編目次

第一章　緒論

第二章　公開發行公司之管理

第三章　有價證券之募集、發行與私募

第四章　有價證券之買賣

第五章　證券商

第六章　證券交易所

第七章　法律責任

證券交易法（簡稱「證交法」）是證券市場之基本大法，但亦有學者將其視為廣義公司法之一環，蓋其係以公開發行之股份有限公司為規範核心。然與公司法相較，證交法有更高度之專業性及技術性，不但主管機關之授權立法甚多，證券交易所或櫃買中心為使證券市場順利運作，也制定不少管理規則；又證交法自1968年公布施行後，為因應金融環境之變化及回應社會之需求，也歷經多次不同程度之修正，其架構及體例已經與制定之初有所不同；何況實務上與證交法有關，且受社會矚目，但卻彼此歧異之民、刑事判決也為數眾多。因此，證交法對多數人而言，已經成為一部複雜、難懂，甚至矛盾之法律。

　　而本編之內容，除說明證交法及其與公司法之相關性外，並重視其與證券投資之關聯性。蓋證交法最主要之目的即在保障投資，而隨著經濟成長、金融知識普及與企業併購之盛行，「股票」不但是民眾投資理財的重要工具，也是企業經營者開拓市場及擴張事業版圖的手段之一。但相較於證券投資理論甚受社會大眾之重視，證券交易之法律規範則經常被忽略，尤其證交法所規定之刑事處罰甚重，然市場上卻不時有「內線交易」或「利益輸送」等情形發生。因此，本編亦重點闡明從事證券投資或股權收購時，所應注意之法律規範，以免違規受罰。

　　又證交法已歷經多次修正，惟增訂之內容與原有章節體系未盡吻合；且證交法所規定之民事責任分布各處，而刑事責任之構成要件與刑度卻又分別規定。因此，為集中說明及便利讀者瞭解，本編章節排列將與條文順序不盡相同（甚至部分條文內容已經於前編公司法中作介紹），尚請注意。

第一章　緒論

第一節　立法目的、主管機關及名詞定義

一、立法目的

　　證交法第1條規定：「爲發展國民經濟，並保障投資，特制定本法。」所謂國民經濟，係指憲法第142條所揭示之基本國策，即應以民生主義爲基本原則，實施平均地權，節制資本，以謀國計民生之均足；至於保障投資，非指保障投資人於證券市場能獲利或避免虧損，而是指以各種法規範防止投資人遭受詐騙，並給予受害之投資人適當之民事、刑事救濟途徑。因此，對證交法條文之解釋，均應以此一立法目的爲依歸。

　　又證交法與公司法均以企業爲規範對象。但前者重視證券之發行與交易，以及對證券市場關係人之管理；後者則著重於公司之組織運作，以及內部與對外之法律關係。至於二者之關係，係立於特別法與普通法之地位，故證交法第2條規定：「有價證券之募集、發行、買賣，其管理、監督依本法之規定；本法未規定者，適用公司法及其他有關法律之規定。」因此，二者規定有所重疊時，應優先適用證交法之規定，必須證交法無規定時，方以公司法或其他法律補充適用。

二、主管機關

　　證交法第3條規定：「本法所稱主管機關，爲金融監督管理委員會。」按證交法施行之初，係以經濟部證券管理委員會爲主管機關，1981年因行政院所屬機關組織調整，證券管理委員會改隸財政部，1997年因期貨交易法公布施行，配合更名爲財政部證券暨期貨管理委員會，2004年爲實現金融監理一元化政策，成立行政院金融監督管理委員會（簡稱「金管會」），成爲證交法之主管機關，2012年7月1日因組織法修正，改稱「金融監督管理委員會」，並於2015年2月4日配合修正證交法第3條之規定。而金管會下設「證券期貨局」（簡稱「證期局」），依其組織法第4條第2款之規定，負責「規劃、執行證券、期貨市場與證券、期貨業之監督及管理」。

三、名詞定義

　　證交法第4條至第14條爲名詞定義之規定，惟此處僅介紹公司與外國公司、有價證

券、募集與私募、發行人與發行等重要基礎概念，至於其餘名詞，則於相關章節中，再一併介紹。

(一) 公司與外國公司

按公司法所規定之四種公司，並非均屬證交法所稱之公司；依證交法第4條第1項規定：「本法所稱公司，謂依公司法組織之股份有限公司。」又證交法所稱之公司，可為非公開發行公司或公開發行公司；惟就公開發行公司而言，證交法常因規範之內容不同，除使用「公開發行公司」外，亦分別情形使用「公開發行股票（之）公司」、「已依本法發行股票之公司」、「依本法公開募集及發行有價證券之公司」、「已依本法發行有價證券之公司」等，然均屬證交法所稱之「公開發行公司」。

同條第2項規定：「本法所稱外國公司，謂以營利為目的，依照外國法律組織登記之公司。」故證交法所稱之外國公司，其定義與公司法之規定相同，外國公司依法亦可於我國募集、發行、買賣及私募有價證券。

(二) 有價證券

1. 有價證券之意義

就一般民商法而言，所謂有價證券，係指權利之發生、移轉或行使，必須全部或一部依據證券，範圍相當廣泛，然證交法所定之有價證券係採列舉方式，僅其列舉者，始為證交法管理之範圍。證交法第6條第1項規定：「本法所稱有價證券，指政府債券、公司股票、公司債券及經主管機關核定之其他有價證券。」此四種有價證券，稱為典型的有價證券。另實務上，公開發行公司依公司法第240條及第241條增資發行新股時，得在增資股票上市買賣前，先行印製新股權利證書，於報經主管機關核准後上市買賣，此外，表彰有價證券之權利證書，參照外國立法例，亦宜列為有價證券之範疇，故同條第2項規定：「新股認購權利證書、新股權利證書及前項各種有價證券之價款繳納憑證或表明其權利之證書，視為有價證券。」此三種有價證券，稱為擬制的有價證券。又為配合有價證券無實體發行制度之建立，同條第3項規定：「前二項規定之有價證券，未印製表示其權利之實體有價證券者，亦視為有價證券。」以免因未印製實體有價證券，是否屬有價證券致生爭議。

2. 證交法所列舉之有價證券

(1) 政府債券

包括中央或地方政府所發行之債券；政府債券屬豁免證券，其募集及發行無須依證交法所規定之程序辦理（證交§22 I）。

(2) 公司股票

包括普通股及特別股，且不論公司股票是否已辦理公開發行，均屬之。

(3) 公司債券

包括普通公司債及具有特殊性質之公司債，例如轉換公司債或附認股權公司債

等，亦不以公開發行者爲限。

(4) 經主管機關核定之其他有價證券

常見者，例如外國之公司股票、公司債券及政府債券；或臺灣存託憑證、非標的證券發行公司所發行之認購（售）憑證等。此外，依據金融資產證券化條例第7條所發行之受益證券及資產基礎證券（短期票券除外），或依據不動產證券化條例第5條所募集或私募之受益證券，亦屬之。

(5) 新股認購權利證書

公司發行新股時，原有股東有優先認購權（公司§267Ⅲ）；而表彰此一權利者，即爲新股認購權利證書。因僅股東之優先認購權可與原有股份分離而獨立轉讓（公司§267Ⅳ），而具有流通性，故此處視爲有價證券之新股認購權利證書，亦僅指股東之新股認購權利證書而言。依證交法第23條之規定，新股認購權利證書之轉讓，應於原股東認購新股限期前爲之。

(6) 新股權利證書

公司原則上非經設立登記或發行新股變更登記後，不得發行股票（公司§161Ⅰ本文），爲避免時間拖延，致損害股東權利，公司可於股票發行前，先發給新股權利證書，作爲臨時性代替新股之證書，以便利股東轉讓其權利，故視爲有價證券。

(7) 各種有價證券之價款繳納憑證或表明其權利之證書

所謂價款繳納憑證，指有價證券之認股人或應募人繳納股款或債款時，應將款項連同認股書或應募書向代收款項之機構繳納之；而代收機構收款後，應向各該繳款人交付經由發行人簽章之股款或債款之繳納憑證（證交§33Ⅰ）。此種繳納憑證，亦視爲有價證券，依證交法第34條第2項之規定，公司股款、債款繳納憑證之轉讓，應於同條第1項規定之限期內爲之。至於表明其權利之證書，係概括性之規定，以便擴張適用於各種投資類型。

你知道嗎？

什麼是「股條」？買賣「股條」有效嗎？

　　一般上市、上櫃或登錄興櫃公司於掛牌時，均需與證券交易所或櫃買中心，簽訂使用市場契約，股票始能在證券交易所或櫃買中心公開進行買賣；至於未上市、上櫃或登錄興櫃公司所發行之股票，通常均簡稱爲「未上市股票」，只能私下轉讓。而在未上市股票買賣中，有所謂的「股條」買賣，例如在台灣電信市場開放之初，中華電信或固網股條滿天飛，甚至有媒體形容立法院成爲固網股條漫天飛舞的地下批發中心。惟「股條」雖然經常爲媒體所使用，但並非法律用語，其定義並不明確，甚至買

賣標的所表彰之權利義務關係也大不相同，一般可分爲「員工轉讓認股權利」、「發起人轉讓認股權利」及「發起人轉讓價款繳納憑證」等三種，但不以此爲限，實務上各種不同型態之交易甚爲多元。而上述三種買賣型態，其標的是否屬於證交法第6條所規定之有價證券？其買賣有無違反公司法之規定？均不無討論之餘地。

首先，是員工轉讓認股權利；在中華電信上市前，部分員工將其預期可得認購股份之權利轉讓他人。此種情形雖然與轉讓「新股認購權利證書」相似，但性質並不相同；蓋新股認購權利證書是表彰公司發行新股時，原有股東之優先認購權（公司§267Ⅲ）。而在中華電信上市前，係由交通部將其已經持有之股票（老股）轉讓員工，故明顯與新股認購權利證書之定義不符，所以其並非證交法所規定之有價證券。不過中華電信如果是發行新股，並由員工優先認購（公司§267Ⅰ、Ⅱ），則員工轉讓新股認購權應屬無效（公司§267Ⅳ）。

其次，是發起人轉讓認股權利；固網開放時，由於政府規定固網公司之資本額須達400億元以上，資金需求相當大，故部分公司之發起人，將其事先協議所得認購股份之權利轉讓他人。此種情形亦非轉讓「新股認購權利證書」，因爲此時公司尚未成立，並非依公司法第267條之規定發行新股。不過此種情形又可分爲「使受讓人取得發起人資格」及「使受讓人於公司成立後取得股份」兩種情形。前者，公司尚未訂立章程，讓與人所讓與者，係加入新設公司成爲發起人之資格；後者，公司已經訂立章程，故讓與人係將其基於發起人可認購股份之權利轉讓他人。因公司法第163條但書明文規定公司股份非於公司設立登記後，不得轉讓，而轉讓認股權利，實際上就是讓受讓人取得股份，更應該受到限制，故後者應屬無效；至於前者，因法律並無限制，且實務上很多投資人也願意溢價加入有能力之人所新創之公司，故應屬有效。又如果是採募集設立，認股人單純轉讓認股權利而不是轉讓所認股份，因不違反公司法第163條但書之規定，亦屬有效。

最後，則是發起人轉讓價款繳納憑證；按股票之價款繳納憑證，亦屬有價證券（證交§6Ⅱ），且其轉讓亦違反公司法第163條但書之規定，故其轉讓應屬無效。

(三) 募集與私募

所謂募集，又稱「公募」，依證交法第7條第1項規定：「本法所稱募集，謂發起人於公司成立前或發行公司於發行前，對非特定人公開招募有價證券之行爲。」可知募集之主體爲「發起人」或「發行公司」，前者係於公司設立前進行，故屬募集設立之情形（公司§132）；募集之客體爲「有價證券」，即包括證交法第6條所列舉之七種有價證券；募集之對象爲「非特定人」，惟何謂「非特定人」，公司法與證交法均無明確定義，一般

係參酌公司法第268條第1項之規定，將公司之股東、員工或其他特定人排除在外，認爲「非特定人」係指多數之不特定人，因此，只要是對特定人之招募，不問人數多寡，對象爲何人，均非募集[1]；募集之方式爲「公開招募」，即使用一般性廣告或公開勸誘之方式，向多數之不特定人要約或出售有價證券之行爲[2]。

　　至於私募，依證交法第7條第2項規定：「本法所稱私募，謂已依本法發行股票之公司依第四十三條之六第一項及第二項規定，對特定人招募有價證券之行爲。」可知私募之主體爲「公開發行公司」；私募之對象爲「特定人」，惟此處之特定人，限於證交法第43條之6第1項第1款至第3款所規定之人，且該條項第2款及第3款之應募人總數，不得超過三十五人（證交§43-6Ⅱ）。

(四) 發行人與發行

　　所謂發行人，依證交法第5條規定：「本法所稱發行人，謂募集及發行有價證券之公司，或募集有價證券之發起人。」此之公司，指公開發行公司；又發起人爲發行人時，此處所指之有價證券，指公司設立時所發行之股份[3]，因公司設立登記後始能發行股票（公司§161Ⅰ），故發起人僅募集而未發行。

　　至於發行，依證交法第8條第1項規定：「本法所稱發行，謂發行人於募集後製作並交付，或以帳簿劃撥方式交付有價證券之行爲。」且「交付」有價證券，可以製作實體證券交付或以帳簿劃撥方式交付；於以帳簿劃撥方式交付有價證券之發行時，得不印製實體有價證券（證交§8Ⅱ）。

第二節　公司治理

一、概說

　　所謂公司治理（Corporate Governance），指設計適當的機制，使企業避免發生弊端，並充分發揮經營效能。依據2004年OECD的公司治理準則，公司治理的內涵包括：(一)界定公司經營者、監督者、股東及其他利害關係人之間的權利義務關係；(二)確立公司的基本組織，使公司得據以決定公司的經營目標及達成目標的方法；(三)建立適當的監督機制，防止企業發生弊端[4]。因國內外公司弊案不斷發生，故公司治理之議題備受各界

---

[1] 惟亦有學者認爲，募集之意義洽與私募相反，故只要受招募之要約者，屬於無法取得相關且足夠揭露資訊之機會，而需要證交法加以保護者，即應認其性質爲募集；參劉連煜「新證券交易法實例研習」第227頁。

[2] 同前註。

[3] 王志誠、邵慶年、洪秀芬、陳俊仁「實用證券交易法」第29頁。

[4] 賴英照「最新證券交易法解析」第171頁。

矚目，對此，證交法對公司之內部控制、股東會之召開及董事、監察人之規範進行多項變更，其中最重要者，係引進獨立董事與審計委員會制度，並自2007年1月1日起正式生效施行。

二、內部控制制度之建立

(一) 適用範圍

公開發行公司、證券交易所、證券商及經營證券金融事業、證券集中保管事業或其他證券服務事業者，應建立財務、業務之內部控制制度（證交§14-1Ⅰ）。

(二) 授權主管機關訂定相關準則

主管機關得訂定前述公司或事業內部控制制度之準則（證交§14-1Ⅱ）；據此，金管會已分別訂定「公開發行公司建立內部控制制度處理準則」及「證券暨期貨市場各服務事業建立內部控制制度處理準則」，作為公開發行公司及證券期貨服務事業建立內部控制制度之準則。

(三) 內部控制聲明書之申報

前述公司或事業，除經主管機關核准者外，應於每會計年度終了後三個月內，向主管機關申報內部控制聲明書（證交§14-1Ⅲ）。

三、獨立董事

(一) 設置

證交法第14條之2第1項規定：「已依本法發行股票之公司，得依章程規定設置獨立董事。但主管機關應視公司規模、股東結構、業務性質及其他必要情況，要求其設置獨立董事，人數不得少於二人，且不得少於董事席次五分之一。」即獨立董事之設置，原則上採自願方式，例外始採強制設置；惟依金管會規定，所有公開發行之金融業及上市、上櫃與登錄興櫃公司，自2020年1月1日起均應於章程規定設置獨立董事，其人數不得少二人，且不得少於董事席次五分之一[5]。

(二) 資格

證交法第14條之2第2項規定：「獨立董事應具備專業知識，其持股及兼職應予限

制，且於執行業務範圍內應保持獨立性，不得與公司有直接或間接之利害關係。獨立董事之專業資格、持股與兼職限制、獨立性之認定、提名方式及其他應遵行事項之辦法，由主管機關定之。」而據金管會依本項後段授權所訂定之「公開發行公司獨立董事設置及應遵循事項辦法」（簡稱「獨立董事設置辦法」），可分析如下：

1. 專業資格

依獨立董事設置辦法第2條第1項之規定，獨立董事，應取得下列專業資格條件之一，並具備五年以上工作經驗：

(1) 商務、法務、財務、會計或公司業務所需相關科系之公私立大專院校講師以上。

(2) 法官、檢察官、律師、會計師或其他與公司業務所需之國家考試及格領有證書之專門職業及技術人員。

(3) 具有商務、法務、財務、會計或公司業務所需之工作經驗。

又依獨立董事設置辦法第5條第7項後段之規定，如公開發行公司已依證交法第14條之4設置審計委員會，其獨立董事至少一人應具備會計或財務專長。

2. 消極資格

有下列情事之一者，不得充任獨立董事，其已充任者，當然解任（證交§14-2Ⅳ）：

(1) 有公司法第30條各款情事之一。

(2) 依公司法第27條規定以政府、法人或其代表人身分當選。

(3) 違反獨立董事設置辦法所定獨立董事之資格。

3. 獨立性之認定標準

依獨立董事設置辦法第3條第1項之規定，獨立董事除於執行業務範圍內應保持其獨立性，不得與公司有直接或間接之利害關係外，並應於選任前二年及任職期間與公司未具備一定之關係，例如是公司或其關係企業之受僱人，或擔任公司或其關係企業之董事、監察人，或持有公司已發行股份總數百分之一以上，或持股前十名之自然人股東等。

4. 無股份轉讓之限制

依獨立董事設置辦法第3條第1項第3款之規定，獨立董事及其關係人持股不宜過多，否則即被認定不具有獨立性；惟獨立董事亦不適用公司法第197條第1項後段有關任期中轉讓持股超過二分之一時，當然解任，及第3項有關就任前轉讓超過選任當時所持有之公司股份數額二分之一時，或於股東會召開前之停止股票過戶期間內轉讓持股超過二分之一時，當選失其效力之規定（證交§14-2Ⅴ）。

5. 兼任之限制

又獨立董事較諸一般董事尚有其特定之職權及責任，故兼任其他公司獨立董事之家數不宜過多，以避免影響獨立董事執行職務之品質；因此，獨立董事設置辦法第4條第1項規定：「公開發行公司之獨立董事兼任其他公開發行公司獨立董事不得逾三家。」即至多僅能擔任四家公司之獨立董事。

(三) 任免

1. 選任

(1) 候選人提名制度

依獨立董事設置辦法第5條第1項之規定，獨立董事選舉，應依公司法第192條之1規定採候選人提名制度，並載明於章程，股東應就獨立董事候選人名單中選任之[6]；又依同條第2項之規定，公開發行公司應於股東會召開前之停止股票過戶日前，公告受理獨立董事候選人提名之期間、獨立董事應選名額、其受理處所及其他必要事項，受理期間不得少於十日。

(2) 候選人名單之提出

依獨立董事設置辦法第5條第3項之規定，公開發行公司得以下列方式提出獨立董事候選人名單，經董事會評估其符合獨立董事所應具備條件後，送請股東會選任之：

A. 持有已發行股份總數百分之一以上股份之股東，得以書面向公司提出獨立董事候選人名單，提名人數不得超過獨立董事應選名額。

B. 由董事會提出獨立董事候選人名單，提名人數不得超過獨立董事應選名額。

C. 其他經主管機關規定之方式。

又依同條第4項之規定，股東及董事會依前項提供推薦名單時，應敘明被提名人姓名、學歷及經歷，並檢附被提名人符合專業資格、獨立性及兼任限制之文件及其他證明文件。

(3) 候選人名單之審查

依獨立董事設置辦法第5條第5項之規定，董事會或其他召集權人召集股東會者，對獨立董事被提名人應予審查，除有下列情事之一者外，應將其列入獨立董事候選人名單：

A. 提名股東於公告受理期間外提出。

B. 提名股東於公司依公司法第165條第2項或第3項停止股票過戶時，持股未達百分之一。

C. 提名人數超過獨立董事應選名額。

D. 未檢附前項規定之相關證明文件。

另依同條第6項之規定，列入獨立董事候選人名單者，如其已連續擔任該公司獨立董事任期達三屆者，公司應於公告前項審查結果時併同公告繼續提名其擔任獨立董事之理由，並於股東會選任時向股東說明前開理由。

---

[6] 惟依獨立董事設置辦法第7條之規定，金融控股公司持有發行全部股份之子公司、政府或法人股東一人所組織之公開發行公司，其獨立董事得由金融控股公司、政府或法人股東指派之。

(4) 選舉之方式

依獨立董事設置辦法第5條第7項前段之規定，公開發行公司之董事選舉，應依公司法第198條規定辦理，獨立董事與非獨立董事應一併進行選舉，分別計算當選名額；即採累積投票制，由所得選票代表權較多者，分別當選爲獨立董事與非獨立董事[7]。

2. 解任

獨立董事亦爲公司董事，故公司法有關董事解任之事由，除第197條第1項後段及第3項之規定於獨立董事不適用外（證交§14-2Ⅴ），其餘均適用於獨立董事。此外，證交法另有特別規定，其中第14條之2第4項之失格解任即前述之獨立董事消極資格，至於第26條之3第6項違反獨立性之當然解任，亦適用於獨立董事。

3. 補選

證交法第14條之2第6項規定：「獨立董事因故解任，致人數不足第一項或章程規定者，應於最近一次股東會補選之。獨立董事均解任時，公司應自事實發生之日起六十日內，召開股東臨時會補選之。」此一規定應優先於公司法第201條適用；又所謂最近一次股東會，如獨立董事或董事因故解任之時點，已逾公開發行公司董事會訂定股東會日期及股東會議案內容之決議日，或章程訂有董事候選人提名制度，已逾董事會董事候選人提名受理期間及董事應選名額之決議日者，爲前述董事會決議所召開股東會之「下次」股東會[8]。

4. 轉任之限制

因考量獨立董事較非獨立董事更具中立執行職務之特性，故爲避免董事間因身分轉換衍生爭議，依獨立董事設置辦法第6條之規定，經股東會選任或由金融控股公司、政府或法人股東指派爲獨立董事者，於任期中如有違反獨立董事設置辦法第2條或第3條之情形致當然解任時，不得變更其身分爲非獨立董事。反之，經股東會選任或由金融控股公司、政府或法人股東指派爲非獨立董事者，於任期中亦不得逕行轉任爲獨立董事。

(四) 職權

獨立董事除具有一般董事之職權外，爲強化董事會及獨立董事之功能，依證交法第14條之3規定，已選任獨立董事之公司，除經主管機關核准者外，下列事項應提董事會決議通過；獨立董事如有反對意見或保留意見，應於董事會議事錄載明：

1. 依證交法第14條之1規定訂定或修正內部控制制度。
2. 依證交法第36條之1規定訂定或修正取得或處分資產、從事衍生性商品交易、資金貸與他人、爲他人背書或提供保證之重大財務業務行爲之處理程序。

---

[7]　惟此時可能發生當選之獨立董事或非獨立董事所得選票代表權，較落選之非獨立董事候選人或獨立董事候選人所得選票代表權低之情形。

[8]　金管會96年8月6日金管證一字第0960042004號函。

3. 涉及董事或監察人自身利害關係之事項。

4. 重大之資產或衍生性商品交易。

5. 重大之資金貸與、背書或提供保證。

6. 募集、發行或私募具有股權性質之有價證券。

7. 簽證會計師之委任、解任或報酬。

8. 財務、會計或內部稽核主管之任免。

9. 其他經主管機關規定之重大事項。

又獨立董事執行業務時，公司不得妨礙、拒絕或規避；獨立董事執行業務認有必要時，得要求董事會指派相關人員或自行聘請專家協助辦理，相關必要費用，由公司負擔之（證交§14-2Ⅲ）。

四、審計委員會

(一) 設置

證交法第14條之4第1項規定：「已依本法發行股票之公司，應擇一設置審計委員會或監察人。但主管機關得視公司規模、業務性質及其他必要情況，命令設置審計委員會替代監察人；其辦法，由主管機關定之。」可知審計委員會之設置，亦採原則自願，例外強制之方式；如設置審計委員會替代監察人，不得再依公司法規定選任監察人。惟依金管會規定，所有上市（櫃）公司及金融控股公司或金融業，均應自2020年1月1日起設置審計委員會替代監察人，但金融業如為金融控股公司持有發行全部股份者，得擇一設置審計委員會或監察人[9]。

有關審計委員會之組成，依同條第2項規定：「審計委員會應由全體獨立董事組成，其人數不得少於三人，其中一人為召集人，且至少一人應具備會計或財務專長。」此係鑑於審計委員會有其特有之職權，並考量其應具備專業及獨立性，故明定審計委員會應由全體獨立董事組成；至於規定至少一人應具備會計或財務專長，目的在確實發揮審計委員會之功能，蓋審計委員會之眾多職權中，最重要者，即為確保公司財務報表之正確性。

(二) 職權

1. 應經審計委員會同意之事項

此屬審計委員會特有之職權，其內容係證交法第14條之5第1項所規定之十一款事項，與證交法第14條之3所規定應提董事會決議通過之事項相較，係增加第2款內部控制制度有效性之考核及第10款由董事長、經理人及會計主管簽名或蓋章之年度財務報告及須經會計師查核簽證之第二季財務報告等二事項。前者係藉審計委員會之專業及獨立性，

---

[9] 金管會107年12月19日金管證發字第10703452331號函。

強化公司內控制度運行之有效性；後者係因同條第3項已明定財務報告不適用第36條第1項應經監察人承認之規定，故改由審計委員會同意。而依證交法第14條之5第1項序文之規定，公開發行公司設置審計委員會者，其所規定之十一款事項應經審計委員會全體成員二分之一以上同意，並提董事會決議，不適用證交法第14條之3規定；所謂不適用證交法第14條之3規定，係指該十一款事項應先經審計委員會全體成員二分之一以上同意，再提董事會決議。

　　惟依證交法第14條之5第2項規定：「前項各款事項除第十款外，如未經審計委員會全體成員二分之一以上同意者，得由全體董事三分之二以上同意行之，不受前項規定之限制，並應於董事會議事錄載明審計委員會之決議。」此係基於企業實務運作之考量，及為免因審計委員會制度之推動，而影響公司營運之效率及彈性，故規定除第10款外，如未經審計委員會全體成員二分之一以上同意者，得以全體董事三分之二以上同意行之；至於第10款有關由董事長、經理人及會計主管簽名或蓋章之年度財務報告及須經會計師查核簽證之第二季財務報告予以排除適用，係因其原屬監察人特有職權，故不能以「全體董事三分之二以上同意行之」代替。

　　又為明確審計委員會全體成員及全體董事之意涵，同條第4項規定：「第一項及前條第六項所稱審計委員會全體成員及第二項所稱全體董事，以實際在任者計算之。」以杜爭議。

2. 準用監察人職權之規定

　　證交法第14條之4第3項規定：「公司設置審計委員會者，本法、公司法及其他法律對於監察人之規定，於審計委員會準用之。」另依同條第4項之規定，公司法第200條、第213條至第215條、第216條第1項、第3項、第4項、第218條第1項、第2項、第218條之1、第218條之2第2項、第220條、第223條至第226條、第227條但書及第245條第2項規定，對審計委員會之獨立董事成員準用之；蓋此時涉及監察人之行為或為公司之代表，而監察人係單獨行使職權，故僅於審計委員會之獨立董事成員準用之。

3. 職權行使之方法

　　證交法第14條之4第5項規定：「審計委員會及其獨立董事成員對前二項所定職權之行使及相關事項之辦法，由主管機關定之。」而金管會據此授權已訂定「公開發行公司審計委員會行使職權辦法」，該辦法第3條並規定公開發行公司設置審計委員會者，應訂定審計委員會組織規程，其內容至少應記載審計委員會之人數、任期、職權事項、議事規則、行使職權時公司應提供之資源等；且審計委員會組織規程之訂定應經董事會決議通過，修正時亦同。又除得由獨立董事單獨行使之職權外，因審計委員會係採合議制之機關，故其他職權應經審計委員會決議行之；其決議方法，應有審計委員會全體成員二分之一以上之同意（證交§14-4Ⅵ）。

你知道嗎？

什麼是「單軌制」與「雙軌制」？

在公司經營、監督機制上，主要國家之立法例有「單軌制」與「雙軌制」之區別。前者，又稱「一元制」，為英美國家所採，係由股東會選任董事組成董事會，公司內部並未設置監察人；後者，又稱「二元制」，為大陸法系國家所採，其內部業務執行與監督分別由不同機關執掌，即董事會與監察人（或其所組成之監察人會，又稱「監事會」）。採雙軌制者，又可再分為並列式雙軌制與串列式雙軌制。前者例如我國，董事與監察人均由股東會選任，監察人雖有監督公司之職權，但並無任免董事之權力，二者係平行並列；後者例如德國，係由股東會選任監察人組成監事會（視公司規模大小或行業別，部分監察人係由勞工或勞工代表選任），再由監事會選任董事組成董事會，監事會並有解任董事之權，二者成垂直關係。

在採單軌制之公司，董事兼任公司高階經理人者為內部董事，負責公司實際經營；至於未兼任公司職務者為外部董事，如外部董事與公司無利害關係，且符合獨立性規範者（例如我國證交法第14條之2第2項規定），即為獨立董事。又採單軌制之美國大型公司，每於董事會下設置各種功能之委員會，其中最重要者，即為審計委員會；而美國在2002年制定之沙氏法案（Sarbanes-Oxley Act of 2002），即規定上市公司必須設置審計委員會，其成員全數由獨立董事所組成（非「全體」獨立董事組成審計委員會）。可知獨立董事及審計委員會，本為單軌制公司之制度，但在引進我國後，如公司未設置審計委員會，則獨立董事與監察人並存，仍為雙軌制，似無意義；如公司設置審計委員會取代監察人而成為單軌制，是否優於監察人制度，亦受學者質疑（賴英照「最新證券交易法解析」第202頁參照）。首先，獨立董事仍由股東會選任，且須採候選人提名制度，其依附大股東之程度可能比監察人更嚴重；其次，獨立董事為兼職，最多又可同時擔任四家公司之獨立董事，能否發揮監督功能，不無疑問；又主管機關係因監察人功能不彰，而決定以獨立董事取代，但監察人之規範亦多準用於審計委員會（證交§14-4Ⅲ），則監察人功能不彰之問題，在審計委員會依然存在。

五、薪資報酬委員會

(一) 設置

證交法第14條之6規定：「（第1項）股票已在證券交易所上市或於證券商營業處所買賣之公司應設置薪資報酬委員會；其成員專業資格、所定職權之行使及相關事項之辦法，由主管機關定之。（第2項）前項薪資報酬應包括董事、監察人及經理人之薪資、股

票選擇權與其他具有實質獎勵之措施。」立法目的在「阻止當公司連續虧損時，董事、監察人酬金總額仍大幅度地增加之弊端」，故制度上採強制設置，惟適用範圍僅限於上市、上櫃或登錄興櫃公司；金管會並訂定「股票上市或於證券商營業處所買賣公司薪資報酬委員會設置及行使職權辦法」（簡稱「薪資報酬委員會辦法」）。

(二) 職權

1. 職權範圍

依薪資報酬委員會辦法第7條第1項規定，薪資報酬委員會應以善良管理人之注意，忠實履行下列職權，並將所提建議提交董事會討論；但有關監察人薪資報酬建議提交董事會討論，以監察人薪資報酬經公司章程訂明或股東會決議授權董事會辦理者為限：

(1) 訂定並定期檢討董事、監察人及經理人績效評估與薪資報酬之政策、制度、標準與結構。

(2) 定期評估並訂定董事、監察人及經理人之薪資報酬。

又依該條第3項之規定，所謂薪資報酬，包括現金報酬、認股權、分紅入股、退休福利或離職給付、各項津貼及其他具有實質獎勵之措施；其範疇應與公開發行公司年報應行記載事項準則中有關董事、監察人及經理人酬金一致。

2. 履行職權應遵守之原則

依薪資報酬委員會辦法第7條第2項規定，薪資報酬委員會履行第1項職權時，應依下列原則為之：

(1) 董事、監察人及經理人之績效評估及薪資報酬應參考同業通常水準支給情形，並考量與個人表現、公司經營績效及未來風險之關聯合理性。

(2) 不應引導董事及經理人為追求薪資報酬而從事逾越公司風險胃納之行為。

(3) 針對董事及高階經理人短期績效發放紅利之比例及部分變動薪資報酬支付時間應考量行業特性及公司業務性質予以決定。

3. 董事會討論薪資報酬委員之建議

依薪資報酬委員會辦法第7條第4項規定，董事會討論薪資報酬委員會之建議時，應綜合考量薪資報酬之數額、支付方式及公司未來風險等事項。董事會不採納或修正薪資報酬委員會之建議，依同條第5項規定，應由全體董事三分之二以上出席，及出席董事過半數之同意行之，並於決議中依前項綜合考量及具體說明通過之薪資報酬有無優於薪資報酬委員會之建議。董事會通過之薪資報酬如優於薪資報酬委員會之建議，依同條第6項規定，除應就差異情形及原因於董事會議事錄載明外，並應於董事會通過之即日起算二日內於主管機關指定之資訊申報網站辦理公告申報。以上規定之目的，在強化資訊透明及外部監督機制，避免公司董事會通過之決議優於薪資報酬委會之建議。

另子公司之董事及經理人薪資報酬事項，如依子公司分層負責決行事項須經母公司董事會核定者，依同條第7項規定，應先請母公司之薪資報酬委員會提出建議後，再提交董

事會討論。

第三節　其他

一、證券服務事業

　　本法對證券服務事業係採核准主義，故證交法第18條第1項規定：「經營證券金融事業、證券集中保管事業或其他證券服務事業，應經主管機關之核准。」所謂證券金融事業，指依證券金融事業管理規則之規定，予證券投資人、證券商或其他證券金融事業融通資金或證券之事業；至於證券集中保管事業，則指為實施有價證券集中保管帳簿劃撥而設置之保管事業，目前我國僅有「臺灣集中保管結算所股份有限公司」負責有價證券集中保管帳簿劃撥業務；又所謂其他證券服務事業，包括信用評等事業、櫃檯買賣事業等。同條第2項規定：「前項事業之設立條件、申請核准之程序、財務、業務與管理及其他應遵行事項之規則，由主管機關定之。」主管機關據此授權，已訂定證券金融事業管理規則、信用評等事業管理規則、證券集中保管事業管理規則及櫃檯買賣事業管理規則等授權命令。

　　又為加強對證券服務事業之管理，證交法第38條、第39條及第66條有關主管機關之監督及處罰規定，於前述之事業準用之；第53條、第54條及第56條有關董事、監察人、經理人及業務人員之資格及解職規定，於前述事業之人員準用之（證交§18-1）。

二、契約方式

　　證交法第19條規定：「凡依本法所訂立之契約，均應以書面為之。」即以「書面」為法定要式。然此處之契約，解釋上有廣、狹二義。前者指凡與證交法或其規則相關者，即使未以明文規定之契約，亦應包括在內；例如投資人委託證券經紀商買賣有價證券之契約。後者僅指證交法或依證交法所發布之命令「明文」規定之契約；例如依證交法第71條所締結之承銷契約，或依證券金融事業管理規則第7條所簽訂之融資融券契約。因契約未依法定要式者，原則上係屬無效（民§73），且實務上投資人委託證券經紀商買賣有價證券多以「口頭」為之，故多數學說認為如採廣義見解，不但實務執行困難，且未必符合立法目的，而採狹義見解[10]。

三、國際合作

　　為促進我國與其他國家證券市場主管機關之國際合作，證交法第21條之1規定第1項

---

[10]　劉連煜「新證券交易法實例研習」第54頁。

規定：「為促進我國與其他國家證券市場主管機關之國際合作，政府或其授權之機構依互惠原則，得與外國政府、機構或國際組織，就資訊交換、技術合作、協助調查等事項，簽訂合作條約或協定。」因簽訂合作條約或協定之主要目的在於與外國主管機關加強合作，共同遏止、打擊國際不法行為，以維護本國證券市場之交易秩序與安全，故於同條第2項規定：「除有妨害國家利益或投資大眾權益者外，主管機關依前項簽訂之條約或協定，得洽請相關機關或要求有關之機構、法人、團體或自然人依該條約或協定提供必要資訊，並基於互惠及保密原則，提供予與我國簽訂條約或協定之外國政府、機構或國際組織。」另為促進證券市場國際合作，同條第3項、第4項分別規定：「為促進證券市場國際合作，對於有違反外國金融管理法律之虞經外國政府調查、追訴或進行司法程序者，於外國政府依第一項簽訂之條約或協定請求協助調查時，主管機關得要求與證券交易有關之機構、法人、團體或自然人，提示相關之帳簿、文據或到達辦公處所說明；必要時，並得請該外國政府派員協助調查事宜。」、「前項被要求到達辦公處所說明者，得選任律師、會計師、其他代理人或經主管機關許可偕同輔佐人到場。」

又為貫徹第2項及第3項規定之效力，同條第5項規定：「第二項及第三項規定之機構、法人、團體或自然人，對於主管機關要求提供必要資訊、提示相關帳簿、文據或到達辦公處所說明，不得規避、妨礙或拒絕。」違者可依證交法第178條第1項第2款之規定，處新臺幣二十四萬元以上四百八十萬元以下罰鍰。

第二章　公開發行公司之管理

第一節　召集股東會之特別規定

一、股東會召開之期限與限期改選董事、監察人

證交法第36條第7項規定：「股票已在證券交易所上市或於證券商營業處所買賣之公司股東常會，應於每會計年度終了後六個月內召開；不適用公司法第一百七十條第二項但書規定。」本項除明定上市、上櫃或登錄興櫃公司股東常會開會期限外，並排除有正當事由得經報請經濟部核准之例外規定。

又同條第8項規定：「股票已在證券交易所上市或於證券商營業處所買賣之公司董事及監察人任期屆滿之年，董事會未依前項規定召開股東常會改選董事、監察人者，主管機關得依職權限期召開；屆期仍不召開者，自限期屆滿時，全體董事及監察人當然解任。」此之主管機關為「金管會」，與公司法第195條第2項但書規定者為「經濟部」不同。

二、股東會召集事由應列舉及說明其主要內容之情形

除公司法第172條第5項之規定外，證交法第26條之1規定：「已依本法發行有價證券之公司召集股東會時，關於公司法第二百零九條第一項、第二百四十條第一項及第二百四十一條第一項之決議事項，應在召集事由中列舉並說明其主要內容，不得以臨時動議提出。」立法理由係基於解除董事競業禁止義務、以發行新股分派股息及紅利、以法定盈餘公積或資本公積發給股東新股或現金等行為，皆屬公司經營之重大事項，為防止公司取巧以臨時動議提出，影響股東權益，故明定除列舉外，尚應說明其主要內容。

另進行有價證券之私募者，應在股東會召集事由中列舉並說明下列事項，不得以臨時動議提出（證交§43-6Ⅵ）：1.價格訂定之依據及合理性；2.特定人選擇之方式；其已洽定應募人者，並說明應募人與公司之關係；3.辦理私募之必要理由。

三、股東會召集得以公告代替通知之情形

公開發行公司股東會之召集，依公司法第172條第3項之規定，不分股東持有股數之多寡，應依股東常會或股東臨時會之不同，於三十日前或十五日前「通知」各股東；惟證交法第26條之2規定：「已依本法發行股票之公司，對於持有記名股票未滿一千股股東，

其股東常會之召集通知得於開會三十日前；股東臨時會之召集通知得於開會十五日前，以公告方式為之。」立法理由係基於流通市場股票之買賣，係以一千股或其倍數為成交單位，不足一成交單位者為零股交易；而公開發行公司因歷年不斷增資配股，致使持有零股股東人數眾多，又因實務上公司必須將開會通知書以掛號寄發各股東，以便於取證，故對於已成為大眾化之公開發行公司造成人力、物力重大負荷，因此，特增訂本條規定，使公司對於零股股東得以公告代替通知，以減輕其負擔。

四、股務處理準則

(一) 授權依據

因股務管理攸關投資人對公司股權之行使，故證交法第22條之1第2項規定：「公開發行股票公司股務處理準則，由主管機關定之。」即明文授權主管機關訂定「公開發行股票公司股務處理準則」（簡稱「股務處理準則」），作為公開發行公司處理股務作業之依據。

(二) 重要內容

1. 股務之內容

依股務處理準則第2條之規定，所謂股務，包含下列各項事務：

(1) 辦理股東之開戶、股東基本資料變更等事務。

(2) 辦理股票之過戶、質權設定、質權解除、掛失、掛失撤銷等之異動登記，以及股票之合併與分割作業。

(3) 辦理召開股東會之事項。

(4) 辦理現金股利與股票股利之發放事務。

(5) 辦理現金增資股票之事務。

(6) 處理有關股票委外印製事項。

(7) 處理股東查詢或政府機關規定之相關股務事項。

(8) 其他經金管會核准之股務事項。

2. 委外辦理股務事務

依股務處理準則第3條第1項之規定，公開發行公司處理股務事務得委外辦理；其受委託辦理者，以綜合證券商及依法得受託辦理股務業務之銀行及信託業為限。另為協助公司順利召開股東會，同條第2項並規定符合下列條件之股份有限公司，亦得受託辦理股東會相關事務：

(1) 實收資本額新臺幣二億元以上。

(2) 依證交法規定經營證券商業務之股東，持有該公司股份合計超過其已發行股份總

數百分之五十，且各證券商持有該公司股份未超過其已發行股份總數百分之十。

(3) 董事會至少有三分之一之席次，由獨立董事擔任。

(4) 人員及內部控制制度符合股務處理準則第4條及第6條所規定之條件。

五、使用委託書規則

(一) 授權依據及授權範圍

按公司法第177條已經對委託書之使用及限制，設有規定，惟為防少數股東藉徵求委託書而操縱股東會，故證交法第25條之1規定：「公開發行股票公司出席股東會使用委託書，應予限制、取締或管理；其徵求人、受託代理人與代為處理徵求事務者之資格條件、委託書之格式、取得、徵求與受託方式、代理之股數、統計驗證、使用委託書代理表決權不予計算之情事、應申報與備置之文件、資料提供及其他應遵行事項之規則，由主管機關定之。」可知立法理由係認為委託書之使用，應予限制、取締或管理；並就授權主管機關訂定之規則，詳細列舉其範圍。

(二) 重要內容

主管機關依上述授權訂定「公開發行公司出席股東會使用委託書規則」（簡稱「委託書規則」），其主要內容，除徵求人資格及受託上限另以附表呈現外，其餘重點如下：

1. 委託書之格式及寄送

依委託書規則第2條之規定，委託書之格式內容應包括填表須知、股東委託行使事項及股東、徵求人、受託代理人基本資料等項目，並於寄發或以電子文件傳送股東會召集通知時同時附送股東；且委託書之用紙，以公司印發者為限；公司寄發或以電子文件傳送委託書用紙予所有股東，應於同日為之。

2. 徵求與非屬徵求

依委託書規則第3條之規定，所謂徵求，指以公告、廣告、牌示、廣播、電傳視訊、信函、電話、發表會、說明會、拜訪、詢問等方式取得委託書藉以出席股東會之行為；至於非屬徵求，則指非以前述之方式而係受股東之主動委託取得委託書，代理出席股東會之行為。

3. 禁止事項

依委託書規則第11條第1項之規定，出席股東會委託書之取得，除該規則另有規定者外，限制如下：

徵求方式		有選舉董事或監察人議案 資格條件	有選舉董事或監察人議案 受託上限	無選舉董事或監察人議案 資格條件	無選舉董事或監察人議案 受託上限
徵求 · 一般徵求	一般公司	繼續6個月以上持有已發行股份80萬股或已發行股份總數千分之二以上且目不低於10萬股（§5I②）	3%	持有公司已發行股份5萬股以上（§5I本文）	3%
	金融機構	繼續1年以上持有已發行股份200萬股或已發行股份總數千分之五以上（§5I①）			
徵求 · 委託徵求	一般公司	1.繼續1年以上單獨或共同持有公司已發行股份總數百分之十以上（§6I②i） 2.繼續1年以上單獨或共同持有公司已發行股份總數百分之八以上，其所擬支持之被選舉人之一，符合獨立董事資格（§6I②ii）	無上限	1.繼續1年以上單獨或共同持有公司已發行股份總數百分之十以上（§6I②i） 2.繼續1年以上單獨或共同持有公司已發行股份總數百分之八以上之人一符合獨立董事資格（§6I②ii）	無上限
	金融機構	1.依法向金管會申報或經金管會核准。（§6I①i） 2.合於法律（金融控股公司、銀行、保險公司）之規定（§6I①ii）		繼續1年以上單獨或共同持有公司已發行股份總數百分之十以上（§6I①本文）	
非屬徵求 · 1對1		無	無上限	無	無上限
非屬徵求 · 1對2		無	表決權數3%	無	表決權數3%
非屬徵求 · 3人以上		須為股東	1.30人以上 2.本身持股數4倍或已發行股份總數之3%（以較低者計算）	須為股東	1.30人以下 2.本身持股數4倍或已發行股份總數之3%（以較低者計算）
非屬徵求 · 服務代理		有董、監改選議案者，不得委託股務代理機構擔任受託代理人		1.主管機關核准 2.公司委任	無上限

※本表條號均指「公開發行公司出席股東會使用委託書規則」

※金融機構指「金融控股公司、銀行法所規範之銀行及保險法所規範之保險公司」

(1) 不得以給付金錢或其他利益為條件。但代為發放股東會紀念品或徵求人支付予代為處理徵求事務者之合理費用，不在此限[1]。

(2) 不得利用他人名義為之。

(3) 不得將徵求之委託書作為非屬徵求之委託書出席股東會。

又依委託書規則第22條第1項第5款之規定，違反上述規定者，其代理之表決權不予計算；但所代表出席之股權，仍算入股東會之法定出席權數[2]。

案 例

　　開發金控於2004年4月5日召集股東會進行董、監事改選，因中信集團辜仲瑩結合官股及其他民股股東，挑戰現任經營者陳敏薰，故雙方各自以「委託徵求」與「一般徵求」方式對外徵求委託書，且因競爭激烈，被媒體稱為「公主與王子的戰爭」。請問：(一)「委託徵求」與「一般徵求」有何區別？(二)為何兩陣營採用不同之徵求方式？

解 析

　　所謂委託徵求，指符合一定資格條件之股東「委託信託事業或股務代理機構擔任徵求人」；而一般徵求，則指符合一定資格條件之股東自任徵求人。二者最大之區別，在於前者代理出席股東會之股數不受限制（委託書規則§6I序文），即得無限徵求；而後者代理之股數不得超過公司已發行股份總數之百分之三（委託書規則§20）。又依委託書規則第10條第1項規定：「委託書應由委託人親自簽名或蓋章，並應由委託人親自填具徵求人或受託代理人姓名。但信託事業或股務代理機構受委託擔任徵求人，及股務代理機構受委任擔任委託書之受託代理人者，得以當場蓋章方式代替之。」可見採一般徵求時，其委託代理之股數不但受到限制，且方式也較為複雜、不便。

　　而據媒體報導，當時開發金控股東持股相當分散，除官股持股約百分之八外，陳敏薰陣營僅約百分之二，至於辜仲瑩陣營則約百分之六。惟採委託徵求時，股東除須持有一定股數外，還有「繼續一年以上」持有之時間限制，而辜仲瑩陣營係在2003年下半年才開始買進開發金控股票。因此，任何陣營除非與官

---

[1]　有關股東會紀念品，依委託書規則第11條第2項、第3項之規定，各公開發行公司每屆股東會如有紀念品，以一種為限，其數量如有不足時，得以價值相當者替代之；且徵求人或受託代理人依第12條及第13條規定，檢附明細表送達公司或繳交一定保證金予公司後，得向公司請求交付股東會紀念品，再由其轉交委託人，公司不得拒絕。

[2]　臺灣高等法院100年度上字第923號判決。

股合作，否則無法進行無限制之委託徵求；但因三方對董、監事席次分配談判破裂，故辜仲瑩在官股支持下，與其他民股股東聯合組成「徵求人團」進行委託徵求，而陳敏薰陣營則進行一般徵求。不過採用一般徵求雖然有諸多不利限制，但陳敏薰陣營徵求據點除傳統券商通路外，還包括已歇業之福客多便利商店，此一「奇招」吸引眾多持股分散的小股東主動上門兌換紀念品（咖啡機兌換券），最後陳敏薰陣營仍徵求到百分之二十之股數。

又公司經營權爭奪時，經常爆發委託書大戰，使得委託書之徵求成為股東會之前哨戰，但現任經營者如屬徵求委託書失利之一方，仍可能以其他方式干擾股東會進行，甚至妨礙股東進入會場行使表決權。惟自2014年1月1日起，已擴大適用電子投票公司之範圍，且依公司法第177條之2第1項規定，電子投票應於股東會開會二日前完成。所以發生於2014年6月18日的三陽工業董、監事改選，雖然競爭激烈，被媒體喻為另一場「公主與王子的戰爭」或「王子復仇記」，且報導指出股東會現場宛如迷宮，但因市場派成員已完成電子投票，故經營權之爭在股東會開會前即已落幕。可見電子投票制度之採行，可以相當程度減少委託書之使用，因為股東可以電子方式行使表決權，且視為親自出席，自無須再委託他人代理出席股東會。

第二節　董事或監察人規範之加強

一、董事人數不得少於五人

依公司法第192條第1項之規定，最低董事人數為三人；惟為強化公開發行公司董事會之結構，協助企業之經營發展，並衡酌實務運作董事應有適當之席次。因此，證交法第26條之3第1項規定：「已依本法發行股票之公司董事會，設置董事不得少於五人。」此一規定不但可強化公開發行公司董事會之結構，亦可增加少數股東參與公司經營之機會；另可配合引進獨立董事及審計委員會制度[3]。

二、禁止政府或法人股東得同時指派代表人擔任董事及監察人

證交法第26條之3第2項規定：「政府或法人為公開發行公司之股東時，除經主管機關核准者外，不得由其代表人同時當選或擔任公司之董事及監察人，不適用公司法第二十七條第二項規定。」此項增訂於2012年1月公司法第27條第2項修正前，當時公司法

---

[3]　王志誠、邵慶平、洪秀芬、陳俊仁「實用證券交易法」第103頁。

原許同一政府或法人股東得同時指派代表人擔任董事及監察人，而因國內企業多為家族企業，公司董事及監察人彼此多為關係人或為同一法人所指派，導致監察人缺乏獨立性且其職權不易有效發揮，故增訂此項規定，以強化監察人之獨立性。又此之「代表人」，依主管機關解釋，包括政府、法人股東或與其有控制或從屬關係者（含財團法人及社團法人等）指派之代表人[4]；例如A、B公司具有控制與從屬關係，如A公司指派代表人擔任C公司董事時，B公司即不得指派代表人擔任C公司監察人。如有違反者，應類推適用同條第5項、第6項之規定，該政府或法人所派代表人當選監察人無效[5]。

三、董事或監察人間親屬關係之限制

如董事或監察人均由同一家族成員擔任，董事會執行決策或監察人監督時恐喪失客觀性，故證交法第26條之3第3項、第4項規定：「公司除經主管機關核准者外，董事間應有超過半數之席次，不得具有下列關係之一：一、配偶。二、二親等以內之親屬。」、「公司除經主管機關核准者外，監察人間或監察人與董事間，應至少一席以上，不得具有前項各款關係之一。」目的在使董事間、監察人間、董事與監察人間應超過一定比例或人數，彼此間不得具有一定之親屬關係。

股東會選任董事、監察人，而當選人不符前述二項規定時，在董事間或監察人間，不符規定之董事或監察人中所得選票代表選舉權較低者，其當選失其效力（證交§26-3 V①②）；至於在董事與監察人間不符規定者，不符規定之監察人中所得選票代表選舉權較低者，其當選失其效力（證交§26-3 V③）。如已充任董事或監察人後，方違反第3項、第4項規定時，係準用上述規定（證交§26-3 VI）；即董事或監察人中所得選票代表選舉權較低者當然解任。

四、董事缺額之補選

按董事因故解任致不足規定時，恐影響公司之經營運作，故證交法第26條之3第7項規定：「董事因故解任，致不足五人者，公司應於最近一次股東會補選之。但董事缺額達章程所定席次三分之一者，公司應自事實發生之日起六十日內，召開股東臨時會補選之。」此項規定，於公開發行公司，應優先於公司法第201條適用；且相較於證交法第14條之2第5項僅適用於獨立董事，本項規定適用於全體董事，故計算缺額時，不分獨立董

---

[4] 金管會99年2月6日金管證發字第0990005875號函。惟學者認為，此一解釋意旨雖值得贊同，但解釋內容似有超越法律文字可能之範圍，應以法律明定為宜（劉連煜「新證券交易法實例研習」第80頁參照）。

[5] 金管會101年7月4日金管證發字第10100164441號函。惟在非公開發行公司，依經濟部101年11月5日經商字第10102146330號函釋，由政府或法人股東自行選擇其一方式處理，政府或法人股東選擇擔任董事或監察人後，其缺額由公司另行補選。

事或非獨立董事，應一併計算。

五、董事會議事規範之建立

　　證交法第26條之3第8項規定：「公司應訂定董事會議事規範；其主要議事內容、作業程序、議事錄應載明事項、公告及其他應遵行事項之辦法，由主管機關定之。」此項規定係為落實董事會之職能，並授權主管機關訂定相關規範。

　　據此，金管會已發布「公開發行公司董事會議事辦法」，其內容除其他法令已經明文規定者外，重要者為第3條第1項規定：「董事會應至少每季召開一次，並於議事規範明定之。」第11條規定：「（第1項）公司召開董事會，得視議案內容通知相關部門或子公司之人員列席。（第2項）必要時，亦得邀請會計師、律師或其他專業人士列席會議及說明。但討論及表決時應離席。」第13條第2項規定：「非經出席董事過半數同意者，主席不得逕行宣布散會。」第18條第1項規定：「公司應將董事會之開會過程全程錄音或錄影存證，並至少保存五年，其保存得以電子方式為之。」另第7條第1項並規定應經董事會討論之事項；第12條第2項明定所謂全體董事，以實際在任者計算之；第17條第1項規定董事會議事錄應詳實記載之事項等。

案　例

　　甲公開發行公司董事會打算在下次股東會開會時，提案修改公司章程下列規定：(1)將公司章程中規定之董事人數由七人改為三人；(2)在章程中明訂：本公司股東常會開會時，對於所有持有記名股票之股東，不論其持有股數多寡，均應於開會三十日前寄發開會通知。請問：(一)有關上述章程修改內容，證券交易法中有何相關規定？(二)該相關規定之立法目的為何？(三)甲公司章程修改內容是否合法、有效？

解　析

　　按股份有限公司之股東會雖得以決議變更章程記載事項（公司§277Ⅰ、Ⅱ），惟股東會決議之內容違反法令者，係屬無效（公司§191），而此之「法令」，係指強制或禁止規定而言。因此，有關公司董事人數部分，雖然公司法所規定之最低董事人數為三人（公司§192Ⅰ），但證交法則規定公開發行公司之董事不得少於五人（證交§26-3Ⅰ），而其立法目的是為了強化公開發行公司董事會之結構，協助企業之經營發展，並衡酌實務運作董事應有適當之席次等理由，而制定不同於公司法之規定，故其屬於強制規定。因甲公司為公開發行公

司，故應優先適用證交法之規定，故其章程修改違反證交法之強制規定，係屬無效。

至於股東會開會通知部分，雖然依證交法第26條之2規定，對於持有記名股票未滿一千股股東，其股東常會之召集通知得於開會三十日前，以公告方式為之；惟其立法目的在免除公司寄發開會通知之負擔，而非禁止寄發開會通知。因此，如公司本身認為開會通知仍應寄發全體股東，自無不可，故其章程修改適法、有效。

第三節　內部人之股權管理

一、概說

此之內部人，指公開發行公司之董事、監察人、經理人及持有股份超過股份總額百分之十之股東（證交§25 I）；又此之董事或監察人，包括以政府或法人身分當選為董事、監察人時（公司§27 I），所指派代表行使職務之自然人；如政府或法人為股東，由其代表人當選為董事、監察人時（公司§27 II），除當選為董事、監察人之代表人外，亦包括該政府或法人[6]。按上述人員因直接參與公司經營，或因其身分而容易知悉公司財務、業務狀況，故相較於其他投資人，處於取得財務、業務資訊之優越地位。因此，內部人如利用公司尚未公開之財務、業務資訊（有關公司財務、業務資訊之公開，請參下節說明）進行有價證券買賣，將形成資訊不平等之不公平狀況，故證交法除對公司內部人之股權設有管理規範外，並禁止其從事短線交易或內線交易（證交§157、157-1）。

二、內部人之股權申報

(一) 持股申報

證交法第25條第1項、第2項規定：「公開發行股票之公司於登記後，應即將其董事、監察人、經理人及持有股份超過股份總額百分之十之股東，所持有之本公司股票種類及股數，向主管機關申報並公告之。」、「前項股票持有人，應於每月五日以前將上月份持有股數變動之情形，向公司申報，公司應於每月十五日以前，彙總向主管機關申報。必要時，主管機關得命令其公告之。」立法理由在使內部人持股變動情形透明化，以實現公

---

[6] 證管會77年8月26日台財證二字第08954號函。又此一函釋，於證交法第22條之2、第25條、第157條、第157條之1有關董事、監察人持股之規定時，均有適用。

開原則[7]，並協助證交法第157條歸入權之執行；所謂「股數變動之情形」，指受讓或轉讓公司股票而言，故內部人有受讓或轉讓公司股票之情形時，即有申報之義務，至於同一月份受讓與轉讓之股票數量相同，並不影響其申報義務[8]。另依主管機關函令，公開發行公司辦理股權資訊、庫藏股、財務資訊及內部控制、募集發行及私募、公司治理、企業併購等應公告或申報之事項，應向公開資訊觀測站進行申報傳輸；於完成傳輸後，即視為已依規定完成公告申報[9]。同條第3項規定：「第二十二條之二第三項之規定，於計算前二項持有股數準用之。」即內部人持股之計算，包括其配偶、未成年子女及利用他人名義持有者[10]。

(二) 設質申報

證交法第25條第4項規定：「第一項之股票經設定質權者，出質人應即通知公司；公司應於其質權設定後五日內，將其出質情形，向主管機關申報並公告之。」因公開發行公司之董事、監察人在任期中轉讓持股超過二分之一時，依法係當然解任（公司§197Ⅰ、227）；惟法律並無禁止或限制股票設質之規定，故內部人可利用設質方式變相轉讓其股份，因此，有藉申報及公告之方法，加強資訊揭露之必要。

三、內部人股票轉讓之方式

(一) 限制內部人股票轉讓方式之理由

按股份轉讓自由原則，為公司法第163條本文所明定；然證券交易中最為人所詬病者，不外公開發行公司之內部人參與股票之買賣，與藉上市轉讓股權，不但影響公司經營，損害投資人權益，並破壞市場穩定。因此，為健全證券市場發展，維持市場秩序，對內部人股票之轉讓，有嚴加管理之必要，故規定其轉讓股票之方式，且原則上應向主管機關辦理事前申報。

---

[7] 有關公開原則的實現，學者認為具有兩層意義：首先，證券投資人在買賣證券之前，有充分而正確之資訊，據以作成投資判斷，減少證券詐欺情事之發生。其次，公司把財務、業務資訊公開，政府及社會大眾有機會瞭解公司的營業狀況，可以減少公司經營者違法濫權之情事，具有監督防腐的作用。因此，從各國立法觀察，公開原則的貫徹，已經成為證券法律之基石。以上參賴英照「最新證券交易法解析」第49頁。

[8] 最高行政法院93年度判字第1054號判決。

[9] 金管會109年1月13日金管證發字第1080361188號令。

[10] 所謂利用他人名義持有股票，依證交法施行細則第2條之規定，係指具備下列要件：1.直接或間接提供股票與他人或提供資金與他人購買股票；2.對該他人所持有之股票，具有管理、使用或處分之權益；3.該他人所持有之股票之利益或損失全部或一部歸屬於本人。

(二) 股票轉讓之方式

依證交法第22條之2第1項規定，公開發行公司之董事、監察人、經理人或持有公司股份超過股份總額百分之十之股東，其股票之轉讓，應依下列方式之一為之：

1. 經主管機關核准或自申報主管機關生效日後，向非特定人為之

此款規定類似學理上之「再次發行」，即證券持有人出售其所持有之有價證券，而向不特定人公開招募之情形，故應準用「發行人募集與發行有價證券處理準則」第五章「公開招募」之規定，須檢具公開招募說明書，載明公開招募之動機與目的、公開招募價格之訂定方式與說明及證券承銷商提出之評估報告等，向主管機關申報生效後，始得辦理公開承銷（募發準則§61 I、62）。因其程序較為繁瑣，故通常在政府將公營事業民營化時，因須大量釋出持股，方採用此一方式。

2. 依主管機關所定持有期間及每一交易日得轉讓數量比例，於向主管機關申報之日起三日後，在集中交易市場或證券商營業處所為之；但每一交易日轉讓股數未超過一萬股者，免予申報

此處所指之「持有期間」，依主管機關規定[11]，為各該人員自取得其身分之日起六個月，於期間屆滿後始得轉讓；因此，任何人成為內部人後六個月內，不能依此款方式賣出股票。至於「每一交易日得轉讓之數量比例」，如為上市或上櫃公司，除拍賣、標購或盤後定價交易買賣者，其轉讓數量比例不受此限外，應依下列兩種方式擇一為之：(1)發行股數在三千萬股以下部分，為千分之二；發行股數超過三千萬股者，其超過部分為千分之一；(2)申報日之前十個營業日該股票市場平均每日交易量（股數）之百分之五。如為興櫃公司，每一交易日得轉讓之數量比例，則為受轉讓公司已發行股份之百分之一。又申報之轉讓期間不得超過一個月，超過者應重行申報。

另每一交易日轉讓股數未超過一萬股者，免予申報；惟其僅係免除申報義務，但仍受持有期間之限制，故成為內部人後六個月內，縱每一交易日轉讓股數未超過一萬股，仍不得依此款規定為之。

3. 於向主管機關申報之日起三日內，向符合主管機關所定條件之特定人為之

此處之「特定人」，依主管機關之規定，其條件如下：(1)公開發行公司之股票未在證券交易所上市且未於證券商營業處所買賣者，其受讓特定人限定為對公司財務、業務有充分瞭解，具有資力，且非應公開招募而認購者；(2)公開發行公司之股票已於證券商營業處所買賣者，其受讓特定人限定為證券自營商及以同一價格受讓之該發行股票公司全體員工；(3)公開發行公司之股票已在證券交易所上市者，其受讓特定人限定為以同一價格受讓之該發行股票公司全體員工；(4)公開發行公司依公營事業移轉民營條例規定移轉股權者，其受讓特定人除適用前三款外，並包括該條例第5條及其施行細則第7條所訂之特定對象；(5)華僑或外國人轉讓公開發行公司之股票，其受讓特定人除適用前一至三款

---

[11]　金管會104年3月16日金管證交字第1040006799號令。

外，並包括經依華僑回國投資條例或外國人投資條例報經經濟部或所授權或委託之機關、機構核准轉讓予其他華僑或外國人者[12]。

(三) 適用範圍之擴張

1. 特定受讓人同受限制

為避免特定受讓人於受讓股票後再行轉讓，發生與內部人相同之流弊；故以前述第3款特定人身分受讓之股票，受讓人在一年內欲轉讓其股票，仍須依前述各款所列方式之一為之（證交§22-2Ⅱ）。

2. 包括受益所有人之持股

為防止內部人藉配偶、未成年子女或他人名義持有股票，規避限制，證交法第22條之2第3項規定：「第一項之人持有之股票，包括其配偶、未成年子女及利用他人名義持有者。」此即所謂「受益所有人」（beneficial owner）之概念，規範之目的，在防制內部人利用他人名義而規避同法第25條第2項之股票轉讓事後申報義務；又利用他人名義持股事實的認定，偏重於經濟現實面的觀察，不問法律形式架構關係如何，因此，內部人與該他人之間，就此經濟現實的形成，即使另有公司法或其他法律關係架構上的安排理由，亦不能因此卸除內部人對此法定之申報義務[13]。且不但計算內部人持股時，應包括配偶、未成年子女及利用他人名義持有之股份，而且受益所有人轉讓股票時，亦受前述股票轉讓方式之限制[14]。

四、董事及監察人最低持股成數

(一) 基本規定

證交法第26條第1項規定：「凡依本法公開募集及發行有價證券之公司，其全體董事及監察人二者所持有記名股票之股份總額，各不得少於公司已發行股份總額一定之成數。」因此，公開發行公司之全體董事及監察人，至少應持有一定比率之公司股份。立法目的係為增強董事及監察人經營信念，建全公司資本結構，並防止其對公司股票作投機性買賣，致影響證券交易及投資人利益；且最低持股之規定係適用於全體董事及監察人，至於個別董事、監察人並無最低持股成數之要求[15]。

---

[12] 證期會89年4月11日台財證三字第112118號函。

[13] 最高行政法院109年度判字第83號判決。

[14] 證管會77年8月26日台財證二字第008954號函。

[15] 賴英照「最新證券交易法解析」第205頁。惟公司法第192條第1項及第216條第1項於2001年11月修正後，已不要求自然人董事或監察人須具備公司股東資格，但證交法第26條卻仍規定全體董事及監察人持有股份不得少於公司已發行股份總額一定之成數，二者理論上明顯有矛盾。

(二) 授權命令

證交法第26條第2項規定：「前項董事、監察人股權成數及查核實施規則，由主管機關以命令定之。」而主管機關據此已訂定「公開發行公司董事、監察人股權成數及查核實施規則」，其第2條則依公司實收資本總額不同分為八個級距，董事與監察人各有不同之持股成數，資本總額越高之公司，其全體董事或全體監察人之持股成數越低。另獨立董事之持股不納入全體董事持股成數計算；如選任獨立董事二人以上者，獨立董事外之全體董事、監察人之持股成數降為百分之八十；如公開發行公司已設置審計委員會者，不適用有關監察人持有股數不得少於一定成數之規定。

案 例

> 甲為A公開發行公司之法人代表（人）董事，請問：(一)甲與指派其擔任代表人之B公司，誰有持股申報義務及受股票轉讓方式之限制？(二)如甲連續十個交易日，每日均轉讓A公司股票一萬股，是否違反證交法之規定？(三)如甲係因反對A公司與其他公司合併，而行使股份收買請求權，有無證交法第22條之2第1項規定之適用？(四)又甲提供A公司股票設定質權，如因屆期無法清償債務，致遭質權人賣出股票，有無證交法第22條之2第1項規定之適用？

解 析

首先，證交法所稱之內部人，包括法人董事與其指派代表行使職務之自然人；如為法人代表（人）董事，則包括該代表人及指派之法人。因此，第一小題之甲及B公司，依證交法第25條及第22條之2規定，均有持股申報義務及受股票轉讓方式之限制。

其次，依證交法第22條之2第1項第2款但書規定，如每一交易日轉讓股數未超過一萬股者，免予申報；故甲雖連續十個交易日，每日均轉讓A公司股票一萬股，並未違反證交法之規定。惟須注意者，該款但書僅免除申報義務，但仍受持有期間之限制，故甲成為內部人後六個月內，不能依此方式轉讓持股。

至於第三小題，甲雖係行使股份收買請求權，惟依證期會92年10月1日台財證三字第0920134020號函釋，仍屬證交法第22條之2第1項第3款向特定人「轉讓」股票之行為，故甲於轉讓前應依該款規定向主管機關辦理事前申報。

另第四小題，依實務見解，雖由出質人賣出股票，內部人仍有辦理事前申報之義務，此觀最高行政法院94年度判字第656號判決要旨表示「縱因股票有出質之情形，並已依同法第25條第4項之規定辦理，出質人亦不得因其股票已設定質

權，而可豁免其對該股票發生轉讓時亦應依規定辦理申報之責任。換言之，股票之所有人於知悉出質股票之擔保品不足時，事前即應主動掌控其股票可能遭質權人處分之資訊，依法向被上訴人為公司內部人預定於集中交易市場或證券商營業處所轉讓持股申報書之申報，即便內部人所申報轉讓股數與實際轉讓股數可能不盡相同，但並不影響公司內部人之申報義務。」可知。另違反事前申報義務者，證交法第178條第1項第1款有罰鍰之規定，特一併敘明。

第四節　財務及業務資訊之公開與管理

一、概說

　　所謂公開，有「初次公開」與「繼續公開」之別。前者，又稱「發行市場之公開」，指募集、發行有價證券時，應將發行公司本身之財務、業務狀況公開揭露；後者，又稱「流通市場之公開」，指證券發行後，持續將發行公司本身之財務、業務予以公開揭露。此處之公開，僅指繼續公開而言，即證交法第36條所規定之財務報告申報、公告及備置義務；至於初次公開，則於有價證券之募集時，再作說明。

　　又所謂財務報告，依證交法第14條第1項規定：「本法所稱財務報告，指發行人及證券商、證券交易所依法令規定，應定期編送主管機關之財務報告。」惟過去商業會計法第四章、第六章、第七章對於會計事務處理之規範，與國際會計準則有所不同，致我國會計準則與國際會計準則接軌過程中，常與商業會計法有所扞格，故於同條第2項規定：「前項財務報告之內容、適用範圍、作業程序、編製及其他應遵行事項之財務報告編製準則，由主管機關定之，不適用商業會計法第四章、第六章及第七章之規定。」因此，本項除授權主管機關訂定「證券發行人財務報告編製準則」（簡稱「編製準則」）外，並明文規定其得排除商業會計法第四章、第六章、第七章規定之適用。

　　又為明確規範虛偽隱匿財務報告內容之相關人員責任範圍，同條第3項規定：「第一項財務報告應經董事長、經理人及會計主管簽名或蓋章，並出具財務報告內容無虛偽或隱匿之聲明。」未依規定辦理者，依證交法第178條第1項第2款規定處罰。此外，考量會計主管之能力及操守攸關財務報告之品質與可靠性，故該等人員除應具備良好道德及行為操守外，亦應於任職期間持續專業進修以增進其專業能力，因此，同條第4項規定：「前項會計主管應具備一定之資格條件，並於任職期間內持續專業進修；其資格條件、持續專業進修之最低進修時數及辦理進修機構應具備條件等事項之辦法，由主管機關定之。」據此授權，主管機關已訂定「發行人證券商證券交易所會計主管資格條件及專業進修辦法」（簡稱「會計主管辦法」）。

　　另同條第5項規定：「股票已在證券交易所上市或於證券櫃檯買賣中心上櫃買賣之公

司，依第二項規定編製年度財務報告時，應另依主管機關規定揭露公司薪資報酬政策、全體員工平均薪資及調整情形、董事及監察人之酬金等相關資訊。」即以資訊揭露方式，促使公司訂定合理之董事、監察人及員工薪資報酬。

二、定期公開

公開發行公司之財務報告為投資人投資有價證券之主要參考依據，除必須符合可靠性、公開性外，尚須具時效性，故為使投資人瞭解公司之現狀與未來，公司除情形特殊，經主管機關另予規定者外[16]，應依規定公告並向主管機關申報下列報告（證交§36Ⅰ序文）：

(一) 年度財務報告

於每會計年度終了後三個月內，公告並申報由董事長、經理人及會計主管簽名或蓋章，並經會計師查核簽證、董事會通過及監察人承認之年度財務報告[17]（證交§36Ⅰ①）。年度財務報告應載明查核會計師姓名及其查核意見為「無保留意見」、「修正式無保留意見」、「保留意見」、「無法表示意見」或「否定意見」之字樣；其非屬「無保留意見」查核報告者，並應載明其理由（證交細則§4①）。

(二) 季財務報告

於每會計年度第一季、第二季及第三季終了後四十五日內，公告並申報由董事長、經理人及會計主管簽名或蓋章，並經會計師核閱及提報董事會之財務報告（證交§36Ⅰ②）。季財務報告應載明核閱會計師姓名及核閱報告所特別敘明事項（證交細則§4②）。另年度或季財務報告屬簡明報表者，應載明「會計師查核（核閱）之財務報告已備置公司供股東查閱或抄錄」之字樣（證交細則§4③）。

(三) 每月營運情形報告

於每月十日以前，公告並申報上月份營運情形（證交§36Ⅰ③）。每月公告並申報之營運情形，指合併營業收入額、為他人背書及保證之金額與其他主管機關所定之事項（證交細則§5）。

16　證交法第36條第2項規定：「前項所定情形特殊之適用範圍、公告、申報期限及其他應遵行事項之辦法，由主管機關定之。」即授權主管機關例外得延長年度財務報告公告及申報期限。例如為因應嚴重特殊傳染性肺炎事件，即延長公開發行公司公告並申報109年1月份營運情形之期限至109年2月15日（金管會109年2月3日金管證審字第1090360397號公告參照）。

17　惟依證交法第36條第6項之規定，公司在重整期間，第1項所定董事會及監察人之職權，由重整人及重整監督人行使。

三、臨時公開

又稱即時公開，應於事實發生之日起二日內公告並向主管機關申報（證交§36Ⅲ序文）；其情形如下：

(一) 股東常會承認之年度財務報告與公告並申報之年度財務報告不一致

按年度財務報告應於會計年度終了後三個月內公告並申報（證交§36Ⅰ①），但股東會則應於會計年度終了後六個月內召開（證交§36Ⅶ），致可能發生「股東常會承認之年度財務報告與公告並向主管機關申報之年度財務報告不一致」之情形；此時歧異之原因可能因存貨、應收帳款或呆帳之評估資訊不充分所導致，故有使投資人迅速知悉其差異之必要[18]。

(二) 發生對股東權益或證券價格有重大影響之事項

依證交法施行細則第7條之規定，係指下列情形之一：

1. 存款不足之退票、拒絕往來或其他喪失債信情事者。
2. 因訴訟、非訟、行政處分、行政爭訟、保全程序或強制執行事件，對公司財務或業務有重大影響者。
3. 嚴重減產或全部或部分停工、公司廠房或主要設備出租、全部或主要部分資產質押，對公司營業有影響者。
4. 有公司法第185條第1項所定各款情事之一者。
5. 經法院依公司法第287條第1項第5款規定其股票為禁止轉讓之裁定者。
6. 董事長、總經理或三分之一以上董事發生變動者。
7. 變更簽證會計師者。但變更事由係會計師事務所內部調整者，不包括在內。
8. 重要備忘錄、策略聯盟或其他業務合作計畫或重要契約之簽訂、變更、終止或解除、改變業務計畫之重要內容、完成新產品開發、試驗之產品已開發成功且正式進入量產階段、收購他人企業、取得或出讓專利權、商標專用權、著作權或其他智慧財產權之交易，對公司財務或業務有重大影響者。
9. 其他足以影響公司繼續營運之重大情事者。

四、年報

證交法第36條第4項規定：「第一項之公司，應編製年報，於股東常會分送股東；其應記載事項、編製原則及其他應遵行事項之準則，由主管機關定之。」本項係鑑於公開發

---

[18]　劉連煜「新證券交易法實例研習」第97頁。

行公司除在募集與發行有價證券之年度，始依證交法第30條編製公開說明書，對公司財務業務狀況與展望有較詳盡報導外，在未辦理增資或發行公司債之年度，雖於召開股東常會，備有財務報告及議事手冊或議事錄，內容卻失之簡略，故為使股東對公司之現況及未來有較詳盡之認識，明定公司應編製年報，於股東常會分送股東，並授權主管機關訂定其準則。

而主管機關已據此授權訂定「公開發行公司年報應行記載事項準則」，其第7條規定：「年報編製內容應記載事項如下：一、致股東報告書。二、公司簡介。三、公司治理報告。四、募資情形：資本及股份、公司債、特別股、海外存託憑證、員工認股權憑證、限制員工權利新股及併購（包括合併、收購及分割）之辦理情形暨資金運用計畫執行情形。五、營運概況。六、財務概況。七、財務狀況及財務績效之檢討分析與風險事項。八、特別記載事項。」可知其目的，在使股東透過年報瞭解公司之財務及業務狀況。

五、財務報告及年報抄本之送交與備置義務

證交法第36條第5項規定：「第一項至第三項公告、申報事項及前項年報，有價證券已在證券交易所上市買賣者，應以抄本送證券交易所；有價證券已在證券商營業處所買賣者，應以抄本送主管機關指定之機構供公眾閱覽。」此處所稱之「主管機關指定之機構」，指「財團法人中華民國證券櫃檯買賣中心」，以符合在證券商營業處所買賣係於櫃檯買賣中心進行之實際狀況。另依證交法第37條第4項之規定，第36條第1項之財務報告，應備置於公司及其分支機構，以供股東及公司債權人之查閱或抄錄。

六、重大財務及業務行為之處理準則

證交法第36條之1規定：「公開發行公司取得或處分資產、從事衍生性商品交易、資金貸與他人、為他人背書或提供保證及揭露財務預測資訊等重大財務業務行為，其適用範圍、作業程序、應公告、申報及其他應遵行事項之處理準則，由主管機關定之。」本條目的在配合行政程序法之施行，使主管機關已發布之行政命令有法律授權，並提升其法律位階。而主管機關依授權，已訂定「公開發行公司取得或處分資產處理準則」、「公開發行公司資金貸與及背書保證處理準則」及「公開發行公司公開財務預測資訊處理準則」等法規命令，作為公開發行公司遵行之依據。

七、會計師之查核簽證及監督

證交法第37條第1項、第2項規定：「會計師辦理第三十六條財務報告之查核簽證，應經主管機關之核准；其準則，由主管機關定之。」、「會計師辦理前項查核簽證，除會

計師法及其他法律另有規定者外，應依主管機關所定之查核簽證規則辦理。」據此，主管機關已分別訂定「會計師辦理公開發行公司財務報告查核簽證核准準則」及「會計師查核簽證財務報表規則」。另依同條第3項之規定，會計師辦理第1項簽證，發生錯誤或疏漏者，主管機關得視情節之輕重為警告、停止其二年以內辦理證交法所定之簽證或撤銷簽證之核准等處分。

新聞追蹤

康友-KY二會計師　遭金管會停業二年

　　繼14年前力霸事件後對會計師最重處分！股價曾經高達500元的生技股王康友-KY（6452）8月驚爆董事長、總經理、財務長等一眾高層全數落跑，疑掏空公司且財報不實，如今股票已停止買賣淪為壁紙。金管會經近二個月調查後，今（29）日正式宣布對勤業會計師事務所二位會計師祭出停業二年的懲處，從2020年10月1日起開始停業至2022年9月30日止不得執業。

　　報導中所指金管會對簽證會計師之懲處，其依據為證交法第37條第3項規定：「會計師辦理第一項簽證，發生錯誤或疏漏者，主管機關得視情節之輕重，為左列處分：一、警告。二、停止其二年以內辦理本法所定之簽證。三、撤銷簽證之核准。」因會計師辦理財務報告之查核簽證須經金管會之核准，故所謂祭出停業二年的懲處，即指「停止其二年以內辦理本法所定之簽證」；至於有無「錯誤或疏漏」，應依有無違反「會計師查核簽證財務報表規則」或一般公認審計準則而定。另依會計師法第61條第3款之規定，會計師對財務報告之簽證發生錯誤或疏漏，情節重大者，應付懲戒，而依會計師法第62條規定：「會計師懲戒處分如下：一、新臺幣十二萬元以上一百二十萬元以下罰鍰。二、警告。三、申誡。四、停止執行業務二個月以上二年以下。五、除名。」故本件簽證會計師因查核簽證財報有缺失，將可能再遭會計師懲戒委員會依會計師法予以懲戒處分。

　　又證券交易法第37條與會計師法第62條二者之立法意旨、管理目的、適用機關、處分種類及處罰所涉影響之業務範圍皆有所不同。前者係就會計師依證交法辦理簽證發生錯誤或疏漏者，主管機關得按其情節予以處分，俾資警惕，以督促簽證公開發行公司財務報告之會計師善盡查核責任，性質上屬於「行政罰」；後者係針對專門職業人員違反專業倫理及紀律行為所為之處罰，著重於會計師職業內部秩序之維護，屬於紀律維持之「懲戒罰」，故另設會計師懲戒委員會處理。此外，二者之救濟程序亦不同，對前者之處分不服，得依序提起訴願、行政訴訟；對後者之決議不服，則先向會計師懲戒覆審委員會請求覆審，對覆審決議不服者，則直接提起行政訴訟。

　　惟二者雖有前述之不同，但會計師係就同一原因事實而併受行政罰及懲戒罰；且懲戒之內容及目的係因違反行政法上義務所為之制裁時，依實務見解，即屬於行政罰法第2條所規定之裁罰性不利處分，而有行政罰法裁處權時效規定之適用（臺北高等行政法院106年度訴字第236號判決）。故會計師界多數認為其違反行政罰法第26條「一事不二罰」之規定，而建議刪除證交法第37條之規定；但主管機關則考量重大弊案發生時，若交由會計師懲戒委員會處理，可能長期拖延，期間相關的會計師依然可以承接財報簽證業務，不符合社會大眾及投資人期待，故主張予以保留。另會計師辦理財務報表之簽證，有虛偽不實或隱匿之情事時，則另有民、刑事責任（證交§20-1Ⅲ、174Ⅱ②），容後敘明。

2020-09-29／經濟日報／記者葉憶如「康友-KY二會計師　遭金管會停業二年」報導

第五節　股票面額、庫藏股及公積之特別規定

一、股票面額

(一) 概說

　　所謂「面額」，指股票之票面金額，即股票上所記載之每股金額。依證交法第27條第1項規定：「主管機關對於公開發行之股票，得規定其每股之最低或最高金額。但規定前已准發行者，得仍照原金額；其增資發行之新股，亦同。」本項授權主管機關得規定公開發行公司股票之最低或最高金額，以免影響股票之交易及管理。因過去主管機關將公開發行公司股票之面額均統一規定為新臺幣十元，被認為影響新創公司募資；但現行公司法已許公司擇一採行票面金額股或無票面金額股（公司§156Ⅰ），故相關規定現已刪除，公開發行公司股票面額不再限制為十元，公司可依其本身狀況自行決定股票面額，甚至選擇發行無票面金額股，惟發行票面金額股者，每股金額應歸一律（公司§156Ⅱ前段）。同條第2項規定：「公司更改其每股發行價格，應向主管機關申報。」此處所謂之「每股發行價格」，亦指每股金額（面額）。

(二) 折價發行新股

　　所謂「折價發行新股」，指以低於票面金額發行新股。依公司法第140條第1項之規定，採行票面金額股之公司，其股票之發行價格，不得低於票面金額；但公開發行股票之公司，證券管理機關另有規定者，不在此限。而依證券主管機關所訂定之募發準則第19條第1項之規定，發行人辦理現金發行新股、合併發行新股、受讓他公司股份發行新股、

依法律規定進行收購發行新股或分割發行新股時，不受公司法第140條關於股票發行價格不得低於票面金額規定之限制。

另發行人申報以低於票面金額發行股票，應敘明未採用其他籌資方式之原因與其合理性、發行價格訂定方式及對股東權益之影響，並依公司法或證券相關法令規定提股東會或董事會決議通過（募發準則§19Ⅱ）；且在向主管機關申報生效後，應於公開說明書及認股書中以顯著字體載明公司折價發行新股之必要性與合理性、未採用其他籌資方式之原因及其合理性（募發準則§19Ⅲ）。

二、庫藏股

有關公司買回其股份之規定，除公司法第167條及第167條之1外，證交法對上市或上櫃公司另有特別規定，故上市或上櫃公司可不受公司法前開條文之限制，於符合證交法所規定之條件時，即可買回其股份。

(一) 適用對象、程序、方式及辦法

依證交法第28條之2第1項序文之規定，股票已在證券交易所上市或於證券商營業處所買賣之公司，得經董事會三分之二以上董事之出席及出席董事超過二分之一同意，於有價證券集中交易市場或證券商營業處所或依第43條之1第2項規定買回其股份。按所謂「股票在證券商營業處所買賣之公司」，兼指上櫃及興櫃公司而言，但依主管機關函釋，「興櫃股票」之交易係採議價方式，故不適用證交法第28條之2有關買回本公司股份之規定[19]，因此，其適用對象僅限於上市或上櫃公司。至於其程序，須經董事會特別決議；且依買回股份辦法第2條第1項之規定，公司應於董事會決議之即日起算二日內，公告並向金管會申報其所規定之事項。而買回之方式，除在集中市場或證券商營業處所（店頭市場）買回外，亦可對非特定人公開收購（證交§43-1Ⅱ）。

另依證交法第28條之2第3項規定：「公司依第一項規定買回其股份之程序、價格、數量、方式、轉讓方法及應申報公告事項之辦法，由主管機關定之。」而據此授權，主管機關已經發布「上市上櫃公司買回本公司股份辦法」（簡稱「買回股份辦法」）。

(二) 買回股份之目的

依證交法第28條之2第1項各款之規定，公司買回其股份，限於下列目的：

1. 轉讓股份予員工[20]。
2. 配合附認股權公司債、附認股權特別股、可轉換公司債、可轉換特別股或認股權

---

[19]　證期會90年10月16日台財證三字第005702號函。

[20]　依金管會107年12月27日金管證發字第1070121068號令，其對象以本公司及其國內外控制或從屬公司之員工為限。

憑證之發行，作為股權轉換之用。

3. 為維護公司信用及股東權益所必要而買回，並辦理銷除股份者。

另依買回股份辦法第2條第2項之規定，公司於申報預定買回本公司股份期間屆滿之即日起算二個月內，得經董事會三分之二以上董事之出席及出席董事超過二分之一同意，向金管會申報變更原買回股份之目的。

(三) 買回股份之數量、金額及價格

證交法第28條之2第2項規定：「前項公司買回股份之數量比例，不得超過該公司已發行股份總數百分之十；收買股份之總金額，不得逾保留盈餘加發行股份溢價及已實現之資本公積之金額。」立法理由在避免公司買回自己股份之數量及所運用之資金漫無限制，致損及債權人與股東權益。

至於買回股份之價格，依買回股份辦法第2條第1項第5款之規定，公司應向主管機關申報並公告「買回之區間價格」；所謂買回區間價格，指公司在預定買回期間，執行買回本公司股份所預定之最高及最低之買回價格。因此，買回區間價格應予明確訂定價格之上限及下限[21]。

(四) 庫藏股之轉讓期間及未轉讓前之限制

證交法第28條之2第4項規定：「公司依第一項規定買回之股份，除第三款部分應於買回之日起六個月內辦理變更登記外，應於買回之日起五年內將其轉讓；逾期未轉讓者，視為公司未發行股份，並應辦理變更登記。」立法理由在避免公司無限期持有自己之股份。另依同條第5項之規定，公司依第1項規定買回之股份，不得質押；於未轉讓前，不得享有股東權利。

(五) 關係人賣出股份之禁止

公司於有價證券集中交易市場或證券商營業處所買回其股份者，該公司依公司法第369條之1規定之關係企業或董事、監察人、經理人、持有該公司股份超過股份總額百分之十之股東所持有之股份，及其配偶、未成年子女或利用他人名義所持有之股份，於該公司買回之期間內不得賣出（證交§28-2Ⅵ、Ⅷ）。

(六) 董事會之報告義務

證交法第28條之2第7項規定：「第一項董事會之決議及執行情形，應於最近一次之股東會報告；其因故未買回股份者，亦同。」另依買回股份辦法第5條之規定，公司買回

---

[21] 至於買回區間價格之訂定，依主管機關之說明，以介於董事會決議前十個營業日或三十個營業日之平均收盤價（二者取高）之百分之一百五十與董事會決議當日收盤價之百分之七十間為適（庫藏股疑義問答彙整版第10題說明）。

股份，應於依第2條申報之即日起算二個月內執行完畢，並應於上述期間屆滿或執行完畢後之即日起算五日內向金管會申報並公告執行情形；逾期未執行完畢者，如須再行買回，應重行提經董事會決議。

三、公積

(一) 特別盈餘公積之強制提列

依公司法第237條之規定，公司於完納一切稅捐後，分派盈餘時，應先提出百分之十為法定盈餘公積；至於特別盈餘公積，應經章程訂定或股東會議決。惟證交法第41條第1項規定：「主管機關認為有必要時，對於已依本法發行有價證券之公司，得以命令規定其於分派盈餘時，除依法提出法定盈餘公積外，並應另提一定比率之特別盈餘公積。」其目的在維持公開發行公司財務結構之健全與穩定；例如公開發行之銀行、票券金融公司及金融控股公司投資性不動產後續衡量採公允價值模式者，應就產生之保留盈餘增加數，提列相同數額之特別盈餘公積[22]；或證券商應於每年稅後盈餘項下，提存百分之二十特別盈餘公積[23]。

(二) 公積撥充資本之限制

又依公司法第239條第1項但書之規定，法定盈餘公積及資本公積，除填補公司虧損外，亦得於公司無虧損時，將法定盈餘公積及部分資本公積之全部或一部，按股東原有股份之比例發給新股或現金。惟依證交法第41條第2項規定：「已依本法發行有價證券之公司，申請以法定盈餘公積或資本公積撥充資本時，應先填補虧損；其以資本公積撥充資本者，應以其一定比率為限。」而依募發準則第72條之1第1項規定，以資本公積撥充資本之比率，其以公司法第241條第1項第1款及第2款規定之資本公積撥充資本者，每年撥充之合計金額，不得超過實收資本額百分之十；但公司因組織發生變動（例如併購、改制等），致其未分配盈餘於組織變動後轉列資本公積者，不在此限。

---

[22] 金管會103年2月19日金管銀法字第10310000140號令。

[23] 證券商管理規則第14條第1項、第2項規定。

第三章　有價證券之募集、發行與私募

第一節　證券市場與公開發行概說

一、證券市場

證券市場可分為發行市場與流通市場。前者，又稱為初級市場（primary market），是指發行人為募集資金，發行有價證券，透過承銷商向投資大眾公開銷售所形成之市場；另公司為募集資金，對特定人招募有價證券之私募行為（證交§7Ⅱ），亦屬發行市場之範疇。至於後者，又稱為交易市場或次級市場（secondary market），是指證券發行後，持有證券之投資人將證券出售轉讓予其他人所形成之市場；包括集中市場與店頭市場。

此外，發行市場又有初次發行（primary offer）與再次發行（secondary offer）之分。前者，是證券原始的、第一次的自發行人流向投資人之行為；後者，則是證券從既存之持有人流向其他投資人之行為。至於再次發行與流通市場之差別，在於前者是大規模向投資人要約之發行行為，而後者則是在交易市場中為買賣[1]。

本章第一節以後之內容討論發行市場，下一章則討論流通市場及公開收購。

二、公開發行

(一) 公開發行之意義

按所謂「公開發行」一詞，雖然散見於公司法與證券交易法，但法律對其並無名詞定義，一般則認為其具有二層意義[2]。首先，「公開發行」指一種行為，表示發行人以公開方式向不特定人募集後交付有價證券之行為；而以公開方式發行有價證券之行為，應受證交法之規範，並適用證交法所規定之一系列發行程序。其次，「公開發行」指一種地位或資格，而取得此一資格或地位之公司，即為公開發行公司，應受證交法之規範。

(二) 補辦公開發行

按募發準則第六章規定「補辦公開發行」之程序（第66條至第71條），係因公司除非採「募集設立」方式成立，於設立之時已屬「公開發行公司」，否則設立後，其未公開

---

[1]　曾宛如「證券交易法原理」第65頁。

[2]　王文宇「公司法論」第87頁。

發行之股票，如擬在證券交易所上市或於證券商營業處所買賣者，應先向主管機關申請補辦證交法規定之有關發行審核程序（證交§42Ⅰ）；未補辦發行審核程序之公司股票，不得為證交法之買賣，或為買賣該種股票之公開徵求或居間（證交§42Ⅱ）。又公司縱無上市或上櫃計畫，亦得依董事會決議，向主管機關申請辦理公開發行程序（公司§156-2Ⅰ前段）。以上二者，依募發準則第66條第1項之規定，均屬「補辦公開發行」。另私募之有價證券，因未經「公開發行」之行為，故應於該私募有價證券交付日起滿三年後，向主管機關補辦公開發行，始得在集中市場或店頭市場買賣（募發準則§68Ⅰ序文）。

另證交法第24條規定：「公司依本法發行新股者，其以前未依本法發行之股份，視為已依本法發行。」所謂「以前未依本法發行之股份」，僅指公司於證交法公布施行之前所發行之股份。因此，如公司在證交法施行後依「發起設立」方式成立，經若干年後，公開發行新股時，須一方面就其新股部分辦理公開發行，另一方面對以前未辦理公開發行之股份，應補辦公開發行。至於證交法第181條規定：「本法施行前已依證券商管理辦法公開發行之公司股票或公司債券，視同依本法公開發行。」係指於證券交易法實行前依「證券商管理辦法」辦理公開發行者，二者適用範圍不同[3]。

第二節　有價證券之募集

一、有價證券募集之管理

募集係對非特定人公開招募有價證券之行為（證交§7Ⅰ），故涉及多數之非特定人，因此，為維護證券投資人之權益，各國立法例均加以監督管理，而其方法，大致可分為核准制與申報生效制二種。前者，又稱實質審查制，指發行人欲公開發行有價證券，除須公開有關資訊外，其財務、業務必須符合一定之標準，且先經主管機關核准，才能公開發行有價證券；至於後者，係以公開原則之實現為基礎，發行人無須具備一定之財務、業務條件，但應依規定申報及公開有關資料，如主管機關未於一定期間內表示異議，即得發行證券。申報生效制之精神在於資料之完全公開，而不就發行人的實質條件予以限制[4]。

證交法對證券公開發行之管理，依第22條第1項用語觀察，歷經「核准制」、「兼採核准制與申報生效制」及「申報生效制」（2006年1月11日至今）三個階段；惟依現行證交法第22條第1項規定：「有價證券之募集及發行，除政府債券或經主管機關核定之其他有價證券外，非向主管機關申報生效後，不得為之。」其名義雖採申報生效制，但公司法對公司債及股份之公開發行仍稱「核準」（公司§251Ⅰ、268Ⅰ），且證交法第22條第4項規定：「依前三項規定申報生效應具備之條件、應檢附之書件、審核程序及其他應遵行

---

[3]　賴英照「證券交易法逐條釋義」第二冊第59頁。

[4]　賴英照「最新證券交易法解析」第33頁。

事項之準則，由主管機關定之。」致學者質疑主管機關仍繼續以申報生效制之名，行使實質審查之規範權[5]。另政府債券或經主管機關核定之其他有價證券，因免向主管機關辦理申報，故學理上稱為「豁免證券」，經主管機關核定之其他有價證券通常為國際債券。

又證交法第22條第2項規定：「已依本法發行股票之公司，於依公司法之規定發行新股時，除依第四十三條之六第一項及第二項規定辦理者外，仍應依前項規定辦理。」即公開發行公司除「私募」以外，縱依公司法之規定發行新股，例如以公積撥充資本或發行限制員工權利新股（公司§241Ⅰ、267Ⅸ），仍應向主管機關申報生效。

新聞追蹤

日碩實業被控吸金

台北地檢署偵辦台版華爾街之狼案，查出案外案，發現日碩實業與豪倫科技兩家公司，涉嫌在2012年至2013年間，利用虛假名義不實增資兩次，再找上兆良生技作假交易，美化財報，透過地下盤商販售未上市股票，不法獲利2億4,000萬元。

一般上市或上櫃公司於掛牌時，均需與證券交易所或櫃買中心簽訂使用市場契約，股票始能在證券交易所或櫃買中心公開進行買賣；至於未上市或上櫃公司所發行之股票，通常均簡稱為「未上市股票」，只能私下轉讓。但公司股票雖然未上市或上櫃，甚至未公開發行，或者是外國公司股票，仍屬證券交易法第6條第1項所稱之有價證券，故其募集、發行或買賣均須受證交法之規範（證交§2）。因此，如果股票買賣有虛偽、詐欺或其他足致他人誤信之行為時，即構成所謂之證券詐欺（證交§20Ⅰ），須依證交法第171條第1項第1款及第2項之規定受刑事處罰，其刑度遠較刑法第339條之詐欺罪重。

又縱無證券詐欺行為，如果販售股票採公開募集方式，即使用公開廣告或一般性勸誘之方式，向多數之不特定人要約或出售，依證交法第22條第1項之規定亦屬違法，依第174條第2項第3款之規定，亦應受刑事處罰；又所謂一般性廣告或公開勸誘之行為，參照證交法施行細則第8條之1規定，係指以公告、廣告、廣播、電傳視訊、網際網路、信函、電話、拜訪、詢問、發表會、說明會或其他方式，向非特定人為要約或勸誘之行為。因此，實務上常見有人以投顧公司名義聘請業務員，再教導員工利用誇大不實的行銷話術，向不特定人電話行銷未上市股票，實際上已經違反證交法之規定，而有刑事責

5　賴英照「最新證券交易法解析」第36頁。另依募發準則第4條之規定，必須公司之財務、業務條件達一定之標準時，方得公開發行公司債或股份；又依其第15條之規定，主管機關得以申報書件不完備或應記載事項不充分者，甚至為保護公益認為有必要者，作為停止申報生效之理由，均可見現行制度仍採實質審查。

任。

　　此外，本件如果不是利用股票作為工具，而是以所謂之「投資契約」吸收資金，即約定將所得資金用來進行特定事業經營，並使參與人得分享經營成果者；例如在報紙刊登廣告，以公司欲推出專案興建販售建物為名，舉辦說明會，銷售建築物之「持分單位」，並由公司出具「持分單位書」於投資人之情形，是否亦適用證券交易法之規範，不無疑問？實務上認為「持分單位書」係證明權利義務關係或意思表示之文書，亦非價款繳納憑證，故非證交法第6條第1項或第2項所指之有價證券，而不適用證交法之規範（臺中地方法院84年3月刑事法律問題座談會研討結論參照）。但曾有案例以廣告表示「持分三年內收取租金，三年後可以轉為股東」，因類似轉換公司債之性質，而被認為是公開募集有價證券（臺北地方法院68年度易字第832號刑事判決參照）。

2017-10-03／聯合報／記者賴佩璇「日碩實業被控吸金」報導

二、公開說明書

(一) 公開說明書之意義

　　證交法第13條規定：「本法所稱公開說明書，謂發行人為有價證券之募集或出賣，依本法之規定，向公眾提出之說明文書。」其中「募集」，係指發起人於公司成立前或發行公司於發行前，對非特定人公開招募有價證券之行為（證交§7Ⅰ）；至於「出賣」，證交法並無定義，惟一般認為係指該法第22條第3項所規定之有價證券發行後，有價證券持有人出售其所持有之有價證券而公開招募之情形[6]，即前述之「再次發行」。

(二) 應編製公開說明書之情形

1. 募集、發行有價證券

　　證交法第30條第1項規定：「公司募集、發行有價證券，於申請審核時，除依公司法所規定記載事項外，應另行加具公開說明書。」本條係以「公司」為編製主體，學者認為其涵蓋範圍不若「發行人」周延，應改為「發行人」較妥[7]。所謂公司法所規定記載事項，指第133條、第248條或第268條各條第1項所規定之事項；至於為發行有價證券而應編製公開說明書之情形，依公開說明書準則第3條第1項第2款之規定，包括發行新股、發行公司債、發行員工認股權憑證、發行限制員工權利新股、募集設立及其他等情形。

2. 申請上市或上櫃（含興櫃）

　　依證交法第30條第3項之規定，公司申請其有價證券在證券交易所上市或於證券商營

---

[6]　李開遠「證券交易法理論與實務」第139頁。

[7]　賴英照「證券交易法逐條釋義」第二冊第225頁。

業處所買賣者，係準用第1項之規定，即應加具公開說明書[8]；至於其公開說明書應記載事項之準則，分別由證券交易所與證券櫃檯買賣中心擬訂後，再報請主管機關核定[9]。

3. 補辦公開發行

依募發準則第66條第1項之規定，發行人依證交法第42條第1項及公司法第156條之2第1項前段規定首次辦理股票公開發行者，須檢具申報書，載明應記載事項，連同股票公開發行說明書等，向主管機關提出申報。

4. 再次發行

依證交法第22條第3項之規定，出售所持有第6條第1項規定之有價證券或其價款繳納憑證、表明其權利之證書或新股認購權利證書、新股權利證書，而公開招募者，準用同條第1項規定，即仍應向主管機關申報生效。而依募發準則第61條第1項及第62條之規定，有價證券持有人應檢具有價證券公開招募申報書及公開招募說明書，載明其應記載事項，連同應檢附書件，向主管機關申報生效後，始得為之。

5. 公開收購

依證交法第43條之4第1項之規定，公開收購人除依第28條之2規定買回本公司股份者外，應於應賣人請求時或應賣人向受委任機構交存有價證券時，交付公開收購說明書。

(三) 公開說明書編製之基本原則

證交法第30條第2項規定：「前項公開說明書，其應記載之事項，由主管機關以命令定之。」而金管會據此訂定「公司募集發行有價證券公開說明書應行記載事項準則」（簡稱「公開說明書準則」），其第2條規定公開說明書編製之基本原則如下：1.公開說明書所記載之內容，必須詳實明確，文字敘述應簡明易懂，不得有虛偽或欠缺之情事；2.公開說明書所記載之內容，必須具有時效性。公開說明書刊印前，發生足以影響利害關係人判斷之交易或其他事件，均應一併揭露。

(四) 公開說明書之應記載事項

依公開說明書準則第6條第1項之規定，公開說明書之內容，除募集設立公開說明書另有規定者外，其編制內容，依該準則第二章之規定，應記載事項如下：

1. 公司概況：包括公司簡介、風險事項、公司組織、資本及股份、公司債、特別股、海外存託憑證、員工認股權憑證、限制員工權利新股、併購及受讓他公司股份辦理情形。

---

[8] 惟此及後述三種情形之公開說明書，依學者見解，並不符合證交法第13條之定義，則證交法有關公開說明書之交付義務及主要內容虛偽隱匿之民、刑事責任（證交§31、174 I ①③④），能否一體適用，頗滋疑義；以上參賴英照「最新證券交易法解析」第54頁。

[9] 立法理由在提升證券交易所與證券櫃檯買賣中心所擬訂之公開說明書應行記載事項準則之法律位階，使經主管機關核定之準則具有法規命令之效力。

2. 營運概況：包括公司之經營、不動產、廠房及設備及其他不動產、轉投資事業、重要契約及其他必要補充說明事項。

3. 發行計畫及執行情形：包括前次現金增資、併購、受讓他公司股份或發行公司債資金運用計畫分析、本次現金增資或發行公司債資金運用計畫分析、本次受讓他公司股份發行新股及本次併購發行新股情形。

4. 財務概況：包括最近五年度簡明財務資料、財務報告、財務概況其他重要事項、財務狀況及經營結果檢討分析。

5. 特別記載事項：包括公司治理運作情形及其他特別記載事項。

6. 重要決議：應記載與本次發行有關之決議文。

此外，銀行、票券、證券、期貨、保險、金融控股及信託投資等特殊行業，主管機關另有規定者，應依其規定辦理。

(五) 公開說明書之交付

證交法第31條第1項規定：「募集有價證券，應先向認股人或應募人交付公開說明書。」違反者，依同條第2項之規定，對於善意之相對人因而所受之損害，應負賠償責任；惟交付義務人為何人？證交法並無明文規定，通說認為除「發行人」外，尚包括「證券承銷商」在內，理由在於公開說明書之交付義務係配合公開原則之貫徹而來，而證券承銷商係以中間人之地位，擔任證券供需雙方之橋樑，在整個證券承銷過程中扮演重要角色，為求公開原則之貫徹，實應課以證券承銷商交付公開說明書之義務[10]。

三、股款或債款之繳納

(一) 繳納憑證

認股人或應募人繳納股款或債款，應將款項連同認股書或應募書向代收款項之機構繳納之；代收機構收款後，應向各該繳款人交付經由發行人簽章之股款或債款之繳納憑證（證交§33Ⅰ）。前述繳納憑證及其存根，應由代收機構簽章，並將存根交還發行人（證交§33Ⅱ）。

(二) 不適用公司法所定催繳延欠股款之規定

按公司增資發行新股時，如認股人延欠應繳之股款時，依公司法第266條第3項準用同法第142條之規定，公司應定一個月以上之期限催告該認股人照繳，並聲明逾期不繳

---

[10] 至於證交法第79條規定：「證券承銷商出售其所承銷之有價證券，應依第三十一條第一項之規定，代理發行人交付公開說明書。」此之「代理」，其真意應解為證券承銷商不必自任印製公開說明書之勞務；因此，證券發行人應提供相當份數之公開說明書予其承銷商，再由承銷商轉交投資人。以上參劉連煜「新證券交易法實例研習」第314頁。

失其權利,因阻撓公司如期完成增資,影響多數認股人權益,故證交法第33條第3項規定:「已依本法發行有價證券之公司發行新股時,如依公司法第二百七十三條公告之股款繳納期限在一個月以上者,認股人逾期不繳納股款,即喪失其權利,不適用公司法第二百六十六條第三項準用同法第一百四十二條之規定。」即股款繳納期限在一個月以上者,排除公司法所定催繳延欠股款規定之適用。

四、股票或公司債券之交付

按公開發行股票之公司,應於設立登記或發行新股變更登記後三個月內發行股票(公司§161-1 I),惟為使投資人早日取得股票或公司債,證交法第34條第1項規定:「發行人應於依公司法得發行股票或公司債券之日起三十日內,對認股人或應募人憑前條之繳納憑證,交付股票或公司債券,並應於交付前公告之。」所謂「依公司法得發行股票或公司債券之日」,係指公司申請設立或變更登記收到主管機關回函之日[11]。另公司股款或債款之繳納憑證亦可轉讓,惟應於前述規定之限期內為之(證交§34 II)。

五、強制股權分散

依公司法第267條第1項至第3項之規定,公司發行新股時,除由員工認購發行新股總數百分之十至十五之股份外,其餘股份應由原有股東按照其股份比例優先認購;然證交法第22條之1第1項規定:「已依本法發行股票之公司,於增資發行新股時,主管機關得規定其股權分散標準。」本項立法目的在強制公開發行公司必須提撥一定比率之新股對外公開發行,供社會大眾認購,以期達資本證券化、證券大眾化之目標。惟本項之適用,必須與證交法第28條之1相配合,始稱完整,茲分述如下:

(一) 適用對象

1. 非上市、上櫃公司

證交法第28條之1第1項規定:「股票未在證券交易所上市或未於證券商營業處所買賣之公開發行股票公司,其股權分散未達主管機關依第二十二條之一第一項所定標準者,於現金發行新股時,除主管機關認為無須或不適宜對外公開發行者外,應提撥發行新股總額之一定比率,對外公開發行,不受公司法第二百六十七條第三項關於原股東儘先分認規定之限制。」所謂未達主管機關所定股權分散標準,依募發準則第18條第1項序文規定,係指持股一千股以上之記名股東人數未達三百人,或未達其目的事業主管機關規定之股權分散標準。另強制股權分散限於「現金發行新股」時,即所謂之「現金增資」,如屬盈餘

---

[11] 證管會57年8月9日證管發字第0660號函。

轉增資或公積轉增資，並不適用；至於主管機關認為無須或不適宜對外公開發行者，例如募發準則第18條第1項但書所規定之情形[12]。

2. 上市、上櫃（含興櫃）公司

證交法第28條之1第2項規定：「股票已在證券交易所上市或於證券商營業處所買賣之公開發行股票公司，於現金發行新股時，主管機關得規定提撥發行新股總額之一定比率，以時價向外公開發行，不受公司法第二百六十七條第三項關於原股東儘先分認規定之限制。」可知上市、上櫃（含興櫃）公司與非上市、上櫃公司不同，無論股權分散程度如何，均須提撥新股以時價（承銷價）向外公開發行；且亦無如非上市、上櫃公司，有諸多之例外規定。

(二) 提撥比率

無論是上市、上櫃（含興櫃）公司或非上市、上櫃公司，依證交法第28條之1第3項之規定，提撥比率均為發行新股總額之百分之十；但股東會另有較高比率之決議者，從其決議。

(三) 發行價格

證交法第28條之1第4項規定：「依第一項或第二項規定提撥向外公開發行時，同次發行由公司員工承購或原有股東認購之價格，應與向外公開發行之價格相同。」所謂向外公開發行之價格，指承銷價；如為競價拍賣，指最低承銷價格之一定倍數，但最高不得超過一點三倍[13]。

你知道嗎？

什麼是「強制公開發行」？

按僅限公開發行公司，始得對外公開募集、發行有價證券。而「公開發行」資格或地位之取得，如係因法令強制規定而辦理者，稱為強制公開發行；反之，公司基於本身需要而辦理公開發行者，稱為自願公開發行。另強制股權分散，係強制公開發行公司於現金增資發行新股時，提撥發行新股總額之一定比率對外公開發行，亦屬於一種「強制公開發行」，但與前述資格或地位之取得不同，而屬於公開發行「行為」之

---

[12] 依該項但書規定，有下列情形之一者，股權分散雖未達規定標準，仍無須提撥新股，對外公開發行：1.首次辦理公開發行；2.自設立登記後，未逾二年；3.獲利能力未達主管機關所規定之標準；4.依百分之十之提撥比率或股東會決議之比率計算，對外公開發行之股數未達五十萬股；5.發行附認股權特別股；6.其他主管機關認為無須或不適宜對外公開發行。

[13] 金管會105年1月5日金管證發字第1040042207號令。

強制。

　　過去公司法曾規定公司實收資本額達一定數額以上時，即須辦理公開發行。依修正前公司法第156條第4項本文規定：「公司資本額達中央主管機關所定一定數額以上者，除經目的事業中央主管機關專案核定者外，其股票應公開發行。」而經濟部據此項授權，將強制公開發行之門檻定為實收資本額2億元（2000年11月改為5億元）。惟因公開發行公司受公司法、證交法較嚴格之規範，且須定期公開財務、業務資訊，故除非公司準備上市或上櫃，否則一般公司均不願辦理公開發行，造成很多公司實收資本額接近強制公開發行之門檻時，即不再進行增資，致影響公司長期發展。因此，2001年11月修法時，基於公司股票是否公開發行，屬企業自治事項之理由，將其修正為「公司得依董事會之決議，向證券管理機關申請辦理公開發行程序」（現為公司法第156條之2第1項，並將「證券管理機關」修正為「證券主管機關」），即由「強制公開發行」改為「自願公開發行」。然2006年初發生力霸集團掏空弊案，其旗下亞太固網，實收資本額高達656.8億元，號稱全國第六大民營公司，卻未公開發行，使經營階層可以利用公司財務不透明之便上下其手；據媒體報導，其掏空金額將近300億元，致引發社會輿論譁然，而屢有恢復強制公開發行之提議，但並無共識，惟一般認為不應以實收資本額為單一門檻，應增加一定股東人數以上之條件。

　　另除過去公司法有強制公開發行之規定外，現行法律對性質特殊之金融機構，例如金融控股公司、銀行或保險公司，仍有強制公開發行之規定（金控§10、銀行§52Ⅱ、保險§136Ⅴ）。惟銀行或保險公司如屬金融控股公司百分之百持股之子公司，辦理現金增資發行新股時，是否適用公司法第267條及證交法第28條之1規定，不無疑問？依主管機關函釋，金融控股公司之子公司辦理現金增資時，得依證券交易法第43條之6有關私募規定辦理，以維股東結構之單一化。如未採私募方式者，有關員工優先認股部分，得依公司法第267條第1項但書規定，經目的事業中央主管機關專案核定，免保留發行新股之一定成數由公司員工承購；至於強制股權分散，得依募發準則第18條第1項第6款規定，經主管機關認為無須或不適宜對外公開發行者，免提撥發行新股總額之一定比率對外公開發行，以維持金融控股公司之股權單純化（證期會91年11月11日台財證一字第0910005673號函參照）。

六、再次發行

(一) 意義

　　再次發行，又稱「出售老股之公開招募」。依證交法第22條第3項規定：「出售所持

有第六條第一項規定之有價證券或其價款繳納憑證、表明其權利之證書或新股認購權利證書、新股權利證書，而公開招募者，準用第一項規定。」即證券持有人出售其所持有之有價證券，而向不特定人公開招募者，應向主管機關申報生效後，始得為之；募發準則第五章「公開招募」（第61條至第65條），即對此種情形作規範。

(二) 標的

再次發行之有價證券，其種類以上述條文列舉者為限，不包括「經主管機關核定之其他有價證券」在內；但不限於上市或上櫃之有價證券，興櫃股票或未上市、上櫃公司之股票亦包括在內[14]。

(三) 程序

依募發準則第61條第1項之規定，有價證券持有人依證交法第22條第3項規定對非特定人公開招募者，應檢具有價證券公開招募申報書，載明其應記載事項，連同應檢附書件，向主管機關申報生效後，始得為之；申報生效之期間為七個營業日，自主管機關及其指定之機構收到有價證券公開招募申報書起算（募發準則§61Ⅲ）。

(四) 方式

上市或上櫃公司之股票，應委託證券承銷商為之，其方式可為「代銷」或「包銷」；至於其他種類有價證券，應委託證券承銷商包銷，並應依證交法第71條第2項有關確定包銷之規定，於承銷契約中訂明保留承銷股數之百分之五十以上由證券承銷商自行認購，但其未來三年之釋股計畫已經目的事業主管機關核准，並出具會計制度健全之意見書者，得免保留一定比率由證券承銷商自行認購（募發準則§64Ⅰ）。

第三節　有價證券之發行

一、意義

所謂「發行」，指發行人於募集後製作並交付，或以帳簿劃撥方式交付有價證券之行為（證交§8Ⅰ）。惟證交法之「發行」與公司法之「發行」意義不同，證交法所稱之「發行」，僅指發行人募集後之有價證券交付行為[15]；至於公司法雖未對「發行」一詞作

---

[14] 募發準則第63條序文參照。至於未依證交法規定辦理公開發行之有價證券，其持有人擬申報對非特定人公開招募時，應先洽由發行人向金管會申報補辦公開發行審核程序，在未經申報生效前，不得為之（募發準則§61Ⅱ）。

[15] 因僅限於募集後之交付行為，故專指公開發行，而不包括非公開發行，且僅指初次發行而不包括再次發行（證交§22Ⅲ）；故有學者認為其定義過於狹隘，且與一般習慣用法不符，似乎刪除較為妥

定義，但分析公司法第268條第1項序文之規定，可知公司法上之「發行」不限於對不特定人爲之，如洽商由特定人認購而製作並交付股票者，亦屬發行行爲[16]。

二、公開發行公司發行有價證券之特殊規定

除前述強制股權分散規定外，公開發行公司發行有價證券尙有下列特殊規定：

(一) 認股權之行使

證交法第28條之3第1項規定：「募集、發行認股權憑證、附認股權特別股或附認股權公司債之公開發行公司，於認股權人依公司所定認股辦法行使認股權時，有核給股份之義務，不受公司法第一百五十六條第七項價格應歸一律與第二百六十七條第一項、第二項及第三項員工、原股東儘先分認規定之限制。」本項立法目的係爲促使證券商品種類多樣化，擴大證券市場規模，使公司有較多籌措資金管道，及投資人有更多之投資工具，故明定公開發行公司可募集、發行認股權憑證、附認股權特別股、附認股權公司債等證券商品。惟公司所發行具有認股權之有價證券與證券商所發行之認購權證不同，公司有依認股辦法核給股份之義務。

又爲順利推動此類商品，提高公司發行意願及投資人投資興趣，宜使投資人可隨時依認購辦法取得股份，故同條第2項規定：「前項依公司所定認股辦法之可認購股份數額，應先於公司章程中載明，不受公司法第二百七十八條第一項及第二項規定之限制。」以排除公司法有關增資發行新股之限制[17]。

(二) 募集公司債總額之限制

證交法第28條之4規定：「已依本法發行股票之公司，募集與發行公司債，其發行總額，除經主管機關徵詢目的事業中央主管機關同意者外，依下列規定辦理，不受公司法第二百四十七條規定之限制：一、有擔保公司債、轉換公司債或附認股權公司債，其發行總額，不得逾全部資產減去全部負債餘額之百分之二百。二、前款以外之無擔保公司債，其發行總額，不得逾全部資產減去全部負債餘額之二分之一。」依公司法第247條之規定，公開發行股票公司之公司債總額，不得逾公司現有全部資產減去全部負債後之餘額；無擔保公司債之總額，不得逾前項餘額二分之一。惟爲擴大債券市場規模，俾企業藉發行公司債籌措中長期資金，爰放寬有擔保公司債、轉換公司債及附認股權公司債之發行額度，爲全部資產減去全部負債餘額之百分之二百。

適（曾宛如「證券交易法原理」第55頁參照）。

[16] 李開遠「證券交易法理論與實務」第120頁。

[17] 現行公司法第278條規定已經刪除，增資發行新股並不受限制。

(三) 視為有擔保公司債之發行

證交法第29條規定：「公司債之發行如由金融機構擔任保證人者，得視為有擔保之發行。」因視為有擔保公司債之發行，故不但可依證交法第28條之4規定排除公司法第247條之適用，亦不受公司法第249條有關無擔保公司債發行條件之限制。

(四) 簽證

證交法第35條規定：「公司發行股票或公司債券應經簽證，其簽證規則，由主管機關定之。」因公司法第162條亦規定股票應經依法得擔任股票發行簽證人之銀行簽證，並授權主管機關訂定股票簽證規則，故金管會與經濟部分別訂定「公開發行公司發行股票及公司債券簽證規則」與「股份有限公司發行股票簽證規則」作為依據。

三、主管機關之監督及處罰

(一) 發行之保護措施

證交法第38條第1項規定：「主管機關為有價證券募集或發行之核准，因保護公益或投資人利益，對發行人、證券承銷商或其他關係人，得命令其提出參考或報告資料，並得直接檢查其有關書表、帳冊。」又在有價證券發行後，主管機關亦得隨時命令發行人提出財務、業務報告或直接檢查財務、業務狀況（證交§38Ⅱ）。

(二) 主管機關之檢查權

主管機關認為必要時，得隨時指定會計師、律師、工程師或其他專門職業或技術人員，檢查發行人、證券承銷商或其他關係人之財務、業務狀況及有關書表、帳冊，並向主管機關提出報告或表示意見，其費用由被檢查人負擔；繼續一年以上，持有股票已在證券交易所上市或於證券商營業處所買賣之公司已發行股份總數百分之三以上股份之股東，對特定事項認有重大損害公司股東權益時，得檢附理由、事證及說明其必要性，申請主管機關就發行人之特定事項或有關書表、帳冊進行檢查，主管機關認有必要時，得依上述規定指定專門職業或技術人員進行檢查（證交§38-1）。

(三) 發行人不符法令之處罰

證交法第39條規定：「主管機關於審查發行人所申報之財務報告、其他參考或報告資料時，或於檢查其財務、業務狀況時，發現發行人有不符合法令規定之事項，除得以命令糾正、限期改善外，並得依本法處罰。」例如財務報告有虛偽或隱匿之情事者（證交§20Ⅱ），除民事責任外，並應依同法第171條第1項第1款或第2項規定負刑事責任。

(四) 藉核准為宣傳之禁止

證交法第40條規定：「對於有價證券募集之核准，不得藉以作為證實申請事項或保證證券價值之宣傳。」違者依同法第177條第1項之規定，得處一年以下有期徒刑、拘役或科或併科新臺幣一百二十萬元以下罰金。

第四節　有價證券之私募

一、概說

所謂「私募」，指公開發行公司依證交法第43條之6第1項及第2項規定，對特定人招募有價證券之行為（證交§7Ⅱ）。雖然「私募」是相對於「募集」（證交§7Ⅰ）而言，然二者並非如錢幣之兩面，處於直接反向相對之關係；就「私募」之本質而言，其屬於證交法對於「募集」規範所為之例外規定[18]。蓋對一般社會大眾發行有價證券，並非人人都有保護自己之能力，故需要法律加以特別規範；惟如投資人有方便管道取得資訊，並有足夠專業能力理解相關資訊，即無需再以繁瑣之程序管理證券發行行為[19]。可知私募制度所涉及者，乃證券法制上豁免交易之概念，即證券之發行與買賣得豁免於申報或核准義務，且為自動豁免，只要符合豁免要件，無待主管機關同意即自動產生豁免之法律效果。

惟私募雖然有程序簡便及降低公司發行成本等優點，但因僅洽商特定人認購，而排除強制公開發行、新股當然上市及股東與員工優先認股權等規定（證交§43-6Ⅰ序文），故須預防公司常以私募之方式籌措資金，致股東權益不斷遭受稀釋，或防止公司以私募之名，行募集之實，令投資大眾受損[20]。

二、私募之程序

(一) 經股東會或董事會之決議

私募有價證券，除普通公司債外，應經股東會特別決議，即「代表已發行股份總數過半數股東之出席，出席股東表決權三分之二以上之同意」（證交§43-6Ⅰ），與一般股東會特別決議之「出席數」及「表決權數」不同，故縱有代表已發行股份總數三分之二以上股東之出席，仍須出席股東表決權三分之二以上之同意。立法理由係認私募股票或其他具有股權性質之有價證券，因排除原股東及員工優先認股權利，涉及股東權益，故應經股

---

[18] 王志誠、邵慶平、洪秀芬、陳俊仁「實用證券交易法」第205頁。

[19] 賴英照「最新證券交易法解析」第70頁。

[20] 曾宛如「證券交易法原理」第73頁。

東會之決議同意；至於普通公司債之私募，僅需董事會決議即可（證交§43-6Ⅲ），蓋其並無優先認股權問題，且公司債之募集，依公司法第246條之規定，亦僅須董事會決議即可。

另依證交法第43條之6第6項規定：「依第一項規定進行有價證券之私募者，應在股東會召集事由中列舉並說明左列事項，不得以臨時動議提出：一、價格訂定之依據及合理性。二、特定人選擇之方式。其已洽定應募人者，並說明應募人與公司之關係。三、辦理私募之必要理由。」如股東會召集事由僅載明「擬以私募方式發行新股」，而未依規定列舉並說明上開事項者，係屬召集程序違法，股東得依公司法第189條之規定，訴請法院撤銷決議。又進行有價證券私募，並依前述各款規定於該次股東會議案中列舉及說明分次私募相關事項者，得於該股東會決議之日起一年內，分次辦理（證交§43-6Ⅶ）；所謂「一年內」，係指應於一年期限屆滿前收足股款或價款[21]。

(二) 資訊提供義務

私募之對象如為符合主管機關所定條件之自然人、法人或基金，辦理私募之公司應其合理之請求，於私募完成前負有提供與本次有價證券私募有關之公司財務、業務或其他資訊之義務（證交§43-6Ⅳ）。

(三) 事後報備

私募有價證券無須事前向主管機關申報或聲請核准；但公司應於股款或公司債等有價證券之價款繳納完成日起十五日內，檢附相關書件，報請主管機關備查（證交§43-6Ⅴ）。

三、私募之對象及其人數限制

(一) 私募之對象

證交法所規定之私募對象，限於該法第43條之6第1項所列舉之人，可分為下列三類：

1. 銀行業、票券業、信託業、保險業、證券業或其他經主管機關核准之法人或機構

本款之應募人為金融機構，屬於專業之投資人，本身具有專業之市場分析及判斷能力，且能承擔較高之風險，故相較於一般投資大眾，本身具有保護自己之能力，除得為私募之對象外，亦不受應募人總數不得超過三十五人之限制。

---

[21] 金管會95年12月11日金管證一字第0950005498號函。

2. 符合主管機關所定條件之自然人、法人或基金

所謂符合主管機關所定條件之自然人、法人或基金，係指符合下列條件[22]：

(1) 對該公司財務業務有充分瞭解之國內外自然人，且於應募時本人淨資產超過新臺幣一千萬元，或本人與配偶淨資產合計超過新臺幣一千五百萬元；或最近兩年度，本人年度平均所得超過新臺幣一百五十萬元，或本人與配偶之年度平均所得合計超過新臺幣二百萬元。

(2) 最近期經會計師查核簽證之財務報表總資產超過新臺幣五千萬元之法人或基金，或依信託業法簽訂信託契約之信託財產超過新臺幣五千萬元者。

3. 該公司或其關係企業之董事、監察人及經理人

上揭之人為公司之內部人或關係人，對公司之營運狀況遠較一般人熟悉，且無市場資訊不對稱之弊端，故亦得為私募之對象[23]。然為避免內部人或關係人一方面以低於市價認購有價證券，一方面賣出老股獲取利益，應募人如為公司內部人或關係人者，應於董事會中充分討論應募人之名單、選擇方式與目的、應募人與公司之關係，並於股東會召集事由中載明，未符規定者，此等人員不得參與認購；且所訂私募普通股每股價格不得低於參考價格之八成，所訂私募特別股、轉換公司債、附認股權特別股、附認股權公司債、員工認股權憑證之發行價格不得低於理論價格之八成[24]。

(二) 私募人數之限制

依證券交易法第43條之6第2項之規定，應募人如為同條第1項第1款之金融機構時，其人數不受限制，但其餘之人，總數不得超過三十五人；目的在避免人數過多，而形成與公開招募無從區別之情形。

四、一般性廣告或公開勸誘之禁止

證交法第43條之7第1項規定：「有價證券之私募及再行賣出，不得為一般性廣告或公開勸誘之行為。」立法目的在避免公司假私募之名，行公開招募之實。所謂一般性廣告或公開勸誘之行為，指以公告、廣告、廣播、電傳視訊、網際網路、信函、電話、拜訪、詢問、發表會、說明會或其他方式，向證交法第43條之6第1項以外之非特定人為要約或勸誘之行為（證交細則§8-1）。違反者，依同條第2項之規定，係「視為」對非特定人公開招募之行為；即應依證交法第22條第1項規定辦理申報生效，否則有同法第174條第2項第3款之刑事責任。

---

[22] 證期會91年6月13日台財證一字第0910003455號函。

[23] 吳光明「證券交易法論」第137頁。

[24] 賴英照「最新證券交易法解析」第74頁及私募注意事項第4點參照。至於參考價格或理論價格，則規定於私募注意事項第2點第2項及第3項。

五、私募有價證券轉讓之限制

(一) 例外得轉讓之情形

　　為避免私募之有價證券透過轉讓以規避公開招募程序之適用，有價證券私募之應募人及購買人除有下列情形外，不得再行賣出（證交§43-8 I）：

1. 證交法第43條之6第1項第1款之人持有私募有價證券，該私募有價證券無同種類之有價證券於證券集中交易市場或證券商營業處所買賣，而轉讓予具相同資格者。
2. 自該私募有價證券交付日起滿一年以上，且自交付日起第三年期間內，依主管機關所定持有期間及交易數量之限制，轉讓予符合證交法第43條之6第1項第1款及第2款之人。
3. 自該私募有價證券交付日起滿三年。
4. 基於法律規定所生效力之移轉。
5. 私人間之直接讓受，其數量不超過該證券一個交易單位，前後二次之讓受行為，相隔不少於三個月。
6. 其他經主管機關核准者。

　　由前述第3款規定可知，私募之有價證券，原則上應持有滿三年始得轉讓，然需補辦公開發行後，始得在集中市場或店頭市場買賣（募發準則§68 I）。故為使投資人瞭解私募有價證券轉讓之限制，前述有關私募有價證券轉讓之限制，應於公司股票以明顯文字註記[25]，並於交付應募人或購買人之相關書面文件中載明（證交§43-8 II）。

(二) 違法轉讓行為之效力

　　私募之有價證券違法轉讓者，其效力為何？有取締規定與效力規定二說。實務上認為證交法第43條之8第1項各款規定對私募有價證券再轉讓之條件，乃係取締之規定，與效力無涉，故不適用民法第71條本文之規定；因此違反證交法第43條之8第1項各款規定者，雖有同法第177條第1項所定之刑事責任，但其買賣行為並非無效[26]。

六、普通公司債之私募

　　有關公司債發行總額，除公司法第247條有限制外，證交法第28條之4亦有特別規定，惟證交法第43條之6第3項規定：「普通公司債之私募，其發行總額，除經主管機關徵詢目的事業中央主管機關同意者外，不得逾全部資產減去全部負債餘額之百分之四百，

---

[25] 本項前段說明時使用「有價證券」，後段規定註記之標的卻僅限於「公司股票」，明顯屬於立法疏漏。

[26] 最高法院97年度台上字第2729號判決。

不受公司法第二百四十七條規定之限制。並得於董事會決議之日起一年內分次辦理。」此項規定不但提高私募普通公司債之發行總額，且規定僅需經由董事會決議通過即可，而無需經股東會特別決議。

你知道嗎？

「私募」與「私募股權基金」有何不同？

所謂私募股權基金（Private Equity Fund），有別於一般公開募集所成立之基金，是以私下而非公開方式募集資金，並以股權投資為主，在投資之初，已考慮將來的退出機制，即通過上市、併購或管理階層回購等方式，出售持股獲利；私募股權基金之組織型態通常是「有限合夥」，由投資人（有限合夥人）與經理人（一般合夥人）共同組成。可知「私募」與「私募股權基金」之共同點，僅在於「私下」募集而已。

又私募股權基金亦為證交法第43條之6第1項第2款所指之「基金」，故其可以利用「私募」方式對企業進行股權投資；且可以是併購投資，也可以是一般財務性投資。前者，例如2019年石化大廠李長榮化工下市，係因國際知名私募股權基金KKR集團斥資478億元，以現金為對價進行股份轉換，於取得全部股權後，將公司下市；後者，例如2020年台灣之星為了競標5G頻段，辦理私募普通股及無擔保可轉換公司債籌資，應募人中就包含全台最大私募股權基金之一的達勝集團。

另私募之對象及認購價格，本應由發行公司與投資人自行協商，惟過去曾發生公司獲利卻採私募、洽內部人或關係人低價認購及認購價格與公司市價嚴重偏離等影響股東權益之情形，故主管機關乃於2010年9月1日修正發布「公開發行公司辦理私募有價證券應注意事項」，加強對公司採用私募籌資方式之管理。限制公司有獲利時，辦理私募應係為引進策略性投資人；對內部人或關係人參與私募及認購價格進行限制；私募價格低於參考價格或理論價格之八成者，應併將獨立專家就訂價之依據及合理性意見載明於開會通知，以作為股東是否同意之參考等。

第四章 有價證券之買賣

第一節 流通市場概說

一、意義

　　流通市場包括證券集中交易市場（簡稱「集中市場」）與店頭市場。前者，指證券交易所為供有價證券之競價買賣所開設之市場（證交§12），獲准在集中市場買賣之有價證券稱為「上市」股票（或其他有價證券），發行有價證券之公司稱為「上市公司」；至於後者，證交法並無明文之定義，但條文通常使用「在證券商營業處所買賣」或類似用語，因為在證券商專設櫃檯進行交易，故又稱為「櫃檯買賣」，買賣之有價證券稱為「上櫃」或「興櫃」股票（或其他有價證券）。店頭市場是存在於證券交易所以外之一種證券交易型態，通常是不符合證券交易所上市標準而未能上市，但並不表示在證券交易所上市者，即為好證券，在店頭市場買賣者，則為較差之證券，仍有不少獲利性及成長性甚高之證券，因為發行人基於某些原因而選擇在店頭市場交易，因此，其主要之特點及區別，應該在交易型態不同[1]，而不是公司之大小或好壞，且符合上市標準之上櫃有價證券，亦可「轉上市」，改在集中市場買賣。

二、有價證券買賣之給付或交割

(一) 給付或交割之方式

　　有價證券無論是在集中市場或店頭市場買賣，當事人均有履行給付或交割之義務。證交法第43條第1項規定：「在證券交易所上市或證券商營業處所買賣之有價證券之給付或交割應以現款、現貨為之。其交割期間及預繳買賣證據金數額，得由主管機關以命令定之。」可知在流通市場買賣有價證券，其給付或交割，原則上應以現款、現貨為之，稱為「現貨交割」；例外經核准者，得採預繳買賣證據金（即「保證金」）方式，其交割期間及預繳證據金數額，由主管機關以命令定之，稱為「例行交割」或「保證金交易」。

---

[1] 賴源河「證券法規」第191頁。

(二) 有價證券集中保管帳簿劃撥制度

1. 意義

所謂「集中保管帳簿劃撥制度」，指利用電腦帳簿劃撥登載之方式，將投資人之實體證券予以集中保管，不需移動實體之證券，僅透過電腦連線帳簿劃撥作業，完成證券之交割結算。

2. 帳簿劃撥與交割

證交法第43條第2項規定：「證券集中保管事業保管之有價證券，其買賣之交割，得以帳簿劃撥方式為之；其作業辦法，由主管機關定之。」本項雖未明文排除公司法第164條股票應由持有人以背書方式轉讓之規定，但依多數學說見解，參照立法目的應作此解釋，否則帳簿劃撥制度之推行，將有重大困難。至於負責處理有價證券集中保管帳簿劃撥制度之事業為「臺灣集中保管結算所股份有限公司」，主管機關並訂定「有價證券集中保管帳簿劃撥作業辦法」，作為其辦理保管及帳簿劃撥事務之依據。

3. 帳簿劃撥與設定質權

證交法第43條第3項規定：「以證券集中保管事業保管之有價證券為設質標的者，其設質之交付，得以帳簿劃撥方式為之，並不適用民法第九百零八條之規定。」即以帳簿劃撥為質權之設定時，無記名證券無須交付，記名證券無須交付及背書。

4. 混合保管

證交法第43條第4項規定：「證券集中保管事業以混合保管方式保管之有價證券，由所有人按其送存之種類數量分別共有；領回時，並得以同種類、同數量之有價證券返還之。」按現行有價證券之集中保管，係以混合保管為原則，例外始採分戶保管。所謂混合保管，指證券集中保管事業對投資人委託參加人送存之有價證券[2]，不分參加人或客戶別，與庫存同種類之有價證券混合保管，由參加人或其客戶按送存之數量分別共有；至於分戶保管，係指證券集中保管事業依客戶別分別設置客戶保管帳戶，並掣發有價證券保管證交付客戶，客戶申請領回時，集中保管事業以其原送存之記名股票返還之，但分戶保管之有價證券，以發行人或其董事、監察人及特定股東持有，需依規定送存證券集中保管事業限制轉讓之記名股票為限。

5. 以證券集中保管事業名義辦理登記

證交法第43條第5項前段規定：「證券集中保管事業為處理保管業務，得就保管之股票、公司債以該證券集中保管事業之名義登載於股票發行公司股東名簿或公司債存根

---

[2] 按現行實務上係採二階段保管方式，先由投資人向證券經紀商開設集中保管帳戶，簽訂契約委託證券經紀商辦理結算、交割、匯撥、轉帳、設質等業務，此時投資人與證券經紀商之間成立混藏寄託關係（民§603-1），但投資人仍保有有價證券之所有權；另證券商、證券交易所、櫃買中心及證券金融公司等參加交易市場交割作業之單位，均須向證券集中保管事業開設保管劃撥帳戶成為參加人，以辦理有價證券之送存、領回及劃撥交割作業，此時參加人與證券集中保管事業成立另一個混藏寄託關係，但投資人與證券集中保管事業間並無寄託關係存在。

簿。」此一規定使證券集中保管事業成為其所保管有價證券之形式所有人，即外國立法例所謂之擬制人名義（street name），目的在使其辦理銷除前手及過戶事項更加便利；但股東權之行使及享有仍屬股票所有人，而非證券集中保管事業或證券商[3]。

　　同項後段規定：「證券集中保管事業於股票、公司債發行公司召開股東會、債權人會議，或決定分派股息及紅利或其他利益，或還本付息前，將所保管股票及公司債所有人之本名或名稱、住所或居所及所持有數額通知該股票及公司債之發行公司時，視為已記載於公司股東名簿、公司債存根簿或已將股票、公司債交存公司，不適用公司法第一百六十五條第一項、第一百七十六條、第二百六十條及第二百六十三條第三項之規定。」此處規定之目的在簡化有價證券之過戶手續，實現帳戶劃撥制度，故明文排除公司法之適用。另證交法第43條第4項、第5項之規定，亦準用於政府債券及其他有價證券（證交§43Ⅵ），目的在使證券市場上流通之各種有價證券，均納入集中保管帳簿劃撥制度，以擴大其適用範圍。

你知道嗎？

「櫃買中心」與「店頭市場」有什麼關係？

　　就法律規範而言，將流通市場分為集中市場與店頭市場，係證交法之基本設計，此由已刪除之證交法第9條規定：「本法所稱買賣，謂在證券交易所集中交易市場，以競價方式買賣，或在證券商營業處所買賣有價證券之行為。」可知立法之初，係將集中市場定位為拍賣型之競價市場，與議價型態之店頭市場作區別。惟1968年立法之初並無店頭市場存在，1988年方始成立股票店頭市場，由證券商業同業公會負責經營，然至1994年底止，上櫃公司僅14家，且因議價效率低，故成交清淡。因此，為健全資本市場，提高店頭市場之功能，主管機關在1994年規劃設立公益性的財團法人中華民國證券櫃檯買賣中心（簡稱「櫃買中心」）來推動店頭市場之發展，且仿效集中市場，將投資人之買賣委託單集中於電腦系統中撮合成交，並採價格優先、時間優先及滿足最大成交量之方式進行，而非在證券商營業處所議價買賣，故「上市」與「上櫃」股票之交易，實無太大之區別，故論者謂「有店頭市場之名，而無店頭市場之實」。

　　另櫃買中心除負責店頭市場之有價證券買賣外，為扶植微型創新企業發展，櫃買中心自2014年1月起設有所謂之「創櫃板」。其係定位為提供具創新、創意構想之非公開發行公司「創業輔導籌資機制」，故僅提供創新企業「股權籌資」之功能，但不能進行「股權交易」。惟因在創櫃板上籌資之公司並非公開發行公司，故籌資之公司原

---

[3]　劉連煜「新證券交易法實例研習」第278頁。

則上不適用證交法之規定；但如果籌資之公司利用不實之財務、業務資訊銷售股票，因證交法第20條第1項所規定之證券詐欺並不限於公開發行之股票，故仍可依證交法第171條第1項第1款之證券詐欺罪處罰。

又金管會2020年12月宣布，為因應台灣產業結構轉型升級、創新需求及國家產業發展政策，證券交易所將新增「創新板」，櫃買中心將在現行興櫃市場下增設「戰略新板」，協助新創業者進入資本市場籌資，兩板預計在2021年第三季開板。其中「創新板」是為了協助有核心技術，及創新能力或創新經營模式之新創企業能順利籌集資金加速成長，故公司虧損，甚至尚無營收，仍可申請掛牌；至於「戰略新板」，主要設立目的是為讓政府積極推動的六大核心戰略產業（包含1.資訊數位；2.資安；3.生物醫療科技；4.國防；5.綠色能源；6.民生戰備）以及創櫃板公司在內之非公開發行公司能提早進入資本市場籌資，故無設立年限、獲利能力、股權分散等要求。但無論是「創新板」或「戰略新板」，對投資人之資格都有限制，必須是專業投資機構，或有投資經驗及資力之自然人，才能參與交易。

第二節　上市

一、上市之意義及程序

所謂上市，指公開發行公司與證券交易所簽訂契約，將其所發行之有價證券於證券交易所開設之集中市場進行交易。有關有價證券上市之程序，可依時間先後，分述如下：

(一) 公司申請上市

證交法第139條第1項規定：「依本法發行之有價證券，得由發行人向證券交易所申請上市。」可知是否上市，公司有自主決定之權，稱為「任意上市」[4]；然公司申請上市前，應經股東會或董事會決議，法無明文規定，與公司法第156條之2第1項規定公司申請公開發行應經董事會決議不同。惟此亦為公司業務之執行，除非公司章程另有規定，否則應由董事會決議行之（公司§202）。

另依證交法第149條規定：「政府發行之債券，其上市由主管機關以命令行之，不適用本法有關上市之規定。」蓋政府債券之性質及發行程序與其他有價證券（例如公司股

---

[4] 依證交法第139條第2項規定：「股票已上市之公司，再發行新股者，其新股股票於向股東交付之日起上市買賣。但公司有第156條第1項各款情事之一時，主管機關得限制其上市買賣。」本項本文之規定，稱為「當然上市」，目的在使同一上市公司之股票均能掛牌買賣，並簡化其手續，然所謂「新股」，僅限於「與已上市股票同種類之新股」（上市審查準則§14 I 前段）；至於本項但書之規定及依第43條之6所進行之私募，則為當然上市之例外。另依同條第3項之規定，前述發行新股上市買賣之公司，應於新股上市後十日內，將有關文件送達證券交易所。

票、債券）不同，證券詐欺之顧慮甚微，故無須再經與其他有價證券相同之審核程序[5]；因此，政府債券除無須經申請外，亦不適用下述之上市程序。實務上，係由主管機關函令證券交易所後，公告其上市（上市審查準則§22 I）。

(二) 證券交易所審查

1. 上市審查準則

證交法第140條規定：「證券交易所應訂定有價證券上市審查準則及上市契約準則，申請主管機關核定之。」而據此訂定之「臺灣證券交易所股份有限公司有價證券上市審查準則」（簡稱「上市審查準則」），依學者見解係採「實質審查原則」，具有相當程度之裁量權，又以上市爲誘因，積極介入公司治理事務[6]。另證券交易所除分別訂定各項準則外，應於其業務規則或營業細則中，將「有價證券之上市」事項詳細訂定之（證交§138 I①）。

2. 一般上市之基本條件

上市審查準則之第二章第一節係有關本國公司股票上市之規定，其中第4條規定之上市基本條件如下：

(1) 設立年限

申請上市時已依公司法設立登記屆滿三年以上；但公營事業或公營事業轉爲民營者，不在此限。

(2) 資本額

申請上市時之實收資本額達新臺幣六億元以上且募集發行普通股股數達三千萬股以上。

(3) 獲利能力

其財務報告之稅前淨利符合下列標準之一，且最近一個會計年度決算無累積虧損者：

A. 稅前淨利占年度決算之財務報告所列示股本比率，最近二個會計年度均達百分之六以上者。

B. 稅前淨利占年度決算之財務報告所列示股本比率，最近二個會計年度平均達百分之六以上，且最近一個會計年度之獲利能力較前一會計年度爲佳者。

C. 稅前淨利占年度決算之財務報告所列示股本比率，最近五個會計年度均達百分之三以上者。

(4) 股權分散

記名股東人數在一千人以上，公司內部人及該等內部人持股逾百分之五十之法人以外之記名股東人數不少於五百人，且其所持股份合計占發行股份總額百分之

---

[5]　賴英照「證券交易法逐條釋義」第三冊第345頁。

[6]　王志誠、邵慶平、洪秀芬、陳俊仁「實用證券交易法」第259頁。

二十以上或滿一千萬股者。

3. 上市審查程序

證券交易所對於初次申請股票上市案,應先由內部承辦單位進行審查,除上櫃轉上市或上市公司因合併、股份轉換、分割重新申請上市者外,應提交上市審議委員會審議,審議委員會作成同意上市之決議後,再提報證券交易所董事會核議[7]。

(三) 簽訂上市契約及送請主管機關備查

證交法第142條規定:「發行人公開發行之有價證券於發行人與證券交易所訂立有價證券上市契約後,始得於證券交易所之有價證券集中交易市場為買賣。」故證券交易所董事會決議同意上市者,應與申請上市公司簽訂有價證券上市契約,其內容除不得牴觸上市契約準則之規定外,並應將上市契約報請主管機關備查(證交§141)。所謂「上市契約準則」,指依證交法第140條授權訂定之「臺灣證券交易所股份有限公司有價證券上市契約準則」,其內容除須申請主管機關核定外,依證交法第143條之規定,有價證券上市費用,應於上市契約中訂定;其費率由證券交易所申報主管機關核定之。又上市契約雖稱報請主管機關「備查」,但依證交法第161條之規定,主管機關為保護公益或投資人利益,得以命令通知證券交易所變更或撤銷其決議案;因此,在例外情形,主管機關對有價證券之上市,仍擁有最後之決定權[8]。

新聞追蹤

借殼上市 暫停交易半年

金管會敲定整頓借殼上市措施,上市公司經營權及營業項目重大變更,達借殼定義後,立即暫停交易六個月,由承銷商評估是否符上市櫃條件,若符合恢復交易,不符就變更交易,新措施年底前上路,不溯及既往。近來不少借殼上市公司股價異常飆漲現象,最近又傳出被借殼上市的基因公司炒股案,金管會決定全面整頓,以維護市場秩序。

所謂借殼上市(包括上櫃),指非上市櫃公司之經營者,透過私募、增資,或從市場上直接購買股票等方式,取得上市櫃公司多數股權後,進而取得經營權,然後將非上市櫃公司之業務及資產注入上市櫃公司,間接實現上市櫃之目的,所以也稱為後門上市(Back Door Listing)或反向併購(Reverse Merger),蓋以目標公司為存續公司之故。按已上市櫃之公司,如經營不善致股價長期低迷,或原經營階層已無心繼續經營,某些

---

[7] 臺灣證券交易所股份有限公司審查有價證券上市作業程序第4條、第7條之1及第20條參照。

[8] 賴英照「最新證券交易法解析」第92頁。

未達上市櫃條件之公司經營者，即可利用這個已上市櫃之「殼」，達其上市櫃之目的，可省去冗長之申請程序及作業成本。

借殼上市如能兼顧股東權益，對經營困難或無心經營之公司或有助益，但如無適當規範，則恐淪爲股價炒作之工具。因此，2013年底，金管會透過證券交易所及櫃買中心修改營業細則，以停止買賣，甚至終止上市櫃之方式予以嚇阻。以證券交易所爲例，增訂營業細則第50條第1項第14款規定，將「經營權異動且異動前後一定期間有營業範圍重大變更之情事者」列爲有價證券停止買賣之事由，並增訂同條第2項第13款之規定，使有此事由之被借殼上市公司所發行之有價證券先行停止買賣六個月，如果要恢復買賣，須符合股本達3億元、最近四季財報的稅前盈餘占股本比率達2%、取得內控專審報告、無不宜上市情事、董監大股東股權集保一年、股權分散達上市標準等條件。如果六個月內無法恢復買賣，則變更交易方法（營業細則§49 I ⑯），即列爲全額交割股，如變更交易二年內仍無法恢復正常交易方法，將再停止買賣六個月（營業細則§50 I ⑮），期滿如仍無法恢復正常交易，則終止上市（營業細則§50-1 I ⑦）。

又證券交易所另定「臺灣證券交易所股份有限公司上市公司經營權異動及營業範圍重大變更認定標準」，作爲是否有營業細則第50條第1項第14款、第50條之3第1項第11款及第50條之9第1項第12款所稱「經營權異動」及「經營權異動前後一定期間有營業範圍重大變更」之認定標準。

2013-11-08／經濟日報／記者邱金蘭、王淑以「借殼上市　暫停交易半年」報導

二、停止買賣

所謂停止買賣，指個別之上市有價證券，因故在集中交易市場中暫時停止交易而言；其與集中交易市場，因不可抗拒之偶發事故，臨時停止集會，致全體上市有價證券暫時停止交易不同[9]。依證交法之規定，停止買賣之情形有下列二者：

(一) 因證券交易所之處置

證交法第147條規定：「證券交易所依法令或上市契約之規定，或爲保護公眾之利益，就上市有價證券停止或回復其買賣時，應報請主管機關備查。」本條賦予證券交易所於上市有價證券有本條所規定之情形時，得停止該上市有價證券買賣之權限[10]；惟爲避免

---

[9]　證交法第152條規定：「證券交易所於有價證券集中交易市場，因不可抗拒之偶發事故，臨時停止集會，應向主管機關申報；回復集會時亦同。」可參。

[10]　有關停止買賣之事由，依臺灣證券交易所股份有限公司營業細則第50條第1項之規定，除17款具體規定外，尚包括第18款「其他有停止有價證券買賣必要之情事者」之概括規定，其適用上自應符合「爲保護公眾之利益」而認爲有必要。

影響發行公司之權益，停止或回復時，均應報請主管機關備查。而主管機關對於證券交易所所為停止上市有價證券買賣或回復其買賣之處置，基於保護公益或投資人利益之必要，得依證交法第161條之規定，停止、禁止、變更或撤銷其處置。

(二) 因主管機關之命令

證交法第148條規定：「於證券交易所上市有價證券之公司，有違反本法或依本法發布之命令時，主管機關為保護公益或投資人利益，得命令該證券交易所停止該有價證券之買賣或終止上市。」本條賦予主管機關以命令停止上市有價證券買賣之權限。其具體內容依證交法第156條之規定，主管機關對於已在證券交易所上市之有價證券，發生下列各款情事之一，而有影響市場秩序或損害公益之虞者，得命令停止其一部或全部之買賣，或對證券自營商、證券經紀商之買賣數量加以限制：

1. 發行該有價證券之公司遇有訴訟事件或非訟事件，其結果足使公司解散或變動其組織、資本、業務計畫、財務狀況或停頓生產。
2. 發行該有價證券之公司，遇有重大災害，簽訂重要契約，發生特殊事故，改變業務計畫之重要內容或退票，其結果足使公司之財務狀況有顯著重大之變更。
3. 發行該有價證券公司之行為，有虛偽不實或違法情事，足以影響其證券價格。
4. 該有價證券之市場價格，發生連續暴漲或暴跌情事，並使他種有價證券隨同為非正常之漲跌。
5. 發行該有價證券之公司發生重大公害或食品藥物安全事件。
6. 其他重大情事。

三、終止上市

所謂終止上市，有別於前述之停止買賣，係指個別之上市有價證券，因故在集中交易市場中永久停止交易而言，即一般所謂之「下市」；然下市後，如符合上市條件，仍得重新申請上市，自不待言。依證交法之規定，終止上市之情形有下列三者：

(一) 證券交易所強制下市

證交法第144條規定：「證券交易所得依法令或上市契約之規定終止有價證券上市，並應報請主管機關備查。」按證券交易所同意有價證券上市，屬私權行使之範疇，故證券交易所終止有價證券上市，亦應依法令或上市契約之規定，實質審核有價證券之終止上市[11]；惟證券交易所終止有價證券上市應報請主管機關備查，故主管機關基於保護公益或

---

[11] 依上市契約準則第5條之規定，證券交易所依據有關法令、證券交易所章則規定或基於其他原因認為有必要者，得對上市之有價證券為變更原有交易方法、停止買賣或終止上市之處置，並報請主管機關備查。所謂「證券交易所章則」，包括證券交易所之章程（第38條）及營業細則（第50條之1

投資人利益之必要，亦得依證交法第161條之規定，停止、禁止、變更或撤銷其處置。

(二) 公司申請下市

1. 終止上市處理程序

證交法第145條規定：「（第1項）於證券交易所上市之有價證券，其發行人得依上市契約申請終止上市。（第2項）證券交易所應擬訂申請終止上市之處理程序，報請主管機關核定；修正時，亦同。」此為公司自願申請下市；惟有價證券既已上市買賣，其下市即與多數投資人之利益有關，自應依據一定之程序處理，故本條亦授權證券交易所訂定「臺灣證券交易所股份有限公司上市公司申請有價證券終止上市處理程序」（簡稱「終止上市處理程序」），並規定其擬訂及修正，均應報請主管機關核定。

2. 終止上市之決議與董事連帶承諾收購公司股票

上市公司申請其有價證券終止上市案，應先經董事會決議通過並提請股東會決議，且股東會之決議應經已發行股份總數三分之二以上股東之同意行之；但如係已上市之可轉換公司債，申請終止上市而轉往櫃檯買賣中心買賣者，得不受此限（終止上市處理程序§2I）。又上市公司申請有價證券終止上市者，應至少由董事會決議時對申請終止上市議案提請股東會討論表示同意之董事負連帶責任承諾收購公司股票，但獨立董事不在此限（終止上市處理程序§3I）。

3. 證券交易所之董事會核議與公告

證券交易所對於有價證券終止上市之申請，應提經董事會核議，並應報請主管機關備查（終止上市處理程序§5）。終止上市案經證券交易所董事會核議通過後，由證券交易所於實施日二十日前公告之，並即通知該上市公司；但如係已上市之可轉換公司債轉上櫃買賣案件，證券交易所得於實施日五日前公告（終止上市處理程序§6）。

(三) 主關機關命令下市

主關機關依證交法第148條之規定，除得命令證券交易所停止上市有價證券之買賣外，亦得命令其終止上市，惟該條所謂「有違反本法或依本法發布之命令時」，範圍有欠明確，學者認為應有「保護公益或投資人利益」之必要時，始得為之[12]。

至第50條之7），其內容除列舉許多得終止上市之具體事由外，並包括「其他有終止有價證券上市必要之情事者」（營業細則第50條之1第1項第18款），故學者認為其賦予證券交易所極大之彈性；以上參賴英照「最新證券交易法解析」第97頁。

[12] 賴英照「最新證券交易法解析」第97頁。

你知道嗎？

什麼是「全額交割股」？

所謂「全額交割股」，是指變更交易方法之股票，不同於停止買賣或終止上市，證交法對上市有價證券變更交易方法並無規定。但證交法第138條第1項授權證券交易所訂定營業細則，而依營業細則第49條第1項之規定，上市公司有該項所列19款情事之一者，證券交易所對其上市之有價證券得列為變更交易方法之有價證券。而一般有價證券買賣係採「普通交割」及「餘額交割」方式進行，即於買賣成交日後第二個營業日，按有價證券、價款應收應付相抵後之餘額辦理交割；但變更交易方法之有價證券，依變更交易方法有價證券交易作業辦法第3條第1項規定：「列為變更交易方法之有價證券，證券經紀商於接受委託買賣時，應先收足款券，始得辦理買賣申報。」即不但不能採餘額交割，且投資人在委託證券經紀商買賣時，必須先備足賣出之有價證券或買進之價金，始得買賣。因此，買賣全額交割股之便利性明顯有別於一般股票，且列為全額交割股者，大部分係因公司財務或業務有重大瑕疵，故股票如變更交易方法成為全額交割股時，價格往往重挫。

公司股票被列為全額交割股，常見者有淨值低於財務報告所列示股本二分之一、未於會計年度終結後六個月內召開股東常會完畢、財務報告經簽證會計師出具保留意見、公司向法院聲請重整、無法如期償還到期或債權人要求贖回之普通公司債或可轉換公司債、發生存款不足之退票、辦理股務事務有瑕疵等情形；另營業細則第49條第1項第19款規定：「本公司基於其他原因認有必要者。」屬於概括性之規定。2020年6月30日，大同公司發生經營權爭奪戰，公司派於股東常會開會改選董事時，以市場派持股違反企業併購法為由，剔除其表決權，未發給表決權票，經證券交易所認為重大影響大同公司股東參與股東會之權益，故依該款規定，將大同公司股票於同年7月2日變更交易方法，即所謂之「打入全額交割股」。

四、禁止場外交易

(一)原則禁止

所謂場外交易，指已上市之有價證券，於證券交易所開設之有價證券集中交易市場以外之場所進行買賣；依證交法第150條之規定，上市有價證券之買賣，原則上應於證券交易所開設之有價證券集中交易市場為之，違者，依證交法第177條第1項之規定，可處一年以下有期徒刑、拘役或科或併科新臺幣一百二十萬元以下罰金。惟禁止場外交易之標的，僅限於「上市」之有價證券，上櫃或興櫃有價證券，並無禁止場外交易之規定。又禁

止場外交易之行為，僅限於上市有價證券之「買賣」，如非買賣而移轉上市有價證券之所有權，例如贈與，亦不受限制。

(二) 例外允許

依證交法第150條但書之規定，例外允許為場外交易之情形如下：

1. 政府所發行債券之買賣

按政府發行之債券，並不適用證交法有關上市之規定（證交§149）；故其買賣亦無須限制在集中市場為之。

2. 基於法律規定所生之效力，不能經由有價證券集中交易市場之買賣而取得或喪失證券所有權者

本款規定，學者認為並不明確，過去曾認為「繼承」或「法院判決」屬之，惟其並非買賣，原不受本條之限制，無另外規定予以排除之必要；然法院如在集中交易市場外，拍賣上市公司有價證券，或可符合本款規定[13]。另實務上，稅捐機關核准抵繳遺產稅而取得上市公司股票者[14]，亦屬之。

3. 私人間之直接讓受，其數量不超過該證券一個成交單位；前後兩次之讓受行為，相隔不少於三個月者

依本款規定，常見者為私人間之零股交易[15]；所謂前後兩次之讓受行為相隔不少於三個月，其認定標準，依證交法施行細則第10條之規定，私人間之直接出讓與受讓行為，應各算一次；讓受行為之起算，應以讓受行為之日為準，無法證明時，以受讓人向公司申請變更股東名簿記載之日為準。

4. 其他符合主管機關所定事項者

早期證管會曾函釋包括下列情形：(1)股東依公司法、企業併購法或金融控股公司法規定請求公司收購其股份者；(2)華僑或外國人經依華僑投資條例或外國人投資條例報經經濟部投資審議委員會核准讓受予其他華僑或外國人者；(3)公司發行可轉換之有價證券，經本會核准以他種有價證券清償或轉換者；(4)公司發行附買回條件之有價證券，依章程記載之發行條件買回者；(5)以指定用途信託資金買入上市有價證券，解約後償還信託人者；(6)有證券交易法第22條第3項、第22條之2第1項第1款、第3款、第43條之1第2項所規定情事者；(7)其他事先報經本會核准者。

最近金管會亦分別函示上市公司辦理庫藏股買回其股份轉讓予員工、經營股權衍生性商品交易業務而採實物交割者、上市公司依企業併購法或金融控股公司法規定進行股份轉

---

[13] 賴英照「最新證券交易法解析」第99頁。

[14] 證管會82年4月9日台財證三字第16837號函。

[15] 依營業細則第60條第1項之規定，股票以一千股為一交易單位，公債及公司債以面額十萬元為一交易單位。另依營業細則第70條第1項之規定，買賣股票數量不足一交易單位者為零股交易，投資人可依上市股票零股交易辦法之規定，委託證券經紀商透過集中市場買賣零股。

換者、槓桿交易商以避險專戶之上市有價證券交割履約者、投資人以其持有之國內上市股票抵繳外國公司發起設立或發行新股之股款等情形。

第三節　上櫃

一、概說

　　與證交法對集中市場有詳細規範不同，店頭市場僅有證交法第62條作為依據，其買賣之管理辦法，係授權主管機關訂定（證交§62Ⅱ）；而主管機關訂定之「證券商營業處所買賣有價證券管理辦法」（簡稱「櫃買管理辦法」），其第8條又委由櫃買中心訂定相關之規範。另「上市」或「上櫃」股票之交易，並無明顯區別，且上櫃之程序及不得或不宜上櫃之消極條件亦相仿，故均不再贅述。

二、上櫃之意義

　　所謂上櫃，指公開發行公司所發行之有價證券，在證券商營業處所進行買賣之謂；又所謂證券商營業處所買賣有價證券，依櫃買管理辦法第2條之規定，指有價證券不在集中交易市場以競價方式買賣，而在證券商專設櫃檯進行之交易行為，簡稱櫃檯買賣。依證交法第62條第1項規定：「證券經紀商或證券自營商，在其營業處所受託或自行買賣有價證券者，非經主管機關核准不得為之。」故證券商經營櫃檯買賣，應依規定申請金管會核准。

　　另證交法第156條及第157條之規定，於櫃檯買賣準用之（證交§62Ⅲ）；即於店頭市場亦不得為操縱行為或短線交易[16]。又櫃檯買賣或店頭市場，均包括「上櫃」或「興櫃」，但本處僅就上櫃有價證券作說明。

三、上櫃之條件

　　與上市相較，公司申請上櫃之條件較為寬鬆，依證券商營業處所買賣有價證券審查準則第3條第1項之規定，申請股票在櫃檯買賣之公開發行公司應符合下列基本條件：

(一) 資本額

　　實收資本額在新臺幣五千萬元以上，且募集發行普通股股數達五百萬股以上者，以公司登記（或變更登記）後之證明文件記載之資本額為準。但私募有價證券未經公開發行之

---

[16]　至於內線交易，則直接規定於證交法第157條之1第1項。

股份不列入前開資本額之計算。

(二) 設立年限

依公司法設立登記滿二個完整會計年度。

(三) 獲利能力

其財務報告之稅前淨利占股本之比率最近年度達百分之四以上，且其最近一會計年度決算無累積虧損者；或最近二年度均達百分之三以上者；或最近二年度平均達百分之三以上，且最近一年度之獲利能力較前一年度為佳者。

(四) 淨值、營業收入及營業活動現金流量標準

必須同時符合最近期經會計師查核簽證或核閱財務報告之淨值達新臺幣六億元以上且不低於股本三分之二；最近一個會計年度來自主要業務之營業收入達新臺幣二十億元以上，且較前一個會計年度成長；最近一個會計年度營業活動現金流量為淨流入。

(五) 股權分散

公司內部人及該等內部人持股逾百分之五十之法人以外之記名股東人數不少於三百人，且其所持股份總額合計占發行股份總額百分之二十以上或逾一千萬股。

(六) 強制集保

董事、監察人及持有公司已發行股份總數百分之十以上股份之股東，應將其持股總額依櫃買中心有關規定辦理集中保管。

(七) 推薦證券商

經二家以上證券商書面推薦者；惟應指定其中一家證券商係主辦推薦證券商，餘係協辦推薦證券商。

(八) 股務代理機構

應委任專業股務代理機構辦理股務者；且自102年1月2日起掛牌之上櫃公司應委託專業股務代理機構辦理股務事務，不得收回自辦。

(九) 登錄興櫃滿六個月

應於興櫃股票市場交易滿六個月以上；但主辦推薦證券商倘有異動者，應由新任之主辦推薦證券商進行輔導，且再於興櫃股票市場交易滿六個月以上，始得提出上櫃之申請。

(十) 無實體發行

募集發行、私募之股票及債券，皆應為全面無實體發行。

(十一) 設置薪資報酬委員會

應依證券交易法第14條之6及其相關規定設置薪資報酬委員會。

(十二) 公司章程應載明之事項

應將電子方式列為股東表決權行使管道之一；公司董事選舉應採候選人提名制度；應設置審計委員會。

四、締結上櫃契約

依櫃買管理辦法第9條之規定，櫃買中心認為有價證券合於櫃檯買賣者，應與其發行人訂立證券商營業處所買賣有價證券契約，並報金管會備查。

你知道嗎？

什麼是「興櫃」股票？

所謂「興櫃」股票，指發行人依櫃買中心所訂定之證券商營業處所買賣興櫃股票審查準則規定，申請登錄買賣之普通股股票。依審查準則第6條第1項之規定，本國發行人符合「公開發行公司」、「已與證券商簽訂輔導契約」、「經二家以上輔導推薦證券商書面推薦」、「委任專業股務代理機構辦理股務」、「募集發行、私募之股票及債券全面無實體發行」、「設置獨立董事」、「設置薪資報酬委員會」等條件時，即得申請其股票登錄為櫃檯買賣，其條件遠較一般「上市」或「上櫃」股票寬鬆。其設置緣起，在於公開發行公司如未上市或上櫃，所發行之股票即無從透過證券經紀商交易，須透過所謂之「盤商」媒介。但此類交易，不僅發行公司之財務、業務資訊不明，交易資訊也缺乏客觀、公正之揭示管道，致屢有盤商操縱股價坑殺投資人之情事發生。因此，2002年1月起正式實施興櫃股票市場制度，並由櫃買中心主辦。

按證券市場依據交易機制之不同，可分為競價市場與造市者市場。前者，又稱為委託單導向市場（order-driven market），交易之進行，係以投資人透過證券經紀商向市場之委託報價直接競價撮合成交；後者，又稱為報價導向市場（quote-driven market），係以自營商或造市者（market maker）向市場之報價為基礎撮合成交。現行臺灣「上市」或「上櫃」股票交易，原則上均採競價市場方式進行。但「興櫃」股票

交易，設有所謂之「推薦證券商」，對其推薦之興櫃股票負有報價及應買、應賣之義務，且買賣雙方至少有一方須爲該興櫃股票之推薦證券商；可見「興櫃」股票之交易方式與一般「上市」或「上櫃」股票不同，係採造市者市場。另「上市」或「上櫃」股票設有漲跌幅限制，交易時間爲上午九時至下午一時三十分（另設有盤後定價交易）；但「興櫃」股票無漲跌幅限制，且交易時間爲上午九時至下午三時，亦有所不同。

又除公營事業外，公司申請上市或上櫃前，應先於興櫃股票市場交易滿六個月，故興櫃股票市場又具有預備市場之功能。對發行公司而言，可於上市或上櫃前，先至興櫃股票市場進行交易，有助於其適應證券市場變動及資訊揭露規定，且可增加媒體及市場之能見度，對未來上市或上櫃募集資金有正面效益。

第四節　外國公司上市櫃與登錄興櫃

一、概說

　　證交法於2012年1月修正時，增訂第五章之一「外國公司」，立法理由係「爲促進證券市場國際化，俾使依外國法律組織登記之公司來我國募集發行有價證券之規範更明確，同時強化相關監理機制運作與保障投資人權益，爰參考公司法第七章『外國公司』及銀行法第七章『外國銀行』之規定，增訂本章『外國公司』之規定。」可知增訂之目的，在使依據外國法律組織登記之外國公司，可以前來我國募集、發行、私募及買賣有價證券；同時明確規定外國公司應遵循之法律規範，並賦予主管機關監理之權限及彈性，在促進證券市場國際化之同時，亦能保障投資人權益。

二、第一上市櫃或興櫃外國公司

　　所謂「第一」上市櫃或興櫃外國公司，指外國公司所發行之股票，首次經證券交易所或櫃買中心同意上市、上櫃買賣或登錄興櫃時，其股票未在國外證券交易所交易者（證交§165-1）。此種公司因其並未受外國證券主管機關相當之監理，故除部分事項（例如董監持股成數規範等）因該第一上市櫃或興櫃外國公司據以組織登記之外國法令與我國規定或有不同，恐生衝突，或爲與國際規範一致外，其管理、監督宜比照我國公開發行公司準用證交法之相關規定，例如補辦相關發行審查程序、建立內部控制制度、設立獨立董事、審計委員會之組成、國內外募集及發行有價證券之申報、定期公告申報財務報告及公開說明書應記載事項等；又第一上市櫃及興櫃外國公司據以組織登記之外國法律，如對保障投資人較有利者，自得適用其母國法律，故規定除主管機關另有規定外，第一上市櫃或興櫃

外國公司有價證券之募集、發行、私募及買賣之管理、監督，應準用證交法相關規定。例如第一上市櫃或興櫃之外國公司，其註冊地國為日本者，主管機關即規定其得免準用證交法、公開發行公司獨立董事設置及應遵循事項辦法，及公開發行股票公司股務處理準則之部分規定[17]。

三、第二上市櫃外國公司

所謂「第二」上市櫃外國公司，指第一上市櫃或興櫃以外之外國公司所發行股票或表彰股票之有價證券[18]，已在國外證券交易所交易者，或符合主管機關所定條件之外國金融機構之分支機構及外國公司之從屬公司，其有價證券經證券交易所或櫃買中心同意上市或上櫃買賣者（證交§165-2）。此種公司因其發行之有價證券已在外國證券市場掛牌交易，受外國證券主管機關相當之監理，故其有價證券於國外募集、發行及買賣之行為尚無必要準用證交法之相關規定，僅就其有價證券於我國募集、發行及買賣之行為，除主管機關另有規定外（例如外國公司據以組織登記之外國法律，對保障投資人較有利者，得適用其母國法律），準用證交法相關條文規定為管理、監督。

四、外國公司之代理人及負責人

證交法第165條之3第1項、第2項及第3項分別規定：「外國公司，應在中華民國境內指定其依本法之訴訟及非訴訟之代理人，並以之為本法在中華民國境內之負責人。」「前項代理人應在中華民國境內有住所或居所。」、「外國公司應將第一項代理人之姓名、住所或居所及授權文件向主管機關申報；變更時，亦同。」本條僅就在我國上市櫃或登錄興櫃之外國公司之行政管理為規定，其嗣後如於我國境內設立分公司或有營業、借貸等行為，仍應依公司法第372條、第386條或其他法律規定辦理。

第五節　公開收購

一、概說

所謂公開收購，係指不經由有價證券集中交易市場或證券商營業處所，對非特定人以

---

[17]　金管會102年11月6日金管證發字第1020040173號函。

[18]　所謂表彰股票之有價證券，指存託憑證，即先由存託機構將股票存放於保管機構，再由存託機構發行表彰存放於保管機構股票之有價證券；通常第二上市櫃外國公司，係以「臺灣存託憑證」在台上市或上櫃。

公告、廣告、廣播、電傳資訊、信函、電話、發表會、說明會或其他方式爲公開要約而購買有價證券之行爲（公開收購辦法§2Ⅰ）。因進行公開收購，通常是爲爭奪公司經營權而有大量股權需要，故屬於併購手段之一[19]；且買受人爲取得公司之控制權，亦願意以較高之價格向目標公司之大股東購買股權，故爲確保全體股東有公平出售股權之權利，並能分享控制權溢價，同時讓少數股東於公司經營權發生變動時，可以選擇退出公司，證交法設有強制公開收購之規定，且爲確保該項規定之實現，並制定大量取得股權之管理制度。

二、大量取得股權之管理

(一) 基本規定

　　證交法第43條之1第1項規定：「任何人單獨或與他人共同取得任一公開發行公司已發行股份總額超過百分之十之股份者，應向主管機關申報及公告；申報事項如有變動時，亦同。有關申報取得股份之股數、目的、資金來源、變動事項、公告、期限及其他應遵行事項之辦法，由主管機關定之。」立法理由在使取得公司相當比例股份之人，負公開相關資訊之義務，除可使主管機關及投資人能瞭解公司股權大量變動之來由及其趨向外，甚至使發行該股份之公司可預作準備，以因應股權變動可能導致之公司經營權變動。

(二) 行政規則

　　爲執行本項規定，主管機關頒布「證券交易法第四十三條之一第一項取得股份申報辦法」，以執行股份取得人之申報義務，其重點如下：

1. 申報義務人

　　單獨或共同取得人全體均有申報義務。

2. 取得股份之計算

　　取得股份包括取得人之配偶、未成年子女及利用他人名義持有者；且取得股份不以過戶爲取得之要件。

3. 共同持有之定義

　　所謂與他人共同取得股份，指以契約、協議或其他方式之合意，取得公開發行公司已發行股份；取得人間如有書面合意，應將該書面合意併同向主管機關申報。

4. 申報及公告事項

　　取得人取得任一公開發行公司已發行股份總額超過百分之十之股份時，應依規定辦理公告，並於取得日起十日內，向主管機關申報。

---

[19]　相較於從證券市場買進股權，公開收購較能控制併購之成功與否；因爲公開收購人可以事先預定未達欲收購之一定數量時，得不進行收購（即要約附停止條件），以免在未取得足夠控制經營權之股份數量下，進退兩難（以上參劉連煜「新證券交易法實例研習」第174頁）。

5. 變動之申報及公告

申報事項如有變動，應於事實發生之日起二日內公告，向主管機關申報。

三、公開收購之規範

(一) 事前申報制

證交法第43條之1第2項規定：「不經由有價證券集中交易市場或證券商營業處所，對非特定人為公開收購公開發行公司之有價證券者，除下列情形外，應提出具有履行支付收購對價能力之證明，向主管機關申報並公告特定事項後，始得為之：一、公開收購人預定公開收購數量，加計公開收購人與其關係人已取得公開發行公司有價證券總數，未超過該公開發行公司已發行有表決權股份總數百分之五。二、公開收購人公開收購其持有已發行有表決權股份總數超過百分之五十之公司之有價證券。三、其他符合主管機關所定事項。」即原則上向主管機關申報並公告後，始得為之[20]，故稱為「申報制」或「事前申報制」[21]。至於例外情形，係因屬於小額收購或控制公司收購從屬公司，均不致影響目標公司經營權之變動，或其他符合主管機關所定事項，故予以豁免，可免除申報並公告之義務，又稱為「簡易公開收購」[22]。

另依證交法第43條之5第2項規定，公開收購人所申報及公告之內容有違反法令規定之情事者，主管機關為保護公益之必要，得命令公開收購人變更公開收購申報事項，並重行申報及公告。

(二) 授權命令

證交法第43條之1第4項規定：「依第二項規定收購有價證券之範圍、條件、期間、關係人及申報公告事項與前項有關取得公開發行公司已發行股份總額達一定比例及條件之辦法，由主管機關定之。」而主管機關據此授權，已經訂定「公開收購公開發行公司有價證券管理辦法」（簡稱「公開收購辦法」）。

(三) 強制公開收購

證交法第43條之1第3項規定：「任何人單獨或與他人共同預定取得公開發行公司已

---

[20] 按證交法對公開收購原採申請核准制。然如須經主管機關之核准，不僅在企業併購時間上將有所延誤，喪失先機，倘若審查期間目標公司之股價有所變動，亦將使公開收購者在收購價格之制定上，不易掌握，有導致公開收購失敗之危險，且收購消息萬一走漏，亦恐發生內線交易之弊端，故2002年2月修法時，改採「事前申報制」。以上參廖大穎「證券交易法導論」第318頁。

[21] 依證交法第43條之1第5項規定，對非特定人為公開收購不動產證券化條例之不動產投資信託受益證券者，亦應先向主管機關申報並公告後，始得為之。

[22] 賴源河「證券法規」第132頁。

發行股份總額或不動產證券化條例之不動產投資信託受益證券達一定比例者，除符合一定條件外，應採公開收購方式為之。」而依公開收購辦法第11條第1項之規定，任何人單獨或與他人共同預定於五十日內取得公開發行公司已發行股份總額百分之二十以上股份者，應採公開收購方式為之；即以「五十日內」及「百分之二十以上股份」作為強制公開收購之門檻。所謂「與他人共同預定取得」，係指預定取得人間因共同之目的，以契約、協議或其他方式之合意，取得公開發行公司已發行股份（公開收購辦法§12）。至於所謂「除符合一定條件外」，則指與關係人或關係企業間進行股份轉讓、依拍賣或標購取得股份、依證交法第22條之2第1項第3款規定取得股份、依公司法第156條之3或企業併購法實施股份交換取得股份，及其他符合主管機關規定等情形（公開收購辦法§11Ⅱ）。

案 例

東森媒體公司（凱擘有線電視）原係公開發行公司，於2006年3月7日申請停止公開發行；同年3月9日東森媒體公司與凱雷集團簽定收購股權意向書，同年7月間，凱雷集團以子公司盛澤公司名義向東森媒體公司大部分股東以每股32.5元購入該公司股票，進而持有該公司90.37%股份，成為該公司之控制公司。同年8月2日，東森媒體公司與盛澤公司之董事會決議進行合併，以盛澤公司為存續公司，並以每股26元為現金合併價格。請問：(一)東森媒體公司申請停止公開發行之目的為何？(二)公司申請停止公開發行需經何種程序？

解 析

按當時東森媒體公司雖非上市或上櫃公司，但已經辦理公開發行，所以應適用證交法之規範；而由事後凱雷集團收購東森媒體公司股票觀察，當初申請停止公開發行之目的在規避證交法之適用，尤其是有關強制公開收購之規定（證交§43-1Ⅲ），使大股東獨享「控制權溢價」，小股東則被迫接受每股26元之低價（然少數股東不滿提出異議，法院裁定價格仍為32.5元）。不過值得注意的是，東森媒體公司雖然於2006年3月7日申請停止公開發行，但在主管機關於同年3月20日同意前，仍屬公開發行公司，故就足以影響股東權益及證券價格之凱雷集團收購股權重大訊息，仍應依證交法第36條第3項第2款之規定，公告並向主管機關申報；又部分證交法條文之適用，並不以公開發行公司為限，例如證交法第20條第1項之證券詐欺。因東森媒體公司在停止公開發行後，其實際負責人所控制之東森得易購公司、東森百貨公司向部分股東以每股20元收購該公司股份，故被法院認為係「隱匿上開重大消息不依規定公告申報，致因資訊揭露不透明，使附表一之小股東處於資訊不對稱之被欺罔狀態，更因未能即時取得東森媒體公司相關

資訊及凱雷集團欲以每股32.5元收購之資訊，致陷於錯誤」，而構成證券詐欺罪（最高法院102年度台上字第3250號刑事判決參照）。

　　又當時法令對公司申請停止公開發行之程序並無規定，故只要董事會決議即可；惟公司停止公開發行，財務狀況將回復至不公開之情形，對投資人權益影響甚鉅，因此，現行公司法第156條之2第1項及第2項已明文規定公司申請停止公開發行，須經股東會特別決議或便宜決議。

四、公開收購程序之進行

(一) 公開收購人之申報、公告及送達義務

1. 申報

　　依公開收購辦法第9條第1項之規定，除公司以公開收購方式買回其股份外，公開收購人應於公開收購開始日前，檢具公開收購申報書及下列書件向主管機關申報：(1)公開收購說明書；(2)公開收購人與受委任機構簽定之委任契約書；(3)公開收購人在中華民國境內無住所或營業處所者，指定訴訟及非訟事件代理人之授權書；(4)其他金管會規定之文件。又依同條第2項之規定，公開收購申報書件須經律師審核並出具律師法律意見書，如公開收購須經金管會或其他主管機關核准或申報生效者，應併同出具法律意見。

　　另依公開收購辦法第13條之規定，公開收購決定之日起至申報及公告日前，因職務或其他事由知悉與該次公開收購相關之消息者，均應謹守秘密[23]。

2. 公告

　　依公開收購辦法第9條第7項之規定，公開收購人應於公開收購開始日前公告公開收購申報書、律師法律意見書、有履行支付收購對價能力之證明及公開收購說明書。

3. 送達

　　依公開收購辦法第9條第6項之規定，公開收購人應將公開收購申報書副本、公開收購說明書及相關書件，於公開收購申報日同時送達被收購有價證券之公開發行公司。

(二) 目標公司之資訊揭露義務

　　依公開收購辦法第14條第1項之規定，被收購有價證券之公開發行公司於接獲公開收購人申報及公告之公開收購申報書副本、公開收購說明書及相關書件後十五日內，應就下列事項公告、作成書面申報金管會備查及抄送證券相關機構：

　　1. 現任董事、監察人及持有被收購公司已發行股份超過百分之十之股東目前持有之

---

[23] 依證交法第157條之1第5項規定，公開收購亦屬重大影響股票價格之消息，故因職務或其他事由知悉者，亦屬該條第1項第3款所稱「基於職業或控制關係獲悉消息之人」，如在消息未公開前買賣目標公司股票，亦涉及內線交易，應負民、刑事責任。

股份種類、數量。

2. 董事會應就本次公開收購人身分與財務狀況、收購條件公平性，及收購資金來源合理性之查證情形，對其公司股東提供建議，並應載明董事同意或反對之明確意見及其所持理由。

3. 公司財務狀況於最近期財務報告提出後有無重大變化及其變化內容。

4. 現任董事、監察人或持股超過百分之十之大股東持有公開收購人或其符合公司法第六章之一所定關係企業之股份種類、數量及其金額。

5. 其他相關重大訊息。

依同條第2項之規定，前述第1款及第4款之人持有之股票，包括其配偶、未成年子女及利用他人名義持有者。

(三) 設置審議委員會及其建議

被收購有價證券之公開發行公司於接獲公開收購申報及公告書件後，應即設置審議委員會，就公開收購條件之公平性、合理性進行審議及就本次收購對其公司股東提供建議，並於十五日內公告審議結果（公開收購辦法§14-1 I、II）。審議委員會委員之人數不得少於三人，被收購有價證券之公開發行公司設有獨立董事者，應由獨立董事組成；獨立董事人數不足或無獨立董事者，由董事會遴選之成員組成（公開收購辦法§14-1 III）。

五、保護應賣人權利之規定

(一) 同一條件收購

為維護應賣人之權益，證交法第43條之2第1項前段規定，公開收購人應以同一收購條件為公開收購；如公開收購人違反同一條件收購之規定，依同條第2項規定：「違反前項應以同一收購條件公開收購者，公開收購人應於最高收購價格與對應賣人公開收購價格之差額乘以應募股數之限額內，對應賣人負損害賠償責任。」惟此之「應賣人」，僅指「以低於最高應賣價格應賣者」，並非全部應賣人均得請求損害賠償[24]。

(二) 比例收購

如應賣之有價證券數量超過預定收購數量時，公開收購人應依同一比例向所有應賣人購買，並將已交存但未成交之有價證券退還原應賣人[25]；如公開收購上市或上櫃公司股票者，則應按各應賣人委託申報數量之比例分配至一千股為止，如尚有餘量，公開收購人應按隨機排列方式依次購買（公開收購辦法§23）。

---

[24] 劉連煜「新證券交易法實例研習」第180頁。

[25] 應賣人應賣時，應將有價證券交存於公開收購人所委任之機構（公開收購辦法§15 I）。

(三) 不得任意變更收購條件

依證交法第43條之2第1項規定，公開收購人應以同一收購條件為公開收購，且不得為下列公開收購條件之變更：1.調降公開收購價格；2.降低預定公開收購有價證券數量；3.縮短公開收購期間；4.其他經主管機關規定之事項。惟條件之變更有利於應賣人時，例如調高公開收購價格、提高預定公開收購有價證券數量或延長公開收購期間[26]，自不受限制。

又依公開收購辦法第17條之規定，公開收購人為證交法第43條之2第1項以外之條件變更前，應向金管會申報並公告，且通知各應賣人、受委任機構及被收購有價證券之公開發行公司。

(四) 不得以其他方式購買公開收購之有價證券

證交法第43條之3規定：「（第1項）公開收購人及其關係人自申報並公告之日起至公開收購期間屆滿日止，不得於集中交易市場、證券商營業處所、其他任何場所或以其他方式，購買同種類之公開發行公司有價證券或不動產證券化條例之不動產投資信託受益證券。（第2項）違反前項規定者，公開收購人應就另行購買有價證券之價格與公開收購價格之差額乘以應募股數之限額內，對應賣人負損害賠償責任。」此條規定亦在維護應賣人之權益，惟此處之「應賣人」，係指全體應賣人，因其為具有懲罰性賠償之性質，目的在遏止不法[27]。

(五) 公開收購說明書之交付

為使公開收購人充分揭露資訊並使應賣人得以瞭解相關事宜，證交法第43條之4第1項規定：「公開收購人除依第二十八條之二規定買回本公司股份者外，應於應賣人請求時或應賣人向受委任機構交存有價證券時，交付公開收購說明書。」至於其應記載之事項，依同條第2項之規定，係由主管機關之[28]。另同條第3項規定：「第三十一條第二項及第三十二條之規定，於第一項準用之。」即明定公開收購人未交付公開收購說明書及其內容有虛偽或隱匿情事時，應準用公開說明書之民事賠償責任。

(六) 不得任意停止公開收購

公開收購人進行公開收購後，除有下列情事之一，並經主管機關核准者外，不得停止

---

[26] 依公開收購辦法第18條之規定，公開收購之期間原則上不得少於二十日，多於五十日；但有競爭公開收購或其他正當理由者，原公開收購人得向金管會申報並公告延長收購期間，惟延長期間合計不得超過五十日。

[27] 劉連煜「新證券交易法實例研習」第181頁。

[28] 金管會據此授權，已訂定「公開收購說明書應行記載事項準則」載明說明書編製之基本原則及應記載事項。

公開收購之進行（證交§43-5Ⅰ）：

1. 被收購有價證券之公開發行公司，發生財務、業務狀況之重大變化，經公開收購人提出證明者。
2. 公開收購人破產、死亡、受監護或輔助宣告或經裁定重整者。
3. 其他經主管機關所定之事項。

六、公開收購後之效果

(一) 公開收購條件成就之公告及申報

所謂公開收購條件成就，指公開收購期間屆滿前達公開收購人所定之最低收購數量；如涉及須經金管會或其他主管機關核准或申報生效之事項者，應取得核准或已生效（公開收購辦法§19Ⅰ）。因此，達最低收購數量及取得主管機關核准或經申報生效，均為公開收購條件之成就。公開收購人應於本次公開收購條件成就之日起二日內，向金管會申報並公告，並副知受委任機構（公開收購辦法§19Ⅱ）。

公開收購條件成就後，應賣人理應不得撤銷應賣，以免陷交易於不確定；惟在出現競爭公開收購者、延長公開收購期間及其他法律規定得撤銷應賣者等情形時，例外許應賣人於前述公告後，仍得撤銷其應賣（公開收購辦法§19Ⅵ），但應以書面為之（公開收購辦法§19Ⅴ）。

(二) 公開收購期間屆滿後之公告、申報及通知

公開收購人應於公開收購期間屆滿之日起二日內，向金管會申報並公告下列事項（公開收購辦法§22Ⅰ）：

1. 公開收購人之姓名或名稱及住所或所在地。
2. 被收購有價證券之公開發行公司名稱。
3. 被收購有價證券之種類。
4. 公開收購期間。
5. 以應賣有價證券之數量達到預定收購數量為收購條件者，其條件是否達成。
6. 應賣有價證券之數量、實際成交數量。
7. 支付收購對價之時間、方法及地點。
8. 成交之有價證券之交割時間、方法及地點。

公開收購人並應於公告之當日，分別通知應賣人有關應賣事項（公開收購辦法§22Ⅱ）。

(三) 再次公開收購之間隔期間

證交法第43條之5第3項規定：「公開收購人未於收購期間完成預定收購數量或經主管機關核准停止公開收購之進行者，除有正當理由並經主管機關核准者外，公開收購人於一年內不得就同一被收購公司進行公開收購。」立法理由係為避免公開收購人以公開收購之名行影響市場之實，故規定「一年」之間隔期間；至於所謂正當理由，依公開收購辦法第24條之規定，係指下列情形：

1. 有競爭公開收購之情事。
2. 經被收購有價證券公開發行公司董事會決議同意且有證明文件；但被收購有價證券公開發行公司之全體董事不符合證交法第26條規定者（最低持股成數），不適用之。
3. 公開收購人前次未完成公開收購，係因國內其他主管機關尚未作成審議結果，事後取得其同意之決定。
4. 有其他正當理由者。

(四) 股東臨時會之召集

證交法第43條之5第4項規定：「公開收購人與其關係人於公開收購後，所持有被收購公司已發行股份總數超過該公司已發行股份總數百分之五十者，得以書面記明提議事項及理由，請求董事會召集股東臨時會，不受公司法第一百七十三條第一項規定之限制。」蓋此時公開收購人與其關係人已經持有被收購公司過半數股份，自應使其不受「繼續一年以上」持有股份之限制，而得請求董事會召集股東臨時會，使其達取得公司經營權之目的。

新聞追蹤

陳泰銘KKR收購　國巨將下市

國巨董事長陳泰銘個人與私募股權基金KKR新成立的邀睿投資，昨（6）日宣布以每股16.1元公開收購國巨，一旦達成100%收購，總規模將有467.8億元；完成收購後，國巨將會下市，創國內企業大股東收購自家公司後下市的首例。新成立的邀睿投資，陳泰銘持股55%，KKR占45%。有併購大王之稱的陳泰銘，以自己新成立的小公司，公開收購自己創立的國巨，這種自己併自己的做法，讓市場耳目一新，也將成為併購教材的新案例。

本件公開收購案，係典型之「管理階層收購」（Management Buy-Out，簡稱MBO），由大股東兼公司管理階層結合私募股權基金，再借助銀行貸款，以公開收購

方式取得公司絕大多數股份後，再推動公司下市。惟因此種併購方式過去在臺灣極為罕見，故消息傳開後，立刻引起社會輿論譁然，各種批評聲音不斷，甚至有媒體形容為「大老闆的野蠻金錢遊戲」，要求主管機關嚴加把關。

　　然公開收購雖採「事前申報」，但其情形類似「報備」，金管會並無審核之權限；惟本件有KKR參與投資，依外國人投資條例第8條第1項之規定，須經經濟部投資審議委員會核准，最後投審會以資本弱化、資訊不透明、收購價有疑慮、對股東權益保障有疑慮、影響金融市場及產業等六大理由駁回。因取得主管機關核准或經申報生效，亦為公開收購條件之一（公開收購辦法§19Ⅰ）；故本件雖有高達69%之股東應賣，遠高於35%之最低收購數量，但收購條件仍未成就而失敗，原則上遨睿於一年內不得就國巨再進行公開收購（證交§43-5Ⅲ）。

　　又本件公開收購案雖然已經劃下句點，但事後仍然有諸多討論。首先是有關審議委員會部分，當時公開收購辦法並無設置審議委員會之規定，2011年7月方始增訂第14條之1，規定被收購公司應設置審議委員會，並明定其職責、組成方式及資格條件等事項。另企業併購法第18條第3項規定：「前二項股東會決議，屬上市（櫃）公司參與合併後消滅，且存續或新設公司為非上市（櫃）公司者，應經該上市（櫃）公司已發行股份總數三分之二以上股東之同意行之。」按一般公開發行公司之特別決議事項，無論是採特別決議或便宜決議，只要控制過半數之股權，即能順利通過，此項規定之目的即在增加公司被併購後下市（櫃）之難度；蓋前述投審會所指之資本弱化，係因收購資金來源主要為銀行貸款，故遨睿在取得國巨之控制性股權後，尚須將遨睿與國巨兩家公司合併，使合併後之既存或新設公司承受巨額之銀行貸款，致負債比率提高，因此，此項規定又被稱為「國巨條款」。

　　另本件之收購價每股16.1元雖備受質疑，但其為交易之對價，主管機關不宜，也不應介入；不過除現金外，亦得以上市或上櫃之有價證券、公開收購人為公開發行公司時其募集發行之股票或公司債及公開收購人之其他財產作為對價（公開收購辦法§8）。且現金及有價證券或其他財產亦得併用；實務上，2012年聯發科公開收購晨星時，即以0.794股聯發科普通股及新臺幣1元換1股晨星普通股。

2011-04-07／經濟日報／記者謝佳雯「陳泰銘KKR收購　國巨將下市」報導

第五章　證券商

第一節　概說

一、證券商與證券市場

　　發行市場與流通市場共同構成整個證券市場，二者具有相輔相成之關聯性。如無發行市場，流通市場即缺乏買賣之標的；若流通市場不發達，則自發行市場取得證券之投資人將難以變現，亦阻礙其參與發行市場，故二者缺一不可。又無論是發行市場或流通市場，均仰賴證券商始能發揮其功能。蓋發行市場，是證券從發行公司分散至投資人之過程；公司雖得發行有價證券向投資大眾募集資金，但有價證券之發行並非一般公司所熟悉之業務，故實務上必須與特定之證券商簽訂「承銷契約」，委託證券商處理有價證券之發行，使發行公司得以順利從發行市場上完成資金籌措之目的[1]。至於流通市場，則是證券從投資人移轉至其他投資人之過程；而無論是在集中市場或店頭市場，投資人均須透過證券商始能進行交易（證交§62 I、151）。由此可知，證券商在證券市場係扮演中介角色，其本身是否健全，對證券市場之發展，影響甚鉅；故證交法對證券商之管理，係採嚴格審查之態度，非經主管機關之許可及發給許可證照，不得營業（證交§44 I），並嚴格規定其業務範圍（證交§15）。

二、證券商之意義與種類

　　所謂證券商，指依證交法之規定經營證券業務者，包括承銷商、自營商及經紀商。依證交法第15條規定：「依本法經營之證券業務，其種類如左：一、有價證券之承銷及其他經主管機關核准之相關業務。二、有價證券之自行買賣及其他經主管機關核准之相關業務。三、有價證券買賣之行紀、居間、代理及其他經主管機關核准之相關業務。」而經營本條各款業務之一者為證券商，其中經營第1款規定之業務者，為證券承銷商；經營第2款規定之業務者，為證券自營商；經營第3款規定之業務者，為證券經紀商（證交§16）。

---

[1]　廖大穎「證券交易法導論」第349頁。

第二節　證券商之設立及管理

一、證券商之設立

(一)許可主義及設置標準與管理規則

　　證交法第44條第1項規定：「證券商須經主管機關之許可及發給許可證照，方得營業；非證券商不得經營證券業務。」可知證券商之設立，係採許可主義[2]（又稱「核准主義」）。另依同條第2項及第3項之規定，證券商分支機構之設立，應經主管機關許可；外國證券商在中華民國境內設立分支機構，應經主管機關許可及發給許可證照。非經許可經營證券業務，或證券商（不分本國或外國）設立分支機構未經主管機關許可者，依證交法第175條第1項之規定，並有刑事責任。

　　又為使主管機關能對證券商為統一之管理及符合法律授權明確性原則，證交法第44條第4項規定：「證券商及其分支機構之設立條件、經營業務種類、申請程序、應檢附書件等事項之設置標準與其財務、業務及其他應遵行事項之規則，由主管機關定之。」而主管機關並據此授權訂定「證券商設置標準」及「證券商管理規則」；惟外匯業務係由中央銀行主管，故主管機關訂定或修正上述規則，如涉及外匯業務經營應遵行事項之規定時，應洽商中央銀行意見（證交§44Ⅴ）。

(二)組織型態、最低實收資本額及設立方式

　　證交法第47條規定：「證券商須為依法設立登記之公司。但依第四十五條第二項但書規定兼營者，不在此限。」另證交法第48條第1項規定：「證券商應有最低之資本額，由主管機關依其種類以命令分別定之。」此之資本，為已發行股份總額之金額（證交§48Ⅱ）。而依證券商設置標準第3條規定：「（第1項）證券商須為股份有限公司，其最低實收資本額如下：一、證券承銷商：新臺幣四億元。二、證券自營商：新臺幣四億元，僅經營自行買賣具證券性質之虛擬通貨業務者為新臺幣一億元。三、證券經紀商：新臺幣二億元，僅經營股權性質群眾募資業務者為新臺幣五千萬元。（第2項）前項最低實收資本額，發起人應於發起時一次認足。」可知證券商原則上應為股份有限公司，且須採發起設立。

　　又證券商設置標準第4條對證券商之發起人資格有較公司法嚴格之限制；另證券商於設立登記後，應提存營業保證金（證交§55Ⅰ），故證券商設置標準第7條規定證券商發起人於向金管會申請許可時，應依承銷、自營或經紀等不同業務，分別向金管會所指定之銀行存入新臺幣四千萬元、一千萬元或五千萬元（僅經營股權性質群眾募資業務者為新臺

2　賴英照「最新證券交易法解析」第385頁。

幣一千萬元）；前述存入款項，得以政府債券或金融債券代之；其經許可設置者，於公司辦理設立登記提存營業保證金後，始得動用，未經許可設置或經撤銷許可者，由金管會通知領回。

(三) 分業經營與兼營證券業務

1. 分業經營

按證交法立法之初原採分業經營原則，三種證券業務不得兼營，且證券商經營證券以外之業務亦受相當之限制，然現行證交法第45條第1項規定：「證券商應依第十六條規定，分別依其種類經營證券業務，不得經營其本身以外之業務。但經主管機關核准者，不在此限。」但書規定，係為實施綜合證券商制度，及增加證券商未來業務兼營之彈性，以符合實際需要。依證券商設置標準第2條之規定，證券商得經營之業務項目，由金管會按證券商種類依證交法及設置標準之規定分別核定，並於許可證照載明之；未經核定並載明於許可證照者，不得經營。如同時兼營經紀、承銷及自營三種業務者，稱為綜合證券商；又兼營時，其最低實收資本額應合併計算，故綜合證券商之最低實收資本額為新臺幣十億元。

另證交法第46條規定：「證券商依前條第一項但書之規定，兼營證券自營商及證券經紀商者，應於每次買賣時，以書面文件區別其為自行買賣或代客買賣。」目的在劃分買賣結果之歸屬，以防止證券商利用同時處理自行買賣及受託買賣之便而侵害客戶權益，例如將高價買入或低價賣出者歸於經紀商之客戶。

2. 兼營證券業務

(1) 金融機構兼營證券業務

因金融機構可兼營證券業務，故證交法第45條第2項規定：「證券商不得由他業兼營。但金融機構得經主管機關之許可，兼營證券業務。」然依證券商設置標準第14條之規定，金融機構兼營證券業務，除設置標準發布前已許可兼營者外，不得同時兼營三種證券業務。

(2) 證券業務創新實驗

為促進金融業務模式之開拓與創新，使監管體制更具彈性，以減少監管摩擦，我國亦引進外國立法例實施監理沙盒試驗。證交法第44條之1第1項規定：「為促進普惠金融及金融科技發展，不限於證券商及證券金融事業，得依金融科技發展與創新實驗條例申請辦理證券業務創新實驗。」使非證券商或證券金融事業，亦得申請辦理證券業務之金融科技創新實驗[3]。且為使業者有機會試驗創新技術之可行性，同條第2項規定：「前項之創新實驗，於主管機關核准辦理之期間及範圍內，得不適用本法之規定。」同條第3項規定：「主管機關應參酌第一項創新實驗之辦

---

[3] 所謂金融科技創新實驗（簡稱「創新實驗」），依金融科技發展與創新實驗條例第3條之規定，指以科技創新或經營模式創新方式從事屬於需主管機關許可、核准或特許之金融業務實驗。

理情形，檢討本法及相關金融法規之妥適性。」立法目的在為金融科技試驗提供更安全之環境，並修改可能不合時宜之法令。

(四) 設立許可之撤銷

1. 設立許可撤銷之原因

(1) 有違反法令或虛偽情事

證券商取得經營證券業務之特許，或設立分支機構之許可後，經主管機關發覺有違反法令或虛偽情事者，得撤銷其特許或許可（證交§57）。

(2) 未開始營業或自行停止營業

證券商自受領證券業務特許證照，或其分支機構經許可並登記後，於三個月內未開始營業，或雖已開業而自行停止營業連續三個月以上時，主管機關得撤銷其特許或許可；惟前述所定期限，如有正當事由，證券商得申請主管機關核准延展之（證交§59）。

2. 設立許可撤銷後之處理

(1) 了結被撤銷前之業務

證券商經主管機關依證交法之規定撤銷其特許或命令停業者，該證券商應了結其被撤銷前或停業前所為有價證券之買賣或受託之事務（證交§67）。

(2) 資格存續之擬制

經撤銷證券業務特許之證券商，於了結前述之買賣或受託之事務時，就其了結目的之範圍內，仍視為證券商；因命令停業之證券商，於其了結停業前所為有價證券之買賣或受託事務之範圍內，視為尚未停業（證交§68）。

你知道嗎？

什麼是「盤商」？

通常所謂盤商，指商品批發商，例如大盤商或中盤商等；但有所謂之未上市股票「盤商」，係以居間未上市股票買賣，甚至高價向外銷售自行購入之未上市股票為業之人。按公司如未上市或上櫃，其股權流通有困難；雖然有所謂之興櫃股票，但因有資格限制，故多數之未上市股票買賣仍透過盤商進行。

惟盤商居間股票買賣，明顯屬於從事「有價證券買賣之行紀、居間、代理」業務（證交§15③），依證交法第44條第1項之規定，應經主管機關之許可及發給許可證照後，始得為之；否則依證交法第175條第1項之規定，可處二年以下有期徒刑、拘役或科或併科新臺幣一百八十萬元以下罰金。又部分盤商會接受未上市公司委託銷售其所發行之新股，或先自行購入後，再向外銷售，則屬於經營證券業務中之「承銷」或

「自營」業務（證交§15①、②），仍屬違反證交法第44條第1項之規定。另常見盤商刊登廣告招攬業務員，並以高額佣金、業績好、晉升快等誘因，對招募之員工進行訓練後，再由業務員利用電話、傳真、郵件等方式，向不特定人直接銷售股票；此種情形，除盤商經營者違反證交法第22條第1項之規定外，實際從事銷售行為之業務員亦屬之，均應依證交法第174條第2項第3款之規定受刑事處罰。

二、證券商之管理

(一) 投資其他證券商之限制

　　證交法第45條第3項規定：「證券商非經主管機關核准，不得投資於其他證券商。」原立法意旨，係在避免證券商間因相互投資，致操縱、壟斷市場；但特殊情形，例如擔任興櫃股票之推薦證券商，為發揮造市功能，而持有一定部位之被推薦證券商股票，或證券商執行股票選擇權或股票期貨造市業務，因避險所需而取得其他證券商股票，依主管機關函釋，尚非此處所指之「投資」[4]。

(二) 負債總額之限制

　　證交法第49條第1項規定：「證券商之對外負債總額，不得超過其資本淨值之規定倍數；其流動負債總額，不得超過其流動資產總額之規定成數。」而依同條第2項之規定，前述倍數及成數，係由主管機關以命令分別定之。又依證券商管理規則第13條之規定，證券商除有特殊需要經專案核准者或由金融機構兼營者另依有關法令規定辦理外，其對外負債總額不得超過其淨值之六倍，其流動負債總額不得超過其流動資產總額；但經營受託買賣有價證券或自行買賣有價證券業務，除金管會另有規定者外，其對外負債總額不得超過其淨值。另前述負債總額之計算，得扣除承做政府債券買賣所發生之負債金額。

(三) 證券商公司名稱之使用

　　證交法第50條第1項規定：「證券商之公司名稱，應標明證券之字樣。但依第四十五條第二項但書之規定為證券商者，不在此限。」即除金融機構兼營證券業務者外，證券商公司名稱應標明「證券」之業務種類。且非證券商不得使用類似證券商之名稱（證交§50Ⅱ），違者，依證交法第177條第1項之規定，有刑事責任。

---

[4]　證期會91年6月10日台財證二字第0910003376號函及金管會103年9月16日金管證期字第1030028422號函參照。

(四) 提存營業保證金

證交法第55條第1項規定：「證券商於辦理公司設立登記後，應依主管機關規定，提存營業保證金。」而依證券商管理規則第9條之規定，證券商應於辦理公司登記後，依下列規定，向金管會所指定銀行提存營業保證金：1.證券承銷商新臺幣四千萬元；2.證券自營商新臺幣一千萬元；3.證券經紀商新臺幣五千萬元（僅經營股權性質群眾募資業務者為新臺幣一千萬元）；4.經營二種以上證券業務者，按其經營種類依前三款規定併計之；5.設置分支機構者，每設置一家增提新臺幣五百萬元。前述之營業保證金，應以現金、政府債券或金融債券提存。

同條第2項規定：「因證券商特許業務所生債務之債權人，對於前項營業保證金，有優先受清償之權。」所謂特許業務，指經主管機關核准經營之證券業務；至於「優先」受清償之權，指優先於普通債權而受清償，其目的在增強證券商之信用及保護因特許業務所生債務之債權人。

(五) 開始或停止營業及解散或歇業之申報

證券商或其分支機構於開始或停止營業時，應向主管機關申報備查（證交§58）。另證券商於解散或部分業務歇業時，應由董事會陳明事由，向主管機關申報之（證交§69Ⅰ）；此時證券商有了結解散或歇業前事務之義務，且於了結事務之範圍內，視為尚未解散或歇業（證交§69Ⅱ）。

(六) 財務報告之編製、申報及公告

證交法第63條規定：「第三十六條關於編製、申報及公告財務報告之規定，於證券商準用之。」即證券商無論是否公開發行，均應依證交法第36條之規定，定期編製、申報及公告年度財務報告、第一季、第二季及第三季財務報告，並公告及申報每月份營運情形。

(七) 主管機關之監督

1. 資料調閱權及檢查權

證交法第64條規定：「主管機關為保護公益或投資人利益，得隨時命令證券商提出財務或業務之報告資料，或檢查其營業、財產、帳簿、書類或其他有關物件；如發現有違反法令之重大嫌疑者，並得封存或調取其有關證件。」本條賦予主管機關極大之權限，惟得封存或調取者，限於「有關證件」，而不及於證券商其他財產或物品；另對於主管機關命令提出之帳簿、表冊、文件或其他參考或報告資料，屆期不提出，或對於主管機關依法所為之檢查予以拒絕、妨礙或規避者，依證交法第178條第1項第3款之規定，可處新臺幣

二十四萬元以上四百八十萬元以下罰鍰[5]。

2. 糾正權

證交法第65條規定：「主管機關於調查證券商之業務、財務狀況時，發現該證券商有不符合規定之事項，得隨時以命令糾正、限期改善。」本條規定之目的，在防止證券商之違規行為繼續或擴大，故證券商如未依糾正命令限期改善，主管機關並得依後述規定予以處罰。

3. 處分權

證券商違反證交法或依證交法所發布之命令者，除依證交法處罰外，主管機關得視情節之輕重，為下列處分，並得命其限期改善（證交§66）：

(1) 警告。

(2) 命令該證券商解除其董事、監察人或經理人職務[6]。

(3) 對公司或分支機構就其所營業務之全部或一部為六個月以內之停業。

(4) 對公司或分支機構營業許可之撤銷或廢止。

(5) 其他必要之處置。

另本條關於證券商之處罰由警告至撤銷營業許可，彈性甚大，主管機關應視違法行為之輕重及對證券業務之影響，為適當之裁量；又考量證券商已漸趨大型化，為免其受停業處分或撤銷營業許可後，影響其營業權益過鉅，且損及投資人之利益，故得視證券商之違規情節，對公司或分支機構就其所營業務之全部或一部為一定期間之停業，或對公司或分支機構之營業許可為撤銷。

三、證券商負責人與業務人員之管理

(一) 負責人與業務人員之意義及資格

1. 負責人與業務人員之意義

證交法第70條規定：「證券商負責人與業務人員之管理事項，由主管機關以命令定之。」而主管機關已據此訂定「證券商負責人與業務人員管理規則」（簡稱「證券人員規則」），依該規則第2條第1項之規定，是否為證券商負責人，係依公司法第8條之規定；

---

[5] 實務上，對證券商之業務檢查多由證券交易所辦理，其依據為營業細則第25條第2項之規定，違反者，依營業細則第142條第1項第1款之規定，證券交易所得對其自營業務或經紀業務或其營業處所之全部或部分，先暫停買賣，並函報主管機關。

[6] 按證交法第66條係以證券商為違法主體，與同法第56條係以董事、監察人或受僱人為違法主體不同；因此，主管機關依證交法第66條第2款規定，命令證券商解除其董事、監察人或經理人職務時，係為增強對證券商之管理，防止違規與不法情事之發生，而賦予主管機關於證券商違反法令時，除依法對證券商予以處罰外，並得視其情節之輕重，採取適當之措施或處分，屬於管制性之不利處分，與同法第56條係因董事、監察人或受僱人本身有違法行為，故命令證券商解除其職務，其性質上屬於裁罰性不利處分，二者並不相同（最高行政法院101年度判字第165號判決參照）。

至於業務人員,則指為證券商從事該規則第2條第2項各款所規定業務之人員[7]。

2. 董事、監察人或經理人之資格

證交法第53條規定:「有左列情事之一者,不得充任證券商之董事、監察人或經理人;其已充任者,解任之,並由主管機關函請經濟部撤銷其董事、監察人或經理人登記:一、有公司法第三十條各款情事之一者。二、曾任法人宣告破產時之董事、監察人、經理人或其他地位相等之人,其破產終結未滿三年或調協未履行者。三、最近三年內在金融機構有拒絕往來或喪失債信之紀錄者。四、依本法之規定,受罰金以上刑之宣告,執行完畢、緩刑期滿或赦免後未滿三年者。五、違反第五十一條之規定者。六、受第五十六條及第六十六條第二款解除職務之處分,未滿三年者。」可知證交法對證券商負責人之消極資格,有較公司法嚴格之規定。

3. 業務人員之資格

證交法第54條第1項規定:「證券商僱用對於有價證券營業行為直接有關之業務人員,應成年,並具備有關法令所規定之資格條件,且無下列各款情事之一:一、受破產之宣告尚未復權、受監護宣告或受輔助宣告尚未撤銷。二、兼任其他證券商之職務。但因投資關係,並經主管機關核准兼任被投資證券商之董事或監察人者,不在此限。三、曾犯詐欺、背信罪或違反工商管理法律,受有期徒刑以上刑之宣告,執行完畢、緩刑期滿或赦免後未滿三年。四、有前條第二款至第四款或第六款情事之一。五、違反主管機關依本法所發布之命令。」[8]另業務人員之職稱,由主管機關定之(證交§54II);而主管機關係依證券人員職務之繁簡難易、責任輕重,將其分為「高級業務員」與「業務員」二種(證券人員規則§3I)。

此外,證券人員規則第5條至第11條則規定證券商負責人及業務人員應具備一定之學經歷及測驗合格條件。

(二) 董事、監察人及經理人職務兼任之限制

證交法第51條規定:「證券商之董事、監察人及經理人,不得兼任其他證券商之任何職務。但因投資關係,並經主管機關核准者,得兼任被投資證券商之董事或監察人。」立法理由係基於經營證券商須經許可,彼此間人員之兼任較一般企業容易產生弊端,故除對於因投資關係,並經主管機關核准者,得兼任被投資證券商之董事或監察人外,均不得兼任其他證券商之任何職務[9]。

---

[7] 依證券人員規則第20條之規定,證券商之業務人員,於從事第2條第2項各款業務所為之行為,視為該證券商授權範圍內之行為。

[8] 所謂對於有價證券營業行為直接有關之業務人員,其範圍請參證交法施行細則第9條規定。

[9] 另依證券人員規則第11條之1第1項規定,證券商之負責人除有特殊情形外,不得充任銀行、金融控股公司、信託公司、信用合作社、農(漁)會信用部、票券金融公司、期貨業、保險業或其他證券業之負責人。

(三) 董事、監察人及受僱人之解職

證交法第56條規定：「主管機關發現證券商之董事、監察人及受僱人，有違背本法或其他有關法令之行為，足以影響證券業務之正常執行者，除得隨時命令該證券商停止其一年以下業務之執行或解除其職務外，並得視其情節之輕重，對證券商處以第六十六條所定之處分。」按證券商之董事、監察人及受僱人違反證交法或其他法律之行為如與證券業務之執行有關，因其為證券商之機關、代理人或使用人，故亦可能構成證券商之違法，因此，主管機關得依證交法第66條之規定，對證券商予以警告、停業或撤銷許可之處分；惟董事、監察人或受僱人之行為如與證券業務之執行無關，純粹係個人行為時，學者認為不宜殃及證券商[10]。

另主管機關依本條規定僅能間接命令證券商停止或解除其有關人員之職務，而不能直接以命令逕行停止或解除該等人員之職務；故證券商接獲命令後，應採適當措施執行命令，例如召開股東會解除董事、監察人職務，或召開董事會解除經理人職務。實務上，主管機關係於解職命令中限定完成日期，如證券商拒不執行，或股東會、董事會不能作成解職決議時，解釋上亦有證交法第66條之適用[11]。

四、信用交易之管理

(一) 信用交易概說

投資人以融資或融券方式買賣有價證券者，稱為信用交易。所謂「融資」，指證券商或其他授信機構對投資人融通資金；例如投資人預期股價即將上漲，但因資金不足而借款買進股票，待股價上漲後，再賣出股票償還借款，此時可獲取更多之利益。至於「融券」，則指證券商或其他授信機構對投資人融通證券；例如投資人預期股價即將下跌，即可借券先行賣出，待股價下跌後，再以較低之價格買進股票償還，藉此獲取利益。另有所謂資券相抵之「當日沖銷」制度，指投資人以同一帳戶於同日融資買進與融券賣出同種上市、上櫃有價證券者，得就相同數量部分，以融資與融券相抵之餘額辦理交割[12]。另實務上係以消費借貸法律關係，處理證券商或其他授信機構與投資人間之融資或融券行為[13]。

因信用交易制度可使投資人藉由槓桿作用（leverage），大幅增加獲利，但預期失準

---

[10] 王志誠、邵慶平、洪秀芬、陳俊仁「實用證券交易法」第392頁。又證交法第56條所稱「其他有關法令」，其範圍並不明確，故解釋上應以依證交法所發布之命令，及公司法、銀行法或其他與證券業務有關之法令為限，且其行為，須足以影響證券業務之正當執行，始足當之（賴英照「最新證券交易法解析」第418頁參照）。

[11] 賴英照「證券交易法逐條釋義」第二冊第426頁。

[12] 證券商辦理有價證券買賣融資融券業務操作辦法第70條第1項規定。

[13] 最高法院92年度台上字第2308號判決。

時，則有加倍之損失。且信用交易可增加交易量，具有活絡股市之功能，然容易發生漲時助漲、跌時助跌之投機效果。因此，現行法令雖承認信用交易制度之合法存在，但得辦理融資融券業務者，限於證券金融事業及經核准之證券商（證交§18 I、60 I ①）。

(二) 信用交易業務之核准

證交法第60條第1項規定：「證券商非經主管機關核准，不得為下列之業務：一、有價證券買賣之融資或融券。二、有價證券買賣融資融券之代理。三、有價證券之借貸或為有價證券借貸之代理或居間。四、因證券業務借貸款項或為借貸款項之代理或居間。五、因證券業務受客戶委託保管及運用其款項。」證券商或證券金融事業未經核准辦理信用交易業務者，因實務見解認為證交法第60條第1項之規定為取締規定，而非效力規定，故並非無效[14]；然主管機關得依證交法第66條之規定為處分，且行為人依證交法第175條第1項之規定，並有刑事責任。

同條第2項規定：「證券商依前項規定申請核准辦理有關業務應具備之資格條件、人員、業務及風險管理等事項之辦法，由主管機關定之。」主管機關已據此訂定「證券商辦理有價證券買賣融資融券管理辦法」（簡稱「融資融券辦法」），該辦法第3條第1項即規定證券商申請辦理有價證券買賣融資融券所應具備之條件，除須符合一定財務條件及經營證券經紀業務屆滿一年以上外，尚須一定期間內未曾受主管機關處分。

(三) 融資融券之成數

所謂融資融券之成數，指融資比率及融券保證金成數。按對於投資人融資，應收取融資自備款，並以融資買進之有價證券作為擔保品，例如收取三成之融資自備款，融資比率即為七成；而對於投資人融券，則應收取融券賣出價款之一定成數金額作為融券保證金，並連同融券賣出之價款作為擔保品。證交法第61條規定：「有價證券買賣融資融券之額度、期限及融資比率、融券保證金成數，由主管機關商經中央銀行同意後定之；有價證券得為融資融券標準，由主管機關定之。」因融資融券之額度、期限及融資比率、融券保證金成數等，與中央銀行業務有關，故主管機關應與中央銀行會商並經其同意；至於得為融資融券標的之審定，基於對公開發行公司財務業務之瞭解與市場管理之需要，應屬主管機關之職責，故明定由主管機關訂定。而主管機關據此訂定「有價證券得為融資融券標準」（簡稱「融資融券標準」）及以行政命令規定融資融券之最高限額、期限及融資比率、融券保證金成數等；一般股票上市或上櫃滿六個月，每股淨值在票面以上者，或無票面金額股無累積虧損者，即得由證券交易所或櫃買中心公告得為融資融券交易股票（融資融券標準§2 I、II）。

---

[14] 最高法院66年台上字第1726號及68年台上字第879號判例。

你知道嗎？

什麼是「丙種」？

按過去稱自營商為甲種證券商，經紀商為乙種證券商，而對於未經准許，卻提供投資人融資融券業務者，即戲稱為丙種證券商或簡稱為丙種。因丙種業務並不合法，故經營者為規避風險，通常係透過經紀商或其營業員從事此項業務，並要求投資人必須透過特定帳戶買賣股票；其做法是客戶買進股票時，如約定融資七成，丙種即存入七成借款，客戶則存入三成自備款，待客戶賣出股票後，丙種收回借款本金及利息後，其餘額即歸客戶所有。

因丙種之融資比率通常較合法業者高（融券保證金則較低），故雖然利息較高，但仍然可以吸引投資人短線進出。惟無論合法與否，信用交易之經營者為控制風險，必須設有所謂之「維持率」。例如融資時，業者係以融資買進之股票作為擔保品，但如股價下跌超過一定成數，即可能損及債權，此時必須通知投資人補繳自備款差額，否則業者會將融資買進之股票出售以收回融資；反之，如融券賣出之股票上漲超過一定成數，亦須通知投資人補繳保證金差額，否則即自行買進股票以收回融券。而決定何時應補繳差額之基準，即稱為維持率；例如維持率為120%時，如投資人對業者負有100元之債務（包括融資及融券，融券係以賣出股票之價格計算），擔保品之價值應維持在120元以上。

第三節　證券商之業務

一、證券承銷商

(一) 意義

所謂證券承銷商，指經營有價證券之承銷及其他經主管機關核准之相關業務者（證交§15①、16①）；至於承銷，指公司於設立時採募集設立，或以公開發行新股之方式籌措資金時，將發行工作委託證券商辦理，並由公司依約定給付報酬或手續費[15]，此種接受委託發行股份或其他有價證券之事務，即為承銷。依證交法第10條規定：「本法所稱承銷，謂依約定包銷或代銷發行人發行有價證券之行為。」可知承銷業務區分為「包銷」與「代銷」。

---

[15] 依證交法第82條規定：「證券承銷商包銷之報酬或代銷之手續費，其最高標準，由主管機關以命令定之。」而依金管會93年12月6日金管證二字第0930005837號函所示，包銷之報酬最高不得超過包銷有價證券總金額之百分之十，代銷之手續費最高不得超過代銷有價證券總金額之百分之五。

(二) 包銷

1. 餘額包銷與確定包銷

證交法第71條第1項規定：「證券承銷商包銷有價證券，於承銷契約所訂定之承銷期間屆滿後，對於約定包銷之有價證券，未能全數銷售者，其賸餘數額之有價證券，應自行認購之。」此種方式，稱爲餘額包銷；即證券承銷商收取包銷有價證券之報酬，但亦承擔包銷之風險，於有價證券無法順利售出時，有依約定之價格，自行認購之義務。同條第2項規定：「證券承銷商包銷有價證券，得先行認購後再行銷售或於承銷契約訂明保留一部分自行認購。」此種方式，稱爲確定包銷；即證券承銷商向發行公司買入新發行之有價證券，然後再直接或間接（透過分銷商）出售於投資人。同條第3項規定：「證券承銷商辦理前項之包銷，其應具備之條件，由主管機關定之。」本項授權主管機關訂定辦理確定包銷之證券承銷商所應具備之條件；依證券商管理規則第23條之規定，其財務狀況應符合法令規定，且最近半年內未曾受主管機關依證交法第66條所爲之停業處分。

2. 承銷商取得承銷有價證券之禁止

證交法第74條規定：「證券承銷商除依第七十一條規定外，於承銷期間內，不得爲自己取得所包銷或代銷之有價證券。」立法目的係爲防止承銷商承銷熱門有價證券時，與投資人爭利，故限制除證交法第71條規定情形外，於承銷期間內，不得爲自己取得所承銷之有價證券；然在餘額包銷，證券承銷商係在承銷期間屆滿後，始認購未銷售之有價證券，故本條除外規定僅適用於確定包銷。

3. 承銷商出售包銷有價證券之方式

證交法第75條規定：「證券承銷商出售依第七十一條規定所取得之有價證券，其辦法由主管機關定之。」而依主管機關所訂定之證券承銷商取得包銷有價證券出售辦法第2條第1項之規定，除另經主管機關核准者外，已於有價證券集中交易市場或證券商營業處所買賣之有價證券，應於有價證券集中交易市場或證券商營業處所出售之；未於有價證券集中交易市場或證券商營業處所買賣之有價證券，得自行洽商出售之。

4. 承銷商包銷有價證券之限額

證交法第81條第1項規定：「證券承銷商包銷有價證券者，其包銷之總金額，不得超過其流動資產減流動負債後餘額之一定倍數；其標準由主管機關以命令定之。」而依證券商管理規則第22條之規定，證券商包銷有價證券者，其包銷之總金額，不得超過其流動資產減流動負債後餘額之十五倍，其中證券商國外分支機構包銷有價證券之總金額，不得超過其流動資產減流動負債後餘額之五倍；如證券商自有資本適足比率低於百分之一百二十者，包銷有價證券總金額倍數得調整爲十倍，其國外分支機構包銷總金額倍數得調整爲三倍；如低於百分之一百者，包銷有價證券總金額倍數得調整爲五倍，且其國外分支機構不得包銷有價證券。

又數證券承銷商共同承銷者，每一證券承銷商包銷總金額之計算，各依前述之規定計

算（證交§81Ⅱ）。

(三) 代銷

證交法第72條規定：「證券承銷商代銷有價證券，於承銷契約所訂定之承銷期間屆滿後，對於約定代銷之有價證券，未能全數銷售者，其賸餘數額之有價證券，得退還發行人。」因代銷時，承銷商僅代銷而未認購股份，故契約當事人為發行人與投資人；而承銷之意義，原係由承銷商確保企業得藉發行證券籌措一定數額之資金，故有學者認為代銷方式非屬嚴格意義之承銷，而僅具有分銷之性質[16]。

(四) 承銷有價證券之方法

依證券商管理規則第28條第2項之規定，證券商承銷有價證券時，應依證券商同業公會所訂定之處理辦法處理之。而依證券商同業公會所訂定之證券商承銷或再行銷售有價證券處理辦法第5條第1項之規定，證券承銷商辦理有價證券之承銷，除保留自行認購部分外，以「競價拍賣」、「詢價圈購」、「公開申購配售」及「洽商銷售」等四種方式配售[17]。其中公開申購配售為最早採用之方式，如申購數量超過銷售數量時，即以公開抽籤方式決定認購人；故公平為其優點，但缺點是無價格發現功能，承銷價格與市價常有落差。因此，後來又引進競價拍賣與詢價圈購，前者由主辦承銷商與發行人議定最低承銷價格，投資人以高於最低承銷價格參與投標，由價高者得標，不但公平，也具有良好的價格發現功能；後者由主辦承銷商與發行人議定預計承銷價格之可能範圍，再受理投資人遞交圈購單，而投資人及承銷商均不受圈購單報價之拘束，其作用僅在瞭解投資人之投資意向，藉以議定承銷價格，並於投資人承諾認購後，由承銷商負責辦理分配，故承銷商在價格訂定及股票配售上，擁有較高之裁量權，而受承銷商之歡迎。至於洽商銷售，則由承銷商洽商特定對象銷售。

二、證券自營商

所謂證券自營商，指經營有價證券之自行買賣及其他經主管機關核准之相關業務者（證交§15②、16②）。依證交法第83條規定：「證券自營商得為公司股份之認股人或公司債之應募人。」即自營商除得於流通市場買賣有價證券外，亦得於發行市場認購股份或公司債。另依證交法第84條規定：「證券自營商由證券承銷商兼營者，應受第七十四條規定之限制。」即在承銷期間內，承銷商兼營自營商者，除因確定包銷而取得有價證券外，其自營部門不得自流通市場買進承銷部門所承銷之有價證券。

---

[16] 賴英照「最新證券交易法解析」第424頁。

[17] 同條第2項則明定不同配售方式所適用之條件，應依該辦法第6條、第7條、第21條、第21條之1、第22條、第22條之1、第22條之3、第31條或第52條等規定辦理。

　　因證交法僅有第83條、第84條對自營商有所規定，故主管機關在證券商管理規則第30條規定：「證券商經營自行買賣有價證券業務或出售承銷所取得之有價證券，應視市場情況有效調節市場之供求關係，並注意勿損及公正價格之形成及其營運之健全性。」並在該規則第31條、第31條之1至第31條之4及第32條規定證券商自行買賣有價證券應注意之事項。

三、證券經紀商

(一) 意義

　　所謂證券經紀商，指經營有價證券之行紀、居間、代理及其他經主管機關核准之相關業務者（證交§15③、16③）。雖然證券經紀商與投資人間之關係得為行紀、居間或代理，但因得於有價證券集中交易市場為買賣者，在會員制證券交易所限於會員；在公司制證券交易所限於訂有使用有價證券集中交易市場契約之證券自營商或證券經紀商（證交§151）。因此，通說認為我國交易實務上，證券經紀商為客戶所執行買賣有價證券之訂單，係以行紀之身分為之[18]；故證券經紀商係以自己之名義，為他人之計算，從事有價證券買賣而受有報酬者（民§576）。

(二) 手續費費率之核定

　　證交法第85條規定：「（第1項）證券經紀商受託於證券集中交易市場，買賣有價證券，其向委託人收取手續費之費率，由證券交易所申報主管機關核定之。（第2項）證券經紀商非於證券集中交易市場，受託買賣有價證券者，其手續費費率，由證券商同業公會申報主管機關核定之。」而依主管機關之核定，係採分級費率制，依每戶每日成交金額之高低適用千分之1至千分之1.425之費率[19]；另依證券交易所營業細則第94條第2項之規定，證券經紀商收取證券交易手續費，得按客戶成交金額自行訂定費率標準，並得訂定折讓及每筆委託最低費用；又證券經紀商所訂手續費率逾成交金額千分之1.425者，應於委託前以適當方式通知客戶，並留存紀錄，但客戶為境外華僑及外國人，得於交割結算前通知[20]。

(三) 書件之備置、交付及保存

1. 委託書之備置

　　證交法第87條第1項規定：「證券經紀商應備置有價證券購買及出售之委託書，以供

---

[18]　廖大穎「證券交易法導論」第353頁。

[19]　證管會85年7月13日台財證二字第02358號函。

[20]　金管會97年1月31日金管證二字第0960068768號函。

委託人使用。」惟主管機關依同條第2項及第86條第2項授權訂定「證券經紀商受託買賣有價證券製作委託書買賣報告書及對帳單應行記載事項準則」，依其第5條之規定，委託人（投資人）以電話、電報、書信委託者，受託證券經紀商應先填製委託書，於成交後委託人交付價金或證券時，由委託人補行簽章；但已簽具「委託人交割款券轉撥同意書」，或依規定免簽具前揭同意書而已辦理交易確認並留存紀錄者，不在此限。其第12條第1項並規定以電子式交易型態（語音、網際網路、專線、封閉式專屬網路等）委託買賣者，證券商免製作、免代填委託書。

2. 報告書及對帳單之交付

證交法第86條第1項規定：「證券經紀商受託買賣有價證券，應於成交時作成買賣報告書交付委託人，並應於每月底編製對帳單分送各委託人。」但依前述準則第7條之規定，買賣報告書得以媒體方式保存，惟仍應依委託人或證券金融公司之需求列印並交付之。其第10條第1項並規定證券經紀商應按月編製對帳單一式二份，並於次月5日前填製，一份送交委託人，一份證券經紀商收存。

3. 書件之保存

前述委託書、報告書及對帳單應保存於證券經紀商之營業處所（證交§88）。

(四) 有價證券買賣之受託

1. 受託契約準則

證交法第158條第1項規定：「證券經紀商接受於有價證券集中交易市場為買賣之受託契約，應依證券交易所所訂受託契約準則訂定之。」據此訂立者，即為「臺灣證券交易所股份有限公司證券經紀商受託契約準則」；主管機關並依同條第2項之授權頒布「證券經紀商受託契約準則主要內容」，作為證券交易所訂定準則之依據。

2. 全權委託之禁止

證交法第159條規定：「證券經紀商不得接受對有價證券買賣代為決定種類、數量、價格或買入、賣出之全權委託。」按對於有價證券買賣之全權委託，依證券投資信託及顧問法第3條及第4條之規定，屬於證券投資信託事業及證券投資顧問事業所經營之業務範圍，且亦容易使證券經紀商藉此侵害投資人之權益，故明文禁止其受理此種委託，違者，依證交法第178條之1第1項第1款規定，可處新臺幣二十四萬元以上四百八十萬元以下罰鍰。

3. 委託場所之限定

證交法第160條規定：「證券經紀商不得於其本公司或分支機構以外之場所，接受有價證券買賣之委託。」按證券商及其分支機構之設立，應經主管機關之許可（證交§44 I、II）；故為防止證券經紀商變相設立分支機構，本條明文禁止其於本公司或分支機構以外之場所，接受有價證券買賣之委託，違反者，依證交法第175條第1項之規定，可處二年以下有期徒刑、拘役或科或併科新臺幣一百八十萬元以下罰金。

第四節　證券商同業公會

一、意義

　　所謂證券商同業公會，指證券商依商業團體法所組成之社團法人[21]；現有中華民國證券商業同業公會，係由證券商所組成之全國性單一商業同業公會。依商業團體法第12條第1項之規定，公司、行號均應於開業後一個月內，加入該地區商業同業公會為會員；惟證交法為加強管理起見，特規定證券商非加入同業公會，不得開業（證交§89）。

二、主管機關之指導與監督

(一) 指導與監督之範圍

　　證券商同業公會章程之主要內容，及其業務之指導與監督，由主管機關以命令定之（證交§90）。

(二) 保護措施

　　主管機關為保障有價證券買賣之公正，或保護投資人，必要時得命令證券商同業公會變更其章程、規則、決議或提供參考、報告之資料，或為其他一定之行為（證交§91）。

(三) 理事或監事違法行為之糾正

　　證券商同業公會之理事、監事有違反法令怠於實施該會章程、規則，濫用職權，或違背誠實信用原則之行為者，主管機關得予糾正，或命令證券商同業公會予以解任（證交§92）。

---

[21]　依商業團體法第3條第1項之規定，商業團體可分為商業同業公會、商業同業公會聯合會、輸出業同業公會及聯合會、商業會四種；其第2條並規定商業團體為法人。

第六章 證券交易所

第一節 證券交易所概說

一、證券交易所之意義及其種類

　　所謂證券交易所，指依證交法之規定，設置場所及設備，以供給有價證券集中交易市場為目的之法人（證交§11）；至於有價證券集中交易市場，則指證券交易所為供有價證券之競價買賣所開設之市場（證交§12）。又證券交易所因組織設立之型態不同，可區分為「會員制」證券交易所與「公司制」證券交易所二種（證交§94）；惟無論何種型態之證券交易所，均屬社團法人，但前者為非營利法人，後者為營利法人[1]。

　　另證券交易所除提供場所設備外，更具有：1.訂立規則以管理市場參與者（包括證券商、上市公司等）；2.審核有價證券之上市；3.維護市場交易秩序；4.協助結算、交割等相關事業之運作等權責[2]。有關證券交易所之規則制定權，依證交法第138條第1項規定：「證券交易所除分別訂定各項準則外，應於其業務規則或營業細則中，將有關左列各款事項詳細訂定之：一、有價證券之上市。二、有價證券集中交易市場之使用。三、證券經紀商或證券自營商之買賣受託。四、市場集會之開閉與停止。五、買賣種類。六、證券自營商或證券經紀商間進行買賣有價證券之程序，及買賣契約成立之方法。七、買賣單位。八、價格升降單位及幅度。九、結算及交割日期與方法。十、買賣有價證券之委託數量、價格、撮合成交情形等交易資訊之即時揭露。十一、其他有關買賣之事項。」而據此制定者即為「臺灣證券交易所股份有限公司營業細則」（簡稱「營業細則」）。前述各款之訂定，不得違反法令之規定；其有關證券商利益事項，並應先徵詢證券商同業公會之意見（證交§138Ⅱ）。

　　至於集中交易市場，一般認為具有下列功能：1.連續性之交易市場；2.形成公平價格；3.協助企業籌措資金；4.傳播上市公司資訊；5.分散企業股權，促成證券大眾化，以達成均富目標[3]。

---

[1]　賴源河「證券法規」第201頁。

[2]　賴英照「最新證券交易法解析」第325頁。

[3]　賴源河「證券法規」第202頁。

二、證券交易所設立之許可及其撤銷

因證券交易所所開設之集中交易市場，關係證券市場之健全與否，影響國家經濟之發展，故證交法第93條規定：「證券交易所之設立，應於登記前先經主管機關之特許或許可；其申請程序及必要事項，由主管機關以命令定之。」即對證券交易所之設立採許可主義[4]；而證券交易所之設置標準，由主管機關定之（證交§95 I）。因此，主管機關依證交法第93條、第95條第1項及第99條、第102條、第137條及第154條等規定之授權，訂定「證券交易所管理規則」。又主管機關於特許或許可證券交易所設立後，發現其申請書或加具之文件有虛偽之記載，或有其他違反法令之行為者，得撤銷其特許或許可（證交§100）。

三、證券交易所之管理及限制

(一) 開設集中交易市場及業務之限制

每一證券交易所，以開設一個有價證券集中交易市場為限（證交§95 II）。證券交易所以經營供給有價證券集中交易市場為其業務，非經主管機關核准，不得經營其他業務或對其他事業投資（證交§98）。

(二) 經營類似業務及名稱使用之限制

非依證交法規定，不得經營類似有價證券集中交易市場之業務；其以場所或設備供給經營者亦同（證交§96）。又證券交易所名稱，應標明證券交易所字樣；非證券交易所，不得使用類似證券交易所之名稱（證交§97）。

未經許可而設立證券交易所，或經營類似業務，或非證券交易所，而使用類似證券交易所之名稱者，依證交法第175條第1項之規定，可處二年以下有期徒刑、拘役或科或併科新臺幣一百八十萬元以下罰金。

(三) 營業保證金

證交法第99條規定：「證券交易所應向國庫繳存營業保證金，其金額由主管機關以命令定之。」而依證券交易所管理規則第18條第2項之規定，其金額為會員出資額總額或公司實收資本額百分之五。

---

[4]　條文兼用「特許」及「許可」，係兼指「會員制證券交易所」之「許可」與「公司制證券交易所」之「特許」；蓋過去公司法有關公司設立係使用「特許」，嗣後修法已改為「許可」，但證交法並未配合修正。以上參賴英照「最新證券交易法解析」第325頁。

(四) 授權主管機關訂定管理規則

證交法第102條規定：「證券交易所業務之指導、監督及其負責人與業務人員管理事項，由主管機關以命令定之。」至於指導、監督與管理之內容，則於證券交易所管理規則中明定。

四、主管機關之監督

(一) 對證券交易所之監督

證交法第161條規定：「主管機關為保護公益或投資人利益，得以命令通知證券交易所變更其章程、業務規則、營業細則、受託契約準則及其他章則或停止、禁止、變更、撤銷其決議案或處分。」本條賦予主管機關對證券交易所範圍相當廣泛之監督權，惟主管機關為命令時，必須有「保護公益或投資人利益」之必要。又為落實主管機關對證券交易所之監督權，主管機關為保護公益或投資人利益，得隨時命令證券交易所提出財務或業務之報告資料，或檢查其營業、財產、帳簿、書類或其他有關物件；如發現有違反法令之重大嫌疑者，並得封存或調取其有關證件（證交§162準用64）。

(二) 對證券交易所違法之制裁

證交法第163條第1項規定：「證券交易所之行為，有違反法令或本於法令之行政處分，或妨害公益或擾亂社會秩序時，主管機關得為左列之處分：一、解散證券交易所。二、停止或禁止證券交易所之全部或一部業務。但停止期間，不得逾三個月。三、以命令解任其董事、監事、監察人或經理人。四、糾正。」因解散證券交易所、停止或禁止證券交易所之全部或一部業務影響重大，故依同條第2項之規定，主管機關為前述第1款或第2款之處分時，應先報經行政院核准。

(三) 監理人員之派駐

證交法第164條規定：「主管機關得於各該證券交易所派駐監理人員，其監理辦法，由主管機關以命令定之。」有關監理辦法，於主管機關為財政部證券管理委員會期間，曾訂定「財政部證券管理委員會派駐證券交易所監理人員監理辦法」作為依據。證券交易所及其會員，或與證券交易所訂有使用有價證券集中交易市場契約之證券自營商、證券經紀商，對監理人員本於法令所為之指示，應切實遵行（證交§165）；違反者，依證交法第177條第1項之規定，可處一年以下有期徒刑、拘役或科或併科新臺幣一百二十萬元以下罰金。

新聞追蹤

期貨涉空中對賭　警逮6嫌

　　刑事局偵查第七大隊破獲一宗家族式的地下期貨公司，鄭姓男子「承襲父業」，經營地下期貨公司，招攬客戶以台股加權指數及股價為「盤口」標的，空中對賭，客戶下單金額為每口100元到200元不等，若客戶下注多單，而所購買的指數或股票上漲，則每口下單金額乘以上漲點數，再扣除每口手續費即為客戶贏錢，若購買的指數或股票下跌，則輸錢，客戶輸錢金額及手續費即為公司獲利。

　　所謂期貨，指依當事人約定，於未來特定期間，依特定價格及數量等交易條件買賣約定標的物，或於到期前或到期時結算差價之契約（期交§3Ⅰ①）；因在未來特定期間履行或僅結算其差價，故交易人交易時僅交付保證金，與上市或上櫃有價證券之買賣應以「現貨」、「現款」交割不同（證交§43Ⅰ）。然期貨交易法有與證券交易法第96條類似之規定，依其第12條、第13條之規定，期貨交易應在期貨交易所進行，非依期貨交易法規定不得經營期貨交易所或期貨交易所業務。

　　至於報導內容所稱之情形，俗稱「空中交易」或「哈達」，是針對在集中市場上交易之個股或指數，開放供客戶做多或放空，例如客戶認定某檔股票會漲，即可向「盤口」買進該檔股票，等到收盤後，再與「盤口」進行結算，甚至還有所謂之「即時盤」、「分鐘盤」，設定漲跌在某個價位時即停利或停損。惟上述交易方式縱以上市股票為標的，因其並無實質下單交割之事實，完全是以個股當日之漲跌對賭輸贏，故並非證券交易法所規範之證券交易行為，而純粹是一種賭博行為。因此，違者應依刑法第268條賭博罪予以處罰，而非依證券交易法之規定處罰（臺灣高等法院臺中分院101年度金上訴字第1139號刑事判決參照）。

2014-03-07／聯合晚報／記者陳珮琦「期貨涉空中對賭　警逮6嫌」報導

第二節　會員制證券交易所

一、組織

(一) 設立依據及其程序

　　按會員制證券交易所，係以非營利為目的之社團法人，故除依證交法規定外，其設立與管理之有關事項，應適用民法之規定（證交§103Ⅰ）。至於會員制證券交易所之設立程序，依證券交易所管理規則第4條之規定，應由全體會員檢附相關文件向主管機關申請

許可。

(二) 章程

　　會員制證券交易所之章程，除應記載證交法第105條第1款至第16款所規定之事項外[5]，其第17款並規定應記載「關於主管機關規定之其他事項」，而依證券交易所管理規則第5條之規定，包括董監事之人數及資格、仲裁事項與解散事由。

　　又會員制證券交易所之章程，於設立時應經全體會員之同意；於變更時，其決議應有全體會員過半數之出席，出席會員四分三以上之同意，或有全體會員三分二以上書面之同意（民§53Ⅰ）。且會員制證券交易所屬於受設立許可之社團，故變更章程時，應得主管機關之許可（民§53Ⅱ）。

二、會員

(一) 會員之資格及人數

　　按社團法人係由人（包括自然人與法人）所組織之團體，故會員制證券交易所，係由從事證券交易之會員所共同組成。惟依證交法第103條第2項之規定，限制僅證券自營商及證券經紀商始得加入為會員；有關排除證券承銷商之理由，在於證券交易所屬於流通市場之範圍，而承銷商在發行市場中介於發行人與投資人之中介地位，其功能之發揮主要在發行市場，一般認為其並非流通市場之構成分子，與自營商或經紀商不同，無成為證券交易所會員之必要。又證券交易所之會員不宜過低，故證交法第104條明文規定其會員人數不得少於七人。

(二) 會員之出資及其責任

　　會員應依章程之規定出資，其對證券交易所之責任，除依章程規定分擔經費外，以其出資額為限（證交§109）；即會員僅負有限責任。

(三) 會員之義務

　　會員除依章程規定出資及分擔經費（證交§105⑦、⑫）外，尚有下列義務：

1. 繳存交割結算基金及繳付證券交易經手費

　　證交法第108條規定：「會員應依章程之規定，向證券交易所繳存交割結算基金，及

---

[5]　其內容如下：1.目的；2.名稱；3.主事務所所在地，及其開設有價證券集中交易市場之場所；4.關於會員資格之事項；5.關於會員名額之事項；6.關於會員紀律之事項；7.關於會員出資之事項；8.關於會員請求退會之事項；9.關於董事、監事之事項；10.關於會議之事項；11.關於會員存置交割結算基金之事項；12.關於會員經費之分擔事項；13.關於業務之執行事項；14.關於解散時賸餘財產之處分事項；15.關於會計事項；16.公告之方法。

繳付證券交易經手費。」所謂交割結算基金，指為了防止證券經紀商或自營商在集中交易市場買賣有價證券，因發生倒閉、財務危機或其他情形而不能履行其交割義務時，致使投資人受損害，故由經紀商、自營商向證券交易所繳付一定之金額，於買賣之一方因不履行交割義務而由指定之會員代為履行時，用於填補因該項代為履行所生之價金差額及一切費用，其數額由主管機關於證券商管理規則第10條中訂定；至於證券交易經手費，則指證券商在集中交易市場進行買賣，證券交易所向買賣雙方所收取之手續費，為證券交易所之主要收入，其費率係由證券交易所會同證券商業同業公會擬訂後，再報請主管機關核定施行。

2. 履行未了結買賣之義務

因會員制證券交易所，僅加入為會員之證券商始得在其開設之證券集中交易市場進行買賣；故會員退會或被停止買賣時，證券交易所應依章程之規定，責令本人或指定其他會員了結其於有價證券集中交易市場所為之買賣，其本人於了結該買賣目的範圍內，視為尚未退會，或未被停止買賣（證交§112Ⅰ）。前述情形，經指定之其他會員於了結該買賣目的範圍內，視為與本人間已有委任契約之關係（證交§112Ⅱ）。

(四) 會員之退會

會員制證券交易所之會員，除依章程規定主動請求退會（證交§105⑧）外，亦得因下列事由之一而退會（證交§107）：

1. 會員資格之喪失

例如會員經營證券業務之特許或許可被撤銷（證交§57、59Ⅰ），或喪失章程所定會員資格條件（證交§105④）。

2. 會員公司之解散或撤銷

證券商依法應為股份有限公司（證交§4Ⅰ、47），而公司無論係解散或撤銷登記，均應進入清算程序（公司§24、26-1），自不宜許其繼續於證券集中交易市場進行買賣；又解散包括自願解散及命令解散、裁判解散（公司§10、11），均發生退會之效果。

3. 會員之除名

指會員制證券交易所依證交法第110條及第111條之規定，對會員予以除名；會員遭除名後，已經喪失會員資格，自應發生退會之效果。

(五) 會員之制裁

會員制證券交易所對會員有下列行為之一者，應課以違約金並得警告或停止或限制其於有價證券集中交易市場為買賣或予以除名（證交§110Ⅰ）：

1. 違反法令或本於法令之行政處分者。
2. 違反證券交易所章程、業務規則、受託契約準則或其他章則者。
3. 交易行為違背誠實信用，足致他人受損害者。

　　會員制證券交易所對會員制裁之規定，應於章程中訂明（證交§110Ⅱ）。會員制證券交易所對會員予以除名者，應報經主管機關核准；其經核准者，主管機關並得撤銷其證券商業務之特許（證交§111）。

三、董監事及經理人

(一) 董事及監事之選任與解任

　　在會員制證券交易所，監察機關稱為「監事」，與董事均為法定必備機關。依證交法第113條第1項規定：「會員制證券交易所至少應置董事三人，監事一人，依章程之規定，由會員選任之。但董事中至少應有三分之一，監事至少應有一人就非會員之有關專家中選任之。」規定專家董事或監事之目的，在保持證券交易所之公正，避免因證券交易所本身之利益而損及投資人權益或證券市場之發展[6]；至於非會員董事及監事之選任標準及辦法，由主管機關定之（證交§113Ⅴ）。董事、監事之任期均為三年，連選得連任（證交§113Ⅱ）。

(二) 董事會及董事長

　　董事應組織董事會，由董事過半數之同意，就非會員董事中選任一人為董事長（證交§113Ⅲ）。董事長應為專任；但交易所設有其他全權主持業務之經理人者，不在此限（證交§113Ⅳ）。

(三) 董事、監事或經理人之消極資格

　　會員制證券交易所之董事、監事或經理人之消極資格，係準用證交法第53條有關證券商之規定；違反者，亦當然解任（證交§114）。

(四) 兼任之禁止

　　證交法第115條規定：「會員制證券交易所之董事、監事或經理人，不得為他證券交易所之董事、監事、監察人或經理人。」本條規定之目的在防止證券交易所間之聯合及突破分區營業之限制[7]；如違反本條規定而兼任者，其兼任應屬無效，主管機關並得依同法第117條之規定，通知原任職之證券交易所令其解任。

(五) 自行或委託他人買賣有價證券之限制

　　按集中交易市場係由證券交易所開設，如容許有利害關係之人在市場中買賣有價證

---

[6]　賴源河「證券法規」第213頁。

[7]　賴英照「證券交易法逐條釋義」第三冊第100頁。

券，即難期買賣客觀公正，故證交法第116條第1項規定：「會員制證券交易所之會員董事或監事之代表人，非會員董事或其他職員，不得為自己用任何名義自行或委託他人在證券交易所買賣有價證券。」所謂會員董事或監事之代表人，指會員被選任為董事或監事，指派自然人代表行使職務；至於其他職員，包括董事、監事以外之其他人員，不問有無代表權，均屬之。

同條第2項規定：「前項人員，不得對該證券交易所之會員供給資金，分擔盈虧或發生營業上之利害關係。但會員董事或監事之代表人，對於其所代表之會員為此項行為者，不在此限。」本項限制之目的亦在避免利害衝突。所謂「供給資金」或「分擔盈虧」，指以供給之資金買賣有價證券而分擔因買賣而生之盈虧而言；至於「營業上之利害關係」，其範圍較供給資金及分擔盈虧為廣，例如介紹客戶抽取佣金等行為均屬之。惟會員董事或監事之代表人與其所代表之會員間，常具有董事、監察人或股東等身分，其關係密切，利害與共，故無禁止之必要，而為例外規定。

另違反本條規定者，依證交法第175條第1項之規定有刑事責任，可處二年以下有期徒刑、拘役或科或併科新臺幣一百八十萬元以下罰金。

(六) 違法之解任

證交法第117條規定：「主管機關發現證券交易所之董事、監事之當選有不正當之情事者，或董事、監事、經理人有違反法令、章程或本於法令之行政處分時，得通知該證券交易所令其解任。」本條與第56條之規定相同，主管機關僅能間接命令證券交易所解除相關人員職務，不能直接逕行解任。

(七) 準用之規定

1. 公司法規定之準用

證交法第118條規定：「會員制證券交易所之董事、監事或經理人，除本法有規定者外，準用公司法關於董事、監察人或經理人之規定。」會員制證券交易所為非營利之社團法人，證交法未規定者，本應適用民法之規定；惟會員制證券交易所之董事、監事或經理人與公司之董事、監察人或經理人相類似，且公司法相關規定較為詳細明確，故明文規定準用公司法之規定。

2. 準用於董事或監事之代表人

證交法第121條規定：「本節關於董事、監事之規定，對於會員董事、監事之代表人準用之。」按會員制證券交易所之會員為證券自營商或經紀商，依法必須為股份有限公司（證交§4Ⅰ、47），故其當選為董事或監事時，必須指定自然人代表行使職務（證交§118、公司§27Ⅰ但）。因此，實際執行職務者，為其代表人，故本條明定其代表人同受本法相關規定之規範。

四、交易秘密洩漏之禁止

證交法第120條規定：「會員制證券交易所之董事、監事及職員，對於所知有關有價證券交易之秘密，不得洩漏。」本條適用對象包括會員董事、監事之代表人（證交§121）；至於所謂「有關有價證券交易之秘密」，解釋上應限於因其職務上之關係而獲悉者，如非職務上關係獲悉者，並不再禁止之列。違反本條規定者，除依證交法第175條第1項之規定有刑事責任外，如涉及內線交易者，依同法第157條之1及第171條規定，另有民、刑事責任。

五、業務人員之僱用與職務之解除

會員制證券交易所僱用業務人員應具備之條件及解除職務，準用證交法第54條及第56條有關證券商業務人員資格及董事、監察人與受僱人解職之規定（證交§123）；惟該二條規定偏重於消極資格，有關積極資格於證券交易所管理規則第40條至第42條另有詳細規定。

六、解散

依證交法第122條第1項之規定，會員制證券交易所因下列事由之一而解散：1.章程所定解散事由之發生；2.會員大會之決議；3.會員不滿七人時；4.破產；5.證券交易所設立許可之撤銷。惟依會員大會之決議而解散者，非經主管機關核准，不生效力（證交§122Ⅱ）。

第三節　公司制證券交易所

一、組織及其章程

證交法第124條規定：「公司制證券交易所之組織，以股份有限公司為限。」至於其章程，除依公司法規定者外，並應記載下列事項[8]（證交§125Ⅰ）：1.在交易所集中交易之經紀商或自營商之名額及資格；2.存續期間。前述存續期間，不得逾十年；但得視當地證券交易發展情形，於期滿三個月前，呈請主管機關核准延長之（證交§125Ⅱ）。有關公司制證券交易所章程需記載不超過十年之存續期間，係立法之初認為公司制證券交易所

---

[8] 另證券交易所管理規則第14條規定：「公司制證券交易所之章程其內容除應符合公司法之規定外，並應記載左列事項：一、關於本法第一百二十五條、第一百二十六條第二項、第一百二十八條及第一百七十條規定之事項。二、本規則第三十二條所定之事項。三、會計之事項。」

乃過渡性質，而以會員制爲理想目標，故對其存續期間作限制。

二、營業之申報與特許之撤銷

公司制證券交易所於開始或停止營業時，應向主管機關申報備查（證交§137準用58）。如自受領業務特許證照，於三個月內未開始營業，或雖已開業而自行停止營業連續三個月以上時，主管機關得撤銷其特許；前述所定期限，如有正當事由時，得申請主管機關核准延展之（證交§137準用59）。

三、資本與股票

(一) 公司之資本

公司制證券交易所之最低資本額，由主管機關以命令定之（證交§137準用48）；依證券交易所管理規則第12條之規定，其最低實收資本額爲新臺幣五億元。

(二) 公司之股票

1. 發行及轉讓之限制

證交法第128條第1項規定：「公司制證券交易所不得發行無記名股票；其股份轉讓之對象，以依本法許可設立之證券商爲限。」後者之立法理由，亦係爲過渡公司制證券交易所成爲會員制之需要而設[9]。

2. 持有之限制

證交法第128條第2項規定：「每一證券商得持有證券交易所股份之比率，由主管機關定之。」立法理由係爲避免壟斷。依主管機關規定，證券商投資臺灣證券交易所股份有限公司，其持股比率以百分之五爲限[10]。

3. 交易之限制

證交法第127條規定：「公司制證券交易所發行之股票，不得於自己或他人開設之有價證券集中交易市場，上市交易。」學者認爲禁止理由在於顧慮交易所股票一旦上市，其客觀地位將受到懷疑，影響投資人信心；惟因此而完全禁止交易所股票上市，亦嫌矯枉過正，不但使公司制證券交易所得藉股票上市籌措資金之優勢無法發揮，同時也降低公司制

---

[9]　惟鑑於國際間已有將會員制證券交易所改爲公司制之趨勢，行政院於2008年2月4日向立法院提出證交法修正草案，其第128條之修正理由即表示：「鑑於世界各國主要證券交易所多將會員制改爲公司制，以提升競爭力，故本條第1項規定證券交易所其股份轉讓限於證券商，俾將證券交易所逐步導向會員制之立法意旨已不符合國際潮流，爰予刪除。」其雖未完成立法，仍可顯示主管機關之政策取向。

[10]　金管會101年7月2日金管證交字第1010028930號函。

之特性[11]。

四、人員之選任及管理

(一) 董事、監察人或經理人之資格

　　有關公司制證券交易所董事、監察人或經理人之資格，依證交法第137條之規定，係準用同法第53條第1款至第4款及第6款有關證券商董事、監察人或經理人之規定；不準用同法第53條第5款之理由，在於證交法第115條已經有禁止兼任其他證券交易所董事、監事、監察人或經理人之規定，並於公司制證券交易所中準用。

(二) 兼任證券交易所經理人之限制

　　證交法第126條第1項規定：「證券商之董事、監察人、股東或受僱人不得為公司制證券交易所之經理人。」按證券商得購買公司制證券交易所股份，故基於此一投資關係，其自得兼任證券交易所之董事、監察人，但為避免因執行業務發生利害衝突，及為貫徹專職經營之原則，仍不得兼任證券交易所之經理人。

(三) 公益董監事之選任

　　證交法第126條第2項規定：「公司制證券交易所之董事、監察人至少應有三分之一，由主管機關指派非股東之有關專家任之；不適用公司法第一百九十二條第一項及第二百十六條第一項之規定。」因證券交易所為證券集中交易市場之核心，而集中交易市場之建立、市場之運作以及交易秩序之維護，具有公益性質；為使社會公正人士或證券投資專家參與證券交易所董事會表達其意見，或以監察人監督公司業務之執行，以發揮證券交易所實際功能，故明定至少三分之一之席次應由主管機關指派非股東之有關專家任之。同條第3項規定：「前項之非股東董事、監察人之選任標準及辦法，由主管機關定之。」主管機關據本項及同法第113條第5項之授權，訂定「證券交易所非股東董事監察人及非會員董事監事選任標準及辦法」作為依據。

(四) 董事、監察人或經理人之解任

　　主管機關發現公司制證券交易所之董事、監察人之當選有不正當之情事者，或董事、監察人、經理人有違反法令、章程或本於法令之行政處分時，得通知該證券交易所令其解任（證交§137準用117）。

---

[11] 賴英照「最新證券交易法解析」第334頁。

(五) 業務人員僱用及其職務之解除

公司制證券交易所僱用業務人員應具備之條件及解除職務，準用證交法第54條及第56條有關證券商業務人員資格及董事、監察人與受僱人解職之規定（證交§137準用123）。

(六) 業務秘密洩漏之禁止

公司制證券交易所之董事、監事及職員，對於所知有關有價證券交易之秘密，不得洩漏（證交§137準用120）。

(七) 準用於董事或監察人之代表人

證交法關於公司制證券交易所董事、監察人之規定，對於董事、監事之代表人準用之（證交§137準用121）。

五、供給使用契約

(一) 供給使用契約之訂立

在會員制證券交易所，證券商與交易所間之權利、義務關係，除法律規定外，應依章程之規定，但在公司制證券交易所，則依雙方所訂供給使用有價證券集中交易市場契約之規定。證交法第129條規定：「在公司制證券交易所交易之證券經紀商或證券自營商，應由交易所與其訂立供給使用有價證券集中交易市場之契約，並檢同有關資料，申報主管機關核備。」契約之主要內容，在使證券商有使用證券交易所設置之有價證券集中交易市場之權利，並有遵守證券交易所所訂章則、公告及依照規定按時繳付證券交易經手費及各項費用之義務。

另證交法第133條規定：「公司制證券交易所應於契約內訂明對使用其有價證券集中交易市場之證券自營商或證券經紀商有第一百十條各款規定之情事時，應繳納違約金或停止或限制其買賣或終止契約。」即以契約方式，將會員制證券交易所章程規範會員違法行為之規定，適用於公司制證券交易所，並明定其效果為繳納違約金、停止或限制其買賣、終止契約等；可知其目的在賦予證券交易所對證券商之管理懲戒權，以維持交易秩序。

(二) 供給使用契約之終止

供給使用有價證券集中交易市場契約，除因契約所訂事項終止外，因契約當事人一方之解散或證券自營商、證券經紀商業務特許之撤銷或歇業而終止（證交§130）。

另公司制證券交易所依證交法第133條之規定，終止證券自營商或證券經紀商之契約者，應準用同法第111條之規定（證交§134）；即應報經主管機關核准，其經核准者，主

管機關並得撤銷其證券商業務之特許。

六、證券商之義務

(一) 了結買賣之義務

1. 依約代為了結他人買賣之義務

證交法第135條規定：「公司制證券交易所於其供給使用有價證券集中交易市場之契約內，應比照本法第一百十二條之規定，訂明證券自營商或證券經紀商於被指定了結他證券自營商或證券經紀商所為之買賣時，有依約履行之義務。」因係將證交法第112條規定之意旨訂明於契約中，故其適用之前提，為證券商與證券交易所終止使用有價證券集中交易市場契約，或經處分停業、停止買賣或營業特許經撤銷等情形；至於證券交易所依契約指定證券商代為了結買賣時，被指定之證券商有依約代為了結他人買賣之義務；另被指定之證券商，視為與被處分停業、停止買賣或營業特許經撤銷之證券商間，已訂有委任契約，其權利義務關係均依民法委任之規定處理[12]。

2. 了結自己買賣之義務

證交法第136條規定：「證券自營商或證券經紀商依第一百三十三條之規定被終止契約，或被停止買賣時，對其在有價證券集中交易市場所為之買賣，有了結之義務。」因有了結自己買賣之義務，故在了結買賣義務之範圍內，應視為未被終止契約或被停止買賣。

(二) 繳存交割結算基金及繳付證券交易經手費之義務

證交法第132條第1項規定：「公司制證券交易所於其供給使用有價證券集中交易市場之契約內，應訂立由證券自營商或證券經紀商繳存交割結算基金，及繳付證券交易經手費。」有關交割結算基金金額標準，由主管機關以命令定之（證交§132Ⅱ）；至於經手費費率，應由證券交易所會同證券商同業公會擬訂，申報主管機關核定之（證交§132Ⅲ）。

第四節　證券安全網

一、證券安全網之意義

所謂證券安全網，指為了避免證券商因受託或自行買賣有價證券發生違約不履行交割，致影響投資人權益，甚至危及證券市場交易秩序，故由證券交易所及證券商設置各項

---

[12] 賴英照「證券交易法逐條釋義」第三冊第194頁。

準備金或基金，以強化償付能力及維持證券市場穩定，又稱爲證券交易安全網。

二、證券安全網之種類

(一) 交割結算基金

1. 繳存

　　會員制證券交易所之會員或與公司制證券交易所訂立供給使用契約之證券商，應向證券交易所繳存交割結算基金（證交§108、132Ⅰ）。依證券商管理規則第10條之規定，證券經紀商開始營業前繳交新臺幣一千五百萬元，並於開始營業後，按受託買賣上市有價證券成交淨收淨付金額萬分之0.3比率，於每季終了後繳存；至於證券自營商應於開始營業前，繳存新臺幣五百萬元，開始營業後及開業次一年起，並按自行買賣上市有價證券成交淨收淨付金額萬分之0.3比率繼續繳存；另證券商兼營經紀與自營業務者，應併計繳存；又證券商每增設一國內分支機構，應於開業前，向證券交易所一次繳存交割結算基金新臺幣三百萬元。

　　另依臺灣證券交易所股份有限公司營業細則第119條之規定，證券商終止使用市場契約時，須了結在該公司市場所爲之交易，並將一切帳目結清以後，始可向該公司申請發還交割結算基金。

2. 動用程序

　　證交法第153條規定：「證券交易所之會員或證券經紀商、證券自營商在證券交易所市場買賣證券，買賣一方不履行交付義務時，證券交易所應指定其他會員或證券經紀商或證券自營商代爲交付。其因此所生價金差額及一切費用，證券交易所應先動用交割結算基金代償之；如有不足，再由證券交易所代爲支付，均向不履行交割之一方追償之。」因證券經紀商與委託人間之法律關係爲民法之「行紀」，故委託人不履行交付義務時，應由該證券經紀商負直接履行契約之義務（民§579）；惟該證券經紀商亦不履行或證券自營商不履行時，證券交易所即得指定其他證券商代爲履行（證交§112Ⅰ、135）。被指定之證券商代爲履行後，所生之價金差額及一切費用，證券交易所應先動用交割結算基金代償，如有不足，再由證券交易所代爲支付；而無論是代償或代爲支付，均由證券交易所負責向不履行交割之一方追償[13]。

3. 運用限制

　　證券交易所，除政府債券之買進或銀行存款或郵政儲蓄外，非經主管機關核准，不得以任何方法運用交割結算基金（證交§119、137），以防止交割結算基金被濫用。

4. 優先受償權之順序

　　證交法第154條第2項：「因有價證券集中交易市場買賣所生之債權，就第一百零八

---

[13]　吳光明「證券交易法論」第182頁。

條及第一百三十二條之交割結算基金有優先受償之權，其順序如左：一、證券交易所。二、委託人。三、證券經紀商、證券自營商。」所謂「因有價證券集中交易市場買賣所生之債權」，解釋上包括證券交易所依證交法第153條代償或代為支付之金額、證券商代為履行所支付之金額及委託人之債權。

(二) 賠償準備金

1. 提存

證交法第154條第1項規定：「證券交易所得就其證券交易經手費提存賠償準備金，備供前條規定之支付；其攤提方法、攤提比率、停止提存之條件及其保管、運用之方法，由主管機關以命令定之。」而依證券交易所管理規則第19條之規定，證券交易所應一次提存新臺幣五千萬元作為賠償準備金；並於每季終了後十五日內，按證券交易經手費收入之百分之20，繼續提存，但賠償準備金提存金額已達資本總額時，不在此限。

2. 運用

證券商不履行交付義務及交割結算基金仍不足清償其債務時，證券交易所應以賠償準備金代為支付，並向不履行交割之一方追償（證交§153）。賠償準備金除代為支付外，依證券交易所管理規則第20條之規定，應專戶提存保管，非經主管機關核准，不得為政府債券之買進、銀行存款或郵政儲蓄以外之運用。

(三) 營業保證金

證券商於辦理公司設立登記後，應依法向主管機關所指定之銀行提存營業保證金（證交§55 I）；而因證券商特許業務所生債務之債權人，對於前述營業保證金，有優先受清償之權（證交§55 II）。又債權人於取得前述具有優先受清償之權之債權後，如將該債權讓與他人，依民法第295條第1項前段之規定，從屬於該債權之優先權，應隨同移轉於受讓人[14]。

另證券交易所依證交法第99條之規定，亦應向國庫繳存營業保證金；惟該條並未規定因證券交易所特許業務所生債務之債權人，對於營業保證金有優先受清償之權，值得注意。

(四) 投資人及交易人保護基金

1. 依據及基金來源

除證交法外，依證券投資人及期貨交易人保護法第18條第1項之規定，保護機構應設置保護基金，其來源除捐助財產外，包括：(1)各證券商應於每月10日前按其前月份受託買賣有價證券成交金額之萬分之0.0285提撥之款項；(2)各期貨商應於每月10日前按其前

---

[14] 最高法院86年度台上字第2729號判決。

月份受託買賣成交契約數各提撥新臺幣1.88元之款項；(3)證券交易所、期貨交易所及櫃檯買賣中心應於每月10日前按其前月份經手費收入之百分之5提撥之款項；(4)保護基金之孳息及運用收益；(5)國內外公司機關（構）、團體或個人捐贈之財產。

2. 動用

　　依證券投資人及期貨交易人保護法第21條第1項規定，證券投資人及期貨交易人有下列情形時，保護機構得動用保護基金償付之：

(1) 證券投資人於所委託之證券商因財務困難失卻清償能力而違約時，其於證券交易市場買賣有價證券並已完成交割義務，或委託該證券商向認購（售）權證之發行人請求履約並已給付應繳之價款或有價證券，而未取得其應得之有價證券或價款。

(2) 期貨交易人於所委託之期貨商因財務困難失卻清償能力而違約時，其於期貨交易市場從事期貨交易，而未取得其應得之保證金、權利金，及經期貨結算機構完成結算程序後之利得。

第七章　法律責任

第一節　證交法上之法律責任

一、概說

按證交法之立法體系，係將刑事責任與行政責任一併規定於其第七章「罰則」中，至於民事責任則散見於各處。惟爲集中說明，本節除以列表方式呈現證交法所規定之刑事責任與行政責任外，另將部分常見違反證交法之民、刑事責任，依其適用範圍是否限於流通市場，而分別在本章第二節與第三節中，予以重點闡述。

二、民事責任

有關證交法所規定之民事責任，其具體規定請參見前述各章節及本章第二節、第三節之說明，此處僅說明其損害賠償請求權之時效、保全規定及有關民事爭議解決之仲裁程序。

(一) 時效

按因侵權行爲所生之損害賠償請求權，其時效本應適用民法第197條第1項之規定；然證交法第21條規定：「本法規定之損害賠償請求權，自有請求權人知有得受賠償之原因時起二年間不行使而消滅；自募集、發行或買賣之日起逾五年者亦同。」故證交法所規定之損害賠償請求權，應適用二年或五年之短期時效[1]。又本條所規定之二年期間係自請求權人「知有得受賠償之原因時」起算，與民法第197條第1項所規定之「知有損害及賠償義務人時」並不相同，然何謂「知」有得受賠償之原因？實務見解不一。有認爲投資人透過網站、媒體報導或股東會決議等事項綜合判斷，可認定請求權人已知悉得受賠償之原因時，時效即已起算[2]；有認爲所謂知有損害，非僅指單純知有損害而言，其因而受損害之他人行爲爲侵權行爲亦須一併知之，若僅知受損害及行爲人，而不知其行爲係屬侵權行

---

[1]　例如證交法第20條第3項、第20條之1、第31條第2項、第32條第1項、第43條之2第2項、第43條之3第2項、第155條第3項及第157條之1第3項、第4項等，但第157條第1項所規定之歸入權，並非損害賠償請求權，故不在適用範圍內。

[2]　臺灣臺北地方法院92年度金字第41號判決。

為，因無從本於侵權行為請求損害賠償，時效自無從進行[3]。因後者較能保護投資人，故多數學者採之。

(二) 保全

1. 撤銷權之基本規定

證交法第174條之1第1項、第2項分別規定：「第一百七十一條第一項第二款、第三款或前條第一項第八款之已依本法發行有價證券公司之董事、監察人、經理人或受僱人所為之無償行為，有害及公司之權利者，公司得聲請法院撤銷之。」、「前項之公司董事、監察人、經理人或受僱人所為之有償行為，於行為時明知有損害於公司之權利，且受益人於受益時亦知其情事者，公司得聲請法院撤銷之。」此處撤銷權之適用範圍與本章第三節有關「掏空資產」之規定相同，故僅不合營業常規交易、特別背信與侵占及違法貸款或提供擔保等犯罪行為適用。又得行使此處之撤銷權者，為董事、監察人、經理人或受僱人所屬之「公司」。

2. 視為或推定為無償行為之情形

證交法第174條之1第4項、第5項分別規定：「第一項之公司董事、監察人、經理人或受僱人與其配偶、直系親屬、同居親屬、家長或家屬間所為之處分其財產行為，均視為無償行為。」、「第一項之公司董事、監察人、經理人或受僱人與前項以外之人所為之處分其財產行為，推定為無償行為。」立法目的係為便利公司行使撤銷權，並防止公司之董事、監察人、經理人或受僱人假藉與其家屬間為財產處分行為，以規避賠償責任，故於第4項將其擬制為無償行為；至於與第4項以外之人所為之財產處分行為，則於第5項為舉證責任倒置之規定，將其推定為無償行為。

3. 效力

法院為撤銷判決確定後，公司之董事、監察人、經理人或受僱人所為之財產處分行為視為自始無效（民§114Ⅰ）；然其財產如已由受益人或轉得人取得，應許公司得聲請法院命其回復原狀，故證交法第174條之1第3項規定：「依前二項規定聲請法院撤銷時，得並聲請命受益人或轉得人回復原狀。但轉得人於轉得時不知有撤銷原因者，不在此限。」蓋轉得人係間接由受益人取得財產，故必須對損害公司之權利有所認識，始為撤銷權效力所及。

4. 除斥期間

自公司知有撤銷原因時起，一年間不行使，或自行為時起經過十年而消滅（證交§174-1Ⅵ）。

5. 外國公司之準用

前述有關撤銷權之規定，於外國公司之董事、監察人、經理人或受僱人適用之（證交

---

[3] 臺灣高等法院高雄高分院97年度金上字第1號判決；又法院並依相關事證，認請求權人係自檢察官提起公訴之日，始為知悉之時。以上參賴英照「最新證券交易法解析」第820頁至第822頁。

§174-1Ⅶ）。

(三) 仲裁

1. 意義

按民事爭議之解決，除訴訟外，尚有調解[4]、調處[5]或仲裁等方式。而所謂「仲裁」，指人民依法律之規定，本於契約自由原則，以當事人合意選擇依訴訟外之途徑處理爭議之制度，兼有程序法與實體法之雙重效力，具私法紛爭自主解決之特性。因仲裁程序具有快速、彈性、保密、節省費用及當事人得合意選任仲裁人等特性，且仲裁法第37條第1項規定：「仲裁人之判斷，於當事人間，與法院之確定判決，有同一效力。」即仲裁判斷得聲請法院爲執行裁定或逕爲強制執行，因此，在重視效率之現代商業活動中，仲裁成爲重要之紛爭解決方式。

2. 任意仲裁與強制仲裁

按一般仲裁以任意爲原則，惟證交法第166條第1項規定：「依本法所爲有價證券交易所生之爭議，當事人得依約定進行仲裁。但證券商與證券交易所或證券商相互間，不論當事人間有無訂立仲裁契約，均應進行仲裁。」即證券商與證券交易所之間或證券商相互間，採強制仲裁；至於其他有價證券交易所生之爭議，則採任意仲裁。且證交法第167條規定：「爭議當事人之一造違反前條規定，另行提起訴訟時，他造得據以請求法院駁回其訴。」即一方違反仲裁協議或強制仲裁而提起訴訟時，他方得提起妨訴抗辯，請求法院駁回其訴。

3. 仲裁人之選任

依證交法第166條第2項規定：「前項仲裁，除本法規定外，依仲裁法之規定。」故當事人本應依仲裁法第9條之規定各選一仲裁人，再由雙方選定之仲裁人共推第三仲裁人爲主任仲裁人，如不能共推主任仲裁人時，得由當事人聲請法院選定。惟依證交法第168條規定：「爭議當事人之仲裁人不能依協議推定另一仲裁人時，由主管機關依申請或以職權指定之。」即由主管機關指定第三仲裁人；此係基於主管機關較熟悉證券業務，容易選任適當之仲裁人之故。

4. 仲裁判斷或和解不履行之處罰

證交法第169條規定：「證券商對於仲裁之判斷，或依仲裁法第四十四條成立之和解，延不履行時，除有仲裁法第四十條情形，經提起撤銷判斷之訴者外，在其未履行前，

---

[4]　鄉鎮市調解條例第1條規定：「鄉、鎮、市公所應設調解委員會，辦理下列調解事件：一、民事事件。二、告訴乃論之刑事事件。」可參。

[5]　證券投資人及期貨交易人保護法第22條規定：「（第1項）證券投資人或期貨交易人與發行人、證券商、證券服務事業、期貨業、交易所、櫃檯買賣中心、結算機構或其他利害關係人間，因有價證券之募集、發行、買賣或期貨交易及其他相關事宜所生民事爭議，得向保護機構申請調處。（第2項）保護機構爲處理調處事項，應設調處委員會，置委員七人至十五人；其組織及調處辦法，由主管機關定之。」可參。

主管機關得以命令停止其業務。」按仲裁程序有快速簡便之特性，但如證券商遲延不履行，將使本法規定適用仲裁程序之目的無法達成，故明定主管機關得以停業為手段，督促證券商履行。

5. 仲裁事項之訂明

證交法第170條規定：「證券商同業公會及證券交易所應於章程或規則內，訂明有關仲裁之事項。但不得牴觸本法及仲裁法。」實務上證券交易所章程及營業細則、櫃買中心業務規則或證券商同業公會章程雖就仲裁有所規定，但均未對實施仲裁之實體或程序事項再為詳細規定。

你知道嗎？

什麼是投資人「保護機構」與「團體訴訟」？

按為保障證券投資人及期貨交易人之權益，並促進證券及期貨市場健全發展，我國業已制定「證券投資人及期貨交易人保護法」（簡稱「投資人保護法」），並依該法之規定設立「財團法人證券投資人及期貨交易人保護中心」（簡稱「投保中心」）作為保護機構。而投保中心之主要業務，除受理證券投資人或期貨交易人因有價證券之募集、發行、買賣或期貨交易及其他相關事宜所生民事爭議之申訴及調處外，因其持有上市、上櫃及興櫃公司之股票，故得以股東身分請求董事或監察人行使短線交易之歸入權，其逾期不行使時，投保中心即代位公司行使之（證交§157Ⅱ）。又依投資人保護法第10條之1第1項規定，投保中心以股東身分行使公司法第200條、第214條之權利時（對董事之解任訴訟或代表訴訟，且依公司法第227條之規定，亦準用於監察人），無持股之限制。

又因證券及期貨市場投資人及交易人分散，對於同一原因事實所引起之共同損害，由於個別求償在舉證、涉訟程序及費用上，往往因力量有限而求償意願不高，且一旦有違法行為發生，請求權人為請求損害賠償而先後分別向法院訴訟，對法院而言亦是沉重負擔；故為解決此一問題，投資人保護法遂引進團體訴訟機制。依投資人保護法第28條之規定，投保中心為保護公益，於該法及其捐助章程所定目的範圍內，對於造成多數證券投資人或期貨交易人受損害之同一原因所引起之證券、期貨事件，得由二十人以上證券投資人或期貨交易人授與訴訟或仲裁實施權後，以投保中心之名義起訴或提付仲裁，以期達到訴訟經濟，減輕訟累之目的。另外，為有效發揮團體訴訟之功能，投資人保護法第34條至第36條亦明定法院得裁定投保中心免供擔保聲請假扣押或假處分；如提起訴訟或上訴時，對於訴訟標的金額或價額超過新臺幣3,000萬元之部分，得暫免繳裁判費；如執行標的金額或價額超過新臺幣3,000萬元者，亦暫免繳執

行費；且投保中心如釋明在判決確定前不屬執行，投資人恐受難以抵償或難以計算之損害時，法院應依其聲請宣告准予免供擔保之假執行。上述規定之目的，皆在於使投資人獲得更周延之保障。另外，依投資人保護法第33條之規定，投保中心應將訴訟或仲裁結果所得之賠償，扣除訴訟或仲裁必要費用後交付予投資人，並不得請求報酬，期能增加投資人主張權利之意願，達成保護投資人權益、促進證券及期貨市場健全發展之公益目的。

三、刑事責任

(一) 意義

　　證交法所規定之刑事責任，在性質上屬於行政刑罰。因行政刑罰係對犯罪行為之處罰，惟其並非規定於一般刑法，故屬特別刑法，應優先適用；且其與一般行政秩序罰係由行政主管機關制裁不同，行政刑罰應由法院審理制裁[6]。

(二) 犯罪主體

　　按犯罪有刑事犯與行政犯之分[7]；通說認為刑事犯之犯罪主體以自然人為限，法人不得為刑事犯之犯罪主體，但行政犯則不然，法人仍可為犯罪之主體。惟證交法第179條規定：「法人及外國公司違反本法之規定者，除第一百七十七條之一及前條規定外，依本章各條之規定處罰其為行為之負責人。」可見證交法亦承認法人得為犯罪之主體，但僅處罰其為行為之負責人[8]，稱為「轉嫁責任」或「代罰規定」，至於法人本身，只負民事損害賠償責任。

(三) 易服勞役之期間及折算

　　按證交法所規定之罰金額度甚高，然無力繳納罰金者，依刑法第42條第3項之規定，其易服勞役之期間不得逾一年，顯然無從達遏止不法之目的，甚至使行為人基於債多不愁

6　另因證券犯罪案件有其專業性、技術性，一般刑事法庭法官若無相當專業知識者，較不易掌握案件重點，為使證券犯罪案件之審理能符合法律及社會公平正義之要求，故證交法第181條之1規定：「法院為審理違反本法之犯罪案件，得設立專業法庭或指定專人辦理。」

7　所謂刑事犯，又稱自然犯，指明顯違反道德或倫理之行為，具有強烈之反社會性，例如殺人或放火等行為；至於行政犯，又稱法定犯，指基於法律之規定，為達一定行政上之目的，而定之罪。行政犯所規定為犯罪者，並非當然具有反社會性，例如未經核准而募集或發行有價證券（證交§22Ⅰ、174Ⅱ），係國家為貫徹行政上之管理目的，而以法律或命令禁止之，並對違反者予以處罰，故必須法律有特別規定時，始認其為犯罪；以上參賴源河「證券法規」第276頁。

8　所謂處罰其為行為之負責人，係因其負責人有此行為乃予以處罰，故法人違反證交法所規定之行政刑法，其負責人有參與決策、執行者，即為「法人之行為負責人」，應該依證交法第179條之規定處罰（最高法院108年度台上字第3548號刑事判決參照）。

之心態，反而肆無忌憚地犯罪。因此，證交法第180條之1規定：「犯本章之罪所科罰金達新臺幣五千萬元以上而無力完納者，易服勞役期間爲二年以下，其折算標準以罰金總額與二年之日數比例折算；所科罰金達新臺幣一億元以上而無力完納者，易服勞役期間爲三年以下，其折算標準以罰金總額與三年之日數比例折算。」即將罰金達新臺幣五千萬元及一億元以上者，提高其易服勞役之期間分別爲二年以下及三年以下。

(四) 刑事責任一覽表

條號	行為	刑責
§171 I	1. 證券詐欺、資訊不實、操縱市場及內線交易（§20 I、II；§155 I、II；§157-1 I、II） 2. 不合營業常規交易 3. 違背職務或侵占公司資產，致公司遭受損害達新臺幣五百萬元	三年以上十年以下有期徒刑，得併科新臺幣一千萬元以上二億元以下罰金
§171 II	犯前項之罪，其因犯罪獲取之財物或財產上利益金額達新臺幣一億元以上者	七年以上有期徒刑，得併科新臺幣二千五百萬元以上五億元以下罰金
§171 III	違背職務或侵占公司資產，致公司遭受損害未達新臺幣五百萬元	依刑法第336條及第342條規定處罰
§172 I	職務上行為收賄罪	五年以下有期徒刑、拘役或科或併科新臺幣二百四十萬元以下罰金
§172 II	違背職務行為收賄罪	七年以下有期徒刑，得併科新臺幣三百萬元以下罰金
§173 I	違背職務行為行賄罪	三年以下有期徒刑、拘役或科或併科新臺幣一百八十萬元以下罰金
§174 I	1. 對申請事項為虛偽之記載 2. 募集事項虛偽記載而散布於眾 3. 公開說明書虛偽或隱匿 4. 主管機關命提出之資料為虛偽記載 5. 法令規定之文件為虛偽記載 6. 經理人或會計主管財報不實 7. 散布依據不實資料所作之投資判斷 8. 違法貸款或提供擔保 9. 偽造、變造或湮滅證據	一年以上七年以下有期徒刑，得併科新臺幣二千萬元以下罰金

條號	行為	刑責
§174Ⅱ	1. 律師意見虛偽不實 2. 會計師財報或意見不實 3. 違法募集或發行有價證券（§22Ⅰ～Ⅲ）	五年以下有期徒刑，得科或併科新臺幣一千五百萬元以下罰金
§175Ⅰ	1. 無照經營證金集保業務（§18Ⅰ） 2. 違法買回庫藏股（§28-2Ⅰ） 3. 違反現款、現貨交割規定（§43Ⅰ） 4. 未以公開收購方式取得一定比例股份（§43-1Ⅲ） 5. 申報及公告內容違反法令（§43-5Ⅱ） 6. 收購失敗後未經核准再行公開收購（§43-5Ⅲ） 7. 違法私募（§43-6Ⅰ） 8. 無照經營證券業（§44Ⅰ） 9. 券商未經許可設立分支機構（§44Ⅱ） 10. 外國券商未經許可設立分支機構（§44Ⅲ） 11. 未經核准為融資、融券或借券等業務（§60Ⅰ） 12. 無照經營經紀、自營業務（§62Ⅰ） 13. 未經許可設立證券交易所（§93） 14. 經營地下證券交易市場（§96） 15. 未標明或違法使用證券交易所名稱（§97） 16. 證券交易所經營未經核准業務或投資（§98） 17. 會員制證券交易所相關人員違法買賣有價證券（§116） 18. 證券交易所相關人員違反保密義務（§120） 19. 證券經紀商場外接單（§160） 20. 未經申報公告而為公開收購（§43-1Ⅱ）	二年以下有期徒刑、拘役或科或併科新臺幣一百八十萬元以下罰金
§177	1. 未遵期交付股票或公司債券（§34） 2. 藉主管機關核准為宣傳（§40） 3. 違反私募閉鎖期之規定（§43-8Ⅰ） 4. 未經核准經營、兼營證券業務或投資其他證券商（§45） 5. 未以書面文件區別自行買賣或代客買賣（§46） 6. 違法使用證券商名稱（§50Ⅱ） 7. 違反運用交割結算基金之限制（§119） 8. 違反禁止場外交易之規定（§150） 9. 違反監理人員之指示（§165）	一年以下有期徒刑、拘役或科或併科新臺幣一百二十萬元以下罰金

四、行政責任

(一) 意義

　　證交法所規定之行政責任，在性質上屬於行政秩序罰，由主管機關對違反行政秩序者施以制裁，藉以維持秩序。證交法在前面各章已規定主管機關行使監督權時得為之處分，例如第66條規定對證券商之警告、解除負責人職務、停業或撤銷營業許可等；至於第七章「罰則」部分，則規定對違法行為之罰鍰處分。

(二) 行政責任一覽表[9]

條號	行為	罰則
§177-1	1. 承銷商於承銷期間取得承銷之有價證券（§74） 2. 兼營承銷商之自營商於承銷期間取得承銷之有價證券（§84）	處相當於所取得有價證券價金額以下之罰鍰；但不得少於新臺幣二十四萬元
§178 I ①	1. 內部人持股轉讓違反規定（§22-2 I） 2. 內部人之受讓人於一年內轉讓持股違反規定（§22-2 II） 3. 應於股東會召集事由中列舉並說明其主要內容而未為（§26-1）	
§178 I ②	1. 出具不實財務報告（§14 III） 2. 未建立內部控制制度（§14-1 I） 3. 未於期限內申報內部控制聲明書（§14-1 III） 4. 獨立董事人數不足（§14-2 I） 5. 妨礙獨立董事執行職務（§14-2 III） 6. 未依規定召開臨時董事會補選獨立董事（§14-2 VI） 7. 未於董事會議事錄載明獨立董事反對或保留意見（§14-3） 8. 應提交審計委員會決議而未為（§14-5 I） 9. 未於董事會議事錄載明審計委員會決議（§14-5 II） 10. 未依要求提供資料或說明（§21-1 V） 11. 違反內部人持股申報規定（§25 I） 12. 公司未於期限內申報內部人持股（§25 II） 13. 違反內部人持股設質申報規定（§25 IV） 14. 未交付公開說明書（§31 I） 15. 公告、申報事項及年報未抄送相關單位（§36 V） 16. 未於會計年度終了後六個月內召開股東會（§36 VII） 17. 違反提列特別盈餘公積或公積應先填補虧損之規定（§41） 18. 單獨或共同取得股份數超過百分之十未為申報（§43-1 I） 19. 未交付公開收購說明書（§43-4 I） 20. 未於股款或公司債價款繳納完成後送請主管機關備查（§43-6 V） 21. 未列舉私募應說明之事項（§43-6 VI） 22. 違反一年內分次辦理私募之規定（§43-6 VII）	處新臺幣二十四萬元以上四百八十萬元以下罰鍰，並得命其限期改善；屆期未改善者，得按次處罰

---

[9] 因證交法第178條之1第1項係以證券商、證券服務事業、證券商同業公會、證券交易所及證券櫃檯買賣中心等「事業」或「公會」本身為處罰對象，惟其行為態樣與表列情形大致相同，或於前面章節已經敘明，故不另行列表，但其罰則均為新臺幣二十四萬元以上四百八十萬元以下罰鍰，並得命其限期改善；屆期未改善者，得按次處罰。且應處罰鍰之行為，其情節輕微者，得免予處罰，或先命其限期改善，已改善完成者，免予處罰（證交§178-1 II）。

條號	行為	罰則
§178 I ③	拒絕、妨礙或規避主管機關依法所為之檢查	處新臺幣二十四萬元以上四百八十萬元以下罰鍰，並得命其限期改善；屆期未改善者，得按次處罰
§178 I ④	不依規定製作、申報、公告、備置或保存相關業務文件	
§178 I ⑤	1. 未依規定設置審計委員會替代監察人（§14-4 I、II） 2. 違反獨立董事設置辦法之規定（§14-4 V）	
§178 I ⑥	1. 未依規定設置薪資報酬委員會（§14-6 I 前段） 2. 違反薪資報酬委員會之規定（§14-6 I 後段）	
§178 I ⑦	違反委託書規則	
§178 I ⑧	違反董監持股查核規則	
§178 I ⑨	1. 董事人數少於五人（§26-3 I） 2. 未依規定召開臨時股東會補選董事（§26-3 VII） 3. 違反董事會議事規則（§26-3 VIII）	
§178 I ⑩	1. 買回股份數及收買股份總金額不符規定（§28-2 II） 2. 違反買回股份之程序、價格、數量、方式、轉讓方法及應申報公告事項（§28-2 III） 3. 買回股份未於期限內轉讓（§28-2 IV） 4. 質押庫藏股（§28-2 V） 5. 內部人於庫藏股買回期間內賣出（§28-2 VI） 6. 董事會決議及執行情形未於股東會報告（§28-2 VII）	
§178 I ⑪	違反資產處理準則、背書保證處理準則、財務預測資訊處理準則	
§178 I ⑫	1. 違反收購有價證券之範圍、條件、期間、關係人及申報公告事項之規定（§43-1 IV） 2. 違反公開收購辦法不動產投資信託受益證券之規定（§43-1 V） 3. 收購人未以同一條件收購及為不利益條件之變更（§43-2 I） 4. 於收購期間內購買同種類公開發行公司有價證券（§43-3 I） 5. 未經核准停止公開收購進行（§43-5 I）	

第二節　內線交易、短線交易與操縱市場

一、內線交易

(一) 概說

　　所謂內線交易，指具有特定身分之人，於獲悉未經公開且影響證券價格之重大消息後買賣有價證券。按應否立法禁止內線交易或科以刑事處罰？論者見解不一。惟我國證交法立法之初本無禁止之規定，於1988年1月始仿美國法制，增訂證交法第157條之1，明文禁止內線交易，並數度修法提高其刑度，從二年以下有期徒刑、拘役或科或併科十五萬元以下罰金，到2006年5月修法提高爲三年以上十年以下有期徒刑，得併科一千萬元以上二億元以下罰金，如因犯罪獲取之財物或財產上利益金額達一億元以上者，更可處七年以上有期徒刑，得併科二千五百萬元以上五億元以下罰金，堪稱重罪。

　　惟在美國司法實務上，係以反證券詐欺之一般規定作爲禁止內線交易之法源基礎；然因其屬概括條款，故規範不夠明確，對於內線交易之主體及相關構成要件，都必須仰賴司法實務之解釋，並因此先後出現了平等取得資訊理論（parity of information）、信賴關係理論（fiduciary relationship）及私取理論（misappropriation theory）等見解[10]。平等取得資訊理論主張：取得公司內部資訊之人只有兩個選擇，「公開消息否則禁止買賣」（abstain or disclose）。因美國法院早期認爲平等取得資訊理論可以適用於任何人，致發生適用範圍過大之弊端；故後來採用信賴關係理論，認爲只有對公司及股東負信賴義務之人，才負公開消息否則禁止買賣之義務[11]。然信賴關係理論亦有涵蓋範圍不足之缺點，例如A公司併購B公司，如B公司董事在消息公開前買進B公司股票，構成內線交易，但A公司董事買進B公司股票時，因其未對B公司及其股東負信賴義務，依信賴關係理論，並不構成內線交易；故又有所謂之私取理論，對內部人之範圍加以擴充，認爲獲悉影響證券價格重大消息之外部人，雖然與交易相對人之間沒有信賴關係，但如違背對消息來源之信賴義務或其他信任關係，而私自取用「消息來源」之機密消息，並據以買賣證券謀取私利，仍構成內線交易[12]。

10　另最高法院99年度台上字第2015號判決認爲：「禁止內線交易之理由，學理上固有所謂資訊平等理論、信賴關係理論或私取理論之區別，惟實際上均係基於『公布消息否則禁止買賣』之原則所發展出來之理論，即具特定身分之公司內部人於知悉公司之內部消息後，若於未公開該消息前，即在證券市場與不知該消息之一般投資人爲對等交易，該行爲本身即已破壞證券市場交易制度之公平性，足以影響一般投資人對證券市場之公正性、健全性之信賴，故內線交易之可非難性，並不在於該內部人是否利用該內線消息進行交易而獲取利益或避免損害，而是根本腐蝕證券市場之正常機制，影響正當投資人之投資決定甚或進入證券市場意願，故各國莫不超脫理論爭議，而以法律明定禁止內線交易，對違反者課以民、刑責任。」值得注意。

11　賴英照「最新證券交易法解析」第451頁。

12　同前註第453頁。

(二) 基本規定

　　證交法第157條之1第1項、第2項分別規定:「下列各款之人,實際知悉發行股票公司有重大影響其股票價格之消息時,在該消息明確後,未公開前或公開後十八小時內,不得對該公司之上市或在證券商營業處所買賣之股票或其他具有股權性質之有價證券,自行或以他人名義買入或賣出:一、該公司之董事、監察人、經理人及依公司法第二十七條第一項規定受指定代表行使職務之自然人。二、持有該公司之股份超過百分之十之股東。三、基於職業或控制關係獲悉消息之人。四、喪失前三款身分後,未滿六個月者。五、從前四款所列之人獲悉消息之人。」、「前項各款所定之人,實際知悉發行股票公司有重大影響其支付本息能力之消息時,在該消息明確後,未公開前或公開後十八小時內,不得對該公司之上市或在證券商營業處所買賣之非股權性質之公司債,自行或以他人名義賣出。」據此,可分析其要件如下:

1. 規範主體

(1) 內部人

　　所謂內部人,指發行公司之董事、監察人、經理人、代表法人董事或監察人行使職務之自然人及持有股份超過百分之十之股東[13](證交§157-1 I ①、②);上述內部人於喪失身分後,未滿六個月者,亦包括在內(證交§157-1 I ④)。又此之董事(含監察人),包括法人董事或代表人董事,但不包括指派代表人當選董事之法人股東,亦不包括法人董事之董、監事;如法人股東或法人董事之董、監事因業務關係而獲悉消息,則屬證交法第157條之1第1項第3款所指基於職業或控制關係獲悉消息之人。另因證交法第157條之1第7項前段規定「第二十二條之二第三項規定,於第一項第一款、第二款,準用之」,故計算前述內部人所持有之股票時,應包括其配偶、未成年子女及利用他人名義持有者[14]。

(2) 準內部人

　　所謂準內部人,指基於職業或控制關係獲悉消息之人(證交§157-1 I ③);準內部人於喪失身分後,未滿六個月者,亦包括在內(證交§157-1 I ④)。然何謂「職業或控制關係獲悉消息之人」?在解釋上相當廣泛。所謂職業關係,不以律師、會計師、管理顧問等傳統專門職業人員為限,舉凡基於工作之便利獲得發行公司足以影響股價變動之資料或消息而為該公司股票之買賣者,均屬之[15];例如

---

[13] 百分之十之認定標準,應以實際受讓股份,連同以往持有股份合計超過百分之十者,即適用之,並不以實際過戶完成為認定標準;證管會78年10月30日台財證二字第14860號函參照。

[14] 惟內部人如係利用配偶、未成年子女或他人名義持有股票並從事內線交易,實質上是利用他人為人頭而為犯罪行為,內部人應負內線交易刑責,但被利用之人是否犯罪,則應視其是否知情而定;如內部人知悉內線消息後未買賣股票,而其配偶或未成年子女未從內部人獲悉消息,買賣股票並不違法。故學者認為證交法第157條之1第7項前段準用第22條之2第3項規定,僅於計算特定人持股是否逾百分之十門檻時,才具實益;以上參賴英照「最新證券交易法解析」第466頁至第467頁。

[15] 證管會78年10月30日台財證二字第14860號函。

發行公司之一般員工因職務關係獲悉消息，或主管機關之官員、證券交易所或櫃買中心之職員等，係對於發行公司具有管理監督關係之人，亦屬基於職業關係獲悉消息之人[16]。至於控制關係，則指控制發行公司業務經營或重要人事之人；例如關係企業之控制公司[17]。

(3) 消息受領人

所謂消息受領人，指從內部人或準內部人獲悉消息之人（證交§157-1Ⅰ⑤）；至於洩漏消息之人，則稱為消息傳遞人。消息受領人必須具備「內部人違反其對公司股東之信賴義務傳遞消息予消息受領人」及「消息受領人知悉內部人違反信賴義務之情事」之要件[18]。又「直接」從內部人或準內部人獲悉消息之人，為消息受領人，固無疑問；但「間接」獲悉消息者是否包括在內，則不無疑問？然多數學者及實務見解認為應包括間接受領人，始能貫徹證交法禁止內線交易之立法目的。消息受領人為內線交易者，有民事及刑事責任（證交§157-1Ⅲ、171Ⅰ①）；但消息傳遞人如僅洩漏消息，而未買賣股票，除非與消息受領人有共犯關係，否則僅負民事責任（證交§157-1Ⅳ）。然消息傳遞人如非故意，或有正當理由，例如公司因辦理貸款而向銀行提供機密資料，事後銀行承辦人員卻違法從事內線交易時，消息傳遞人並無責任可言[19]。

2. 主觀要件

按構成內線交易，行為人主觀上必須為「故意」，然是否須有「圖利」之意圖？則不無疑問。雖1988年1月增訂證交法第157條之1立法理由有「對於利用公司未經公開之重要消息買賣公司股票圖利，未明文列為禁止規定」等語，但當初立法之條文文字則使用「獲悉發行股票公司有重大影響其股票價格之消息時」，故實務上一向認為僅須內部人有「實際獲悉發行股票公司有重大影響其股票價格之消息」及「在該消息未公開或公開後某時間以前，買入或賣出該公司股票」之要件，即足成立，並未規定行為人主觀目的之要件，故內部人於知悉消息後買賣股票，是否有藉該交易獲利或避免損失之主觀意圖，應不影響其犯罪之成立；且該內部人是否因該內線交易而獲利益，亦無足問[20]。雖2006年6月修法時，將「獲悉」改為「實際知悉」，然因過去司法實務上，即將「獲悉」解釋為內部人對

---

[16]　王志誠、邵慶平、洪秀芬、陳俊仁「實用證券交易法」第483頁。

[17]　賴英照「最新證券交易法解析」第461頁。

[18]　賴源河「證券法規」第298頁。

[19]　賴英照「最新證券交易法解析」第465頁。

[20]　最高法院103年度台上字第2093號、101年度台上字第4351號刑事判決。另最高法院99年度台上字第8070號刑事判決更認為「消息究為利多或利空，市場各方解讀不同，某些消息在短期為利多，在長期則是利空，若認為內部人獲悉利多消息而出售持股，不構成該條項之犯罪，不僅違背該條項之立法本旨，且增添如何界定『利多』、『利空』之困擾，當非立法之本意。」明確表示行為人不以「圖利」為必要。

公司重大消息「實際知悉」之情形,故其對司法實務之運作,應無影響[21]。

3. 適用範圍

內線交易僅適用於「上市」或「在證券商營業處所買賣」之有價證券,即其交易範圍限於集中市場與店頭市場(上櫃及興櫃)。至於交易標的,證交法第157條之1第1項與第2項所規定之標的不同。前者為「股票」或其他「具有股權性質之有價證券」,而所謂具有股權性質之其他有價證券,依證交法施行細則第11條第1項之規定,係指可轉換公司債、附認股權公司債、認股權憑證、認購(售)權證、股款繳納憑證、新股認購權利證書、新股權利證書、債券換股權利證書、臺灣存託憑證及其他具有股權性質之有價證券;後者則為「非股權性質之公司債」,係2010年6月修法時所增訂。

4. 重大消息

(1) 意義及範圍

因交易標的不同,重大消息可分為「有重大影響其股票價格之消息」與「有重大影響其支付本息能力之消息」。所謂有重大影響其股票價格之消息,指涉及公司之財務、業務或該證券之市場供求、公開收購,其具體內容對其股票價格有重大影響,或對正當投資人之投資決定有重要影響之消息;其範圍及公開方式等相關事項之辦法,由主管機關定之[22](證交§157-1 V)。至於有重大影響其支付本息能力之消息,其範圍及公開方式等相關事項之辦法,亦授權由主管機關定之[23](證交§157-1 VI)。立法理由係為使內線交易重大消息明確化,俾使司法機關於個案辦理時有所參考,並鑑於重大消息內容及其成立時點涉及刑事處罰之法律構成要件,如明文規定於證交法,恐過於瑣碎且較僵化,同時難以因應未來市場之變化;故為即時檢討重大消息內容,以維持彈性,並符合市場管理需要,而授權主管機關訂定重大消息之範圍。另考量「罪刑法定原則」,重大消息公開方式宜予明定,故亦授權主管機關訂定重大消息之範圍及公開方式等相關事項,以符合「法律安定性」以及「預見可能性」之要求。

然值得注意者,主管機關據上述授權所訂定之「證券交易法第一百五十七條之一第五項及第六項重大消息範圍及其公開方式管理辦法」(以下簡稱「重大消息管理辦法」),除已經列舉之條款外,仍有「其他涉及公司之財務、業務,對公司股票價格有重大影響,或對正當投資人之投資決定有重要影響者」、「其他涉及該證券之市場供求,對公司股票價格有重大影響,或對正當投資人之投資決定有重要影響者」及「其他足以影響公司支付本息能力之情事者」等概括條款;故是否為「重大消息」並不以該辦法所列舉之事實或事件為限。且實務上法院對是否為重大消息仍須進行實質判斷,並不受重大消息管理辦法所列舉之事實或事件所

拘束[24]：蓋重大消息之意義仍應以證交法第157條之1第5項、第6項所規定之意旨為依歸，如行政命令之規定與母法有所扞格，法院仍可拒絕適用[25]。

(2) 成立

2010年6月修法前，證交法第157條之1第1項原係規定「在該消息未公開或公開後十二小時內」，現行規定除將消息公開後之沉澱期間延長為十八小時外，另於「該消息」後增加「明確後」之文字，修正理由為「為使重大消息之定義更完備」，並在第5項授權主管機關訂定管理辦法時，增加「其具體內容」之文字；因強調消息必須具體、明確，始為內線消息，故實務上認為是構成要件之限縮，屬刑法第2條第1項所規定之行為後法律有變更之情形[26]。惟「明確」、「具體內容」與「確定」並不相同；例如在企業併購時，雙方初步磋商過程中，若已針對重要之點達成協議，意謂雙方已對契約內容達成共識，則其後續之簽訂契約及經董事會決議之過程，僅係逐步完成契約所示條款之程序，難謂達成協議之時非重大消息之成立時點[27]。

另依重大消息管理辦法第5條規定：「前三條所定消息之成立時點，為事實發生日、協議日、簽約日、付款日、委託日、成交日、過戶日、審計委員會或董事會決議日或其他依具體事證可得明確之日，以日期在前者為準。」其修訂理由並表示所謂重大消息應係以消息對投資人買賣證券之影響程度著眼，衡量其發生之機率及對投資人投資決定可能產生的影響作綜合判斷，而不以該消息確定為必要；且重大消息之發生與經過有許多時點，為求明確，故明定其成立時點，以日期在前者為準。

(3) 公開

依證交法第157條之1第1項與第2項之規定，內部人於實際知悉重大消息後，不得於消息「未公開前或公開後十八小時內」買賣有價證券（非股權性質之公司債，僅限制賣出），故消息是否公開，成為內線交易是否成立之重要關鍵。依主管機關之規定，涉及公司之財務、業務，對其股票價格有重大影響，或對正當投資人之投資決定有重要影響之消息，或重大影響其支付本息能力之消息，其消息之公開方式，係指經公司輸入公開資訊觀測站（重大消息管理辦法§6Ⅰ）。至於涉及該證券之市場供求，對其股票價格有重大影響，或對正當投資人之投資決定有

---

[24] 賴源河「證券法規」第317頁。

[25] 賴英照「最新證券交易法解析」第473頁。

[26] 最高法院101年度台上字第4243號刑事判決。

[27] 最高法院102年度台上字第1672號刑事判決；另最高法院103年度台上字第3220號刑事判決表示：「按公司間併購案之重大消息之明確，固不以雙方簽訂契約及經董事會決議時為必要，於雙方初步達成協議之時，亦得為明確之認定時點，惟此初步協議，仍須雙方已針對具體重要之事項達成協議為要件，否則難認該時點為證券交易法第157條之1之禁止內線交易罪所稱『重大消息』之成立時點。」可參。

重要影響之消息，其消息之公開，係指透過下列方式之一公開：A.公司輸入公開
資訊觀測站；B.臺灣證券交易所股份有限公司基本市況報導網站中公告；C.財團
法人中華民國證券櫃檯買賣中心基本市況報導網站中公告；D.兩家以上每日於全
國發行報紙之非地方性版面、全國性電視新聞或前開媒體所發行之電子報報導[28]
（重大消息管理辦法§6Ⅱ）。

5. 自行或以他人名義買入或賣出有價證券

2010年6月修法時增訂「自行或以他人名義」之文字，立法理由係認為目前行為人交
易模式都不以自己名義買賣，實務上認定亦包含以他人名義買賣之行為，故修正其內容，
以求周延及明確。然內線交易所禁止者，為內部人買入或賣出有價證券之行為，並未限定
以買賣自己所有之有價證券為限[29]；故內部人於實際知悉重大消息後，於消息未公開前或
公開後十八小時內買賣有價證券，無論是否以自己名義，均屬內線交易。

(三) 民事責任

證交法第157條之1第3項規定：「違反第一項或前項規定者，對於當日善意從事相反
買賣之人買入或賣出該證券之價格，與消息公開後十個營業日收盤平均價格之差額，負損
害賠償責任；其情節重大者，法院得依善意從事相反買賣之人之請求，將賠償額提高至三
倍；其情節輕微者，法院得減輕賠償金額。」茲分析其賠償義務人、請求權人及賠償金額
如下：

1. 賠償義務人

賠償義務人除實際從事內線交易之人外，依證交法第157條之1第4項規定：「第一項
第五款之人，對於前項損害賠償，應與第一項第一款至第四款提供消息之人，負連帶賠償
責任。但第一項第一款至第四款提供消息之人有正當理由相信消息已公開者，不負賠償責
任。」即消息傳遞人應與其消息受領人負連帶賠償責任，除非其有正當理由相信消息已公
開，始不負賠償責任；例如董事會決議內容已交公關人員宣布，公關人員因故延期而為董
事所不知之情形，即可免責[30]。然值得注意者，因連帶債務之成立，以當事人明示或法律
有規定者為限（民§272），故除消息傳遞人與其消息受領人負連帶賠償責任外，數人共
同為內線交易者，並不負連帶賠償責任。

---

[28] 依本款之方式公開者，十八小時之計算係以派報或電視新聞首次播出或輸入電子網站時點在後者起
算（重大消息管理辦法§6Ⅲ）；又派報時間早報以上午六時起算，晚報以下午三時起算（重大消
息管理辦法§6Ⅳ）。另媒體報導部分，最高法院103年度台上字第442號刑事判決認為：「證券交
易法關於內線交易部分之規定，若媒體報導足以影響公司股價行情之消息，該報導與事實不符者
時，公司應做必要之補充說明，於說明後，即可認該重大訊息已公開；但如為市場傳言，雖媒體據
之而為報導，其後公司並未出面說明，投資人亦難以判斷真偽，自不應認定該消息業已公開，否則
對投資人顯失公平。」其見解與主管機關之規定並不一致，值得注意。

[29] 賴英照「最新證券交易法解析」第469頁。

[30] 賴源河「證券法規」第335頁。

2. 賠償請求權人

　　請求賠償之人，爲內線交易「當日善意從事相反買賣之人」；所謂善意，指買賣之時，不知有內線消息之人。然賠償義務人與請求權人無須爲交易相對人，故只要當日有從事相反買賣之人爲善意，即得求償，無須證明其因果關係，且其數量，可能遠大於賠償義務人所買入或賣出之數量。又投資人與證券經紀商間爲行紀關係，故經紀商對外爲買賣契約之當事人，因此，委託之投資人是否爲「從事相反買賣之人」，不無疑問？對此，依證交法第157條之1第7項後段準用第20條第4項之規定，將投資人視爲「取得人或出賣人」，使其取得向內線交易行爲人求償之資格；至於經紀商則無請求權[31]。

3. 賠償金額

　　有關內線交易賠償金額之計算，證交法明文規定以投資人「買入或賣出該證券之價格」與內線消息「公開後十個營業日收盤平均價格」之差額爲標準。其情節重大者，法院得依善意從事相反買賣之人之請求，將賠償額提高至三倍；其情節輕微者，法院得減輕賠償金額。三倍賠償具有懲罰性質，目的在遏阻內線交易之不法行爲，然何謂「情節重大」？實務上曾認內部人知悉公司處分資產之重大消息，於該消息未公開前，大量買進公司股票，並於該重大消息公告後，大量賣出股票，乃利用未公開之訊息與市場上不知情之投資人從事交易，違反平等取得資訊原則，並藉此獲得鉅額利潤，情節自屬重大[32]。另考量內線交易行爲人之犯罪情節如屬輕微者，仍需負擔龐大之賠償金額，不符合比例原則，故規定對於情節輕微者，法院得減輕其賠償金額。

(四) 刑事責任

1. 基本規定

　　內部人違反證交法第157條之1第1項、第2項之禁止規定從事內線交易者，依同法第171條第1項第1款之規定，處三年以上十年以下有期徒刑，得併科新臺幣一千萬元以上二億元以下罰金。然如無內線交易行爲，並無刑事責任，故消息傳遞人如僅洩漏消息，而未買賣股票，除非與消息受領人有共犯關係，否則並無刑事責任。

　　另依證交法第171條第6項前段之規定，其犯罪獲取之財物或財產上利益超過罰金最高額時，得於犯罪獲取之財物或財產上利益之範圍內加重罰金。又依同條第7項之規定，犯罪所得屬犯罪行爲人或其以外之自然人、法人或非法人團體因刑法第38條之1第2項所列情形取得者，除應發還被害人、第三人或得請求損害賠償之人外，沒收之。

---

[31]　最高法院97年度台上字第1999號判決。惟最高法院95年度台上字第2825號判決曾認委託人與經紀商均可求償；然縱認經紀商可以求償，因行紀係「以自己之名義，爲他人之計算」（民§576），故其求償所得仍應歸屬於委託人。

[32]　最高法院96年度台上字第1244號判決。

2. 刑之加重

(1) 犯罪獲取之財物或財產上利益金額達新臺幣一億元以上者

依證交法第171條第2項之規定，其因「犯罪獲取之財物或財產上利益（簡稱『犯罪利益』）」金額達新臺幣一億元以上者，處七年以上有期徒刑，得併科新臺幣二千五百萬元以上五億元以下罰金。本項原稱「犯罪所得」，2018年1月修法時，改稱「因犯罪獲取之財物或財產上利益」[33]；但犯罪利益如何計算，證交法並未如民事責任明定其計算方式，尤其內線交易之證券未賣出之部分應如何計算？即明顯有疑問。實務上，過去法院對如何計算犯罪利益，見解並不一致，主要有關聯所得法、實際所得法、擬制所得法與分割適用法等四種不同之計算方式[34]；惟最高法院大法庭已統一見解，以裁定宣示採分割適用法[35]。

另內線交易有共犯數人時，其犯罪利益應否合併計算有無達新臺幣一億元以上？亦有爭議，法院判決亦不一致。因證交法並未明文規定共犯之所得應合併計算，故有認為基於罪刑法定主義（刑§1），當然不能合併計算；但亦有學者基於加重處罰之立法目的而論，認為不能容許被告得事先規劃數個共犯分攤數千萬元之所得，而讓其逃脫加重處罰之規定，而認應合併計算[36]。

(2) 損及證券市場穩定者

依證交法第171條第6項後段之規定，內線交易之行為如損及證券市場穩定者，加重其刑至二分之一。即依證交法第171條第1項所規定之刑度，加重其刑至二分之一；如因犯罪獲取之財物或財產上利益金額達新臺幣一億元以上者，則依證交法第171條第2項所規定之刑度，加重其刑至二分之一[37]。然何謂「損及證券市場穩

---

[33] 依刑法第38條之1第4項所定沒收之「犯罪所得」範圍，包含違法行為所得、其變得之物或財產上利益及其孳息，且犯罪所得不得扣除成本；但關於內線交易之犯罪所得，計算時應扣除犯罪行為人之成本，例如應扣除證券交易稅或證券交易手續費等稅費成本，為避免混淆，故將「犯罪所得」修正為「因犯罪獲取之財物或財產上利益」，以資明確。

[34] 所謂「關聯所得法」，指計算內線交易之犯罪利益，必須該股票價格之變動與該重大消息之公開，其間有相當關聯之必要，如該股票價格之漲跌變動係基於其他經濟上或非經濟上因素所導致，而與該重大消息之公開並無相當因果關聯者，即不能以該漲跌變動後之股票價格，作為計算內線交易犯罪利益之依據；例如內部人在實際知悉重大消息後，以每股10元買進公司股票，重大消息公布後，股價反應重大消息漲至15元，其後股價因其他因素漲至20元時，內部人賣出股票，則犯罪利益應為5元而非10元。至於「實際所得法」，則以內部人賣出股票之價格，扣除買入成本、手續費及證交稅後之餘額，作為犯罪利益。另「擬制所得法」，是以證交法有關內線交易民事賠償之計算方法，擬制為犯罪利益。而「分割適用法」，則是折衷「實際所得法」與「擬制所得法」，即犯罪利益之計算方法，應視行為人已實現或未實現利得而定；前者，以前後交易股價之差額乘以股數計算之（即「實際所得法」）；後者，以行為人買入（或賣出）股票之價格，與消息公開後10個營業日收盤平均價格之差額，乘以股數計算之（即「擬制所得法」）。

[35] 最高法院大法庭108年度台上大字第4349號刑事裁定。

[36] 劉連煜「新證券交易法實例研習」第562頁。

[37] 依刑法第33條第3款之規定，有期徒刑為二月以上十五年以下；但遇有加減時，得減至二月未滿，或加至二十年。

定」？法無明文規定。解釋上應考量內線交易金額、數量及其對市場成交量、成交價及投資人之影響等因素而爲認定[38]。

3. 刑之減免

(1) 自首

證交法第171條第4項規定：「犯前三項之罪，於犯罪後自首，如自動繳交全部犯罪所得者，減輕或免除其刑；並因而查獲其他正犯或共犯者，免除其刑。」所謂「自首」，指行爲人對於未發覺之罪[39]，向檢察官或司法警察官等偵查犯罪之機關自承犯罪而受裁判而言（刑§62、刑訴§244）；然不限於向偵查機關爲之，亦可向非偵查機關之其他公務機關自承犯罪，請其轉達偵查機關[40]。又行爲人因本案而受偵查時，仍可對他案自承犯罪，但對本案之犯罪事實自承者，爲自白而非自首。被告除自首外，尚須自動繳交全部犯罪所得財物，始可減輕其刑[41]；所謂「繳交」，指向司法機關繳交，若僅向被害人賠償，並不適用[42]。另因其自首而查獲其他正犯或共犯者[43]，免除其刑。

(2) 自白

證交法第171條第5項規定：「犯第一項至第三項之罪，在偵查中自白，如自動繳交全部犯罪所得者，減輕其刑；並因而查獲其他正犯或共犯者，減輕其刑至二分之一。」所謂「偵查中自白」，係指被告於檢察官偵查中對自己犯罪事實之全部或主要部分爲承認之供述；倘行爲人避重就輕，或僅就一部承認，另一部隱瞞者，即與自白減刑之規定不符，而難適用該規定減刑[44]。在內線交易中，所謂犯罪事實之主要部分，即指前述基本規定之情形而言。又被告除自白外，尚須自動繳交全部犯罪所得，始可減輕其刑；因其自白而查獲其他正犯或共犯者，始可減輕其刑至二分之一。

---

[38] 賴英照「最新證券交易法解析」第490頁。

[39] 刑法第62條之所謂發覺，係指有偵查犯罪職權之公務員已知悉犯罪事實與犯罪之人而言，而所謂知悉，固不以確知其爲犯罪之人爲必要，但必其犯罪事實，確實存在，且爲該管公務員所確知，始屬相當；如犯罪事實並不存在而懷疑其已發生，或雖已發生，而爲該管公務員所不知，僅係推測其已發生而與事實巧合，均與已發覺之情形有別（最高法院75年台上字第1634號刑事判例參照）。

[40] 最高法院29年上字第1089號刑事判例。

[41] 刑法第62條規定：「對於未發覺之罪自首而受裁判者，得減輕其刑。但有特別規定者，依其規定。」係採「得減主義」，由法官視具體情況決定減輕其刑與否；然證交法爲特別規定，其採「必減主義」，符合法定要件者，即應減輕或免除其刑。又刑法第66條規定：「有期徒刑、拘役、罰金減輕者，減輕其刑至二分之一。但同時有免除其刑之規定者，其減輕得減至三分之二。」故依本項減輕其刑者，可減至三分之二。

[42] 最高法院102年度台上字第4635號刑事判決。

[43] 所謂「正犯」，指以自己之行爲實行犯罪行爲者，又稱「共同正犯」，依刑法第28條規定：「二人以上共同實行犯罪之行爲者，皆爲正犯。」至於「共犯」，除正犯外，尚包括教唆犯與幫助犯（刑§29、30）。

[44] 最高法院106年度台上字第2188號刑事判決。

新聞追蹤

台開案有解　大法庭統一內線交易犯罪所得計算方法

前總統陳水扁女婿趙建銘涉台開內線交易案，官司纏訟十五年，因犯罪所得如何計算遲遲未定讞；最高法院因另案出現內線交易犯罪所得計算問題，提交大法庭統一見解，大法庭今裁定內線交易犯罪所得計算方法，應視行為人是否實現利益而定，若股票已賣出以「實際所得法」計算，若尚未賣出獲利，則以「擬制所得法」來計算，此裁定將影響台開案犯罪所得總額之計算。

台開案發生於2005年，業經最高法院五次發回更審，但對於內線交易之犯罪事實，歷審判決均無異議，惟因證交法第171條第2項設有「因犯罪獲取之財物或財產上利益（修法前稱為『犯罪所得』）金額達新臺幣一億元以上者」之加重條件，因此，其主要爭議就在於「因犯罪獲取之財物或財產上利益金額（簡稱『犯罪利益』）」應如何計算及「共犯數人之所得」應否合併計算之問題。

而最高法院第五次發回理由曾就「實際所得法」與「擬制所得法」及折衷二者之「分割適用法」表示「但前已述及，犯內線交易罪者，其一旦有買入或賣出股票之行為，其犯罪即為既遂，於其買入或賣出股票行為結束時，其犯罪即為完成。至其買入股票以後『復行賣出之行為』，應屬其犯罪完成後所衍生之另一行為，而與內線交易罪之構成要件無關，故其買入股票後縱未賣出，亦不影響其內線交易罪之成立。是上述三種計算方式，均無法充分說明其如何能符合內線交易罪係屬行為犯、即成犯、舉動犯及抽象危險犯之本質，亦無從呼應上揭立法理由說明所指關於計算內線交易犯罪所得之時點（即『犯罪行為既遂或結果發生時』），及確保內線消息公布與股票價值漲跌變動之真正因果關聯，在理論上均有嚴重瑕疵（就立法論之觀點而言，修法為最佳之解決方式）。」（最高法院107年度台上字第4438號刑事判決），顯然是認應採關聯所得法。至於內線交易買進或賣出之股票，縱未再行賣出或買入，仍得計算其因犯罪獲取之財物或財產上利益，此觀本件最高法院第二次發回理由表示「是犯內線交易罪而買進之股票，縱尚未賣出，然參照上揭證券交易法第171條第2項之立法理由，若以『犯罪行為既遂或結果發生時』為計算之時點，按『行為人買賣之股票數與消息公開後價格漲跌之變化幅度差額計算之』，而有正數之差額者，則其所加值之利益，仍屬內線交易之犯罪所得，應不待言。」（最高法院98年度台上字第4800號刑事判決）甚明。

就立法理由而言，採用關聯所得法較能符合立法意旨：然該方法需要高度之財經專業知識，才能據以判斷股價之漲跌有多少來自重大消息之影響，實際上有其困難，甚至臺灣證券交易所曾就本件回覆法院有關台開公司股票價格變動與重大消息公布是否具有相當因果關聯性時，亦表示「實難論斷股價上漲之原因」。故實際上負責計算因犯罪獲

取之財物或財產上利益之地方法院及高等法院，仍然使用實際所得法與擬制所得法，以本件更五審判決爲例，即認「股票『價格漲跌之變化幅度』，不管是法律文義或是立法理由，均未説明須與『重大消息』之公開具有因果關係爲必要，故法院於計算獲取之財物時，實無需考量影響股價漲跌的其他經濟或非經濟因素。」因此，就已售出、獲利了結之部分，選擇「實際所得法」作爲内線交易罪「獲取之財物」計算方式，並認「是以數人基於共同犯意聯絡，彼此分擔傳遞消息、買入股票等内線交易行爲之分工，縱算是各自出資、自負盈虧，仍應將共同正犯所獲取之財物及財產上利益全部合併計算，方能如實反映其等内線交易之淨利規模及共同對金融市場交易秩序之危害程度，始符合同條第2項加重處罰規定之立法意旨。」而認所有被告共同内線交易所獲取之財物及財產上利益，合計金額已達1億元以上，應適用證交法第171條第2項規定處刑（臺灣高等法院108年度金上重更五字第11號刑事判決）。

因最高法院大法庭已裁定宣示犯罪利益之計算採分割適用法，此項見解與台開案更四審、更五審之判決相同，相關爭議可告一段落；至於台開案涉及共犯犯罪利益要「合併」或「個別」計算之問題，因大法庭裁定之原因案件沒有此項基礎事實，故不在大法庭討論範圍，相關爭議，仍未釐清。

2021-05-19／聯合報／記者林孟潔「台開案有解　大法庭統一内線交易犯罪利益計算方法」報導

二、短線交易

(一) 短線交易及其歸入權概説

所謂短線交易，指發行公司之内部人於取得公司股票後，在短期内（六個月）賣出，或於賣出公司股票後，在短期内（六個月）再行買進，致因此而獲得利益之行爲。按内部人較一般投資人容易掌握公司内部消息，如任由其在市場上短線反覆進出股票圖利，對一般投資人並不公平；故證交法在立法之初，即引進美國有關歸入權之規定，將内部人所得之利益歸公司所有。

按短線交易歸入權與禁止内線交易之規定，乃互相搭配之配套措施。蓋内線交易查證不易，故以短線交易歸入權達到嚇阻公司内部人利用未公開消息牟取不合理差額利益之目的，因此，其亦屬證券市場防範内線交易之重要管理工具。又短線交易亦屬廣義之内線交易，惟其不以實際獲悉消息後買賣股票爲要件，與狹義之内線交易有別[45]，且僅有民事責任，而無刑事責任。

---

[45]　賴英照「最新證券交易法解析」第511頁。

(二) 基本規定

證交法第157條第1項規定：「發行股票公司董事、監察人、經理人或持有公司股份超過百分之十之股東，對公司之上市股票，於取得後六個月內再行賣出，或於賣出後六個月內再行買進，因而獲得利益者，公司應請求將其利益歸於公司。」據此，可分析其要件如下：

1. 內部人

範圍包括發行公司之董事、監察人、經理人或持有公司股份超過百分之十之股東，且依證交法第157條第5項規定：「第二十二條之二第三項之規定，於第一項準用之。」因此，歸入權行使之對象，包括內部人之配偶、未成年子女及利用他人名義持有之股份。又政府或法人為股東，以政府或法人身分當選為董事、監察人，並指派代表行使職務之自然人時（公司§27 I），該自然人及其配偶、未成年子女、利用他人名義所持有之股票，亦為歸入權行使之對象；政府或法人為股東，由其代表人當選為董事、監察人時（公司§27 II），除當選為董事、監察人之代表人持股外，其配偶、未成年子女及利用他人名義持有之股票，及該政府或法人之持股，亦為歸入權行使之對象[46]。

又何時具有內部人身分，才能適用歸入權？有二端說與一端說。前者認為買入及賣出時須均具內部人身分；後者則認為僅買入或賣出時具內部人身分即可。過去主管機關曾採一端說[47]，後來改採二端說[48]；至於法院判決，亦採二端說[49]。惟有學者認為主管機關函釋及法院判決所持見解，不利本條規範功能之發揮，值得再加討論[50]。

2. 主觀要件

與內線交易不同者，適用內部人交易之短線交易歸入權，乃運用一種客觀實際之立法技術，使公司內部人將其在短期間內反覆買賣股票所得之利益歸還公司，藉以防杜公司內部人之短線交易行為，以維護證券市場之公正性及公平性。因此，歸入權之行使，不以公司內部人有利用公司內部消息或從事不當交易為必要[51]；亦不問行為人主觀上是否有故意或過失。

3. 適用範圍

短線交易之標的，除股票外，依證交法第157條第6項規定：「關於公司發行具有股權性質之其他有價證券，準用本條規定。」故具有股權性質之其他有價證券亦包括在內，其範圍依證交法施行細則第11條第1項之規定；惟該項所規定之「認購（售）權證」，通

---

[46] 證管會77年8月26日台財證二字第08954號函。

[47] 證管會82年1月6日台財證三字第68058號函。

[48] 證管會84年3月2日台財證三字第461號函。

[49] 最高法院79年度台上字第1021號判決。

[50] 劉連煜「新證券交易法實例研習」第436頁。

[51] 最高法院99年度台上字第1838號判決。

常係由發行公司以外之證券商所發行，與法條明定「公司發行」不符，故多數學者認為其有逾越母法之嫌[52]。

另因證交法第157條之規定亦準用於店頭市場（證交§62Ⅲ），故其交易場所除集中市場外，亦包括店頭市場（上櫃及興櫃）。

4. 取得後六個月內再行賣出，或於賣出後六個月內再行買進

在流通市場中買賣股票認定短線交易並無困難；但如非傳統型態之買賣，例如股份轉換、行使轉換權或認股權等，是否為歸入權行使之範圍，則不易認定。依主管機關之函釋，所謂「取得」，不限於買進，尚包括受贈、行使員工認股權或清算公司分派賸餘財產而取得股票等情形；但不包括繼承、盈餘轉增資（含員工分紅配股）、受讓公司之庫藏股、行使公司債之轉換權或認股權等情形。

5. 因而獲得利益

內部人從事短線交易是否獲得利益，應依證交法施行細則第11條第2項、第3項規定之方式計算；然因其係採最高賣價減最低買價法，且虧損部分不予計入，藉以計算短線交易差價之最大差額，故與實際獲利不同，而寓有懲罰之性質。有關「獲得利益」，其計算方式如下：

(1) 取得及賣出之有價證券，其種類均相同者，以最高賣價與最低買價相配，次取次高賣價與次低買價相配，依序計算所得之差價，虧損部分不予計入。

(2) 取得及賣出之有價證券，其種類不同者，除普通股以交易價格及股數核計外，其餘有價證券，以各該證券取得或賣出當日普通股收盤價格為買價或賣價，並以得行使或轉換普通股之股數為計算標準；其配對計算方式，準用前款規定。

(3) 列入前二款計算差價利益之交易股票所獲配之股息。

(4) 列入第1款、第2款計算差價利益之最後一筆交易日起或前款獲配現金股利之日起，至交付公司時，應依民法第203條所規定年利率百分之五，計算法定利息。

列入前述第1款、第2款計算差價利益之買賣所支付證券商之手續費及證券交易稅，得自利益中扣除。

(三) 民事責任

1. 請求權人

短線交易歸入權之請求權人為公司。惟董事會或監察人不為公司行使時，股東得以三十日之限期，請求董事或監察人行使之；逾期不行使時，請求之股東得為公司行使之

---

[52] 另依證期會92年2月24日台財證三字第0920000177號函釋，內部人買賣以所屬公司股票為基礎證券之認售權證，而有證券交易法第157條之適用者，其買進認售權證之交易，係屬「與賣出相當之地位」，應與買進所屬公司股票或其他以該股票為基礎證券之具有股權性質有價證券之交易相配；其賣出認售權證之交易，係屬「與買進相當之地位」，應與賣出所屬公司股票或其他以該股票為基礎證券之具有股權性質有價證券之交易相配，並依證券交易法施行細則第11條第2項所定計算方式計算所獲利益。

（證交§157Ⅱ）。又證交法第157條第1項與公司法第214條之規定不同，得請求及代位行使之股東，並無持股數額及持股期間之限制，故性質上屬於單獨股東權。且該項係規定公司「應」請求將其利益歸於公司，故董事會或監察人有行使歸入權之義務，如董事或監察人不行使歸入權之請求以致公司受損害時，對公司負連帶賠償之責（證交§157Ⅲ）。又實務上曾發生公司為規避行使歸入權，由股東會決議不對內部人行使歸入權，並免除董事、監察人應負之連帶賠償責任；因歸入權之目的在保護投資人及維持市場紀律，具公益性質，屬強制規定，故上述決議依公司法第191條之規定，應屬無效[53]。

2. 請求期間

證交法第157條第4項規定：「第一項之請求權，自獲得利益之日起二年間不行使而消滅。」然此二年期間係消滅時效或除斥期間，即歸入權究竟為請求權或形成權？實務見解不一，學說亦有分歧，然多數認為歸入權為請求權，二年期間為消滅時效。又所謂「獲得利益」，指取得與賣出，或賣出與買進，經配對而獲有利益之情形，故應自發生在後之賣出或買進之時，開始起算消滅時效。

案 例

甲為已登錄興櫃之A公司董事，乙及其配偶丙則未擔任A公司任何職務，但各持有A公司百分之七及百分之四之股份。如甲於3月5日、7月6日、9月11日及12月26日分別賣出A公司普通股股票70,000股、50,000股、100,000股及60,000股，每股價格分別19元、14元、17元及27元，並於6月22日以每股12元買進無表決權之特別股120,000股，當日普通股收盤價格為15元，而該特別股將於三年後轉換為同數量之普通股。乙則於4月12日以每股16元買進A公司普通股股票60,000股，並於6月7日以每股19元賣出普通股30,000股；至於丙則於1月26日以每股22元賣出A公司普通股股票40,000股，並於5月12日以2,400,000元買進可轉換為普通股120,000股之可轉換公司債10張，但當日普通股收盤價格為16元。請問：(一)甲、乙、丙三人有無內部人短線交易歸入權之適用？(二)如有內部人短線交易歸入權之適用，其利益應如何計算（不含股息、利息、支付證券商之手續費及證券交易稅）？

---

[53] 法務部80年7月13日法律字第10430號函。

解 析

　　首先，興櫃公司之內部人亦有短線交易歸入權之適用（證交§62III準用157），而甲爲A公司董事，故爲內部人並無疑問；但乙、丙僅各持有A公司百分之七及百分之四之股份，故均非公司持股百分之十以上之大股東，原非內部人。惟是否爲內部人，係採受益所有人之概念（證交§157V準用22-2III），應合併計算配偶、未成年子女及利用他人名義所持有之股份，達百分之十以上時，即爲內部人；故本件乙、丙所持有之股份合計已達百分之十以上，二人即爲短線交易歸入權行使之對象，至於乙、丙間是否具有控制或利用關係，在所不問。不過依最高法院99年度台上字第1838號判決表示「配偶應將其所獲得之利益各自返還公司，而非將配偶二人視爲一體令其共同（平均）返還，以兼顧配偶間之公平性（蓋如共同返還，則獲利較少之人除歸還自己之部分外，尚須替獲利較多者分擔，有失公平原則）」，故本件A公司應分別向乙、丙請求返還所受之利益。

　　其次，有關甲、乙、丙三人利益之計算，則列表說明如下：

甲

日期	買進	賣出	利益	說明
3月5日		70,000股普通股19元	280,000	(19－15)×70,000＝280,000 以最高賣價19元與最低買價15元相配
6月22日	120,000股特別股12元			以取得特別股當日之普通股收盤價格15元爲買價
7月6日		50,000股普通股14元		虧損部分不予計入
9月11日		100,000股普通股17元	100,000	(17－15)×50,000＝100,000 因僅買進120,000股，其中70,000股與最高賣價19元相配，故僅計算50,000股之差價利益
12月26日		60,000股普通股27元		非「取得後六個月內再行賣出，或於賣出後六個月內再行買進」

乙

日期	買進	賣出	利益	說明
4月12日	60,000股普通股16元			
6月7日		30,000股普通股19元	90,000	(19－16)×30,000＝90,000 僅計算賣出30,000股之差價利益

丙

日期	買進	賣出	利益	說明
1月26日		40,000股普通股22元	240,000	無論六個月內先買後賣，或先賣後買，均應計算短線交易之利益
5月12日	可轉換公司債10張，可轉換為120,000股普通股			$(22-16) \times 40,000 = 240,000$ 以取得可轉換公司債當日之普通股收盤價格16元為買價

三、操縱市場

(一) 概說

　　所謂操縱市場，指以人為方法製造供需或價格變動之假象，扭曲市場價格發現機能之行為；按證券之價格應由買賣雙方基於供需關係決定，操縱市場不但對買賣有價證券之投資人造成損害，亦會破壞一般投資人對市場之正常信賴，致使正當投資人遠離證券市場，進而減損證券市場之功能。因此，多數國家均明文禁止操縱市場行為，以保護投資人及維護證券市場之正常發展。

　　我國證交法第155條亦明文禁止操縱市場行為，其第1項、第2項規定：「對於在證券交易所上市之有價證券，不得有下列各款之行為：一、在集中交易市場委託買賣或申報買賣，業經成交而不履行交割，足以影響市場秩序。二、（刪除）。三、意圖抬高或壓低集中交易市場某種有價證券之交易價格，與他人通謀，以約定價格於自己出售，或購買有價證券時，使約定人同時為購買或出售之相對行為。四、意圖抬高或壓低集中交易市場某種有價證券之交易價格，自行或以他人名義，對該有價證券，連續以高價買入或以低價賣出，而有影響市場價格或市場秩序之虞。五、意圖造成集中交易市場某種有價證券交易活絡之表象，自行或以他人名義，連續委託買賣或申報買賣而相對成交。六、意圖影響集中交易市場有價證券交易價格，而散布流言或不實資料。七、直接或間接從事其他影響集中交易市場有價證券交易價格之操縱行為。」、「前項規定，於證券商營業處所買賣有價證券準用之。」可知其與內線交易或短線交易不同，行為人不限於內部人，任何人對於在集中市場或店頭市場買賣之有價證券，均不得為操縱行為。又證交法並未對操縱行為加以定義，而係以列舉加概括之方式禁止各種操縱有價證券價格之行為，故本書予以分別敘述。

(二) 操縱市場行為之類型

1. 不履行交割

(1) 意義

又稱「違約交割」，指在集中市場或店頭市場委託買賣或申報買賣，業經成交而不履行交割，足以影響市場秩序之行為；又證券交易市場係採兩階段交易，包括投資人委託證券商買賣及證券商申報買賣，故不履行交割包括「投資人」對證券商不履行交割，以及「證券商」對證券交易所或櫃買中心不履行交割等二種態樣。

(2) 行為人

投資人或證券商均可為本款行為之主體。惟行為人主觀上，必須具有不履行交割之故意，例如行為人明知自身並無資力，仍對於證券交易所上市之有價證券，在集中交易市場委託買賣或申報買賣，以至於成交後無法履行交割，足以影響市場秩序者；至於行為人目的係意在賺取股票漲跌價差，或為拉抬特定股票之股價而買賣，或意圖拉抬、壓低股價而連續以高、低價買賣股票，則非所問[54]。

(3) 構成要件

行為人除須有不履行交割之行為外，尚須該行為「足以影響市場秩序」；例如股票成交量明顯萎縮、成交價格明顯下跌或導致該公司股票下市等情形[55]。蓋本款之立法意旨係為防範惡意投資人不履行交割義務，致影響市場交易秩序，一般投資人若非屬惡意違約，其違約金額應不致足以影響市場交易秩序，不會有本款之適用。

2. 相對委託

(1) 意義

指意圖抬高或壓低某種有價證券之交易價格，與他人通謀，以約定價格於自己出售，或購買有價證券時，使約定人同時為購買或出售之相對行為；即兩個以上投資人互相約定，對特定有價證券，以相同價格、數量，為相對買賣之委託。

(2) 行為人

本款之行為人必須有二個以上平行、對等之行為主體，以抬高或壓低某種有價證券之交易價格為目的，經相互通謀後，在相同期間，以約定價格於自己賣出或買進有價證券時，使約定之對方同時為買進或賣出之相對行為；故在刑法理論上稱為必要共犯，其犯罪在性質上非有二人以上共同實施不能成立。

(3) 構成要件

本款之行為人除須具有「以約定價格於自己出售，或購買有價證券時，使約定人

---

[54] 最高法院101年度台上字第4269號刑事判決。

[55] 最高法院99年度台上字第811號刑事判決。

同時爲購買或出售之相對行爲」之通謀及行爲外，必以買方與賣方係出於「意圖抬高或壓低該有價證券之交易價格」爲要件[56]。又相對委託雖然常造成市場交易活絡之假象，影響市場交易行情，但並非成罪與否之主觀構成要件要素[57]。此外，證交法對於證券市場操縱行爲之禁止，係屬行爲犯而非結果犯[58]，操縱行爲只須具備意圖抬高或壓低市場某種有價證券之交易價格，而爲相對委託行爲，即合於構成要件，並不以產生預期性之相當高價或低價爲必要；故經人爲操縱後，如無法達成抬高或壓低該有價證券之交易價格之終局結果，亦不影響構成要件該當性[59]。

3. 連續買賣

(1) 意義

又稱「連續交易」，指意圖抬高或壓低某種有價證券之交易價格，自行或以他人名義，對該有價證券，連續以高價買入或以低價賣出；例如連續以漲停價或接近漲停價，買進股票，使該股票價量齊揚，故意誤導他人認該有價證券之買賣熱絡而從事買賣該有價證券之行爲，造成該有價證券市場價格抬高之情形，此時市場價格之形成爲特定成員之刻意拉高，該價格即非本於供需而形成之價格，而係人爲之價格，乃因該成員操縱市場行爲而得之結果，此種扭曲市場價格機能之行爲，影響正常市場運作下之行情，自屬操縱市場行爲[60]。

(2) 構成要件

行爲人主觀上除須「意圖」抬高或壓低某種有價證券之交易價格外，尚須具有影響或操縱股票市場或單一公司股票行情，以謀取不法利益之意圖；客觀上則須自行或以他人名義，對某種有價證券有連續以高價買入或低價賣出之操縱行情性質之交易行爲，且行爲須有影響市場價格或市場秩序之虞，始足當之。如行爲人純係基於經濟性因素之判斷，自認有利可圖，或爲避免投資損失擴大，而有連續以高價買入或低價賣出股票之行爲，縱因而獲致利益或產生虧損，並造成股票價格波動，仍不能認爲構成連續買賣之不法行爲[61]。

所謂「連續」以高價買入或低價賣出，指行爲人基於概括故意，於一定期間內連續多次以高價買入或低價賣出之行爲，並非指每筆委託、成交買賣之價格均係高

56　最高法院108年度台上字第2570號刑事判決。

57　最高法院103年度台上字第3799號刑事判決；又所謂主觀構成要件要素，在刑法學上，指行爲人除對構成要件具有故意外，尚包括特定之主觀不法要素，即特定之「意圖」。

58　行爲犯與結果犯之區別，主要是前者之行爲人一經著手實行犯罪行爲，於其行爲完成時犯罪即告成立，而後者須有一定結果之發生。

59　臺灣高等法院臺中分院99年度金上訴字第1861號刑事判決。

60　最高法院102年度台上字第1583號刑事判決。

61　最高法院99年度台上字第6323號刑事判決。

價或低價，亦不以逐日、毫無間斷爲必要，只要於一定期間內，客觀上認爲悖乎常情之多次或集合之多量，足以造成交易熱絡之外觀者，即爲已足[62]。又所謂「以他人名義」，其範圍應較證交法第22條之2第3項所指之「利用他人名義」範圍爲廣，縱未完全符合證交法施行細則第2條所定之三項要件[63]，但有相當事實證明行爲人利用人頭逐行抬高或壓低股價之行爲者，亦可構成[64]。

4. 沖洗買賣

(1) 意義

又稱「相對成交」或「僞作買賣」，指意圖造成某種有價證券交易活絡之表象，自行或以他人名義，連續委託買賣或申報買賣而相對成交；例如同一人同時在兩家或兩家以上之證券商開戶，並連續委託證券商對某種股票爲相反方向之買賣，即一人同時爲買方及賣方，其外觀上雖有成交行爲，但實質上並未造成有價證券所有權之實質移轉。沖洗買賣之目的在製造交易熱絡之表象，藉以誘使他人參與買賣，故亦屬常見操縱手法之一，而有禁止之必要。

又所謂交易活絡，係不確定之法律概念。例如不同公司之資本總額不同，其股份發行數往往差異甚大，故不得僅以某種股票買賣之張數作爲判斷市場是否活絡之基準，而應將各該公司發行之股份數納入考量，因此，實務上判斷股票交易是否活絡，通常以該股票之日週轉率爲判斷標準。

(2) 構成要件

行爲人除須有造成某種有價證券交易活絡表象之「意圖」及連續委託買賣或申報買賣之「行爲」外，尚須行爲人之委託買賣或申報買賣實際成交。惟沖洗買賣行爲之可責性在於意圖造成交易活絡之表象，倘若行爲人係因有合理投資或其他正當性之目的，則並不該當其不法構成要件；又若行爲人並非於同時期以相同價格爲相反方向之買入及賣出行爲，則亦不該當於沖洗買賣之不法行爲[65]。

---

[62] 最高法院101年度台上字第1422號刑事判決。另最高法院107年度台上字第4180號刑事判決：「所謂『連續以高價買入』，非指行爲人每筆委託、成交買賣價格均係高價，倘行爲人意圖抬高證券市場上某種股票之交易價格，除連續以高價買入之方式爲之外，爲製造交易熱絡之假象，間或有正常、甚至『低價掛單』之情形，藉資引誘他人買進或賣出，再利用股價落差而圖謀不法利益，故行爲人爲達成交易熱絡情形而爲之『低價掛單』，均不影響其連續高價買入行爲及具有抬高該股票交易價格之意圖等認定。」亦値得參考。

[63] 證交法施行細則第2條規定：「本法第二十二條之二第三項所定利用他人名義持有股票，指具備下列要件：一、直接或間接提供股票與他人或提供資金與他人購買股票。二、對該他人所持有之股票，具有管理、使用或處分之權益。三、該他人所持有股票之利益或損失全部或一部歸屬於本人。」可參。

[64] 賴英照「最新證券交易法解析」第615頁。

[65] 另因集中市場或店頭市場係採價格優先、時間優先之電腦撮合原則；故實務上要進行所謂沖洗買賣，應是在同一時間或相當接近的時間內，爲大量高價之委託買進及大量低價之委託賣出，需次數連續緊接且頻繁，始有誘使不知情投資人跟進以抬高股價之可能，方能達成所謂同一人鎖定買進賣出之沖洗買賣（臺灣高等法院臺中分院100年度金上訴字第764號刑事判決參照）。

5. 散布流言或不實資料

(1) 意義

指意圖影響集中交易市場有價證券交易價格，而散布流言或不實資料。「散布」，是指對不特定人或特定多數人為傳布或陳述；「流言」，包括所有未經證實之資訊；至於「不實資料」，係指不具真實性之資料，除包括提供虛偽資料或分析意見外，尚應包括提供刻意隱匿重要資訊之資料[66]。

另證交法第174條第1項第7款亦規定「就發行人或特定有價證券之交易，依據不實之資料，作投資上之判斷，而以報刊、文書、廣播、電影或其他方法表示之。」其與散布流言或不實資料之區別，在於前者不以具有影響集中交易市場有價證券交易價格之「意圖」為必要；且後者僅適用集中市場與店頭市場，而前者除流通市場外，亦適用於發行市場。

(2) 構成要件

行為人須有影響集中交易市場有價證券交易價格之「意圖」及散布流言或不實資料之「行為」。且「散布流言」或「散布不實資料」，應以行為人知悉所散布之消息，屬於流言或不實資料者為必要；如行為人已就消息來源為必要之查證，且有相當理由足信其所發布之消息為真實，縱該消息於事後證實有所誇張或虛偽，仍不能認為構成散布流言或不實資料[67]。

6. 其他操縱行為

指直接或間接從事其他影響有價證券交易價格之操縱行為。本款規定之目的，係基於操縱市場行為態樣複雜，惟恐掛一漏萬，故為概括規定，以補不足；如操縱行為符合列舉規定時，即不應以本款規定論處，實務上適用本款規定論處者，多牽涉證券投資顧問公司推薦明牌或違法經營股友社、資訊站等情形[68]。又本款原規定「某種」有價證券交易價格之操縱行為，但2006年1月修正時，鑑於操縱行為者對有價證券交易價格之操縱，應不只限於個股，尚包括同時影響多種股票、類股或整體市場之行為，故將「某種」二字刪除。

(三) 民事責任

1. 損害賠償請求權

依證交法第155條第3項、第4項規定：「違反前二項規定者，對於善意買入或賣出有價證券之人所受之損害，應負賠償責任。」、「第二十條第四項規定，於前項準用之。」可知賠償義務人為操縱市場之行為人，且不以實際買賣有價證券之人為限[69]；至於賠償請求權人則為善意買入或賣出有價證券之人，且應包括委託證券經紀商以行紀名義買入或賣

---

[66] 王志誠、邵慶平、洪秀芬、陳俊仁「實用證券交易法」第544頁。

[67] 臺灣高等法院97年度上訴字第3852號刑事判決。

[68] 賴英照「最新證券交易法解析」第623頁。

[69] 同前註第638頁。

出之人。

2. 損害賠償之計算方法

　　與內線交易或短線交易不同，證交法並未對操縱市場行為之損害賠償計算方法設有明文；一般而論，可分為毛損益法及淨損益法（又稱「淨損差額法」）二種計算方法[70]。前者以投資人「買進價格」減「賣出價格」為其受有損害之數額；然投資人如尚未賣出股票，其計算基礎為何，頗有疑問[71]。至於後者，須先行計算該段期間之「真實價格」，再以投資人之「買進價格」減「真實價格」得出投資人之損害金額[72]。

(四) 刑事責任

　　因違反證交法第155條第1項、第2項之規定者，與內線交易同樣規定於同法第171條第1項第1款，故其刑事責任與內線交易同，茲不另贅述。

新聞追蹤

200檔雙向當沖　　30日上路

　　證交所為完備整體交易市場機制，今年6月30日起投資人可從事台灣50、中型100及富櫃50指數成分股，共計200檔個股之先買後賣及先賣後買雙向當日沖銷交易。投資人可於普通交易時段（9點至13點30分）先買後賣或先賣後買同種類證券，並就同數量之有價證券進行當日沖銷交易，或可於普通交易時段買進後，於盤後定價交易時段（14點至14點30分）賣出，或於普通交易時段賣出後，於盤後定價交易時段買進，進行當日沖銷交易。

　　報導所稱之當日沖銷，與沖洗買賣相似，但並不相同。所謂當日沖銷，又稱現股當日沖銷，指投資人與證券經紀商約定就其同一受託買賣帳戶於同一營業日，對主管機關指定之上市（櫃）有價證券，委託現款買進與現券賣出同種類有價證券成交後，就同種類有價證券相同數量部分相抵之普通交割買賣，僅依買賣沖銷後差價辦理款項交割之交易。因當日沖銷可提供投資人避險管道及健全交易機制，故主管機關自2014年1月6日起開放投資人得以現股從事先買後賣之當日沖銷交易，並自2014年6月30日開放先賣後

70　劉連煜「新證券交易法實例研習」第591頁。

71　實務上有採月平均交易價格（臺灣高等法院臺中分院100年度金上更(一)字第2號判決）或每股淨值（臺灣臺北地方法院89年度重訴字第1074號判決）作為計算基礎者。

72　有關真實價格之計算方法，實務上有參考內線交易之賠償計算方式，以操縱行為開始「前」十個營業日收盤平均價作為計算基準者（臺灣高等法院104年度金上字第5號判決），或參酌美國法以「更正不實消息之日起九十天該證券之平均收盤價格」為其計算依據者（臺灣高等法院93年度重訴字第50號判決）。

買之當日沖銷交易。相較於沖洗買賣係意圖製造交易熱絡之表象，藉以誘使他人參與買賣，屬於違法行為；當日沖銷則為合法行為，目的在降低投資人風險，使其可以提前實現獲利或認賠。

惟當日沖銷雖可提供投資人避險管道，但仍具有一定風險，故除專業投資人或已開立信用交易帳戶者外，投資人應符合開立受託買賣帳戶滿三個月及最近一年內委託買賣成交達十筆以上之資格；且投資人應事先與證券經紀商簽訂概括授權同意書，並應簽訂風險預告書，證券經紀商始得接受其當日沖銷交易委託。如投資人無法反向當沖時，先買後未賣出者，應改為以現股買進或融資買進，先賣後未買進者，應改為融券或借券賣出。

又除現股當日沖銷外，投資人尚可利用信用帳戶進行資券相抵之沖銷交易，即投資人於信用交易帳戶內同日委託證券商為有價證券之融資買進與融券賣出均成交者，就其同數量部分，得同時辦理融資現金償還及融券現券償還，並就應收付之證券及款項互為沖抵後之差額辦理交割，故又稱為資券相抵之當日沖銷。此種交易方式早在2014年1月6日前即已開放，但投資人如未開立信用交易帳戶，即無法運用。

2014-06-17／經濟日報／記者王淑以「200檔雙向當沖　30日上路」報導

第三節　證券詐欺、資訊不實與掏空資產

一、證券詐欺

(一) 基本規定

證交法第20條第1項規定：「有價證券之募集、發行、私募或買賣，不得有虛偽、詐欺或其他足致他人誤信之行為。」此處有價證券之意義應依同法第6條第1項之規定，故無論是否公開發行、本國或外國公司發行，均有適用；又此處所稱之買賣，亦不限於集中市場或店頭市場買賣，當事人間之直接買賣亦有適用。因此，本項之規定，在適用上極為廣泛，與內線交易、短線交易或操縱市場等行為僅適用於集中市場或店頭市場不同。

又證券詐欺之主觀構成要件以故意為必要，此觀其例示之「虛偽」、「詐欺」均指故意之行為可知[73]。至於客觀構成要件係以「虛偽」、「詐欺」或「其他足致他人誤信之行為」為有價證券之募集、發行、私募或買賣。所謂虛偽，指陳述之內容與客觀事實不符；

---

[73] 但在民事責任上，因適用證交法第20條第3項之規定，而該項法文並未明定以行為人有故意為要件，且通說認為其係侵權行為之特別規定，而故意或過失又均可構成侵權行為，故認為證券詐欺民事責任之主觀構成要件不以故意為限，過失亦應包括在內（臺灣高等法院96年度金上字第1號判決參照）。

所謂詐欺，係指施以詐術令他人陷於錯誤而騙取他人財物；至於其他足致他人誤信之行為，則係陳述內容有缺漏、隱匿或其他原因，致誤導相對人對事實之理解而發生偏差[74]。

(二) 民事責任

1. 損害賠償請求權與請求權人

按證券詐欺本質上亦屬侵權行為，然因證交法第20條第3項規定：「違反第一項規定者，對於該有價證券之善意取得人或出賣人因而所受之損害，應負賠償責任。」故有關證券詐欺之賠償責任，因優先適用證交法之規定，未規定部分，始適用民法侵權行為相關規定。又同條第4項規定：「委託證券經紀商以行紀名義買入或賣出之人，視為前項之取得人或出賣人。」立法理由係因在集中市場或店頭市場中，買賣之直接當事人為證券經紀商，並非委託人，若買賣有虛偽、詐欺等情事而符合本條之要件時，委託人欲提出賠償之訴，並不能逕行向侵權行為人請求，而須透過受託證券經紀商輾轉向侵權行為人請求，致權利行使程序過於繁雜，故增訂本項規定。

2. 因果關係

證券詐欺本質上既然屬於侵權行為，而依一般侵權行為法則，請求權人（被害人）必須舉證證明其損害係由於賠償義務人之加害行為所造成；即請求權人必須證明其損害與賠償義務人之虛偽、詐欺或其他足致他人誤信之行為間具有因果關係。不過在公司發布不實資訊，致投資人因信賴該不實資訊而陷於錯誤，致為投資決定而受有損害時，投資人必須證明其損害係基於信賴該不實資訊所致，實有困難。故為減輕請求權人舉證責任之負擔，學說及實務都引用美國法上之「詐欺市場理論」（fraud-on-the-market theory；又稱「欺騙市場理論」），認為投資人誤信公開資訊之內容真實，因而買進公司股票，即難謂無因果關係[75]。

3. 損害賠償之計算

與操縱市場行為相同，證交法並未對證券詐欺之損害賠償計算方法設有明文，故一般亦有毛損益法及淨損益法二種計算方法。

(三) 刑事責任

違反證交法第20條第1項之規定者，亦依同法第171條第1項之規定處斷，故其刑事責

74　最高法院99年度台上字第5926號、101年度台上字第862號刑事判決。

75　臺灣高等法院97年度金上字第3號判決：「又財務報告之內容，往往有相當專業術語，並非一般未具會計、財經或法律知識之投資人所能瞭解，投資人以財務報告之內容作為投資依據或重要資料者，顯為少見。就此，美國法院曾以集團訴訟之背景為動力，結合市場效率理論發展出所謂『詐欺市場理論』，意即將行為人故意以虛偽不實之資訊公開於市場之中，視為對整體市場的詐欺行為，而市場投資人可以『以信賴市場之股價』為由，說明其間接信賴了公開之資訊，故投資人無須一一證明個人之『信賴關係』，易言之，公司負責人以積極之手段欺騙投資人，使投資者誤信公開資訊之內容真實，因而買進公司股票，即難謂無因果關係。」可參。

任與內線交易同，茲不另贅述。

案 例

　　甲為A公司之大股東，A公司又是在美國設立登記之B公司之大股東。而甲在臺召開記者會，公開表示旗下B公司已獲准在美國NASDAQ上市，營業前景看好，未來獲利將倍數成長云云；再由A公司向不特定人以每股8美元公開銷售其所持有之B公司股票。惟實際上，B公司僅在門檻低、限制少的OTC Bulletin Board（簡稱OTCBB）掛牌，並非在美國NASDAQ上市，且不久後B公司股票即暴跌至美金一角以下，並呈現無交易狀態。請問：(一)外國公司所發行之股票是否受證交法之規範？(二)證券詐欺之規範對象是否以有價證券之出賣人為限？

解 析

　　首先，依財政部76年9月18日台財政(二)第6805號函：「財政部依照證券交易法第6條第1項規定核定：外國之股票、公司債、政府債券、受益憑證及其他具有投資性之有價證券，凡在我國境內募集、買賣、發行或從事上開有價證券之投資服務，均應受我國證券管理法令之規範。」故依財政部上揭函釋，外國公司所發行之股票亦受證交法之規範，其募集及發行，自須遵循證交法第22條第1項之規定，非向主管機關申報生效後，不得為之，否則應負同法第174條第2項第3款之刑事責任；且不得有虛偽、詐欺或其他足致他人誤信之行為，否則即屬違反證交法第20條第1項之規定，除應依同條第3項之規定負民事賠償責任外，尚須依同法第171條第1項第1款之規定負刑事責任。

　　其次，在民事責任部分，證券詐欺本質上屬侵權行為，故損害賠償義務人為實際為詐欺行為之人，與其是否為有價證券買賣之當事人無關；至於刑事責任部分，亦以實際行為人為規範對象。因本件甲為實際行為人，故甲應依上述證交法之規定負民、刑事責任。

二、資訊不實

(一) 概說

　　證券市場之資訊揭露制度，就發行市場而言，主要係要求發行人出具公開說明書（證交§30至32）；就流通市場而言，則是要求發行人「繼續公開」，依證交法之規定申報或公告相關財務報告及財務業務文件（證交§20Ⅱ、36）。因公開說明書與財務報告不實之構成要件及刑事責任、民事責任不同，故本書予以分別敘述。

(二) 公開說明書不實

1. 意義及其範圍

按所謂公開說明書，指發行人為有價證券之募集或出賣，依證交法之規定，向公眾所提出之說明文書（證交§13）。惟申請募集、發行有價證券、申請上市或上櫃、公開收購有價證券等，均須編製交付公開說明書（證交§30ⅠⅡ、43-4Ⅰ），然此處之民、刑事責任，僅限於「募集」有價證券之時，向認股人或應募人交付公開說明書之情形[76]（證交§32Ⅰ、174Ⅰ③、Ⅱ①②）。然值得注意者，證交法第20條第1項有關證券詐欺之規定，係屬一般性規定，故就有價證券之募集、發行、私募或買賣，有虛偽、詐欺或其他足致他人誤信之行為時，仍應依證券詐欺之規定，承擔民、刑事責任[77]。

2. 民事責任

依證交法第32條第1項規定：「前條之公開說明書，其應記載之主要內容有虛偽或隱匿之情事者，左列各款之人，對於善意之相對人，因而所受之損害，應就其所應負責部分與公司負連帶賠償責任：一、發行人及其負責人。二、發行人之職員，曾在公開說明書上簽章，以證實其所載內容之全部或一部者。三、該有價證券之證券承銷商。四、會計師、律師、工程師或其他專門職業或技術人員，曾在公開說明書上簽章，以證實其所載內容之全部或一部，或陳述意見者。」可分析其要件如下：

(1) 公開說明書之主要內容有虛偽或隱匿之情事

按公開說明書之編製內容包括廣泛[78]，何者為其主要內容？法無明文規定。解釋上，應指可能影響理性投資人之證券投資判斷之記載而言；至於何項記載構成「主要內容」，應依具體情形而為判斷，通常指發行人之財務、業務及重要人事等有關情形而言[79]。至於虛偽，指陳述之內容與客觀事實不符；隱匿，則指對重要之事實有遺漏，致陳述不完整而言。

(2) 請求權人

請求損害賠償之人為「善意之相對人」。所謂善意，指不知公開說明書之主要內

---

[76] 另依證交法第43條之4第3項規定，證交法第32條之規定亦準用於公開收購之情形。又多數學者均認證交法第30條第3項所定之上市或上櫃公開說明書，解釋上可類推適用證交法第32條所規定之民事責任，以填補法律漏洞；參王志誠、邵慶平、洪秀芬、陳俊仁「實用證券交易法」第414頁及劉連煜「新證券交易法實例研習」第320頁。

[77] 惟依證交法第30條第1項規定所提出之公開說明書有虛偽之記載，或有證交法第32條第1項所規定之情事，而無同條第2項之免責事由時，證交法第174條第1項第1款與第3款另有處罰明文，且其刑度較第171條第1項第1款規定輕，此時應依第174條或第171條規定論罪，實務上見解分歧。有判決認為前者既然對公開說明書之虛偽隱匿記載特設處罰規定，就應優先適用，否則規定豈不成為具文（例如最高法院99年度台上字第5614號、106年度台上字第2090號刑事判決）；亦有判決認為公開說明書之虛偽隱匿與證券詐欺之間，為法條競合之關係，應從一重依後者處罰（例如最高法院104年度台上字第889號刑事判決）。

[78] 公開說明書準則第6條第1項規定參照。

[79] 賴英照「證券交易法逐條釋義」第二冊第247頁。

容有虛偽或隱匿之情事；至於相對人，通說認爲僅限於直接自發行人或承銷商認購有價證券之人，因信賴公開說明書而在市場上買賣之人並不包括在內[80]。

(3) 賠償義務人

A. 發行人及其負責人

所謂發行人，指募集及發行有價證券之公司，或募集有價證券之發起人（證交§5）；至於負責人，則包括公司法第8條所規定之當然負責人及職務負責人。

B. 發行人之職員

所謂職員，指無代表權之受僱人；並以曾在公開說明書上簽章，以證實其所載內容之全部或一部者爲限，故其責任僅限於其所簽章證明之部分。

C. 證券承銷商

按承銷商於承銷事務之處理，本應就公開說明書之記載詳爲調查，如未盡調查之義務而不知公開說明書之主要內容有虛偽或隱匿之情事，或發現有虛偽或隱匿之情事而仍予以承銷，即應負責。

D. 專門職業或技術人員

本款僅例示會計師、律師、工程師，但解釋上，應包括財務專家、技術專家、業務專家等；惟此等人員負責之部分，限於其簽章或陳述意見之部分[81]。

(4) 免責抗辯

依證交法第32條第1項之規定，公開說明書記載之主要內容如有虛偽或隱匿之情事，賠償義務人應與公司負連帶賠償責任，並無免責之餘地，就保護投資人而言，固有其優點；但對發行人以外之人，如已極盡調查或相當注意之能事，縱無過失，仍須負連帶賠償責任，顯屬過苛。

因此，證交法第32條第2項規定：「前項第一款至第三款之人，除發行人外，對於未經前項第四款之人簽證部分，如能證明已盡相當之注意，並有正當理由確信其主要內容無虛偽、隱匿情事或對於簽證之意見有正當理由確信其爲眞實者，免負賠償責任；前項第四款之人，如能證明已經合理調查，並有正當理由確信其簽證或意見爲眞實者，亦同。」即發行人應負無過失責任，而發行人之負責人、職員及承銷商僅負推定過失責任，除得主張相對人非善意外，並得主張其已盡調查及注意義務而免責。其中公開說明書記載之主要內容如經專門職業或技術人員簽證者，其責任較輕，只要有正當理由確信其爲眞實，即可免責；未經簽證之部分，則必須證明其「已盡相當之注意」始可免責。

至於簽章或陳述意見之專門職業或技術人員，其主張免責時，必須證明其「已經合理調查，並有正當理由確信其簽證或意見爲眞實」始可免責，雖亦負推定過失

---

80 劉連煜「新證券交易法實例研習」第324頁及臺灣高等法院93年度重上字第220號判決。

81 賴源河「證券法規」第286頁。

責任，但責任較重。另「發行人」部分，因公開說明書為發行人所製作，其內容如有虛偽或欠缺之情事，發行人自應負責，故發行人無免責抗辯，屬無過失責任[82]。

(5) 因果關係

因善意之相對人係就「因而所受之損害」請求損害賠償，故論理，其應證明其所受之損害與公開說明書主要內容之虛偽或隱匿有因果關係；惟作此解釋，將使投資人承擔過重之舉證責任，故實務上，法院多依民事訴訟法第222條及第277條之規定，並依「詐欺市場理論」等法理，減輕投資人之舉證責任[83]。

(6) 損害賠償之計算

與操縱市場行為相同，證交法並未對公開說明書不實之損害賠償計算方法設有明文，故同樣有毛損益法及淨損益法二種計算方法。

3. 刑事責任

公開說明書不實之刑事責任，依行為人之身分不同，而分別適用下列規定：

(1) 發行人或其負責人、職員

發行人或其負責人、職員有證交法第32條第1項之情事，而無同條第2項免責事由者，處一年以上七年以下有期徒刑，得併科新臺幣二千萬元以下罰金（證交§174Ⅰ③）。

(2) 律師

律師對公司、外國公司有關證券募集、發行或買賣之契約、報告書或文件，出具虛偽或不實意見書者，處五年以下有期徒刑，得科或併科新臺幣一千五百萬元以下罰金（證交§174Ⅱ①）。又律師或會計師因公開說明書不實而有刑事責任時，如有嚴重影響股東權益或損及證券交易市場穩定者，得加重其刑至二分之一（證交§174Ⅲ）；惟何謂「嚴重影響股東權益」或「損及證券交易市場穩定」之情形？法無明文規定，實務上亦乏案例[84]，且刑事責任應否以此種不確定法律概念作為加重條件，亦不無疑問。

(3) 會計師

會計師對公司、外國公司申報或公告之財務報告、文件或資料有重大虛偽不實或錯誤情事，未善盡查核責任而出具虛偽不實報告或意見；或會計師對於內容存有重大虛偽不實或錯誤情事之公司、外國公司之財務報告，未依有關法規規定、一般公認審計準則查核，致未予敘明者，處五年以下有期徒刑，得科或併科新臺幣一千五百萬元以下罰金（證交§174Ⅱ②）。另主管機關對於有此情事之會計師，

---

[82] 賴英照「最新證券交易法解析」第806頁。

[83] 王志誠、邵慶平、洪秀芬、陳俊仁「實用證券交易法」第423頁。

[84] 在受矚目之力霸集團掏空案中，簽證會計師亦未依此項規定予以加重（臺灣高等法院98年度矚上重訴字第23號刑事判決）。

應予以停止執行簽證工作之處分（證交§174Ⅴ）。

(三) 財務報告不實

1. 基本規定

證交法第20條第2項規定：「發行人依本法規定申報或公告之財務報告及財務業務文件，其內容不得有虛偽或隱匿之情事。」本項所稱之「財務報告」，指發行人依法令規定，應定期編送主管機關之財務報告（證交§14Ⅰ）；又依主管機關訂定之編製準則第4條第1項、第2項之規定，所謂「財務報告」，指財務報表、重要會計項目明細表及其他有助於使用人決策之揭露事項及說明，其中財務報表並應包括資產負債表、綜合損益表、權益變動表、現金流量表及其附註或附表。至於「財務業務文件」，證交法並無定義，與「財務報告」之間亦無明顯之界限，解釋上，發行人依法令申報或公告之文件，均可能包括在內[85]。

另證交法第20條第1項與第2項之適用，應視公司是否將申報或公告虛偽不實之財務報告或財務業務文件持以募集、發行、私募或買賣有價證券而定。如公司僅是申報或公告虛偽不實之財務報告或財務業務文件，係違反第2項規定；惟若進一步將該等報告或文件持以募集、發行、私募或買賣有價證券，則係違反第1項規定[86]。

2. 民事責任

(1) 賠償義務人

有關財務報告不實之民事責任，係規定於證交法第20條之1，依其第1項序文之規定，證交法第20條第2項之財務報告及財務業務文件或依第36條第1項公告申報之財務報告，其主要內容有虛偽或隱匿之情事，賠償義務人對於發行人所發行有價證券之善意取得人、出賣人或持有人因而所受之損害，應負賠償責任。然賠償義務人因其身分不同，而有不同之過失責任及賠償範圍，故分述如下：

A. 發行人及其負責人

依證交法第20條之1第2項規定，除發行人外，如能證明已盡相當注意，且有正當理由可合理確信其內容無虛偽或隱匿之情事者，免負賠償責任；即除發行人應負無過失責任外，其餘負責人係負推定過失責任。

B. 發行人之職員

發行人之職員，以曾在財務報告或財務業務文件上簽名或蓋章者為限，始負賠償責任（證交§20-1Ⅰ②）；又其如能證明已盡相當注意，且有正當理由可合理確信其內容無虛偽或隱匿之情事者，免負賠償責任（證交§20-1Ⅱ），即亦負推定過失責任。

---

[85] 賴英照「最新證券交易法解析」第685頁。

[86] 劉連煜「新證券交易法實例研習」第382頁及臺灣高等法院臺中分院93年度金上重更(二)字第56號刑事判決。

C. 會計師

證交法第20條之1第3項規定：「會計師辦理第一項財務報告或財務業務文件之簽證，有不正當行為或違反或廢弛其業務上應盡之義務，致第一項之損害發生者，負賠償責任。」所謂「廢弛其業務上應盡之義務」，係參酌自會計師法第17條之規定，指應為而不為，及所為未達會計師應有之水準而言[87]。可知會計師在財務報告不實時，係負一般過失責任，請求損害賠償之人須負舉證責任，與公開說明書不實不同，因此，同條第4項規定：「前項會計師之賠償責任，有價證券之善意取得人、出賣人或持有人得聲請法院調閱會計師工作底稿並請求閱覽或抄錄，會計師及會計師事務所不得拒絕。」使會計師及會計師事務所負提供資料之義務。

(2) 損害賠償請求權人

財務報告不實之損害賠償請求權人，為發行人所發行有價證券之「善意」取得人、出賣人或持有人。其中「持有人」得請求賠償，立法理由表示：「為使投資人之保護更形周延，除對於善意信賴財務報告及財務業務文件而積極為買賣行為之投資人明定其損害賠償之請求權外，對於該有價證券之持有人，亦明定其損害賠償請求權。」因此，不但受不實財報影響而買賣有價證券之人可以請求損害賠償，買進之時雖未受不實財報影響，但買進後因受不實財報影響而繼續持有之人，亦可以請求損害賠償。另委託證券經紀商以行紀名義買入或賣出之人，視為前述之取得人或出賣人（證交§20-1 VI），即得以自己之名義請求損害賠償。

(3) 財務報告之主要內容有虛偽或隱匿之情事

所謂「主要內容」，解釋上指該不實資訊應具有「重大性」而言，即應以是否影響投資人之投資決策而定[88]；如無關宏旨之事項，不足以影響投資人之決定者，應不在規範範圍內。至於虛偽或隱匿，前者指所提供或記載之資訊與客觀之事實不符；後者指對於重要事項或內容本應揭露而不揭露，致有欠缺[89]。

(4) 因果關係

因不實資訊與交易間之因果關係，倘採嚴格標準，則投資人閱覽資訊時，未必有他人在場，且信賴資訊而下投資判斷屬主觀意識，難以舉證，其結果將造成不實資訊橫行，投資人卻求償無門，而顯失公平之情形；故多數實務判決依民事訴訟法第277條但書規定，減輕投資人舉證責任，即認透過市場信賴關係，推定投資人對公司發布之重大資訊產生信賴，不實資訊與交易間有因果關係[90]。

---

[87] 司法院大法官會議釋字第432號解釋理由書。

[88] 臺灣高等法院臺中分院99年金上字第7號判決。

[89] 最高法院103年度台上字第196號刑事判決。

[90] 最高法院108年度台上字第1496號判決。

(5) 比例責任制

違反證交法第20條第2項之賠償責任，依同法第20條之1第5項規定：「第一項各款及第三項之人，除發行人外，因其過失致第一項損害之發生者，應依其責任比例，負賠償責任。」即除發行人外，其餘賠償義務人係依其責任比例負賠償責任，故不適用民法共同侵權行為人應連帶負賠償責任或可分之債多數債務人應平均分擔之規定（民§185Ⅰ、271）。至於如何決定過失之比例，應由法院考量導致或可歸屬於原告損失之每一違法人員之行為特性，及違法人員與原告損害間因果關係之性質與程度，就個案予以認定[91]。

(6) 損害賠償之計算

實務上亦有毛損益法及淨損益法二種計算方法，然對持有人之損害賠償，其計算上不無困難。蓋實務上通常採取「毛損益法」計算損害賠償，其係以買入股票之價格與財報不實情事爆發或揭露後賣出之差額作為善意取得人所受損害（如於起訴或請求前尚未賣出者，則以起訴或請求時該股票之價格為準計算損害），然因持有人於不實財報公開後並未進行買賣，則持有人持有有價證券之損害應如何計算，應以「最初取得或買入之價格為基準」計算價差或以「不實財報公開時之該有價證券市場價格為基準」計算，實有疑問，尚待釐清[92]。

3. 刑事責任

(1) 發行人

發行人違反證交法第20條第2項規定者，依同法第171條第1項第1款之規定，可處三年以上十年以下有期徒刑，得併科新臺幣一千萬元以上二億元以下罰金；然與民事責任不同，其僅處罰「故意」而不及於過失。又證交法第20條第2項與同法第32條第1項相較，雖無「重大內容」之文字，然違反本項之民事賠償責任係以「主要內容」有虛偽或隱匿之情事為限（證交§20-1Ⅰ），且在刑事責任部分，係以證交法第171條第1項第1款規定論處，其刑度甚重，故實務或學說均認必須虛偽不實之內容具有重大性，可能影響投資人之投資決策，始能成立罪責[93]。

又依證交法第179條之規定，法人違反本法之規定者，係處罰其為行為之負責人；故發行人為法人時，處罰之對象為行為之負責人。

(2) 經理人或會計主管

於財務報告上簽章之經理人或會計主管，為財務報告內容虛偽之記載者，可處一

---

[91] 2006年1月證交法第20條之1增訂立法理由。

[92] 劉連煜「新證券交易法實例研習」第379頁。另依最高法院102年度台上字第1305號判決表示：「本件被害人在得知公司有財報不實等不法情形後，是否應即出售持股，以避免因股價持續下跌而使損失過大，即有待討論。又此類消息發生後，市場適當反應該項重要訊息所需之期間為何？倘被害人於適當反應期間內未出脫持股導致擴大其損害是否與有過失，核與應否減免行為人之賠償責任攸關，法院自應予以查明。」即認此種情形有過失相抵之適用。

[93] 最高法院109年度台上字第1260號刑事判決。

年以上七年以下有期徒刑，得併科新臺幣二千萬元以下罰金；但經他人檢舉、主管機關或司法機關進行調查前，已提出更正意見並提供證據向主管機關報告者，減輕或免除其刑（證交§174Ⅰ⑥）。立法理由係爲鼓勵其勇於舉發公司不實財報之行爲，使弊案早日曝光。又因職員或受僱人對於發行人之違法行爲，常有迫於形勢而不得不爲犯罪行爲之情形，故證交法第174條第4項特別規定，發行人之職員或受僱人犯前述之罪，而其犯罪情節輕微者，得減輕其刑。

(3) 會計師

會計師財務報告不實之刑事責任與前述公開說明書不實相同，故不另贅述。

新聞追蹤

明基案　李焜耀維持無罪

　　明基友達集團董事長李焜耀去年被控違反證交法財務報表虛僞記載罪一案，昨（12）日臺灣高等法院駁回檢方上訴，維持一審無罪判決。李焜耀在擔任明基電通董事長期間，因涉嫌內線交易等罪，遭檢方起訴。2011年高院合議庭雖判李焜耀等三人無罪，卻在判決中同時告發李焜耀、李錫華等人涉嫌在內線交易案中觸犯證交法加重財報虛僞罪責。桃園地檢署檢察官調查後發現，李焜耀與當時明基的董事兼總經理李錫華等人，曾利用公司多名員工當人頭，來持有公司股票。其中李焜耀以兩名員工爲人頭、持有700張股票，李錫華同樣以兩名員工爲人頭，持有450張股票。檢方認定兩人沒有依法向金管會申報，違反證交法的不實財報罪，因此將兩人追加起訴。

　　按本件係因李焜耀等人利用他人名義持有公司股票，而依證交法第25條第1項至第3項之規定，其所持有之股票種類、股數及變動情形，應向主管機關申報及公告；而李焜耀等人卻未依法向主管機關申報，且未在公司財務報告或年報中予以揭露，故遭高院告發及檢察官起訴。

　　然本件第一、二審承審法官與告發之法官見解不同。其認爲依當時之財務報告編製準則規定，應揭露之項目並不包括「配偶、未成年子女及利用他人名義持有股票之股權移轉、股權質押變動情形」等項目，故其性質上並非財務報告，而係證交法第174條第1項第5款所稱之「其他有關業務文件」。又該款雖以「內容」有虛僞之記載爲要件，但解釋上，如非攸關於投資判斷之重要資訊，或是該內容不實並不影響投資人之投資判斷時，應排除刑罰之適用，即以「主要內容」不實爲限，始得予以論罪。因李焜耀等人未申報利用他人名義持股，占該公司各該年底已發行流通股數比率極爲低微，實難認會影響理性投資人之投資決策，故爲無罪判決。

　　由此可知，證交法第20條第2項或同法第174條第1項第4款、第5款及第6款所規定應

申報或公告之財務報告及財務業務等文件，雖僅規定「內容」不得有虛偽或隱匿之情事或虛偽之記載，但追究其刑事責任時，均應以其「主要內容」不實為其要件，且虛偽不實之內容必須具有重大性，可能影響投資人之投資決策，始能成立罪責。

2014-03-13／經濟日報／記者尹俞歡、蕭君暉「明基案　李焜耀維持無罪」報導

三、掏空資產

(一) 概說

按公司之董事、監察人、經理人及受僱人，如為圖謀自己或第三人之私利，致違法而造成公司之損害，雖然可依刑法背信、侵占或詐欺等罪追究其刑事責任；但在公開發行公司，因受害對象包括廣大之社會投資大眾，甚至可能影響證券市場及金融市場之穩定，實有從嚴懲處之必要。因此，證交法第171條第1項第2款、第3款及第174條第1項第8款對常見掏空公司資產之行為，明文規定以證交法處罰，並加重其刑事責任。

(二) 不合營業常規交易

1. 意義及要件

證交法第171條第1項第2款規定：「已依本法發行有價證券公司之董事、監察人、經理人或受僱人，以直接或間接方式，使公司為不利益之交易，且不合營業常規，致公司遭受重大損害。」可知本款適用於所有公開發行公司，而不論其是否上市、上櫃或登錄興櫃；至於其規範對象則限於公司之董事、監察人、經理人或受僱人，故不兼任公司職務之大股東並不包括在內[94]。又行為人應有「使公司為不利益之交易，且不合營業常規」之行為，即所謂之「不合營業常規交易」，通說認為指交易雙方因具有特殊關係，未經由正常商業談判達成契約，且其交易條件未反映市場之公平價格而言[95]；至於行為之結果，應「致公司遭受重大損害」，而損害是否「重大」之認定，應以受損害之金額與公司規模加以比較，以衡量其重大損害程度[96]。至於無形之財物損失，例如對公司之商業信譽、營

---

[94] 惟依公司法第8條第3項本文規定：「公司之非董事，而實質上執行董事業務或實質控制公司之人事、財務或業務經營而實質指揮董事執行業務者，與本法董事同負民事、刑事及行政罰之責任。」故大股東如實際控制公司經營或影響公司重大決策者，雖未擔任公司職務，仍有本款之適用。

[95] 賴英照「最新證券交易法解析」第696頁。另最高法院109年度台上字第1257號刑事判決認為：「按證券交易法第171條第1項第2款不合營業常規交易罪中之『營業常規』之意涵，即不能拘泥於社會上已知之犯罪模式，或常見之利益輸送、掏空公司資產等態樣。且該規範之目的既在保障已依法發行有價證券公司之股東、債權人及社會金融秩序，則除有法令依據外，舉凡公司交易之目的、價格、條件，或交易之發生，交易之實質或形式，交易之處理程序等一切與交易有關之事項，從客觀上觀察，倘與一般正常交易顯不相當、顯欠合理、顯不符商業判斷者，即係不合營業常規，如因而致公司發生損害或致生不利益，即與本罪之構成要件相當。」亦值得參考。

[96] 最高法院109年度台上字第1786號刑事判決。

運、智慧財產等造成重大傷害者，雖未能證明其具體金額，仍應屬對公司之重大損害[97]。

　　另控制公司與從屬公司基於整體關係企業之利益，為不合營業常規之交易，致從屬公司遭受重大損害時，學說認為適用上，應為適當之限制。蓋在關係企業中，有時必須暫時犧牲某一從屬公司之利益，以成就整體關係企業之利益，如會計年度終了時已為適當補償（公司§369-4 I），即無以本款相繩之必要[98]。

2. 刑事責任

　　違反證交法第171條第1項第2款之規定者，其刑事責任與內線交易相同，茲不另贅述。

(三) 特別背信與侵占

1. 意義及要件

　　證交法第171條第1項第3款規定：「已依本法發行有價證券公司之董事、監察人或經理人，意圖為自己或第三人之利益，而為違背其職務之行為或侵占公司資產，致公司遭受損害達新臺幣五百萬元。」可知本款適用範圍與不合營業常規交易相同，但規範對象不包括受僱人。本款行為人主觀上必須有「為自己或第三人之利益」之不法意圖，客觀上必須有「違背其職務之行為或侵占公司資產」之行為，故其性質上與刑法背信罪或侵占罪類似（刑§342或335、336），屬加重處罰之特別類型。又行為之結果應「致公司遭受損害達新臺幣五百萬元」以上，立法理由係認本款未如第2款以致公司遭受重大損害為要件，故凡有違背職務或侵占公司資產之行為，不論背信、侵占之情節如何輕微，一律以證交法第171條第1項之重刑相繩，尚有未妥，故明定其要件，以符合處罰衡平性及背信罪本質為實害結果之意涵。

2. 刑事責任

　　本款刑事責任亦與內線交易相同，故亦不另贅述。惟因證交法第171條第1項第3款規定屬刑法侵占罪及背信罪之特別規定，故有第1項第3款所定行為，而致公司遭受損害達新臺幣五百萬元之情形，為第1項第3款之既遂；如有第1項第3款之行為，致公司遭受損害未達新臺幣五百萬元之情形，則為刑法第336條第2項、第342條第1項之既遂；如有第1項第3款之行為，未致公司遭受損害（無損害）之情形，則為刑法第336條第3項、第342條第2項之未遂。故證交法第171條第3項規定：「有第一項第三款之行為，致公司遭受損害未達新臺幣五百萬元者，依刑法第三百三十六條及第三百四十二條規定處罰。」即在明確「一般」與「特別」背信、侵占罪之刑事責任。

---

[97]　最高法院98年度台上字第6782號刑事判決。

[98]　劉連煜「新證券交易法實例研習」第405頁。

(四) 違法貸款或提供擔保

1. 意義及要件

　　證交法第174條第1項第8款規定:「發行人之董事、經理人或受僱人違反法令、章程或逾越董事會授權之範圍,將公司資金貸與他人、或為他人以公司資產提供擔保、保證或為票據之背書,致公司遭受重大損害。」可知本款之規範對象為發行人之董事、經理人或受僱人,並不包括監察人;蓋監察人並無將公司資金貸與他人或將公司資產為他人提供擔保,或以公司名義擔任他人保證人或為票據背書之權限。本款行為人之主觀要件為「故意」;客觀要件為「違反」法令、章程或逾越董事會授權之範圍,而為違法貸款或提供擔保之行為,例如違反公司法第15條第1項或第16條第1項之情形;且以「致公司遭受重大損害」為必要。

2. 刑事責任

　　違法貸款或提供擔保者,依證交法第174條第1項序文規定,可處一年以上七年以下有期徒刑,得併科新臺幣二千萬元以下罰金。又公司如以鉅額資金貸與他人,致造成公司重大損害者,亦可能同時符合證交法第171條第1項第3款之要件,此時如認證交法第174條第1項第8款為特別規定而優先適用,則行為人以違法貸出資金之方式淘空公司資產,反可適用較輕之刑罰,自與立法意旨相違,解釋上應依刑法第55條想像競合犯之規定,從一重依證交法第171條第1項第3款處斷[99]。

新聞追蹤

侵占千萬認罪　吳宗憲吐錢緩刑

　　綜藝天王吳宗憲被控以「假交易、真借貸」,侵占聯明公司資金一千多萬元,他認罪並歸還侵占款項,且與「證券投資人及期貨交易人保護中心」和解,臺北地方法院昨天依違反證券交易法判處他有期徒刑一年十一月,緩刑三年,但須支付公庫三百萬元。判決指出,吳宗憲2009年投資生產LED的阿爾發公司,明知公司無法大量穩定生產商品,卻與股票上櫃的聯明科技公司董事長許豐揚合謀,簽訂虛假採購合約,由聯明公司向阿爾發公司訂購一億八千萬元的LED商品,再由許豐揚指示員工以聯明公司名義開出四張面額共六千萬元本票,付款給阿爾發公司。吳宗憲拿走兩張、面額共四千萬元本票,向楊姓友人票貼借得四千萬元,但沒用來幫公司購料或採購設備;票據到期後,吳宗憲匯還兩千七百五十萬元,致聯明公司損失一千兩百五十萬元。

　　首先,本件吳宗憲雖非聯明公司之董事、監察人、經理人或受僱人,但因與聯明公

---

[99] 最高法院101年度台上字第5291號刑事判決。

司董事長許豐揚合謀，故二人均爲「共同正犯」，依刑法第31條第1項規定：「因身分或其他特定關係成立之罪，其共同實行、教唆或幫助者，雖無特定關係，仍以正犯或共犯論。但得減輕其刑。」故仍得依證交法第171條第1項第2款或第3款之規定處罰。

　　其次，本件掏空公司資產之行爲，係利用虛假交易，藉以侵占公司資金，且達五百萬元以上，故同時違反證交法第171條第1項第2款與第3款之規定，此時應如何適用，過去實務見解不一。經最高法院大法庭以108年度台上大四字第2261號刑事裁定統一法律見解，認爲不合營業常規交易罪（或稱非常規交易罪、使公司爲不利益交易罪）與特別背信及侵占罪雖然類似，但二者主要保護法益並不具同一性；前者兼及保護整體證券市場發展、金融秩序及廣大不特定投資大眾之社會法益，後者則側重於保護個別公司之整體財產法益。故行爲人以一行爲該當此二罪之構成要件時，應依想像競合犯從一情節較重之罪處斷，即依其行爲之犯罪情節所侵害者，究是前述維持證券交易秩序之整體社會法益，抑或是個別公司之財產法益，何者爲重，定其犯罪之處斷。而本件行爲並未影響證券交易秩序，而是侵害聯明公司財產法益，故應依證交法第171條第1項第3款規定處斷。

　　又本件爲「虛假採購合約」，並非眞實交易行爲，而不合營業常規交易罪是否以眞實交易行爲爲限？過去實務見解亦有分歧，惟現亦統一見解認爲「祇要形式上具有交易行爲之外觀，實質上對公司不利益，而與一般常規交易顯不相當，其犯罪即屬成立。以交易行爲爲手段之利益輸送、掏空公司資產等行爲，固屬之，在以行詐欺及背信爲目的，徒具交易形式，實質並無交易之虛假行爲，因其惡性尤甚於有實際交易而不合營業常規之犯罪，自亦屬不合營業常規交易之範疇。」（最高法院108年度台上字第2261號刑事判決）即認虛假交易行爲亦構成不合營業常規交易罪。

2013-12-28／聯合報／記者藍凱誠「侵占千萬認罪　吳宗憲吐錢緩刑」報導

第四編

商業會計法

本編目次

第一章　總則

第二章　會計處理程序

第三章　認列與衡量

第四章　損益計算

第五章　決算及審核

第六章　罰則

按會計制度之健全為企業發展之基石，而商業會計法之立法目的，即在規範企業有關會計事務之處理，使其能據此而建立良好之制度，以確保會計資訊之可靠性。所謂會計制度，係指商業為處理其會計事務所訂定的一套辦法；即商業根據政府法令規定、配合一般公認會計原則，用有系統、有組織之理論及技術，使商業會計事項之辨認、衡量、記錄、分類、彙總及報告等工作有所依循，以便定期或隨時提供商業經營管理者及外界有關人士所需資訊，使其明瞭商業實際情況，以為未來決策之參考，內容包括會計憑證、會計帳簿、會計項目、財務報表之設置及使用、會計事務處理準則及程序等事項。

　　因此，原則上商業均應依商業會計法及其子法規定處理相關商業會計事務，但亦有部分例外，例如小規模之合夥或獨資商業得不適用商業會計法，公營事業應優先適用其他相關法律規範，例如會計法、預算法或審計法等，再適用商業會計法之規定；另在法律位階上，證券交易法及公司法為商業會計處理之特別法，其有特別規定時，自應優先適用。

　　又本書將商業會計法第二章「會計憑證」、第三章「會計帳簿」、第四章「財務報表」及第五章「會計事務處理程序」合併為一章，即本編第二章「會計處理程序」，故證券交易法第14條第2項規定：「前項財務報告之內容、適用範圍、作業程序、編製及其他應遵行事項之財務報告編製準則，由主管機關定之，不適用商業會計法第四章、第六章及第七章之規定。」在本編，係不適用第二章第三節及第三章、第四章之規定。

第一章　總則

一、商業會計法之適用範圍

(一) 商業原則上均應適用

　　商業會計法第1條第1項規定：「商業會計事務之處理，依本法之規定。」可知本法係有關「商業」會計事務處理之基本法律；至於「商業」之意義，依本法第2條第1項規定：「本法所稱商業，指以營利為目的之事業；其範圍依商業登記法、公司法及其他法律之規定。」而分析商業登記法第3條及公司法第1條之規定，可知「商業」係指以營利為目的之事業或組織，可分為獨資或合夥之商號、具有法人格之公司或有限合夥及其他以營利為目的所成立之組織[1]。又「營利」，指將經營而獲得之利益分配予出資人；且此之利益有廣狹二義，狹義之利益專指盈餘之分配，而廣義之利益尚包括賸餘財產之分配，商業會計法所指之以營利為目的，係指廣義之利益[2]。

(二) 公營事業應優先適用其他法律之規定

　　商業會計法第1條第2項規定：「公營事業會計事務之處理，除其他法律另有規定者外，適用本法之規定。」所謂公營事業，指政府獨資或與人民合資經營，且政府（含公營事業及其轉投資事業）資本超過百分之五十之事業[3]。按公營事業雖具營利性質，惟其身分特殊，常兼具社會公益或政策任務，且須受民意機關監督，故須受會計法、預算法或審計法等法律之規範[4]，因此，須在上述法律未為規定時，始適用商業會計法之規定。

(三) 小規模商業得不適用

　　原則上「商業」均應適用商業會計法，惟商業會計法第82條第1項規定：「小規模之合夥或獨資商業，得不適用本法之規定。」即小規模商業「得」選擇不適用商業會計法之規定；至於何謂「小規模」商業，依同條第2項規定：「前項小規模之合夥或獨資商業之

---

[1] 本書第一編第一章所稱之商業組織，除商號、公司或有限合夥以外，其餘之合作社或財團法人附屬作業組織等，並不屬於此處所稱之商業；但合作社中之信用合作社，係經營金融業務之合作組織，與一般銀行業務相類似，故主管機關亦認為其屬商業（經濟部96年2月14日經商字第09600513910號函、金管會96年1月23日金管銀(三)字第09685000580號函），但最高法院則以信用合作社並非營利事業為由，而採否定說（最高法院74年度台上字第924號刑事判決）。

[2] 王志誠、封昌宏「商業會計法」第43頁。

[3] 公營事業移轉民營條例第3條規定。

[4] 例如會計法第1條規定：「政府及其所屬機關辦理各項會計事務，依本法之規定。」而同法第7條並明定包括公營事業之會計事務。

認定標準，由中央主管機關斟酌各直轄市、縣（市）區內經濟情形定之。」現行認定標準為登記資本額新臺幣五萬元以下之獨資或合夥商業[5]。又現行公司法雖已無最低資本額之限制，但公司非屬合夥或獨資之商業，故縱未達前述認定標準，仍應適用商業會計法之規定。

二、商業會計事務之處理

(一) 商業會計事務之意義

依商業會計法第2條第2項規定：「本法所稱商業會計事務之處理，係指商業從事會計事項之辨認、衡量、記載、分類、彙總，及據以編製財務報表。」據此定義可知，商業會計事務係對於經濟個體所發生之交易或事件，先辨認是否屬於會計事項，如屬會計事項則應以量化方式予以衡量，並對衡量結果加以記載、分類及彙總，以產生會計資訊之最終產品即財務報表[6]。實務上認為會計師受託查核財務報表或加油員為客戶開立統一發票，非屬商業會計事務之範疇[7]。

(二) 商業會計事務處理之依據

有關商業會計事務之處理，除特別法另有規定應優先適用外，依商業會計法第13條規定：「會計憑證、會計項目、會計帳簿及財務報表，其名稱、格式及財務報表編製方法等有關規定之商業會計處理準則，由中央主管機關定之。」而中央主管機關據此授權所訂定之商業會計處理準則第2條本文規定：「商業會計事務之處理，應依本法、本準則及有關法令辦理；其未規定者，依照一般公認會計原則辦理。」可知其適用順序為商業會計法、商業會計處理準則及有關法令[8]、一般公認會計原則。又依主管機關函釋，商業會計處理準則第2條所稱之「一般公認會計原則」，係指財團法人中華民國會計研究發展基金會所公開之各號企業會計準則公報及其解釋；惟商業亦得因其實際業務需要，選用經金管會認可之國際財務報導準則、國際會計準則、解釋及解釋公告[9]。

5　經濟部108年7月4日經商字第10802415130號公告。

6　王志誠、封昌宏「商業會計法」第46頁。

7　經濟部90年6月15日經商字第09002119500號函及93年4月13日經商字第09300053100號函。

8　此處之「法令」，應指商業會計法授權訂定之其他命令，其他法律授權訂定之命令，例如證交法第14條第2項授權訂定之「證券發行人財務報告編製準則」，對公開發行公司而言，其適用順序應優先於商業會計法；又同為商業會計法授權訂定之子法，例如第40條第1項授權訂定之「商業使用電子方式處理會計資料辦法」，因其僅適用於以電腦資訊系統處理會計資料，其與商業會計處理準則間具有特別法與普通法之關係，自應優先適用。

9　經濟部104年9月16日經商字第10402425290號函及金管會訂定之證券發行人財務報告編製準則第3條第2項規定：「前項所稱一般公認會計原則，係指經本會認可之國際財務報導準則、國際會計準則、解釋及解釋公告。」可參。

三、主管機關

　　商業會計法第3條第1項規定：「本法所稱主管機關：在中央爲經濟部；在直轄市爲直轄市政府；在縣（市）爲縣（市）政府。」另爲劃分中央及地方各主管機關權責，同條第2項並規定如下：

(一) 中央主管機關

　　1. 商業會計法令與政策之制（訂）定及宣導。
　　2. 受理登記之公司，其商業會計事務之管理。

(二) 直轄市主管機關

　　中央主管機關委辦登記之公司及受理登記之商業，其商業會計事務之管理。

(三) 縣（市）主管機關

　　受理登記之商業，其商業會計事務之管理。

四、商業之負責人及會計人員

(一) 商業之負責人

　　商業會計法第4條規定：「本法所定商業負責人之範圍，依公司法、商業登記法及其他法律有關之規定。」因依公司法、商業登記法或其他法律之規定，故有關公司法（第8條）及商業登記法（第10條）所規定之負責人，請參本書第一編第二章及第二編第一章第五節之規定。

(二) 商業之會計人員

1. 商業有設置會計人員之義務

　　所謂會計人員，指依會計處理程序處理會計事務之人員。依商業會計法第5條第1項規定：「商業會計事務之處理，應置會計人員辦理之。」可知商業有設置會計人員處理會計事務之義務；違者，可處商業負責人新臺幣三萬元以上十五萬元以下罰鍰（商會§77）。惟商業雖有設置會計人員之義務，但會計人員應否專任，商業會計法並未明文規定，故不無爭議；然本條第5項既規定商業會計事務之處理，得委由會計師或依法取得代他人處理會計事務資格之人處理之，則自無不許商業內部其他人員兼任之理。又本法並未規定會計人員之資格，故何人可擔任商業之會計人員，完全由商業自行決定；然會計資訊具有影響外部使用者進行決策之效果，與社會經濟發展之利益有關，應否限定會計人員

之資格，仍值深思[10]。

2. 會計人員之資格及任免

商業會計法所稱之會計人員可分爲「主辦會計人員」與「經辦會計人員」。所謂主辦會計人員，指商業會計事務之主要負責人，並應負商業會計法第71條至第73條、第76條、第78條、第79條罰則之人[11]；至於其他會計人員則屬經辦會計人員。商業會計法並未對會計人員之資格作規定，至於其任免，依商業會計法第5條第2項、第3項規定：「公司組織之商業，其主辦會計人員之任免，在股份有限公司，應由董事會以董事過半數之出席，及出席董事過半數之同意；在有限公司，應有全體股東過半數之同意；在無限公司、兩合公司，應有全體無限責任股東過半數之同意。」、「前項主辦會計人員之任免，公司章程有較高規定者，從其規定。」此二項規定與公司法第29條對經理人之委任、解任程序相同（不包括報酬），可見法律對主辦會計人員之重視；惟上述規定僅限於「公司」及「主辦會計人員」，非公司之組織或經辦會計人員並不適用。公司組織之商業負責人違反前述任免程序時，可處新臺幣三萬元以上十五萬元以下罰鍰（商會§77）。又公營事業縱屬公司組織，其主辦會計人員之任免仍應優先適用「會計法」及「主計機構人員設置管理條例」等相關規定，與商業會計法之規定無涉。

又證交法第14條第3項規定財務報告應經「會計主管」簽名或蓋章，同條第4項並授權主管機關訂定有關「會計主管」之資格條件；而據此授權訂定之會計主管辦法第2條規定：「本辦法所稱會計主管係指依公司章程規定或經董事會決議，管理公司會計業務之最高主管，並依本法第十四條第三項規定於財務報告會計主管欄位簽名或蓋章之人。」此處之「會計主管」與前述「主辦會計人員」之意義是否相同，不無疑問？有認爲主辦會計人員應解釋爲「會計部門之最高主管」，故二者應屬同義[12]；惟二者概念或許有重疊之處，但證交法與商業會計法適用範圍並不一致，故管理公司會計業務之最高主管未必是主辦會計人員，二者仍有區別。

3. 會計人員之責任

商業會計法第5條第4項規定：「會計人員應依法處理會計事務，其離職或變更職務時，應於五日內辦理交代。」可分析如下：

(1) 依法處理會計事務

會計人員應依法處理會計事務；所謂「依法」，指依商業會計法或相關法令。如會計人員未依法處理會計事務，應負行政或刑事責任。

(2) 離職或變更職務時依限辦理職務交接

會計人員離職或變更職務時，應於五日內辦理交代；所謂「交代」，即「交接」之意，目的在釐清責任歸屬，使接任人員能順利接續執行職務，避免商業因會計

---

[10] 王志誠、封昌宏「商業會計法」第72頁。

[11] 經濟部84年9月20日經商字第224114號函。

[12] 戴銘昇「商業會計法」第31頁。

人員離職或變更職務而延誤營運[13]。

(三) 委外處理商業會計事務

　　商業會計法第5條第5項規定：「商業會計事務之處理，得委由會計師或依法取得代他人處理會計事務資格之人處理之；公司組織之商業，其委託處理商業會計事務之程序，準用第二項及第三項規定。」本項規定之目的在解決中小企業無力負擔雇用專職會計人員而委外記帳、編表、報稅之問題；又依法受託代他人處理會計事務之人員，其任免應比照商業內聘主辦會計人員之程序，以提高商業委外記帳之謹慎度，並避免商業藉委外記帳而規避應負之責任。又所謂「依法取得代他人處理會計事務資格之人」，除「記帳士」外，尚包括記帳士法施行前已從事記帳及報稅代理業務滿三年，且均有報繳該項執行業務所得之「記帳及報稅代理人」[14]。

　　又商業委託不具資格者處理商業會計事務，或公司委託處理商業會計事務未遵守法定程序時，可處新臺幣三萬元以上十五萬元以下罰鍰（商會§77）。至於未依法取得代他人處理會計事務之資格而擅自代他人處理商業會計事務者，可處新臺幣十萬元以下罰金；經查獲後三年內再犯者，處一年以下有期徒刑、拘役或科或併科新臺幣十五萬元以下罰金（商會§74）。

五、商業會計之基礎事項

(一) 會計年度

　　會計年度可分為曆年制及非曆年制。所謂「會計年度」，指企業在永續經營的假設下，為會計上計算之目的，將永續之生命劃分段落（期間），以便在每一期間終了時，將經營結果及財務狀況呈現給經營者或其他財務報表使用者；會計上之期間，係以一年為一期，故又稱為會計年度，並以起始日所屬年度為該期之會計年度。商業會計法第6條規定：「商業以每年一月一日起至十二月三十一日止為會計年度。但法律另有規定，或因營業上有特殊需要者，不在此限。」即原則上採用曆年制會計年度。至於所謂因營業上有特殊需要者，係指因原有習慣，或營業季節之特殊情形，而有採用曆年制會計年度以外其他特殊會計年度之需要者；另為免掛萬漏一，對於法律另有規定者，亦准其採用特殊會計年度。此外，所得稅法亦有類似規定，惟其採非曆年制會計年度時，須經該管稽徵機關核准[15]。

　　又商業得變更會計年度，惟公司每屆會計年度終了，應將營業報告書、財務報表及盈

---

[13] 王志誠、封昌宏「商業會計法」第88頁。

[14] 記帳士法第35條規定。

[15] 所得稅法第23條規定。

餘分派或虧損撥補之議案，提請股東同意或股東常會承認（公司§20Ⅰ）；此時會計年度改制前過渡期間，得不另提請股東同意或召集股東常會請求承認決算，而併入改制後新年度議案請求承認[16]。

(二) 記帳本位及文字

1. 記帳本位

所謂「記帳本位」，又稱「記帳單位」，指會計紀錄上所採用之貨幣單位，例如新臺幣元、美元、日元等[17]。商業會計法第7條規定：「商業應以國幣為記帳本位，至因業務實際需要，而以外國貨幣記帳者，仍應在其決算報表中，將外國貨幣折合國幣。」按所謂國幣，依中央銀行法第13條之規定，該行發行之貨幣即為國幣，對於中華民國境內之一切支付，具有法償效力；而目前我國使用之新臺幣，係由中央銀行所發行，即屬國幣，故應以其作為記帳之貨幣單位。至於所謂「因業務實際需要」，例如國際貿易、外幣借款或在海外發行有價證券等情形。另本條並未禁止商業決算書表中之財務報表以新臺幣與外幣併列方式編製，商業如因業務實際需要以併列方式編製自無不可[18]。

2. 記帳使用文字之原則

商業會計法第8條規定：「商業會計之記載，除記帳數字適用阿拉伯字外，應以我國文字為之；其因事實上之需要，而須加註或併用外國文字，或當地通用文字者，仍以我國文字為準。」所謂「商業會計之記載」，除財務報表外，包括商業應申報之決算書表及會計師財務簽證報告等文件[19]；又在國際貿易及國際投資盛行之現代商業社會，會計資訊不但國人有需要，外籍人士亦有需求，故有使用外國文字或當地通用文字之必要時，亦得以加註或併用方式表達。

3. 違反之效果

代表商業之負責人、經理人、主辦及經辦會計人員，未依商業會計法第7條或第8條之規定記帳者，可處新臺幣一萬元以上五萬元以下罰鍰（商會§79①）。

(三) 大額支出

為了節約現金授受時間、避免錯誤及防止現金遺失、被竊之危險，並對大額支出留下可供事後追查之軌跡，商業會計法第9條第1項規定：「商業之支出達一定金額者，應使用匯票、本票、支票、劃撥、電匯、轉帳或其他經主管機關核定之支付工具或方法，並載明受款人。」即限制大額支出不得使用現金支付。本項所定之「一定金額」，依同條第2

---

[16] 經濟部87年4月15日經商字第87207019號函。

[17] 另商業會計處理準則第12條規定：「記帳以元為單位。但得依交易之性質延長元以下之位數。」

[18] 經濟部90年9月4日經商字第09002201820號函。

[19] 經濟部76年6月3日經商字第27117號函。

項之規定，係由中央主管機關公告之，現行公告金額為「新臺幣一百萬元以上」[20]，故超過新臺幣一百萬元以上之支出，均應使用本項所列舉或經主管機關核定之支付工具或方法，並載明受款人。又經主管機關核定者，包括信用狀、由銀行內部轉帳方式支付往來廠商款項及以活期存款取款條轉帳支付銀行借款、利息、銀行開狀等。

　　代表商業之負責人、經理人、主辦及經辦會計人員，違反商業會計法第9條第1項規定者，可處新臺幣三萬元以上十五萬元以下罰鍰（商會§78①）。

(四) 會計基礎

　　所謂會計基礎，指會計事項發生時，應於何時入帳並衡量其損益而言：蓋商業之收益，其收現時點與收益實現（Realized）及賺得（Earned）之時點不一定在同一個會計期間，費用之付現及發生時點亦然，故有賴會計基礎以正確認列某一會計期間之損益[21]；商業會計法允許採用之會計基礎為「權責發生制」與「聯合基礎」二者。依商業會計法第10條第1項規定：「會計基礎採用權責發生制；在平時採用現金收付制者，俟決算時，應照權責發生制予以調整。」可知商業原則上應採用「權責發生制」（又稱「應計基礎」）[22]，例如公司決定結束某部門之營業，並將其所屬員工資遣，該筆資遣費入帳應採權責發生制，於公司正式決定之日入帳，而非實際發放日入帳，惟申報所得稅時，應依稅法規定辦理[23]。至於例外在平時採用現金收付制[24]，結算時再依權責發生制予以調整者，稱為「聯合基礎」，此時在結算報表中所表達者仍係權責發生制之結果，但不能僅採用現金收付制。

(五) 會計事項

1. 意義

　　所謂會計事項，依商業會計法第11條第1項規定：「凡商業之資產、負債、權益、收益及費損發生增減變化之事項，稱為會計事項。」故僅有此五種發生增減變化之事項，始稱為會計事項。

---

[20] 經濟部84年10月28日商字第222667號公告。

[21] 蕭子誼「商業會計法」第227頁。

[22] 其定義依同條第2項規定：「所謂權責發生制，係指收益於確定應收時，費用於確定應付時，即行入帳。決算時收益及費用，並按其應歸屬年度作調整分錄。」

[23] 經濟部77年2月29日經商字第05375號函。另所得稅法第22條規定：「（第1項）會計基礎，凡屬公司組織者，應採用權責發生制，其非公司組織者，得因原有習慣或因營業範圍狹小，申報該管稽徵機關採用現金收付制。（第2項）前項關於非公司組織所採會計制度，既經確定仍得變更，惟須於各會計年度開始三個月前申報該管稽徵機關。」與商業會計法之規定並不相同，值得注意。

[24] 其定義依同條第3項規定：「所稱現金收付制，係指收益於收入現金時，或費用於付出現金時，始行入帳。」

2.種類

　　會計事項依涉及之主體不同，可分爲對外會計事項與內部會計事項，同條第2項規定：「會計事項涉及商業本身以外之人，而與之發生權責關係者，爲對外會計事項；不涉及商業本身以外之人者，爲內部會計事項。」前者例如銷貨收入，會牽涉到商業本身與銷貨對象；後者例如提列折舊或辦理資產重估價，並未與商業本身以外之人發生權責關係。至於區分對外會計事項與內部會計事項之主要原因，在於二者所需之原始憑證不同；前者應有外來或對外憑證，後者應有內部憑證以資證明（商會§19Ⅰ）。

3.記錄方法

　　同條第3項規定：「會計事項之記錄，應用雙式簿記方法爲之。」所謂雙式簿記，又稱爲複式簿記，係採借貸法則（Debit and Credit Rules）來表現會計事項之變化情形；即會計事項發生變化時，必須借（Debit）某一（些）會計項目，同時貸（Credit）某一（些）會計項目，且借貸之金額必須平衡。

(六) 會計制度

　　所謂會計制度，指商業爲處理其會計事務所訂定的一套辦法；商業會計法第12條規定：「商業得依其實際業務情形、會計事務之性質、內部控制及管理上之需要，訂定其會計制度。」至於會計制度之功能則有下列二者：

1.作爲處理會計事務之依據

　　會計制度中規定會計憑證、會計帳簿、會計項目之分類、財務報表之種類格式及各種會計事務處理準則及程序等，可作爲處理會計事務之依據。

2.提供正確可靠之資訊

　　商業之會計制度建立後，可提供正確可靠之會計資訊，以保障商業財產之安全，防止弊端之發生，更可增進商業營運之效率及效果，協助商業遵守法令。

你知道嗎？

商業會計法修正與採用「IFRS」有什麼關係？

　　2014年6月18日修正公布之商業會計法條文，在全部83條條文中總計修正30條、增訂4條、刪除1條，及修正第四章與第六章之章名，顯然是對商業會計法的一次大幅翻修（修正前之商業會計法本書簡稱「舊法」或「舊商業會計法」）。而此次修法之目的，係爲因應我國企業對國際財務報導準則（簡稱「IFRS」）之採用，故檢討部分不合時宜之條文，讓企業之會計處理能與國際接軌；並考量會計準則變動快速，但商業會計法卻難以即時配合修正，導致企業適用會計準則時有困擾，故修正後內容僅規範原則性事項，刪除細部之會計處理，將其移由商業會計處理準則及相關法規命令或行

政規則加以規範，以保留企業因應IFRS變革之彈性，經濟部並在2014年11月19日配合公布修正後之商業會計處理準則共45條。此外，配合金管會翻譯之「國際財務報導準則正體中文版」用語，將部分條文所使用之文字酌作修正。又為使企業有更充裕的時間配合因應，本次修正之條文自2016年1月1日施行；但為便利上市櫃公司之非公開發行子公司編製合併報表，故彈性規定商業得自願自2014年會計年度開始日起，適用本次修正條文（商會§83Ⅱ）。

　　按在商業會計法修正前，因證交法第14條第2項規定：「前項財務報告之內容、適用範圍、作業程序、編製及其他應遵行事項之財務報告編製準則，由主管機關定之，不適用商業會計法第四章、第六章及第七章之規定。」而金管會據此所訂定之「證券發行人財務報告編製準則」，已經採用IFRS，故公開發行公司早已依據國際財務報導準則編製財務報告。因此，在商業會計法修正後，非公開發行公司之財務報告，其編製亦採用國際財務報導準則之精神與規定。

第二章　會計處理程序

第一節　會計憑證

一、會計憑證之意義

　　所謂會計憑證，指商業各部門在處理其事務過程中，所產生之各種文件，其主要功能在證明會計事項之經過、表明處理會計事項人員之責任，故商業會計法第14條規定：「會計事項之發生，均應取得、給予或自行編製足以證明之會計憑證。」以作為帳簿紀錄及事後驗證之依據。

二、會計憑證之分類

　　會計憑證依其性質可分為原始憑證及記帳憑證二種：

(一) 原始憑證

1. 原始憑證之種類

　　所謂原始憑證，指證明會計事項之經過，而為造具記帳憑證所根據之憑證（商會§15①）；依主管機關之函釋，只要能證明會計事項經過之憑證，無論是直接作為造具記帳憑證之根據，抑或僅作為佐證資料，均屬原始憑證[1]。又依其來源，可以分為下列三種：

　　(1) 外來憑證

　　　　係自其商業本身以外之人所取得者（商會§16①）；例如提貨單、進貨發票、收據等。

　　(2) 對外憑證

　　　　係給與其商業本身以外之人者（商會§16②）；例如報價單、銷貨發票、收據及各類所得扣繳暨免扣繳憑單、營業人銷售額與稅額申報書等。

　　(3) 內部憑證

　　　　係由其商業本身自行製存者（商會§16③）；例如請購單、驗收單、工資表等。

2. 原始憑證之格式

　　原始憑證並無一定樣式，除法令另有規定外，商業得視實際需要自行設計，惟外來憑

---

[1] 經濟部92年3月18日經商字第09202052210號函。

證及對外憑證應記載憑證名稱、日期、交易雙方名稱及地址或統一編號、交易內容及金額等事項，並經開具人簽名或蓋章，至於內部憑證則由商業根據事實及金額自行製存。

(二) 記帳憑證

1. 記帳憑證之種類

所謂記帳憑證，指證明處理會計事項人員之責任，而爲記帳所根據之憑證（商會§15②）；記帳憑證在實務上稱爲傳票，可以分爲收入傳票、支出傳票及轉帳傳票（商會§17Ⅰ），其區別如下：

(1) 收入傳票

凡會計事項產生現金收入者，應編製收入傳票；例如銷貨收入現金時，應編製現金收入傳票。

(2) 支出傳票

凡會計事項產生現金支出者，應編製支出傳票；例如購貨支出現金時，應編製現金支出傳票。

(3) 轉帳傳票

凡與現金無關之會計事項，應編製轉帳傳票；例如銷貨未收入現金而以應收帳款入帳時，應編製轉帳傳票。至於含部分現金收付之混合會計事項得編製轉帳傳票，或依事實之需要分別編製現金轉帳傳票及分錄轉帳傳票（商會§17Ⅱ）；例如銷貨除收取部分現金外，其餘收取應收票據，此時可將「現金」及「應收票據」全部記錄於一轉帳傳票，或將收入「現金」部分記錄於現金轉帳傳票，將「應收票據」記錄於分錄轉帳傳票[2]。

2. 記帳憑證之格式

記帳憑證之內容應包括商業名稱、傳票名稱、日期、傳票編號、科目名稱、摘要及金額，並經相關人員簽名或蓋章。又各種傳票，得以顏色或其他方法區別之（商會§17Ⅲ）；實務上收入傳票採用紅色格線，支出傳票採用藍色格線，轉帳傳票採用黑色格線。

三、會計憑證之處理程序

(一) 會計憑證之編製

商業會計法第18條第1項規定：「商業應根據原始憑證，編製記帳憑證，根據記帳憑證，登入會計帳簿。但整理結算及結算後轉入帳目等事項，得不檢附原始憑證。」可知商業原則上應根據原始憑證始得編製記帳憑證及登入會計帳簿，且原始憑證應附於記帳憑證

---

[2]　蕭子誼「商業會計法」第184頁。

之後作爲附件；例外整理結算及結算後轉入帳目等事項，方可「得不檢附」原始憑證，但仍需有原始憑證存在。同條第2項規定：「商業會計事務較簡或原始憑證已符合記帳需要者，得不另製記帳憑證，而以原始憑證，作爲記帳憑證。」可知記帳憑證尚非絕對必備之會計憑證，與原始憑證不同。

(二) 會計憑證之記載事項

1. 原始憑證

商業會計處理準則第5條規定：「（第1項）外來憑證及對外憑證應記載下列事項，由開具人簽名或蓋章：一、憑證名稱。二、日期。三、交易雙方名稱及地址或統一編號。四、交易內容及金額。（第2項）內部憑證由商業根據事實及金額自行製存。」可知對外會計事項與內部會計事項二者之憑證應記載事項不同。且因外來憑證也必須符合規定，故其不但拘束商業本身，也拘束商業以外之人，即使其非屬商業之組織型態時亦同[3]。

2. 記帳憑證

商業會計處理準則第6條規定：「記帳憑證之內容應包括商業名稱、傳票名稱、日期、傳票號碼、會計項目名稱、摘要及金額，並經相關人員簽名或蓋章。」此處之相關人員，依商業會計法第35條之規定，係指代表商業之負責人、經理人、主辦及經辦會計人員。

(三) 會計憑證之替代

商業會計法第19條第1項規定：「對外會計事項應有外來或對外憑證；內部會計事項應有內部憑證以資證明。」可知會計事項原則上應有原始憑證以資證明。然商業若無法取得原始憑證或取得後滅失，自不得不爲例外規定，故同條第2項規定：「原始憑證因事實上限制無法取得，或因意外事故毀損、缺少或滅失者，除依法令規定程序辦理外，應根據事實及金額作成憑證，由商業負責人或其指定人員簽名或蓋章，憑以記帳。」即此時許商業依法定程序作成內部憑證替代外來憑證[4]，但仍應詳實記載，由商業負責人或其指定人員簽名或蓋章，憑以記帳。

同條第3項規定：「無法取得原始憑證之會計事項，商業負責人得令經辦及主管該事項之人員，分別或共同證明。」故會計人員不必也不可以自爲證明，以免有僞造或變造會

---

[3] 另稅捐稽徵機關管理營利事業會計帳簿憑證辦法第22條第1項規定：「各項外來憑證或對外憑證應載有交易雙方之名稱、地址、統一編號、交易日期、品名、數量、單價、金額、銷售額及營業稅額並加蓋印章。外來憑證屬個人出具之收據，並應載明出據人之身分證統一編號。對外憑證開立予非營利事業時，除法令另有規定外，得免填載買受人名稱、地址及統一編號。」與商業會計處理準則第5條之規定不盡相同，必須注意。

[4] 按對外憑證作成後已交付他人，如有毀損應由他人自行負責，與本條係規範商業內部應如何完成記帳程序無關；至於內部憑證係由商業本身所製作，若有毀損，再行製作即可，無須於此處重複規定，因此，此處所作成之憑證僅用於替代外來憑證（以上參戴銘昇「商業會計法」第83頁）。

計憑證之嫌[5]。又代表商業之負責人、經理人、主辦及經辦會計人員違反商業會計法第14條之規定，不取得原始憑證或給予他人憑證者，可處新臺幣三萬元以上十五萬元以下罰鍰（商會§78②），另稅捐稽徵法第44條亦有處罰之規定。

第二節　會計帳簿

一、概說

　　會計帳簿是保存交易紀錄之工具，有帳簿，商業才能把每日之會計事項分類記錄，並在適當時間，編製成報表，分送各相關人士。會計帳簿分爲序時帳簿及分類帳簿，商業必須設置之帳簿，爲普通序時帳簿及總分類帳簿；但商業之會計制度健全者，得以總分類帳會計項目日計表替代普通序時帳簿。又序時帳簿及分類帳簿，得就事實上之需要採用活頁及設置專欄。

二、會記帳簿之分類

(一) 序時帳簿

　　係以會計事項發生之時序爲主而爲記錄者（商會§20①）；又可分爲下列二種：

1. 普通序時帳簿

　　以對於一切事項爲序時登記或並對於特種序時帳項之結數爲序時登記而設者，如日記簿或分錄簿等屬之（商會§21①）。

2. 特種序時帳簿

　　以對於特種事項爲序時登記而設者，如現金簿、銷貨簿、進貨簿等屬之（商會§21②）。

(二) 分類帳簿

　　係以會計事項歸屬之會計項目爲主而記錄者（商會§20②）；又可分爲二種：

1. 總分類帳簿

　　爲記載各統馭會計項目而設者（商會§22①）；按總分類帳簿係以會計項目爲分類

5　　經濟部商業司「商業會計法100問」第22則。惟有學者認爲此處所稱「無法取得」，指原始憑證係不可能取得者而言，例如基於無主物先占或拾得遺失物等情形而取得動產所有權，因爲會使商業之資產發生變動，故屬應入帳之會計事項，但因無交易對象，以致無法取得原始憑證；至於同條第2項所稱「因事實上限制無法取得」，係指取得原始憑證應屬可能，僅因特定事實以致無法取得之情形，例如交易相對人不肯開立統一發票之情形（以上參王志誠、封昌宏「商業會計法」第125頁）。

標準,將普通序時帳簿中所記載之同一項目加以彙總,目的在便於瞭解各會計項目之餘額。

2. 明細分類帳簿

為記載各統馭會計項目之明細項目而設者(商會§22②);按總分類帳簿中如有某一會計項目之內容較為繁雜,不適宜在總分類帳簿中記載時,即可另設明細分類帳簿以補總分類帳簿之不足。

三、會記帳簿之設置

(一) 設置義務

商業會計法第23條規定:「商業必須設置之會計帳簿,為普通序時帳簿及總分類帳簿。製造業或營業範圍較大者,並得設置記錄成本之帳簿,或必要之特種序時帳簿及各種明細分類帳簿。但其會計制度健全,使用總分類帳會計項目日計表者,得免設普通序時帳簿。」可知商業原則上必須設置普通序時帳簿及總分類帳簿[6];惟依但書規定,商業會計制度健全,使用總分類帳會計項目日計表者,得免設普通序時帳簿,故僅總分類帳簿為絕對必須設置之帳簿。至於製造業或營業範圍較大者是否設置記錄成本之帳簿,或必要之特種序時帳簿及各種明細分類帳簿,由其自行決定,商業會計法並未強制設置[7]。

(二) 違反之效果

依商業會計法第76條第1款之規定,未依規定設置帳簿者,代表商業之負責人、經理人、主辦及經辦會計人員,處新臺幣六萬元以上三十萬元以下罰鍰。

四、會計帳簿之處理

(一) 會計帳簿之編號

商業會計法第24條規定:「商業所置會計帳簿,均應按其頁數順序編號,不得毀

---

[6] 按二者對於商業之會計事項均有完整之記錄,其區別僅在於前者依時間之順序記載,後者依會計項目分類記載而已,故二者除具有備份之效果外,尚可互相查對勾稽,避免錯誤;以上參王志誠、封昌宏「商業會計法」第128頁。

[7] 但現行實務上,會計多採電腦化處理,故只要將交易分錄依規定輸入,會計帳簿即可自動產生。另稅捐稽徵機關管理營利事業會計帳簿憑證辦法第2條對於實施商業會計法之營利事業,依其行業別有較為詳細之規定,除日記簿、總分類帳及其他必要之補助帳簿外,買賣業應設置存貨明細帳,製造業應設置原物料明細帳(或稱材料明細帳)、在製品明細帳、製成品明細帳、生產日報表,營建業應設置在建工程明細帳、施工日報表,勞務業及其他各業應設置營運量紀錄簿(例如貨運業之承運貨物登記簿、旅館業之旅客住宿登記簿、娛樂業之售票日計表、漁撈業之航海日程統計表等);惟違反者,尚不能依商業會計法之規定予以處罰。

損。」此條規定之目的是爲了保存審計軌跡，另商業會計處理準則第9條規定：「會計帳簿在同一會計年度內應連續記載，除已用盡外不得更換新帳簿。」亦是基於同一之理由。但因商業可以使用活頁式會計帳簿，故商業如修改會計紀錄，並抽換其中部分頁數時，追查實有困難。

(二) 會計帳簿之目錄

商業會計法第25條規定：「商業應設置會計帳簿目錄，記明其設置使用之帳簿名稱、性質、啓用停用日期，由商業負責人及經辦會計人員會同簽名或蓋章。」故會計帳簿目錄除應記明其設置使用之帳簿名稱、性質外，尚須記載各帳簿之啓用停用日期，並由「商業負責人」及「經辦會計人員」會同簽名或蓋章，以表明其管理責任，確保目錄所載之正確性[8]。

又前述係商業所有會計帳簿之目錄，可確認商業有哪些會計帳簿及其使用情形；至於商業會計處理準則第10條規定：「各種帳簿之首頁應設置帳簿啓用、經管、停用紀錄，分類帳簿次頁應設置帳戶目錄。」則爲記錄個別帳簿之使用情形，其中所謂分類帳簿次頁應設置帳戶目錄，指對於分類帳內所記載之會計項目列成一個目錄，以便於查閱帳簿時明瞭該分類帳有哪些會計項目，以及其所在之頁次[9]。

(三) 會計帳簿之記載內容

1. 人名帳戶

商業會計法第26條第1項規定：「商業會計帳簿所記載之人名帳戶，應載明其人之真實姓名，並應在分戶帳內註明其住所，如爲共有人之帳戶，應載明代表人之真實姓名及住所。」本項規定之目的在確認何人爲商業之往來對象，故應記載其真實姓名，不得以別名或代號代替；例如「股東往來」性質之交易應記載股東之真實姓名，並將其住所列於分戶帳上。另本項所指之「共有人」意義不明，有見解認爲是指商業所享有之權利或負擔之義務係與他人共同者，例如連帶債權或連帶債務之情形[10]；惟此時該他人未必爲法人或非法人組織而有代表人存在，故其疑義仍應由主管機關加以釋明或修法明確其意義。

2. 財物帳戶

同條第2項規定：「商業會計帳簿所記載之財物帳戶，應載明其名稱、種類、價格、數量及其存置地點。」此處之「財物帳戶」，其意義應同於「財產帳戶」[11]；例如買入機器一台應帳列「機器設備」，並記入「財產目錄」記載其相關詳細內容。

---

[8]　蕭子誼「商業會計法」第221頁。

[9]　王志誠、封昌宏「商業會計法」第131頁。

[10]　同前註第139頁。

[11]　經濟部商業司「商業會計法100問」第27則。

3. 登錄錯誤之更正

商業會計處理準則第13條第1項規定：「記帳錯誤如更正後不影響總數者，應在原錯誤上劃紅線二道，將更正之數字或文字書寫於上，並由更正人於更正處簽名或蓋章或另開傳票更正，以明責任。」此處所稱之「總數」，指某一會計項目之正確總數餘額而言；至於「另開傳票更正」，指另開一傳票將帳載之錯誤紀錄沖銷，再開另一傳票將正確紀錄予以登載，或將以上二傳票合一，以一更正分錄而開立一傳票更正之。錯誤之更正不影響該項目之正確餘額時，可採「紅線更正法」或「分錄更正法」予以更正；惟錯誤更正影響總數時，依同條第2項規定：「記帳錯誤如更正後影響總數者，應另開傳票更正。」即僅得使用「分錄更正法」予以更正[12]。

(四) 會計帳簿之更換

會計帳簿用盡須更換新帳簿時，應於舊帳簿空白頁上，逐頁加蓋「空白作廢」戳記或截角作廢，並在空白首頁加填「以下空白作廢」字樣（商準§11）。

第三節　財務報表

一、會計項目之設置及分類

(一) 會計項目之設置

按會計項目，是進行會計記錄和提供各項會計資訊之基礎，故其不僅為會計事項分錄、記帳、編表之依據，更可用以表達商業經營績效及財務狀況。因此，會計項目之設置及使用雖因各商業性質及經營業務之不同而異，但設置時仍應考量下列原則：1.會計項目名稱，應簡單易懂，能適切顯示本項目之性質或功能，並儘量採用政府法令或一般公認之名稱；2.會計項目之排列順序，依各商業所經營之行業不同而有所差異，大體而言，資產係按流動性大小排列；3.每一會計項目之性質內容及影響本項目有關事項，應有明確之說明；4.會計項目應定期檢討修正，以適應業務需要。

(二) 會計項目之分類

商業會計法第27條規定：「會計項目應按財務報表之要素適當分類，商業得視實際需要增減之。」本條過去曾明定會計項目（會計科目）之種類，但修法時基於部分項目與國際會計準則之規定不符，及為使會計項目之分類及表達更具彈性，以適應商業需要，故

---

[12] 惟實務上以電腦為帳務處理時，對於錯誤之更正，大部分均採重新輸入方式辦理，惟對更正後不影響總數者，仍可將電腦輸出、列印之帳簿，以紅線更正法作更正；以上參蕭子誼「商業會計法」第232頁。

予以刪除，並由商業會計處理準則予以規範；惟商業雖因性質及規模不同，致其所設置及使用之會計項目有異，但仍可分爲資產類、負債類、權益類、收益類及費損類等五類，任何複雜的交易或再多的會計項目，均不會超過這五類[13]。

二、財務報表

(一) 概說

按財務報表是會計工作之最終產品，係商業表達其財務狀況、經營結果、現金流量及權益變動等事項之報表；而允當表達之財務報表，不僅可作爲過去經營得失之檢討依據，更可提供經營管理者決定未來經營方針及業務擴展之參考。依商業會計法第28條規定：「（第1項）財務報表包括下列各種：一、資產負債表。二、綜合損益表。三、現金流量表。四、權益變動表。（第2項）前項各款報表應予必要之附註，並視爲財務報表之一部分。」其中「綜合損益表」原爲「損益表」[14]、「權益變動表」原爲「業主權益變動表或累積盈虧變動表或盈虧撥補表」，至於「附註」原稱「註譯」，2014年6月18日修法時參考國際會計準則用語，予以修正。

(二) 財務報表之種類

1. 資產負債表

依商業會計法第28條之1序文規定，資產負債表係反映商業特定日之財務狀況，其要素如下[15]：

(1) 資產

指因過去事項所產生之資源，該資源由商業控制，並預期帶來經濟效益之流入（商會§28-1①）；又可分爲流動資產與非流動資產（商準§14①）。流動資產，指商業預期於其正常營業週期中實現、意圖出售或消耗之資產、主要爲交易目的而持有之資產、預期於資產負債表日後十二個月內實現之資產、現金或約當現金，但不包括於資產負債表日後逾十二個月用以交換、清償負債或受有其他限制者[16]（商準§15Ⅰ）；至於不能歸屬於流動資產之各類資產，商業應分類爲非

---

[13] 林修葳、杜榮瑞、薛富井、蔡彥卿「會計學」第89頁。

[14] 以綜合損益表取代損益表，係因根據IFRS之相關規範，部分資產與負債之帳面金額，雖於本期產生變動，屬收益及費損項目，但並不認列於損益，而是認列爲其他綜合損益，例如未實現重估增值等。因此，綜合損益表內容可分爲二部分，一爲本期損益，一爲本期其他綜合損益；至於錯誤更正及會計政策變動之影響，因其屬資產及負債期初金額之變動，故不列報於綜合損益表。以上參江淑玲、蕭幸金「商業會計法修正解析」（會計研究月刊第345期第114頁）。

[15] 按財務報表係將企業所發生之交易及其他事項，按其經濟特性歸集成廣泛類別，以列報交易及其他事項對企業之財務影響，此種廣泛類別稱爲財務報表之要素；同前註第112頁。

[16] 依商業會計處理準則第15條第2項之規定，流動資產包括「現金及約當現金」、「短期性之投

流動資產[17]（商準§15Ⅲ）。

(2) 負債

指因過去事項所產生之現時義務，預期該義務之清償，將導致經濟效益之資源流出（商會§28-1②）；又可分為流動負債與非流動負債（商準§14②）。流動負債，指商業預期於其正常營業週期中清償之負債；主要為交易目的而持有之負債；預期於資產負債表日後十二個月內到期清償之負債，即使該負債於資產負債表日後至通過財務報表前已完成長期性之再融資或重新安排付款協議；商業不能無條件將清償期限遞延至資產負債表日後至少十二個月之負債[18]（商準§25Ⅰ）。至於非流動負債，指不能歸屬於流動負債之各類負債[19]（商準§26序文）。

由上述說明可知，資產與負債之產生必須與肇因於過去發生之事項有關，因此與過去無關之未來事項，即使預期將有未來經濟效益流入或流出，商業亦不應將之列報為資產或負債。此外，非為商業目前所能控制之資源，或非為目前已存在之清償義務，亦不符合資產與負債之定義；故財務報表中列報之資產或負債，應能充分確定未來經濟效益之流入或流出。

(3) 權益

指資產減去負債之剩餘權利（商會§28-1③）。包括資本或股本、資本公積、保留盈餘或累積虧損、其他權益及庫藏股票（商準§14③）等；特再分述如下：

A. 資本或股本

指業主對商業投入之資本額，並向主管機關登記者，但不包括符合負債性質之特別股，其應揭露事項包括：a.股本之種類、每股面額、額定股數、已發行股數及特別條件；b.各類股本之權利、優先權及限制；c.庫藏股股數或由其子公司所持有之股數（商準§27）。

資」、「應收票據」、「應收帳款」、「其他應收款」、「本期所得稅資產」、「存貨」、「預付款項」及「其他流動資產」等會計項目。

[17] 依商業會計處理準則第16條至第23條之規定，其範圍包括「長期性之投資」、「投資性不動產」、「不動產、廠房及設備」、「礦產資源」、「生物資產」、「無形資產」、「遞延所得稅資產」及「其他非流動資產」等。

[18] 依商業會計處理準則第25條第2項之規定，流動負債包括「短期借款」、「應付短期票券」、「透過損益按公允價值衡量之金融負債—流動」、「避險之衍生金融負債—流動」「以成本衡量之金融負債—流動」、「應付票據」、「應付帳款」、「其他應付款」、「本期所得稅負債」、「預收款項」、「負債準備—流動」及「其他流動負債」等會計項目。

[19] 依商業會計處理準則第26條各款之規定，非流動負債包括「透過損益按公允價值衡量之金融負債—非流動」、「避險之衍生金融負債—非流動」、「以成本衡量之金融負債—非流動」、「應付公司債」、「長期借款」、「長期應付票據及款項」、「負債準備—非流動」、「遞延所得稅負債」及「其他非流動負債」等會計項目。

B. 資本公積

　指公司因股本交易所產生之權益（商準§28Ⅰ）；且資本公積應按其性質分別列示（商準§28Ⅱ），例如超過票面金額發行股票所得之溢額或受領贈與之所得（公司§241Ⅰ），即應分別列示。

C. 保留盈餘或累積虧損

　指由營業結果所產生之權益，包括下列會計項目：a.法定盈餘公積，指依公司法或其他相關法律規定，自盈餘中指撥之公積；b.特別盈餘公積，指依法令或盈餘分派之議案，自盈餘中指撥之公積，以限制股息及紅利之分派者；c.未分配盈餘或待彌補虧損，指未經指撥之盈餘或未經彌補之虧損（商準§29Ⅰ）。盈餘分配或虧損彌補應俟股東同意或股東會決議後方可列帳；但有盈餘分配或虧損彌補之議案者，應在當期財務報表附註中註明（商準§29Ⅱ）。

D. 其他權益

　指其他造成權益增加或減少之項目，包括下列會計項目：a.備供出售金融資產未實現損益，指備供出售金融資產，依公允價值衡量產生之未實現利益或損失；b.現金流量避險中屬有效避險部分之避險工具損益，指現金流量避險時避險工具屬有效避險部分之未實現利益或損失；c.國外營運機構財務報表換算之兌換差額，指國外營運機構財務報表換算之兌換差額及國外營運機構淨投資之貨幣性項目交易，所產生之兌換差額；d.未實現重估增值，指依法令辦理資產重估所產生之未實現重估增值等（商準§30）。

E. 庫藏股票

　指公司收回已發行股票，尚未再出售或註銷者，應按成本法處理，列爲權益之減項，並註明股數（商準§31）。

2. 綜合損益表

(1) 意義及要素

　綜合損益表係反映商業報導期間之經營績效，其要素如下（商會§28-2）：

A. 收益

　指報導期間經濟效益之增加，以資產流入、增值或負債減少等方式增加權益；但不含業主投資而增加之權益。

B. 費損

　指報導期間經濟效益之減少，以資產流出、消耗或負債增加等方式減少權益；但不含分配給業主而減少之權益。

而根據前述收益及費損之說明，可將權益之增減分爲二部分，一爲與業主之交易；一爲非與業主之交易。收益及費損即爲非與業主之交易，所造成之權益變動，收益扣減費損後之權益淨變動，稱綜合損益，係表彰企業於報導期間之財務績效。

(2) 會計項目

綜合損益表得包括下列會計項目（商準§32）：

A. 營業收入

指本期內因銷售商品或提供勞務等所獲得之收入（商準§33）。

B. 營業成本

指本期內因銷售商品或提供勞務等而應負擔之成本（商準§34）。

C. 營業費用

指本期內因銷售商品或提供勞務應負擔之費用；營業成本及營業費用不能分別
列示者，得合併為營業費用（商準§35）。

D. 營業外收益及費損

指本期內非因經常營業活動所發生之收益及費損，例如利息收入、租金收入、
權利金收入、股利收入、利息費用、透過損益按公允價值衡量之金融資產（負
債）淨損益、採用權益法認列之投資損益、兌換損益、處分投資損益、處分不
動產、廠房及設備損益、減損損失及減損迴轉利益等（商準§36Ⅰ）。

利息收入及利息費用應分別列示。透過損益按公允價值衡量之金融資產（負
債）淨損益、採用權益法認列之投資損益、兌換損益及處分投資損益，得以其
淨額列示（商準§36Ⅱ）。

E. 所得稅費用或利益

指包含於決定本期損益中，與本期所得稅及遞延所得稅有關之彙總數（商準
§37）。

F. 繼續營業單位損益

指商業在會計年度中決定將某單位停業並處分時，其餘繼續營業單位之損益。

G. 停業單位損益

指包括停業單位之稅後損益，及構成停業單位之資產或處分群組於按公允價值
減出售成本衡量時或於處分時所認列之稅後利益或損失（商準§38）。

H. 本期淨利或淨損

指本期之盈餘或虧損（商準§39）。

I. 本期其他綜合損益

指本期變動之其他權益，例如備供出售金融資產未實現損益、現金流量避險中
屬有效避險部分之避險損益、國外營運機構財務報表換算之兌換差額、未實現
重估增值等（商準§40）。

J. 本期綜合損益總額

指本期淨利或淨損及本期其他綜合損益之合計數（商準§41）。

3. 現金流量表

指以現金及約當現金之流入與流出，彙總說明商業於特定期間之營業、投資及籌資活

動之現金流量（商準§43）。

4. 權益變動表

　　指為表示權益組成項目變動情形之報表，其項目分類與內涵如下：(1)資本或股本之期初餘額、本期增減項目與金額及期末餘額；(2)資本公積之期初餘額、本期增減項目與金額及期末餘額；(3)保留盈餘或累積虧損；(4)其他權益各項目之期初餘額、本期增減項目與金額及期末餘額；(5)庫藏股票之期初餘額、本期增減項目與金額及期末餘額（商準§42）。

　　上述保留盈餘或累積虧損項目，並應包括：(1)期初餘額；(2)追溯適用及追溯重編之影響數（以稅後淨額列示）；(3)本期淨利或淨損；(4)提列法定盈餘公積、特別盈餘公積及分派股利項目；(5)期末餘額。

(三)財務報表之附註

1. 附註及其揭露之事項

　　按財務報表受限於以會計項目或其金額數據作為表達工具，故無法充分揭露完整之會計資訊，例如報表之使用者無法從資產負債表所列示之存貨金額，知悉存貨之計價方法及其計價方法是否改變。因此，財務報表之附註，應視為財務報表之一部分（商會§28Ⅱ），以達充分揭露原則。依商業會計法第29條第1項之規定，財務報表附註，係指下列事項之揭露：(1)聲明財務報表依照本法、本法授權訂定之法規命令編製；(2)編製財務報表所採用之衡量基礎及其他對瞭解財務報表攸關之重大會計政策；(3)會計政策之變更，其理由及對財務報表之影響；(4)債權人對於特定資產之權利；(5)資產與負債區分流動與非流動之分類標準；(6)重大或有負債及未認列之合約承諾；(7)盈餘分配所受之限制；(8)權益之重大事項；(9)重大之期後事項[20]；(10)其他為避免閱讀者誤解或有助於財務報表之公允表達所必要說明之事項。

2. 重要會計項目明細表

　　為增加商業編製財務報表之彈性，依商業會計法第29條第2項之規定，商業得視實際需要，於財務報表附註編製重要會計項目明細表。

---

[20]　所謂期後事項，指資產負債表日至財務報表通過日間所發生之期後事項，依商業會計處理準則第44條之規定，應予揭露之重大期後事項包括：1.資本結構之變動；2.鉅額長短期債款之舉借；3.主要資產之添置、擴充、營建、租賃、廢棄、閒置、出售、質押、轉讓或長期出租；4.生產能量之重大變動；5.產銷政策之重大變動；6.對其他事業之主要投資；7.重大災害損失；8.重要訴訟案件之進行或終結；9.重要契約之簽訂、完成、撤銷或失效；10.組織之重要調整及管理制度之重大改革；11.因政府法令變更而發生之重大影響；12.其他足以影響未來財務狀況、經營結果及現金流量之重要事項或措施。

(四) 財務報表之編製

1. 編製期間

商業會計法第30條規定：「財務報表之編製，依會計年度爲之。但另編之各種定期及不定期報表，不在此限。」另編之各種定期及不定期報表，例如季報、半年報等定期財務報表，或應債權人、股東要求所編製之不定期財務報表。

2. 會計項目之重分類

爲使商業之財務報表前後期具有比較性，會計項目之分類應具有一致性，故商業會計法第31條規定：「財務報表上之會計項目，得視事實需要，或依法律規定，作適當之分類及歸併，前後期之會計項目分類必須一致；上期之會計項目分類與本期不一致時，應重新予以分類並附註說明之。」即商業雖得基於事實需要或法律規定，將財務報表上之會計項目作適當之分類及歸併，但前後期之會計項目分類必須一致；如上期之會計項目分類與本期不一致時，應重新予以分類，使其與本期一致，並於財務報表附註中說明其不一致及重分類之情形。

3. 年度對照

商業會計法第32條規定：「年度財務報表之格式，除新成立之商業外，應採二年度對照方式，以當年度及上年度之金額併列表達。」本條規定之目的，同樣在使財務報表具有比較性，讓會計資訊之使用者可以比較前後兩期財務狀況及經營成果之變動。

第四節　會計事務處理程序

一、概說

(一) 會計事務處理程序之意義

所謂會計事務處理程序，係指商業根據原始憑證編製記帳憑證，根據記帳憑證登入序時帳簿，過入分類帳簿，並於一定時間，予以調整、彙總、編製財務報表，且依規定所爲遞送之全部過程；旨在將商業經濟活動所產生之結果運用財務報表傳達給報表使用者。

(二) 真實原則

按會計資訊首重其真實性，提供不真實之會計資訊，形同對使用者爲詐欺行爲，故商業會計法第33條規定：「非根據真實事項，不得造具任何會計憑證，並不得在會計帳簿表冊作任何記錄。」商業負責人、主辦及經辦會計人員或依法受託代他人處理會計事務之人員違反本條規定時，係構成同法第71條第1款「以明知爲不實之事項，而填製會計憑證或記入帳冊」之情形，可處五年以下有期徒刑、拘役或科或併科新臺幣六十萬元以下罰

金：另實務上以電腦處理會計帳務之情形相當普遍，為避免適用上有爭議，同法第72條第1款亦規定有「故意登錄或輸入不實資料」之情形，二者刑責相同。

二、會計事務處理程序之內容

(一) 登帳時限

商業會計法第34條規定：「會計事項應按發生次序逐日登帳，至遲不得超過二個月。」可知會計事項應依次逐日登帳，目的在使會計帳簿之記載能如實表達會計事項發生之時序；惟規定至遲不得超過「二個月」，根本不能達會計資訊應即時提供之要求[21]。至於「二個月」之期限，參考稅捐機關之規定，應自書立憑證之次日或憑證送達之日起算[22]。違反本條規定者，依同法第78條第3款之規定，對於代表商業之負責人、經理人、主辦及經辦會計人員，可處新臺幣三萬元以上十五萬元以下罰鍰。

(二) 記帳憑證及會計帳簿之簽名或蓋章

為使記帳憑證及會計帳簿能忠實表達商業之財務狀況及經營成果，其真實性應有人為其負責，因此，商業會計法第35條規定：「記帳憑證及會計帳簿，應由代表商業之負責人、經理人、主辦及經辦會計人員簽名或蓋章負責。但記帳憑證由代表商業之負責人授權經理人、主辦或經辦會計人員簽名或蓋章者，不在此限。」即由代表商業之負責人、經理人[23]、主辦及經辦會計人員共同簽署，以示負責[24]。惟商業活動交易頻繁，若強制每一記帳憑證皆須代表商業之負責人簽名或蓋章，有實際執行之困難，故容許記帳憑證得由代表商業之負責人授權經理人、主辦或經辦會計人員簽名或蓋章；但會計帳簿仍應由代表商業之負責人親自簽署，不得授權。

代表商業之負責人、經理人、主辦及經辦會計人員未依前述規定簽名或蓋章者，可處新臺幣一萬元以上五萬元以下罰鍰（商會§79③）。

---

[21] 實務上因大多數中小企業均委外處理會計事務及辦理報稅，而營業稅又每二個月申報一次，故配合將登帳期限予以放寬。

[22] 稅捐稽徵機關管理營利事業會計帳簿憑證辦法第17條規定。

[23] 倘商業未設置經理人，依經濟部85年8月31日經商字第8521394號函釋，記帳憑證及會計帳簿自無經理人之簽名或蓋章之必要。

[24] 但採電腦記帳之商業，依商業使用電子方式處理會計資料辦法第5條規定：「使用電子方式處理會計資料之商業，其會計資料輸入之授權，應以書面或電子方式為之；記帳憑證及會計帳簿，得經由權限密碼設定之控制程序替代負責人、經理人、主辦及經辦會計人員之簽名或蓋章。」即得經由權限密碼設定之控制程序替代相關人員之簽署。

(三) 會計資料之保存

1. 會計憑證之裝訂

商業會計法第36條第1項規定：「會計憑證，應按日或按月裝訂成冊，有原始憑證者，應附於記帳憑證之後。」按記帳憑證之編製應以原始憑證爲依據，故原始憑證應附於記帳憑證之後作爲附件（商準§7I）。但因權責存在之憑證或應予永久保存之憑證[25]，其保存期限異於一般憑證，且採用電子方式處理會計資料者，亦得不適用前述條文之規定，故同條第2項規定：「會計憑證爲權責存在之憑證或應予永久保存或另行裝訂較便者，得另行保管。但須互註日期及編號。」即爲證明權責存在之憑證或應永久保存或另行裝訂較方便之原始憑證得另行彙訂保管，並按性質或保管期限分類編號，互註日期、編號、保管人、保管處所及編製目錄備查（商準§7II）。代表商業之負責人、經理人、主辦及經辦會計人員，未依前述規定裝訂或保管會計憑證者，可處新臺幣三萬元以上十五萬元以下罰鍰（商會§78④）。

另記帳憑證應按日或按月彙訂成冊，加製封面，封面上應記明冊號、起迄日期、頁數，由代表商業之負責人授權經理人、主辦或經辦會計人員簽名或蓋章，妥善保管，並製目錄備查；保管期限屆滿，經代表商業之負責人核准，得予以銷毀（商準§8）。

2. 會計資料之保管

商業會計法第38條規定：「（第1項）各項會計憑證，除應永久保存或有關未結會計事項者外，應於年度決算程序辦理終了後，至少保存五年。（第2項）各項會計帳簿及財務報表，應於年度決算程序辦理終了後，至少保存十年。但有關未結會計事項者，不在此限。」上開條文所定之年限，主要是爲避免商業長期保存帳冊、憑證發生困擾，同時配合實務上帳務處理程序及稅捐稽徵法第21條第1項有關稅捐核課期間之規定而訂定[26]。又所稱「年度決算程序終了」，如屬股份有限公司組織之商業，應依公司法第228條及第230條規定，將各項會計報表送請監察人查核，並經股東常會承認後，方始完成決算之程序；其餘商業組織，應依本法第68條第1項之規定，將商業之決算報表提請商業出資人、合夥人或股東承認，始謂完成年度決算程序。代表商業之負責人、經理人、主辦及經辦會計人員，未依前述規定期限保存會計帳簿、報表或憑證者，可處新臺幣六萬元以上三十萬元以下罰鍰（商會§76③）。

另商業會計法第37條規定：「（第1項）對外憑證之繕製，應至少自留副本或存根一份；副本或存根上所記該事項之要點及金額，不得與正本有所差異。（第2項）前項對外憑證之正本或存根均應依次編定字號，並應將其副本或存根，裝訂成冊；其正本之誤寫或

---

[25] 所謂權責存在之憑證，指未結之債權、債務或訴訟案件之相關會計憑證，此等會計憑證縱使超過法定保存期限，仍不可銷毀，應保留作爲以後證明其權責存在之依據；至於應予永久保存之憑證，例如有關商業設立登記事項所產生之資本簽證報告、銀行存款證明及設立、登記之相關文件，因用以證明商業設立、登記事項，故應永久保存（蕭子誼「商業會計法」第160頁參照）。

[26] 經濟部77年10月22日經商字第32399號函。

收回作廢者，應將其粘附於原號副本或存根之上，其有缺少或不能收回者，應在其副本或存根上註明其理由。」這是因對外會計事項係與商業本身以外之人發生權責關係，故就對外憑證之繕製及保管，本法另做特別規定。

3. 會計憑證毀損、缺少或滅失之損害賠償責任

商業會計法第39條規定：「會計事項應取得並可取得之會計憑證，如因經辦或主管該項人員之故意或過失，致該項會計憑證毀損、缺少或滅失而致商業遭受損害時，該經辦或主管人員應負賠償之責。」即不取得原始憑證，除應依本法第78條第2款規定負行政責任外，其不取得原始憑證或對於會計憑證保管不當致商業遭受損害時，經辦或主管該項人員尚須負民事損害賠償責任；例如會計人員因過失遺失所保管之會計憑證，致商業遭稅捐稽徵機關依稅捐稽徵法第44條之規定予以罰鍰處分，商業於繳納罰鍰後，即得依本條規定向有責任之會計人員求償。

三、以電子方式處理會計資料

按會計事務之處理，隨經濟快速成長及工商結構變遷而日趨複雜，故商業使用電子方式以簡化日常作業活動，並產生攸關之資訊，已逐漸普及，因此，商業會計法第40條第1項規定：「商業得使用電子方式處理全部或部分會計資料；其有關內部控制、輸入資料之授權與簽章方式、會計資料之儲存、保管、更正及其他相關事項之辦法，由中央主管機關定之。」而同條第2項並規定採用電子方式處理會計資料者，得不適用該法第36條第1項及第37條第2項之規定。

你知道嗎？

商業如何使用電子方式處理會計資料？

按商業如何使用電子方式處理會計資料，除應依商業會計法之規定辦理外，尚須注意經濟部所訂定之「商業使用電子方式處理會計資料辦法」，蓋商業會計法所規範之條文內容，大部分均為因應傳統採人工方式處理會計資料而設，並不符合以電子方式處理會計資料之需求，故上述辦法除對商業會計法之部分內容做例外規定外，其第3條並規定商業使用電子方式處理會計資料，應建立內部控制，並以書面規範方式確保電子硬體、軟體、資料儲存媒體及會計資料之安全、正確、完整性。其第4條規定商業使用電子方式處理會計資料之程序如下：

一、取得或給予原始憑證

商業使用電子方式處理會計資料時，對於會計事項之發生，仍應取得或給予足以證明之原始憑證（如發票、收據等），至於其他業務資料（如採購、產品、銷貨、人

事等）亦由電子方式處理時，則一部分之原始憑證（如產品交庫單、提貨單、人事異動單、加班單等）得直接輸入機器。

二、輸入及驗證會計資料

資料輸入電腦，除以鍵盤輸入外，亦可採原始資料直接輸入法（如條碼解讀、光學符號辨認、光學字元辨認、磁墨字元辨認等），但其各有特定適用範圍；商業在規劃設計會計資料之輸入時，可根據各種業務實際情況，在某一範圍內，採用某種方法，作爲資料輸入之用。電子方式處理資料，有二種不同作業方式，一是分批處理；一是線上即時處理。分批處理是先彙集各種業務異動資料，俟一定時間後依次處理；線上即時處理則是當每一異動資料輸入電腦後，電腦立刻將有關各種業務應做工作處理完成，使結果即時顯現。商業可依實際情況決定電腦作業方式。

商業使用電子方式處理會計資料後，會計之記錄及編報工作，已由機器負責，會計實務重點即係在驗證會計資料，防止發生錯誤；錯誤防止之方法除加強經辦人員之責任、認眞正確工作外，還應設定多項檢查步驟，納入程式設計，使資料在處理過程中由機器自動偵查錯誤，內容包括總數核對、數（文）字之檢查、核對借貸方金額是否平衡、檢查輸入資料有無矛盾不合理情形、檢查是否有不正常帳項等項目。

三、編製記帳憑證、會計帳簿及財務報表

商業使用電子方式處理會計事務後，其資料已輸入機器中，會計憑證、會計帳簿及財務報表等，得以電子方式輸出或以資料儲存媒體儲存。

商業使用電子方式輸出之會計帳簿，應按順序編號，彙定成冊。

商業使用電子方式處理會計資料者，其財務報表仍應依商業會計處理準則之規定辦理。

第三章　認列與衡量

一、概說

　　所謂「認列」，指將符合要素定義，並滿足認列條件之項目，列入資產負債表或綜合損益表之程序，符合要素定義之項目，尚須符合認列條件，始能予以認列；至於「衡量」，係指決定財務報表要素認列及列示於資產負債表、綜合損益表中金額之程序，其涉及對特定衡量基礎之選擇。

二、資產及負債之衡量

　　商業會計法第41條規定：「資產及負債之原始認列，以成本衡量為原則。」按舊商業會計法第41條第1項原係規定：「各項資產以取得、製造或建造時之實際成本為入帳原則。」惟鑑於國際會計準則並無「實際成本」之用語，且各項資產之成本內涵不盡相同，宜由商業會計處理準則規範，故參考國際會計準則之「財務報表編製及表達之架構」第101段之規定修正條文內容，並刪除第2項有關實際成本之定義。而現行成本衡量，係採歷史成本原則[1]。

　　另修法時並參考國際會計準則之「財務報表編製及表達之架構」第83段及第100段之規定，增訂財務報表要素之認列條件及會計項目之衡量基礎，其內容如下：

(一) 財務報表要素之認列條件

　　商業會計法第41條之1規定：「資產、負債、權益、收益及費損，應符合下列條件，始得認列為資產負債表或綜合損益表之會計項目：一、未來經濟效益很有可能流入或流出商業。二、項目金額能可靠衡量。」由條文內容可知，經濟效益必須「很有可能」流入或流出企業，才能予以認列，而所謂「很有可能」，依相關IFRS之規範，係指可能性大於不可能性（more likely than not）；認列因係以文字及貨幣金額敘述符合要素定義之項目，故一項目必須具有能可靠衡量之金額，才能予以認列。

---

[1] 王志誠、封昌宏「商業會計法」第207頁及國際會計準則「財務報表編製及表達之架構」第101段規定：「企業編製財務報表時，最常採用之衡量基礎係歷史成本。此通常與其他衡量基礎結合。例如存貨通常以成本與淨變現價值孰低者列帳，具市場性證券可能以市場價值列帳，而退休金負債則以其現值列帳。此外，部分企業會使用現時成本基礎，以因應歷史成本會計模式無法處理非貨幣性資產價格變動之影響。」

(二) 會計項目之衡量基礎

商業會計法第41條之2規定：「商業在決定財務報表之會計項目金額時，應視實際情形，選擇適當之衡量基礎，包括歷史成本、公允價值、淨變現價值或其他衡量基礎。」其中歷史成本、公允價值或淨變現價值，參考國際會計準則「財務報表編製及表達之架構」第100段及第13號「公允價值衡量」之內容，可分析如下：

1. 歷史成本

資產係以所支付現金或約當現金之金額，或於取得點所支付之取得對價之公允價值記錄；負債係以交換義務所收取之金額，或若干情況下（如所得稅），以正常營業中爲清償負債而預期將支付現金或約當現金之金額記錄。

2. 公允價值

指市場參與者於衡量日之正常交易中，因出售資產所收取，或移轉負債所支付之價格，通常稱爲「出場價格」。

3. 淨變現價值

資產係以於正常處分下出售資產目前所能獲得之現金或約當現金之金額列帳；負債係以其清償價值列帳，即正常營業中爲清償負債而預期支付現金或約當現金之未折現金額。

三、非支付現金取得資產之衡量

(一) 資產交換

指資產非由貨幣性資產交換而來者，依商業會計法第42條第1項規定：「資產之取得，係由非貨幣性資產交換而來者，以公允價值衡量爲原則。但公允價值無法可靠衡量時，以換出資產之帳面金額衡量。」本項係參考國際會計準則第16號「不動產、廠房及設備」之第24段規定，對資產交換作文字修正。

(二) 受贈資產

指商業未支付任何對價而由其他經濟個體捐贈而取得之資產，依商業會計法第42條第2項規定：「受贈資產按公允價值入帳，並視其性質列爲資本公積、收入或遞延收入。」即股東所捐贈者，列爲資本公積，股東以外之人所捐贈者，列爲收入；至於受贈條件尚未滿足時，商業接受捐贈不得採資本公積或收入認列，而須認列爲遞延收入。如股東放棄對公司之債權或對公司有逾時效未領取之股利，係屬對公司之捐贈，亦應列爲資本公積[2]。

---

[2] 經濟部106年9月21日經商字第10602420200號函。

四、存貨之衡量

商業會計法第43條第1項規定：「存貨成本計算方法得依其種類或性質，採用個別認定法、先進先出法或平均法。」而依舊法同條第4項至第6項之規定，所謂個別辨認法，指個別存貨以其實際成本，作為領用或售出之成本；先進先出法，指同種類或同性質之存貨，依照取得次序，以其最先進入部分之成本，作為最先領用或售出部分之成本：加權平均法，指同種類或同性質之存貨，本期各批取得總價額與期初餘額之和，除以該項存貨本期各批取得數量與期初數量之和，所得之平均單價，作為本期領用或售出部分之成本。

同條第2項規定：「存貨以成本與淨變現價值孰低衡量，當存貨成本高於淨變現價值時，應將成本沖減至淨變現價值，沖減金額應於發生當期認列為銷貨成本。」本項係參考國際會計準則第2號「存貨」第9段及第34段之規定，新增有關存貨後續衡量之規定。

五、金融商品之衡量

商業會計法第44條第1項規定：「金融工具投資應視其性質採公允價值、成本或攤銷後成本之方法衡量。」但如果屬於對被投資公司具有控制能力或重大影響力之長期股權投資，應採用權益法處理（商會§44Ⅱ）；即其取得成本包括成交價格及其他必要之手續費，後續則按被投資公司權益之增減變化，增加或減少長期股權投資之帳面金額，被投資公司如有淨利，商業應依其持股比例認列投資收益。

六、應收款項之衡量

商業會計法第45條第1項規定：「應收款項之衡量應以扣除估計之備抵呆帳後之餘額為準，並分別設置備抵呆帳項目；其已確定為呆帳者，應即以所提備抵呆帳沖轉有關應收款項之會計項目。」另應收帳款及應收票據除因營業而發生者外，亦可能非因營業而發生，故營業與非因營業而發生之應收帳款及應收票據，應分別列示（商會§45Ⅱ）。

七、資產之折舊、折耗與減損

(一) 折舊

1. 折舊之意義及其提列

所謂折舊，指將折舊性資產之成本按合理而且有系統之方法，分攤於其耐用年限中，所以折舊可以說是一種成本分攤的過程；分攤成本之目的，在使折舊性資產提供經濟效益所產生之收入與其折舊費用互相配合，以計算損益。須提列折舊之資產，包括土地改

良物、建築物及設備等具有一定耐用年限之資產[3]，土地因可無限期使用，故非折舊性資產。商業會計法第46條第1項規定：「折舊性資產，應設置累計折舊項目，列為各該資產之減項。」故應將資產之成本扣除已提列累計折舊之淨額作為資產之帳面價值，並列示於資產負債表中。同條第2項規定：「資產之折舊，應逐年提列。」按資產達於可供使用之狀態時，即應開始提列折舊，不得間斷，目的在避免商業透過折舊操縱損益。

2. 提列折舊之方法

商業會計法第46條第3項規定：「資產計算折舊時，應預估其殘值，其依折舊方法應先減除殘值者，以減除殘值後之餘額為計算基礎。」按計算折舊之三項要素為成本、耐用年限及殘值。所謂殘值，指折舊性資產於使用期間終了時之估計價值；以資產之成本減除殘值後之餘額，即為資產將於使用期間內所耗用之成本，稱為可折舊金額或折舊基礎。如資產於耐用年限屆滿後，仍可繼續使用者，得就殘值繼續提列折舊（商會§46IV）。

至於折舊方法，依商業會計法第47條規定：「資產之折舊方法，以採用平均法、定率遞減法、年數合計法、生產數量法、工作時間法或其他經主管機關核定之折舊方法為準；資產種類繁多者，得分類綜合計算之。」而各種折舊方法，依舊法同條第2項至第6項之規定，所謂平均法，指依固定資產之估計使用年數，每期提相同之折舊額；定率遞減法，係指依固定資產之估計使用年數，按公式求出其折舊率，每年以固定資產之帳面價值，乘以折舊率計算其當年之折舊額；年數合計法，係指以固定資產之應折舊總額，乘以一遞減之分數，其分母為使用年數之合計數，分子則為各使用年次之相反順序，求得各該項之折舊額；生產數量法，係指以固定資產之估計總生產量，除其應折舊之總額，算出一單位產量應負擔之折舊額，乘以每年實際之生產量，求得各該期之折舊額；工作時間法，係指以固定資產之估計全部使用時間除其應折舊之總額，算出一單位工作時間應負擔之折舊額，乘以每年實際使用之工作總時間，求得各該期之折舊額。

(二) 折耗

1. 折耗之意義及其提列

所謂折耗，指將天然資源之成本以合理而有系統之方式轉為費用之程序；而會因開採、砍伐或其他使用方法而耗竭之天然資源，稱為「遞耗資產」。商業會計法第49條規定：「遞耗資產，應設置累計折耗項目，按期提列折耗額。」遞耗資產又可分為「礦產資源」及「生物資產」二種，其原始認列及後續衡量並不相同，特分述如下：

(1) 礦產資源

指蘊藏量將隨開採或其他使用方法而耗竭之天然礦產；礦產資源應按取得、探勘

---

[3] 有關固定資產之耐用年限及折舊，依所得稅法第51條第2項及第3項規定：「各種固定資產耐用年數，依固定資產耐用年數表之規定。但為防止水污染或空氣污染所增置之設備，其耐用年數得縮短為二年。」、「各種固定資產計算折舊時，其耐用年數，除經政府獎勵特予縮短者外，不得短於該表規定之最短年限。」故固定資產依耐用年限計算折舊時，不得短於固定資產耐用年數表規定之最短年限。

及開發之成本認列，並以成本減除累計折耗及累計減損後之帳面金額列示（商準§19）。

(2) 生物資產

指與農業活動有關且具生命之動物或植物，但生產性植物應分類為不動產、廠房及設備；生物資產應依流動性區分為流動與非流動，並以公允價值減出售成本衡量，但取得公允價值需耗費過當之成本或努力者，得以其成本減累計折舊及累計減損後之帳面金額列示（商準§20）。

2. 提列折耗之方法

現行商業會計法及商業會計處理準則並未規定提列折耗之方法，2014年11月19日修正前之商業會計處理準則第18條第3款規定：「遞耗資產應於估計開採或使用年限內，以合理而有系統之方法，按期提列折耗，且應註明折耗之計算方法，並依其性質轉作存貨或銷貨成本，不得間斷；累計折耗，應列為遞耗資產之減項。」惟何謂合理有系統之方法並不明確，一般認為可以參考所得稅法第59條之規定處理。

(三) 減損

1. 資產減損之意義

所謂資產減損，指因不同事件或環境之變動，致資產之帳面價值無法回收。按資產不僅應按期提列折舊或折耗，如果有技術、市場、經濟或法令環境等重大不利之改變導致資產價值發生減損時，商業必須立刻就其減損部分認列損失，以確信資產之帳面價值，不超過該資產之可回收金額[4]。

2. 資產減損之會計處理

(1) 認列減損損失

商業應於資產負債表日對於備供出售金融資產、以成本衡量之金融資產、無活絡市場之債務工具投資、持有至到期日金融資產、採用權益法之投資、不動產、廠房及設備、投資性不動產與無形資產等項目評估是否有減損之跡象；若資產之帳面金額大於可回收金額時，應認列減損損失（商準§24 I）。

(2) 資產帳面金額之迴轉

當有證據顯示除商譽、備供出售及以成本衡量之權益工具投資以外之資產於以前期間所認列之減損損失，可能已不存在或減少時，資產帳面金額應予迴轉，迴轉金額應認列至當期利益；但迴轉後金額不得超過該資產若未於以前年度認列減損損失所決定之帳面金額（商準§24 II）。

---

[4] 所謂可回收金額（recoverable amount），指資產出售可得金額減除直接銷售成本（即淨公允價值，net fair value）或資產於後續期間使用時產生現金流入之折現值（即使用價值，value in use）；以上參林修葳、杜榮瑞、薛富井、蔡彥卿「會計學」第380頁。

(3) 已辦理重估之資產發生減損

　　已辦理資產重估者，發生減損時，應先減少未實現重估增值，如有不足，認列至當期損失；減損損失迴轉時，於原認列損失範圍內，認列至當期利益，如有餘額，列爲未實現重估增值（商準§24Ⅲ）。

新聞追蹤

面板設備折舊　擬凍結一年

　　經濟部昨（10）日與面板上中下游業者座談，由於接單減少，面板廠不願向設備廠商提貨，導致設備商資金周轉困難，經濟部將與財政部、主計處協調，建議一年內暫不提列機械設備折舊，不僅美化帳面，也可提高面板廠提貨意願，降低設備廠商的庫存與資金壓力。經濟部官員指出，目前機器設備攤提年限最長六年，廠商建議延長至十年的可行性不高，因爲會影響計算的一致性，目前以凍結一年，暫不提列折舊的可行性最高。

　　按商業會計法雖未強制商業使用何種折舊方法，但選擇折舊方法必須合理而有系統。所謂合理，指每期提列之折舊費用應能反映商業消耗資產未來經濟效益之預期期待；至於有系統，則指應依既定公式計算而非任意決定。而本件面板業者建議「一年內暫不提列機械設備折舊」，不但不符合一般公認會計原則，且違反商業會計法第46條第2項規定：「資產之折舊，應逐年提列。」雖然該條並無罰則，但商業透過折舊操縱損益，將降低財務報表之可比較性及透明度，明顯不足採。另報導所指「面板廠不願向設備廠商提貨」，係因資產達於可供使用之狀態時，即應開始提列折舊，故生產商不願意向設備商提貨，避免在景氣環境不佳時，增加折舊費用。

　　又除非資產未來耗用型態發生改變，否則商業應於每期採取一致之折舊方法；然商業雖不能中斷提列折舊，但透過折舊方法之改變，藉以操縱損益，實務上仍屬常見。例如臺灣高鐵固定資產金額高，其折舊費用影響營運損益甚鉅，且其部分資產之耐用年限雖然可達50年甚至100年，但因僅能於該公司特許營運期限（35年）內使用，故須在特許營運期限內折舊完畢。而臺灣高鐵原本以「直線法」提列折舊，但高鐵通車後，該公司認爲鐵路事業之運量須經長期培養始可提升到穩定之水準，故該公司有營運期收入前低後高之情形，且其差異頗大。因此，該公司自2009年度起改採「運量百分比法」提列固定資產折舊。而折舊方法變更後，據估計，臺灣高鐵每年減少提列之折舊費用高達100億元。另變更折舊方法，依商業會計法第56條之規定，必須有正當理由，且應在財務報表中說明其理由、變更情形及影響。

2009-02-11／經濟日報／記者林淑媛、謝佳雯「面板設備折舊　擬凍結一年」報導

八、商業支出之認列

商業會計法第48條規定：「支出之效益及於以後各期者，列為資產。其效益僅及於當期或無效益者，列為費用或損失。」據此可知，所有支出可以分為資本支出、收益支出及損失支出三種。資本支出具有未來經濟效益，且可以及於以後各期，故應列為資產；收益支出亦具有經濟效益，但僅及於本期，故應列為當期費用；損失支出不具有經濟效益，故應於發生當期認列為損失。又資本支出，除須具有未來經濟效益外，尚須符合會計學上所謂之重大性原則（materiality principle），否則應列為收益支出[5]。

九、無形資產之會計處理

(一) 無形資產之意義

所謂無形資產，指無實體形式之可辨認非貨幣性資產及商譽，故可區分為「商譽以外之無形資產」及「商譽」二者。其中「商譽以外之無形資產」，指同時符合具有可辨認性、可被商業控制及具有未來經濟效益之資產，包括商標權、專利權、著作權及電腦軟體等（商準§21 I ①）；至於「商譽」，則指自企業合併取得之不可辨認及未單獨認列未來經濟效益之無形資產（商準§21 I ②）。而無形資產除須預期帶來經濟效益之流入（商會§28-1①）外，尚須其資產能可靠衡量，始得認列[6]。

(二) 無形資產之原始衡量

1. 價購之無形資產

商業會計法第50條第1項規定：「購入之商譽、商標權、專利權、著作權、特許權及其他無形資產，應以實際成本為取得成本。」所謂實際成本，依舊商業會計法第41條第2項前段之規定，凡資產出價取得者，指其取得價格及至適於營業上使用或出售之一切必要而合理之支出。

2. 自行發展取得

同條第2項規定：「前項無形資產自行發展取得者，以登記或創作完成時之成本作為取得成本，其後之研究發展支出，應作為當期費用。但中央主管機關另有規定者，不在此限。」按修法前本項原係規定「前項無形資產以自行發展取得者，僅得以申請登記之成本作為取得成本，其發生之研究支出及發展支出，應作為當期費用。但中央主管機關另有規

---

[5] 營利事業所得稅查核準則第77條之1規定：「營利事業修繕或購置固定資產，其耐用年限不及二年，或其耐用年限超過二年，而支出金額不超過新臺幣八萬元者，得以其成本列為當年度費用。但整批購置大量器具，每件金額雖未超過新臺幣八萬元，其耐用年限超過二年者，仍應列作資本支出。」可參。

[6] 林蕙真「中級會計學新論（上）」第409頁。

定者，不在此限。」因此，修法後自行發展無形資產之研究發展支出得列為成本，而不以申請登記之成本為限，但自行發展之無形資產，仍須可以明確辨認者，始得列記為資產。另商業會計處理準則第21條第3項規定：「研究支出及發展支出，除受委託研究，其成本依契約可全數收回者外，須於發生當期認列至損益。但發展支出符合資產認列條件者，得列為無形資產。」至於發展支出符合資產認列之條件，指應符合一般公認會計原則。

(三) 無形資產之攤銷

所謂攤銷，指將無形資產成本按合理而有系統之方式，在耐用年限內攤轉為費用的過程[7]。無形資產之攤銷，須視其經濟效益期限可否合理估價，而採用不同之處理方法，故商業會計處理準則第21條第2項規定：「具明確經濟效益期限之無形資產應以合理有系統之方法分期攤銷。商譽及無明確經濟效益期限之無形資產，得以合理有系統之方法分期攤銷或每年定期進行減損測試。」另同條第4項規定：「無形資產應以成本減除累計攤銷及累計減損後之帳面金額列示。無形資產攤銷期限及計算方法，應予揭露。」按無形資產成本攤銷之方法，包括直線法、餘額遞減法及生產數量法等；商業應根據無形資產所隱含預期未來經濟效益之消耗型態，選擇所採用之攤銷方法，除該型態發生改變外，應於每期一致採用，若該型態無法可靠決定時，應採用直線法[8]。

十、資產重估價

(一) 意義

所謂資產重估價，指商業依法令之規定，重行估定資產之價值；按資產以成本認列以後，如資產之公允價值高於帳面金額，且差異重大時，為使資產能符合市場上之價值，應許商業得將其所擁有之資產根據法令規定進行分析、衡量及鑑定後，予以適當之評價。

(二) 依據

商業會計法第51條規定：「商業得依法令規定辦理資產重估價。」此處所指法令，係指所得稅法第61條規定：「本法所稱之固定資產、遞耗資產以及無形資產遇有物價上漲達百分之二十五時，得實施資產重估價；其實施辦法及重估公式由行政院定之。」及其子法「營利事業資產重估價辦法」等規定。

(三) 得重估價之資產

依營利事業資產重估價辦法第5條第1項規定：「營利事業重估資產之範圍，限於所

7　林修葳、杜榮瑞、薛富井、蔡彥卿「會計學」第409頁。

8　林蕙真「中級會計學新論（上）」第416頁。

得稅法第五十條、第五十九條及第六十條所稱之固定資產、遞耗資產與無形資產三類。」因此，得重估價之資產限於固定資產、遞耗資產與無形資產三類；又同條第2項規定：「土地如有調整帳面價值之必要，應依土地法、平均地權條例之規定辦理，不適用本辦法之規定。」可知土地雖屬固定資產，但其重估價另行適用土地法及平均地權條例之規定。

(四) 重估增值之會計處理

　　商業會計法第52條第1項規定：「依前條辦理重估或調整之資產而發生之增值，應列爲未實現重估增值。」可知辦理資產重估而發生之增值，應列爲權益項下之未實現重估增值（商準§30④）；且經重估之資產，應按其重估後之價額入帳，自重估年度翌年起，其折舊、折耗或攤銷之計提，均應以重估價值爲基礎（商會§52Ⅱ）。

十一、預付費用之衡量

　　商業會計法第53條規定：「預付費用應爲有益於未來，確應由以後期間負擔之費用，其衡量應以其有效期間未經過部分爲準。」又預付費用爲預付款項之一種，而依商業會計處理準則第15條第2項第8款規定：「預付款項：指預爲支付之各項成本或費用，包括預付費用及預付購料款等。」故其名爲費用，但因具有未來之經濟效益，故實屬資產，屬於流動資產之會計項目。

十二、負債之會計處理

　　商業會計法第54條第1項規定：「各項負債應各依其到期時應償付數額之折現值列計。但因營業或主要爲交易目的而發生或預期在一年內清償者，得以到期值列計。」即負債之認列因其流動性而異，「非流動負債」，採折現值入帳；「流動負債」，則得以到期值入帳。蓋負債到期時之應償付數額通常包括利息，故負債應依未來償付數額之現值衡量；但因營業或主要爲交易目的而發生或預期在一年內清償之負債，到期日較短，其折現值與到期時應償付之數額差異不大，基於成本與效益考量原則及重大性原則，商業得直接以到期值列計。

　　同條第2項規定：「公司債之溢價或折價，應列爲公司債之加項或減項。」按公司得發行公司債募集資金，故其亦屬於負債之一種；惟公司債可以溢價或折價發行，故對於發行價格與面額間之差額應另行記錄作爲評價項目，將溢價列爲公司債之加項，將折價列爲公司債之減項，並按有效利息法，於債券流通期間加以攤銷，作爲利息費用之調整項目（商準§26④）。

十三、非現金出資之衡量

　　無論公司或合夥，資本主均得以現金以外之財產出資，依商業會計法第55條規定：「資本以現金以外之財物抵繳者，以該項財物之公允價值為標準；無公允價值可據時，得估計之。」即以市價為標準，無市價可據時，得估計之。

十四、併購或解散、終止、轉讓時之資產計價

　　商業會計法第57條規定：「商業在合併、分割、收購、解散、終止或轉讓時，其資產之計價應依其性質，以公允價值、帳面金額或實際成交價格為原則。」按商業進行合併、分割、收購、解散、終止或轉讓等交易，應視實際情形採行適當之衡量方式，並不限於公允價值、帳面金額或實際成交價格，即法令並未強制規定應以何者為準。

十五、會計方法之一致性

　　商業會計法第56條規定：「會計事項之入帳基礎及處理方法，應前後一貫；其有正當理由必須變更者，應在財務報表中說明其理由、變更情形及影響。」此乃一致性原則（consistency principle）之規定；按不同期之財務報表對相同會計事項之入帳基礎及處理方法應該相同，否則報表之利用者將無從判斷該商業不同期財務狀況及經營結果之變化。但商業如有正當理由，例如經營環境或特性改變，必須變更入帳基礎及處理方法時，例如存貨評價由先進先出法改為平均法，或折舊性資產之折舊方法由年數合計法改為直線法，應在財務報表中說明變更之理由、變更情形及變更影響。

十六、相關罰則

　　本章在商業會計法中原列為第六章，依該法第76條第5款之規定，代表商業之負責人、經理人、主辦及經辦會計人員，違反第六章（第41條至第57條）、第七章（第58條至第64條）規定，編製內容顯不確實之決算報表，可處新臺幣六萬元以上三十萬元以下罰鍰。

第四章　損益計算

一、損益之計算與成本收益配合原則

(一) 損益之計算

　　商業會計法第58條規定：「商業在同一會計年度內所發生之全部收益，減除同期之全部成本、費用及損失後之差額，為本期綜合損益總額。」本條舊法原係有關一會計年度純益或純損之計算規範，因參酌國際會計準則第1號「財務報表之表達」之第82段規定，將「該期稅後純益或純損」修正為「本期綜合損益總額」；並基於國際會計準則已無「非常損益」會計項目，及關於收入之抵銷額不得列為費用等規定，屬會計細部項目，應移由授權子法或行政命令予以規範，故刪除第2項、第3項之規定。

(二) 成本收益配合原則

　　成本收益配合原則，又稱收入費用配合原則，簡稱配合原則，其目的係為正確計算各期損益。依舊商業會計法第60條規定：「（第1項）營業成本及費用，應與所由獲得之營業收入相配合，同期認列。（第2項）損失應於發生之當期認列。」但新法不再特別強調收入及費用之配合，並認為第2項規定為贅語而予以刪除，修正後之商業會計法第60條規定：「與同一交易或其他事項有關之收入及費用，應適當認列。」僅對營業成本及費用之認列作原則上之規定。

二、營業收入之認列

　　商業會計法第59條第1項規定：「營業收入應於交易完成時認列。分期付款銷貨收入得視其性質按毛利百分比攤算入帳；勞務收入依其性質分段提供者得分段認列。」按營業收入包括銷售商品或提供勞務等所獲得之收入，原則上應於交易完成時認列；至於所謂「交易完成時」，依同條第2項規定：「前項所稱交易完成時，在採用現金收付制之商業，指現金收付之時而言；採用權責發生制之商業，指交付貨品或提供勞務完畢之時而言。」然分期付款銷貨收入，如「性質上」當期帳款收現具重大不確定性，且無法合理估計呆帳者，可以採毛利百分比攤算入帳[1]；否則仍應於交易完成時認列。至於勞務收入，原則上應於提供勞務完畢時認列，例如搬家公司應於全部搬家工作完成時，始能認列收入；但某些勞務係採分階段提供，而分段提供之勞務對於服務對象仍能產生經濟效益者，

---

[1]　即毛利百分比法，指依出售年度約載分期付款之銷貨價格及成本，計算分期付款銷貨毛利率，以後各期收取之分期價款，並按此項比率計算其利益及應攤計之成本。

且勞務交易結果能合理估計時，仍得認列為收入，例如保全公司提供保全服務，雖合約期間為一年，但約定客戶每月支付報酬，且保全公司每月所需人事費用可以可靠衡量，故每月收取報酬時應可認為交易結果能合理估計，而認列為收入[2]。

三、退休金費用

商業會計法第61條規定：「商業有支付員工退休金之義務者，應於員工在職期間依法提列，並認列為當期費用。」蓋商業若不在員工在職期間提列退休金，待員工退休時方始一次支付，不但影響商業之資金調度，如商業無力支付，亦影響員工退休後生活之保障，故明定應於員工在職期間依法提列，並將所提列之退休金認列為當期費用，以符配合原則。至於商業有無支付員工退休金之義務及應如何提列退休金，應依勞動基準法、勞工退休金條例及相關法令之規定辦理。

四、稅務調整

按財務會計資訊，係為表達商業之財務狀況、經營結果、現金流量及權益變動等事項，以供利用者作為決策之參考，故有關財務會計資訊之處理與稅法之規定未必符合，然一般商業為便利納稅之故，其帳務記載多遷就所得稅法或其他有關法令之規定，形成依據稅法提供會計資訊之不正常現象，故商業會計法第62條規定：「申報營利事業所得稅時，各項所得計算依稅法規定所作調整，應不影響帳面紀錄。」其目的即在明確區分財務會計與稅務會計。

五、不得列為費用或損失之項目

(一) 特定準備

舊商業會計法第63條規定：「因防備不可預估之意外損失而提列之準備，或因事實需要而提列之改良擴充準備、償債準備及其他依性質應由保留盈餘提列之準備，不得作為提列年度之費用或損失。」惟2014年6月18日修正時，因有關由保留盈餘提列之準備，公司法第237條已有規範，且性質非屬會計原則，故予以刪除，亦係該次修法時，唯一刪除之條文。

(二) 對業主分配之盈餘

按公司有關盈餘之分配，依受分配者之身分不同，可以分為「股東股利（包括股息及

2　王志誠、封昌宏「商業會計法」第289頁。

紅利）」、「員工分紅」及「董監事酬勞」三者，而2006年5月24日修正前之商業會計法第64條規定：「商業盈餘之分配，如股息、紅利等不得作爲費用或損失。」故三者依法均不得作爲費用或損失。惟2006年5月24日修正後之商業會計法第64條規定：「商業對業主分配之盈餘，不得作爲費用或損失。但具負債性質之特別股，其股利應認列爲費用。」故依修正後之規定，僅有對於業主分配之盈餘，因屬於業主投資之報酬，故不得作爲費用或損失；至於員工分紅，依主管機關函釋應列爲費用，並自2008年1月1日生效[3]。

又但書所稱「具負債性質之特別股」，以是否符合商業會計法第28條之1第2款所定「因過去事項所產生之現時義務，預期該義務之清償，將導致經濟效益之資源流出」作爲依據。因此，所謂「具負債性質之特別股」，應指發行特別股之章程有強制贖回或持有人得選擇賣回之條款，即所謂之「償還股」；其對發行人而言，屬負債性質之特別股，其股利應認列爲費用。

你知道嗎？

什麼是「員工分紅費用化」？

所謂「員工分紅費用化」，是指公司將員工分配紅利之數額認列爲費用。依現行公司法第235條之1第1項規定：「公司應於章程訂明以當年度獲利狀況之定額或比率，分派員工酬勞。但公司尚有累積虧損時，應予彌補。」可知員工分紅與股東分紅，同屬盈餘分配，且依2006年5月24日修正前之商業會計法第64條規定：「商業盈餘之分配，如股息、紅利等不得作爲費用或損失。」因此，在過去公司編製財務報表時，均未將員工分紅列爲公司之費用；但員工分紅不認列爲費用之會計處理，與其他國家之做法不同，造成我國公司之財務報表無法與國際接軌，如因業務上需要必須向外國機構提出財務報表時，必須將員工分紅認列爲費用而重新編製財務報表，然經常發生調整前後之財務報表差異極大，甚至轉盈爲虧之情形。因此，2006年5月24日修正後之商業會計法第64條規定：「商業對業主分配之盈餘，不得作爲費用或損失。但具負債性質之特別股，其股利應認列爲費用。」故依修正後之規定，僅股東分紅不得作爲費用或損失。

又員工分紅費用化雖已自2008年開始實行，但企業界仍不時有檢討之聲音，甚至認爲員工分紅費用化之後，造成企業無法留才之弊；但事實上，企業界所爭取者，主要是賦稅優惠。按員工分紅可以直接發給現金，也可以發給股票（公司§235-1Ⅲ），而已在2010年年底廢止之促進產業升級條例第19條之1規定：「爲鼓勵員工參與公司經營，並分享營運成果，公司員工以其紅利轉作服務產業之增資者，其因而取得之新發

---

[3]　經濟部96年1月24日經商字第09600500940號函。

行記名股票，採面額課徵所得稅。」因以面額課徵所得稅，故企業，尤其是股價較高之高科技產業，往往藉由發給員工股票紅利壓低人事成本，使得盈餘大幅膨脹，達到「美化」財報之效果，而員工也樂於享受賦稅優惠，甚至發生「員工分股票，股東分現金」或發給員工股票之市價高於公司盈餘之異常情形。但自2010年1月1日起，依財政部98年11月5日台財稅字第09804109680號令規定，係以交付股票日按標的股票之時價（收盤價）計算員工薪資所得後，故賦稅上之優惠已經不存在，在無法節稅以及避免稀釋股東權益之考量下，大部分公司均增加發放現金紅利取代股票紅利，而不再完全以股票紅利作為員工之獎勵措施。

　　不過在員工分紅費用化之前，發給員工股票看似不增加公司負擔，實則是轉嫁股東。蓋員工無償取得股份後，將使股東權益受到稀釋，尤其是在除權時，因增加員工分紅股票，故必須由全體股東以股票價差承擔，對股東反而不利。

第五章　決算及審核

一、決算之期限

　　所謂決算，指商業於每屆會計年度終了時結清全部會計項目之帳戶，並據以編製決算表冊而言；依商業會計法第65條規定：「商業之決算，應於會計年度終了後二個月內辦理完竣；必要時得延長二個半月。」所謂「辦理完竣」，與商業會計法第38條所規定之「年度決算程序辦理終了」不同，而是指決算報表編製完畢之時[1]。又所謂「必要時」，依立法理由之說明，其認定權在商業，即是否必要係由商業自行認定。

　　代表商業之負責人、經理人、主辦及經辦會計人員，未依規定如期辦理決算者，可處新臺幣六萬元以上三十萬元以下罰鍰（商會§76④）。

二、決算報表之編製

(一) 應編製之決算報表

　　商業會計法第66條第1項規定：「商業每屆決算應編製下列報表：一、營業報告書。二、財務報表。」其中財務報表之內容，本編第二章第三節已經敘明；至於營業報告書，依同條第2項規定：「營業報告書之內容，包括經營方針、實施概況、營業計畫實施成果、營業收支預算執行情形、獲利能力分析、研究發展狀況等；其項目格式，由商業視實際需要訂定之。」另股份有限公司編製之決算表冊，依公司法第228條第1項之規定，除營業報告書及財務報表外，尚包括盈餘分派或虧損撥補之議案。代表商業之負責人、經理人、主辦及經辦會計人員，違反第66條第1項規定不編製決算報表者，可處新臺幣三萬元以上十五萬元以下罰鍰（商會§78⑤）。

　　同條第3項規定：「決算報表應由代表商業之負責人、經理人及主辦會計人員簽名或蓋章負責。」代表商業之負責人、經理人、主辦及經辦會計人員未依規定簽名或蓋章者，可處新臺幣一萬元以上五萬元以下罰鍰（商會§79④）。

(二) 分支機構之決算辦理

　　按個別分支機構之損益均會影響整體商業之營運狀態，故應將其帳目合併，其報表才能允當表達該商業之整體營運績效。因此，商業會計法第67條規定：「有分支機構之商

---

[1] 　另參照公司法第110條、第228條及商業會計法第66條第3項之規定，決算報表在有限公司應經董事同意，在股份有限公司應經董事會同意，在其他商業應經代表商業之負責人同意，且須由代表商業之負責人簽名或蓋章，始謂編製完畢。

業，於會計年度終了時，應將其本、分支機構之帳目合併辦理決算。」故分支機構應先依規定編製完成報表，再將報表交給本機構（例如總公司）編製合併報表。

三、決算報表之承認

(一) 決算報表承認之期限

商業會計法第68條第1項規定：「商業負責人應於會計年度終了後六個月內，將商業之決算報表提請商業出資人、合夥人或股東承認。」本項規定與公司法第170條第2項規定股東常會應於會計年度終了後六個月內召開，及第230條第1項規定董事會所造具之各項表冊應經股東常會承認同其意義，故股份有限公司應優先適用公司法之規定，以股東會決議方式承認決算表冊；至於非股份有限公司之其他商業，除有限公司應依公司法第110條第1項及第2項之規定辦理外，其餘應依本項規定辦理，且均採個別承認之方式[2]。同條第2項規定：「商業出資人、合夥人或股東辦理前項事務，認為有必要時，得委託會計師審核。」本項規定與公司法第218條第2項規定監察人得代表公司委託會計師審核報表不同，本項委託關係存在於委託人與會計師之間；而後者，監察人有代表權，故委託關係存在於公司與會計師之間。

決算報表提請承認之義務人為「商業負責人」[3]，其未依前述規定期限提請承認者，可處新臺幣一萬元以上五萬元以下罰鍰（商會§79⑤）。

(二) 決算報表承認之效果

商業會計法第68條第3項規定：「商業負責人及主辦會計人員，對於該年度會計上之責任，於第一項決算報表獲得承認後解除。但有不法或不正當行為者，不在此限。」按商業負責人及主辦會計人員於其所編製之決算報表獲得承認後，其解除者為「該年度會計上之責任」；而所謂會計上之責任，指決算報表編製錯誤之責任而言[4]。至於不法或不正當行為，係指以不法或不正當行為編製財務報表，此時商業之出資人、合夥人或股東仍可要求商業負責人及主辦會計人員重新編製[5]。至於商業負責人及主辦會計人員如涉及民事或刑事責任，自不因決算報表之承認而免除。又本項之規定與公司法第231條之規定類似，但該條並未免除主辦會計人員之責任，自應適用本項之規定處理。

---

[2] 有限公司以外之商業，應可類推適用公司法第110條第2項規定：「前項表冊……。分送後逾一個月未提出異議者，視為承認。」

[3] 此之商業負責人，因公司法已經明文規定，在股份有限公司指董事會（公司§228 I），在有限公司指董事（公司§110 I），因此，在其他商業應限縮解釋為「代表商業之負責人」。

[4] 戴銘昇「商業會計法」第227頁。

[5] 王志誠、封昌宏「商業會計法」第326頁。

四、決算表冊之備置、查閱與檢查

(一) 決算表冊之備置

商業會計法第69條第1項規定：「代表商業之負責人應將各項決算報表備置於本機構。」可知備置義務人為代表商業之負責人，至於備置地點為本機構。

(二) 利害關係人之查閱

商業會計法第69條第2項規定：「商業之利害關係人，如因正當理由而請求查閱前項決算報表時，代表商業之負責人於不違反其商業利益之限度內，應許其查閱。」此處之利害關係人，指法律上之利害關係人，例如商業之債權人、債務人或股東[6]；至於經濟上之利害關係人，例如競爭同業，並非本項所指之利害關係人。利害關係人請求查閱決算報表，須具備「正當理由」及「不違反商業利益」兩項要件[7]。

然利害關係人是否具備請求查閱決算報表之要件及可查閱之範圍（即「限度」），係由代表商業之負責人於具體個案中作判斷[8]；故為避免代表商業之負責人妨礙利害關係人行使查閱權，除後述聲請法院選派檢查員外，依商業會計法第78條第6款之規定，代表商業之負責人不將決算報表備置於本機構或無正當理由拒絕利害關係人查閱者，可處新臺幣三萬元以上十五萬元以下罰鍰。

(三) 聲請法院選派檢查員

商業會計法第70條規定：「商業之利害關係人，得因正當理由，聲請法院選派檢查員，檢查該商業之會計帳簿報表及憑證。」此時由法院審查利害關係人是否有正當理由，且法院選派之檢查員，其檢查範圍不限於決算報表，包括會計帳簿及憑證等。

為保障檢查人行使職務，代表商業之負責人、經理人、主辦及經辦會計人員，規避、妨礙或拒絕法院所選派檢查員之檢查者，處新臺幣一萬元以上五萬元以下罰鍰（商會§79⑥）。

---

[6]　臺灣高等法院85年度抗字第891號裁定。

[7]　惟債權人依公司法第210條第2項或第230條第3項規定請求抄錄或查閱股份有限公司之財務報表時，並無具備一定要件之限制。

[8]　經濟部商業司「商業會計法100問」第103則。

你知道嗎？

「檢查員」與「檢查人」有何不同？

　　「檢查員」與「檢查人」雖然名稱類似，且主要之職務均在檢查商業或公司之帳簿表冊，但檢查人之產生方式、職務及功能，均遠較檢查員複雜。按商業會計法第70條所規定之檢查員，係由有正當理由之利害關係人聲請法院選派，職務之內容則是檢查商業之會計帳簿報表及憑證，較為單純；但公司法所規定之檢查人，其產生方式有二：1.股東會或創立會選任（公司§146Ⅱ、184Ⅱ、331Ⅱ）；2.法院選任。而法院選任者，又可分為依聲請選任與依職權選任二種。前者，聲請人必須是繼續六個月以上，持有已發行股份總數百分之一以上之股東，檢查內容為公司之業務帳目、財產情形、特定事項、特定交易文件及紀錄（公司§245Ⅰ）；後者，則是法院在受理公司重整聲請時，為明瞭公司之財務、業務狀況及重整方案之可行性，依職權選任對公司業務具有專門學識、經營經驗而非利害關係人為檢查人（公司§285Ⅰ）。

　　由上述說明可知，非股東之利害關係人或不是繼續六個月以上，持有已發行股份總數百分之一以上之股東，尚不能依公司法第245條第1項之規定聲請法院選任檢查人，但仍可依商業會計法第70條之規定聲請法院選任檢查員。惟聲請法院選任檢查員，除必須有「正當理由」外，因公司法第245條第1項係為保障公司少數股東之權益所為之規定，故檢查人之報酬，依非訟事件法第174條之規定，係由公司負擔；但依商業會計法規定聲請法院選派檢查員者，乃利害關係人，實務見解認為並無非訟事件法第174條規定之準用，故檢查員之報酬應由聲請人負擔（臺灣高等法院暨所屬法院92年法律座談會民事類提案第32號）。另依公司法第8條第2項之規定，檢查人在執行職務內，亦為公司之負責人；但檢查員則否。以上報酬給付與是否為負責人，為檢查員與檢查人最大之不同點。

　　又除商業會計法及公司法外，依證券交易法第38條之1規定，主管機關認有必要時，或依聲請，得指定會計師、律師、工程師或其他專門職業或技術人員，檢查發行人、證券承銷商或其他關係人之財務、業務狀況及有關書表、帳冊。此種由主管機關（金管會）指定執行檢查事務之專門職業或技術人員，並非上述所指之檢查員或檢查人，但檢查費用仍由被檢查人（公司）負擔。

第六章　罰則

一、刑事責任

　　商業會計法有關刑事責任之規定為第71條至第75條，茲分述如下：

(一)商業會計事務處理不實

1.基本規定

　　商業會計法第71條規定：「商業負責人、主辦及經辦會計人員或依法受託代他人處理會計事務之人員有下列情事之一者，處五年以下有期徒刑、拘役或科或併科新臺幣六十萬元以下罰金：一、以明知為不實之事項，而填製會計憑證或記入帳冊。二、故意使應保存之會計憑證、會計帳簿報表滅失毀損。三、偽造或變造會計憑證、會計帳簿報表內容或毀損其頁數。四、故意遺漏會計事項不為記錄，致使財務報表發生不實之結果。五、其他利用不正當方法，致使會計事項或財務報表發生不實之結果。」可知本條所規範之犯罪主體為「商業負責人」、「主辦會計人員」、「經辦會計人員」及依法受託代他人處理會計事務之「會計師」、「記帳士」或「記帳及報稅代理業務人」；另依本法第75條規定：「未依法取得代他人處理會計事務之資格，擅自代他人處理商業會計事務而有第七十一條、第七十二條各款情事之一者，應依各該條規定處罰。」即非會計師、記帳士或記帳及報稅代理業務人，卻擅自代他人處理商業會計事務者，亦為商業會計法第71條及第72條之處罰對象。又本條之行為人必須是故意不實，並不處罰過失之行為[1]。

2.以電子方式記帳之特別規定

　　按現在商業大多使用電子方式處理會計資料，而商業會計法第71條之規定並不足以防止商業利用電腦系統作假或變造會計資訊，故商業會計法第72條規定：「使用電子方式處理會計資料之商業，其前條所列人員或以電子方式處理會計資料之有關人員有下列情事之一者，處五年以下有期徒刑、拘役或科或併科新臺幣六十萬元以下罰金：一、故意登錄或輸入不實資料。二、故意毀損、滅失、塗改貯存體之會計資料，致使財務報表發生不實之結果。三、故意遺漏會計事項不為登錄，致使財務報表發生不實之結果。四、其他利用不正當方法，致使會計事項或財務報表發生不實之結果。」可知本條之犯罪主體除前條及第75條所列示者外，尚包括「以電子方式處理會計資料之有關人員」；至於主觀要件，亦限於故意不實。

---

[1]　刑法第12條規定：「（第1項）行為非出於故意或過失者，不罰。（第2項）過失行為之處罰，以有特別規定者，為限。」可參。

(二) 刑之減免

商業會計法第73條規定：「主辦、經辦會計人員或以電子方式處理會計資料之有關人員，犯前二條之罪，於事前曾表示拒絕或提出更正意見有確實證據者，得減輕或免除其刑。」本條減免之對象僅限於主辦、經辦會計人員及以電子方式處理會計資料之有關人員；因相對於商業負責人，其為經濟上之弱者，且基於雇傭關係，又有受商業負責人指揮、監督之義務存在，故如有「確實證據」證明其「事前曾表示拒絕或提出更正意見」，即得減輕或免除其刑。至於依法受託代他人處理會計事務之人員屬專門職業人員，其獨立性及專業能力較商業內部之主辦及經辦會計人員為高，自不宜與商業內聘之會計人員同享減輕或免除其刑之保障。

(三) 地下記帳業者之刑事責任

所謂地下記帳業者，指未依法取得代他人處理會計事務之資格，卻受商業委託從事記帳或報稅之人。商業會計法第74條規定：「未依法取得代他人處理會計事務之資格而擅自代他人處理商業會計事務者，處新臺幣十萬元以下罰金；經查獲後三年內再犯者，處一年以下有期徒刑、拘役或科或併科新臺幣十五萬元以下罰金。」按辦理商業會計事務，係屬專門職業之一種，依憲法第86條第2款之規定，其執業資格應依法考選銓定[2]；而不具執業資格，卻受託辦理商業會計事務，自應予以處罰[3]。另地下記帳業者有商業會計法第71條及第72條各款所規定之情事時，仍應依第71條及第72條之規定處罰（商會§75）。

新聞追蹤

買假發票報帳　成大21人緩起訴

成功大學21名教職員涉嫌勾串廠商，購買假發票向校方核銷，其中許姓專案助理教授核銷經費購買Wii等電視遊樂器，是唯一「公款私用」的教職員，因最高法院已認定「教授非法定公務員」，無觸犯貪污之虞，南檢對21人全都緩起訴處分，每人需繳交三萬元緩起訴金。檢方調查，涉案人中政治系許姓專案助理教授將核銷後的現金，用來購買Wii主機遊樂器等設備私用，是21人中唯一公款私用的教職員，除了違反商業會計法、使公務員登載不實文書罪外，另觸犯詐欺取財罪嫌。

按本件全部案件源於廉政署在2012年間查出有廠商涉嫌開立不實發票，協助公立大學教授詐領國科會補助款，致全臺近700名教授遭各地檢署偵辦；惟相關案件因公立大學教授是否具公務員身分而應否適用貪污治罪條例，院檢有不同見解，案件一度停擺。

---

[2]　司法院大法官會議釋字第453號。

[3]　另會計師法第71條亦有類似禁止規定。

後來最高法院刑事庭在2014年8月12日作出決議，認為公立大學教授不具有刑法上之公務員身分，故不適用貪污治罪條例；因此，單純利用不實發票核銷經費，僅涉及違反商業會計法第71條第1款「以明知為不實之事項，而填製會計憑證或記入帳冊」之罪；蓋發票係於銷售貨物或勞務時，開立並交付予買受人之交易憑證，足以證明會計事項之經過，應屬商業會計法第15條第1款所稱之原始憑證。但如將經費挪為私用，則另涉及刑法第339條第1項之詐欺取財罪。

又商業會計法第71條所規範之犯罪主體為「商業負責人」、「主辦會計人員」、「經辦會計人員」及依法受託代他人處理會計事務之「會計師」、「記帳士」或「記帳及報稅代理業務人」等從事商業會計事務之人，故屬於一種身分犯，即僅上述列舉之人始能構成犯罪。惟涉案之教授係與廠商之負責人或會計共同謀議虛開發票核銷經費，依刑法第31條第1項規定：「因身分或其他特定關係成立之罪，其共同實行、教唆或幫助者，雖無特定關係，仍以正犯或共犯論。但得減輕其刑。」故涉案之教授雖非從事商業會計事務之人，仍涉及違反商業會計法第71條第1款之規定。

2015-01-21／聯合報／記者陳宏睿「買假發票報帳　成大21人緩起訴」報導

二、行政責任

(一) 概說

按商業會計法有關行政責任之規定為第76條至第79條；其責任主體，除第77條僅限於「商業負責人」外，其餘均包括「代表商業之負責人、經理人、主辦及經辦會計人員」。又依商業會計法第80條規定：「會計師或依法取得代他人處理會計事務資格之人，有違反本法第七十六條、第七十八條及第七十九條各款之規定情事之一者，應依各該條規定處罰。」即除第77條外，會計師、記帳士、記帳及報稅代理業務人亦為處罰之對象[4]。

次按行政責任，通常由主管機關裁罰，惟商業會計法第81條規定：「本法所定之罰鍰，除第七十九條第六款由法院裁罰外，由各級主管機關裁罰之。」此係基於檢查員係由法院選任，故對規避、妨礙或拒絕其檢查者，由法院裁罰較為適宜。

---

[4] 惟商業會計法第78條第6款及第79條第5款之處罰對象，僅限於「代表商業之負責人」及「商業負責人」，蓋僅其具有備置、允許利害關係人查閱及提請承認結算報表之義務。

(二) 行政責任一覽表

條號	行為	罰則
§76	1. 未設置會計帳簿（§23） 2. 違反規定而毀損會計帳簿頁數，或毀滅審計軌跡（§24） 3. 未依規定期限保存會計帳簿、報表或憑證（§38） 4. 未依規定如期辦理決算（§65） 5. 編製內容顯不確實之決算報表（§76⑤）	處新臺幣六萬元以上三十萬元以下罰鍰
§77	1. 未設置會計人員辦理商業會計事務（§5Ⅰ） 2. 會計人員任免違反規定（§5Ⅱ） 3. 未由會計師或取得資格者處理會計事務（§5Ⅴ）	處新臺幣三萬元以上十五萬元以下罰鍰
§78	1. 商業之支出達一定金額者，未使用規定之支付工具或方法（§9Ⅰ） 2. 不取得原始憑證或給予他人憑證（§14） 3. 不按時記帳（§34） 4. 未依規定裝訂或保管會計憑證（§36） 5. 不編製結算報表（§66Ⅰ） 6. 不將決算報表備置於本機構或無正當理由拒絕利害關係人查閱（§69）	處新臺幣三萬元以上十五萬元以下罰鍰
§79	1. 未依規定記帳（§7、8） 2. 不設置應備之會計帳簿目錄（§25） 3. 記帳憑證及會計帳簿未依規定簽名或蓋章（§35） 4. 決算報表未依規定簽名或蓋章（§66Ⅲ） 5. 決算報表未於規定期限提請承認（§68Ⅰ） 6. 規避、妨礙或拒絕法院選派之檢查員檢查（§70）	處新臺幣一萬元以上五萬元以下罰鍰

主要參考書目

鄭玉波（劉連煜增訂）　公司法，三民書局　2004年10月

柯芳枝　公司法論（上），三民書局　2012年2月

柯芳枝　公司法論（下），三民書局　2013年3月

王文宇　公司法論，元照出版有限公司　2006年8月

劉連煜　現代公司法，新學林出版股份有限公司　2012年9月

廖大穎　公司法原論，三民書局　2013年9月

王泰銓（王志誠修訂）　公司法新論，三民書局　2009年7月

潘秀菊　公司法，元照出版有限公司　2013年2月

賴英照　證券交易法逐條釋義第一冊，自版　1989年9月

賴英照　證券交易法逐條釋義第二冊，自版　1992年8月

賴英照　證券交易法逐條釋義第三冊，自版　1992年8月

賴英照　證券交易法逐條釋義第四冊，自版　1992年8月

賴英照　最新證券交易法解析，自版　2014年2月

賴源河　證券法規，元照出版有限公司　2012年9月

王志誠、邵慶平、洪秀芬、陳俊仁　實用證券交易法，新學林出版股份有限公司　2013年9月

劉連煜　新證券交易法實例研習，新學林出版股份有限公司　2013年9月

曾宛如　證券交易法原理，元照出版有限公司　2006年8月

李開遠　證券交易法理論與實務，五南出版社　2011年9月

廖大穎　證券交易法導論，三民書局　2011年9月

吳光明　證券交易法論，三民書局　2011年1月

蕭子誼　商業會計法，智勝文化事業有限公司　2013年9月

王志誠、封昌宏　商業會計法，元照出版有限公司　2014年8月

戴銘昇　商業會計法，新學林出版股份有限公司　2013年9月

金永勝　商業會計法，志聖教育文化出版社　2010年12月

經濟部商業司　商業會計法100問

賴源河　實用商事法精義，五南出版社　2011年9月

梁宇賢　商事法要論，三民書局　2010年3月

潘維大、范建得、羅美隆（黃心怡修訂）　商事法，三民書局　2012年7月

王文宇、林國全、曾宛如、王志誠、許忠信、汪信君　商事法，元照出版有限公司　2008年9月

林修葳、杜榮瑞、薛富井、蔡彥卿　會計學，東華書局　2012年6月

林蕙眞　中級會計學新論（上），証業出版股份有限公司　2012年6月

林蕙眞　中級會計學新論（下），証業出版股份有限公司　2012年7月

國家圖書館出版品預行編目資料

實用商法／洪瑞燦著. -- 二版. -- 臺北市：
五南圖書出版股份有限公司, 2021.06
　　面；　公分
　　ISBN 978-986-522-703-6（平裝）

1.商事法　2.論述分析

587　　　　　　　　　110005974

1S92

實用商法

作　　者 — 洪瑞燦（165.6）

發 行 人 — 楊榮川

總 經 理 — 楊士清

總 編 輯 — 楊秀麗

副總編輯 — 劉靜芬

責任編輯 — 呂伊真

封面設計 — 姚孝慈、P. Design視覺企劃

出 版 者 — 五南圖書出版股份有限公司

地　　址：106台北市大安區和平東路二段339號4樓

電　　話：(02)2705-5066　　傳　　真：(02)2706-6100

網　　址：https://www.wunan.com.tw

電子郵件：wunan@wunan.com.tw

劃撥帳號：01068953

戶　　名：五南圖書出版股份有限公司

法律顧問　林勝安律師事務所　林勝安律師

出版日期　2015年6月初版一刷
　　　　　2021年6月二版一刷

定　　價　新臺幣580元

經典永恆・名著常在

五十週年的獻禮 —— 經典名著文庫

五南，五十年了，半個世紀，人生旅程的一大半，走過來了。

思索著，邁向百年的未來歷程，能為知識界、文化學術界作些什麼？

在速食文化的生態下，有什麼值得讓人雋永品味的？

歷代經典・當今名著，經過時間的洗禮，千錘百鍊，流傳至今，光芒耀人；

不僅使我們能領悟前人的智慧，同時也增深加廣我們思考的深度與視野。

我們決心投入巨資，有計畫的系統梳選，成立「經典名著文庫」，

希望收入古今中外思想性的、充滿睿智與獨見的經典、名著。

這是一項理想性的、永續性的巨大出版工程。

不在意讀者的眾寡，只考慮它的學術價值，力求完整展現先哲思想的軌跡；

為知識界開啟一片智慧之窗，營造一座百花綻放的世界文明公園，

任君遨遊、取菁吸蜜、嘉惠學子！